Bestimmungsbuch Archäologie 10

Herausgebende:
Landesstelle für die nichtstaatlichen Museen in Bayern,
Landesamt für Archäologie Sachsen,
Archäologisches Landesmuseum Baden-Württemberg,
Archäologisches Museum Hamburg,
Landesmuseum Hannover,
LVR-LandesMuseum Bonn

Ronald Heynowski gewidmet

Pfeil- und Lanzenspitzen

erkennen · bestimmen · beschreiben

von
Ulrike Weller

unter Mitarbeit von Veronika Fischer, Mario Bloier,
Doris Lettmann und Christof Flügel

Deutscher
Kunstverlag

Bestimmungsbuch Archäologie 10

Herausgebende:
Landesstelle für die nichtstaatlichen Museen in Bayern,
Landesamt für Archäologie Sachsen,
Archäologisches Landesmuseum Baden-Württemberg,
Archäologisches Museum Hamburg,
Landesmuseum Hannover,
LVR-LandesMuseum Bonn

Redaktion:
Rudolf Winterstein und Barbara Ippenberger

Bildrecherchen und Bildredaktion:
Ronald Heynowski, Ulrike Weller, Kathrin Mertens, Christof Flügel, Christian Röser

Abbildungen auf dem Umschlag:
Tüllenlanzenspitze mit gestuftem Blatt – Krottenthal, Lkr. Dingolfing-Landau (3.2.1.1.34.),
Archäologische Staatssammlung München (siehe auch Farbtafel Seite 33).
Ahrensburger Stielspitze – Handwitt-Haurup, Kr. Schleswig-Flensburg (2.2.1.2.1.),
Archäologisches Landesamt Schleswig-Holstein.

Bibliografische Information der Deutschen Nationalbibliothek
Die Deutsche Nationalbibliothek verzeichnet diese
Publikation in der Deutschen Nationalbibliografie;
detaillierte bibliografische Daten sind im Internet
über http://dnb.dnb.de abrufbar.

Korrektorat: Rudolf Winterstein, München
Umschlag, Repro, Satz und Layout: Edgar Endl, booklab GmbH, München
Druck und Bindung: DZA Druckerei zu Altenburg GmbH, Altenburg

Deutscher Kunstverlag
Ein Verlag der Walter de Gruyter GmbH Berlin Boston
www.deutscherkunstverlag.de
www.degruyterbrill.com

ISBN 978-3-422-80328-2

Library of Congress Cataloging-in-Publication Data
A CIP catalog record for this book has been applied for at the Library of Congress.

Inhalt

Vorwort der Herausgebenden

Kaum eine andere Materialgruppe ist so stark vom darwinistischen Entwicklungsprinzip betroffen wie die Waffen. Bei ihrem Einsatz geht es um Gewinn oder Niederlage, um Leben oder Tod. Entsprechend wurde der Herstellung von Waffen zu allen Zeiten viel Aufmerksamkeit geschenkt. Technologische Erfindungen zeigen sich zuerst bei den Waffen. Mit Modifikationen wurde versucht, eine Schwäche des Gegners auszunutzen. Die immer wieder optimierte Form geht mit Veränderungen in der Kampftaktik einher. Da die Möglichkeiten, dem Gegner Schaden zuzufügen, auf wenige Handlungsbereiche beschränkt blieben, zeigen Waffen die Ambivalenz zwischen einer großen Gleichförmigkeit bei der Grundform und einem überraschenden Formenreichtum im Detail.

Der vorliegende Band in der Reihe »Bestimmungsbuch Archäologie«, macht sich den Detailreichtum vor- und frühgeschichtlicher Fernwaffen in dem breiten zeitlichen Rahmen von den ersten Anfängen in der Altsteinzeit bis zum Hochmittelalter etwa um das Jahr 1000 n. Chr. zum Thema. Im Mittelpunkt stehen Lanzen, Pfeile, Speere und Schleudergeschosse. Für die meisten dieser Stoßwaffen und Geschosse gilt, dass wesentliche Teile der Waffe aus vergänglichem Holz bestanden. Nur die festen Geschossköpfe aus Knochen, Stein oder Metall blieben erhalten. Folglich ist die Zuweisung zu der einen oder anderen Waffengattung von kleinen Details abhängig und nicht immer sicher.

Ulrike Weller ist es mit Unterstützung durch Doris Lettmann, Veronika Fischer, Mario Bloier und Christof Flügel gelungen, das vorhandene Formengut in einer schlüssigen Weise zu gliedern. Sie gibt der Leserin und dem Leser eine Struktur an die Hand, die die Formenvielfalt dokumentiert und als Systematik sowohl für den einheitlichen Gebrauch der Bezeichnungen und Typennamen als auch für die Bestimmung und wissenschaftliche Einordnung von Sammlungsgegenständen dienen kann.

Mit dem vorliegenden 10. Band endet die Reihe »Bestimmungsbuch Archäologie« in der bekannten und vertrauten Form vorerst. Für die Vorlage weiterer Materialgruppen wird derzeit in der AG ARCHÄOLOGIETHESAURUS, einem Zusammenschluss von Wissenschaftlern aus ganz Deutschland, eine neue digitale Konzeption vorbereitet, die als »Archäologischer Objektbezeichnungsthesaurus« (AOT) in Kürze veröffentlicht und weitergeführt wird.

Dieser Moment ist geeignet, rückblickend den Autorinnen und Autoren, den redaktionellen Bearbeiterinnen und Bearbeitern der Manuskripte in der Landesstelle für die nichtstaatlichen Museen in Bayern sowie dem Korrektorat durch Rudolf Winterstein für die geleistete Arbeit ganz herzlich zu danken. Trotz der unterschiedlichsten Themen macht die Reihe durch die große Einheitlichkeit der Bände im Erscheinungsbild und in der Ausstattung einen geschlossenen, auf einander bezogenen Eindruck. Für die Vollendung des fertigen Buchs zeichnet sich schließlich der Deutsche Kunstverlag aus. Allen Beteiligten, die zum Gelingen dieses Bandes und der gesamten Reihe beigetragen haben, gilt unser Dank.

Dr. Dirk Blübaum Landesstelle für die nichtstaatlichen Museen in Bayern, München · Leiter

Dr. Regina Smolnik Landesamt für Archäologie Sachsen, Dresden · Landesarchäologin

Prof. Dr. Claus Wolf Archäologisches Landesmuseum Baden-Württemberg, Konstanz · Direktor

Prof. Dr. Rainer-Maria Weiss Archäologisches Museum Hamburg · Direktor

Prof. Dr. Katja Lembke Landesmuseum Hannover · Direktorin

Prof. Dr. Thorsten Valk LVR-LandesMuseum Bonn · Direktor

Einführung

Ein einheitlicher ARCHÄOLOGISCHER OBJEKTBEZEICHNUNGS-THESAURUS für den deutschsprachigen Raum

Für eine digitale Erfassung archäologischer Sammlungsbestände ist ein kontrolliertes Vokabular unerlässlich. Nur so kann eine einheitliche Ansprache der Objekte garantiert und damit ihre langfristige Auffindbarkeit gewährleistet werden. Auch für ihre Einbindung in überregionale, nationale und internationale Kulturportale wie die Deutsche Digitale Bibliothek oder die Europeana sowie die fächerübergreifende Nationale Forschungsdateninfrastruktur (NFDI) ist die Verwendung normierter Begrifflichkeiten zwingend erforderlich. Während im kunst- und kulturhistorischen Bereich bereits seit Langem zahlreiche überregional anerkannte Thesauri vorliegen, fehlt etwas Vergleichbares für das Fachgebiet der Archäologie bisher noch weitgehend, auch wenn in den letzten Jahren in vielen Projekten und Initiativen immer mehr Normvokabulare für das gesamte Spektrum archäologischer Forschungsarbeit entwickelt werden.

Die 2008 gegründete AG ARCHÄOLOGIETHESAURUS, in der Archäologen aus ganz Deutschland zusammenarbeiten, hat sich zum Ziel gesetzt, ein vereinheitlichtes, überregional verwendbares Vokabular archäologischer Objektbezeichnungen zu entwickeln, das die – nicht nur digitale – Inventarisierung der umfangreichen Bestände in den archäologischen Landesmuseen und Landesämtern ebenso wie der kleineren archäologischen Sammlungen in den vielfältigen regionalen Museen erleichtern soll. Es handelt sich hierbei also in erster Linie um ein Werkzeug zur praktischen Anwendung und nicht um eine Forschungsarbeit. Dennoch soll der archäologische Objektbezeichnungsthesaurus am Ende sowohl von Laien als auch von Wissenschaftlern benutzt werden können. Dies setzt voraus, dass die zu erarbeitende Terminologie – ausgehend von sehr allgemein gehaltenen Begriffen – von Anfang an eine gewisse typologische Tiefe erreicht, wobei jedoch nur solche Typen in dem Vokabular abgebildet werden, die bereits eine langjährige generelle Anerkennung in der Fachwelt erfahren haben.

Damit zeigen sich aber zugleich die Schwierigkeiten einer einheitlichen Verwendung archäologischer Objektbezeichnungen: Viele Begriffe sind in einen engen regionalen oder chronologischen Kontext eingebettet, an bestimmte Forschungsrichtungen oder Schulen gebunden oder verändern durch neue Forschungsarbeiten ihren Inhalt. Solche wissenschaftlichen Feinheiten lassen sich teilweise nur schwer in einem allgemeingültigen System abbilden. Hinzu kommt die über Jahrzehnte gewachsene archäologische Fachterminologie, die zu vielfältigen und oft umständlichen, aus zahlreichen Präkombinationen bestehenden Bezeichnungen geführt hat. Diese vertrauten Begriffe bleiben aber selbstverständlich erhalten. Finden sich für eine Form mehrere Benennungen, so wird für den archäologischen Objektbezeichnungsthesaurus in der Regel ein möglichst sprechender, also beschreibender Name ausgewählt, weitere Fachbezeichnungen werden als Synonyme mitgeführt. Im Sinne einer möglichst einfachen Anwendung können an dieser Stelle neben echten Synonymen auch sogenannte Quasisynonyme auftauchen, die zwar grundsätzlich dieselbe Form bezeichnen, aber dennoch gewisse typologische Unterschiede aufweisen. Auf diese Weise lassen sich beispielsweise kleinere regional bedingte Formunterschiede oder etwas abweichende Typabgrenzungen und Definitionen unterschiedlicher Bearbeiter unkompliziert abbilden. Untervarianten eines Typs, die nicht als eigenständige Formen beschrieben werden, werden als untergeordnete Begriffe genannt.

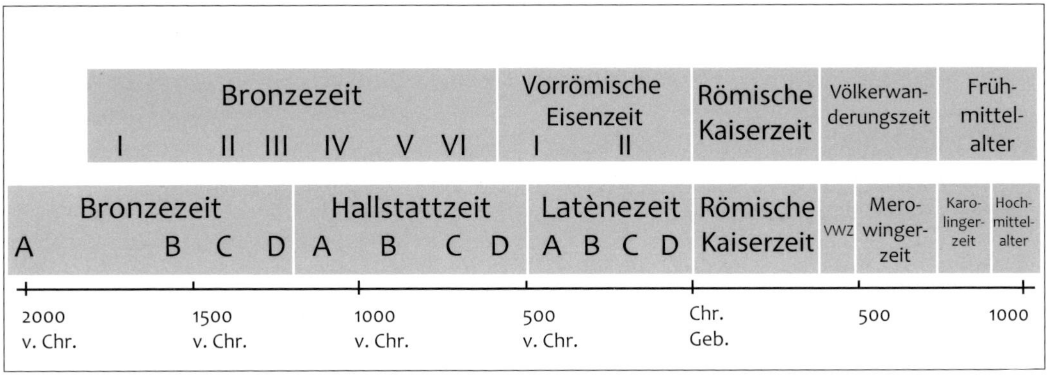

Abb. 1: Chronologische Übersicht von der Bronzezeit bis zum Mittelalter im norddeutschen (oben) und süddeutschen Raum (unten). Die Bezeichnung der Zeitstufen erfolgt nach P. Reinecke (1965), O. Montelius (1917) und H. Keiling (1969).

Gemäß den Leitgedanken der AG ARCHÄOLOGIETHESAURUS werden die einzelnen Klassen einer Objektgruppe mit ihren kennzeichnenden Merkmalen beschrieben und nach rein formalen Kriterien gegliedert, also unabhängig von ihrer chronologischen und kulturellen Einordnung. Dennoch sind Hinweise auf eine zeitliche wie räumliche Eingrenzung einer jeden Form unerlässlich. Zur Datierung werden in der Regel die Epoche, die archäologische Kulturgruppe und ein absolutes, in Jahrhunderten angegebenes Datum genannt. Dabei dienen die allgemein gängigen Standardchronologien als Orientierung **(Abb. 1)**. Erfasst wird regelhaft ein Zeitraum vom Paläolithikum bis ins frühe Mittelalter. Die Obergrenze bildet das Hochmittelalter, wobei Formen aus der Zeit nach 1000 nur in Ausnahmefällen berücksichtigt werden, da sie sich oft nur schwer gemeinsam mit den älteren Funden in eine einheitliche Struktur bringen lassen. Auch käme es bei den jüngeren Hinterlassenschaften zunehmend zu Überschneidungen mit anderen kulturhistorischen oder volkskundlichen Objektthesauri, die jedoch vermieden werden sollen. Im Hinblick auf ihr regionales Vorkommen werden nur solche Formen berücksichtigt, die im deutschsprachigen Raum in nennenswerter Menge vertreten sind. Dennoch wird bei jeder Gegenstandsform die Gesamtverbreitung aufgeführt, wobei generalisierend nur Länder und Landesteile genannt werden. Jedem Begriff werden zudem eine Definition und eine typische Abbildung hinterlegt. Die als Quellennachweis dienenden Literaturangaben und Abbildungsnachweise können unterschiedliche Tiefen erreichen. Oft reicht eine einzige Quellenangabe aus, im Falle von in der Forschung noch nicht verbindlich definierten Typen erscheinen bisweilen jedoch umfangreiche Literaturangaben unerlässlich. Auch Abbildungshinweise, die auf Abweichungen vom im Bestimmungsbuch dargestellten Idealtypus verweisen, können zur Einordnung individueller Objekte manchmal hilfreich sein.

Der in der AG ARCHÄOLOGIETHESAURUS entwickelte archäologische Objektbezeichnungsthesaurus erhebt keinen Anspruch auf Vollständigkeit; Ziel ist es aber, eine Struktur zu schaffen, die jederzeit ergänzt und erweitert werden kann, ohne grundsätzlich verändert werden zu müssen. So können auch neu definierte Varianten immer wieder in das Vokabular eingebunden werden, das auf diese Weise stets auf einen aktuellen Forschungsstand gebracht werden kann. Am Ende der Arbeit soll ein Vokabular stehen, das zum einen die nicht nur für Experten sachlich korrekte Erfassung archäologischer Bestände mit unterschiedlichen Erschließungstiefen ermöglicht, zum anderen aber auch vielfältige Suchmöglichkeiten anbietet. Hierzu dienen auch die Relationen, die auf Beziehungen zwischen einzelnen Formen derselben Objektgruppe, aber auch unterschiedlicher

Gruppen, wie beispielsweise der Hals- und der Armringe, verweisen. Solche Verknüpfungen nehmen mit jeder neu erschlossenen Materialgruppe zu und werden für eine zukünftige digitale Recherche noch weiter an Bedeutung gewinnen.

Die Bereitstellung und Weiterentwicklung des Thesaurus ist zukünftig online auf der Website von www.museumsvokabular.de oder einem Portal ähnlicher Art geplant und soll über Standard-Austauschformate in alle gängigen Datenbanken einspielbar sein. Vorab erscheinen seit 2012 wichtige Objektgruppen in gedruckter Form als **»Bestimmungsbuch Archäologie«**. Bisher veröffentlicht wurden: Fibeln, Äxte und Beile, Nadeln, Kosmetisches und medizinisches Gerät, Gürtel, Dolche und Schwerter, Halsringe, Messer und Erntegeräte sowie zuletzt Arm- und Beinringe. Der aktuelle, nunmehr bereits zehnte Band widmet sich den Pfeil- und Lanzenspitzen. Komplettiert wird er durch Katapult- und Schleudergeschosse.

Für den Leser dieses Buches gelten für die Erschließung der Objekte die aus den bereits erschienenen Bänden vertrauten Zugänge: Eine grobe Gliederung wird im Inhaltsverzeichnis geliefert. Man kann sich den Objekten durch die Gliederungskriterien der Ordnungshierarchien annähern. Sind die Bezeichnungen bekannt, lässt sich der Bestand anhand der Verzeichnisse erschließen, in denen alle verwendeten Typenbezeichnungen und ihre Synonyme aufgelistet sind. Der für manchen Nutzer einfachste Weg ist das Blättern und Vergleichen. Alle Zeichnungen einer Objektgruppe, für die jeweils ein konkretes, besonders typisches Fundstück als Vorlage ausgewählt wurde, besitzen bei den Pfeilspitzen und Katapultgeschossen den einheitlichen Maßstab 2:3, bei den Lanzenspitzen und Schleudergeschossen 1:2. Davon abweichende Maßstäbe wurden an den Zeichnungen vermerkt. Zusätzliche Informationen bieten die Fototafeln mit ausgewählten Typen.

Auch der zehnte Band der Reihe »Bestimmungsbuch Archäologie« ist ein Ergebnis der gesamten AG ARCHÄOLOGIETHESAURUS, an dem neben den Autoren auch alle weiteren Mitglieder nach Kräften mitgearbeitet haben, sei es durch die Bereitstellung von Fotos und Literaturergänzungen, die Übernahme redaktioneller Aufgaben oder ganz besonders durch die vielen Diskussionen der Systematiken und Sachtexte sowie der sinnvollen Einbindung zusätzlicher Formen in die vorgegebene Struktur. Die Archäologische Staatssammlung München, die Keltenwelt am Glauberg, das Archäologische Zentraldepot der Stadtarchäologie Augsburg, das Oberösterreichische Landesmuseum Linz und das Museum Hoge Woerd in Utrecht haben durch das unentgeltliche Bereitstellen von Fotos zum Gelingen des Bandes beigetragen. Allen Helfern einen ganz herzlichen Dank!

Der zehnte Band stellt eine Zäsur in der Reihe »Bestimmungsbuch Archäologie« dar, deren bis jetzt regelmäßige Fortsetzung nahezu im Jahresrhythmus mit dem vorliegenden Buch zunächst endet. In näherer Zukunft wird sich die AG ARCHÄOLOGIETHESAURUS schwerpunktmäßig mit der schon lange geplanten Umsetzung des digitalen **Archäologischen Objektbezeichnungsthesaurus (AOT)** beschäftigen mit dem Ziel, die ersten Objektgruppen möglichst zeitnah öffentlich bereitzustellen. Ein Teil der Arbeit wird sich anschließend der weiteren Anreicherung dieser Daten widmen, beispielsweise durch Mappings mit anderen etablierten Vokabularen, die auch archäologische Objektbegriffe enthalten, wie z. B. dem Art & Architecture Thesaurus (AAT), dem Wortnetz Kultur (WNK) oder der Objektbezeichnungsdatei (OBG). Außerdem sind kontinuierlich neue Objektgruppen zu erschließen, darunter auch kleinere, die kein eigenständiges Bestimmungsbuch füllen würden.

Dennoch soll das seit dem Erscheinen der Fibeln 2012 dankenswerterweise so positiv aufgenommene »Bestimmungsbuch Archäologie« mit dem vorliegenden Band nicht enden; weitere Publikationen in unregelmäßigen Abständen sind geplant.

Kathrin Mertens

In der AG ARCHÄOLOGIETHESAURUS sind derzeit folgende Institutionen und Wissenschaftler vertreten:

Bonn, LVR-LandesMuseum Bonn (Victoria Biesterfeld, Christian Röser)

Dresden, Landesamt für Archäologie (Ronald Heynowski)

Frankfurt am Main (Mareike Grunert)

Hamburg, Archäologisches Museum Hamburg (Kathrin Mertens)

Hannover, Landesmuseum Hannover (Ulrike Weller)

Köln, Universität zu Köln (Eckhard Deschler-Erb)

München, Archäologische Staatssammlung München (Christof Flügel, Brigitte Haas-Gebhard)

München, Landesstelle für die nichtstaatlichen Museen in Bayern (Mario Bloier, Sybille Greisinger)

Rastatt (Annette Brosend)

Schleswig, Archäologisches Landesamt Schleswig-Holstein (Lydia Hendel)

Schleswig, Museum für Archäologie Schloss Gottorf, Stiftung Schleswig-Holsteinische Landesmuseen Schloss Gottorf (Angelika Abegg-Wigg)

Zeichnerische Dokumentation im »Bestimmungsbuch Archäologie«

In der Reihe »Bestimmungsbuch Archäologie« werden die typischen Vertreter der einzelnen Gegenstandsformen zeichnerisch wiedergegeben. Ziel dieser Darstellungen ist es zum einen, einen visuellen Eindruck von den beschriebenen Gegenständen zu bekommen. Dazu ist ein individuelles Stück möglichst realistisch, auch mit Beschädigungen und Altersspuren abgebildet. Bewusst handelt es sich nicht um eine technische Rekonstruktionszeichnung als schematische Umsetzung. Wo erforderlich, sind zerbrochene Bereiche durch einen Konturstrich ergänzt. Ein zweiter Aspekt ist die maßstabsgerechte Darstellung, die eine Größenvorstellung der Objekte vermittelt und einen Größenvergleich zwischen den verschiedenen Stücken erleichtert. Dazu werden möglichst alle Abbildungen einer Objektgruppe in einen einheitlichen Maßstab gebracht. Ausnahmen bestehen bei einzelnen sehr großen oder sehr kleinen Objekten, bei denen der Satzspiegel oder die gute Erkennbarkeit Grenzen setzen. Dann wird ein anderer Maßstab gewählt, als bei den übrigen Formen dieser Gruppe, und dies in der Bildunterschrift vermerkt. Bei sehr großen Objekten wie den Schwertern werden eine Gesamtansicht und Details in unterschiedlichen Maßstäben gebracht. Seitenansichten und Querschnitte ergänzen die Dokumentation.

Die Abbildungen in der Reihe »Bestimmungsbuch Archäologie« wurden nach publizierten Vorlagen neu gezeichnet. Dadurch werden eine weitgehende Einheitlichkeit wie auch eine Vergleichbarkeit der Darstellungen erreicht. Trotz einiger Grundregeln gibt es in den archäologischen Fachdisziplinen keine Maßgaben für eine einheitliche Darstellung der Objekte. Ein gewisser Konsens besteht darin, dass neben der äußeren Form auch Informationen zum Herstellungsmaterial und der Oberflächentextur vermittelt werden. Die Ausrichtung der Gegenstände nimmt darauf Bezug, wie sie verwendet wurden. So weisen beispielsweise Schwerter, Messer oder Nadeln mit der Spitze nach unten, Lanzen- und Pfeilspitzen mit der Spitze nach oben. Gürtelbeschläge orientieren sich an der Montage auf dem Riemen, Ringe nach der Art, wie sie getragen wurden, oder sind mit der Öffnung nach unten angeordnet. Die Gegenstände werden immer in einer seitlichen Ansicht gezeigt, nicht schräg oder perspektivisch.

Die vorliegenden Zeichnungen sind mit einer Zeichenfeder und Tusche auf Transparentpapier ausgeführt. Für den Druck werden sie gescannt, die Größe auf die Hälfte verkleinert und die Auflösung auf 1200 dpi gesetzt. Um einen plastischen Eindruck zu erwecken, wird die Objektoberfläche mit einem Schatten versehen. Dazu befindet sich eine imaginäre Lichtquelle links oben. Dies entspricht bei den meisten Menschen den üblichen Sehgewohnheiten. Die Ausführung der Schattierung ist je nach Herstellungsmaterial der Objekte unterschiedlich. Bei Bunt- und Edelmetall erfolgt eine Pünktelung, die dichter und dunkler ist, je stärker die Flächen im Schatten liegen. Silber kann etwas heller, Gold etwas feiner gezeichnet werden. Hier sind aber schnell die Grenzen der Darstellbarkeit erreicht. Eisen wird in einer Schrägschraffur wiedergegeben, die zur Verstärkung um eine Kreuzschraffur ergänzt werden kann. Stein und Glas erhalten eine horizontale bzw. konzentrische Schraffur, die mit Schrägschraffuren wechseln kann. Bei organischem Material wie Holz oder Knochen richtet sich die Schraffur nach der Ausrichtung der Materialstruktur oder Maserung. Trotz dieser Standardisierungen wird jedoch darauf geachtet, dass der realistische Eindruck des

Stückes gewahrt bleibt und nicht ins Schematische abgleitet.

Die Zeichnung gestattet, verschiedene Aspekte am Objekt zu gewichten. Beispielsweise können feine Verzierungen, die sich am Objekt nur schwach erkennen lassen, dezent hervorgehoben werden. Das gleiche gilt bei der Option, schwere Gegenstände dunkler, leichte heller darzustellen. Dies bleibt der Vorteil der Zeichnung im Vergleich zu einer Fotografie oder einer digitalen Scanneraufnahme in Laser- oder Streifenlichttechnik. Die Zeichnung zwingt den Zeichner durch den Strich zu klaren Form- und Verzierungsaussagen. Nichts kann im Schatten verschwimmen. Dies ist ebenso eine Anforderung an die Genauigkeit wie an die darstellerische Interpretation des Objekts, die dem Betrachter zugutekommt.

Ronald Heynowski

Einleitung

Pfeil-, Speer- und Lanzenspitzen werden seit Tausenden Jahren von Menschen genutzt, um Tiere zu erlegen oder Feinde zu töten. Seit jeher hat man dabei auch viel handwerkliches Geschick aufgewendet, sei es um die ballistischen Eigenschaften für unterschiedliche Nutzungen zu optimieren, sei es um durch Material und Verzierung den Status des Besitzers zu unterstreichen.

Neben diesen letztgenannten besonderen Stücken gibt es die große Menge der »Gebrauchswaffen«, die über lange Zeiten sehr einheitlich gefertigt wurden und typische Merkmale vermissen lassen. Diese Stücke machen den Bearbeitern und Bearbeiterinnen archäologischer Inventare eine zeitliche Einordnung schwer. So merkte schon Martin Jahn im Jahre 1916 an: »Am häufigsten und für die frühe Kaiserzeit am meisten charakteristisch sind die unprofilierten Lanzenspitzen [...], welche schon am Ende der Latènezeit auftreten [...]. Das Eigentümliche dieser Gruppe besteht in ihren unausgeprägten Formen, denen jeglicher hervorstechende und auffallende Zug fehlt. Sie ermüden durch ihre Eintönigkeit und ihr zahlreiches Vorkommen.« (Jahn 1916, 80). Jahn geht damit schon früh auf das Problem der unzureichenden charakteristischen Merkmale ein, die eine Typbildung unmöglich machen. Dies gilt durch alle Zeiten hindurch (siehe z. B. auch von Brunn 1968, 141; Bolus/Conard 2006, 12). So werden Nutzer und Nutzerinnen dieses Buchs Vergleichsstücke zu ihren Originalen manchmal vergeblich suchen. Hier kann nur über das Material und die Art der Schäftung eine Ansprache erfolgen, die nicht weiter vertieft werden kann.

Generell gilt zudem für metallene und ganz besonders für die eisernen Spitzen, dass durch Korrosion und/oder unsachgemäße Restaurierung Formen stark verändert sein können. Daher sind unter den Metallformen manche in der Literatur vorhandene Typen zusammengeführt worden, wenn ihre Merkmale sich nur in Kleinigkeiten unterschieden, die möglicherweise auf äußere Umstände zurückzuführen sind. Auch konnten vergleichende Angaben oft mittels der in der Literatur vorhandenen Zeichnungen nicht nachvollzogen werden. So wurde z. B. ein »etwas flacherer Mittelgrat« nicht als ausreichend für einen neuen Typ erachtet, da dieses Merkmal rein subjektiv ist. Vielmehr wurde angestrebt, Merkmale zu finden, die so charakteristisch sind, dass auch Einzelfunde eingeordnet werden können.

Im Folgenden werden Definitionen für die Oberbegriffe »Pfeilspitze«, »Lanzenspitze« und »Speerspitze« vorgestellt, um eine einheitliche Ansprache zu ermöglichen. Nach einem kurzen Überblick über die genutzten Materialien sowie die Schäftungsarten und die Nutzung der Objekte folgt die Aufstellung der Typen, die vor allem dazu dienen soll, eine einheitliche Bezeichnung zu verwenden. Auch können damit Doppelbenennungen von Typen vermieden werden, besonders wenn diese aus unterschiedlichen Epochen stammen. So sollte beispielsweise der Begriff »Stielspitzen« nicht für die gestielten Pfeilspitzen des Neolithikums genutzt werden (Ganslmeier/Literski-Henkel 2014, 39), da er in der archäologischen Fachliteratur für paläolithische Artefakte reserviert ist.

Da immer wieder der Wunsch geäußert wurde, bei den Typen auch Maße anzugeben, wurden, wo möglich, zumindest die Längen genannt. Diese sind nur als Anhaltspunkte zu verstehen und entsprechen nicht zwingend immer dem eigentlichen Rahmen, da in der Literatur die Längenangaben häufig fehlen oder Maßangaben im Katalog nicht den Maßen der Zeichnungen entsprechen. Ein Vermessen sämtlicher Objekte ist selbstverständlich für solch eine große Objektmenge, die über ganz Europa verteilt ist, nicht zu leisten.

Projektile, die ausschließlich aus Holz bestehen, wurden in diesem Band nicht berücksichtigt. Dazu zählen Holzpfeile mit einer aus dem Vollen gearbeiteten Spitze bzw. einem Kolben. Kolbenpfeile aus Holz existieren seit dem Mesolithikum (Gramsch 1973, 45, Abb. 36; Eckhardt 1996, 22; Klooß 2015, 89, Taf. 23,10), in gleicher Form sind sie auch noch im Frühmittelalter belegt. Für historische Zeiten ist die Jagd auf Pelztiere und Vögel mit solchen Pfeilen dokumentiert (Paulsen, H. 1999, 116). Auch die Speere von Schöningen und die Lanze von Lehringen aus dem Paläolithikum sowie ähnliche aus einem Stück gearbeitete Objekte fließen nicht in die Aufstellung ein (Thieme/Veil 1985; Schlichtherle 1996, 352; Mertens 2000, 16; Thieme 2002).

Die römischen Pfeil- und Lanzenspitzen wurden von Veronika Fischer, die *plumbatae* und *pila* von Christof Flügel bearbeitet. Für die Geschossbolzen zeichnet Mario Bloier verantwortlich, für die Schleudergeschosse Doris Lettmann. Wie schon bei den Bestimmungsbüchern zuvor haben aber zum Gelingen von Band 10 viele Personen, allen voran die Mitglieder der AG ARCHÄOLOGIE-THESAURUS, durch Diskussionen, Literaturhinweise und Fotos beigetragen. Ihnen allen danke ich herzlich. Ein besonderer Dank geht an Ronald Heynowski, der mit seinen Zeichnungen diesen Band wieder in bewährter Weise bereichert hat.

Da Ronald Heynowski in den Ruhestand gehen wird, möchte die AG die Gelegenheit nutzen, ihm für die großartige Arbeit, sei es als Autor diverser Bestimmungsbücher, als Zeichner, als Ratgeber bei Einordnungen der Typen, als Korrekturleser und vieles mehr, zu danken. Ihm sei Band 10 der Bestimmungsbücher Archäologie gewidmet.

Definitionen

Pfeilspitzen sind Bewehrungen von Pfeilen, die mit einem Bogen abgeschossen wurden. Die Spitze befindet sich am dem Ziel zugewandten Ende des Pfeils, am anderen Ende ist in der Regel eine Sehnenkerbe angebracht (Mertens 2000, 12). Eine Sonderform stellen die mesolithischen Pfeile dar, bei denen die Mikrolithen auch seitlich in den Schaft eingesetzt wurden (Mertens 2000, 15, Abb. 8).

Als Lanzen werden Stoß- oder Stichwaffen bezeichnet (Mertens 2000, 19; Losert 2003, 433), die aus einer Stange (meist aus Holz) und einer Spitze bestehen. Diese Spitze kann direkt aus der Stange herausgearbeitet oder auf diese aufgesetzt bzw. aufgebunden oder -geklebt sein. In letzteren Fällen handelt es sich um eine Lanzenspitze.

Im Gegensatz zu Lanzen werden Speere überwiegend geworfen (Mertens 2000, 19; Losert 2003, 433). Für die Gestaltung der Speerspitzen gibt es die gleichen Möglichkeiten wie bei den Lanzen. Neben dem Werfen aus der Hand wurde z. B. im Paläolithikum auch das Werfen mit der Speerschleuder praktiziert (Bosinski 1987, 38).

1916 definierte Jahn für die germanischen eisernen Spitzen, dass Speerspitzen Widerhaken haben müssen, Lanzenspitzen nicht, wofür es funktional aber keine Begründung gibt (Bantelmann 1971, 24; Bemmann 2007, 247). Da die eindeutige Funktion heute nur selten geklärt werden kann, wird hier Hansen (Hansen, S. 1994, 59) gefolgt, der den Terminus »Lanzenspitze« unabhängig von der Nutzung des Objektes – stoßen oder werfen – gebraucht. Wo im archäologischen Sprachgebrauch allerdings der Typname den Terminus »Speerspitze« beinhaltet, wurde dies beibehalten.

Auch die Abgrenzung von Lanzen- zu Pfeilspitzen bereitet manchmal Probleme, zumal es bei den Längen Überschneidungsbereiche geben kann. Handelt es sich um Objekte mit Tülle, kann über deren Durchmesser eine Zuordnung erfolgen. Pfeilschäfte sind in der Regel kaum dicker als 1,0 cm, bei Lanzen liegt der Mindestwert bei 1,5 cm (Bemmann 2007, 247; siehe auch Kapitel »Nutzung und Schäftung«).

Römische Pfeil-, Wurfspeer- und Katapultspitzen weisen formal teils große Ähnlichkeiten auf, die Einordnung erfolgt oft fließend. Zu nennen wären hier beispielsweise die bolzenartigen Spitzen mit Tülle oder Dorn und vierkantigem Querschnitt (Pfeilbewehrung 3.2.3.4. und 3.3.4.1.; Lanzen-/Speerbewehrung 3.2.1.5.5. und 3.2.1.5.6.; Geschossbolzen 1.2., 2.3.1. und 2.6.1.1.).

Baatz benannte das Gewicht für Geschützpfeilspitzen auf zwischen 25 und 75 g (Baatz 1966, 205)

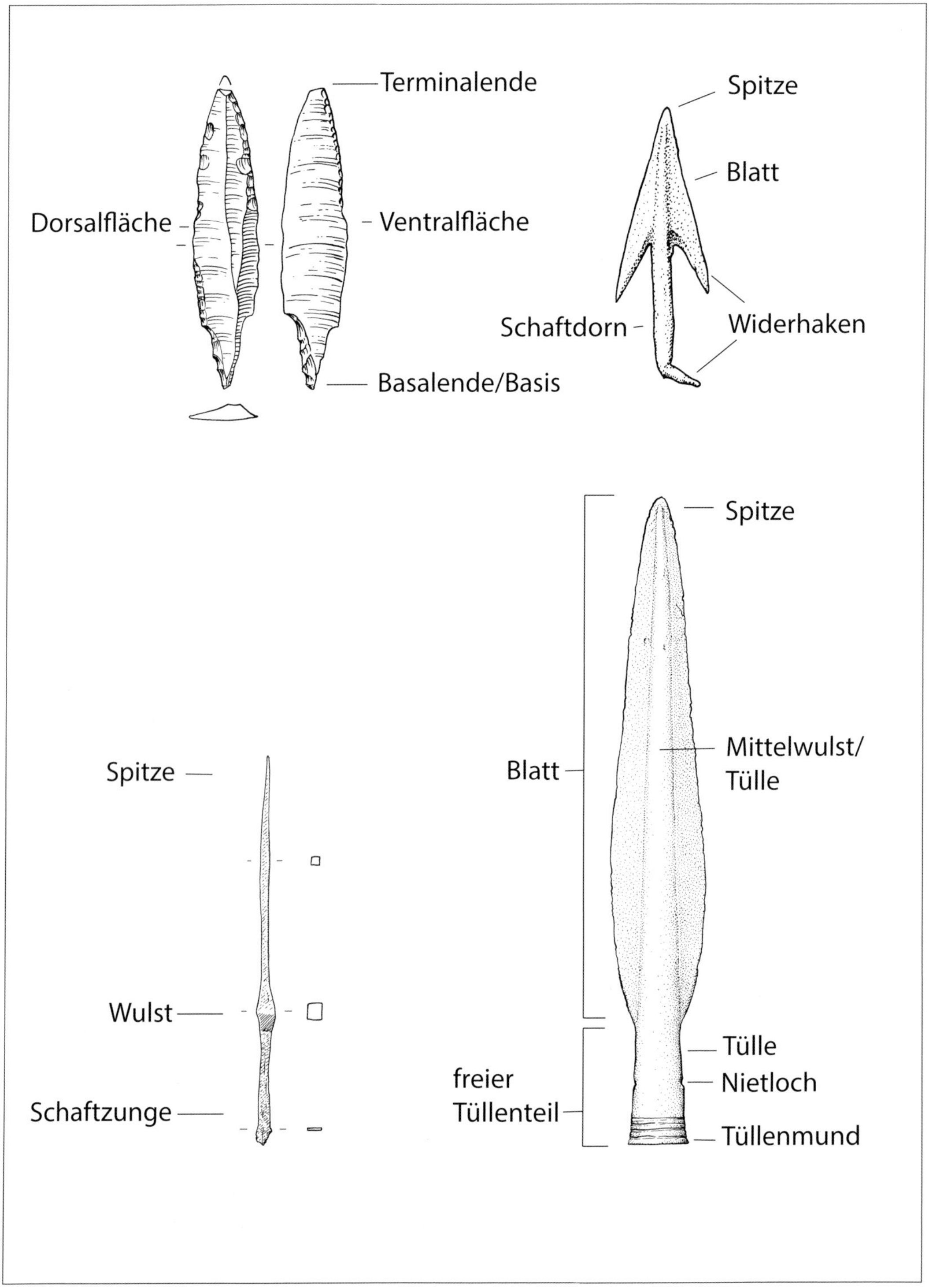

Abb. 1: Terminologie der Pfeil- und Lanzen-/Speerbewehrungen.

und Erdmann stellte fest, dass römische Pfeilspitzen nicht mehr als 12 g wiegen sollten (Erdmann 1982, 7, Anm. 18). Das Gewicht der Funde hängt allerdings auch mit ihrem Erhaltungszustand und gegebenenfalls der Restaurierungsweise zusammen. Geschossspitzen mit geschlitzter Tülle rechnete Baatz (Zanier 2016, 302) zu den bekannten Katapultteilen. Zugeschweißte Tüllennähte bei Waffenspitzen seien hingegen für den mehrfachen Gebrauch, da die beim Stoß auftretenden Querkräfte nicht zum Öffnen der Tülle und zum Verlust der Waffenspitze führen würden. Bei »Einmalwaffen«, wie Wurfspeeren, Bogen- und Katapultpfeilen, sei eine aufwändige Verschweißung oder gar Hartlötung der Tüllennähte nicht notwendig, weshalb bei diesen Waffen die Tüllennaht in der Regel offenblieb. Die offene Naht bewirkte, dass die Tülle mit einem Handgriff auf den Schaft geschoben werden konnte. Die geringere Stabilität wurde so zugunsten einer billigen Massenproduktion nicht nur in Kauf genommen, sondern wohl bewusst eingesetzt, um eine Wiederverwendung der Waffe zu erschweren.

In der wissenschaftlichen Literatur herrscht keine Einigkeit darüber, ob Geschossspitzen mit quadratischem Querschnitt und Tülle als Bewehrungen von Katapultpfeilen oder als die von leichten Wurflanzen zu interpretieren sind.

Durch die Funde vom Harzhorn (Pöppelmann/Deppmeyer/Steinmetz 2013, 275–276) konnte für die Mitte des 3. Jhs. n. Chr. belegt werden, dass Geschossspitzen mit Tülle und quadratischem Querschnitt der Spitze sowie einem Gewicht von maximal 60 g als Köpfe von Katapultpfeilen zu interpretieren sind, während die durchschnittlich etwas schwereren Spitzen mit ausgeschmiedeten Blättern zu den leichten Wurfspeeren gehören. Am Harzhorn fanden sich beide Gruppen immer in getrennten Arealen – der Einsatz der Torsionsgeschütze und der leichten Reiterei erfolgte somit räumlich getrennt. Gestützt (Berger u. a. 2010, 338–339) wurde dies durch ein massives und parallel orientiertes Auftreten vor allem am Kamm des Harzhorns. Die *in situ* gefundenen Spitzen weisen zwei Einschlagrichtungen auf und belegen so, dass sie von römischen Torsionsgeschützen abgefeuert worden sein müssen. Die Wucht des Aufpralls zeigt sich besonders durch die Verformung der vordersten Spitze (gestaucht oder verbogen). Das Gewicht liegt bei gut erhaltenen Exemplaren zwischen 25 und 75 g, die Länge bewegt sich zwischen 6 und 13 cm; wenige Stücke sind bis zu 15 cm lang, aber von ähnlich geringem Gewicht. Bei Lanzen und Wurfspeeren hat die Spitze normalerweise größeren Anteil am Gesamtgewicht der Waffe.

Schwierig ist auch die Zuordnung einiger Typen des Paläolithikums zu Pfeil- oder Lanzenspitzen, da noch nicht eindeutig geklärt werden konnte, ab wann die Bogenwaffe in Mitteleuropa auftritt. Der Fund von Pfeilschäften in Stellmoor zeigt, dass sie im Spätpaläolithikum vorhanden gewesen sein muss (Mertens 2000, 5). Für die Zeiten, in denen die Nutzung von Pfeil und Bogen in Mitteleuropa noch nicht eindeutig nachgewiesen ist, müssen z. B. kleine Silexeinsätze eher als Bestandteile von Speeren oder Lanzen angesehen werden.

Die beinernen Geschossspitzen des Paläolithikums (Lanzen-/Speerbewehrung 1.1.2.–1.1.7.) sind laut Definition von gestreckter Form und weisen eine deutliche Spitze sowie großflächige Bearbeitung auf (Hahn 1993, 331; Pfeifer 2016, 57). Bei fragmentierten Stücken ist die Zuweisung trotzdem oft nicht möglich; es kann zu Verwechslungen beispielsweise mit Pfriemen kommen (Albrecht/Hahn/Torke 1972, 9; Hahn 1977, 68; Hahn 1988, 205).

Einfache Knochenspitzen können auch Teile von Fischspeeren (synonym: Aalstecher) gewesen sein, wie sie etwa in der Ertebøllekultur auftreten. Hier wurde eine Knochenspitze in eine lange Griffstange eingesetzt und diese mit zwei abgewinkelten hölzernen Seitenteilen, den sogenannten Schalmen, durch Umwicklung verbunden (Mertens 2000, 22–23; Hirsch/Klooß/Klooß 2007, 38, Abb. 11,2; 15,8–9; Klooß 2015). Einzeln gefundenen Knochenspitzen ist jedoch ihre Funktion normalerweise nicht anzusehen, weshalb sie bei der Benennung der Typen keine Rolle spielen.

Als Spezialgeräte sind Harpunen oder Widerhakenspitzen (Lanzen-/Speerbewehrung 1.2.1.) anzusehen. Dabei ist zu berücksichtigen, dass der Begriff »Harpune« im archäologischen Kontext nicht nur für Geräte für die Jagd auf aquatisch lebende Tiere angewendet wird. Vielmehr dienen

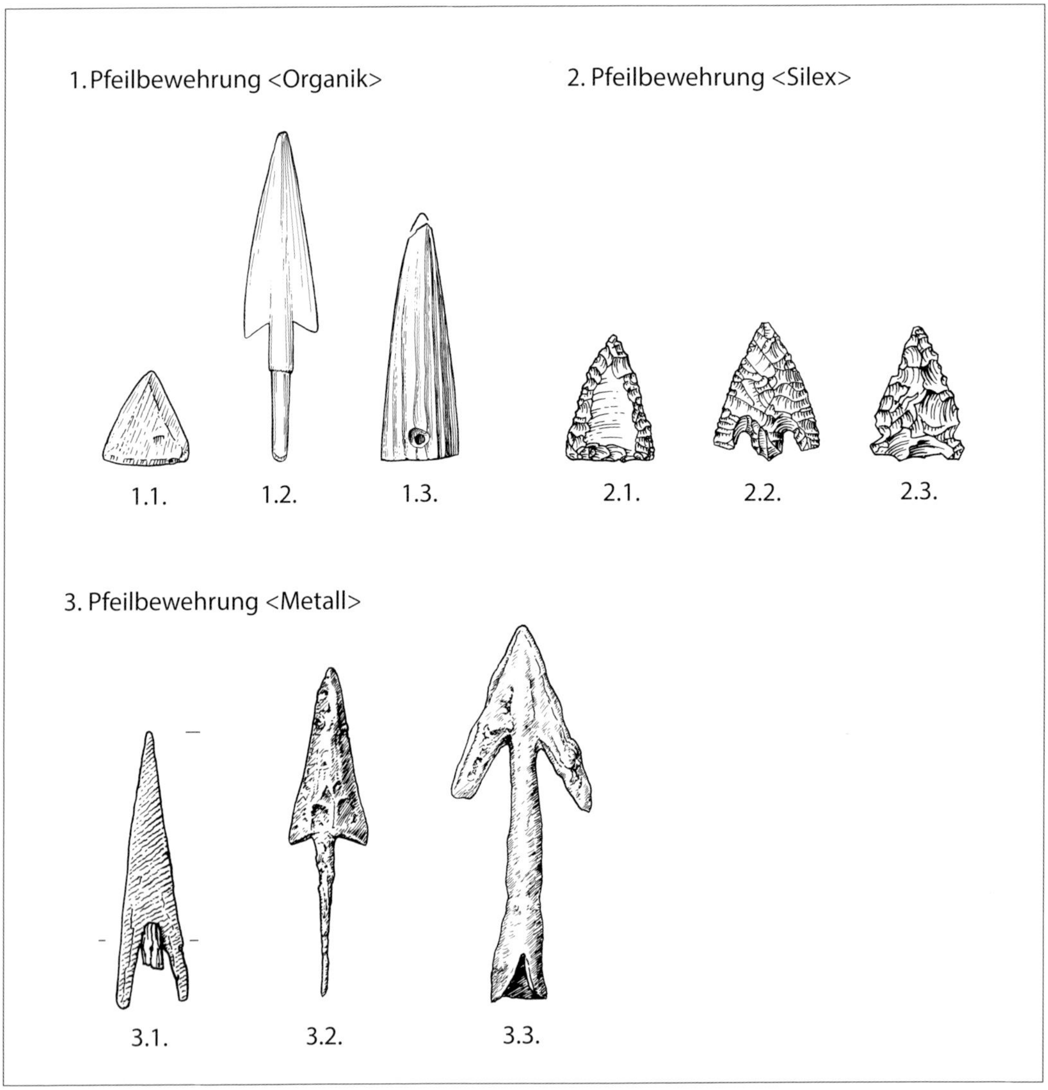

Abb. 2: Systematik der Pfeilbewehrungen.

Harpunen für eine spezielle Art der Jagd. Die Harpunenspitze muss sich nach dem Eindringen in den Körper des Tieres leicht vom Schaft lösen, aber mittels einer Leine mit diesem oder dem Harpunier verbunden sein. Daher besitzen die meisten Harpunenspitzen ein Loch oder eine andere Befestigungsmöglichkeit – oft eine speziell bearbeitete Basis – für die Leine (Andersen 1971, 116; Winiger 1992, 70; Auler 1993, 17; Torke 1993, 56; 58; Baumeister/Köninger 2016, 341). Unterschieden wird zwischen den ein- und zweireihigen Stabharpunen sowie den Knebelharpunen, die eine Tüllenschäftung aufweisen (Torke 1993, 56).

Die gekerbten Spitzen (Lanzen-/Speerbewehrung 1.1.10.) lösten sich, anders als die Harpunen, nicht beabsichtigt vom Schaft (Mertens 2000, 21). Ihre Basis ist in der Regel nicht besonders ausgearbeitet.

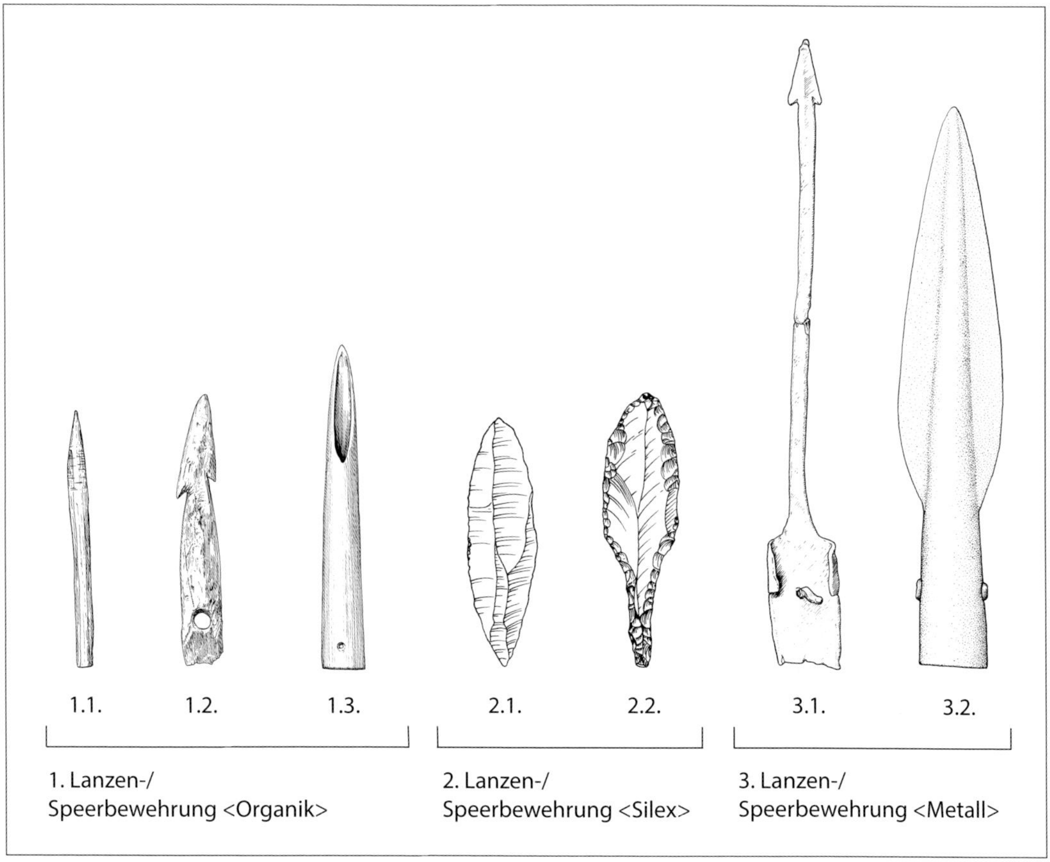

Abb. 3: Systematik der Lanzen-/Speerbewehrungen.

Materialien

Früheste Geschossspitzen wurden aus Bein – Knochen, Geweih oder Elfenbein – gefertigt. Bereits im Jungpaläolithikum sind sie häufig vorhanden, wobei der Erhalt von organischen Materialien stark vom Bodenmilieu abhängt (Bolus/Conard 2006,1). In allen Zeiten bedeutet daher das Nichtvorhandensein der Typen aus organischem Material nicht automatisch die Nichtexistenz. Verbreitung und Datierung können sich hier durch Neufunde jederzeit ändern.

Schwierig nachzuweisen sind neben den Schäften somit auch Pfeil- und Lanzenspitzen aus Holz, da sie im Boden meist vergehen würden. In der jungneolithischen Siedlung von Ödenahlen (Baden-Württemberg) wurden 15 cm lange Spitzen aus Eibenholz gefunden, die möglicherweise als Geschossbewehrungen gedient haben (Schlichtherle 1995, 68, Abb. 58). Solange allerdings keine geschäfteten Stücke gefunden werden, muss dies Spekulation bleiben. So sind aus Holz bisher lediglich Pfeilköpfe aus dem Spätneolithikum in der Schweiz nachgewiesen (Pfeilbewehrung 1.1.1.4.; Eberli 2010, 211, Taf. 64,539–544), bei denen Reste der Schäftung erhalten sind.

Beinerne Geschossspitzen werden auch im Neolithikum und in den Metallzeiten noch hergestellt und genutzt, lediglich aus dem Römischen Reich sind keine Projektile aus diesen Materialien bekannt. Aus dem Neolithikum sind Zusammenfunde von Pfeilspitzen aus Silex und Knochen belegt (Kappel 1978, 12, Abb. 6; Nieszery 1995, 170).

In der Lausitzer Kultur wurden bronzene und knöcherne Pfeilspitzen gemeinsam ins Grab gegeben (Breddin 1989, 122).

Ab dem Paläolithikum treten auch Bewehrungen aus Silex auf (Floss/Weber 2018, 509). Die seit dem Neolithikum geläufigen dreieckigen Pfeilspitzen sind bis weit in die Bronzezeit hinein in Gebrauch (Kilian 1995) und kommen häufig in den Gräbern gemeinsam mit Pfeilspitzen aus Bronze vor (Sprockhoff 1937, 32, Abb. 10; Just 1968, 201, Abb. 143,c–i). Bei Funden von Pfeilspitzen aus Silex sei auf die Verwechslungsgefahr mit aus Amerika eingeführten, sogenannten indianischen Pfeilspitzen hingewiesen (ausführlich dazu Cosack 2000). Dabei handelt es sich um Pfeilspitzen, die seitliche Einkerbungen an der Basis tragen. Prominentes Beispiel dafür sind die Stücke aus Onstmettingen, die Pirling (1980, Taf. 40; siehe ausführlich dazu Schreg 2013) kommentarlos für die mittlere Bronzezeit abbildete. Da formal ähnliche Stücke gelegentlich im Spätneolithikum auftreten, kann eine Einordnung letztendlich nur über das Rohmaterial erfolgen.

Größere Lanzen- bzw. Speerspitzen aus Silex sind selten; kleinere Einsätze müssen stets als Bewehrungen von Speeren in Betracht gezogen werden, wenn sie aus Zeiten stammen, in denen die Bogenwaffe noch nicht nachgewiesen ist (siehe dazu im Kapitel »Nutzung und Schäftung«).

Ab dem Ende der frühen Bronzezeit sind in Mitteleuropa bronzene Lanzenspitzen belegt. Ihre Anzahl variiert aufgrund von Grabbräuchen und Deponierungsverhalten während der gesamten Bronzezeit je nach Region stark (Fröhlich 1983, 37; Berger 1984, 49; Hansen, S. 1994, 61; Brestrich 1998, 131). Ein Phänomen, das sich auch in den folgenden Zeiten bei den eisernen Pfeil- und Lanzenspitzen beobachten lässt (Raddatz 1963, 49; Jacobi 1977, 33; Worbs 1979, 47). Besonders nach dem Auslaufen der Beigabensitte im fränkisch-karolingischen Kerngebiet im 8. Jh. n. Chr. finden sich Waffen nur noch in Gräbern in den Randgebieten (Kempke 1988, 292; Westphal, H. 2002, 253).

Waffenspitzen aus Edelmetall sind selten. In der 2. Hälfte des 3. Jhs. n. Chr. sind besonders aus dem mitteldeutschen Raum reich ausgestattete Gräber mit Silber- oder vergoldeten Bronzepfeilspitzen bekannt (Schulz 1952, 105–106; Werner 1955b; Becker, M. 2001, 112–113). Auch Tauschierungen kommen gelegentlich bei Lanzenspitzen von der Römischen Kaiserzeit bis ins Frühmittelalter vor (siehe z. B. Cosack 1977; Quast 2014; *Farbtafel Seite 34 und 36*).

Nutzung und Schäftung

Pfeil-, Lanzen- und Speerspitzen haben in der Regel den Zweck, Tiere bei der Jagd (Sauramo 1938, 26; Ströbel 1959, 103; Most 2018, 92, Abb. 46) oder Menschen im Krieg zu töten oder zumindest schwer zu verletzen. Letzteres wird immer wieder durch Knochenfunde, wie z. B. den Oberarmknochen mit eingeschossener Flintpfeilspitze und das Hinterhauptsbein eines menschlichen Schädels mit darin steckender Bronzepfeilspitze aus dem Tollensetal oder den Rückenwirbel mit tief eingedrungener bronzener Tüllenpfeilspitze aus Klings in Thüringen, belegt (Feustel 1958, 6, Taf. 32,4–6; Lidke 2020, 34; Krüger/Nagel/Nagel 2020, 32–33; Terberger/Krüger 2020, 66). Dass auch die relativ unscheinbaren Knochenspitzen verheerende Wirkung haben können, zeigen die beiden bolzenartigen Geschossspitzen, die bei einem männlichen Skelett aus Porsmose (Dänemark) gefunden wurden. Die eine Knochenspitze war durch die Nase in den Kopf eingedrungen, die andere in die Brust geschossen worden (Most 2018, 92).

Bei den spätbronzezeitlichen spindelförmigen Knochenspitzen von der Hünenburg bei Watenstedt in Niedersachsen sollten die Effektivität und der mögliche Einsatz im Krieg geklärt werden. Dazu wurden standardisierte Beschussversuche mit Knochen-, Flint- und Bronzepfeilspitzen unternommen, die zeigten, dass beinerne Projektilspitzen zähelastische Materialien wie z. B. Körperpanzer aus Rohhaut schlechter durchdringen als Spitzen aus Bronze oder Flint (Lessig-Weller 2010, 153). Ihre Effektivität gegen ungeschützte Körper ist aber unbenommen.

Einzelne metallene Pfeilspitzenformen wie die dreiflügeligen Pfeilspitzen (Pfeilbewehrung 3.2.2.2. bis 3.2.2.7.) waren von der Form darauf optimiert, dem Gegner möglichst große Verletzungen zuzufügen, während andere Formen wie die blattförmigen Spitzen (z. B. Pfeilbewehrung 3.3.2.1.5.) eher auf Durchschlagskraft ausgelegt waren. Daneben gibt es Spezialformen wie die römischen Brandpfeile (Pfeilbewehrung 3.2.1.1.8. und 3.3.2.1.13.) und Brandgeschossbolzen (Geschossbolzen 2.7.), die nur in wenigen Exemplaren überliefert sind.

Überhaupt hat die römische Armee im Laufe der Zeit auch Waffengattungen ihrer Gegner übernommen und weiterentwickelt. Zu diesen zählen beispielsweise die gerade genannten dreiflügeligen Pfeilspitzen sowie Reflexbögen, die aus dem sassanidischen Raum adaptiert wurden. Die Bewaffnung der spätantiken Armee weist Bezüge in das germanische Waffenspektrum auf. So zeigen die *plumbatae* (Lanzen-/Speerbewehrung 3.2.2.2.1.) – eine Kombination aus Wurfspeerspitze und Schleuderblei – in der Formgebung ihrer Spitzen mit Widerhaken Anklänge an germanische Waffenspitzen.

Eine weitere Projektilform sind die Geschossbolzen, die eine Entwicklung der späten römischen Republik (2. Jh. v. Chr.) darstellen. Sie gehören zu den speziellen Angriffswaffen der römischen Armee, die in anderen kulturellen Kontexten so nicht bekannt sind. Aus diesem Grund werden sie in diesem Band zusammenfassend behandelt. Sie wurden mit sogenannten Torsionsgeschützen abgefeuert. Eine Abgrenzung zu den Wurfspeeren ist tendenziell schwierig und kann teilweise nur über das Gewicht oder den Fundkontext erschlossen werden. Längenangaben scheinen nur bedingt geeignet, um Spitzen einer bestimmten Waffengattung sicher zuzuweisen. Die Katapultbolzen können ein Gewicht von bis zu 200 g erreichen und hatten eine immense Durchschlagskraft. Aus dem Hillfort Maiden Castle in Südengland stammt ein menschliches Skelett, dessen Wirbelsäule durch einen römischen Katapultbolzen durchtrennt wurde (Wilkins 2024, 22, Abb. 20). Aus Enns/Lauriacum (Österreich) ist ein menschlicher Schädel mit Katapultbolzendurchschuss bekannt (Huber u. a. 2023, 111). Die tödliche Effizienz römischer Torsionsgeschütze beschreiben verschiedene antike Schriftsteller mit eindrucksvollen Worten. So überliefert eine spätantike Quelle (Prokop, *bellum Gothicum* 1,23), dass die Rüstung eines feindlichen Goten bei der Belagerung Roms von einem Katapultpfeil durchbohrt und er an einem dahinterstehenden Baum festgeheftet wurde.

Zur römischen Katapultmunition gehören auch Geschosskugeln aus Stein oder Ton (siehe auch Kapitel »Die Schleudergeschosse«), die besonders bei Belagerungen eingesetzt wurden, wie z. B. in Masada (Israel; Wilkins 2024, 133–135) und Qasr Ibrim (Ägypten; Wilkins 2024, 136–144; Wilkins/Barnard/Rose 2006). Der Augenzeuge Flavius Josephus berichtet über den Einsatz von *ballistae* bei der Belagerung von Jotapata (Israel) im Jahr 67 n. Chr. (*bellum Judaicum* 3,7,23): »Einem der Männer auf der Mauer wurde dabei der Kopf weggerissen, der drei Stadien [603,50 m] weit flog. Eine schwangere Frau [...] wurde in den Bauch getroffen und ihr Kind ein halbes Stadion [100 m] weit geschleudert; so groß war die Gewalt der *balliste*«.

Für die jagdliche Nutzung von Pfeil- und Lanzenspitzen gibt es ebenfalls reichlich Hinweise. In Villingen-Schwenningen (Baden-Württemberg) wurde eine einfache Spitze im Beckenknochen eines Auerochsen, in Vig (Dänemark) zwei dieser Stücke im Brustkorb derselben Tierart entdeckt (Heinen 2018b, 602). Im Jungpaläolithikum lassen sich auch viele beinerne Spitzen wegen der Beschädigungen im Spitzenbereich als Projektile einordnen. Die deutlichen Unterschiede in Form und Größe und die damit verbundenen spezifischen ballistischen Eigenschaften lassen vermuten, dass je nach Jagdbeute andere Spitzen zum Einsatz kamen (Bolus/Conard 2006, 1).

Auch nach der Sesshaftwerdung spielte die Jagd noch eine gewisse Rolle in den Siedlungen, wie Wildtierknochen belegen. Dazu gehört z. B. das Kreuzbein eines Hirsches mit eingeschossener Doppelspitze aus Sutz-Lattrigen Hauptstation in der Schweiz aus dem 32. Jh. v. Chr. (Winiger 1992, 76). Neben der zusätzlichen Nahrungsbeschaffung diente die Jagd dem Schutz der Felder (Trebsche 2013, 215); Rohstoffe wie Knochen, Geweih, Horn, Fell/Pelz und Haut konnten so beschafft werden.

Immer wieder kommen unterschiedliche Pfeilspitzentypen aus Silex gemeinsam in Gräbern vor, wie in Großenrode, wo in einem neolithischen Grab neben Querschneidern auch dreieckige gestielte Pfeilspitzen sowie dreieckige mit konkaver oder gerader Basis zusammen gefunden wurden (Heege/Heege 1989, 74, Abb. 56). Hier sind ebenso wie bei den Knochenspitzen unterschiedliche Verwendungsarten für die Pfeilspitzentypen anzunehmen.

Neben ihrer reinen Funktion als Kriegs- und Jagdgerät waren bestimmte Waffen sicher auch Prestigeobjekte, wie die Silber- oder die vergoldeten Bronzepfeilspitzen aus reich ausgestatteten Gräbern des 3. nachchristlichen Jahrhunderts in Mitteldeutschland (Schulz 1952, 105–106; Werner 1955b; Becker, M. 2001, 112–113) oder die Angonen, die auf den fränkischen Gräberfeldern ebenfalls nur in reichen Gräbern gefunden wurden (Pirling 1979, 106).

Die archäologisch belegten Lösungen für die Verbindungen von Projektilspitzen mit ihren Schäften sind sehr vielfältig. Neben Bewehrungen, die ganz ohne Schäftungshilfe auskommen, gibt es solche mit Schaftdorn, -zunge oder -angel. Als Klebstoff wurde meist Birkenpech verwendet, Umwicklungen gaben der Konstruktion zusätzlichen Halt (Mertens 2000, 15–16). Eine besonders stabile Verbindung gewährleisteten Tüllen – eine technische Lösung, auf die bei Silexartefakten allerdings aufgrund ihrer Materialeigenschaften verzichtet werden musste.

Gerade bei den paläolithischen und mesolithischen Artefakten ist die Schäftung oft schwer zu rekonstruieren. Nur wenige gut erhaltene Stücke geben Auskunft über die möglichen Schäftungsarten. Für Rückenmesser aus Silex ist der Einsatz als Projektil aus der Talicki-Station im Ural belegt, wo Rückenmesser mit gestumpften Kanten beidseitig in eine Geweihspitze eingesetzt waren und so Schneiden bildeten. Sie konnten aber auch als einseitige Einsätze Verwendung finden, wie eine in das Schulterblatt eines Wisents eingeschossene Spitze aus der Kokorevo I in Sibirien zeigt (Abramova 1982, 1; 6, Taf. 1,2; Bolus 2018c, 431, Abb. 3,1). Der Fund einer Geweihspitze mit zugespitztem Ende und einer Rinne, in die nebeneinander kleine, unretuschierte Silexlamellen eingefügt sind, aus derselben Siedlung zeigt aber auch, dass wahrscheinlich weit mehr Artefakte als Geschossspitzen genutzt wurden (Abramova 1982, 6, Abb. 1,2, Taf. 2,1). Nur sind sie als Einzelstücke aufgrund fehlender Bearbeitung nicht als solche zu erkennen.

Pfeilfragmente mit frontal geschäfteten Mikrolithen wurden in Loshult in Schweden und in Holmegaard in Dänemark gefunden (Brodowski 1998, 42). Aus Rönneholms Moor in Südschweden ist ein Pfeilschaft mit seitlich eingesetzten Mikrolithen bekannt (Stapel/Baales/Pollmann 2013, 166, Abb. 208).

In das Frühmesolithikum gehört ein Schaftfragment aus dem dänischen Ulkestrup Lyng, an dem eine Knochenspitze mittels Bastbindung befestigt war (Groß 2017, 109).

Bei Flintpfeilspitzen der älteren Bronzezeit in Norddeutschland ist gelegentlich das Pech der Schäftung vollständig erhalten. Es wurde meist so aufgebracht, dass die Flügelenden damit bedeckt waren und nicht als Widerhaken dienen konnten (Lessig 2002, 199). Aus Italien ist eine Silexpfeilspitze bekannt, bei der ein Schlehendorn als Widerhaken im Schäftungspech befestigt war (Junkmanns 2001, 22, Abb. 26); ähnlich wurde bei Bronzepfeilspitzen aus Behringersdorf bei Nürnberg verfahren (Terberger/Krüger 2020, 65).

Auch die Harpunen weisen unterschiedliche Schäftungsarten auf. Während bei der Stabharpune der Schaft an einer Schaftzunge, -platte oder -angel befestigt wurde, besitzt die Knebelharpune eine Tülle, in die der Schaft eingesetzt wurde. Bei einer Stabharpune aus der Siedlung Forschner in Baden-Württemberg konnte im Fangleinenloch noch ein verknotetes Stück Schnur identifiziert werden (Torke 1993, 58). Dass es sich wirklich um Harpunen handelt, belegt der Fund einer solchen im Skelett einer Sattelrobbe in Närpes in Finnland (Mertens 2000, 20).

Prähistorische Pfeilschäfte aus Holz sind nur selten erhalten, weshalb häufig auf die Maße der Basis der Pfeilspitzen zurückgegriffen werden muss, um die Durchmesser der Pfeile zu ermitteln. In Stellmoor im Ahrensburger Tunneltal wurden geschäftete Stielspitzen gefunden. Wegen der Schaftdicken von 0,5 bis 1,0 cm ist deren Verwendung als Pfeile gesichert (Kaiser/Terberger 1995, 33, Anm. 63).

Nach Junkmanns (2001,59) beläuft sich der Messwert prähistorischer Pfeilschäfte meist auf 0,8 bis 1,0 cm (siehe auch Terberger/Krüger 2020, 65). Aus der älteren Bronzezeit sind in Norddeutschland aber auch deutlich geringere Durchmesser von 0,5 cm belegt (Lessig 2002, 200), was für kürzere und leichtere Pfeile sprechen würde, die möglicherweise als Kriegswaffen im Einsatz waren.

Schäfte von Lanzenspitzen sind ebenfalls kaum überliefert. Für den germanischen Bereich sind Schaftdurchmesser von 1,5 bis 2,2 cm nachgewiesen (Fischer, L. 1998/99, 75; Abegg-Wigg 2021, 547). Aus Haithabu (Schleswig-Holstein) liegt aus dem Frühmittelalter der vordere Teil einer Lanze mit einer Lanzenspitze vom Typ E nach Petersen (Lanzen-/Speerbewehrung 3.2.1.3.5.) vor, deren Schaft einen Durchmesser von 2,5 cm hatte (Westphal, F. 2006, 61). Man wird also bei aller gebührenden Vorsicht davon ausgehen dürfen, dass spätestens ab einem Tüllendurchmesser von 1,5 cm von Lanzenspitzen gesprochen werden kann (Bemmann 2007, 247).

Lassen sich die Durchmesser der Lanzenschäfte oft an Fragmenten noch ermitteln, so ist es mit den Längen ungleich schwieriger. Für die Eisenzeit sind aus Nydam 2,36 bis 3,14 m lange Schäfte bekannt (Fischer, L. 1998/99, 75) und aus La Tène weitere von 2,43 und 2,47 m Länge belegt (Vouga 1923, Taf. IX,14–15; David 2010, 18). An den Nydam-Funden zeigt sich auch, dass die Schäfte teilweise mit geschnitzten Flechtbändern verziert waren (Jørgensen/Petersen 2003, 278; 283, Abb. 31; 39). Ob auch in anderen Zeiten und Kulturen die Schäfte von Pfeil- und Lanzenspitzen verziert wurden, ist wegen der schlechten Erhaltungsbedingungen von Holz nicht zu klären. Allerdings treten auch immer wieder metallene Zierelemente auf. Für die in Westdeutschland verbreitete Hunsrück-Eifel-Kultur ist eine Lanzenspitze mit einer Umwicklung am Tüllenmund, bestehend aus spiralig angebrachten hauchdünnen Eisenblechstreifen von 1,0 cm Breite und einer dreireihigen Perlpunzverzierung, belegt (Nortmann 1999, 86).

In der wikingerzeitlichen Siedlung von Haithabu waren die Pfeilspitzen mit einem Schäftungsdorn versehen, der in den Schaft eingesetzt und dann mit Draht umwickelt wurde. Diese Schaftumwicklungen aus Messing, Eisen oder Silber hatten neben der praktischen Funktion als Befestigung der Pfeilspitze sicher auch einen dekorativen Zweck (Westphalen 2002, 239).

Auch im Bereich des Römischen Reichs sind Holzschäftungen nur selten in trockenen oder feuchten Kontexten erhalten. Beispiele stammen aus Dura Europos (Syrien; James 2004, 206–207; 223–230, Abb. 124–126; 131–138), der »Cave of Letters« (Israel; Yadin 1963, Abb. 32,40), Masada (Israel; Stiebel/Magness 2007, Taf. 24,5) oder Utrecht (Niederlande; *siehe Farbtafel Seite 39*).

Ein besonderer Fund stammt aus Norwegen, wo im Eis eine vollständig erhaltene Lanze aus der Wikingerzeit mit einem 1,85 m langen Schaft und einer 45,5 cm langen Lanzenspitze vom Typ F nach Petersen entdeckt wurde (Pilø 2017). Mit dem Rückgang der Gletscher könnte es zu weiteren Funden dieser Art kommen, die einen wichtigen Einblick in den komplexen Aufbau der Artefaktgattungen der Pfeil- und Lanzenspitzen ermöglichen.

Farbtafeln

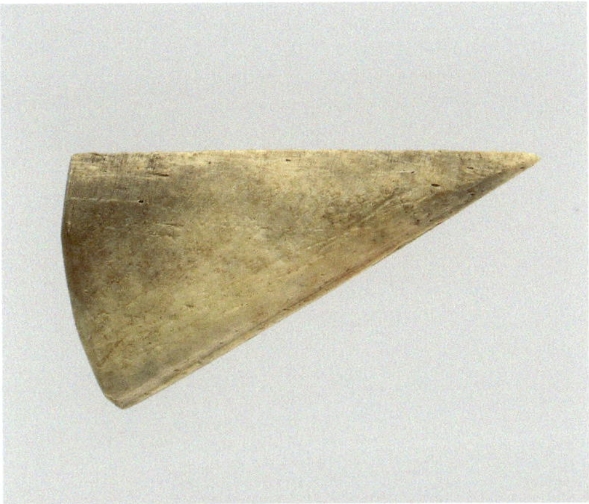

1.1.2.1. Dreieckige Knochenpfeilspitze – Schwetzingen, Rhein-Neckar-Kreis, L. 3,1 cm – Archäologisches Landesmuseum Baden-Württemberg, Inv.-Nr. 1989-111-125-6.

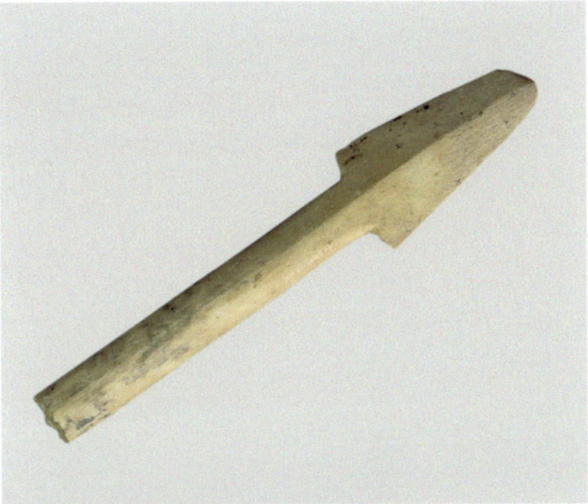

1.2.2.1.3. Dreieckige Knochenpfeilspitze mit langem Schaft – Sorsum, Lkr. Hildesheim, L. 7 cm – Landesmuseum Hannover, Inv.-Nr. 143:72.

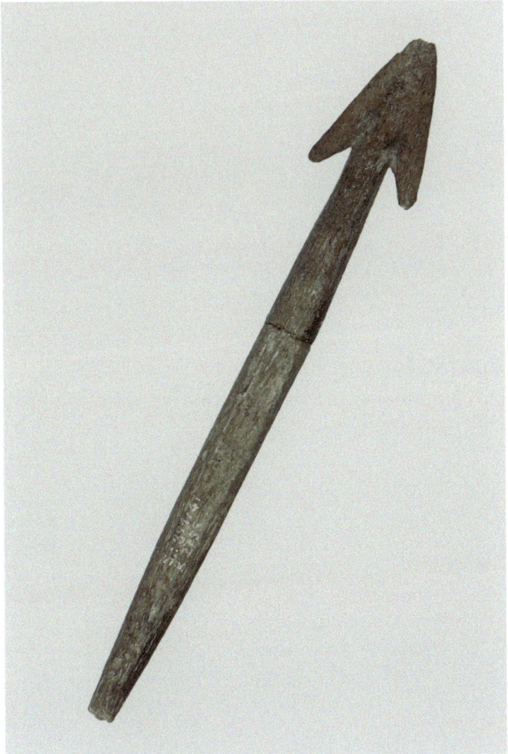

1.2.2.2.2. Massive geflügelte Pfeilspitze – Coschütz, Stadt Dresden, L. 8,9 cm – Landesamt für Archäologie Sachsen, Inv.-Nr. S.: 391/41.

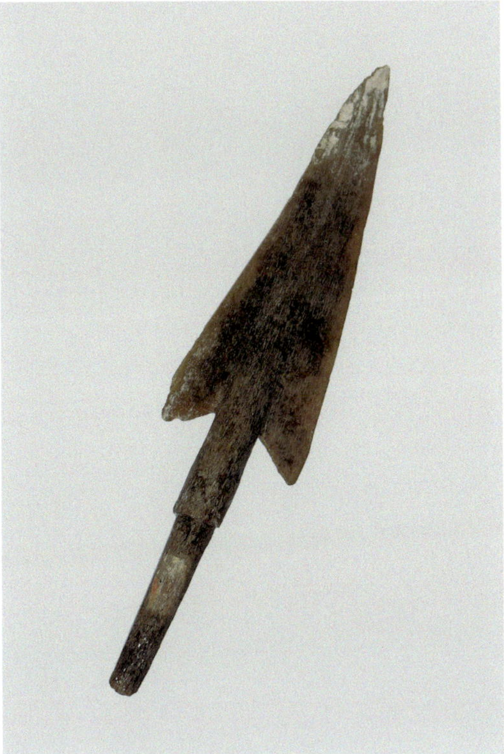

1.2.2.2.2.1. Massive geflügelte Pfeilspitze mit abgesetztem Schaftdorn – Coschütz, Stadt Dresden, L. 7,1 cm – Landesamt für Archäologie Sachsen, Inv.-Nr. S.: 112/31.

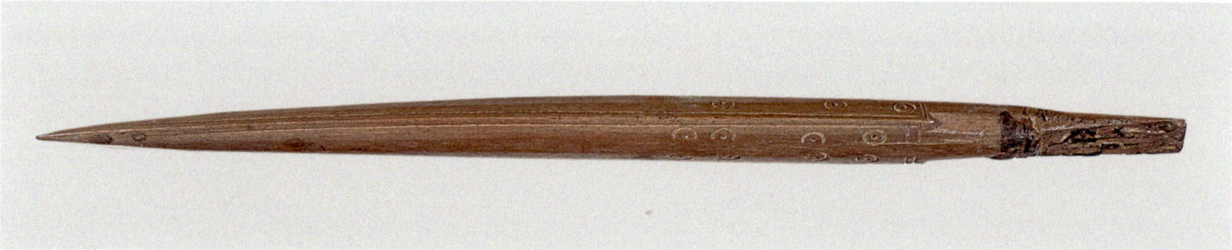

1.2.3.1. Dreikantige Knochenpfeilspitze mit Schaftzunge – Gremersdorf-Techelwitz, Kr. Ostholstein, L. 17,6 cm – Museum für Archäologie Schloss Gottorf, Landesmuseen Schleswig-Holstein, Inv.-Nr. SH1899-14.2 (KS 10763b).

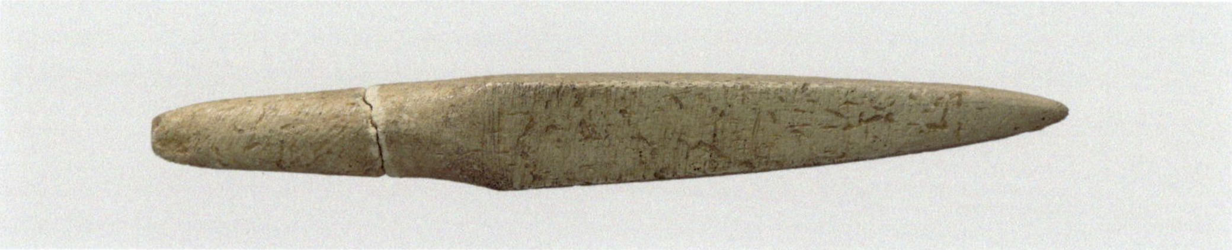

1.2.4.1. Bolzenförmige Pfeilspitze mit rechteckigem Querschnitt und Schaftdorn – Sorsum, Lkr. Hildesheim, L. 9,3 cm – Landesmuseum Hannover, Inv.-Nr. 146:72.

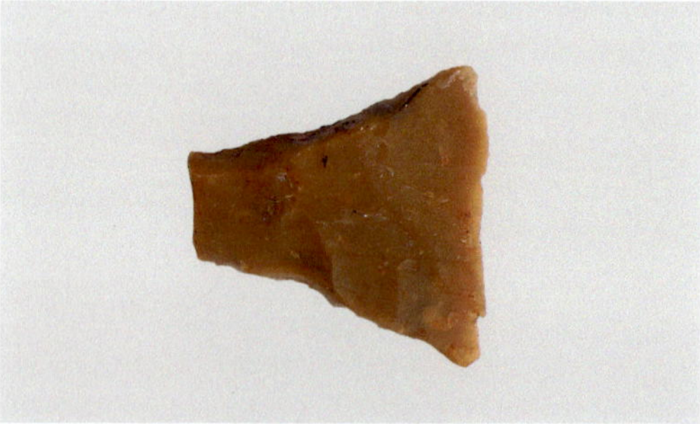

2.1.3.4. Pfeilschneide – Hüde, Lkr. Diepholz, L. 1,9 cm – Landesmuseum Hannover, Inv.-Nr. 733:65v.

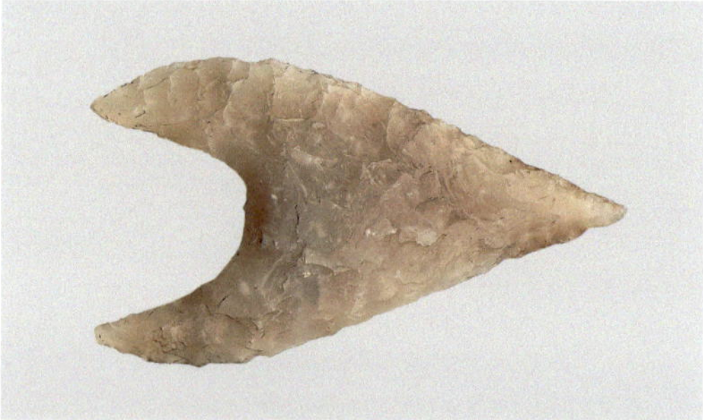

2.1.4.1.2. Dreieckige Pfeilspitze mit konkaver Basis – Hamburg-Niendorf, L. 3 cm – Archäologisches Museum Hamburg, Inv.-Nr. MH G 1949:9.

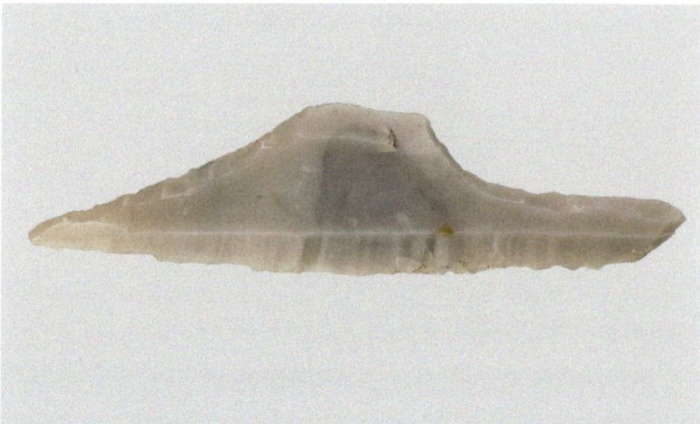

2.2.1.1.1. Atypische Kerbspitze – Hamburg-Wellingsbüttel, L. 5,9 cm – Archäologisches Museum Hamburg, Inv.-Nr. HM V 1974:1.

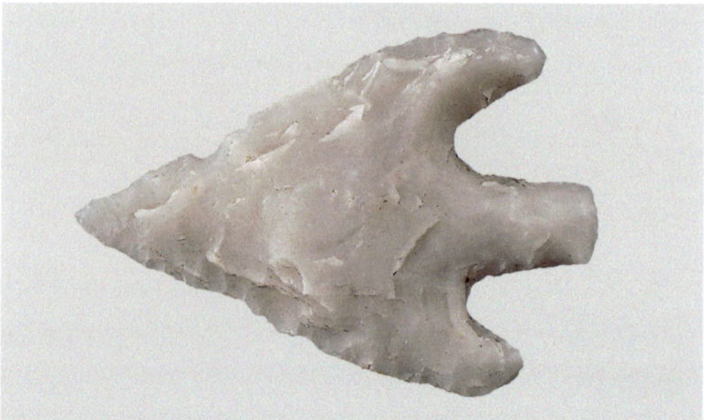

2.2.1.3. Geflügelte Pfeilspitze – Moisburg, Lkr. Harburg, L. 2,7 cm – Archäologisches Museum Hamburg, ohne Inv.-Nr.

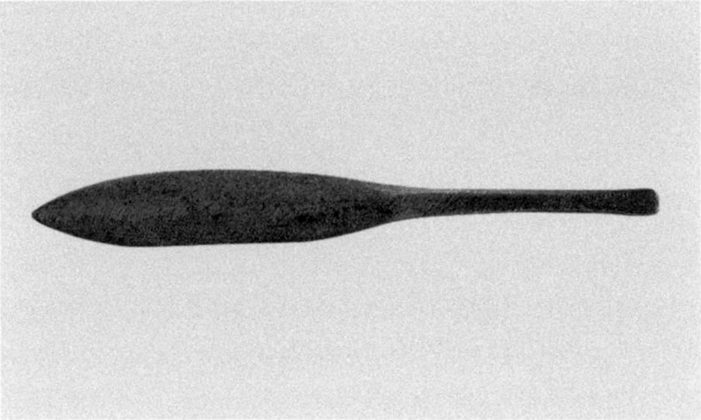

3.2.1.1.1.1. Lanzette Typ A – Wehdel, Lkr. Cuxhaven, L. 5,9 cm – Landesmuseum Hannover, Inv.-Nr. 5433.

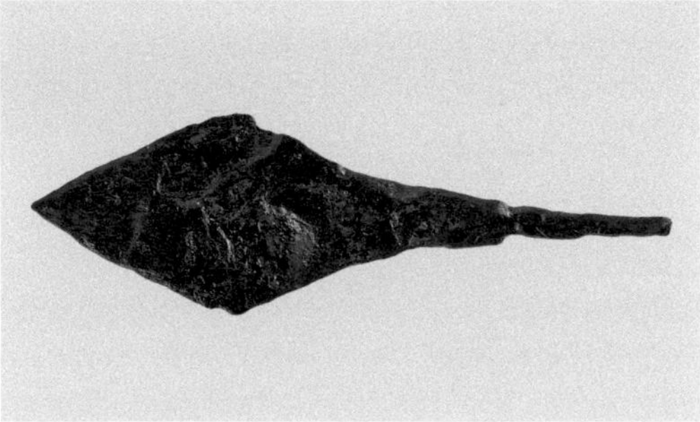

3.2.1.1.7. Pfeilspitze mit rautenförmigem Blatt und Schaftdorn – Kittlitz, Lkr. Görlitz, L. 7,5 cm – Landesamt für Archäologie Sachsen, Inv.-Nr. KIT-10/1/1.

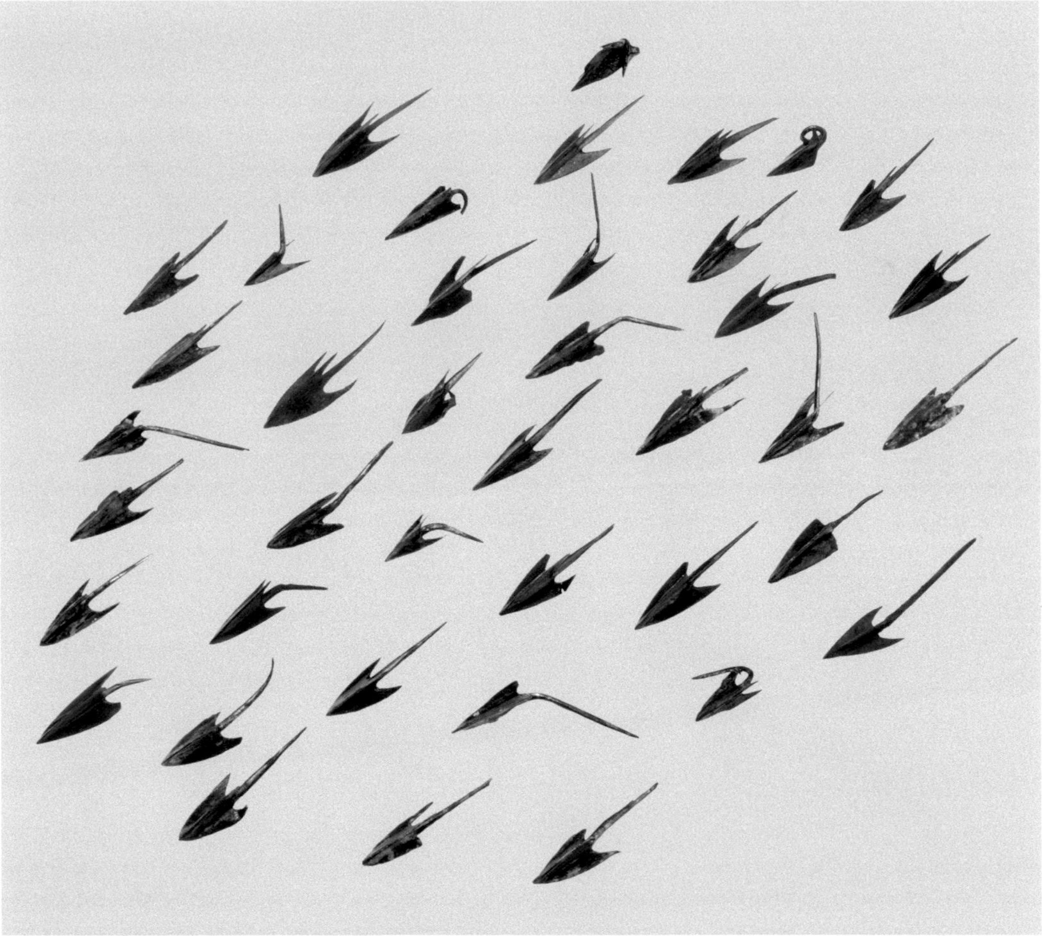

3.2.2.2.–3.2.2.7. Dreiflügelige Pfeilspitzen mit Schäftungsdorn – Oberammergau-Döttenbichl, Lkr. Garmisch-Partenkirchen, L. ca. 2,5–6 cm – Archäologische Staatssammlung München, diverse Inv.-Nrn.

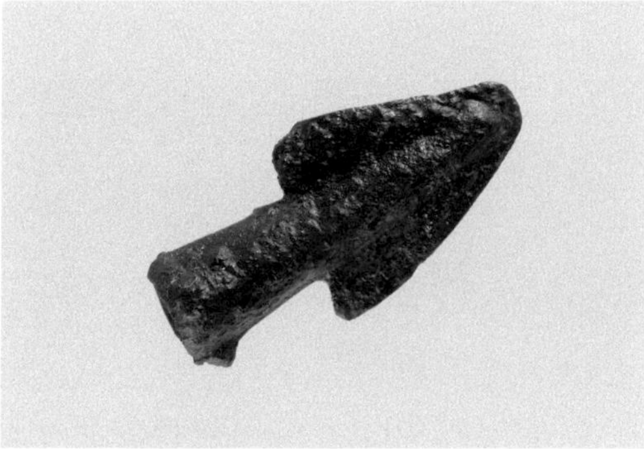

3.3.2.1.1. Dreieckige Tüllenpfeilspitze – Dresden Altstadt, Stadt Dresden, L. 2,9 cm – Landesamt für Archäologie Sachsen, Inv.-Nr. ID 00307097.

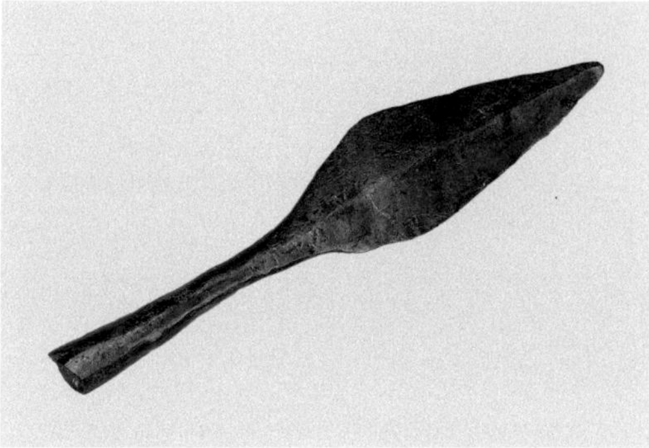

3.3.2.1.8. Tüllenpfeilspitze mit ovalem Blatt – Dörverden, Lkr. Verden, L. 8,3 cm – Landesmuseum Hannover, Inv.-Nr. 377:56/1.

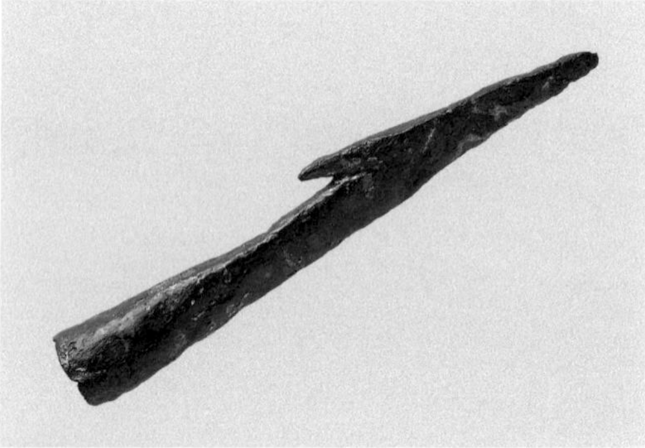

3.3.2.2.1. Tüllenpfeilspitze mit einem Flügelwiderhaken – Küssaberg-Dangstetten, Lkr. Waldshut, L. 6 cm – Archäologisches Landesmuseum Baden-Württemberg, Inv.-Nr. 1967-26-9011-9001.

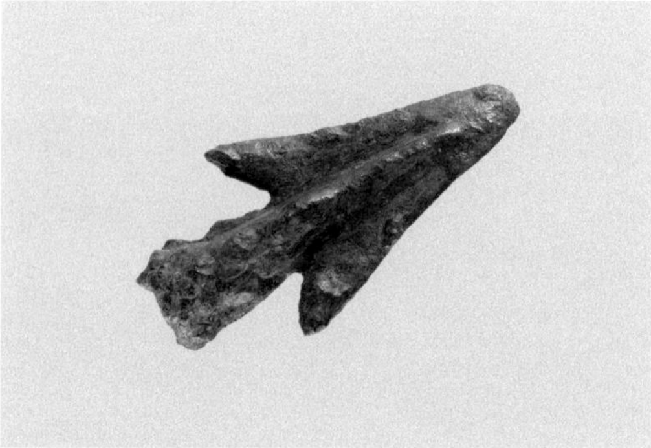

3.3.2.2.2.1. Tüllenpfeilspitze mit dreieckigem Blatt und Flügelwiderhaken – Coschütz, Stadt Dresden, L. 3,1 cm – Landesamt für Archäologie Sachsen, Inv.-Nr. S.: 406/60.

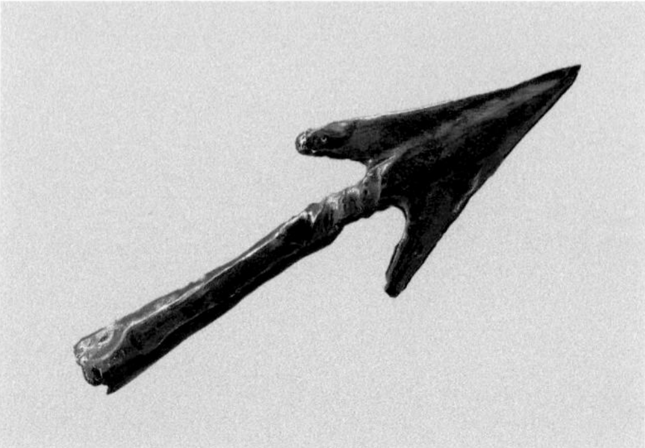

3.3.2.2.2.4. Tüllenpfeilspitze mit Widerhaken und tordiertem Schaft – Liebenau, Lkr. Nienburg (Weser), L. 11,2 cm – Landesmuseum Hannover, Inv.-Nr. 152:68.

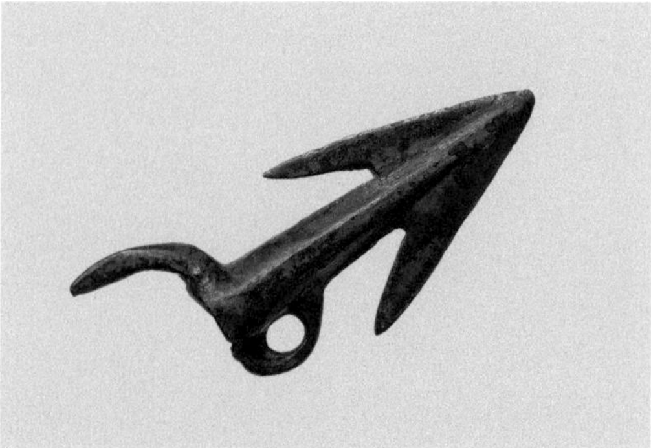

3.3.2.3.2. Tüllenpfeilspitze mit Dorn und Öse – Rannariedl-Neustift im Mühlkreis, Oberösterreich, L. 8 cm – Oberösterreichisches Landesmuseum/OÖLKG, Inv.-Nr. A-8411.

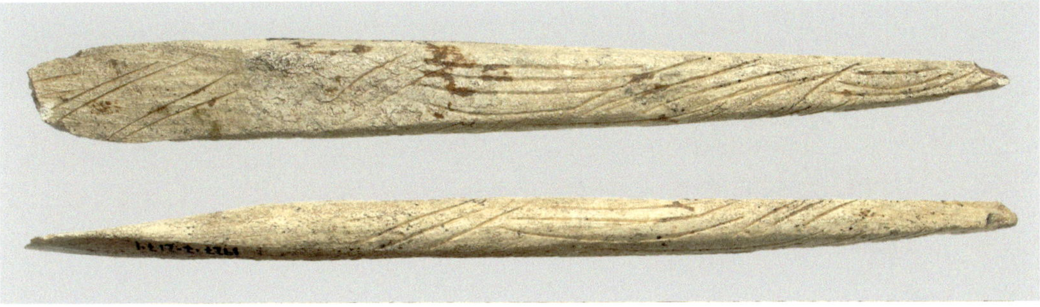

1.1.6. Spitze mit beidseitig abgeschrägter Basis – Engen-Bittelbrunn, Lkr. Konstanz, L. 12,8 cm – Archäologisches Landesmuseum Baden-Württemberg, Inv.-Nr. 1927-7-217-1.

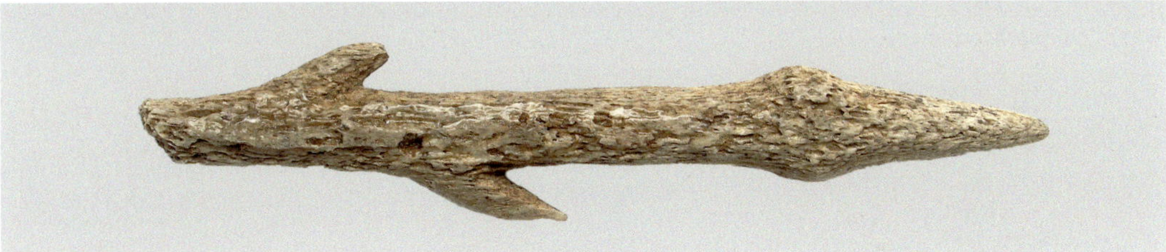

1.2.1.2.2. Zweireihige Magdalénienharpune – Engen-Bittelbrunn, Lkr. Konstanz, L. 6,3 cm – Archäologisches Landesmuseum Baden-Württemberg, Inv.-Nr. 1927-7-215-5.

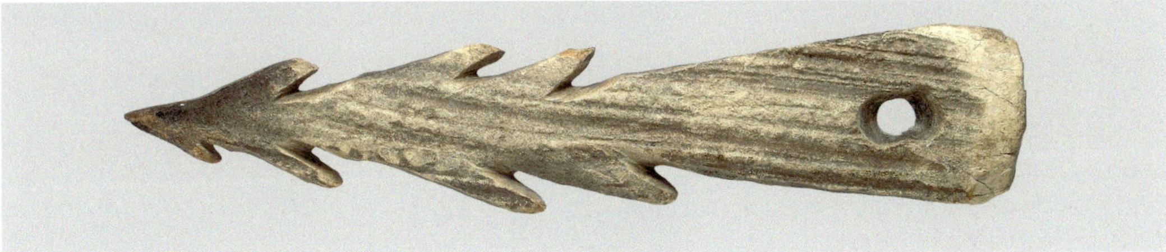

1.2.1.2.5. Harpune mit doppelseitigen Widerhaken und Lochung – Bad Buchau, Lkr. Biberach, L. 19,8 cm – Archäologisches Landesmuseum Baden-Württemberg, Inv.-Nr. 1984-188-7-2.

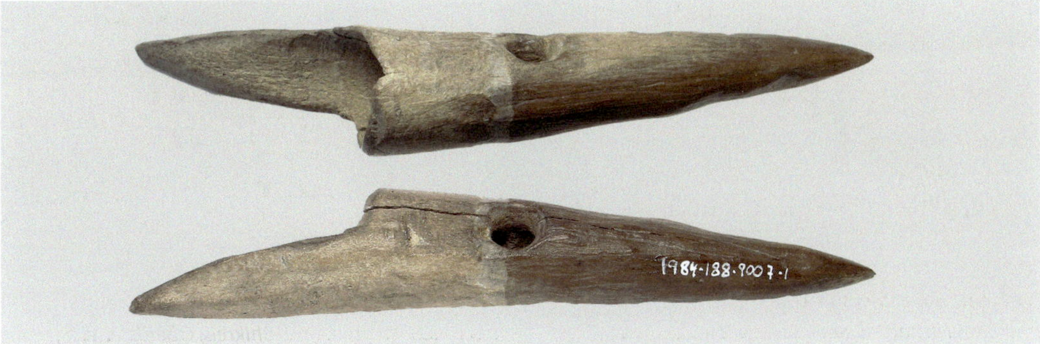

1.3.2. Knebelharpune – Bad Buchau, Lkr. Biberach, L. 11,5 cm – Archäologisches Landesmuseum Baden-Württemberg, Inv.-Nr. 1984-188-9007-1.

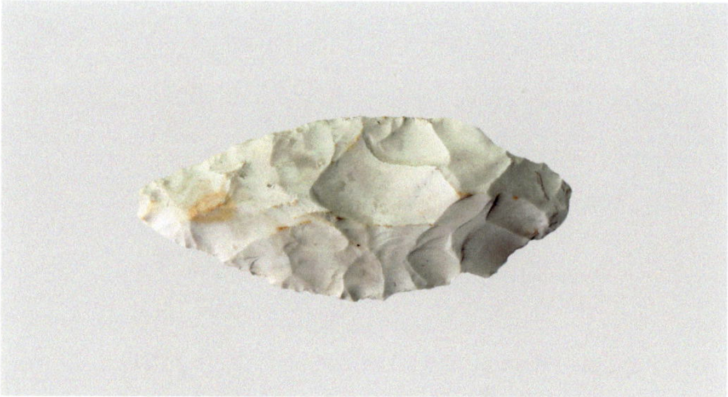

2.1.3. Blattspitze – Sülbeck, Lkr. Northeim, L. 7 cm – Landesmuseum Hannover, Inv.-Nr. 174:2002.

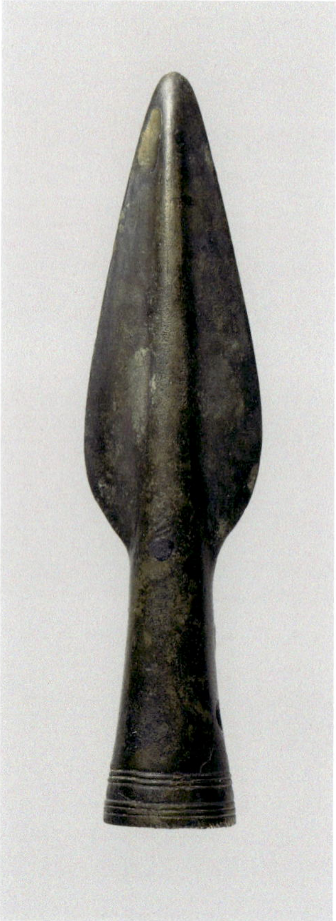

3.2.1.1.2. Tüllenlanzenspitze Typ Bühl – Mörigen, Kanton Bern, Schweiz, L. 12,6 cm – Landesamt für Archäologie Sachsen, Inv.-Nr. D 604/76.

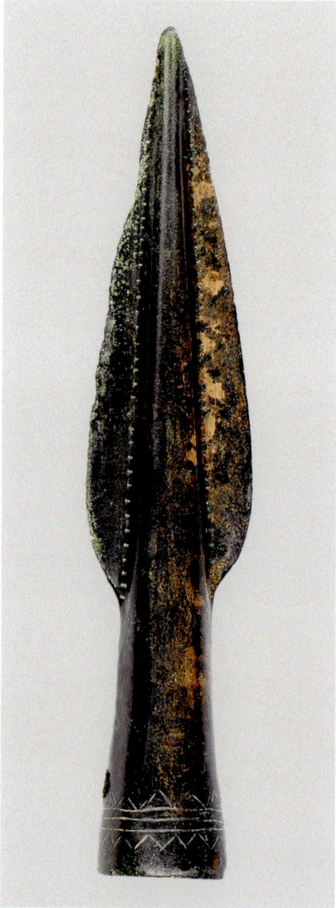

3.2.1.1.2. Tüllenlanzenspitze Typ Bühl – Langquaid, Lkr. Kelheim, L. 15,2 cm – Archäologische Staatssammlung München, Inv.-Nr. 1908,78.

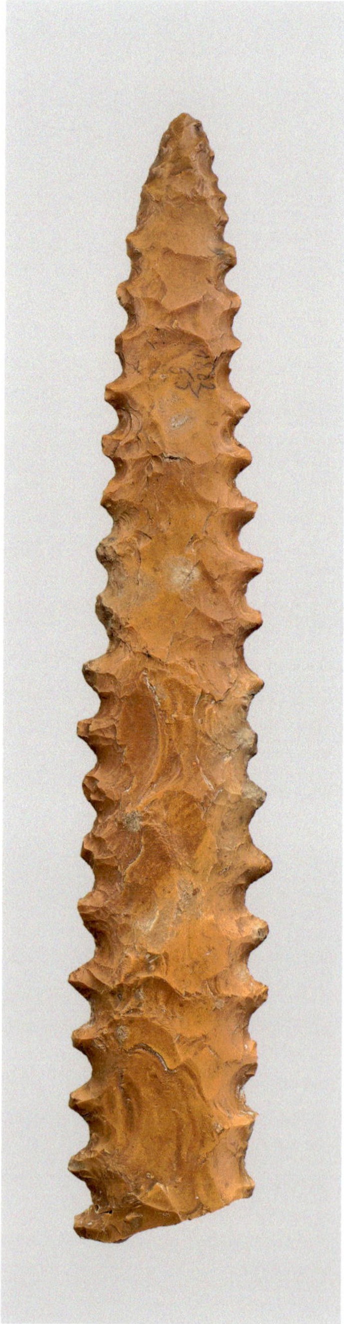

2.1.6. Gezähnte Flintspitze – Bosau, Kr. Ostholstein, L. 20,1 cm – Archäologisches Museum Hamburg, Inv.-Nr. MfV 1888.55.

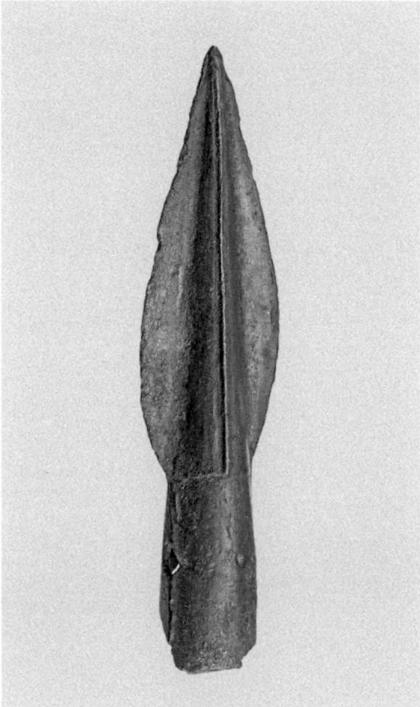

3.2.1.1.5. Tüllenlanzenspitze Lüneburger Typ II – Appel, Lkr. Harburg, L. 14,9 cm – Archäologisches Museum Hamburg, Inv.-Nr. HM 14.

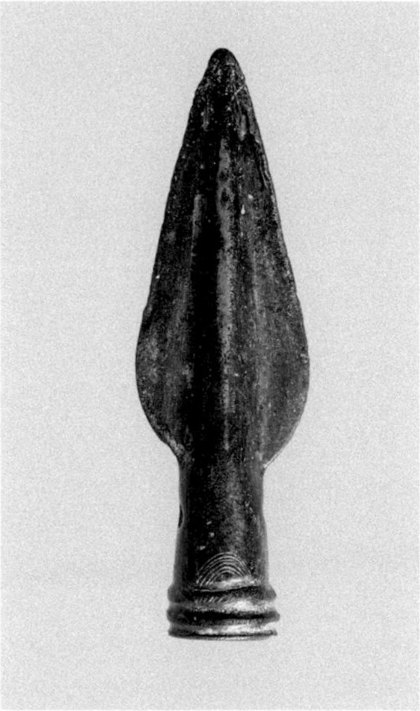

3.2.1.1.11. Tüllenlanzenspitze mit geripptem Tüllenmund – Weißig, Lkr. Meißen, L. 11,3 cm – Landesamt für Archäologie Sachsen, Inv.-Nr. S.: 877/52.

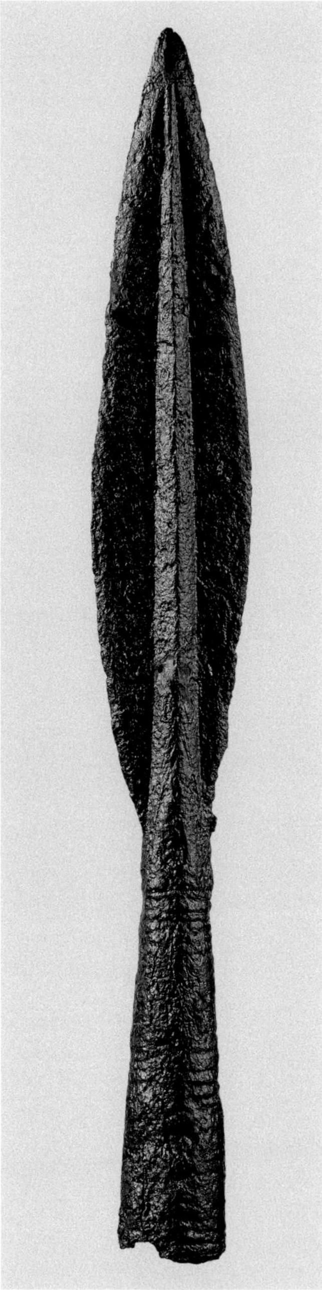

3.2.1.1.18. Tüllenlanzenspitze Typ Dorfmerkingen – Weeze, Kr. Kleve, L. 30 cm – LVR-LandesMuseum Bonn, Inv.-Nr. 2017.681,1-1.

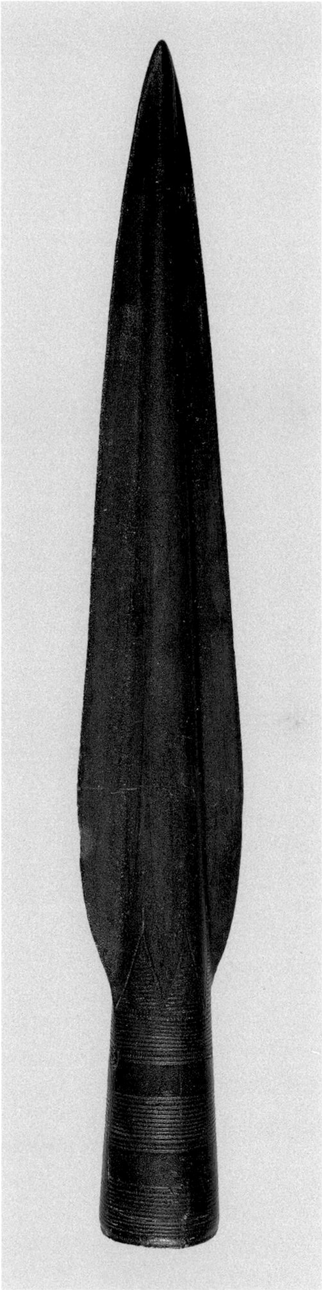

3.2.1.1.22. Tüllenlanzenspitze Typ Kirke Såby – Schellhorn-Scharstorf, Kr. Plön, L. 25 cm – Museum für Archäologie Schloss Gottorf, Landesmuseen Schleswig-Holstein, Inv.-Nr. SH1902-4.4 (KS 11145i).

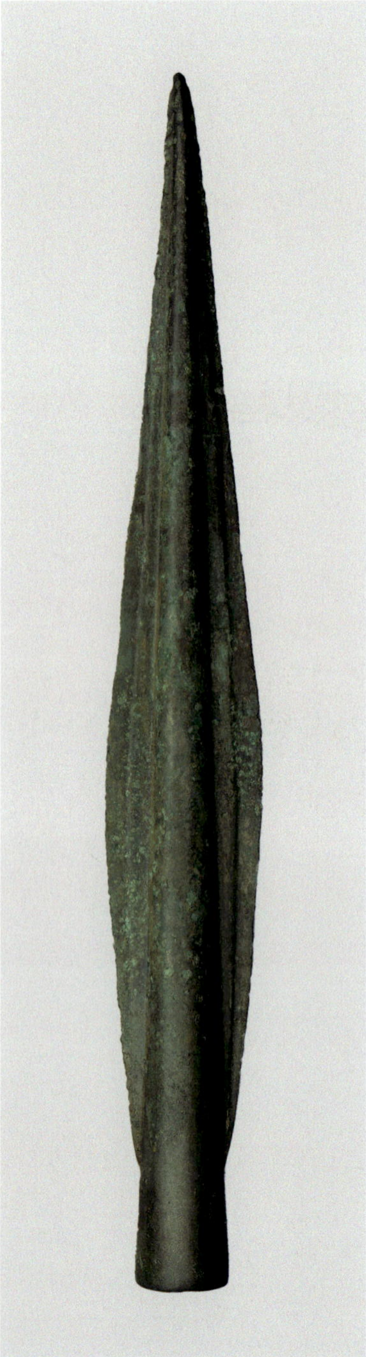

3.2.1.1.23. Tüllenlanzenspitze Typ Ullerslev – Hannover-Kronsberg, L. 30,2 cm – Landesmuseum Hannover, Inv.-Nr. 28579.

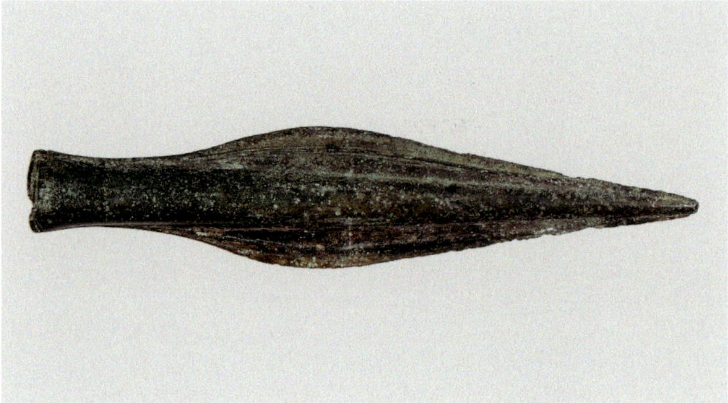

3.2.1.1.26. Tüllenlanzenspitze Typ Gundslev – Bad Schwartau, Kr. Ostholstein, L. 18,2 cm – Museum für Archäologie Schloss Gottorf, Landesmuseen Schleswig-Holstein, Inv.-Nr. SH1895-7.1 (KS 9627).

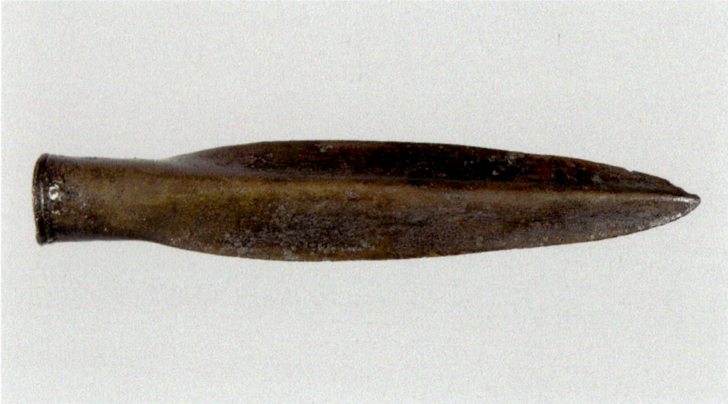

3.2.1.1.27.2. Tüllenlanzenspitze Typ Vattholma – Gremersdorf-Techelwitz, Kr. Ostholstein, L. 17,6 cm – Museum für Archäologie Schloss Gottorf, Landesmuseen Schleswig-Holstein, Inv.-Nr. SH1887-7.11 (KS 13789l).

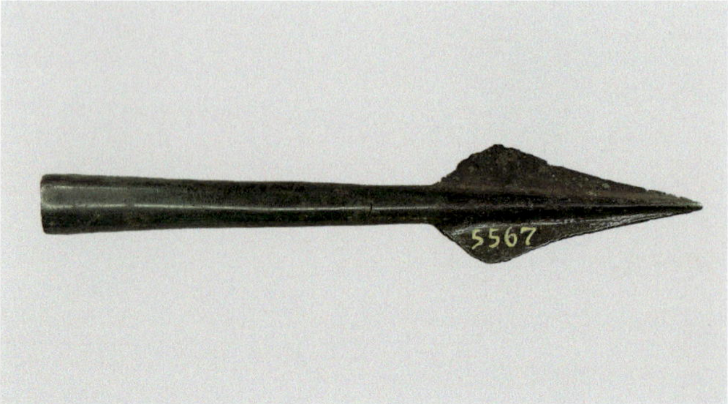

3.2.1.1.29. Tüllenlanzenspitze Lüneburger Typ I – Nienburg, Lkr. Nienburg (Weser), L. 17,7 cm – Landesmuseum Hannover, Inv.-Nr. 5567.

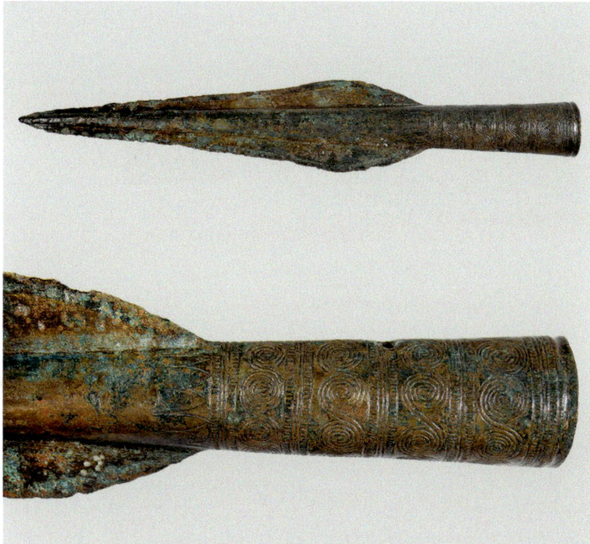

3.2.1.1.31. Tüllenlanzenspitze Typ Smörumövre – Sieverstedt-Süderschmedeby, Kr. Schleswig-Flensburg, L. 29,2 cm – Museum für Archäologie Schloss Gottorf, Landesmuseen Schleswig-Holstein, Inv.-Nr. SH1951-26.2 (KS 19982c).

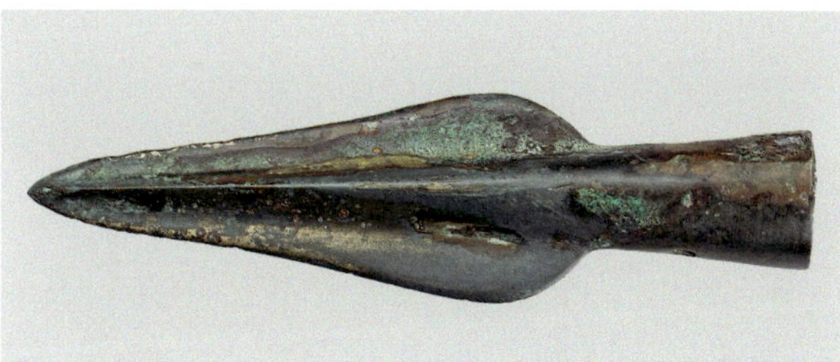

3.2.1.1.31. Tüllenlanzenspitze Typ Smörumövre – Garlstorf, Lkr. Harburg, L. 14 cm – Archäologisches Museum Hamburg, Inv.-Nr. HM V 1953:335.

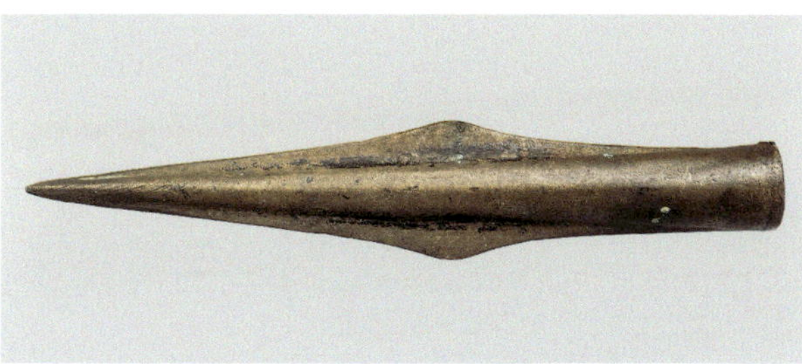

3.2.1.1.33. Lanzenspitze Typ Hulterstad – aus der Elbe bei Hamburg, L. 17 cm – Archäologisches Museum Hamburg, Inv.-Nr. HM 49439.

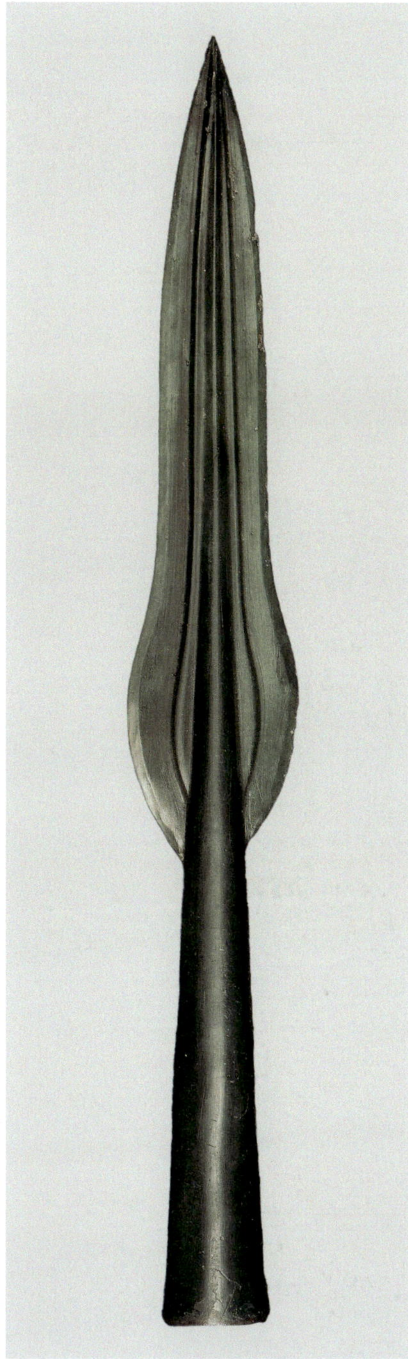

3.2.1.1.34. Tüllenlanzenspitze mit gestuftem Blatt – Krottenthal, Lkr. Dingolfing-Landau, L. 34,7 cm – Archäologische Staatssammlung München, Inv.-Nr. NM IV 587.

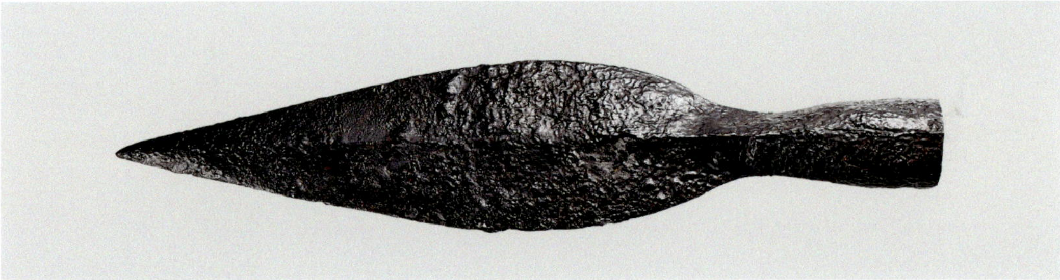

3.2.1.2.3. Tüllenlanzenspitze Typ Lynghøjgård – Mügeln, Lkr. Nordsachsen, L. 17,9 cm – Landesamt für Archäologie Sachsen, Inv.-Nr. MUE-06.

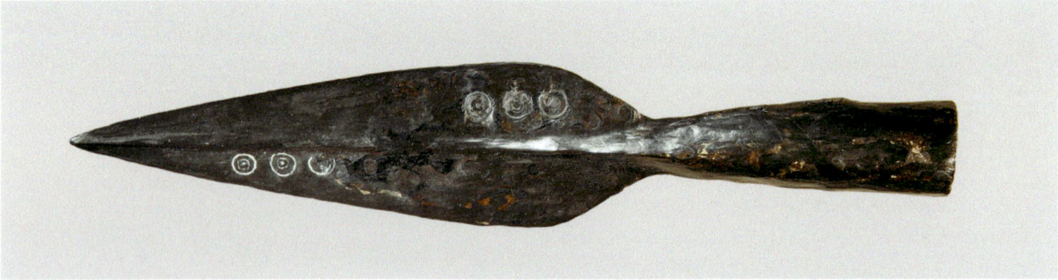

3.2.1.2.3. Tüllenlanzenspitze Typ Lynghøjgård – Apensen, Lkr. Stade, L. 19,5 cm – Landesmuseum Hannover, Inv.-Nr. 85:88.

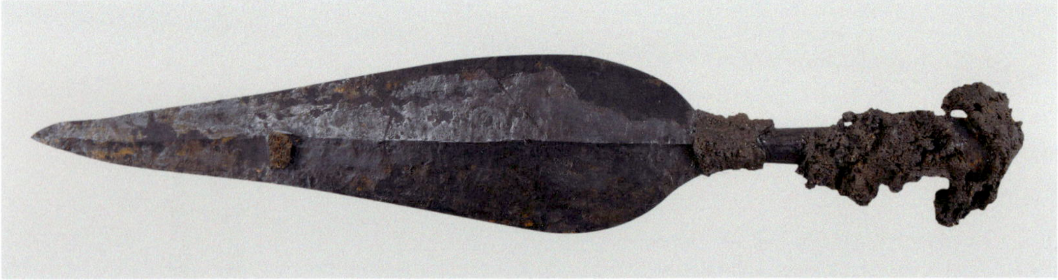

3.2.1.2.10. Lanzenspitze mit gerundetem Blattansatz und langschmalem Blatt – Glauburg-Glauberg, Wetterau-Kreis, Grab 2, L. 29 cm – Keltenwelt am Glauberg, Inv.-Nr. WI EV1995/6/6.

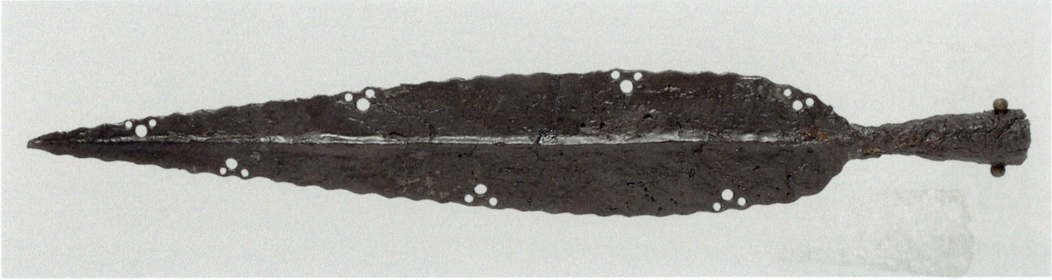

3.2.1.2.11. Lanzenspitze mit langschmalem Blatt und Mittelgrat – Bretten-Bauerbach, Lkr. Karlsruhe, L. 29,5 cm – Archäologisches Landesmuseum Baden-Württemberg, Inv.-Nr. 1995-4-14-1.

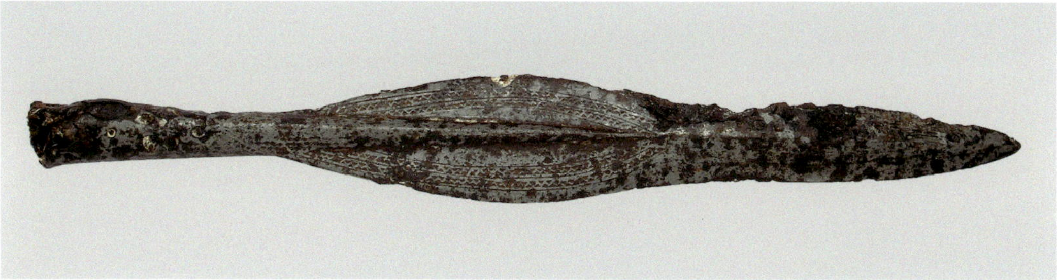

3.2.1.2.14.5. Stempelverzierte Lanzenspitze Typ Hellmitzheim – Bad Krozingen, Lkr. Breisgau-Hochschwarzwald, L. 25,5 cm – Archäologisches Landesmuseum Baden-Württemberg, Inv.-Nr. 1998-159-155-16.

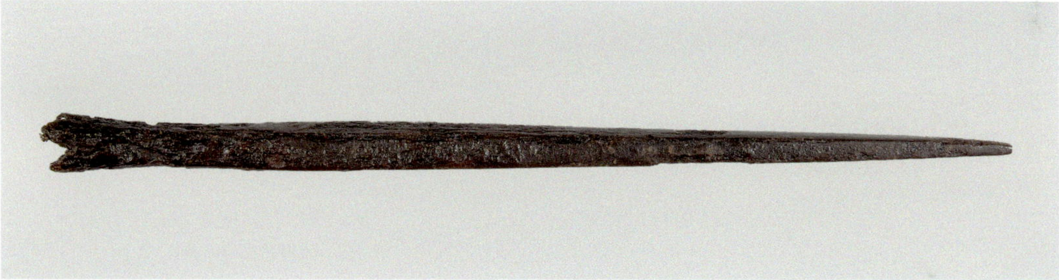

3.2.1.3.3. Lanzenspitze Typ Havor – Sønderborg-Sottrup Sogn (Nydam Mose), Dänemark, L. 19,4 cm – Museum für Archäologie Schloss Gottorf, Landesmuseen Schleswig-Holstein, Inv.-Nr. SH1858-5.519 (FS 5394).

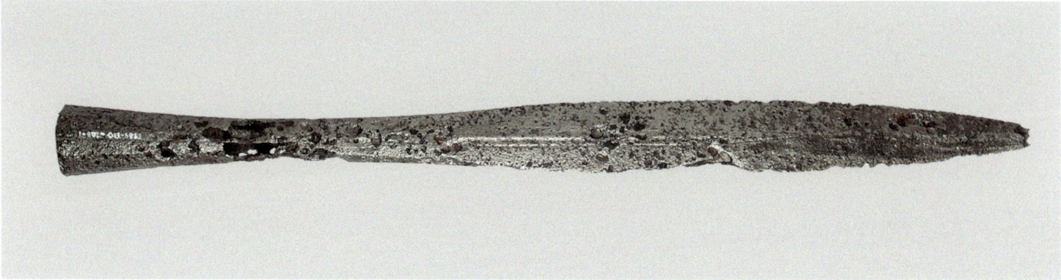

3.2.1.3.4. Lanzenspitze Typ Egling – Mühlheim an der Donau, Lkr. Tuttlingen, L. 24,4 cm – Archäologisches Landesmuseum Baden-Württemberg, Inv.-Nr. 1984-130-208-1.

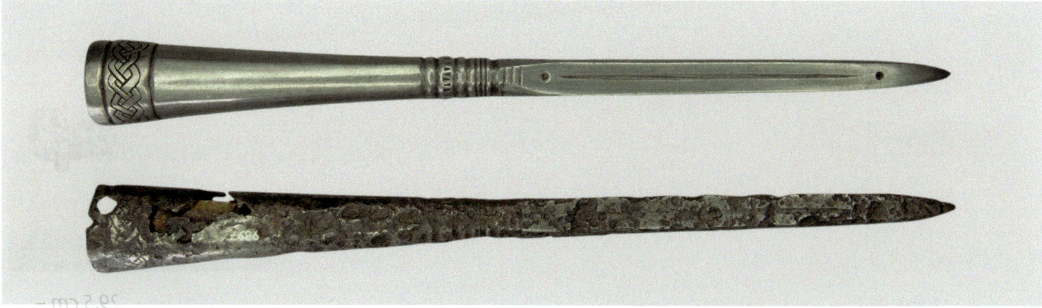

3.2.1.3.7. Spieß – Rosdorf, Lkr. Göttingen, L. 25,6 cm (Original und Kopie) – Landesmuseum Hannover, Inv.-Nr. 9897.

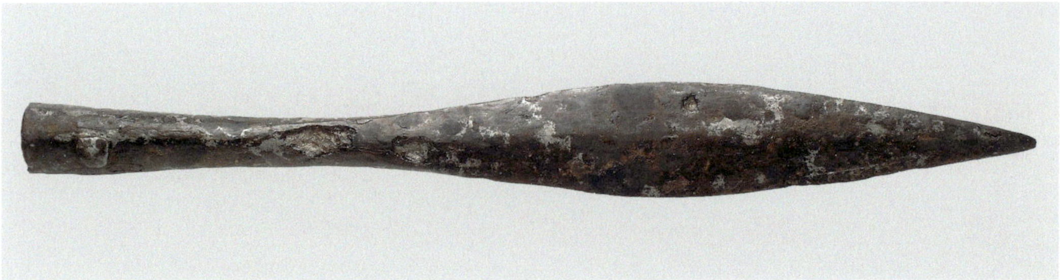

3.2.1.3.13. Speerspitze mit gestrecktem Blatt und geschlossener Tülle – Aalen, Ostalbkreis, L. 29 cm – Archäologisches Landesmuseum Baden-Württemberg, Inv.-Nr. 1979-35-179-1.

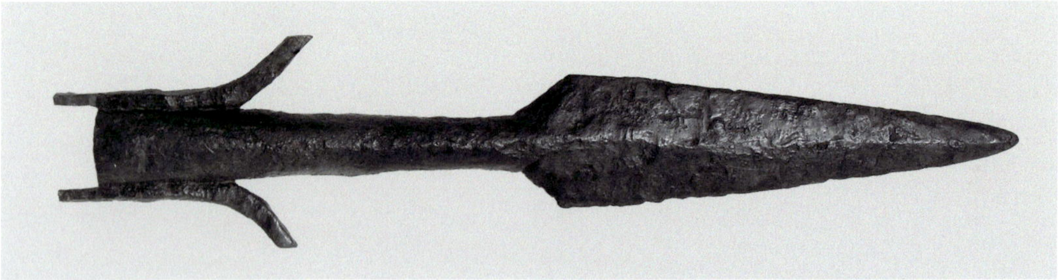

3.2.1.3.18.2. Lanzenspitze mit losen Aufhaltern – Schwörstadt, Lkr. Lörrach, L. 36,5 cm – Archäologisches Landesmuseum Baden-Württemberg, Inv.-Nr. 1997-140-401-1.

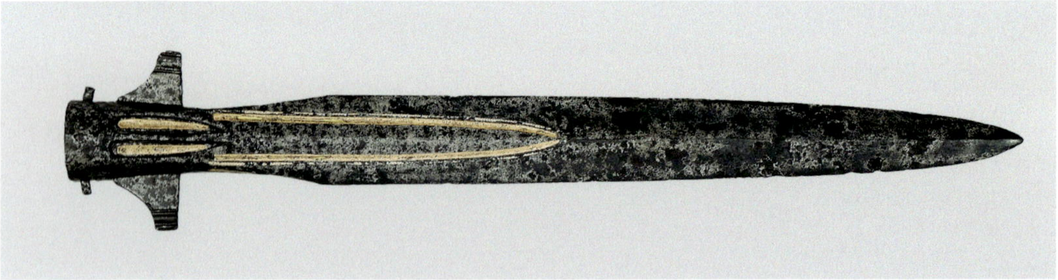

3.2.1.3.19. Flügellanzenspitze – Schlüpfelberg-Mühlhausen, Lkr. Neumarkt i. d. OPf., L. 51,4 cm – Archäologische Staatssammlung München, Inv.-Nr. 2017,6000.

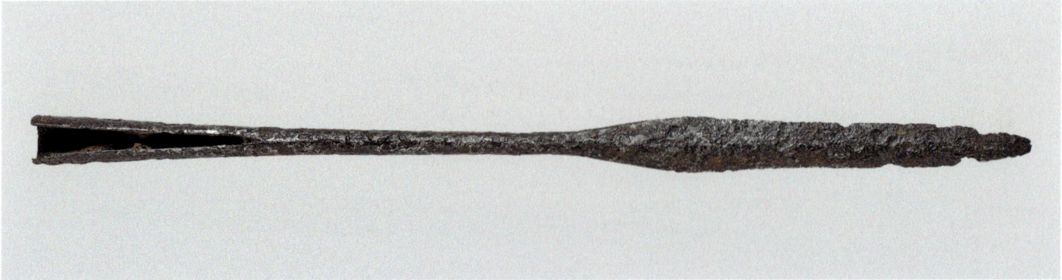

3.2.1.3.27. Lanzenspitze mit schlank-ovalem Blatt und Schlitztülle – Koblenz-Rübenach, Grab 380, L. 52,5 cm – LVR-LandesMuseum Bonn, Inv.-Nr. 1940.859,0-1.

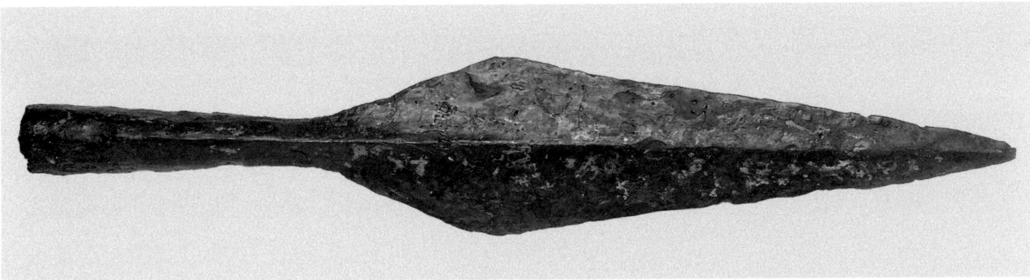

3.2.1.3.32. Speerspitze mit fast rautenförmigem Blatt mit dreieckigem bis rautenförmigem Querschnitt und meist geschlitzter Tülle – Rainau-Dalkingen, Ostalbkreis, L. 29,7 cm – Archäologisches Landesmuseum Baden-Württemberg, Inv.-Nr. 1973-92-97-1.

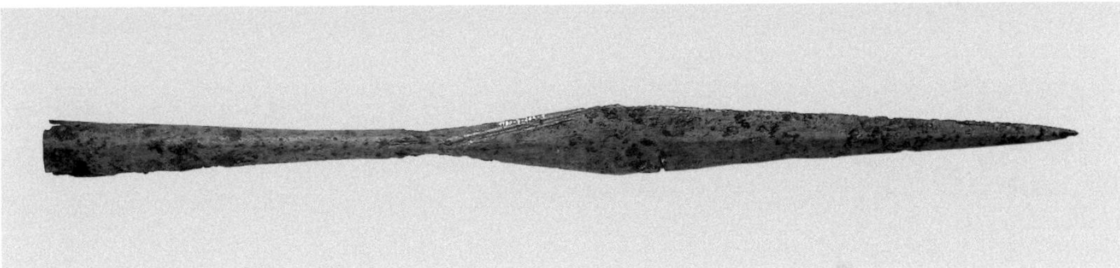

3.2.1.3.33. Lanzenspitze mit länglich rautenförmigem Blatt und geschlossener Tülle – Rheinfelden-Herten, Lkr. Lörrach, L. 44,6 cm – Archäologisches Landesmuseum Baden-Württemberg, Inv.-Nr. 1930-7-262-1.

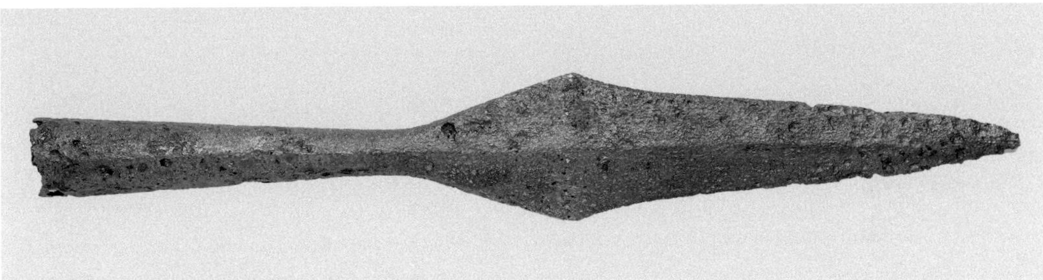

3.2.1.3.33. Lanzenspitze mit länglich rautenförmigem Blatt und geschlossener Tülle – Bad Münstereifel-Iversheim, Kr. Euskirchen, L. 34,4 cm – LVR-LandesMuseum Bonn, Inv.-Nr. 1960.616,2-1.

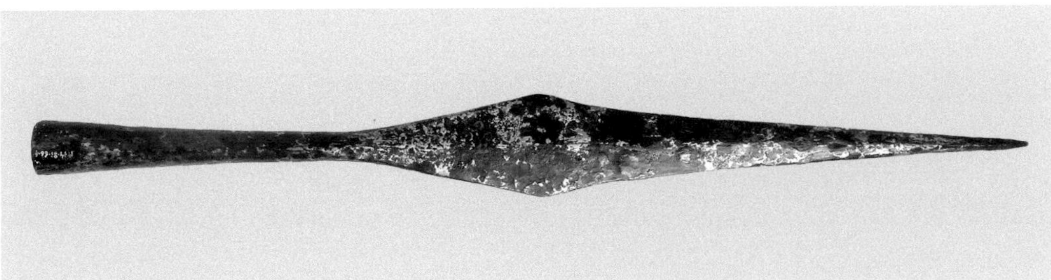

3.2.1.3.33.1. Lanzenspitze mit länglich rautenförmigem Blatt und verdickter Spitze – Calw-Stammheim, Lkr. Calw, L. 46 cm – Archäologisches Landesmuseum Baden-Württemberg, Inv.-Nr. 1974-83-66-4.

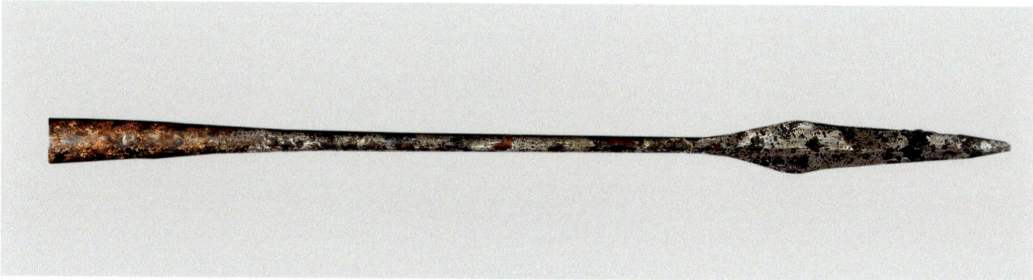

3.2.1.3.34. Lanzenspitze mit rautenförmigem Blatt und Schlitztülle – Müdesheim, Lkr. Main-Spessart, Grab 43, L. 57,3 cm – Archäologische Staatssammlung München, Inv.-Nr. 1975,855K.

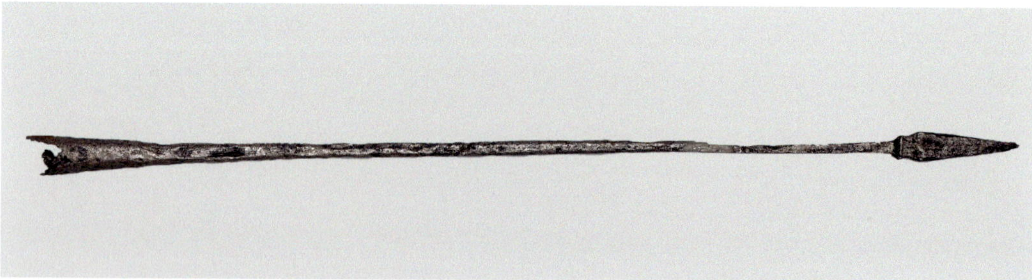

3.2.1.5.8.2. Tüllenpilum mit vierkantig oder dreikantig pyramidaler Spitze – Augsburg-Oberhausen, L. 47,2 cm – Archäologisches Zentraldepot der Stadtarchäologie Augsburg, Inv.-Nr. O/797 und O/1101.

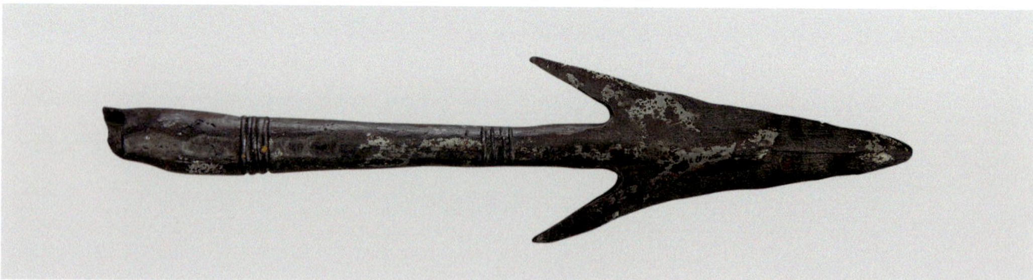

3.2.2.1. Lanzenspitze mit Widerhaken Typ Hunn – Haarstorf, Lkr. Uelzen, L. 15,5 cm – Landesmuseum Hannover, Inv.-Nr. 13164.

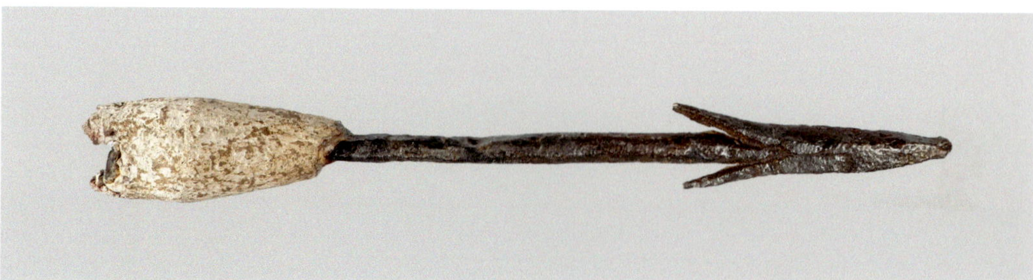

3.2.2.2.1. Plumbata – Fundort unbekannt, L. 13,6 cm – aus Privatsammlung (Österreich).

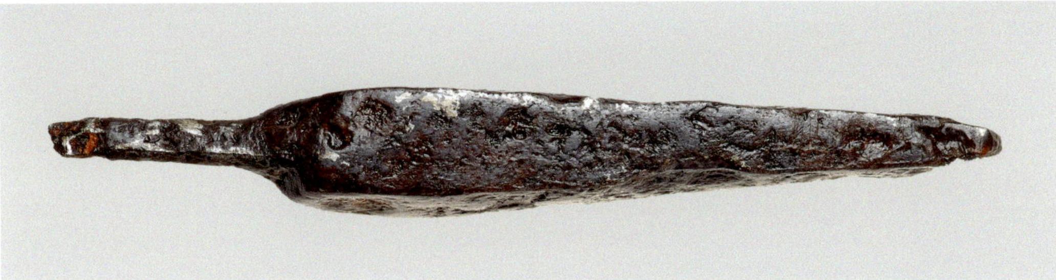

1.1. Geschossbolzen mit pyramidaler Bolzenspitze mit deutlichem Absatz zum Dorn – Xanten, Kr. Wesel, L. ca. 4,7 cm – LVR-LandesMuseum Bonn, Inv.-Nr. 0023846,0-1.

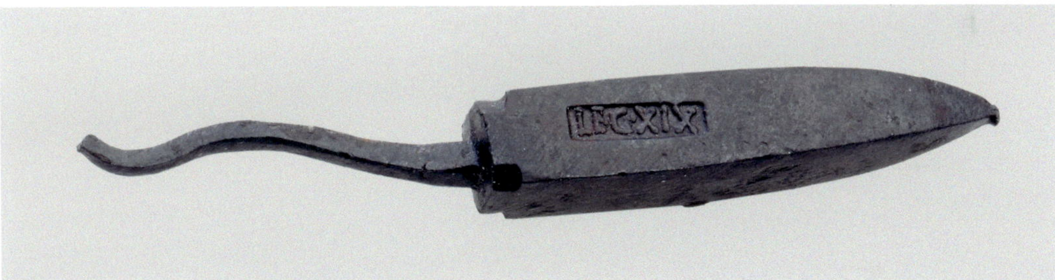

1.2. Geschossbolzen mit doppelkonischer Bolzenspitze mit deutlichem Absatz zum Dorn – Oberammergau-Döttenbichl, Lkr. Garmisch-Partenkirchen, L. 7,3 cm – Archäologische Staatssammlung München, Inv.-Nr. 2013,3674.

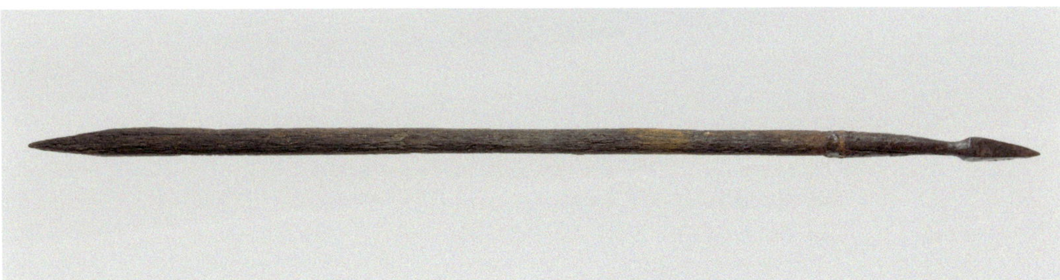

2.1.1. Geschossbolzen mit pyramidaler Bolzenspitze mit annähernd quadratischem Querschnitt und deutlichem Absatz zur Tülle – De Meern-Hoge Woerd, Provinz Utrecht, Niederlande, L. 52,6 cm – Museum Hoge Woerd.

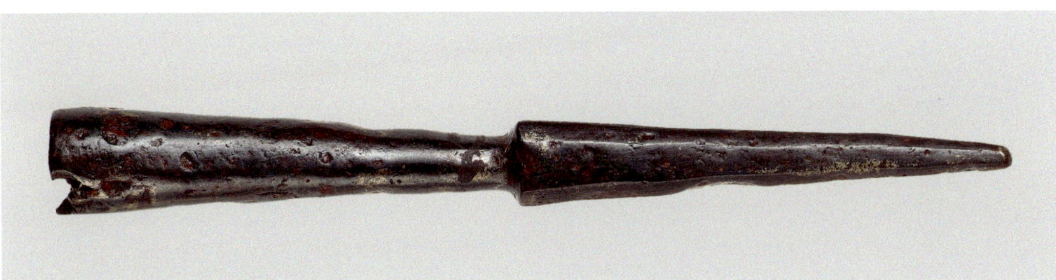

2.1.2. Geschossbolzen mit pyramidaler Bolzenspitze mit sechseckigem Querschnitt und deutlichem Absatz zur Tülle – Xanten, Kr. Wesel, L. ca. 12,8 cm – LVR-LandesMuseum Bonn, Inv.-Nr. 0024093,0-1.

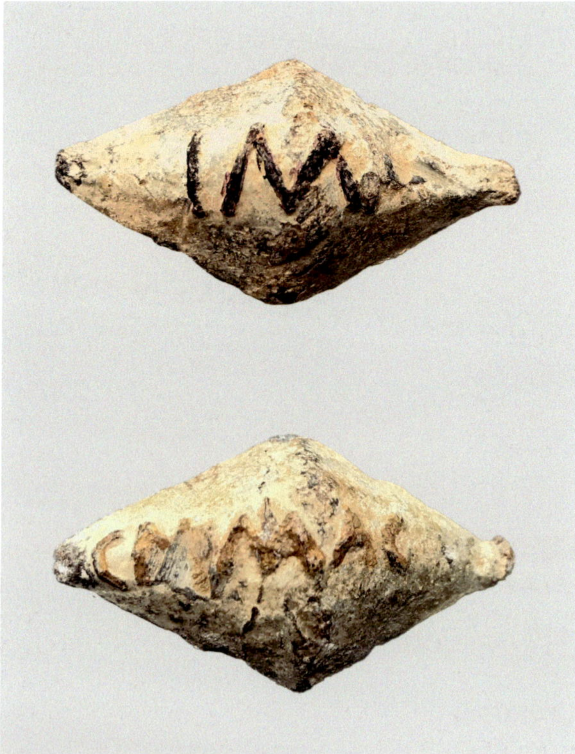

1.3. Doppelpyramidenförmiges Schleuderblei – Munda bei Osuna, Spanien, L. 4,5 cm – aus Privatsammlung (Großbritannien).

Die Pfeilbewehrungen

Pfeilbewehrungen bestehen aus unterschiedlichen Materialien wie Knochen, Geweih, Silex oder Metall. Auch die Formen sind vielfältig: neben blattförmigen treten drei- oder viereckige und bolzenförmige auf. Sie wurden zu mehreren seitlich in einen Holzpfeil eingesetzt oder einzeln an der Spitze des Pfeils angebracht. Ausschlaggebend für die Gliederung ist zunächst das Material, dann die Art der Schäftung: ohne Schäftungshilfe, mit Schäftungsdorn, -angel oder -zunge bzw. mit Tülle. Erst danach werden die Typen anhand der Spitzenform (bolzen- oder blattförmig, dreikantig/dreiflügelig oder vierkantig/vierflügelig) zusammengestellt.

1. Pfeilbewehrung <Organik>

Beschreibung: Die Pfeilbewehrungen sind aus Knochen, Geweih oder aus Holz gearbeitet. Sie wurden ohne Schäftungshilfe, mit Schaftdorn bzw. mit Schaftzunge oder mit Tülle hergestellt.
Datierung: Spätmesolithikum, 8. Jt. v. Chr.; nordisches Spätmesolithikum bis ältere Vorrömische Eisenzeit, Latène A (Reinecke), 53.–4. Jh. v. Chr.; Römische Kaiserzeit, B2 (Eggers), bis Völkerwanderungszeit, 1.–5. Jh. n. Chr.; Frühmittelalter, 7.–10. Jh. n. Chr.; Wikingerzeit, 9.–11. Jh. n. Chr.
Verbreitung: Deutschland, südliche Niederlande, Polen, Schweiz, Österreich, Tschechien, Frankreich, Nordspanien, Italien, Nordeuropa, östliches Mitteleuropa, Osteuropa, Russland.
Literatur: Dengler 1941; Pape 1982, 137–151; Nieszery 1995, 195; Paulsen, H. 1999, 112–113; Gramsch 2000, 80; Biermann 2008, 246–248; Pauli Jensen/Nørbach 2009, 54; 80–84; 93; Most 2018.

1.1. Pfeilbewehrung ohne Schäftungshilfe <Organik>

Beschreibung: Pfeilbewehrungen ohne Schäftungshilfe können bolzenförmig mit einer Spitze oder beidseitig angespitzt sein. Ihr Querschnitt ist halbrund bis rund. Ferner kommen kurze durchlochte Abschnitte von Hirschgeweihsprossen und formgleiche Stücke aus Holz vor. Eine weitere Variante sind dreieckige Pfeilspitzen, die in seltenen Fällen gezähnte Seitenkanten aufweisen.
Datierung: Spätmesolithikum, 8. Jt. v. Chr.; nordisches Spätmesolithikum bis Neolithikum, 53.–23. Jh. v. Chr.; jüngere nordische Bronzezeit, Periode IV–V (Montelius), 11.–8. Jh. v. Chr.; ältere Vorrömische Eisenzeit, Hallstatt D1 (Reinecke), 6. Jh. v. Chr.
Verbreitung: Deutschland, Schweiz, Frankreich, Norditalien, Österreich, Tschechien, Polen, Russland.
Literatur: Pape 1982, 151; Nieszery 1995, 195; Gramsch 2000, 80; Hafner/Suter 2000, 189; Strien 2000, 19; Most 2018.

1.1.1. Bolzenförmige Pfeilspitze <Organik>

Beschreibung: Bolzenförmige Pfeilspitzen kommen als einseitig zugespitzte Form mit gerade abgetrennter Basis oder beidseitig angespitzt vor. Der Querschnitt ist halbrund oder rund. Für diese Typen kam Knochen oder Geweih zur Anwendung. Desweiteren gibt es kurze durchlochte Abschnitte von Hirschgeweihsprossen, die partiell oder gänzlich überschliffen sein können. Ihre Form ist zylindrisch bis leicht tonnenförmig. Ähnliche Stücke wurden auch aus Holz, vornehmlich aus Holunder, hergestellt.
Datierung: Spätmesolithikum, 8. Jt. v. Chr.; nordisches Spätmesolithikum bis Neolithikum, 53.–23. Jh. v. Chr.; jüngere nordische Bronzezeit, Periode IV–V (Montelius), 11.–8. Jh. v. Chr.; ältere Vorrömische Eisenzeit, Hallstatt D1 (Reinecke), 6. Jh. v. Chr.
Verbreitung: Deutschland, Schweiz, Frankreich, Norditalien, Österreich, Tschechien, Polen, Russland.
Literatur: Pape 1982, 151; Gramsch 2000, 80; Kotai 2010b, 182–183; Most 2018.

1.1.1.1. Bolzenförmige Pfeilspitze mit halbrundem oder rundem Querschnitt

Beschreibung: Die schmale, aus einem Röhrenknochensplitter hergestellte Pfeilspitze hat im Spitzenbereich einen runden Querschnitt. Im weiteren Verlauf kann auf der Unterseite der Markka-

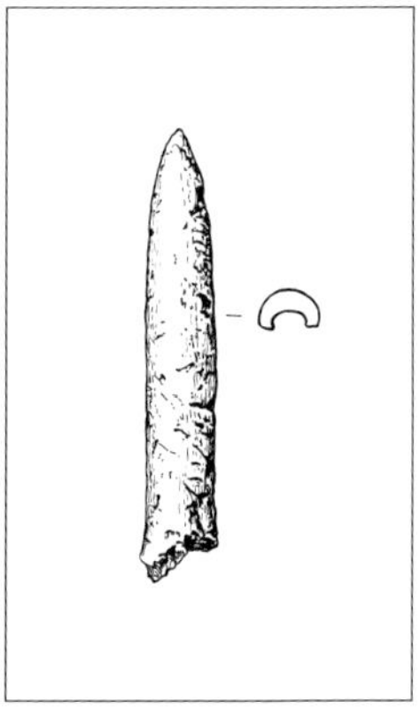

1.1.1.1.

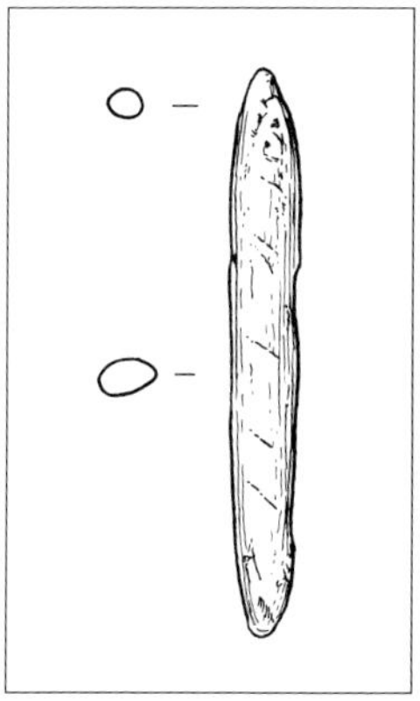

1.1.1.2.

nal sichtbar sein, was dann zu einem halbrunden Querschnitt führt. Die Basis kann gerade abgetrennt oder angeschrägt sein. Die Oberfläche ist oft sorgfältig geglättet. Die Länge liegt zwischen 4 und 13,5 cm.

Synonym: Pfeilspitze Pape Typ G.

Untergeordneter Begriff: Pfeilspitze Most Typ 1A.

Datierung: nordisches Spätmesolithikum bis Neolithikum, 53.–23. Jh. v. Chr.; jüngere nordische Bronzezeit, Periode IV–V (Montelius), 11.–8. Jh. v. Chr.

Verbreitung: Deutschland, Schweiz, Frankreich, Norditalien, Österreich, Tschechien, Polen, Russland.

Literatur: Pape 1982, 151, Abb. 6,1–4; Heege/Heege 1989, 57–58, Abb. 32,5–7; 60; Winiger 1992, 76–77, Abb. 6; Hafner/Suter 2000, 188; Hartz 2000, 36; Lübke 2000, 20–21, Abb. 5,10; Hartz 2001, 11, Abb. 3; Deschler-Erb/Marti-Grädel/Schibler 2002, 295, Abb. 510,10–23; Hafner/Suter 2004, 32, Abb. 11; Most 2018.

Anmerkung: In Lüscherz-Binggeli (32. Jh. v. Chr.) wurde ein Pfeilfragment mit einer Knochenpfeilspitze dieses Typs gefunden. Sie war mit Birkenpech und Schnur am Holzschaft angebracht worden (Hafner/Suter 2004, 32).

1.1.1.2. Beidseitig angespitzte Geschossspitze

Beschreibung: Die Seiten verlaufen gerade mit Verjüngung zu den Spitzen hin. Der Querschnitt ist oft mehr oder weniger rund. Manchmal ist der mittlere Bereich leicht verbreitert. Bei einigen Spitzen ist ein Ende dünner ausgearbeitet als das andere und stellt wohl die Basis dar. Manche Stücke tragen eine Kerbe vor dem Basisende. Die Längen liegen meist zwischen 3 und 10 cm. Längere Spitzen kommen gelegentlich in den jung- und endneolithischen Siedlungen der Schweiz vor. Als Material wurde Knochen oder Geweih verwendet.

Synonym: kurze Doppelspitze; spindelförmige Pfeilspitze; Pfeilspitze Most Typ 1B.

Datierung: Spätmesolithikum, 8. Jt. v. Chr.; Jung- bis Endneolithikum, 38.–31. Jh. v. Chr.; 28.–27. Jh. v. Chr.; jüngere nordische Bronzezeit, Periode IV–V (Montelius), 11.–8. Jh. v. Chr.; ältere Vorrömische Eisenzeit, Hallstatt D1 (Reinecke), 6. Jh. v. Chr.

Verbreitung: Nord-, Süd-, Ost- und Mitteldeutschland, Polen, Schweiz.

Literatur: Dengler 1941, 66, Abb. 2,29–30; Hoppe 1986, 59, Taf. 98,3; Winiger 1992, Abb. 1,1–3; 7,19; Gramsch 2000, 80, Abb. 20; Deschler-Erb/Marti-Grädel/Schibler 2002, 295, Abb. 511,4–26; Hafner/Suter 2004, 32, Abb. 14; Graf 2014, 128, Taf. 105,13; 113,2; Most 2018.

Anmerkung: In Sutz-Lattrigen Hauptstation außen wurde eine knöcherne Spitze dieses Typs im Becken eines Hirsches steckend gefunden (Hafner/Suter 2004, 32, Abb. 14).

1.1.1.3. Geweihköpfchen

Beschreibung: Aus einer Hirschgeweihsprosse wurde ein kurzer Abschnitt zur Herstellung des Geweihköpfchens entnommen. Meist ist ein feiner Schnittring an beiden Seiten erkennbar. Die Spongiosa, das poröse Geweihinnere, wurde längs durchbohrt oder komplett entfernt. Manche Stücke wurden partiell oder allseitig überschliffen. Ihre Form ist zylindrisch bis leicht tonnenförmig, der Durchmesser verjüngt sich oft zur Schaftseite hin. Geweihköpfchen haben einen Durchmesser von ca. 1,8 bis 3 cm, der Bohrlochdurchmesser

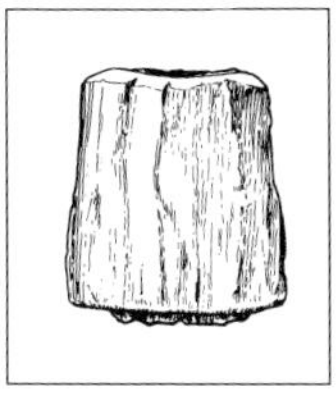

1.1.1.3.

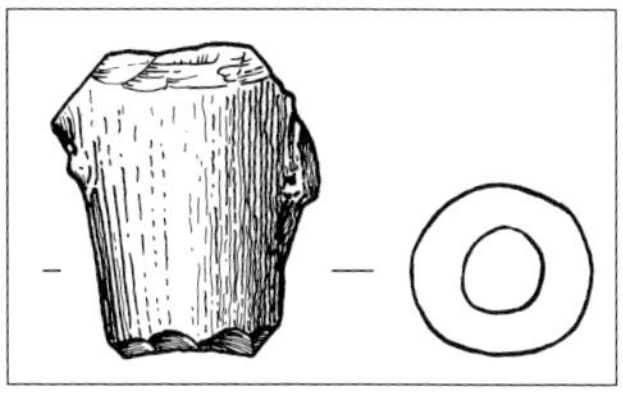

1.1.1.4.

liegt oft zwischen 0,5 und 0,9 cm. Die Längen betragen 2 bis 4,5 cm.
Synonym: Geweihröllchen.
Untergeordneter Begriff: Vogelpfeilkopf.
Datierung: Spätneolithikum, 34.–29. Jh. v. Chr.
Verbreitung: Schweiz, selten in Nordhessen und Thüringen.
Relation: 1.1.1.4. Hölzerner Pfeilkopf.
Literatur: Feustel 1972, Taf. 23,1; Suter 1981, 60–61, Taf. 69,1024–1025; Rüttimann 1983, 76–77, Abb. 56,5–11; Winiger 1992, 86–87, Abb. 13; Hafner/Suter 2000, 189, Taf. 32,1–9; Deschler-Erb/Marti-Grädel/Schibler 2002, 100; 331–335, Abb. 120; 122; 486; 500; 530,3–11; Eberli 2010, 211, Abb. 347; Kotai 2010b, 182–183, Abb. 296–303, Taf. 31,358–369; Schierhold 2012, 98, Taf. 39,75.
Anmerkung: Die Artefakte werden z. T. auch als Ringperlen oder Spinnwirtel angesprochen. Es liegen aber Stücke mit teilweise oder vollständig erhaltener Schäftung vor (Rüttimann 1983, 76–77; Deschler-Erb/Marti-Grädel/Schibler 2002, 100, Abb. 120; 122; 500; Kotai 2010b, 182–183).

1.1.1.4. Hölzerner Pfeilkopf

Beschreibung: Die Form der hölzernen, der Länge nach durchlochten Pfeilköpfe ist zylindrisch bis leicht tonnenförmig, das vordere Ende ist flacher und breiter als das hintere. Üblicherweise wurden sie aus Holunder gefertigt. Die Längen betragen 3 bis 4 cm, die Durchmesser 1,8 bis 3 cm. Die Schaftlochdurchmesser liegen häufig zwischen 0,35 und 0,9 cm.
Untergeordneter Begriff: Vogelpfeilkopf.
Datierung: Spätneolithikum, 34.–29. Jh. v. Chr.
Verbreitung: Schweiz.
Relation: 1.1.1.3. Geweihköpfchen.
Literatur: Osimitz 2001, 65; Eberli 2010, 211, Taf. 64,539–544; Kotai 2010b, 183, Taf. 64,539–544.
Anmerkung: In den hölzernen Pfeilköpfen wurden z. T. noch Schaftreste aus Schneeball oder Hartriegel gefunden (Kotai 2010b, 183).

1.1.2. Blattförmige Pfeilspitze <Organik>

Beschreibung: Die Pfeilspitze ist dreieckig mit geraden oder leicht konvexen Seitenkanten. Diese können in seltenen Fällen auch gezähnt sein. Die Basis ist gerade bis leicht konkav.
Datierung: Frühneolithikum, 53.–49. Jh. v. Chr.; Jungneolithikum, 38.–36. Jh. v. Chr.
Verbreitung: Süddeutschland, Schweiz.
Literatur: Schibler 1981, 47–48; Winiger 1992, 87; Nieszery 1995, 195; Hafner/Suter 2000, 189; Strien 2000, 19; Schibler 2003, 49.

1.1.2.1. Dreieckige Knochenpfeilspitze

Beschreibung: Die flache dreieckige Pfeilspitze wurde aus Knochen hergestellt. Ihre Seitenkanten sind gerade oder leicht konvex. Sie hat meist eine mehr oder weniger gerade Basis; im Frühneolithikum können daneben Stücke mit leicht konvexer Basis vorkommen, während im Jungneolithikum auch dreieckige Knochenpfeilspitzen mit konkaver Basis auftreten. Die Umrissformen reichen von kurzen gedrungenen Stücken bis zu lang-schmalen. Die Länge reicht in der Regel von 1,4 bis 6 cm. Selten treten im Jungneolithikum auch Artefakte mit gezähnten Seitenkanten auf.
Untergeordneter Typ: Schibler Typ 3/1 scharfkantige Knochenpfeilspitze.
Datierung: Frühneolithikum, 53.–49. Jh. v. Chr.; Jungneolithikum, 38.–36. Jh. v. Chr.
Verbreitung: Süddeutschland, Schweiz, Österreich.
Relation: 2.1.4.1.1. Dreieckige Pfeilspitze mit gerader Basis; 2.1.4.1.2. Dreieckige Pfeilspitze mit konkaver Basis; 2.1.4.1.3. Dreieckige Pfeilspitze mit konvexer Basis.; 3.1.1.1. Pfeilspitze Typ Bourget.
Literatur: Schrickel 1966, Taf. 117,18; Schibler 1981, 47–48, Taf. 16,18; 20,9–13; 26,10–12; Winiger

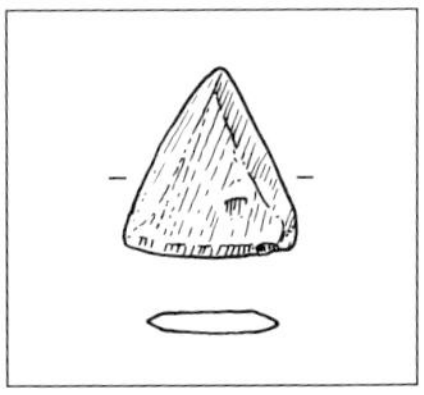

1.1.2.1

1992, 87, Abb. 14,3/1–3/2; Nieszery 1995, 195, Taf. 70,2; Hafner/Suter 2000, 189; Strien 2000, 19, Taf. 1,13; Haack 2002, 53–54, Taf. 19,89–90; 20,91; Schibler 2003, 49, Abb. 38, Taf. 66,7; Hafner/Suter 2004, 32, Abb. 13; Gerling/Francken 2007, 46, Abb. 2; Kotai 2010a, 171, Taf. 27,294.

Anmerkung: Eine Knochenpfeilspitze mit konkaver Basis stammt auch aus der hallstattzeitlichen Höhensiedlung Mauchen »Kilberg« (Klug-Treppe 2003, 143, Taf. 79,19).

(siehe Farbtafel Seite 25)

1.2. Pfeilbewehrung mit Schaftdorn oder Schaftzunge <Organik>

Beschreibung: Die Pfeilbewehrungen wurden aus Knochen oder Geweih gearbeitet. Es kommen Typen mit runden bis leicht eckigen konischen Spitzen, solche mit spatelförmigem oder dreieckigem Blatt mit und ohne Widerhaken sowie dreikantige oder dreiflügelige und vierkantige Stücke vor. Der Übergang zum Schaft verläuft gleichmäßig, kann aber auch deutlich abgesetzt sein. Auf dem Schaft befindet sich gelegentlich ein weiterer Absatz. Die Schaftlängen sind variabel.

Datierung: Jungneolithikum bis ältere Vorrömische Eisenzeit, Latène A (Reinecke), 40.–4. Jh. v. Chr.; Römische Kaiserzeit, B2 (Eggers), bis Völkerwanderungszeit, 1.–5. Jh. n. Chr.; Wikingerzeit, 9.–11. Jh. n. Chr.

Verbreitung: Deutschland, südliche Niederlande, Polen, Schweiz, Österreich, Tschechien, Ungarn, Frankreich, Nordspanien, Italien, Nordeuropa.

Literatur: Dengler 1941; Pape 1982, 137–151; Eckhardt 1996, 38–39; Paulsen, H. 1999, 112–113; Köninger 2006, 176–177; Pauli Jensen/Nørbach 2009, 54; 80–84; Most 2018; Jünger 2020, 105–106.

1.2.1. Bolzenförmige Pfeilbewehrung mit Schaftdorn oder Schaftzunge <Organik>

Beschreibung: Die aus Knochen oder Geweih gefertigte Pfeilspitze hat eine runde bis leicht eckige konische Spitze. Der Übergang zum Schaft ist durch einen deutlichen Absatz gekennzeichnet.

Datierung: Endneolithikum bis ältere Vorrömische Eisenzeit, Latène A (Reinecke), 28.–4. Jh. v. Chr.

Verbreitung: Schweiz, Norditalien, Nordspanien, Ungarn, Polen, Süd- und Ostdeutschland.

Literatur: Pape 1982, 145; Eckhardt 1996, 38–39.

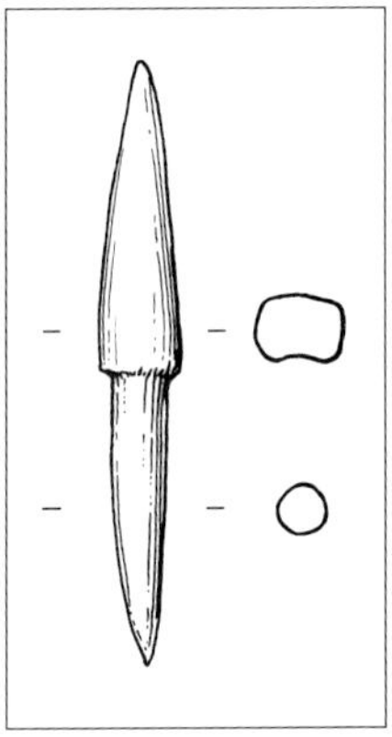

1.2.1.1.

1.2.1.1. Bolzenförmige Pfeilspitze mit scharfkantigem Absatz am Schaftdorn

Beschreibung: Die spindelförmige beinerne Pfeilspitze hat eine eckige oder runde konische Spitze. Am Übergang zum Schaft befindet sich ein deutlicher scharfkantiger Absatz. Der Schaft hat einen runden Querschnitt und läuft oft spitz aus. Pfeilspitzen dieses Typs sind zwischen 3,5 und 11,5 cm lang.

Synonym: Pfeilspitze Pape Typ E; Pfeilspitze Eckhardt Sonderform 6.

Datierung: Endneolithikum bis ältere Vorrömische Eisenzeit, Latène A (Reinecke), 28.–4. Jh. v. Chr.

Verbreitung: Schweiz, Norditalien, Nordspanien, Ungarn, Polen, Süd- und Ostdeutschland.

Literatur: Fundchronik 1972, 145, Abb. 32,1–2; Pape 1982, 145, Abb. 5,8–15; Peschel/Spennemann 1985, 157–158, Abb. 1; Eckhardt 1996, 38–39.

Anmerkung: Während die Spitzen im Westen ins Endneolithikum bis in die Mittelbronzezeit datieren, gehören die Stücke im Osten in die Spätbronzezeit und die frühe Vorrömische Eisenzeit.

1.2.2. Blattförmige Pfeilspitze mit Schaftdorn oder Schaftzunge <Organik>

Beschreibung: Die Pfeilspitzen wurden aus Knochen oder Geweih gearbeitet. Sie haben ein mehr oder weniger klar ausgearbeitetes, spatelförmiges oder dreieckiges Blatt mit oder ohne Widerhaken. Das Blatt kann deutlich vom Schaft abgesetzt sein oder auch ohne klaren Absatz in diesen übergehen. Die Länge des Schaftes ist sehr variabel; er kann einen zusätzlichen Absatz aufweisen.
Datierung: Spätneolithikum, 35.–28. Jh. v. Chr.; jüngere bis späte nordische Bronzezeit, Periode IV–VI (Montelius), jüngere Frühbronzezeit bis ältere Vorrömische Eisenzeit, Bronzezeit A2–Hallstatt D (Reinecke), 20.–5. Jh. v. Chr.
Verbreitung: Deutschland, südliche Niederlande, Polen, Schweiz, Österreich, Tschechien, Ungarn, Frankreich, Nordspanien, Italien.
Literatur: Dengler 1941; Pape 1982, 137–142; Winiger 1992, 96; Köninger 2006, 176–177; Most 2018; Jünger 2020, 105–106.

1.2.2.1. Blattförmige Pfeilspitze mit Schaftdorn oder Schaftzunge ohne Widerhaken <Organik>

Beschreibung: Die aus Knochen hergestellten Pfeilspitzen haben eine mehr oder weniger deutlich ausgearbeitete blattförmige Spitze, welche langschmal oder kurz und gedrungen sein kann. Sie ist unterschiedlich stark vom Schaft abgesetzt. Auch die Länge des Schaftes ist sehr heterogen.
Datierung: Spätneolithikum, 35.–28. Jh. v. Chr.; jüngere bis späte nordische Bronzezeit, Periode IV–VI (Montelius), bzw. späte Bronzezeit bis ältere Vorrömische Eisenzeit, Hallstatt A2–C (Reinecke), 11.–7. Jh. v. Chr.
Verbreitung: Nord- und Mitteldeutschland, südliche Niederlande, Frankreich, Schweiz, Polen.
Literatur: Heege/Heege 1989, 79–80; Winiger 1992, 96; Most 2018.

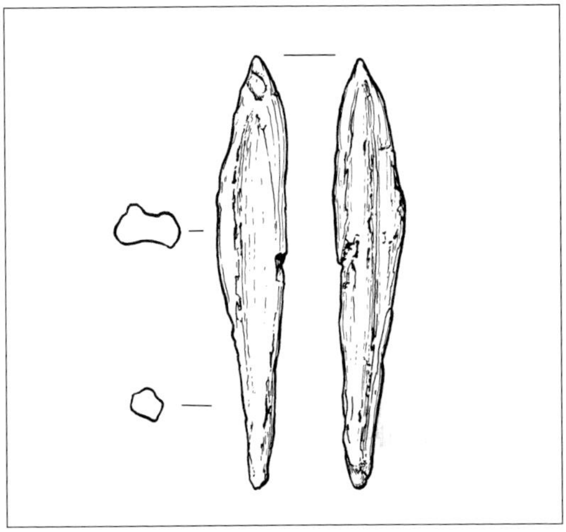

1.2.2.1.1.

1.2.2.1.1. Pfeilspitze mit flachem Blatt und ausgearbeiteter Basis

Beschreibung: Das breite flache Blatt hat seine größte Breite ungefähr in der Mitte, verjüngt sich dann und läuft Richtung Basis schräg oder spitz aus. Der Übergang zwischen Blatt und Schaft kann deutlich abgesetzt oder fließend sein. Die Länge liegt zwischen 5 und 8 cm.
Untergeordneter Begriff: Pfeilspitze Most Typ 1C; Pfeilspitze Most Typ 2C.
Datierung: späte nordische Bronzezeit, Periode VI (Montelius), bzw. ältere Vorrömische Eisenzeit, Hallstatt C (Reinecke), 8.–7. Jh. v. Chr.
Verbreitung: Norddeutschland, Polen.
Literatur: Most 2018.

1.2.2.1.2. Schmale Pfeilspitze mit rechteckigem Querschnitt und pfeilspitzartigem Blatt

Beschreibung: Das schmale dreieckige Blatt ist auf einer Seite deutlich vom Schaft abgesetzt, auf der anderen Seite ist der Übergang üblicherweise fließend. Die Basis ist angeschrägt oder gerade abgetrennt. Häufig werden Längen von 6 bis 7,5 cm erreicht.
Synonym: Pfeilspitze Most Typ 1A-4.

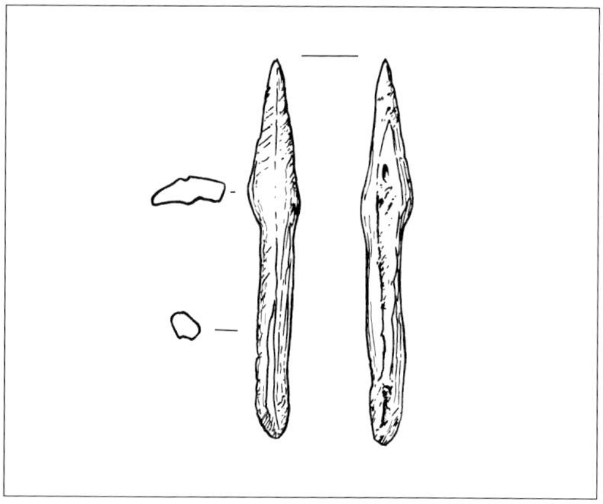

1.2.2.1.2.

Datierung: jüngere nordische Bronzezeit, Periode IV–V (Montelius), bzw. späte Bronzezeit, Hallstatt A2–B (Reinecke), 11.–8. Jh. v. Chr.
Verbreitung: Norddeutschland, Schweiz.
Literatur: Winiger 1992, 96, Abb. 21,4; Most 2018.

1.2.2.1.3. Dreieckige Knochenpfeilspitze mit langem Schaft

Beschreibung: Die knöcherne massive Pfeilspitze hat ein dreieckiges, deutlich abgesetztes Blatt mit gerader Basis, das länglich schmal oder kurz und gedrungen sein kann. Der Blattquerschnitt ist häufig spitzoval. Manchmal weist es aber auch deutliche Mittelgrate auf, sodass der Blattquerschnitt rautenförmig ist. Der mehr oder weniger lange Schaft mit rundem bis ovalem Querschnitt endet entweder gerade oder ist bifacial abgeschrägt. Die Längen sind sehr heterogen und reichen von 4,5 bis 16,5 cm.

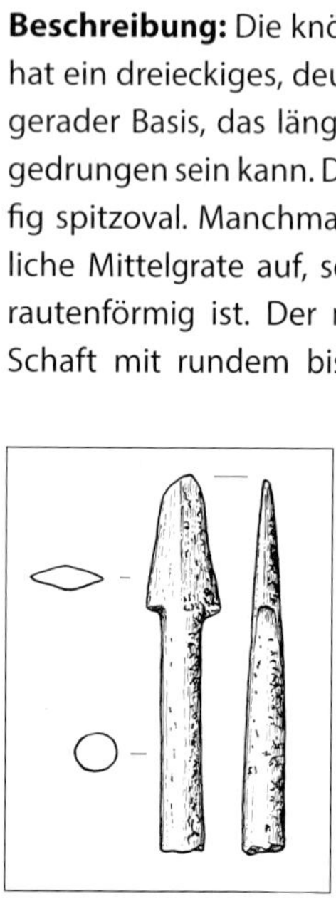

1.2.2.1.3.

Synonym: Pfeilspitze Pape Typ H.
Verbreitung: Nord- und Mitteldeutschland, südliche Niederlande, Frankreich.
Datierung: Spätneolithikum, 35.–28. Jh. v. Chr.
Literatur: Schrickel 1966, 252–253, Taf. 63,14; Feustel 1972, 48, Taf. XIX,1–2; XX; Kappel 1978, 12, Abb. 6; Schwellnus 1979, 48; Pape 1982, 151, Abb. 6,5–14; Claus 1983/1984, 109–110, Abb. 14,7; Bücke 1986, 32–37; Raetzel-Fabian 1988, 114, Abb. 161; Heege/Heege 1989, 79–80, Abb. 61; Rinne 2003, 105–106, Taf. 64,1–6; Schierhold 2012, 97.
Anmerkung: In Frankreich ist der Typ noch in der älteren Bronzezeit vertreten. Eine Unterteilung in Stücke mit langem und solche mit kurzem Blatt scheint wegen der fließenden Übergänge nicht sinnvoll.
(siehe Farbtafel Seite 25)

1.2.2.2. Blattförmige Pfeilspitze mit Schaftdorn oder Schaftzunge und Widerhaken <Organik>

Beschreibung: Pfeilspitzen dieses Typs wurden aus Knochen oder Geweih hergestellt. Sie haben ein spatelförmiges bis dreieckiges Blatt mit mehr oder weniger deutlich ausgeprägten Widerhaken, das vom Schaftdorn oder der Schaftzunge abgesetzt ist. Der Schaft kann einen zusätzlichen Absatz aufweisen.
Datierung: jüngere Frühbronzezeit bis ältere Vorrömische Eisenzeit, Bronzezeit A2–Hallstatt D (Reinecke), 20.–5. Jh. v. Chr.
Verbreitung: Deutschland, Polen, Schweiz, Österreich, Tschechien, Ungarn, Frankreich, Nordspanien, Italien.
Literatur: Dengler 1941; Pape 1982, 137–142; Köninger 2006, 176–177; Most 2018; Jünger 2020, 105–106.

1.2.2.2.1. Dreieckige Widerhakenpfeilspitze mit linsenförmigem Querschnitt und Schaftdorn

Beschreibung: Die mit mehr oder weniger deutlich ausgeprägten Widerhaken versehenen Pfeilspitzen haben ein langgezogenes, dreieckiges Blatt mit einem linsenförmigen Querschnitt. Es ist klar vom schmalen Schaftdorn abgesetzt. Dieser ist deutlich kürzer als das Blatt. Die Gesamtlängen

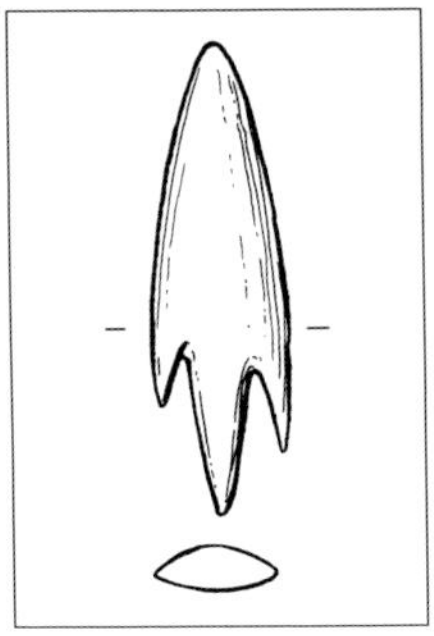

1.2.2.2.1

reichen von 4,5 bis 7 cm. Pfeilspitzen dieser Form wurden aus Knochen hergestellt.

Synonym: Pfeilspitze Pape Typ A; Pfeilspitze Eckhardt Sonderform 2.

Datierung: jüngere Frühbronzezeit bis ältere Vorrömische Eisenzeit, Bronzezeit A2–Hallstatt D (Reinecke), 20.–5. Jh. v. Chr.

Verbreitung: Süd- und Ostdeutschland, Polen, Schweiz, Österreich, Frankreich, Nordspanien, Italien.

Relation: 2.2.1.3. Geflügelte Pfeilspitze; 3.2.1.2.1. Gestielte Metallpfeilspitze; 3.3.2.2.2.1. Tüllenpfeilspitze mit dreieckigem Blatt und Flügelwiderhaken.

Literatur: Torbrügge 1959, Taf. 43,50; Pape 1982, 137–139, Abb. 4,1–6; Neugebauer 1993, 496, Abb. 44,3; Eckhardt 1996, 37; Köninger 2006, 176–177, Taf. 15,164; Jünger 2020, 105–106, Abb. 82,23.

Anmerkung: Aus dem unteren Traisental in Österreich sind Stücke bekannt, bei denen die Schaftzunge in der Nähe des Blattansatzes durchlocht ist (Neugebauer 1993, 496, Abb. 44,3).

1.2.2.2.2. Massive geflügelte Pfeilspitze

Beschreibung: Die aus Knochen oder Geweih gefertigte Pfeilspitze hat ein dreieckiges bis spatelförmiges Blatt mit mehr oder weniger stark ausgeprägten Widerhaken. Von der Basis bis zur Spitze kann eine Mittelrippe verlaufen. Das Blatt ist vom langen, im Querschnitt runden Schaft deutlich abgesetzt. Üblicherweise verbreitert sich dieser im mittleren Bereich etwas, bevor er sich zur Basis hin wieder verjüngt. Dort ist er von drei Seiten stumpf abgetrennt. Die Längen dieses Pfeilspitzentyps belaufen sich auf 5 bis 12,5 cm.

Synonym: Pfeilspitze Pape Typ B; Pfeilspitze Pape Typ C; Pfeilspitze Most Typ 2D; Pfeilspitze Eckhardt Sonderform 3.

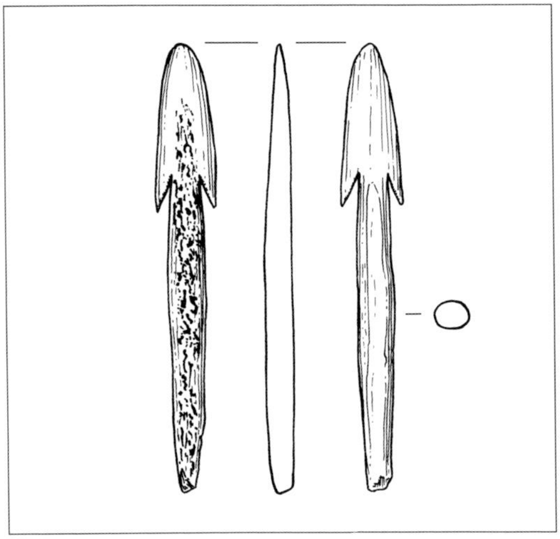

1.2.2.2.2.

Datierung: jüngere Bronzezeit bis ältere Vorrömische Eisenzeit, Hallstatt A–D (Reinecke), 12.–5. Jh. v. Chr.

Verbreitung: Mittel-, Ost- und Norddeutschland, Polen, Österreich, Tschechien, Ungarn.

Literatur: Willvonseder 1931, 124, Abb. 2,7; Dengler 1941; Horst 1960, 118–119, Abb. 3,a–c; Pape 1982, 139–142, Abb. 4,7–16; Breddin 1989, 122–123, Abb. 17,4; Most 2018; Jünger 2020, 105–106, Abb. 82,24–25.

(siehe Farbtafel Seite 25)

1.2.2.2.2.1. Massive geflügelte Pfeilspitze mit abgesetztem Schaftdorn

Beschreibung: Die mit mehr oder weniger stark ausgeprägten Widerhaken versehenen Pfeilspitzen haben ein dreieckiges bis spatelförmiges Blatt mit einem flachen linsenförmigen oder einem rautenförmigen Querschnitt. Es ist deutlich vom schmalen Schaft abgesetzt. Dieser hat auf ungefähr halber Länge nochmals einen Absatz und endet dann in einem Dorn. Die Längen liegen zwischen 3,5 und 9 cm.

Synonym: Pfeilspitze Pape Typ D; Pfeilspitze Eckhardt Sonderform 4.

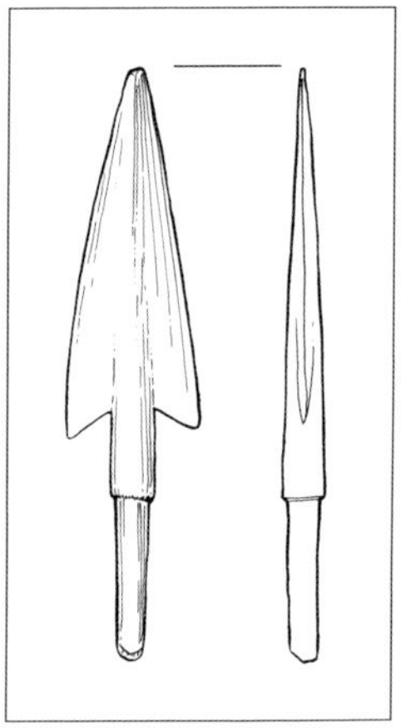

1.2.2.2.2.1.

Datierung: späte Bronzezeit bis ältere Vorrömische Eisenzeit, Bronzezeit D–Hallstatt D (Reinecke), 13.–5. Jh. v. Chr.
Verbreitung: Ostdeutschland, Polen, Frankreich, Italien, Nordspanien.
Literatur: Dengler 1941, Abb. 2,18–19; Pape 1982, 142, Abb. 5,1–7; Eckhardt 1996, 38; Jünger 2020, 106, Abb. 82,26.
(siehe Farbtafel Seite 25)

1.2.3. Dreiflügelige oder dreikantige Pfeilbewehrung mit Schaftdorn oder Schaftzunge <Organik>

Beschreibung: Das Blatt der aus Knochen gefertigten dreikantigen oder dreiflügeligen Pfeilspitzen geht gleichmäßig oder mit einem Absatz in den Schaftdorn bzw. die Schaftzunge über. Manche Stücke weisen Verzierungen auf.
Datierung: Römische Kaiserzeit, B2 (Eggers), bis Völkerwanderungszeit, 1.–5. Jh. n. Chr.; Wikingerzeit, 9.–11. Jh. n. Chr.
Verbreitung: Nordeuropa, Norddeutschland.
Literatur: Raddatz 1963, 49–54; Paulsen, H. 1999, 112–113; Pauli Jensen/Nørbach 2009, 54; 80–84.

1.2.3.1. Dreikantige Knochenpfeilspitze mit Schaftzunge

Beschreibung: Die lange Knochenspitze hat einen dreieckigen Querschnitt. Sie geht gleichmäßig oder mit einem kleinen Absatz in die Schaftzunge über. Gelegentlich tritt Verzierung auf. Die Gesamtlänge liegt bei 13 bis 20 cm.
Untergeordneter Begriff: Pfeilspitze Pauli Jensen Typ IIIA2; Pfeilspitze Pauli Jensen Typ IIIB1.
Datierung: Römische Kaiserzeit, B2 (Eggers), bis Völkerwanderungszeit, 1.–5. Jh. n. Chr.

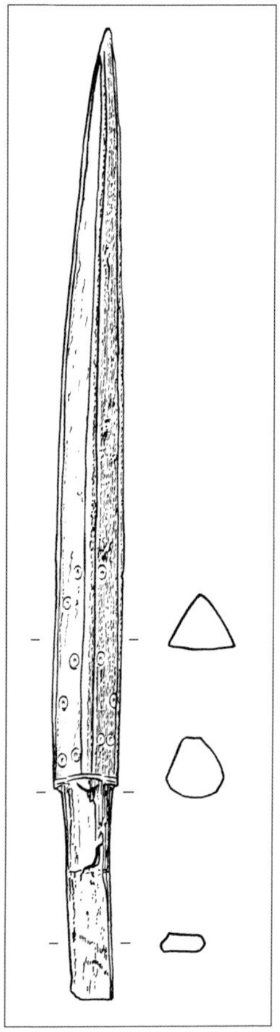

1.2.3.1.

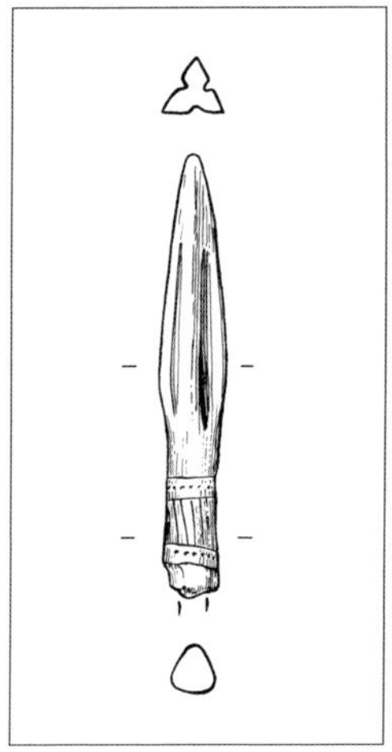

1.2.3.2.

Verbreitung: Dänemark, Schweden, Norwegen, Schleswig-Holstein.
Literatur: Raddatz 1963, 49–54, Abb. 1,18–19; Bemmann/Bemmann 2001, 48, Abb. 1,8–9; Pauli Jensen 2003, Abb. 10; Pauli Jensen/Nørbach 2009, 54; 80–84.
(siehe Farbtafel Seite 26)

1.2.3.2. Dreiflügelige Pfeilspitze mit Schaftdorn <Organik>

Beschreibung: Die relativ kleine Pfeilspitze hat ein dreikantiges, längsgekerbtes Blatt, das mit einem Absatz in den Schaftdorn übergeht. Der Hals kann verziert sein. Die Länge beträgt häufig um 6 cm.

Synonym: dreiflügelige Pfeilspitze Paulsen Typ D1.
Datierung: Wikingerzeit, 9.–11. Jh. n. Chr.
Verbreitung: Nordeuropa, selten in Norddeutschland.
Relation: 3.2.2.13. Pfeilspitze mit Schaftdorn und dreikantigem Blatt.
Literatur: Paulsen, H. 1999, 112–113, Abb. 13,12.

1.2.4. Vierflügelige oder vierkantige Pfeilbewehrung mit Schaftdorn oder Schaftzunge <Organik>

Beschreibung: Das im Querschnitt vierkantige Blatt geht mit einem leichten Absatz in den Schaft über. Pfeilspitzen dieser Art wurden aus Knochen gefertigt.
Datierung: Jungneolithikum bis jüngere nordische Bronzezeit, Periode IV–V (Montelius), 40.–8. Jh. v. Chr.
Verbreitung: Nord- und Mitteldeutschland, Tschechien, Polen, Schweiz, Italien, Ungarn.
Literatur: Dengler 1941; Pape 1982, 148–151; Bernatzky-Goetze 1987, 97; Most 2018.

1.2.4.1. Bolzenförmige Pfeilspitze mit rechteckigem Querschnitt und Schaftdorn

Beschreibung: Die bolzenförmige Pfeilspitze wurde aus einem massiven Knochen gearbeitet. Das relativ lange Blatt ist nur leicht vom Schaft abgesetzt. Der Querschnitt des Blattes ist vierkantig, der des Schaftes viereckig bis abgerundet. Die Längen liegen bei 5,5 bis 14 cm.

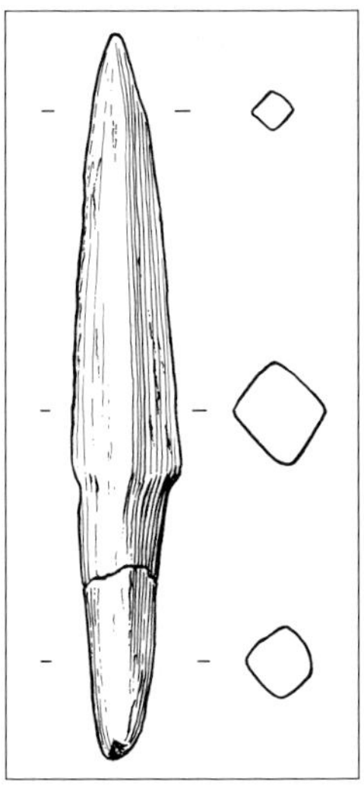

1.2.4.1.

Synonym: Pfeilspitze Pape Typ F; Pfeilspitze Eckhardt Sonderform 7.
Untergeordneter Typ: Pfeilspitze Most Typ 2A.
Datierung: Jungneolithikum bis jüngere nordische Bronzezeit, Periode IV–V (Montelius), 40.–8. Jh. v. Chr.
Verbreitung: Nord- und Mitteldeutschland, Tschechien, Polen, Schweiz, Italien, Ungarn.
Literatur: Dengler 1941, Abb. 2,22.25; Schrickel 1966, 253–273, Taf. 63,13; Pape 1982, 148–151, Abb. 5,16–24; Claus 1983/1984, 109–110, Abb. 14,6; Bernatzky-Goetze 1987, 97, Taf. 153,1–12; Winiger 1992, 97, Abb. 22; Eckhardt 1996, 39; Most 2018.
(siehe Farbtafel Seite 26)

1.3. Pfeilbewehrung mit Tülle <Organik>

Beschreibung: Organische Pfeilbewehrungen mit Tülle wurden aus Knochen oder Geweih hergestellt. Entweder wurde an einem Röhrenknochen eine schräge Spitze angelegt oder an einem Knochen oder Geweih eine – gelegentlich abgerundete – Spitze ausgearbeitet. Die Basis verläuft gerade oder schräg. Oberhalb des Tüllenmundes können sich zwei Bohrlöcher befinden. Die Oberfläche kann verziert oder facettiert sein.
Datierung: Jungneolithikum, 33.–28. Jh. v. Chr.; jüngere Bronzezeit bis ältere Vorrömische Eisenzeit, Hallstatt A–D (Reinecke); späte nordische Bronzezeit, Periode VI (Montelius), 12.–5. Jh. v. Chr.; Frühmittelalter, 7.–10. Jh. n. Chr.
Verbreitung: Deutschland, Schweiz, östliches Mitteleuropa, Osteuropa, Nordeuropa.
Literatur: Pescheck 1958, 119–120; Bernatzky-Goetze 1987, 96; Biermann 2008, 246–248; Pauli Jensen/Nørbach 2009, 54; 93; Schierhold 2012, 98; Most 2018, 91.

1.3.1. Tüllenpfeilspitze mit schräger Spitze

Beschreibung: An einem Röhrenknochen wurde eine schräge Spitze angelegt. Das gegenüberliegende Ende wurde gerade oder schräg abgetrennt und als Tülle verwendet. Es werden Gesamtlängen von 5 bis 13 cm erreicht.
Synonym: Pfeilspitze Most Typ 3; Pfeilspitze Pauli Jensen Gruppe IVC.
Datierung: Jungneolithikum, 33.–28. Jh. v. Chr.; späte nordische Bronzezeit, Periode VI (Monte-

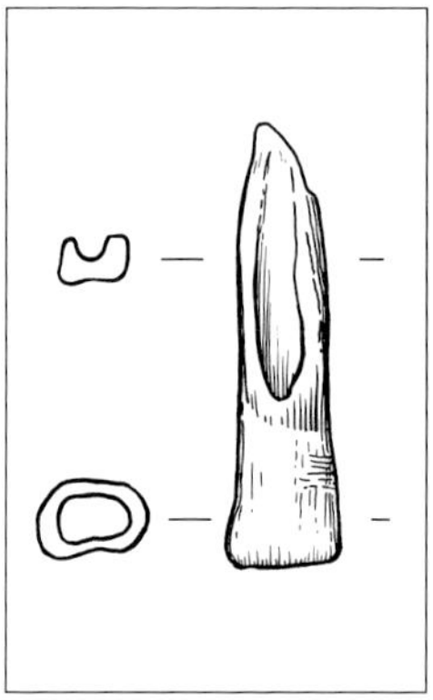

1.3.1.

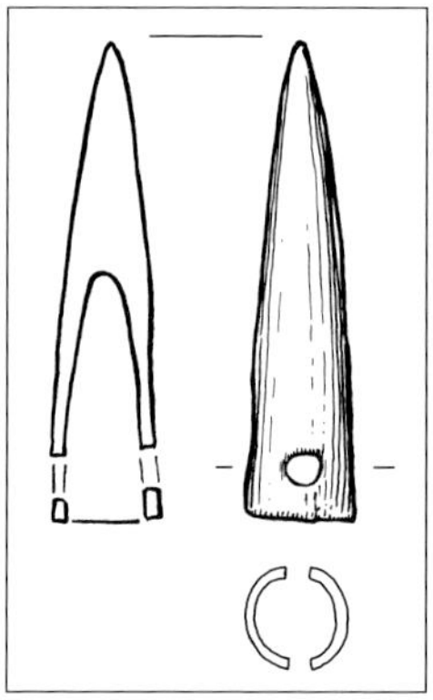

1.3.2.

lius), bzw. ältere Vorrömische Eisenzeit, Hallstatt C–D (Reinecke), 8.–5. Jh. v. Chr.
Verbreitung: Nord- und Mitteldeutschland, Nordeuropa.
Relation: [Lanzen-/Speerbewehrung] 1.3.1.2. Tüllenlanzenspitze Typ B; [Lanzen-/Speerbewehrung] 1.3.1.3. Tüllenlanzenspitze Typ C.
Literatur: Feustel 1972, 46, Taf. 21,5–6; 22,1.4–6; Pauli Jensen/Nørbach 2009, 54; 93; Schierhold 2012, 98, Taf. 27,85; Most 2018, 91, Taf. 13,A.
Anmerkung: Der geringe Tüllendurchmesser von unter 10 mm lässt die Definition als Pfeilspitze zu.

1.3.2. Konische Tüllenpfeilspitze <Organik>

Beschreibung: Die aus Knochen oder Geweih hergestellte Pfeilspitze läuft konisch auf das spitze oder abgerundete Ende zu. Die Basis ist gerade, das Innere zur Aufnahme eines Schaftes ausgehöhlt. Knapp oberhalb der Basis können sich zwei gegenständige Bohrlöcher befinden. Die Längen dieser Pfeilspitzen betragen 4 bis 8 cm.
Datierung: jüngere Bronzezeit, Hallstatt A–B (Reinecke), 12.–9. Jh. v. Chr.
Verbreitung: Süddeutschland, Schweiz, selten auch in Norddeutschland und Polen.
Relation: 1.3.3. Tüllenpfeilspitze aus Geweih; 3.3.1.1. Konische Tüllenpfeilspitze mit spitzem oder abgestumpften Ende; [Lanzen-/Speerbewehrung] 1.3.1.1. Tüllenlanzenspitze Typ A; [Lanzen-/Speerbewehrung] 1.3.1.4. Tüllenlanzenspitze Typ F.
Literatur: Endrich 1951/52, 255–256, Abb. 18,A9; Peschek 1958, 119–120, Abb. 18,9; Schultze-Naumburg 1967, 40; 43, Abb. 12,13; Krahe 1982, 62–64, Abb. 44; Wilbertz 1982, 86; Bernatzky-Goetze 1987, 96, Taf. 152,9–11; Eckhardt 1996, 240 (Nr. 60); 242 (Nr. 76); 261 (Nr. 255–256; 258); 292–293 (Nr. 541; 552).

1.3.3. Tüllenpfeilspitze aus Geweih

Beschreibung: Die 3 bis 8 cm langen Tüllenpfeilspitzen wurden aus Aug- und Mittelsprossen von Rothirschgeweihen hergestellt. An der Basis wurden sie ausgehöhlt. Die Oberfläche wurde geglättet und teilweise ritz-, kreisaugen- oder kerbverziert. Einige Stücke weisen kantige Facettierung auf. Bohrlöcher im Bereich der Basis können vorkommen.
Datierung: Frühmittelalter, 7.–10. Jh. n. Chr.
Verbreitung: Ostdeutschland, östliches Mitteleuropa, Osteuropa.
Relation: 1.3.2. Konische Tüllenpfeilspitze <Organik>; 3.3.1.1. Konische Tüllenpfeilspitze mit spitzem oder abgestumpftem Ende; [Lanzen-/Speerbewehrung] 1.3.1.1. Tüllenlanzenspitze Typ A; [Lanzen-/Speerbewehrung] 1.3.1.4. Tüllenlanzenspitze Typ F.
Literatur: Biermann 2008, 246–248, Abb. 6,1.3.6.
Anmerkung: In Wolin, Polen, wurde eine solche Tüllenpfeilspitze in einem Wildschweinkiefer steckend gefunden (Biermann 2008, Abb. 6,5).

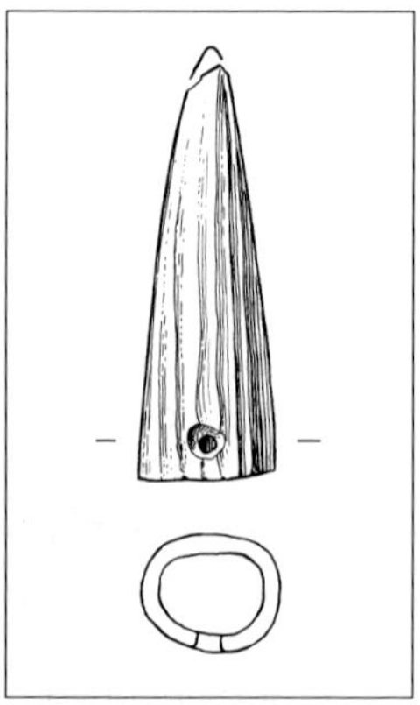

1.3.3.

2. Pfeilbewehrung <Silex>

Beschreibung: Pfeilbewehrungen aus Silex kommen ohne Schäftungshilfe, mit Schaftzunge oder Schaftdorn sowie mit Schäftungskerben vor. Ihre Formen sind vielfältig, von langschmalen über kurzbreite Artefakte mit vier- oder dreieckigem sowie segmentförmigem flachen Blatt. Daneben treten drei- und vierkantige Stücke auf. Die Retuschierung reicht von partieller Kantenretusche bis zu teilweise oder vollständig flächig retuschierten Stücken. Außer Artefakten mit Spitze kommen auch querschneidige Typen vor.
Datierung: spätes Jungpaläolithikum bis späte Bronzezeit, Bronzezeit D (Reinecke), bzw. jüngere nordische Bronzezeit, Periode IV (Montelius), 13. Jt.–13./10. Jh. v. Chr.
Verbreitung: Europa.
Literatur: Struve 1955, 64–65; Taute 1968, 12–13; Taute 1973–1974a, 60; 76–77; Kühn 1979, 69–70; Schwab 1982, 25; Morgan 1983; Gronenborn 1990; Stapel 1991, 50–58; Kaiser/Terberger 1995, 32–33; Rinne 2003, 102–104; Gronenborn 2005; Floss/Weber 2018, 509–515; Heinen 2018a, 624–627; Heinen 2018b; Hesse 2018; Höck 2018; Mischka 2022, 175–176; de Capitani 2023, 236.

2.1. Pfeilbewehrung ohne Schäftungshilfe <Silex>

Beschreibung: Artefakte dieser Art kommen als Spitzen, Dreiecke, viereckige oder segmentförmige, blattförmige, drei- oder vierkantige Pfeilbewehrungen vor. Formen sowie Art und Ausmaß der Retusche sind sehr heterogen. Bei einigen Typen wurden die Bruchkanten kaum überarbeitet, andere weisen gerade, konkave oder konvex retuschierte Basen auf. Neben Formen mit deutlich ausgearbeiteter Spitze treten querschneidige Stücke auf. Gelegentlich kommen flächige Retusche oder Schliff vor. Es werden Längen von 5 bis 55 mm erreicht.
Datierung: Spätpaläolithikum bis späte Bronzezeit, Bronzezeit D (Reinecke), bzw. jüngere nordische Bronzezeit, Periode IV (Montelius), 11. Jt.–13./10. Jh. v. Chr.
Verbreitung: Europa.
Literatur: Struve 1955, 64–65; Taute 1973–1974a, 60; 76–77; Kühn 1979, 68–70; Morgan 1983; Gronenborn 1990; Stapel 1991, 50–58; Lessig 2002; Rinne 2003, 54; 102–103; Gronenborn 2005; Heinen 2018a, 624–627; Heinen 2018b; Hesse 2018; Höck 2018; Mischka 2022, 175–176; de Capitani 2023, 236.

2.1.1. Spitze <Silex>

Beschreibung: Durch die teilweise oder vollständige Bearbeitung einer Kante entstand an mindestens einem Ende eine Spitze. Einige Stücke wurden aus Klingen oder Abschlägen mittels Kerbtechnik hergestellt, die Bruchkanten sind häufig wenig oder gar nicht überarbeitet worden. Bei anderen Typen wurde die gerade, konkav oder konvex verlaufende Basis mittels Retusche gestaltet. Art und Ausmaß der Retusche sind bei den unterschiedlichen Typen sehr heterogen. Neben Artefakten, bei denen die Spitze mittig zur Längsachse liegt, gibt es solche mit links- oder rechtslateraler Spitze. Die Formen reichen von kurzen breiten bis zu langen schlanken. Spitzen haben Längen von 10 bis 50 mm.
Datierung: Spätpaläolithikum bis Frühneolithikum, 11. Jt.–48. Jh. v. Chr.
Verbreitung: Europa.
Literatur: Gronenborn 1990; Heinen 2018a, 624–627; Heinen 2018b.

2.1.1.1. Einfache Spitze

Beschreibung: Eine Kante des Artefakts ist teilweise oder vollständig so bearbeitet, dass an einem Ende eine Spitze entsteht. Neben kurzen breiten Stücken kommen auch längere schlanke vor. Am häufigsten treten Längen zwischen 15 und 30 mm auf. Als Grundformen wurden Abschläge und Klingen verwendet, die mittels Kerbtechnik auf die gewünschte Länge gebracht wurden. Die Bruchkanten sind häufig nicht oder nur wenig überarbeitet.
Synonym: Mikrospitze.
Datierung: Mesolithikum, 10.–6. Jt. v. Chr.
Verbreitung: Europa.

Literatur: Tillmann 1986, 79; Gerken 1994, 22, Abb. 1,1–18; Heinen 2018b, 601–602, Abb. 2,1–4.

2.1.1.1.1. Einfache Spitze mit spitz-schräger Endretusche

Beschreibung: Durch eine schräge Endretusche entsteht an einem Ende des Artefakts eine Spitze. Die Kante kann gerade, konkav oder konvex verlaufen. Die Länge der aus Klingen oder Abschlägen hergestellten Stücke beträgt meist zwischen 15 und 30 mm. Da die Bruchkanten oft gar nicht oder nur teilweise überarbeitet wurden, lässt sich erkennen, dass die Herstellung mittels Kerbtechnik erfolgte.
Synonym: endretuschierte Mikrospitze; einfache Spitze mit einer partiell retuschierten Seite; einfache Spitze mit partieller Kantenretusche; feingerätige Spitze.
Datierung: Mesolithikum, 10.–6. Jt. v. Chr.
Verbreitung: Europa.
Literatur: Bokelmann 1971, 15, Abb. 11,1–14; Taute 1973–1974b, 76; 90–91, Abb. 8,8, Taf. 2,1–5; 4,1–5; 7,17; 8,1–4; Arora 1976, 13; Schäfer 1998, 484, Abb. 22,13–14; Gerken 2001, 18, Taf. 62,7–10; Vollbrecht 2001, Abb. 8,4–5; Heinen 2018b, 601–602, Abb. 2,1–2; Richter/Krause/Bauer 2019, 21, Abb. 14,2–3; 15,2–3.
Anmerkung: Nach Taute kommen einzelne Stücke schon im Spätpaläolithikum und auch noch im Frühneolithikum vor.

2.1.1.1.1.1. Zonhoven-Spitze

Beschreibung: Ein Ende ist einfach schräg endretuschiert, sodass eine Spitze gebildet wird. Die gerade oder konkave Basis ist unbearbeitet, kann aber auch eine gerade oder schräg zur Längsachse des Artefakts liegende Retusche aufweisen. Zonhoven-Spitzen sind meist um 25 mm lang, selten werden über 50 mm erreicht. Ihre Breite beträgt mindestens 10 mm.
Synonym: breite Spitze mit schräger Spitzenretusche.
Datierung: Spätpaläolithikum bis Frühmesolithikum, 11.–10. Jt. v. Chr.
Verbreitung: nördliches Mitteleuropa.
Literatur: Taute 1968, 183–184, Abb. 45,1–5.8–13; Kaiser/Terberger 1995, 33, Abb. 16,o; 17,a; Gerken 2001, 18–19, Taf. 9,4–6; 30,1–4; Floss/Weber 2018, 515.

2.1.1.1.2. Einfache Spitze mit spitz-schräger vollständiger Kantenretusche

Beschreibung: Eine Kante des Artefakts ist vollständig so retuschiert, dass an einem Ende eine Spitze entsteht. Der Verlauf dieser Kante kann gerade, konkav oder konvex sein. In der Regel sind diese aus Klingen oder Abschlägen gefertigten Objekte zwischen 15 und 30 mm lang. Viele wurden in Kerbtechnik hergestellt, wobei die Bruchfacette oft gar nicht oder nur zum Teil überarbeitet wurde.
Synonym: kantenretuschierte Mikrospitze; einfache Spitze mit totaler Retuschierung einer Seite.
Datierung: Mesolithikum, 10.–6. Jt. v. Chr.
Verbreitung: Europa.
Literatur: Schäfer 1998, 484, Abb. 17,6; 23,4; Gerken 2001, 19, Taf. 9,3; 43,12–21; Heinen 2018b, 601–602, Abb. 2,3–4; Richter/Krause/Bauer 2019, 21, Abb. 14,1; 15,1.

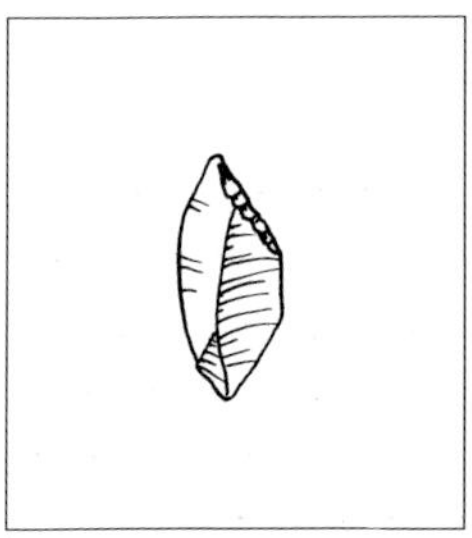

2.1.1.1.1., Maßstab 1 : 1

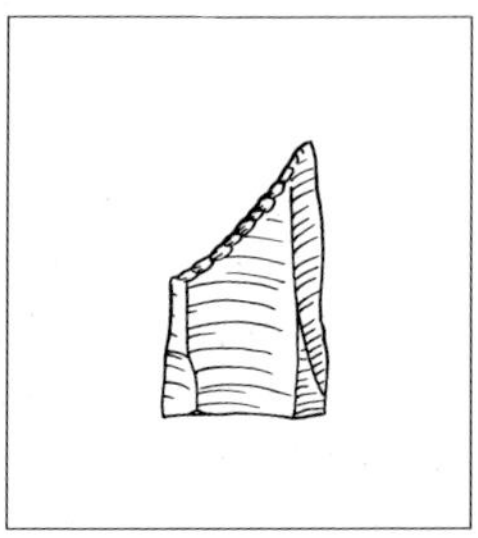

2.1.1.1.1.1., Maßstab 1 : 1

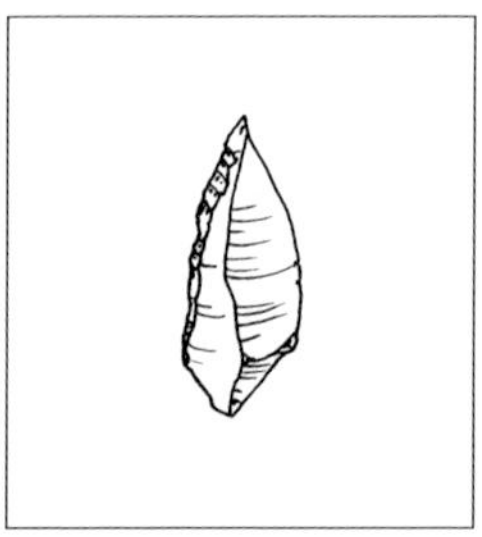

2.1.1.1.2., Maßstab 1 : 1

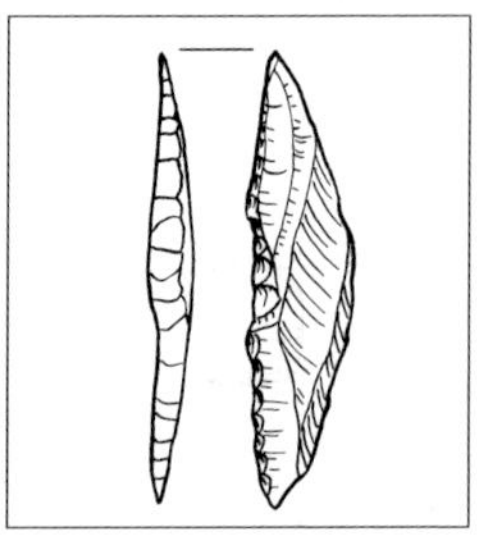

2.1.1.1.3., Maßstab 1 : 1

2.1.1.1.3. Lanzettspitze

Beschreibung: Die 20 bis 50 mm langen Lanzettspitzen wurden aus Klingen hergestellt. Zum Teil konnte die Verwendung der Kerbtechnik nachgewiesen werden. Die langschmalen Artefakte weisen eine meist in Gänze retuschierte Längskante auf, die gerade oder konvex verläuft. Die so gebildete Spitze befindet sich auf der Mittelachse des Artefakts oder leicht seitlich davon. Gelegentlich wurde die Schneide im Bereich der Spitze partiell modifiziert. Die Basis ist schräg oder rundlich retuschiert.
Synonym: lanzettförmige Spitze.
Datierung: Mesolithikum, 10.–6. Jt. v. Chr.
Verbreitung: Norddeutschland, Dänemark, Niederlande, Polen, selten im südlichen Mittel- und in Westeuropa.
Literatur: Arora 1976, 20, Abb. 2,22–24; Gerken 2001, 19, Taf. 56,2; 72,20–21; Heinen 2018b, 602–604, Abb. 2,5–7.
Anmerkung: Es gibt keine Hinweise zur Funktion oder Schäftung, aber die Anwendung als Pfeilbewehrung wird angenommen.

2.1.1.1.4. Endretuschierte Mikrospitze mit konvexer Basisretusche

Beschreibung: Durch eine schräge Endretusche wurde die Spitze an einem Ende einer Klinge oder eines länglichen Abschlags herausgearbeitet. Die Endretusche bildet einen stumpfen Winkel mit dem unmodifizierten Ende der Längskante. Dadurch ist die Spitze deutlich von der konvex verlaufenden, meist nur dorsal retuschierten Basis abgesetzt. Einige Stücke lassen erkennen, dass sie in Kerbtechnik hergestellt wurden. Die Länge der Artefakte beträgt meist 15 bis 30 mm.
Datierung: Frühmesolithikum, 10.–9. Jt. v. Chr.
Verbreitung: Süddeutschland.
Literatur: Heinen 2018b, 604–605, Abb. 2,8.
Anmerkung: Die Funktion ist nicht eindeutig geklärt, eine Nutzung als Pfeilbewehrung wird angenommen.

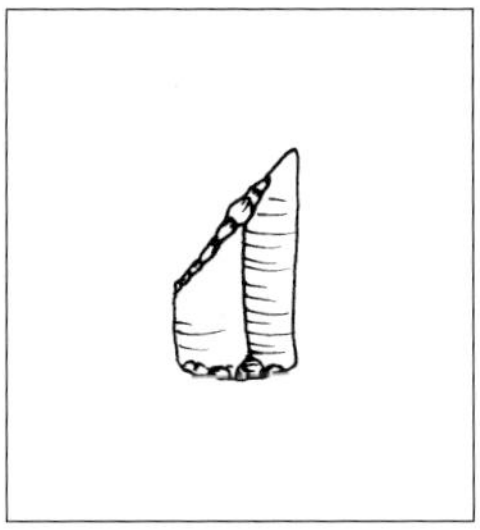

2.1.1.1.4., Maßstab 1 : 1

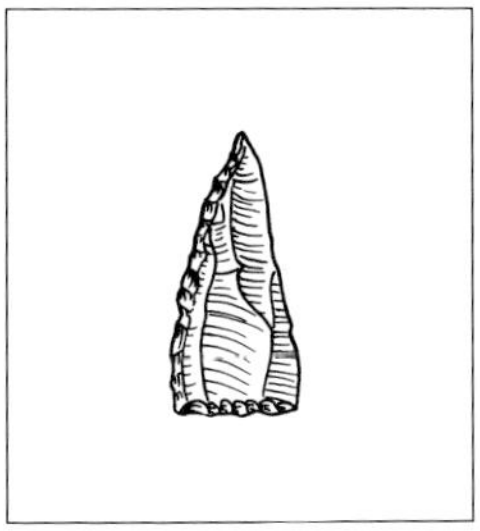

2.1.1.2.

2.1.1.2. Dreieckspitze

Beschreibung: Die aus Klingen oder Abschlägen teilweise mittels Kerbtechnik gefertigten Artefakte weisen eine nahezu dreieckige Form auf. Eine der Längskanten ist stumpf retuschiert, die zweite kann ganz oder teilweise mit einer Schärfungsretusche versehen sein. Die Basis verläuft gerade, konkav oder konvex; hier ist dorsale, ventrale oder dorsoventrale Retusche zu beobachten. Sowohl stumpfe als auch flächige Retusche kommt vor. Die Längen betragen üblicherweise 15 bis 25 mm, selten treten Stücke mit über 30 mm Länge auf.
Synonym: Mikrospitze mit Basisretusche.
Untergeordneter Begriff: symmetrische Dreieckspitze; asymmetrische Dreieckspitze; dorsal-Basis-retuschierte Dreieckspitze; ventral-Basis-retuschierte Dreieckspitze; dorsal-ventral-Basis-retuschierte Dreieckspitze.
Datierung: Spätpaläolithikum bis Frühmesolithikum, 10.–7. Jt. v. Chr.
Verbreitung: Mittel- und Westeuropa.
Literatur: Arora 1976, 14; Tillmann 1986, 92; Gerken 1994, 22, Abb. 1,19–27; Gerken 2001, 20, Taf. 44,5; 116,5; Vollbrecht 2001, Abb. 8,6; Heinen 2018b, 605–606, Abb. 2,9–16.
Anmerkung: Die Funktion ist nicht eindeutig belegt; aufgrund der Form liegt eine Verwendung als Pfeilbewehrung nahe.

2.1.1.2.1. Dreieckspitze mit beidflächiger konkaver Basisretusche

Beschreibung: Als Grundform wurden Klingen oder Abschläge verwendet. Diese wurden so zugerichtet, dass ein Dreieck mit drei unterschiedlich langen Seiten entstand. Typisch ist die konkave Basis, die dorsoventral retuschiert ist. Die Modifi-

zierung der Seitenkanten ist sehr heterogen. Oft weist die kürzere Seite Retuschierung auf, während die längere weitgehend unbearbeitet ist. Die Spitze liegt links- oder rechtslateral. Die Längen betragen 18 bis 35 mm.
Synonym: Dreieckspitze mit dorsoventraler konkaver Basisretusche.
Untergeordneter Begriff: Danubien-Spitze; Bavans-Spitze; pointe de Bavans; pointe de type danubien; pointe danubiens.
Datierung: Spätmesolithikum bis Frühneolithikum, 60.–48. Jh. v. Chr.
Verbreitung: Süd- und Westdeutschland, Frankreich, Schweiz, Belgien, Luxemburg, Niederlande.
Literatur: Gronenborn 1990; Löhr 1994; Gronenborn 1997b, 100–101, Taf. 6.2,1; Gronenborn 2005, 159; Cziesla 2015, 128–162, Abb. 77–99; Heinen 2018b, 616–617, Abb. 4,1–3.

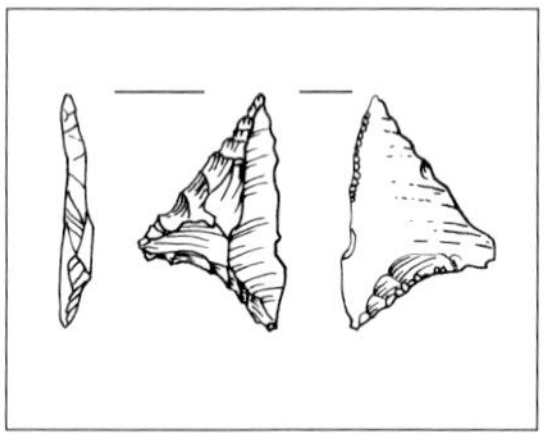

2.1.1.2.1.

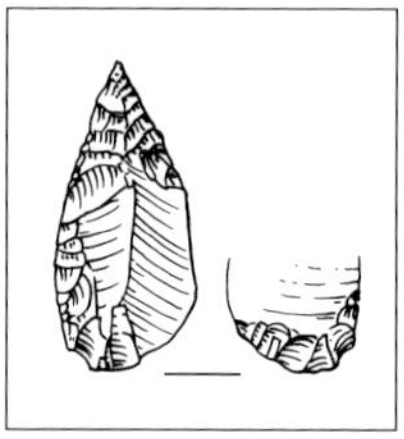

2.1.1.3.

2.1.1.3. Flächenretuschierte blattförmige Spitze mit runder oder schräger Basis

Beschreibung: Die Artefakte sind mehr oder weniger symmetrisch aufgebaut, wobei die Spitze mittig liegt. Flächige Retusche findet sich auf Teilen der Dorsalfläche, auf der Ventralfläche ist nur der Bereich der runden oder schrägen Basis flächenretuschiert. Die Länge der blattförmigen Spitzen beträgt 20 bis 35 mm, die Breiten liegen häufig bei 4 mm.
Datierung: jüngeres Frühmesolithikum bis Spätmesolithikum, Mitte 8.–6. Jt. v. Chr.
Verbreitung: Westdeutschland, Frankreich, Niederlande.
Literatur: Arora 1976, 16, Abb. 2,19; Heinen 2018a, 624–627, Abb. 1,11–19; 2,1–3.

2.1.1.4. Langschmale, beidkantig retuschierte Spitze

Beschreibung: Die aus Klingen hergestellten Artefakte sind in der Regel symmetrisch angelegt. Sie besitzen eine retuschierte Spitze, meist liegt eine zweite gegenüber. Die beiden schwach konvex verlaufenden Längskanten sind entweder beide vollständig retuschiert oder eine ist vollständig, die andere partiell modifiziert. Bei den Kanten, die komplett überarbeitet wurden, ist die Retusche stumpfend, partielle Retuschen sind häufiger semi-abrupt. Die Längen dieser Spitzenform erreichen 10 bis 35 mm.
Synonym: Sauveterrespitze; Spitze mit zwei Rücken; nadelförmige Spitze; Spitze mit konvergierenden Rücken; Kleinlanzette; Spitze mit zwei retuschierten Kanten.
Datierung: Mesolithikum, 10.–6. Jt. v. Chr.
Verbreitung: Südfrankreich, Norditalien, seltener im restlichen Mittel- und Westeuropa.
Literatur: Taute 1968, Abb. 2,18; Arora 1976, 20, Abb. 2,20; Schäfer 1998, 478–480, Abb. 20,7–9; Gerken 2001, 20–21; Vollbrecht 2001, Abb. 8,7; Heinen 2018b, 612–613, Abb. 3,4–6.
Anmerkung: Nur im südfranzösischen Hauptverbreitungsgebiet kommen Sauveterrespitzen schon am Beginn des Mesolithikums vor, in den übrigen Gebieten erst ab dem mittleren Mesolithikum.

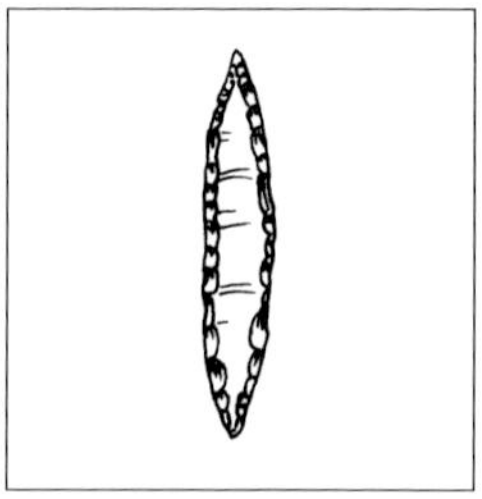

2.1.1.4., Maßstab 1 : 1

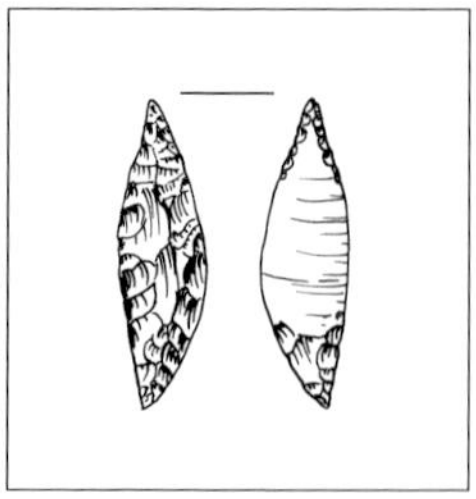

2.1.1.5.

2.1.1.5. Mistelblattspitze

Beschreibung: Die schlanken, häufig asymmetrischen Artefakte haben meist zwei Spitzen. Eine Kante ist üblicherweise gerade oder allenfalls schwach gebogen, die andere ist entweder stär-

ker konvex oder in einem Teil konvex, im anderen konkav. Mistelblattspitzen sind flächig retuschiert, wobei die Dorsalfläche meist vollständig, die Ventralfläche oft nur partiell bearbeitet ist. Die Artefakte erreichen Längen von 30 bis 50 mm, die Dicke liegt häufig bei 5 bis 6 mm.
Datierung: jüngeres Frühmesolithikum bis Spätmesolithikum, Mitte 8.–6. Jt. v. Chr.
Verbreitung: Westdeutschland, Frankreich, Niederlande.
Literatur: Arora 1976, 16, Abb. 2,18; Heinen 1990, 20; Cziesla 2015, 107–112; Heinen 2018a, 624–627, Abb. 1,5–10.

2.1.2. Dreieck

Beschreibung: Die aus Klingen oder Abschlägen teilweise in Kerbtechnik hergestellten Objekte haben eine dreieckige Form mit mindestens zwei retuschierten Kanten. Diese können gleich oder unterschiedlich lang sein und in spitzem oder stumpfem Winkel aufeinandertreffen. Die Schneidekante ist üblicherweise meist unbearbeitet, gelegentlich tritt eine schärfende Retusche auf. Dreiecke können Längen von 5 bis 50 mm erreichen. Sie werden in gleichschenklige und ungleichschenklige Dreiecke gegliedert. Gleichschenkligkeit ist dann gegeben, wenn das Längenverhältnis der beiden Katheten zwischen 5:4 und 5:5 liegt.
Datierung: Mesolithikum, 10.–6. Jt. v. Chr.
Verbreitung: Mittel- und Westeuropa.
Literatur: Heinen 2018b, 606–608; Höck 2018.
Anmerkung: Selten treten Dreiecke schon im Magdalénien auf (Höck 2018).

2.1.2.1. Gleichschenkliges Dreieck

Beschreibung: Gleichschenklige Dreiecke wurden aus Klingen oder Abschlägen hergestellt. Die Form ist dreieckig mit zwei annähernd gleich langen retuschierten Kanten. Manchmal tritt an der Schneidekante eine schärfende Retusche auf, üblicherweise ist sie aber unbearbeitet. Je nach Winkel, in dem die retuschierten Kanten aufeinandertreffen, wird in gleichschenklige stumpf-, recht- oder spitzwinklige Dreiecke unterschieden. Die Länge liegt bei maximal 50 mm.
Datierung: Mesolithikum, 10.–6. Jt. v. Chr.
Verbreitung: Mittel- und Westeuropa.
Literatur: Arora 1976, 13, Abb. 1,11; Vollbrecht 2001, Abb. 8,12–14; Heinen 2018b, 606–608, Abb. 2,17–18.29; Höck 2018.
Anmerkung: Selten treten gleichschenklige Dreiecke schon im Magdalénien auf (Höck 2018).

2.1.2.1.1. Gleichschenklig-stumpfwinkliges Dreieck

Beschreibung: Die aus Klingen oder Abschlägen hergestellten Dreiecke haben zwei annähernd gleich lange retuschierte Kanten. Diese treffen im stumpfen Winkel aufeinander. Die Schneidekante kann eine schärfende Retusche tragen, ist meist aber unmodifiziert. Die Artefakte sind bis 50 mm lang.
Datierung: Mesolithikum, 10.–6. Jt. v. Chr.
Verbreitung: Mittel- und Westeuropa.
Literatur: Taute 1973–1974a, Abb. 3,31; Tillmann 1986, 87–90, Taf. 23,11; Schäfer 1998, 478, Abb. 18,7; Kind 2003, 108, Abb. 67,19.26; Heinen 2018b, 606–608, Abb. 2,18; Richter/Krause/Bauer 2019, 21, Abb. 14,13; 15,13.

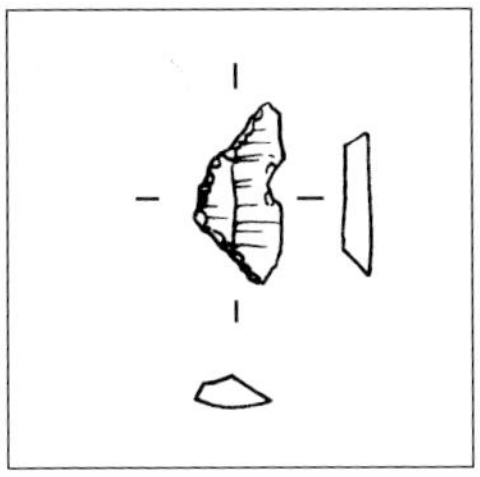

2.1.2.1.1., Maßstab 1 : 1

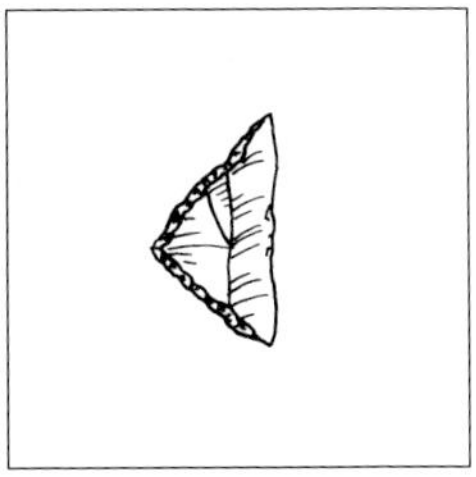

2.1.2.1.2., Maßstab 1 : 1

2.1.2.1.2. Gleichschenklig-rechtwinkliges Dreieck

Beschreibung: Gleichschenklig-rechtwinklige Dreiecke wurden aus Klingen oder Abschlägen hergestellt. Zwei ungefähr gleich lange retuschierte Kanten treffen im rechten Winkel aufeinander. Die Schneidekante ist in der Regel unbearbeitet, selten wurde eine Schärfungsretusche angebracht. Bei den Längen werden 50 mm nicht überschritten.

Datierung: Mesolithikum, 10.–6. Jt. v. Chr.
Verbreitung: Mittel- und Westeuropa.
Literatur: Taute 1973–1974a, Abb. 3,34; Schäfer 1998, 478, Abb. 17,5; 20,12; Kind 2003, 108, Abb. 67,17–18; Heinen 2018b, 606–608, Abb. 2,17.

2.1.2.1.3. Gleichschenklig-spitzwinkliges Dreieck

Beschreibung: Als Grundformen wurden Klingen und Abschläge verwendet. Zwei annähernd gleich lange Kanten wurden so retuschiert, dass sie in spitzem Winkel aufeinandertreffen. Nur gelegentlich wurde an der Schneidekante eine Schärfungsretusche angebracht. Die maximale Länge liegt bei 50 mm.
Datierung: Frühmesolithikum, 9.–8. Jt. v. Chr.
Verbreitung: Süddeutschland, selten in Österreich, Luxemburg und Nordfrankreich.
Literatur: Taute 1973–1974a, Abb. 3,23–24; Schäfer 1998, 478, Abb. 20,13; Gerken 2001, 21; Kind 2003, 112, Abb. 72,16; Heinen 2018b, 608, Abb. 2,29; Richter/Krause/Bauer 2019, 21, Abb. 14,14; 15,14.

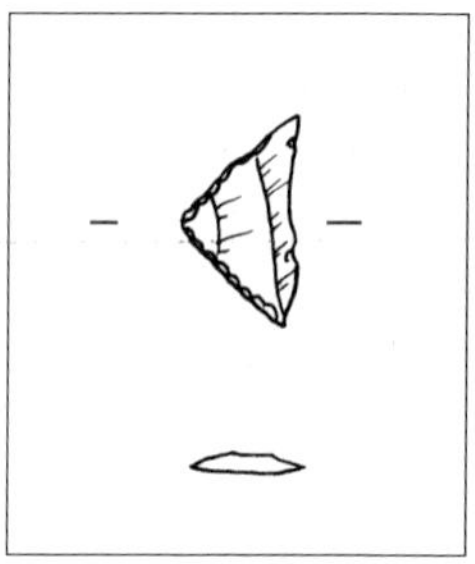

2.1.2.1.3., Maßstab 1 : 1

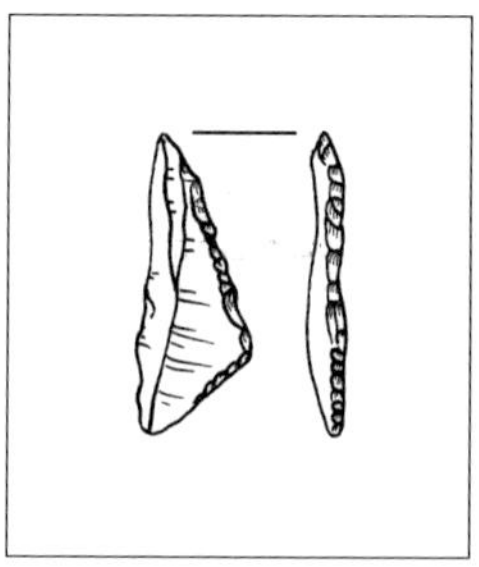

2.1.2.2.1., Maßstab 1 : 1

2.1.2.2. Ungleichschenkliges Dreieck

Beschreibung: Zur Herstellung wurden Klingen oder Abschläge genutzt. Zwei unterschiedlich lange retuschierte Kanten treffen in einer Spitze zusammen. Die gegenüberliegende Kante ist die Schneidekante, die unbearbeitet bleibt oder mit einer Schärfungsretusche versehen ist. Die Form kann in einen relativ breiten und zwei langschmale Typen unterteilt werden. Längen von 50 mm werden nicht überschritten.
Datierung: Frühmesolithikum, 9.–8. Jt. v. Chr.
Verbreitung: Mittel- und Westeuropa.
Literatur: Arora 1976, 14, Abb. 1,12–14; Cziesla 2015, 85–106; Heinen 2018b, 606–608, Abb. 2,19–28; Höck 2018.
Anmerkung: Selten treten ungleichschenklige Dreiecke schon im Magdalénien auf (Höck 2018).

2.1.2.2.1. Deutlich ungleichschenkliges Dreieck

Beschreibung: Als Grundformen wurden Abschläge oder Klingen verwendet. Zwei unterschiedlich lange retuschierte Kanten laufen in einer Spitze zusammen. Die längere Kante ist weniger als doppelt so lang wie die kürzere. Die maximale Länge beträgt 50 mm.
Datierung: Frühmesolithikum, 9.–8. Jt. v. Chr.
Verbreitung: Mittel- und Westeuropa.
Literatur: Kind 1987, 215, Taf. 88,4; Kind 2003, 108; 112, Abb. 67,7; 72,11; 73,5–7.9; Gehlen 2010, 82, Abb. 25A,2; Heinen 2018b, 606–608, Abb. 2,19–22; Höck 2018; Richter/Krause/Bauer 2019, 21, Abb. 14,16–17.19; 15,16–17.19.

2.1.2.2.2. Stark ungleichschenkliges Dreieck

Beschreibung: An Klingen oder Abschlägen wurden zwei unterschiedlich lange Kanten retuschiert, die in einer Spitze zusammentreffen. Die längere Kante ist zwei- bis dreimal so lang wie die kürzere. Artefakte dieses Typs sind maximal 50 mm lang.
Datierung: Frühmesolithikum, 9.–8. Jt. v. Chr.
Verbreitung: Mittel- und Westeuropa.
Literatur: Taute 1973–1974a, Abb. 3,12–14; Kind 1987, 215, Taf. 88,10–21; Kind 2003, 108, Abb. 67,8.10–11.22; Heinen 2018b, 606–608, Abb. 2,23–25; Höck 2018; Richter/Krause/Bauer 2019, 21, Abb. 14,20; 15,20.

2.1.2.2.3. Extrem ungleichschenkliges Dreieck

Beschreibung: Aus Klingen oder Abschlägen wurde durch die Retuschierung zweier ungleich langer Kanten ein Dreieck hergestellt. Die längere

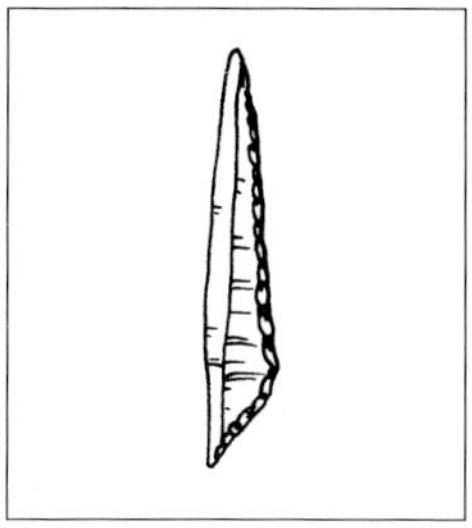

2.1.2.2.2., Maßstab 1 : 1

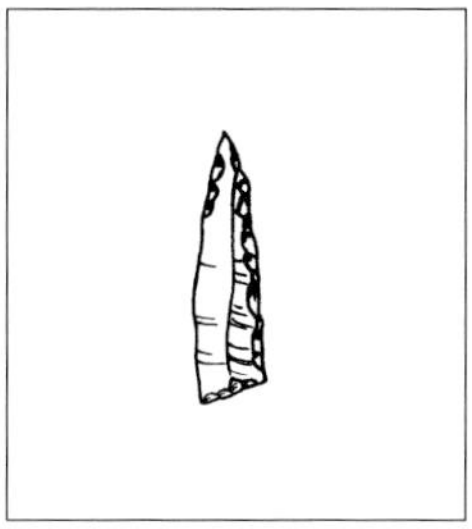

2.1.2.2.3., Maßstab 1 : 1

Kante ist mehr als dreimal so lang wie die kürzere. Artefakte dieses Typs sind nicht länger als 50 mm.
Datierung: Frühmesolithikum, 9.–8. Jt. v. Chr.
Verbreitung: Mittel- und Westeuropa.
Literatur: Taute 1973–1974a, Abb. 3,15–16; Tillmann 1986, 87–90, Taf. 23,6–9; Kind 2003, 112, Abb. 72,9; Heinen 2018b, 606–608, Abb. 2,26–28; Höck 2018.

2.1.2.3. Flächenretuschiertes Dreieck

Beschreibung: Die Grundform bildet ein gleich- oder ungleichschenkliges Dreieck mit einer meist umlaufenden flächigen Kantenretusche. Die übrigen Bereiche sind dorsal flächendeckend oder partiell flächig überarbeitet. Flächenretuschierte Dreiecke erreichen Längen von meist 15 bis 30 mm, die Breiten liegen oft im Bereich um 4 mm.
Datierung: jüngeres Frühmesolithikum bis Spätmesolithikum, Mitte 8.–6. Jt. v. Chr.
Verbreitung: Westdeutschland, Frankreich, Niederlande, Belgien.
Literatur: Arora 1976, 16, Abb. 2,17; Heinen 2018a, 625–627, Abb. 2,4–9.

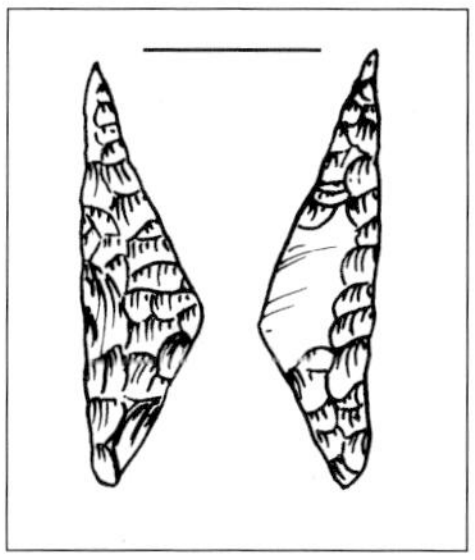

2.1.2.3.

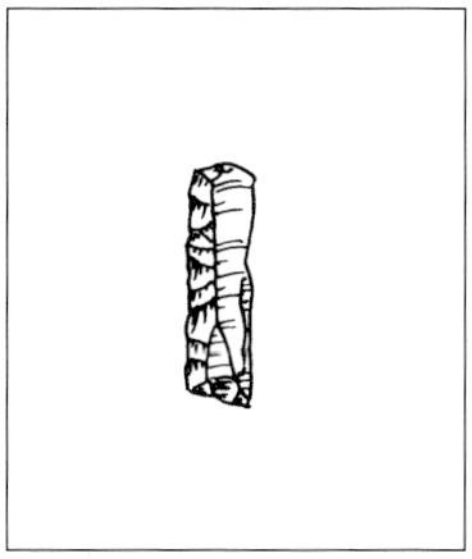

2.1.3.1., Maßstab 1 : 1

2.1.3. Viereckige oder segmentförmige Pfeilbewehrung <Silex>

Beschreibung: Die Formen reichen von viereckigen Artefakten bis zu langschmalen mit schwach gekrümmtem oder kurzbreiten mit fast halbkreisförmigem Rücken. Häufig weisen sie zwei retuschierte und zwei unretuschierte Kanten unterschiedlichster Formgebung auf. Die Längen liegen zwischen 8 und 40 mm.
Datierung: Mesolithikum bis Neolithikum, 10. Jt.–27. Jh. v. Chr.
Verbreitung: Mittel- und Westeuropa, Dänemark, Südskandinavien.
Literatur: Taute 1973–1974a, 60; 76–77; Tillmann 1986, 83–87; Stapel 1991, 50–58; Kind 2003, 108; Rinne 2003, 54; 102–103; Gronenborn 2005; Heinen 2018b, 609–611; 613; 616–617; Richter/Krause/Bauer 2019, 21.

2.1.3.1. Mikro-Rückenmesser

Beschreibung: An einer Lamelle wurde eine Längskante stumpf retuschiert, die Enden sind entweder gebrochen oder gerade bzw. schräg retuschiert. Die andere Längskante kann eine vollständige oder teilweise Retusche aufweisen. Die mit einer Breite um 5 mm sehr schmalen Artefakte überschreiten die Länge von 30 mm nicht.
Synonym: Rückenmesserchen.
Datierung: Mesolithikum, 10.–6. Jt. v. Chr.
Verbreitung: Mittel- und Westeuropa, Südskandinavien.
Relation: [Lanzen-/Speerbewehrung] 2.1.1. Rückenmesser; [Lanzen-/Speerbewehrung] 2.1.1.1. Einfaches Rückenmesser; [Lanzen-/Speerbewehrung] 2.1.1.2. Parallelseitiges Rückenmesser; [Lanzen-/Speerbewehrung] 2.1.1.3. Einfaches Rückenmesser mit Endretusche; [Lanzen-/Speerbewehrung] 2.1.1.4. Einfaches Rückenmesser mit doppelter Endretusche; [Lanzen-/Speerbewehrung] 2.1.1.5. Parallelseitiges Rückenmesser mit doppelter Endretusche; [Lanzen-/Speerbewehrung] 2.1.1.6. Rechteckmesser.
Literatur: Taute 1968, Abb. 2,19; Taute 1973–1974a, Abb. 3,17; Gerken 1994, 22, Abb. 2,9–11; Gerken 2001, 17, Taf. 120,33; 132,13; Kind 2003,

108; 112–113, Abb. 67,14; 72,14; Heinen 2005, 423, Abb. 215,35–39; Heinen 2018b, 613, Abb. 3,7–10.

2.1.3.2. Trapez

Beschreibung: Die viereckige Form wurde entweder aus einer regelmäßigen oder einer unregelmäßigen Klinge gewonnen. Jeweils zwei parallele Seiten sind retuschiert, zwei unretuschiert. Die retuschierten Flanken können gerade oder konkav gestaltet sein, gelegentlich kommt eine Kombination vor. Die Länge der Trapeze liegt zwischen 10 und 30 mm. Als Abgrenzung zur Pfeilschneide ist definiert, dass die mittlere Länge größer oder gleich der Klingenbreite ist.
Datierung: Mesolithikum bis Neolithikum, 10.–4. Jt. v. Chr.
Verbreitung: Mittel- und Westeuropa.
Literatur: Gramsch 1973, 22; Stapel 1991, 50–56; 152–182, Taf. 1,1–10; Kind 2003, 108; Heinen 2018b, 610–611, Abb. 3,1–3.

2.1.3.2.1. Trapez aus unregelmäßiger Klinge

Beschreibung: Aus einer unregelmäßigen Klinge wurde die viereckige Form herausgearbeitet. Zwei einander gegenüberliegende Kanten wurden retuschiert, die beiden anderen parallel verlaufenden, oft unterschiedlich langen Kanten blieben meist unbearbeitet. Es gibt symmetrische und asymmetrische Formen, die Übergänge sind fließend. Die Längen betragen ungefähr 10 bis 30 mm.
Datierung: Frühmesolithikum, 10.–8. Jt. v. Chr.
Verbreitung: Süd- und Norddeutschland, selten im restlichen Mittel- und in Westeuropa.

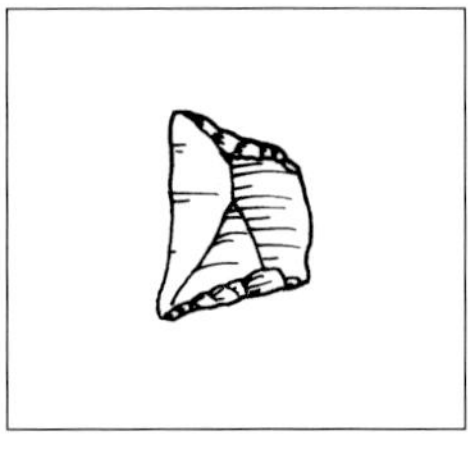

2.1.3.2.1., Maßstab 1 : 1

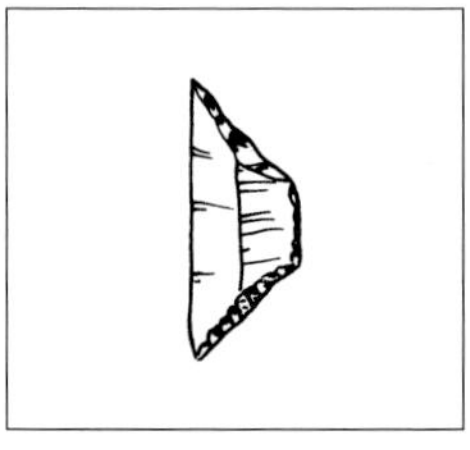

2.1.3.2.2., Maßstab 1 : 1

Literatur: Gronenborn 1997a, 387; Heinen 2018b, 610–611, Abb. 3,1–2.

2.1.3.2.2. Trapez aus regelmäßiger Klinge

Beschreibung: Aus einer regelmäßigen Klinge wurde ein Trapez herausgearbeitet, bei dem zwei sich gegenüberliegende Seiten retuschiert wurden. Die beiden anderen Seiten liegen weitgehend parallel zueinander und sind üblicherweise unretuschiert. Die unretuschierten Kanten weisen oft eine unterschiedliche Länge auf. Der größte Teil der Trapeze aus regelmäßiger Klinge ist zwischen 10 und 30 mm lang, selten werden Längen über 40 mm erreicht. Die Formen sind wenig einheitlich; so treten neben langschmalen Stücken auch kurze breite auf.
Synonym: Viereck.
Untergeordneter Begriff: symmetrisches Trapez aus regelmäßiger Klinge; asymmetrisches Trapez aus regelmäßiger Klinge.
Datierung: Spätmesolithikum bis Neolithikum, Ende 8.–4. Jt. v. Chr.
Verbreitung: Mittel- und Westeuropa.
Literatur: Taute 1973–1974a, 60, Abb. 3,6; Gronenborn 1997a, 387; Heinen 2018b, 614–616, Abb. 3,11–17.

2.1.3.3. Trapezspitze

Beschreibung: Trapezspitzen wurden aus unregelmäßigen oder regelmäßigen Klingen hergestellt, wobei jeweils zwei sich gegenüberliegende ungleich lange Kanten retuschiert bzw. nicht retuschiert sind. Die mittlere Länge der Grundform ist größer oder gleich der Klingenbreite (als Abgrenzung zur Pfeilschneide). Trapezspitzen sind zwischen 10 und 30 mm lang.
Datierung: Mesolithikum bis Neolithikum, 10.–4. Jt. v. Chr.
Verbreitung: Mittel- und Westeuropa.
Literatur: Taute 1973–1974a, 60; Heinen 2018b, 610–611; 616.

2.1.3.3.1 Trapezspitze aus unregelmäßiger Klinge

Beschreibung: Als Grundform wurde eine unregelmäßige Klinge verwendet. Zwei ungleich lange sich gegenüberliegende Kanten sind retuschiert, zwei unretuschiert. Die längere retuschierte Kante verläuft in spitzem Winkel zur längeren Schneidekante. Meist sind die Trapezspitzen 10 bis 30 mm lang.
Datierung: Frühmesolithikum, 10.–8. Jt. v. Chr.
Verbreitung: Süd- und Norddeutschland, selten im übrigen Mittel- und in Westeuropa.
Literatur: Taute 1973–1974a, 60, Abb. 3,3; Heinen 2018b, 610–611, Abb. 3,3.

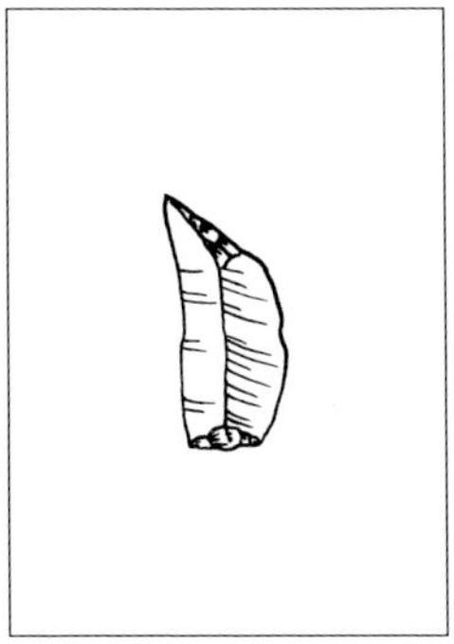

2.1.3.3.1., Maßstab 1 : 1

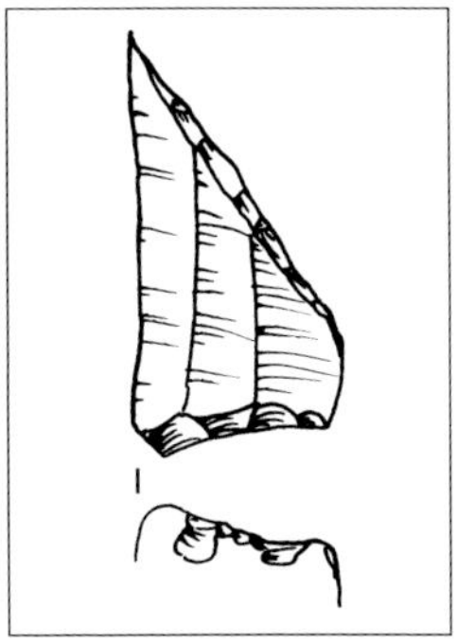

2.1.3.3.2., Maßstab 1 : 1

2.1.3.3.2. Trapezspitze aus regelmäßiger Klinge

Beschreibung: Je zwei sich gegenüberliegende ungleich lange Kanten einer regelmäßigen Klinge wurden retuschiert bzw. nicht retuschiert. Die kürzere retuschierte Seite bildet üblicherweise die quer oder schräg verlaufende Basis, während die längere schräg retuschiert ist, sodass sie mit der unretuschierten Seite zu einer Spitze zusammenstößt. Die Form ist sehr heterogen. Schwerpunktmäßig erreichen die Längen 10 bis 30 mm.
Datierung: Spätmesolithikum bis Neolithikum, Ende 8.–4. Jt. v. Chr.
Verbreitung: Mittel- und Westeuropa.
Literatur: Taute 1973–1974a, 60, Abb. 3,2–3.5; Kind 1989, 170, Taf. 57,3–5; Heinen 2018b, 616, Abb. 3,18–28.

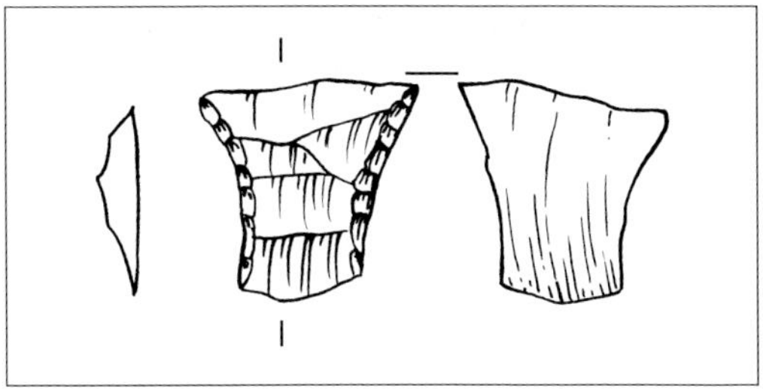

2.1.3.4., Maßstab 1 : 1

2.1.3.4. Pfeilschneide

Beschreibung: Die Pfeilschneide hat zwei retuschierte und zwei unretuschierte Kanten. Erstere können quer oder schräg zur Mittelachse liegen und gerade oder konkav verlaufen. Auch eine Kombination am gleichen Stück ist möglich. Die mittlere Länge der Grundform ist kleiner als die Breite (als Abgrenzung zum Trapez). Neben trapezförmigen bis rechteckigen Stücken kommen annähernd dreieckige Pfeilschneiden vor, bei denen die retuschierten Kanten stark zur der Schneide gegenüberliegenden Seite einziehen. Die Längen liegen zwischen 8 und 35 mm.
Synonym: Querschneider; querschneidige Pfeilspitze.
Untergeordneter Begriff: Pfeilschneide Stapel Typ 2; Pfeilschneide Stapel Typ 3; Pfeilschneide Stapel Typ 4; Pfeilschneide Stapel Typ 5; Pfeilschneide Stapel Typ 6; Pfeilschneide Stapel Typ 7; Pfeilschneide Stapel Typ 8; rechteckige Pfeilschneide; trapezförmige Pfeilschneide; geschweifte Pfeilschneide; Pfeilschneide mit spitzer Basis; schiefschneidige Pfeilschneide; langschmale oblique Pfeilschneide.
Datierung: nordisches Spätmesolithikum bis Neolithikum, 53.–27. Jh. v. Chr.
Verbreitung: Nord- und Mitteldeutschland, Niederlande, Dänemark, Südskandinavien, Polen, selten in Süddeutschland und Frankreich.
Literatur: Taute 1973–1974b, 76–77, Taf. 1,4–5; 2,12; 6,6.9–10.12.15; 7,11.20; 8,7–8; 9,17; Meurers-Balke 1983, 78, Taf. 63,10–20; Stapel 1991, 50–58; 152–182, Taf. 1,11–12; 2,1–10; 3,1–12; Gerken 2001, 26–27, Taf. 42,5–9; 97,1; 104,16–32; Rinne 2003, 54; 102–103, Taf. 62,9–21; Gronenborn 2005;

Mennenga 2017, 230–234, Abb. 204–205; Hartz/Lübke 2018, 651, Abb. 4,12–21; Heinen 2018b, 617, Abb. 4,4–5; Kieselbach 2018, 908.
(siehe Farbtafel Seite 26)

2.1.3.5. Segment

Beschreibung: Die meist in Kerbtechnik aus Klingen hergestellten Segmente haben eine bogenförmig steil retuschierte Kante und eine zwischen deren Enden üblicherweise gerade verlaufende Schneidekante. Die Formen reichen von langschmalen mit schwach gekrümmter retuschierter Kante bis zu kurzbreiten mit fast halbkreisförmigem Rücken, ohne dass sich klare Typen bilden ließen. Bei den Längen werden 10 bis 40 mm erreicht.
Datierung: Frühmesolithikum, 10.–8. Jt. v. Chr.
Verbreitung: Mittel- und Westeuropa.
Literatur: Taute 1968, Abb. 2,25; Arora 1976, 13, Abb. 1,8–10; Tillmann 1986, 83–87, Taf. 23,16–17; Grote 1990, Abb. 5; Gerken 2001, 19, Taf. 43,22; 56,1; 124,23–25; Kind 2003, 108, Abb. 67,32; Heinen 2018b, 609–610, Abb. 2,30–32; Richter/Krause/Bauer 2019, 21, Abb. 14,10; 15,10.

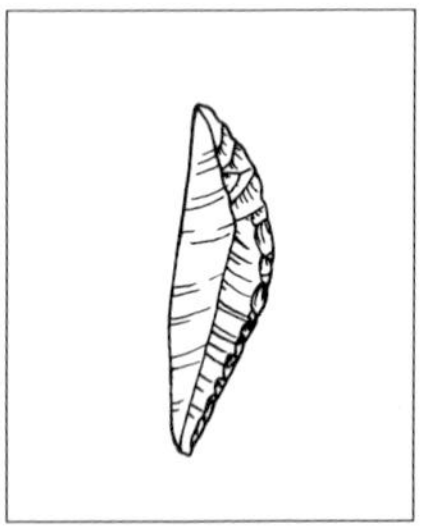

2.1.3.5., Maßstab 1 : 1

2.1.4. Blattförmige Pfeilbewehrung <Silex>

Beschreibung: Die Pfeilbewehrungen sind in der Aufsicht dreieckig, weidenblattförmig oder rhombisch. Erstere können in mehr oder weniger langen Widerhaken auslaufen. Neben kantenretuschierten kommen Stücke mit teilweiser oder vollständiger Flächenretusche vor. Die Längen erreichen 13 bis 55 mm.
Datierung: Frühneolithikum bis späte Bronzezeit, Bronzezeit D (Reinecke), bzw. jüngere nordische Bronzezeit, Periode IV (Montelius), 55.–13./10. Jh. v. Chr.
Verbreitung: Europa.
Literatur: Struve 1955, 64–65; Kersten 1966; Kühn 1979, 69–70; Morgan 1983; Schlichtherle/Wahlster 1986, 72; Jacobs 1991, 26; Wallbrecht 2000, 89–91; Lessig 2002; Hesse 2018; de Capitani 2023, 236.

2.1.4.1. Dreieckige Pfeilspitze <Silex>

Beschreibung: Typisch ist die dreieckige Form des Blattes mit einem relativ flachen Querschnitt. Neben Stücken mit gerader oder konvexer Basis treten solche mit mehr oder weniger stark konkaver Basis auf, die somit deutliche Widerhaken zeigen. Die Schneiden sind häufig gerade bis leicht konvex. Außer Pfeilspitzen mit einfacher Randretusche kommen Objekte mit flächiger Retuschierung vor. Gezähnte Schneiden sind selten. Die Längen erreichen 13 bis 53 mm.
Datierung: Frühneolithikum bis späte Bronzezeit, Bronzezeit D (Reinecke), bzw. jüngere nordische Bronzezeit, Periode IV (Montelius), 55.–13./10. Jh. v. Chr.
Verbreitung: Europa.
Literatur: Kühn 1979, 70; Morgan 1983; Heege/Heege 1989, 58; 81; Wallbrecht 2000, 89–91; Lessig 2002; Hesse 2018; Kieselbach 2018, 908.

2.1.4.1.1. Dreieckige Pfeilspitze mit gerader Basis

Beschreibung: Die Silexpfeilspitze hat ein dreieckiges Blatt und eine gerade Basis. Während einige Stücke nur mittels einfacher Randretuschen in Form gebracht wurden, sind andere sorgfältig ganz oder teilweise flächenretuschiert. Die Längen liegen zwischen 15 und 40 mm.
Synonym: Pfeilspitze Kühn Typ 6a.
Datierung: Frühneolithikum bis Frühbronzezeit, 55.–20. Jh. v. Chr.
Verbreitung: Europa.
Relation: 1.1.2.1. Dreieckige Knochenpfeilspitze; 3.1.1.1. Pfeilspitze Typ Bourget.
Literatur: Kersten/La Baume 1958, Taf. 42,13–17; Kühn 1979, 70, Abb. 16; Schwellnus 1979, 37, Taf. 17,3–5; Morgan 1983; Heege/Heege 1989, 58, Abb. 41,12.17; Kind 1989, 169–170, Taf. 55,4.7–8; 56,2.4.6–8; 57,8; Raetzel-Fabian 2000, 66; 102, Taf. 51,13–18; 42,1–2; 58,1; Wallbrecht 2000, 89–91; Rinne 2003, 103, Taf. 61,6–9; Husty 2004, 29;

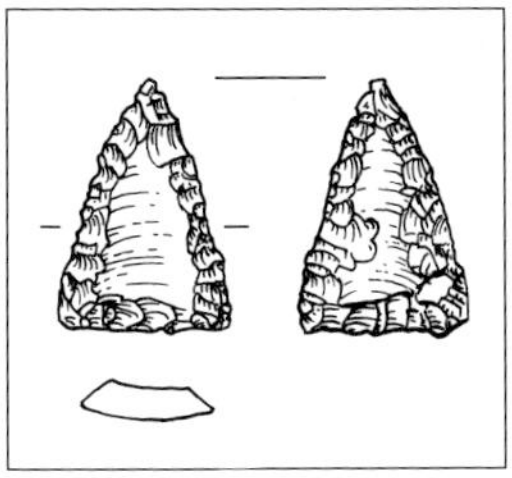

2.1.4.1.1.

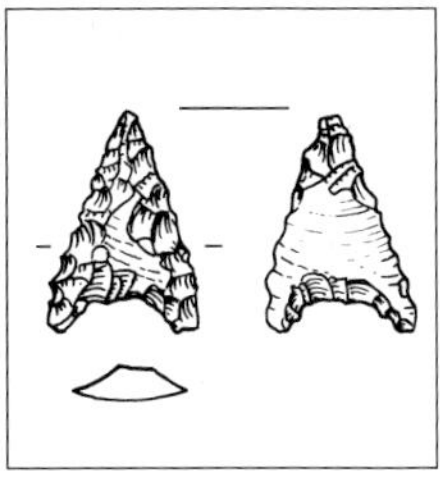

2.1.4.1.2.

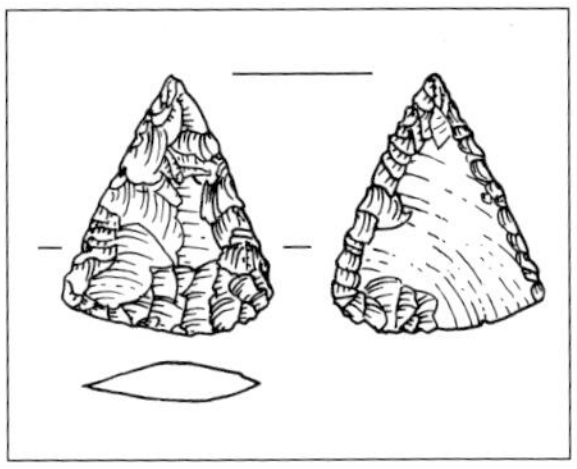

2.1.4.1.3.

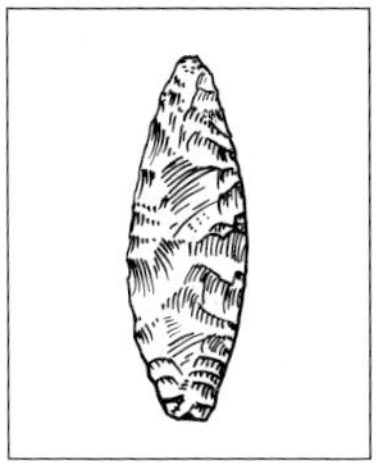

2.1.4.2.

Szczesiak 2013, 124, Abb. 7,5; Ganslmeier/Literski-Henkel 2014; Hesse 2018, 938, Abb. 5,10–14.

2.1.4.1.2. Dreieckige Pfeilspitze mit konkaver Basis

Beschreibung: Die dreieckige Silexpfeilspitze ist durch eine mehr oder weniger stark konkav eingezogene Basis gekennzeichnet. Die Schneiden sind meist gerade oder konvex, nur selten leicht konkav. Häufig sind die Stücke ganz oder teilweise flächig, seltener nur kantenretuschiert. Dieser Typ beinhaltet auch die kleinen herzförmigen Pfeilspitzen mit stark einziehender Basis und leicht nach innen biegenden Widerhaken, da ein Übergangsbereich nicht klar abzugrenzen ist. Gelegentlich weisen Pfeilspitzen dieses Typs auch gezähnte Kanten auf. Die Gesamtlängen reichen von 13 bis 53 mm.
Untergeordneter Begriff: herzförmige Pfeilspitze; Pfeilspitze Kühn Typ 7a; Pfeilspitze Kühn Typ 7b; Pfeilspitze Kühn Typ 8; Pfeilspitze Kühn Typ 9; Pfeilspitze Kühn Typ 10.
Datierung: Frühneolithikum bis späte Bronzezeit, Bronzezeit D (Reinecke), bzw. jüngere nordische Bronzezeit, Periode IV (Montelius), 54.–13./10. Jh. v. Chr.
Verbreitung: Europa.
Relation: 1.1.2.1. Dreieckige Knochenpfeilspitze; 3.1.2.1. Flache Blechpfeilspitze mit Widerhaken.
Literatur: Kersten/La Baume 1958, Taf. 42,1–12; Piesker 1958, Taf. 15,1.6–7; Just 1968, 194–195; 200–202; 206, Abb. 139,b; 143,e–i; Kühn 1979, 70–72, Abb. 16; Schwellnus 1979, 37, Taf. 17,6; Morgan 1983; Schlichtherle/Wahlster 1986, 72, Abb. 107–108; 110; Heege/Heege 1989, 58, Abb. 41,13.16; Kind 1989, 170, Taf. 55,2; 56,5; Wyss 1994, 243, Abb. 96,3–21.23–31; Dirks 2000, 91, Taf. 95,10–12; Raetzel-Fabian 2000, 102; 121, Taf. 51,2–3; 58,3; Wallbrecht 2000, 89–91; Lessig 2002; Rinne 2003, 103, Taf. 61,10.12–15; 62,4–7; Husty 2004, 29, Abb. 6,4–5; Beran/Hensel 2013, Abb. 2,1–6.10; 9,2–4; 21,2–5; Szczesiak 2013, 124, Abb. 6–7; Ganslmeier/Literski-Henkel 2014; Terberger 2014, 127, Abb, 3,2–6; Bräunig u. a. 2015, 62, Abb. 48; Schmütz 2017, 105, Taf. 1,2; Hesse 2018, 938, Abb. 5,4; Lidke 2020, 34; Terberger/Krüger 2020, 64.
(siehe Farbtafel Seite 26)

2.1.4.1.3. Dreieckige Pfeilspitze mit konvexer Basis

Beschreibung: Die Pfeilspitzen weisen partielle bis vollständige flächige Retusche auf. Die Seitenkanten und die Basis verlaufen konvex. Die Längen liegen zwischen 20 und 50 mm.
Synonym: Pfeilspitze Kühn Typ 6b.
Datierung: Jungneolithikum, 44.–35. Jh. v. Chr.
Verbreitung: Deutschland, Österreich, Frankreich, Niederlande.
Literatur: Kersten/La Baume 1958, Taf. 42,15–16; Kühn 1979, 70, Abb. 16; Willms 1982, 24–26, Taf. 23,Fl. X; Morgan 1983; Werben 1994, 253–255, Abb. 3,4–5; Dirks 2000, 91; Wallbrecht 2000, 89–91; Rinne 2003, 103, Taf. 62,8; Kieselbach 2018, 908.
Anmerkung: Nach der niederländischen Chronologie gehören die dortigen Objekte noch in das Mittelneolithikum.

2.1.4.2. Weidenblattförmige Silexpfeilspitze

Beschreibung: Die weidenblattförmige Spitze aus Silex ist flächig retuschiert. Die größte Breite

befindet sich ungefähr in der Mitte. Ihre Basis ist in der Regel gerundet. Es werden Längen zwischen 25 und 55 mm erreicht.
Synonym: Pfeilspitze Kühn Typ 4a.
Datierung: Endneolithikum, 28.–23. Jh. v. Chr.
Verbreitung: Schleswig-Holstein, Mecklenburg, Sachsen-Anhalt.
Literatur: Voigt 1953, Abb. 2; 5c–d; Struve 1955, 64–65; Voigt 1956, 122–124, Taf. 26; Just 1963, 72–73, Abb. 48d; Schoknecht 1963, 96–97, Abb. 59b; Kersten 1966; Hollnagel 1968, 92–97, Abb. 68,c.e–g.k; Schuldt 1972, 80–81, Abb. 49; Kühn 1979, 69, Abb. 16; Jacobs 1991, 26, Taf. 26,11–15; 62,11–20; Ganslmeier/Literski-Henkel 2014, 46.

2.1.4.3. Rhombische oder lorbeerblattförmige Pfeilspitze

Beschreibung: Die Pfeilspitze ist im Umriss rhombisch bis lorbeerblattförmig. Das Blatt knickt unterhalb der Hälfte ab und läuft in einen verlängerten Basisteil aus. Die Längen liegen zwischen 20 und 53 mm. Häufig kommt flächige Retuschierung vor.

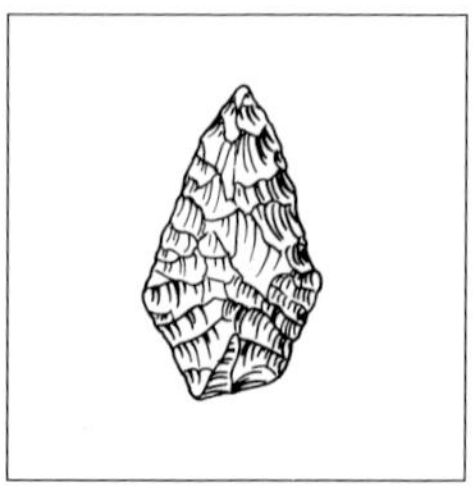

2.1.4.3.

Datierung: Jung- bis Endneolithikum, 34.–23. Jh. v. Chr.
Verbreitung: Europa.
Literatur: Schwab 1982, 25; Morgan 1983; Schlichtherle/Wahlster 1986, 72, Abb. 111; 114; de Capitani 2023, 236.

2.1.5. Dreikantige Pfeilbewehrung <Silex>

Beschreibung: Typisch ist der dreikantige Querschnitt des flächig retuschierten Silexartefakts. Der Spitze gegenüber liegt eine gerundete oder leicht spitz auslaufende Basis.
Datierung: Endneolithikum, 28.–23. Jh. v. Chr.
Verbreitung: östliches Dänemark, östliches Schleswig-Holstein, selten in Nordost- und Mitteldeutschland, Finnland und im Baltikum.
Literatur: Struve 1955, 64–65; Kühn 1979, 69.

2.1.5.1. Dreikantpfeilspitze

Beschreibung: Die langschmale Silexpfeilspitze hat eine gerundete bis leicht spitz zulaufende Basis. Die Seitenkanten verlaufen ohne Schwung in Richtung Spitze. Der Querschnitt ist dreieckig. Das ganze Artefakt ist flächig retuschiert. Die Länge liegt oft zwischen 50 und 65 mm.
Synonym: Pfeilspitze Kühn Typ 3b.
Datierung: Endneolithikum, 28.–23. Jh. v. Chr.
Verbreitung: östliches Dänemark, östliches Schleswig-Holstein, selten in Nordost- und Mitteldeutschland, Finnland und im Baltikum.

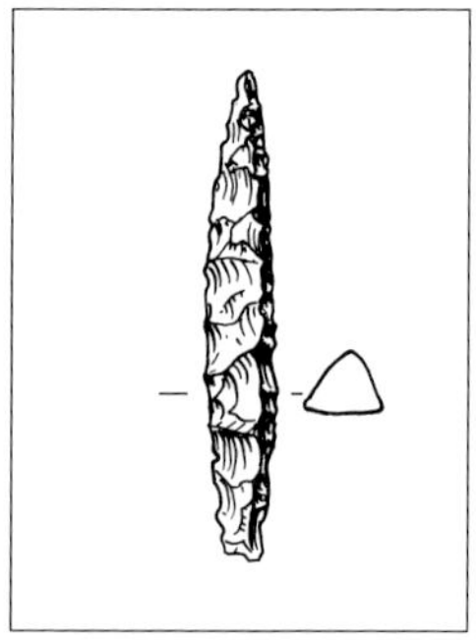

2.1.5.1.

Relation: 2.2.2.1. Dreikantpfeilspitze mit Schaftzunge.
Literatur: Becker, C. J. 1950, 188–195; Struve 1955, 64–65, Taf. 16,2; Kühn 1979, 69, Abb. 16; Kaul 1987, Abb. 9; Jacobs 1991, Taf. 50,3.

2.1.6. Vierkantige Pfeilbewehrung <Silex>

Beschreibung: In der Aufsicht sind die Stücke rechteckig bis trapezoid, ihr Querschnitt ist rechteckig. Häufig kommt vollständiger Oberflächenschliff vor, selten wurden nur die Schmalseiten überschliffen. Es werden Längen zwischen 20 und 50 mm erreicht.
Datierung: Endneolithikum, 28.–23. Jh. v. Chr.
Verbreitung: Dänemark, Schleswig-Holstein, Niedersachsen, Mecklenburg-Vorpommern.
Literatur: Struve 1955, 64–65; Kühn 1979, 68; Schirren 2009, 5–7; Mischka 2022, 175–176.

2.1.6.1. Spanpfeilspitze

Beschreibung: Die aus einem flachen Silexabschlag gefertigte Pfeilspitze hat einen rechteckigen Querschnitt. In der Aufsicht ist der Umriss rechteckig bis leicht trapezoid. Die gesamte Oberfläche der meist langschmalen Pfeilspitzen ist überschliffen, seltener nur die Schmalseiten. Die

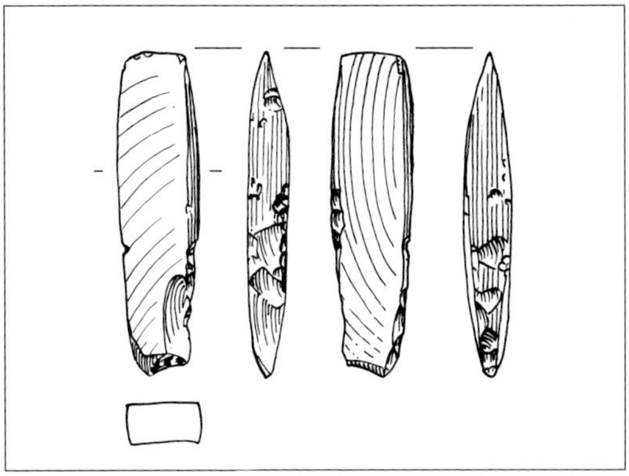

2.1.6.1.

Längen liegen zwischen 20 und 50 mm, die Breiten meist um 10 mm.
Synonym: Pfeilspitze Kühn Typ 2.
Datierung: Endneolithikum, 28.–23. Jh. v. Chr.
Verbreitung: Dänemark, Norddeutschland.
Literatur: Struve 1955, 64–65, Taf. 20,6–7; Schuldt 1968, 46–47, Abb. 35,e; Kühn 1979, 68–69, Abb. 16; Kramer, W. 1981, 435, Taf. 2,7–20; Bauch 1988, 53, Taf. 5,1; Schirren 2009, 5–7, Abb. 1,Typ 2; 2; Mischka 2022, 175–176.

2.2. Pfeilbewehrung mit Schaftzunge oder Schaftdorn <Silex>

Beschreibung: Neben blattförmigen Pfeilbewehrungen mit Schaftzunge oder Schaftdorn, zu denen Kerb- und Stielspitzen, geflügelte und weidenblattförmige Pfeilbewehrungen zu zählen sind, treten dreikantige Pfeilspitzen auf. Die Form der Artefakte sowie Art und Ausmaß der Retuschierung sind sehr heterogen, ebenso die Maße.
Datierung: spätes Jung- bis Spätpaläolithikum, 13.–Mitte 10. Jt. v. Chr.; Spätneolithikum bis ältere Bronzezeit, 35.–21. Jh. v. Chr.
Verbreitung: Deutschland, Dänemark, Skandinavien, Niederlande, Schweiz, Österreich, Großbritannien, Frankreich, Luxemburg, Baltikum, Osteuropa.
Literatur: Struve 1955, 64–65; Kersten 1966; Taute 1968, 12–13; Kühn 1979, 69–70; Morgan 1983; Hartz 1987; Kaiser/Terberger 1995, 32–33; Rinne 2003, 103–104; Floss/Weber 2018, 509–515; Hesse 2018, 938–940.

2.2.1. Blattförmige Pfeilbewehrung mit Schaftdorn oder Schaftzunge <Silex>

Beschreibung: Unter den blattförmigen Pfeilbewehrungen mit Schaftdorn oder Schaftzunge werden Kerbspitzen, Stielspitzen, geflügelte Pfeilspitzen und weidenblattförmige Silexspitzen zusammengefasst. Einzig die geflügelten Pfeilspitzen tragen Widerhaken am dreieckigen Blatt. Die anderen Typen sind von langschmaler Form. Art und Ausmaß der Retuschierung sind vielfältig.
Datierung: spätes Jung- bis Spätpaläolithikum, 13.–Mitte 10. Jt. v. Chr.; Spätneolithikum bis ältere Bronzezeit, 35.–21. Jh. v. Chr.
Verbreitung: Deutschland, Dänemark, Südskandinavien, Niederlande, Schweiz, Österreich, Großbritannien, Frankreich, Luxemburg, Osteuropa.
Literatur: Struve 1955, 64–65; Kersten 1966; Taute 1968, 12–13; Kühn 1979, 69–70; Morgan 1983; Hartz 1987; Kaiser/Terberger 1995, 32–33; Rinne 2003, 103–104; Floss/Weber 2018, 509–515; Hesse 2018, 938–940.

2.2.1.1. Kerbspitze

Beschreibung: Kerbspitzen werden aus langschmalen Klingen hergestellt. Entweder wurden durch schräge Endretusche und einseitige Kerbung des Stiels Spitze und Basis an der gleichen Kante angebracht, sodass Basis und Spitze asymmetrisch zur Mittelachse der Klinge liegen. Oder das Artefakt wurde ein- oder beidseitig mit partieller oder vollständiger Kantenretusche versehen, um die Spitze auszuarbeiten. Der Stiel wurde dann durch beidseitige Kerbretusche modelliert. Basis und Spitze sind in diesem Fall mehr oder weniger symmetrisch zur Mittelachse der Klinge angelegt. Kerbspitzen erreichen häufig Längen von 43 bis 105 mm.
Datierung: spätes Jungpaläolithikum, 13.–12. Jt. v. Chr.
Verbreitung: Deutschland, Dänemark, Niederlande, Frankreich.
Literatur: Hartz 1987; Kaiser/Terberger 1995, 32–33; Grimm/Weber 2008; Floss/Weber 2018, 509–512; Weber, M.-J. 2020, 70.

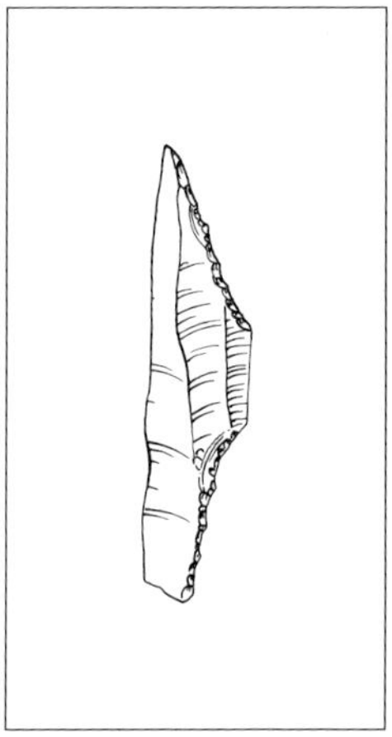

2.2.1.1.1.

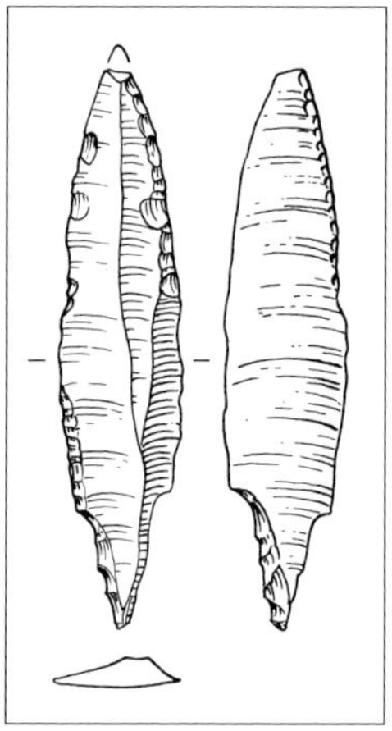

2.2.1.1.2.

2.2.1.1.1. Atypische Kerbspitze

Beschreibung: Hergestellt wurden die Kerbspitzen aus regelmäßigen Klingen, die ein annähernd gerades Längsprofil aufweisen. Von einer Kante aus erstreckt sich eine schräge Endretusche zur Ausarbeitung der Spitze. An der gleichen Kante wurde die Kerbretusche angebracht, sodass Basis und Spitze asymmetrisch zur Mittelachse liegen. Typisch und ein Unterscheidungsmerkmal zu anderen Spitzenformen ist die einseitige Bearbeitung des basalen Teils. Zwischen den beiden retuschierten Bereichen kann ein unbearbeiteter Kantenabschnitt liegen, zum Teil treffen aber die Retuschen auch direkt aufeinander. Die der Kerbretusche gegenüberliegende Kante kann partielle Retusche aufweisen, ebenso ist gerade oder schräge Basisretusche möglich. Die Längen dieser Kerbspitzenform erreichen oft 50 bis 70 mm.
Synonym: Hamburger Kerbspitze.
Datierung: spätes Jungpaläolithikum, 13. Jt. v. Chr.
Verbreitung: Deutschland, Dänemark, Frankreich.
Literatur: Taute 1968, Abb. 2,1; Hartz 1987, 9; Lund 1993; Kaiser/Terberger 1995, 32; Gerken 2001, 26; Grimm/Weber 2008; Floss/Weber 2018, 509–510, Abb. 1,1–4.
Anmerkung: Die Kerbspitzen können als Pfeil- oder Speerspitzen genutzt worden sein.
(siehe Farbtafel Seite 26)

2.2.1.1.2. Havelte-Spitze

Beschreibung: An einer langschmalen Klinge wurden eine oder beide Kanten durch ein- oder beidseitige partielle oder vollständige Retuschierung bearbeitet. Diese kann sehr steil sein, erstreckt sich oft auf Dorsal- und Ventralfläche. Die Spitzenpartie ist oft wechselseitig retuschiert. Der an der Basis befindliche Stiel wurde durch beidseitige Kerbretusche herausgearbeitet. Basis und Spitze sind annähernd symmetrisch angelegt. Havelte-Spitzen sind häufig 43 bis 105 mm lang.
Synonym: Kerbspitze Typ Havelte.
Datierung: spätes Jungpaläolithikum, Mitte 13.–Ende 12. Jt. v. Chr.
Verbreitung: Norddeutschland, Niederlande, Dänemark.
Literatur: Taute 1968, Abb. 2,2; Hartz 1987; Kaiser/Terberger 1995, 33; Clausen 1997; Grimm/Weber 2008; Floss/Weber 2018, 512, Abb. 1,5–7; Weber, M.-J. 2020, 70, Abb. 1.

2.2.1.2. Stielspitze <Pfeilbewehrung>

Beschreibung: Charakterisiert werden Stielspitzen durch einen bilateral herausretuschierten Stiel, der einem retuschierten oder unretuschierten Spitzenende gegenüberliegt. Der Stiel kann – muss aber nicht – abgesetzt sein.
Datierung: Spätpaläolithikum, 11.–Mitte 10. Jt. v. Chr.
Verbreitung: Norddeutschland bis zur Mittelgebirgszone, Südskandinavien, Niederlande, Osteuropa, selten in Nordfrankreich und Luxemburg.
Relation: [Lanzen-/Speerbewehrung] 2.2.1. Stielspitze <Lanzen-/Speerbewehrung>.
Literatur: Taute 1968, 12–13; Gerken 2001, 27; Floss/Weber 2018, 514–515.

2.2.1.2.1. Ahrensburger Stielspitze

Beschreibung: Als Grundformen wurden kleinere Klingen verwendet. Die Länge des Geräts überschreitet 55 mm nicht, die Breite liegt unter 17 mm. Der Stiel wurde häufig am terminalen Ende angelegt. Der Bereich der Spitze kann gänz-

lich unretuschiert, uni- oder selten bilateral retuschiert sein. Stiel und Spitze können auf der Mittelachse der Grundform liegen, weichen oft aber auch deutlich davon ab.
Synonym: Ahrensburg-Spitze.
Datierung: Spätpaläolithikum, 11.–Mitte 10. Jt. v. Chr.
Verbreitung: Norddeutschland bis zur Mittelgebirgszone, Südskandinavien, Niederlande, selten in Nordfrankreich und Luxemburg.
Literatur: Taute 1968, 12–13, Abb. 1,2, Taf. 1,2–9.11–32; Tromnau 1975, 62, Taf. 24,1–7.33; Hartz 1987, 9; Heinen 1990, 17, Abb. 4,S7/26; Hahn 1993, 245, Abb. 77,13; Kaiser/Terberger 1995, 32–33; Gerken 2001, 27, Taf. 15,1–2; 47,8; 79,2; 124,1–2; Baales 2002, 123, Abb. 6; Floss/Weber 2018, 514, Abb. 2,7–10.
Anmerkung: In Stellmoor im Ahrensburger Tunneltal wurden geschäftete Stielspitzen gefunden. Wegen der Schaftdicken von 5 bis 10 mm ist die Verwendung als Pfeile gesichert (Kaiser/Terberger 1995, 33, Anm. 63).

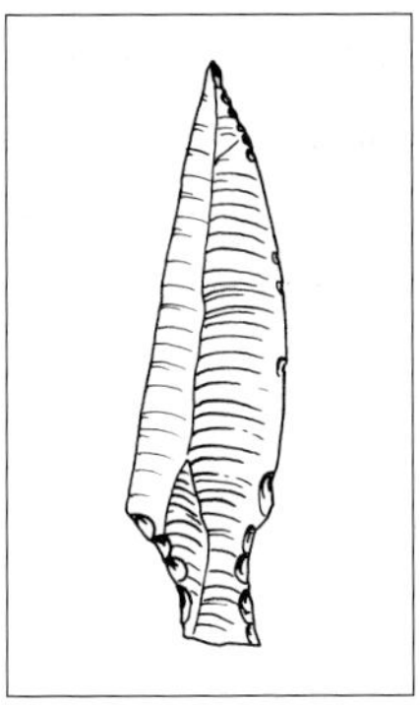

2.2.1.2.1.

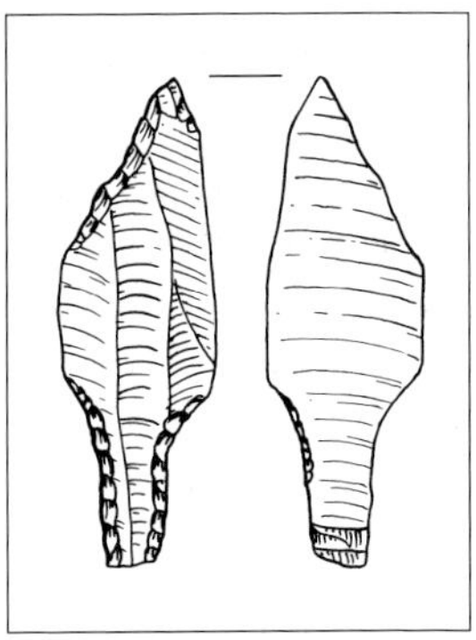

2.2.1.2.2.

2.2.1.2.2. Chwalibogowice-Spitze

Beschreibung: Der Stiel ist meist deutlich vom Blatt abgesetzt. Er wurde durch Steilretusche von ventral her ausgearbeitet, seine Längskanten verlaufen konkav. Charakteristisch ist eine flache Retusche auf der Ventralfläche des Stiels, die diesen komplett oder nur im unteren Teil bedecken kann. Die Spitze ist unmodifiziert oder an einer, seltener beiden Kanten retuschiert. Sie kann auf der Mittelachse des Geräts liegen oder auch deutlich seitlich davon. Chwalibogowice-Spitzen sind in der Regel zwischen 35 und 50 mm lang.
Datierung: Spätpaläolithikum, 11.–Mitte 10. Jt. v. Chr.
Verbreitung: Osteuropa, selten in Norddeutschland.
Literatur: Taute 1968, 13; 180–181, Abb. 1,4, Taf. 145,6; Hahn 1993, 245; Floss/Weber 2018, 514–515, Abb. 2,14–15.

2.2.1.3. Geflügelte Pfeilspitze

Beschreibung: Das dreieckige Blatt ist partiell oder vollständig flächig retuschiert. An der Basis ist ein kurzer Schaftdorn ausgearbeitet. Die Flügel sind mehr oder weniger stark heruntergezogen. Die Längen liegen zwischen 14 und 50 mm.
Synonym: gestielte Pfeilspitze; geflügelte Schaftdornpfeilspitze.
Untergeordneter Begriff: Pfeilspitze Kühn Typ 5a; Pfeilspitze Kühn Typ 5b; Pfeilspitze Kühn Typ 5c.
Datierung: Spätneolithikum bis ältere Bronzezeit, 35.–21. Jh. v. Chr.
Verbreitung: Deutschland, Schweiz, Österreich, Westfrankreich, Niederlande, Großbritannien.
Relation: 1.2.2.2.1. Dreieckige Widerhakenpfeilspitze mit linsenförmigem Querschnitt und Schaftdorn; 3.2.1.2.1. Gestielte Metallpfeilspitze; 3.3.2.2.2.1. Tüllenpfeilspitze mit dreieckigem Blatt und Flügelwiderhaken.
Literatur: Kersten/La Baume 1958, Taf. 42,19–21.24–25; Arnold 1971, 94, Abb. 8,11; Feustel 1972, 49, Abb. 7–8; Kühn 1979, 69–70, Abb. 16; Schwellnus 1979, Taf. 30,8; Morgan 1983; Heege/Heege 1989, 58; 81, Abb. 56,13.15; 62,1–4; Raetzel-Fabian 2000, 102, Taf. 51,20; Rinne 2003, 103–104, Taf. 61,1; Hafner/Suter 2004, 32, Abb. 12; Husty 2004, 29; Schirren 2009, 8–11, Abb. 4; 5,a–b.d; 6,b–c; Ganslmeier/Literski-Henkel 2014; Hesse 2018, 938–940.
(siehe Farbtafel Seite 26)

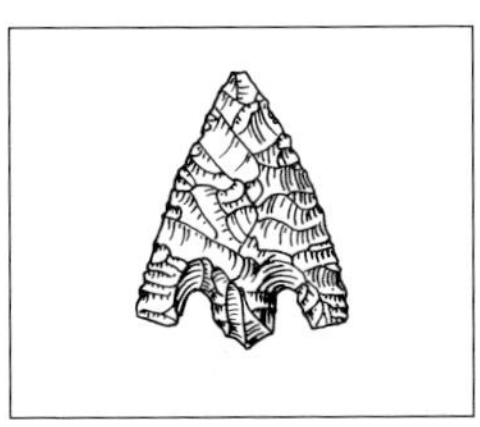

2.2.1.3.

2.2.1.4. Weidenblattförmige Silexpfeilspitze mit Schaftzunge

Beschreibung: Die weidenblattförmige Spitze aus Silex ist flächig retuschiert. Im basalen Teil ist eine relativ breite Schaftzunge ausgearbeitet, die deutlich vom Blatt abgesetzt ist. Es werden Längen zwischen 26 und 64 mm erreicht.
Synonym: Pfeilspitze Kühn Typ 4b.
Datierung: Endneolithikum, 28.–23. Jh. v. Chr.
Verbreitung: Schleswig-Holstein, Mecklenburg.
Literatur: Struve 1955, 64–65; Just 1963, 72–73, Abb. 48e; Schoknecht 1963, 96–97, Abb. 59b; Kersten 1966; Hollnagel 1968, 92–97, Abb. 68,b.d.i–j; Schuldt 1972, 80–81, Abb. 49; Kühn 1979, 69, Abb. 16; Jacobs 1991, 26, Taf. 26,16–22; 62,21.30; Ganslmeier/Literski-Henkel 2014, 46.

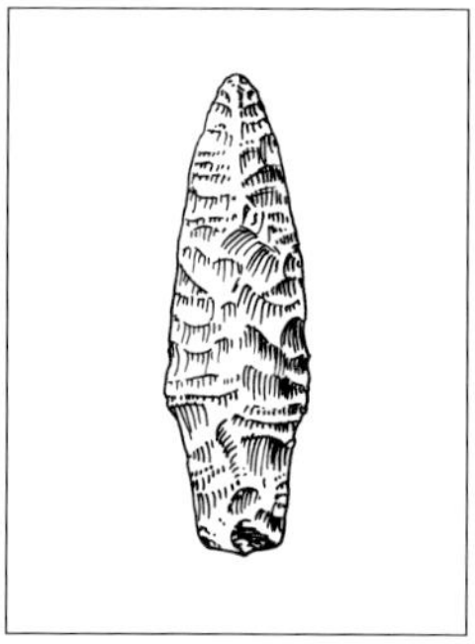

2.2.1.4.

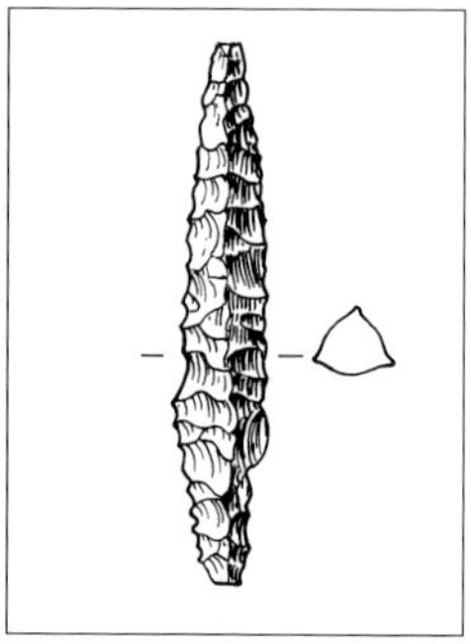

2.2.2.1.

2.2.2. Dreikantige Pfeilbewehrung mit Schaftdorn oder Schaftzunge <Silex>

Beschreibung: Das langschmale Blatt ist im Querschnitt dreieckig. Ein mehr oder weniger klar ausgearbeiteter Absatz trennt es von der eckigen bis rundlichen Schaftzunge. Das Artefakt ist flächig retuschiert.
Datierung: Endneolithikum, 28.–23. Jh. v. Chr.
Verbreitung: östliches Dänemark, östliches Schleswig-Holstein, selten in Nordost- und Mitteldeutschland, Finnland und im Baltikum.
Literatur: Struve 1955, 64–65; Kühn 1979, 69.

2.2.2.1. Dreikantpfeilspitze mit Schaftzunge

Beschreibung: Charakteristisch für die langschmale Silexpfeilspitze ist der dreieckige Querschnitt. Die Seitenkanten verlaufen gerade zur Spitze hin. Das flächig retuschierte Artefakt besitzt eine rundliche oder eckige Schaftzunge, die durch einen mehr oder weniger deutlichen Absatz vom Blatt getrennt ist. Die Gesamtlängen reichen von 45 bis 110 mm.
Synonym: Pfeilspitze Kühn Typ 3a.
Datierung: Endneolithikum, 28.–23. Jh. v. Chr.
Verbreitung: östliches Dänemark, östliches Schleswig-Holstein, selten in Nordost- und Mitteldeutschland, Finnland und im Baltikum.
Relation: 2.1.5.1. Dreikantpfeilspitze.
Literatur: Krone 1931, Abb. auf S. 46, h; Becker, C. J. 1950, 188–195; Struve 1955, 64–65, Taf. 20,8; Kühn 1979, 69, Abb. 16; Kaul 1987, Abb. 9; Jacobs 1991, Taf. 15,3; 62,40.

2.3. Pfeilbewehrung mit Schäftungskerben

Beschreibung: Typisch sind die knapp oberhalb der meist geraden Basis angebrachten, deutlich ausgeprägten Kerben. Die Blattform ist dreieckig, das ganze Artefakt flächenretuschiert.
Datierung: Spätneolithikum, 35.–29. Jh. v. Chr.
Verbreitung: Niedersachsen, Hessen, Schweiz.
Literatur: Schwab 1982, 25; Rinne 2003, 103.

2.3.1. Dreieckige Pfeilspitze mit Schäftungskerben

Beschreibung: Am dreieckigen Blatt befindet sich nahe der annähernd geraden Basis an den Längsseiten je eine ausgeprägte Schäftungskerbe. Der Blattquerschnitt ist mehr oder weniger oval. Üblicherweise sind Pfeilspitzen dieses Typs flächig retuschiert. Ihre Länge beträgt 25 bis 45 mm.
Datierung: Spätneolithikum, 35.–29. Jh. v. Chr.
Verbreitung: Niedersachsen, Hessen, Schweiz.
Literatur: Schwellnus 1979, Taf. 17,11; Schwab 1982, 25, Abb. 20,1–3; Heege 1992, 64, Taf. 11,2–4; Rinne 2003, 103, Taf. 61,4.

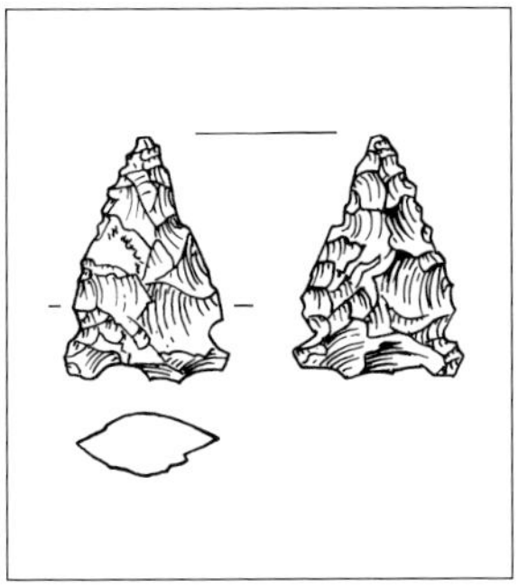

2.3.1.

Anmerkung:
Nicht verwechselt werden dürfen diese Stücke mit den sog. indianischen Pfeilspitzen (Cosack 2000; Schreg 2013), die aber aus einem gänzlich anderen Rohmaterial bestehen.

3. Pfeilbewehrung <Metall>

Beschreibung: Pfeilbewehrungen aus Metall kommen ohne Schäftungshilfe, mit Schaftangel, -dorn oder -zunge sowie mit Tülle vor. Ihr Blatt ist dreieckig, weidenblatt- oder rautenförmig, konisch oder mehrflügelig. Als Material wurde Bronze, Eisen, selten auch Silber verwendet.
Datierung: jüngere Bronzezeit, Periode IV–V (Montelius), 11.–8. Jh. v. Chr.; mittlere Bronzezeit, Bronzezeit B (Reinecke), bis Hochmittelalter, 16. Jh. v. Chr.–13. Jh. n. Chr.
Verbreitung: Europa, Römisches Reich.
Literatur: Schulz 1953, 49; Raddatz 1962, 95–99; Wegner 1978, 106–113; Erdmann 1982; James 1983; Daim/Lippert 1984, 46–47; Sievers 1984, 65–66; Wegraeus 1986; von Freeden 1987, 520–521; Kempke 1988; Zanier 1988; Leidorf 1990, 23–24; von Freeden 1991, 594; 599; 601–608; Hansen, S. 1994, 83–85; Hanel 1995, 50–51; Unz/Deschler-Erb 1997, 23–24; Paulsen, H. 1999, 109–115; Franke 2000; Zimmermann 2000, 35–44; 64–66; Becker, M. 2001, 102; 112–113; Spindler 2002; Stöllner 2002, 133–135; Westphalen 2002, 235–243; Hofmann 2004; Voß 2005; Bishop/Coulston 2006, 134–136; Bofinger 2006; Pauli Jensen/Nørbach 2009, 54; 59; 66–73; 90–91; Baitinger 2010, 184; Sievers 2010, 29–30; 122–123; Hansen, L. 2013, 243–244; Werther 2013; Buora 2016, 34–38; Neubauer 2016; Zanier 2016; Hauser 2019; Lauermann/Lindinger/Hasenhündl 2022, 160–161; Schneider 2022, 24–25; Fischer, V. in Vorb.

3.1. Pfeilbewehrung ohne Schäftungshilfe <Metall>

Beschreibung: Die metallenen Pfeilspitzen ohne Schäftungshilfe sind in der Regel aus dünnem Bronze- oder Eisenblech hergestellt. Die Basis ist gerade oder konkav, deutlich ausgeprägte Flügelwiderhaken können vorkommen.
Datierung: späte Bronzezeit bis ältere Vorrömische Eisenzeit, Bronzezeit D–Latène A (Reinecke), 13.–5. Jh. v. Chr.
Verbreitung: Frankreich, Schweiz, Süddeutschland, Slowenien, Österreich.
Literatur: Wegner 1978, 106–113; Hansen, S. 1994, 83–85; Stöllner 2002, 134; Hansen, L. 2010, 58.

3.1.1. Pfeilbewehrung ohne Schäftungshilfe und ohne Widerhaken <Metall>

Beschreibung: Pfeilbewehrungen ohne Schäftungshilfe und ohne Widerhaken sind üblicherweise aus sehr dünnem Bronze- oder Eisenblech hergestellt. Auf dem Blatt können sich Löcher in unterschiedlicher Anordnung und Position befinden.
Datierung: späte Bronzezeit bis ältere Vorrömische Eisenzeit, Bronzezeit D–Hallstatt D1 (Reinecke), 13.–6. Jh. v. Chr.
Verbreitung: Frankreich, Schweiz, Süddeutschland, Slowenien.
Literatur: Wegner 1978, 106–110; Hansen, S. 1994, 83–85.

3.1.1.1. Pfeilspitze Typ Bourget

Beschreibung: Pfeilspitzen dieses Typs bestehen aus dünnem Bronzeblech. Die Form ist dreieckig mit mehr oder weniger gerader Basis. Auf dem Blatt befinden sich üblicherweise zwei, selten auch drei oder vier Löcher, deren Anordnung und Position variabel sind. Die Dicke der Pfeilspitzen liegt um 0,5 mm, ihre Längen bei 26 bis 40 mm.
Synonym: Pfeilspitze Eckhardt Grundtyp 3, Variante B.
Datierung: späte Bronzezeit bis ältere Vorrömische Eisenzeit, Bronzezeit D–Hallstatt D1 (Reinecke), 13.–6. Jh. v. Chr.

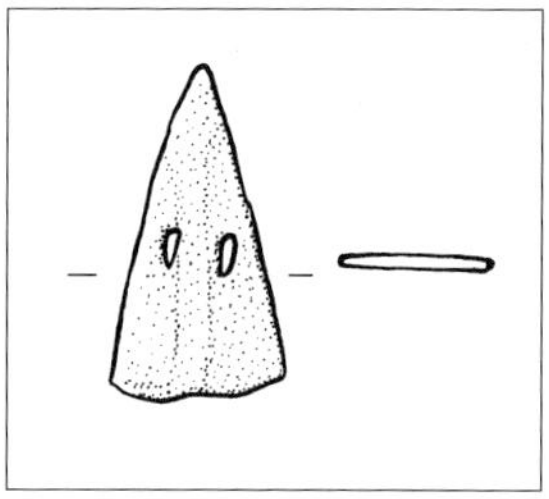

3.1.1.1.

Verbreitung: Frankreich, Schweiz, Süddeutschland, Slowenien.
Relation: 1.1.2.1. Dreieckige Knochenpfeilspitze; 2.1.4.1.1. Dreieckige Pfeilspitze mit gerader Basis.
Literatur: Wegner 1978; Bernatzky-Goetze 1987, 97, Taf. 152,32–35; Hansen, S. 1994, 83–85; Eckhardt 1996, 29; Hansen, L. 2013, 243–244, Fig. 7,d.
Anmerkung: In der Ufersiedlung Grésine am Lac du Bourget wurde eine Pfeilspitze dieses Typs mit Schaftrest und Bindung gefunden. Auch an den Stücken im Grab von Kleinostheim wurden Reste der Schäftung entdeckt, wobei hier zusätzlich kleine Holzspäne als Widerhaken verwendet wurden (Wegner 1978, 107). Dort gibt es auch formal ähnliche Stücke aus Eisen. Aufgrund der starken Korrosion ist jedoch nicht ersichtlich, ob diese auch gelocht sind.

3.1.2. Pfeilbewehrung ohne Schäftungshilfe mit Widerhaken <Metall>

Beschreibung: Die Pfeilspitzen wurden aus sehr dünnem Eisen-, selten auch aus Bronzeblech hergestellt. Sie haben eine konkave Basis und deutlich ausgezogene Flügelwiderhaken.
Datierung: ältere Vorrömische Eisenzeit, Hallstatt D–Latène A (Reinecke), 6.–5. Jh. v. Chr.
Verbreitung: Süddeutschland, Österreich, Frankreich, Ungarn, Tschechien.
Literatur: Pauli 1978, 228–229; Wegner 1978, 110–113; Egg 1985, 276–279; Stöllner 2002, 134; Hansen, L. 2010, 58.

3.1.2.1. Flache Blechpfeilspitze mit Widerhaken

Beschreibung: Die sehr flache Pfeilspitze aus Eisen- oder seltener Bronzeblech hat eine konkave Basis und deutlich ausgezogene Flügelenden. Die Längen liegen zwischen 32 und 100 mm.

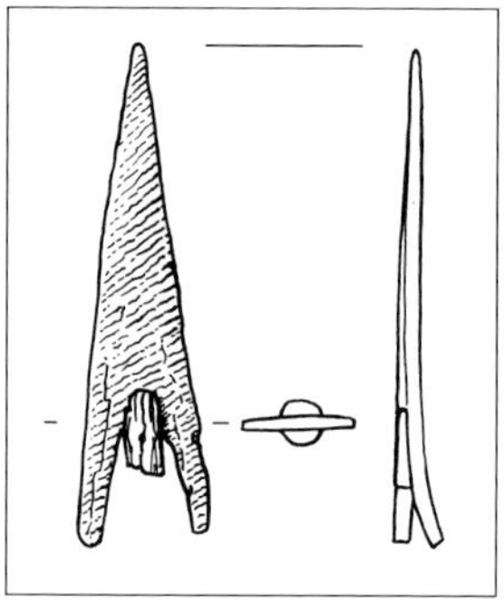

3.1.2.1.

Synonym: Pfeilspitze Eckhardt Grundtyp 3, Variante A.
Untergeordneter Begriff: Pfeilspitze Stöllner Form 2.
Datierung: ältere Vorrömische Eisenzeit, Hallstatt D–Latène A (Reinecke), 6.–5. Jh. v. Chr.
Verbreitung: Süddeutschland, Österreich, Frankreich, Ungarn, Tschechien.
Relation: 2.1.4.1.2. Dreieckige Pfeilspitze mit konkaver Basis.
Literatur: Pauli 1978, 228–229, Abb. 30,4–6, Taf. 219,3–9.11–12; Biel 1985a, 65, Taf. 16; Biel 1985b, 140, Abb. 158; Egg 1985, 276–279; 304–305, Abb. 10,2–17; 27,1c; Hoppe 1986, 59; Eckhardt 1996, 28; Stöllner 2002, 134, Abb. 54,1; Hansen, L. 2010, 58, Taf. 8,298–310; Hansen L. 2013, 243–244, Fig. 7,c.

3.2. Pfeilbewehrung mit Schaftdorn, Schaftangel oder Schaftzunge <Metall>

Beschreibung: Das Blatt kann entweder oval, lanzett- oder rautenförmig ohne Widerhaken oder annähernd dreieckig mit Widerhaken sein. Auch am Schaft sind gelegentlich ein oder zwei Widerhaken angebracht. Ferner kommen dreiflügelige/dreikantige oder vierflügelige/vierkantige Pfeilbewehrungen vor. Üblicherweise endet das Blatt in einer Spitze, seltener hat es einen geraden Abschluss. Bei den dreiflügeligen/dreikantigen Pfeilbewehrungen ist die Form der Flügel sehr variabel. Sie können auch gelocht sein. Allen gemeinsam ist, dass sie mittels eines Dorns, einer Angel oder einer Zunge geschäftet wurden. Das Blatt geht mit oder ohne Absatz in die Schäftung über. Als Material wurde Eisen oder Bronze verwendet. Verzierung tritt selten auf.
Datierung: jüngere Bronzezeit, Periode IV–V (Montelius), 11.–8. Jh. v. Chr.; mittlere Bronzezeit bis frühe Vorrömische Eisenzeit, Bronzezeit B–

Latène A (Reinecke), 16.–4. Jh. v. Chr.; Römische Kaiserzeit, C (Eggers), bis Hochmittelalter, 2.–13. Jh. n. Chr.; Römische Republik bis mittlere Römische Kaiserzeit, ca. 2. Jh. v. Chr.–mindestens 3. Jh. n. Chr.
Verbreitung: Deutschland, Dänemark, Österreich, Schweiz, Tschechien, Slowenien, Polen, Ungarn, Kroatien, Bosnien-Herzegowina, Italien, Skandinavien, West-, Süd- und Osteuropa, Römisches Reich.
Literatur: Mitscha-Märheim 1957, 31; Raddatz 1962, 95–99; Koch, R. 1967, 65; Müller-Wille 1976a, 80; Erdmann 1982; James 1983; Daim/Lippert 1984, 46–47; Wegraeus 1986; Daim 1987, 152; von Freeden 1987, 521; Möller 1987, 98; Kempke 1988; Zanier 1988; von Freeden 1991, 594; 599; 601–608; Hanel 1995, 51; Eckhardt 1996, 27; Unz/Deschler-Erb 1997, 23–24; Paulsen, H. 1999, 109–115; Franke 2000; Spindler 2002; Stöllner 2002, 134; Westphalen 2002, 235–243; Berg-Hobohm 2004, 49; Hofmann 2004; Köninger 2006, 205–206; Eger/Biermann 2009, 142–145; Pauli Jensen/Nørbach 2009, 54; 68–71; Baitinger 2010, 184; Hansen, L. 2013, 243–244; Werther 2013; Buora 2016, 34–38; Neubauer 2016; Zanier 2016; Münds-Lugauer 2018, 49; Fischer, V. in Vorb.

3.2.1. Blattförmige Pfeilbewehrung mit Schaftdorn, Schaftangel oder Schaftzunge <Metall>

Beschreibung: Die Pfeilbewehrungen haben ein ovales, lanzettförmiges oder rautenförmiges Blatt ohne Widerhaken oder ein mehr oder weniger dreieckiges Blatt, das in unterschiedlich langen Flügeln endet. Auch am Schaft können sich ein oder zwei Widerhaken befinden. Das Blatt geht mit oder ohne Absatz in einen Schaftdorn, eine Schaftzunge oder eine Schaftangel über. Als Material wurde Eisen oder Bronze verwendet.
Datierung: jüngere Bronzezeit, Periode IV–V (Montelius), 11.–8. Jh. v. Chr.; mittlere Bronzezeit bis frühe Vorrömische Eisenzeit, Bronzezeit B–Latène A (Reinecke), 16.–4. Jh. v. Chr.; Römische Kaiserzeit, C (Eggers), bis Völkerwanderungszeit, 2.–5. Jh. n. Chr.; Früh- bis Hochmittelalter, 8.–13. Jh. n. Chr.
Verbreitung: Deutschland, Dänemark, Österreich, Schweiz, Tschechien, Slowenien, Polen, Ungarn, Oberitalien, Skandinavien, West- und Südosteuropa, Römisches Reich.
Literatur: Hoppe 1983, 93; James 1983; Wegraeus 1986; Kempke 1988; Eckhardt 1996, 27; Paulsen, H. 1999, 109–113; 115; Franke 2000; Stöllner 2002, 134; Westphalen 2002, 235–237; 240–241; Hofmann 2004; Köninger 2006, 205–206; Pauli Jensen/Nørbach 2009, 54; Baitinger 2010, 184; Hansen, L. 2013, 243–244; Werther 2013; Neubauer 2016; Münds-Lugauer 2018, 49; Fischer, V. in Vorb.

3.2.1.1. Blattförmige Pfeilbewehrung mit Schaftdorn, Schaftangel oder Schaftzunge ohne Widerhaken <Metall>

Beschreibung: Die aus Eisen oder Bronze gefertigten Pfeilbewehrungen haben meist ein ovales, lanzett- oder rautenförmiges Blatt, das mit oder ohne Absatz in einen Schaftdorn, eine Schaftzunge oder eine Schaftangel übergeht. Der Blattquerschnitt kann oval, rautenförmig, dreieckig oder getreppt sein. Selten sind Stücke mit zwei axial gewinkelten Blattteilen und querschneidige oder durchbrochen gearbeitete Pfeilbewehrungen. Gelegentlich kommen Verzierungen oder tordierte Schäfte vor.
Datierung: jüngere Bronzezeit, Periode IV–V (Montelius), 11.–8. Jh. v. Chr.; Römische Kaiserzeit, C (Eggers), bis Völkerwanderungszeit, 2.–5. Jh. n. Chr.; Früh- bis Hochmittelalter, 8.–13. Jh. n. Chr.
Verbreitung: Deutschland, Österreich, Schweiz, Frankreich, Polen, Slowenien, Tschechien, Ungarn, Oberitalien, Südosteuropa, Dänemark, Skandinavien, England, Römisches Reich.
Literatur: Sprockhoff 1937, 32; Raddatz 1974, 18–19; Robertson/Scott/Keppie 1975, 99; James 1983; Wegraeus 1986; Daim 1987, 152; Kempke 1988; Paulsen, H. 1999, 109–113; 115; Franke 2000; Zimmermann 2000, 77; Westphalen 2002, 235–237; 240–241; Hofmann 2004; Pauli Jensen/Nørbach 2009, 54; Arents/Eisenschmidt 2010, 80; Hensch 2012, 119; Werther 2013; Neubauer 2016; Dombrowsky 2017, 148–150.

3.2.1.1.1. Lanzette

Beschreibung: Lanzetten haben ein zweischneidiges lanzettförmiges Blatt sowie eine abgesetzte, zum Ende hin abgeflachte Schaftangel mit viereckigem Querschnitt. Gefertigt wurden sie aus Bronze, wobei sie meist gegossen, seltener aus Blech gearbeitet wurden. Verzierung tritt nur selten auf. Lanzetten erreichen Längen zwischen 3,3 und 22,5 cm, meist aber von 5,5 bis 10 cm. Ein Großteil der Stücke ist zwischen 1,0 und 1,5 cm breit. Lanzetten mit eher dreieckigem Blatt haben stark gewölbte Schultern und einen deutlich ausgeprägten Übergang zur Schaftangel. Lanzetten mit länglichem Blatt haben kaum ausgeprägte Schultern und einen fließenden Übergang vom Blatt zur Angel. Der Querschnitt des Blattes ist linsen- oder rautenförmig, dreieckig oder getreppt.
Datierung: jüngere Bronzezeit, Periode IV–V (Montelius), 11.–8. Jh. v. Chr.
Verbreitung: Norddeutschland, Skandinavien.
Literatur: Sprockhoff 1937, 32, Taf. 6,8.11–12; Baudou 1960; Hofmann 2004; Dombrowsky 2017, 148–150.

3.2.1.1.1.1. Lanzette Typ A

Beschreibung: Die aus Bronze gegossenen Lanzetten haben ein zweischneidiges lanzettförmiges Blatt und eine abgesetzte Schaftangel mit viereckigem Querschnitt und abgeflachtem Ende. Der Querschnitt des Blattes ist linsen- oder rautenförmig, dreieckig oder getreppt. Typ A kann in 2 Varianten unterteilt werden, wobei Variante 1 eine vom Blatt deutlich abgesetzte Angel aufweist, während bei Variante 2 der Übergang fließend ist. Lanzetten Typ A sind unter 13 cm lang. Gelegentlich tritt Verzierung auf.

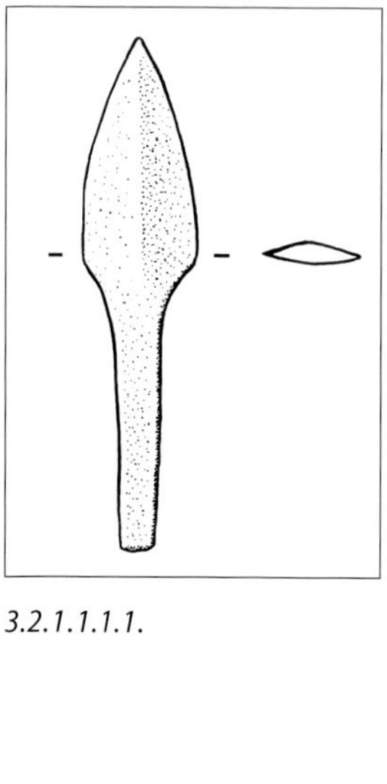

3.2.1.1.1.1.

Untergeordneter Begriff: Lanzette Typ A, Variante 1; Lanzette Typ A, Variante 2.
Datierung: jüngere Bronzezeit, Periode IV–V (Montelius), 11.–8. Jh. v. Chr.
Verbreitung: Norddeutschland, Skandinavien.
Literatur: Hofmann 2004; Flindt 2022, 468–469, Taf. 35,1246.
(siehe Farbtafel Seite 27)

3.2.1.1.1.2. Lanzette Typ B

Beschreibung: Das zweischneidige lanzettförmige Blatt geht in eine abgesetzte Schaftangel mit viereckigem Querschnitt über. Das Angelende ist abgeflacht. Der Querschnitt des Blattes ist linsen- oder rautenförmig, dreieckig oder getreppt. Das langschmale Blatt weist keine ausgeprägten Schultern auf, vielmehr ist der Übergang vom Blatt zur Angel fließend. Die aus Bronze gegossenen Lanzetten des Typs B sind über 13 cm lang und gelegentlich verziert.
Datierung: jüngere Bronzezeit, Periode V (Montelius), 10.–8. Jh. v. Chr.
Verbreitung: Norddeutschland, Skandinavien.
Literatur: Baudou 1960; Hofmann 2004.

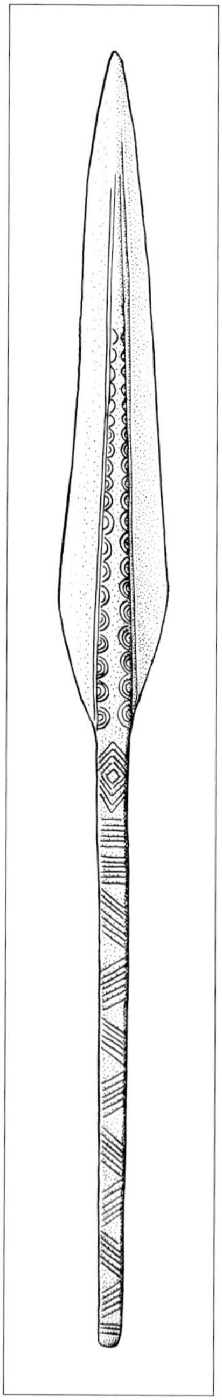

3.2.1.1.1.2.

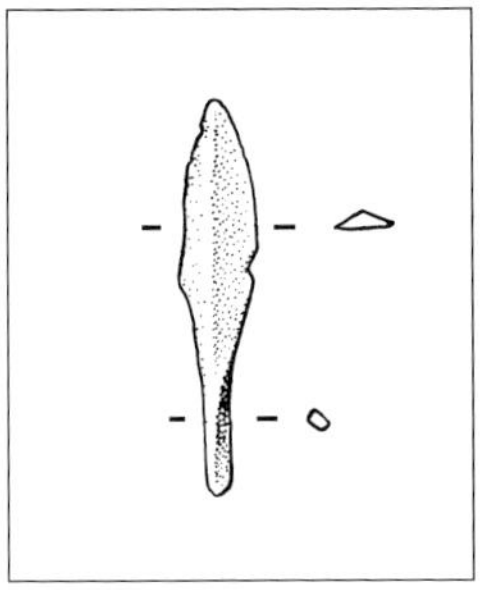

3.2.1.1.1.3.

3.2.1.1.1.3. Lanzette Typ C

Beschreibung: Lanzetten vom Typ C sind aus Bronzeblech gefertigt. Das zweischneidige lanzettförmige Blatt geht mit leichtem Absatz in eine im Querschnitt viereckige, zum Ende hin abgeflachte Angel über. Bei den norddeutschen Stücken werden Längen von 3,3 bis 9,5 cm erreicht. Die Gruppe ist sehr heterogen.
Datierung: jüngere Bronzezeit, Periode IV–V (Montelius), 11.–8. Jh. v. Chr.
Verbreitung: Norddeutschland, Skandinavien.
Literatur: Baudou 1960; Hofmann 2004.

3.2.1.1.2. Pfeilspitze mit breitem Blatt und Schaftzunge

Beschreibung: Das im Querschnitt ovale bis rautenförmige eiserne Blatt ist mindestens 14 mm breit. Der Umriss ist weidenblattförmig, die größte Breite liegt in der Mitte oder darunter. Die flache Schaftzunge ist entweder sehr schmal und dornartig oder relativ breit, wobei sie sich dann häufig zum Ende hin weiter verbreitert. Die Zunge kann auch um 90° zum Blatt gedreht sein. Verzierung ist selten, aber tordierte Schäfte kommen vor. Die Längen der Pfeilspitzen reichen häufig von 8 bis 12,5 cm.

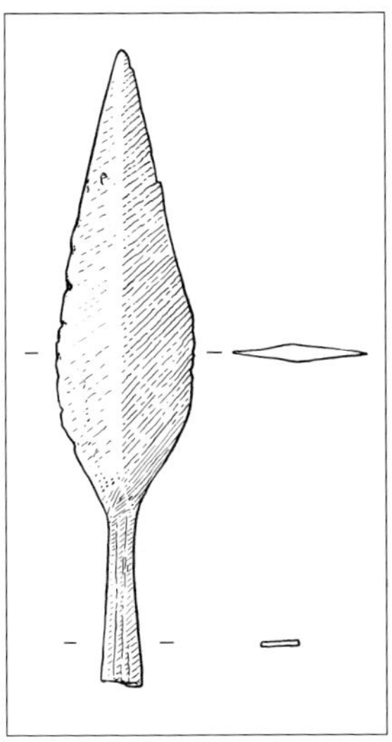

3.2.1.1.2.

Synonym: Pfeilspitze Pauli Jensen Typ IA1.
Datierung: Römische Kaiserzeit, C (Eggers), bis Völkerwanderungszeit, 2.–5. Jh. n. Chr.
Verbreitung: Dänemark, Norwegen, Schweden, Schleswig-Holstein.
Literatur: Raddatz 1974, 18–19; 85, Taf. 35,136,b; 220,1200,e–f; Raddatz 1981, 55, Taf. 59,353,b; Pauli Jensen/Nørbach 2009, 54; 56–57.

3.2.1.1.3. Pfeilspitze mit schmalem Blatt und Schaftzunge

Beschreibung: Das Blatt ist unter 14 mm breit und grashalmförmig. Der Querschnitt ist oval oder rautenförmig. Die flache Schaftzunge ist entweder sehr schmal und dornartig oder relativ breit, wobei sie sich dann häufig zum Ende hin verbreitert. Pfeilspitzen dieses Typs wurden aus Eisen gefertigt und erreichen Längen von 8,4 bis 11,5 cm.

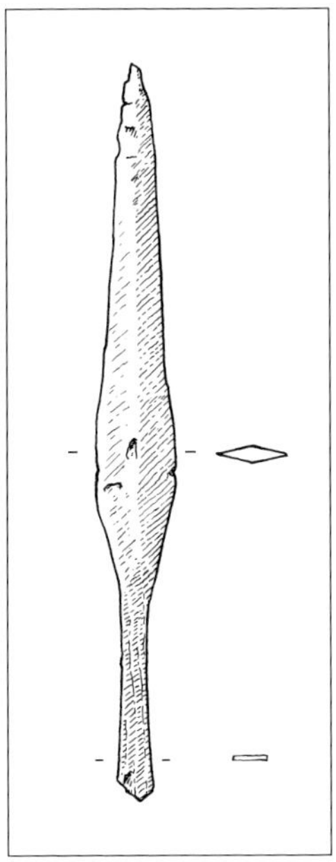

3.2.1.1.3.

Synonym: Pfeilspitze Pauli Jensen Typ IB1.
Datierung: Römische Kaiserzeit, C (Eggers), bis Völkerwanderungszeit, 2.–5. Jh. n. Chr.
Verbreitung: Dänemark, Schweden, Schleswig-Holstein.
Literatur: Raddatz 1974, 18–19, Taf. 35,136c; Pauli Jensen/Nørbach 2009, 54; 64–66.

3.2.1.1.4. Pfeilspitze mit Schaftdorn und lanzettförmigem Blatt

Beschreibung: Die eiserne Pfeilspitze hat ein lanzettförmiges Blatt, das ohne Absatz in einen Schaftdorn übergeht. Dieser hat häufig einen viereckigen Querschnitt, gelegentlich mit abgerundeten Kanten. Der Blattquerschnitt ist linsenförmig. Die Längen betragen 8 bis 12 cm.

Synonym: Pfeilspitze Kempke Typ 1a; Pfeilspitze Haithabu Typ 1.
Datierung: Frühmittelalter, 8.–10. Jh. n. Chr.
Verbreitung: Norwegen, Schweden, Dänemark, Schleswig-Holstein.
Literatur: Schmid 1972, 221–222, Abb. 7,1–6; Kempke 1988; Paulsen, H. 1999, 109–112, Abb. 12,1; Westphalen 1999, 174, Taf. 32,3; Westphalen 2002, 235–236; 240, Abb. 109,1, Taf. 89,1–5; Arents/Eisenschmidt 2010, 80, Taf. 60,1.

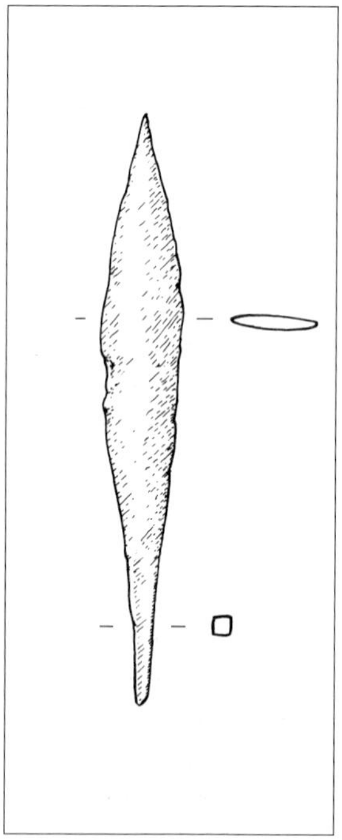

3.2.1.1.4.

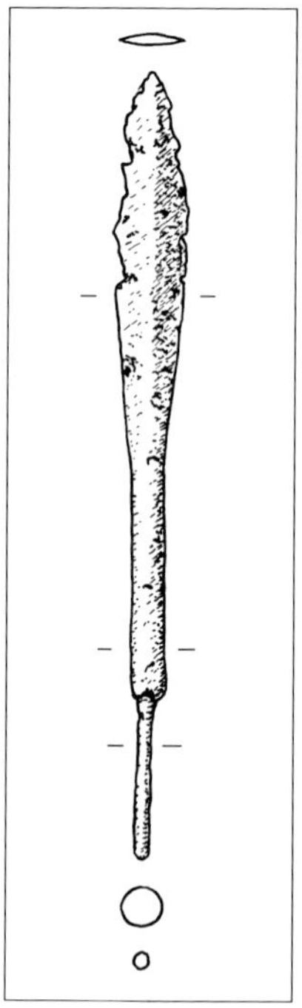

3.2.1.1.5.

3.2.1.1.5. Pfeilspitze mit Schaftdorn und abgesetztem lanzettförmigem Blatt

Beschreibung: Die eiserne Pfeilspitze hat ein lanzettförmiges Blatt mit linsenförmigem Querschnitt. Der runde (Kempke Typ 1b) bzw. eckige Hals (Kempke Typ 1c) ist unterhalb des Blattes mit einem Absatz vom im Querschnitt runden Schaftdorn getrennt. Es werden Längen von 7 bis 14,5 cm erreicht.
Untergeordneter Begriff: Pfeilspitze Kempke Typ 1b; Pfeilspitze Kempke Typ 1c; Pfeilspitze Wegraeus Typ A1; Pfeilspitze Wegraeus Typ A2; Pfeilspitze Haithabu Typ 2; Pfeilspitze Haithabu Typ 3; Pfeilspitze Haithabu Typ 4; Pfeilspitze Haithabu Typ 8; Pfeilspitze Haithabu Typ 9; Pfeilspitze Haithabu Typ 10.
Datierung: Früh- bis Hochmittelalter, 8.–1. Hälfte 13. Jh. n. Chr.
Verbreitung: Finnland, Norwegen, Schweden, Dänemark, Norddeutschland, England.
Literatur: Schmidt, V. 1984, 56, Taf. 54,m–o; Wegraeus 1986; Kempke 1988; Paulsen, H. 1999, 109–112; 115, Abb. 12,2–17; 13,1–9; Westphalen 2002, 236–237; 240–241, Abb. 109,2–4.8–10, Taf. 89,6–23; 90,5–12; Herrmann, J. 2005, 151, Abb. 171,c–f.

3.2.1.1.6. Pfeilspitze mit Schaftdorn und zwei axial gewinkelten Blattteilen

Beschreibung: Das Blatt und der Schaftdorn der eisernen Pfeilspitze gehen fließend ineinander über oder das Blatt und der darunter liegende Hals sind durch einen Absatz vom Schaftdorn getrennt. Das Blatt besteht aus zwei axial zueinander gewinkelten Teilen, die in der Größe – auch innerhalb einer Pfeilspitze – stark variieren können. Die Form der Blattteile kann rhombisch oder lanzettförmig sein, auch sind beide Ausprägungen an einer Pfeilspitze möglich. Die Längen liegen zwischen 15 und 20 cm.
Synonym: Pfeilspitze Wegraeus Typ C.
Untergeordneter Begriff: Pfeilspitze Haithabu Typ 5; Pfeilspitze Haithabu Typ 6.
Datierung: Frühmittelalter, 8.–11. Jh. n. Chr.
Verbreitung: Finnland, Norwegen, Schweden, Schleswig-Holstein.
Literatur: Wegraeus 1986; Paulsen, H. 1999, 112–113, Abb. 14,6–7; Westphalen 2002, 237; 241, Abb. 109,5–6, Taf. 90,1–3.

3.2.1.1.7. Pfeilspitze mit rautenförmigem Blatt und Schaftdorn

Beschreibung: Die eiserne Pfeilspitze hat ein rautenförmiges Blatt mit flach ovalem bis rautenförmigem Querschnitt. Gelegentlich tritt ein leichter Mittelgrat auf, manchmal ist die obere

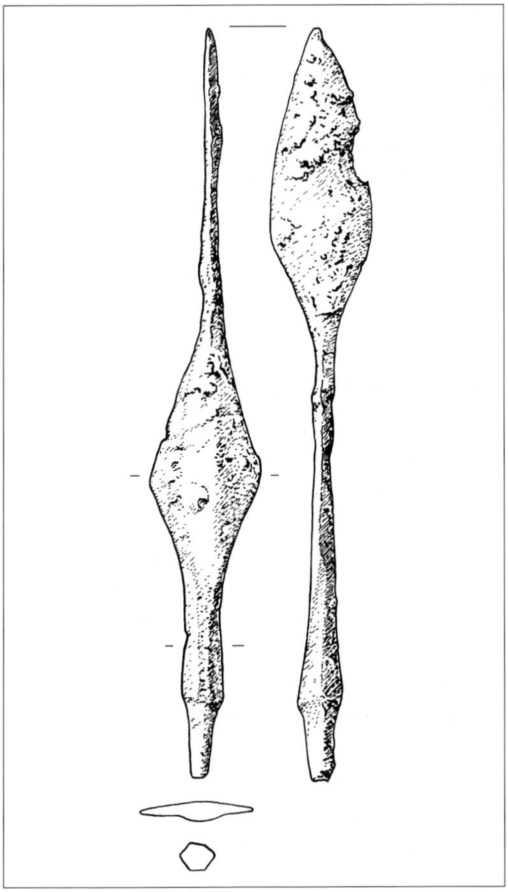

3.2.1.1.6.

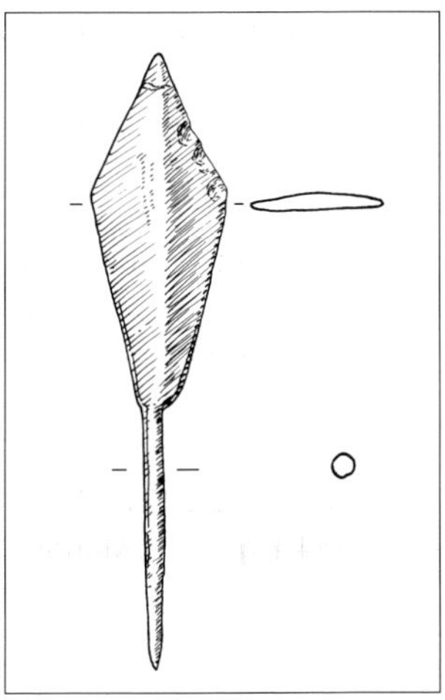

3.2.1.1.7.

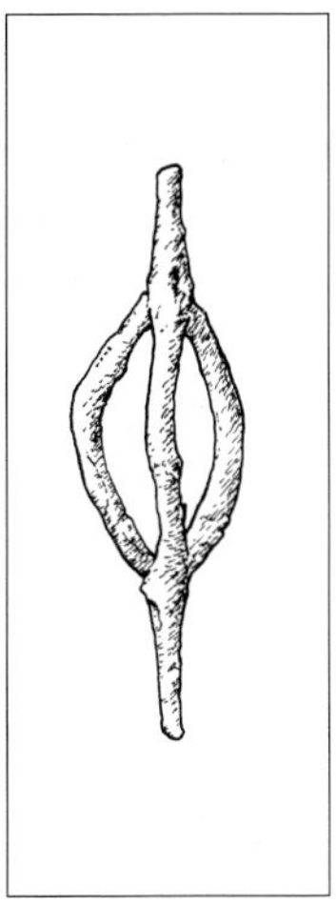

3.2.1.1.8.

Seite stärker aufgewölbt als die untere. Die größte Breite liegt in der Mitte des Blattes oder darüber. Der Schaftdorn hat einen runden Querschnitt und kann mit oder ohne Absatz in das Blatt übergehen. Die Gesamtlängen erreichen 5 bis 8,5 cm.

Synonym: Pfeilspitze mit rhombischem Blatt und Schaftdorn; Pfeilspitze Zimmermann Typ D 5-13.

Datierung: Frühmittelalter, 10. Jh. n. Chr.

Verbreitung: Süd- und Mitteldeutschland, Ungarn, Tschechien, Südpolen, Slowenien, Frankreich, Oberitalien, Schweiz.

Literatur: Schulze 1984, 485, Abb. 11,1–4; Zimmermann 2000, 77, Taf. 26; Hensch 2012, 119, Abb. 196; Werther 2013; Neubauer 2016; Haas-Gebhard 2024, Abb. auf S. 33.

(siehe Farbtafel Seite 27)

3.2.1.1.8. Durchbrochen gearbeitete Pfeilspitze mit Dornschäftung

Beschreibung: Das rautenförmige, durchbrochene Blatt besteht aus drei Streben (selten vier), die einen »Käfig« bilden. Die Schäftung erfolgte mittels eines Dornes. Als Material wurde Eisen verwendet.

Synonym: Brandpfeilspitze.

Datierung: mittlere Römische Kaiserzeit, gesichert 2.–3. Jh. n. Chr.

Verbreitung: Römisches Reich.

Relation: 3.3.2.1.13. Durchbrochen gearbeitete Pfeilspitze mit Tüllenschäftung; [Geschossbolzen] 2.7. Bolzen mit geteiltem Kopf.

Literatur: Robertson/Scott/Keppie 1975, 99, Kat. Nr. 14, Fig. 32,14; James 1983; Franke 2000; Bishop/Coulston 2006, 134–136, Abb. 81,12.

Anmerkung: Der Käfig diente zur Aufnahme eines organischen Materials, welches mit brennbarer Flüssigkeit getränkt war und vor Abschuss entzündet wurde.

3.2.1.1.9. Querschneidige gelochte Pfeilbewehrung

Beschreibung: Die eiserne Pfeilbewehrung hat ein in der Aufsicht rechteckiges Blatt, das im unteren Teil einfach gelocht ist. Das obere Ende ist flach oder leicht konvex gewölbt. Die Schäftung

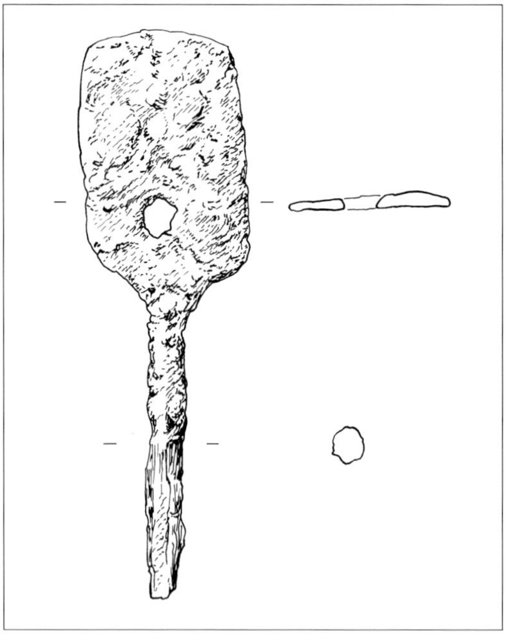

3.2.1.1.9.

erfolgt über einen Schaftdorn. Die Länge liegt oft um 11 cm.
Datierung: Frühmittelalter, 8. Jh. n. Chr.
Verbreitung: Österreich, Südosteuropa.
Relation: 3.2.2.9. Dreiflügelige Pfeilspitze mit konvexem Schneidenverlauf und gelochten Flügeln; 3.2.2.10. Dreiflügelige Pfeilspitze mit konvex-konkavem Schneidenverlauf und gelochten Flügeln; 3.2.2.11. Dreiflügelige Pfeilspitze mit gekantetem Schneidenverlauf und gelochten Flügeln.
Literatur: Daim 1987, 152, Taf. 44,6/2.

3.2.1.2. Blattförmige Pfeilbewehrung mit Schaftdorn oder Schaftzunge mit Flügelwiderhaken

Beschreibung: Das dreieckige Blatt ist relativ dünn, besitzt eine gerade bis konkave Basis und endet in mehr oder weniger langen Flügeln. Pfeilspitzen dieses Typs wurden mittels eines Dorns oder einer Zunge geschäftet. Sie wurden aus Bronze oder Eisen hergestellt.
Datierung: mittlere Bronzezeit bis frühe Vorrömische Eisenzeit, Bronzezeit B–Hallstatt D (Reinecke), 16.–5. Jh. v. Chr.; mittlere Römische Kaiserzeit, wohl 2./3. Jh. n. Chr.
Verbreitung: Süddeutschland, Schweiz, Österreich, Slowenien, Westeuropa, Römisches Reich.
Literatur: Hoppe 1983, 93; Bernatzky-Goetze 1987, 97; Pfahl/Reuter 1996, 121; Speck 2004, 84; Köninger 2006, 205–206; Hansen, L. 2013, 243–244; Münds-Lugauer 2018, 49; Fischer, V. in Vorb.

3.2.1.2.1. Gestielte Metallpfeilspitze

Beschreibung: Das dünne dreieckige Blatt hat eine gerade bis konkave Basis und mehr oder weniger weit herabgezogene Flügel. Der Querschnitt ist linsenförmig oder durch einen Mittelgrat rhombisch. Der kurze Schaftdorn läuft in der Regel spitz aus. Auch kurze Schaftzungen können vorkommen. Gestielte Metallpfeilspitzen sind 2,8 bis 7,5 cm lang, als Material wurde Bronze oder Eisen verwendet.
Synonym: geflügelte Metallpfeilspitze.
Datierung: mittlere Bronzezeit bis frühe Vorrömische Eisenzeit, Bronzezeit B–Hallstatt D (Reinecke), 16.–5. Jh. v. Chr.
Verbreitung: Süddeutschland, Schweiz, Österreich, Slowenien, Westeuropa.
Relation: 1.2.2.2.1. Dreieckige Widerhakenpfeilspitze mit linsenförmigem Querschnitt und Schaftdorn; 2.2.1.3. Geflügelte Pfeilspitze; 3.3.2.2.2.1. Tüllenpfeilspitze mit dreieckigem Blatt und Flügelwiderhaken.
Literatur: Pirling 1980, Taf. 4,D; 18,C17–18; 18,E4; 28,K2–3; Hoppe 1983, 93, Abb. 9; Bernatzky-Goetze 1987, 97, Taf. 152,12–22.24–28; Gruber 1999, 50, Taf. 1,6; Speck 2004, 84, Abb. 90,c; 91,a; Köninger 2006, 205–206, Taf. 70,1111a–b; Hansen, L. 2013, 243–244, Fig. 7,a–b; Münds-Lugauer 2018, 49.

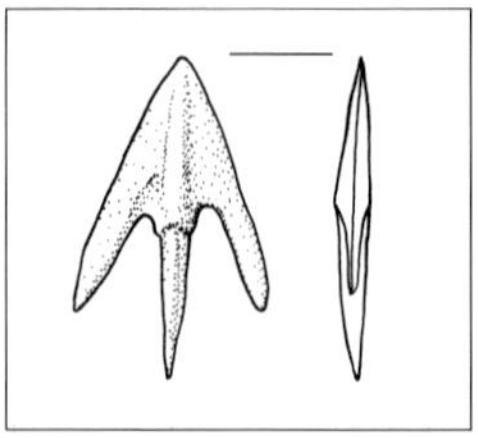

3.2.1.2.1.

3.2.1.2.2. Dreieckige flache Pfeilspitze mit Schäftungsdorn

Beschreibung: Die eiserne dreieckige, flache Pfeilspitze hat leicht nach unten gezogene Flügel. Geschäftet wurde sie mittels eines Dorns.
Datierung: mittlere Römische Kaiserzeit, wohl 2./3. Jh. n. Chr.
Verbreitung: Römisches Reich.
Literatur: Pfahl/Reuter 1996, 121, Kat. Nr. 2, Abb. 8,1; Fischer, V. in Vorb.

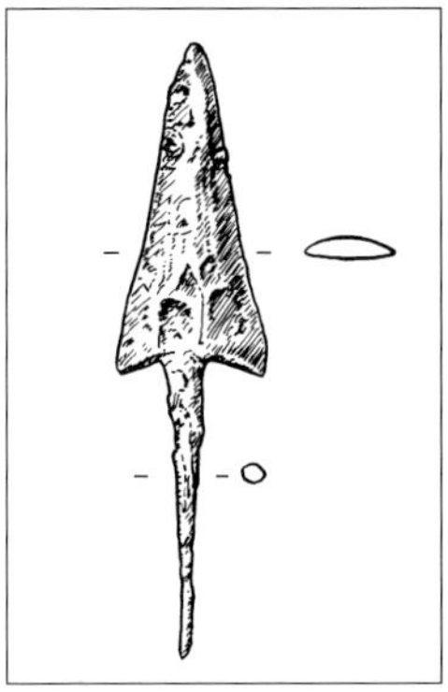

3.2.1.2.2.

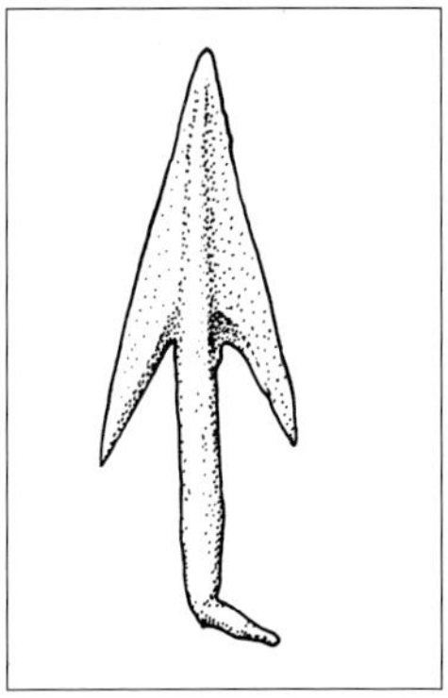

3.2.1.3.1.

3.2.1.3. Blattförmige Pfeilbewehrung mit Schaftdorn oder Schaftzunge und Schaftwiderhaken

Beschreibung: Pfeilspitzen dieses Typs wurden aus Eisen oder Bronze hergestellt. Ihre Basis ist gerade oder konkav, das Blatt endet in Flügeln. Der Schaft läuft in einem oder zwei Widerhaken aus.
Datierung: mittlere Bronzezeit bis frühe Vorrömische Eisenzeit, Bronzezeit C–Latène A (Reinecke), 15.–4. Jh. v. Chr.
Verbreitung: Süddeutschland, Österreich, Tschechien.
Literatur: Riek 1962, 93; 156; Hoppe 1983, 93; zu Erbach 1989, 93; Eckhardt 1996, 27; Abels 2002, 31; Stöllner 2002, 134; Baitinger 2010, 184.

3.2.1.3.1. Pfeilspitze mit Widerhaken am Schaftdorn oder an der Schaftzunge

Beschreibung: Das Blatt der bronzenen oder eisernen Pfeilspitze hat eine gerade bis konkave Basis und endet in mehr oder weniger langen Flügeln. Auf dem Blatt kann sich ein profilierter Mittelgrat befinden. Schaftdorn oder Schaftzunge sind rund oder eckig und laufen in einen einseitigen Widerhaken aus. Die Längen dieser Pfeilspitzenform reichen von 4,5 bis 7 cm.
Synonym: Pfeilspitze Stöllner Form 3, Variante 1; Pfeilspitze Eckhardt Grundtyp 2, Variante C.
Datierung: mittlere Bronzezeit bis frühe Vorrömische Eisenzeit, Bronzezeit C–Latène A (Reinecke), 15.–4. Jh. v. Chr.
Verbreitung: Süddeutschland, Österreich.
Relation: 3.2.1.3.2. Pfeilspitze mit Widerhakenpaar am Schaftdorn oder an der Schaftzunge; 3.3.2.3.1. Tüllenpfeilspitze mit Dorn; 3.3.2.3.2. Tüllenpfeilspitze mit Dorn und Öse; 3.3.2.3.3. Pfeilspitze mit zwei Tüllenwiderhaken.
Literatur: Pirling 1980, Taf. 59,E1; Hoppe 1983, 93, Abb. 9,4; Eckhardt 1996, 27, Taf. 36,7.11; Stöllner 2002, 134.

3.2.1.3.2. Pfeilspitze mit Widerhakenpaar am Schaftdorn oder an der Schaftzunge

Beschreibung: Das Blatt der bronzenen oder eisernen Pfeilspitze ist zu zwei langen Flügeln ausgezogen. Der Schaftdorn oder die Schaftzunge enden in zwei Widerhaken. Die Gesamtlängen liegen oft bei 3 bis 5,5 cm.
Synonym: Pfeilspitze mit zwei Widerhaken am Schaftdorn; Pfeilspitze Stöllner Form 3, Variante 2; Pfeilspitze mit Widerhaken und gegabeltem Ende; Pfeilspitze mit Widerhaken und gegabeltem Dorn.
Datierung: späte Bronzezeit bis frühe Vorrömische Eisenzeit, Hallstatt A–D (Reinecke), 12.–5. Jh. v. Chr.
Verbreitung: Süddeutschland, Österreich, Tschechien.

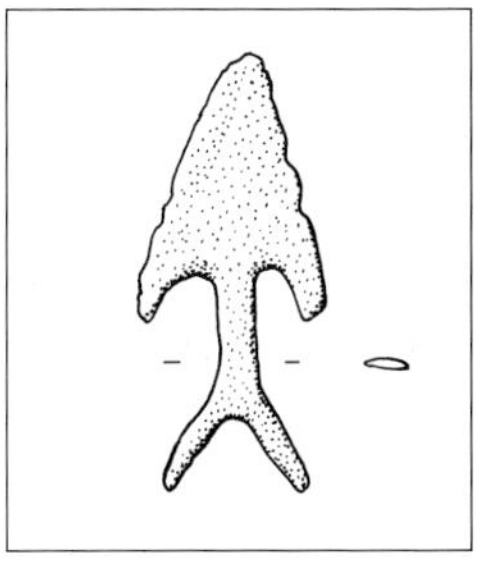

3.2.1.3.2.

Relation: 3.2.1.3.1. Pfeilspitze mit Widerhaken am Schaftdorn oder an der Schaftzunge; 3.3.2.3.1. Tüllenpfeilspitze mit Dorn; 3.3.2.3.2. Tüllenpfeilspitze mit Dorn und Öse; 3.3.2.3.3. Pfeilspitze mit zwei Tüllenwiderhaken.
Literatur: Riek 1962, 93; 156, Taf. 10,162–211; Pauli 1978, 234; Fundberichte Urnenfelderzeit 1983–1984, 14–15, Abb. 18,15–20; Hoppe 1983, 93, Abb. 9,7; Zürn 1987, Taf. 426,4; Abels 1988, Abb. 20; zu Erbach 1989, 93; Říhovský 1996, Taf. 28,458A; Abels 2002, 31, Taf. 19,11–21; Stöllner 2002, 134; Baitinger 2010, 184, Nr. 788, Taf. 64,788.
Anmerkung: Im Grab VI des Hohmichele fand sich ein Köcher mit 51 Pfeilen v. a. dieses Typs (Riek 1962, Taf. 10).

3.2.2. Dreiflügelige oder dreikantige Pfeilbewehrung mit Schaftdorn oder Schaftzunge <Metall>

Beschreibung: Die aus Eisen gefertigten Pfeilbewehrungen haben ein dreiflügeliges oder dreikantiges Blatt, das in der Regel in einer Spitze endet. Selten ist ein gerader oberer Abschluss. Die Form der Flügel ist vielfältig. Stücke mit und ohne Widerhaken kommen vor. Gelegentlich sind die Flügel gelocht. Die Schäftung erfolgte mittels eines Dorns oder einer Schaftzunge, von denen das Blatt durch einen Absatz getrennt sein kann.
Datierung: Römische Republik bis Spätantike, ca. 2. Jh. v. Chr.–5. Jh. n. Chr.; Völkerwanderungszeit bis Hochmittelalter, 5.–12. Jh. n. Chr.
Verbreitung: Nordost-, Mittel-, Ost- und Süddeutschland, Schweden, Norwegen, Österreich, Italien, Slowenien, Kroatien, Bosnien-Herzegowina, Osteuropa, Römisches Reich.
Literatur: Koch, R. 1967, 65; Daim/Lippert 1984, 46–47; Wegraeus 1986; Daim 1987, 152; von Freeden 1987, 521; Möller 1987, 98; Kempke 1988; Zanier 1988; von Freeden 1991, 594; 599; 601–604; Paulsen, H. 1999, 112–113; Spindler 2002; Westphalen 2002, 238; 242; Berg-Hobohm 2004, 49; Eger/Biermann 2009, 142–145; Buora 2016, 34–38; Zanier 2016; Fischer, V. i. Vorb.

3.2.2.1. Dreiflügelige Pfeilspitze mit Schaftdorn <Metall>

Beschreibung: Die eisernen Pfeilspitzen haben ein dreiflügeliges Blatt mit geraden oder leicht konvexen Schneiden. Sie wurden mittels eines Dorns geschäftet. Ihre Längen reichen von 6 bis 13 cm.
Datierung: Völkerwanderungszeit bis Frühmittelalter, 5.–8. Jh. n. Chr.
Verbreitung: Osteuropa, Österreich, Süd- und Ostdeutschland.
Literatur: Mitscha-Märheim 1957, 43, Taf. I,15–17; II,22; V,32–33; VII,13; Koch, R. 1967, 65, Taf. 25,4–5; Lippert 1969, Taf. 32,5; 33,8; 36,11; 40,13; 46,13; 48,1; 49,2; 52,2; 55,2; Daim/Lippert 1984, 46–47, Taf. 2,Grab III,2–3; 51,Grab 74A,5; 110,Grab 216,4–5; 111,Grab 217,2; Daim 1987, 135; 152, Taf. 3,A-2,5/1–2; 32,5/1–3; 38,6/1; 40,2/1–2; 48,5/1–3; 59,6/1–2; 66,4/1–2; 77,2; 78,4/1; 83,4/1–2; Koch, U. 1990, 184, Taf. 18,A1; von Freeden 1991, 594, Abb. 2,4–6; Profantová 1992, 631; Daim 1998, Taf. 4,20; Csar 2002, 207; 254, Taf. 25,5; Losert 2003, 448, Abb. 123,12–13.15; Berg-Hobohm 2004, 49, Taf. 9,77; Eger/Biermann 2009, 142–143, Abb. 1,2–3.

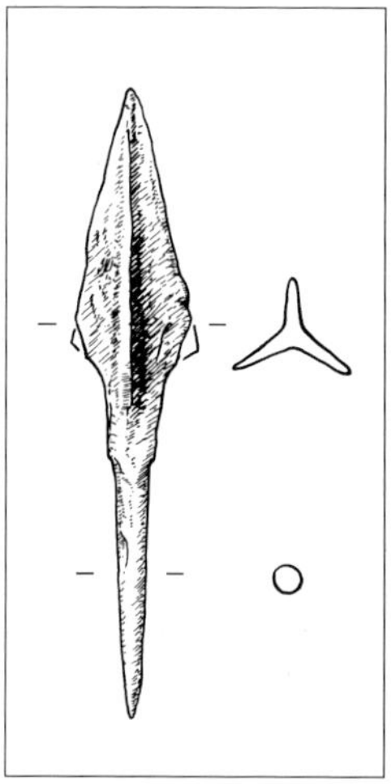

3.2.2.1.

3.2.2.2. Dreiflügelige Pfeilspitze mit geraden, waagerecht abschließenden Flügeln und Schäftungsdorn

Beschreibung: Die eiserne dreiflügelige Pfeilspitze hat gerade Flügel ohne Widerhaken, die waagerecht oder nur leicht schräg zum Schäftungsdorn abschließen.
Synonym: Pfeilspitze Zanier 2.
Datierung: Römische Republik bis Spätantike, ca. 2. Jh. v. Chr.–4. Jh. n. Chr.

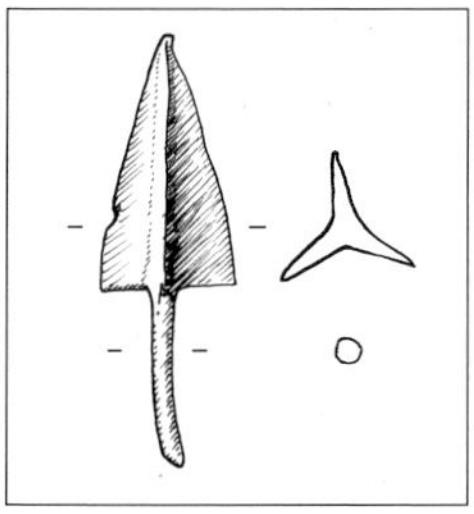

3.2.2.2.

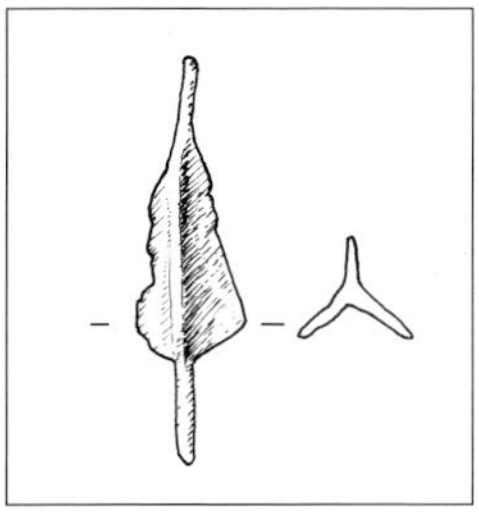

3.2.2.3.

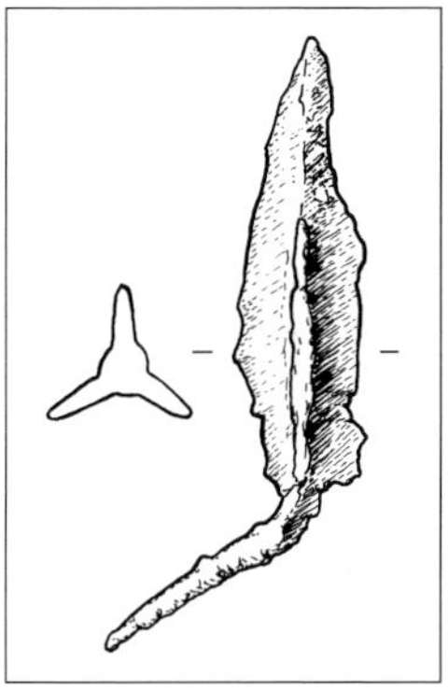

3.2.2.4.

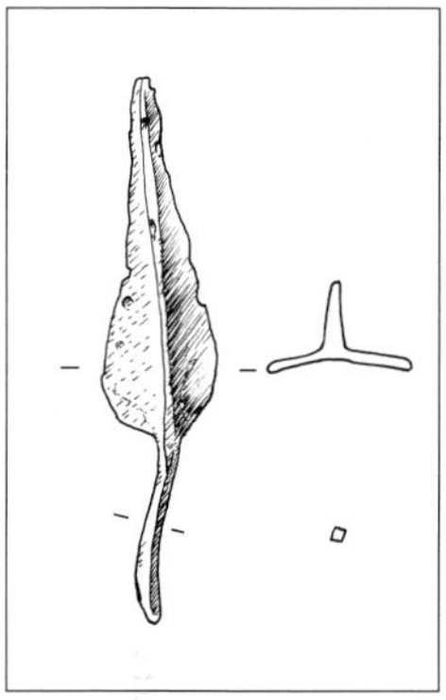

3.2.2.5.

Verbreitung: Römisches Reich.
Literatur: Zanier 1988; Zanier 2016, 318–324, Taf. 39, Kat. Nr. E490–494.
(siehe Farbtafel Seite 27)

3.2.2.3. Dreiflügelige Pfeilspitze mit geraden, im unteren Bereich leicht abgeschrägten Flügeln und Schäftungsdorn

Beschreibung: Die eiserne dreiflügelige Pfeilspitze hat leicht gerade Flügel, die im unteren Bereich abgeschrägt zum Schäftungsdorn verlaufen. Dreiflügelige Pfeilspitzen dieses Typs haben im Durchschnitt Längen von 2,3 bis 4,0 cm.
Synonym: Pfeilspitze Zarnier 3.
Datierung: Römische Republik bis Spätantike, ca. 2. Jh. v. Chr.–4. Jh. n. Chr.
Verbreitung: Römisches Reich.
Literatur: Zanier 1988; James 2004, 194–196; 200–208, Fig. 122, Nr. 678; 682; 685; Buora 2016, 34–38, Fig. 10,11–12.
(siehe Farbtafel Seite 27)

3.2.2.4. Dreiflügelige Pfeilspitze mit gleichmäßig abgerundeten Flügeln und Schäftungsdorn

Beschreibung: Die eiserne dreiflügelige Pfeilspitze hat gleichmäßig abgerundete Flügel, die breiteste Stelle ist etwa mittig. Sie wurden mittels Dornschäftung montiert.
Datierung: Spätantike, 4.–5. Jh. n. Chr.
Verbreitung: Römisches Reich.
Literatur: Ulbert, T. u. a. 1981, Taf. 21,172; Zanier 1988, 6, Abb. 1; Zagermann 2018, 291, Abb. 9,159.
(siehe Farbtafel Seite 27)

3.2.2.5. Dreiflügelige Pfeilspitze mit unten abgerundeten Flügeln und Schäftungsdorn

Beschreibung: Die eiserne dreiflügelige Pfeilspitze hat im unteren Bereich abgerundete Flügel, die nach oben spitz zulaufen. Sie wurde mittels Dornschäftung montiert.
Synonym: Pfeilspitze Straubing I.
Datierung: mittlere Römische Kaiserzeit, 2.–3. Jh. n. Chr.
Verbreitung: Römisches Reich.
Literatur: Gschwind 2004, Taf. 90,D407; James 2004, 194–196; 200–208, Fig. 123, Nr. 715–716; Buora 2016, 34–38, Fig. 10,9–10; Fischer, V. in Vorb.
(siehe Farbtafel Seite 27)

3.2.2.6. Dreiflügelige Pfeilspitze mit geraden Flügeln mit Widerhaken und Schäftungsdorn

Beschreibung: Die aus Eisen gefertigte dreiflügelige Pfeilspitze hat gerade Flügel mit Widerhaken. Geschäftet wurde sie mittels eines Dorns.
Synonym: Pfeilspitze Zanier 1.
Datierung: Römische Republik bis mittlere Römische Kaiserzeit, ca. 2. Jh. v. Chr.–3. Jh. n. Chr.
Verbreitung: Römisches Reich.
Literatur: Zanier 1988; Rajtár 1994, Abb. 4,1.6.11; James 2004, 194–196; 200–208, Fig. 123,694.699.717; Buora 2016, Fig. 10,2.
(siehe Farbtafel Seite 27)

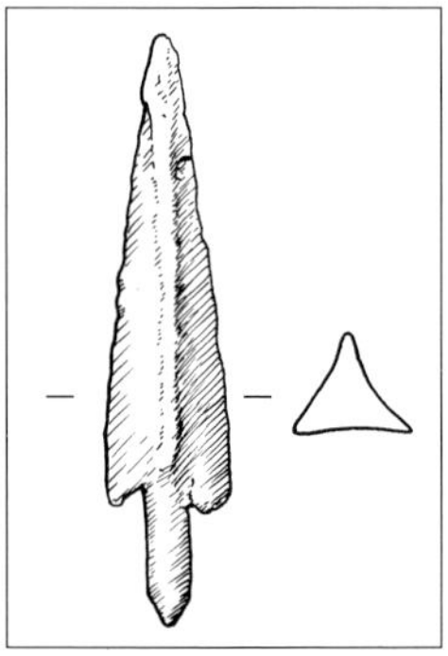

3.2.2.6.

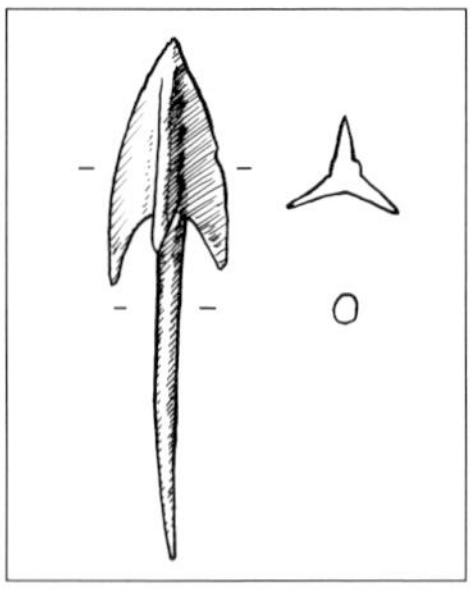

3.2.2.7.

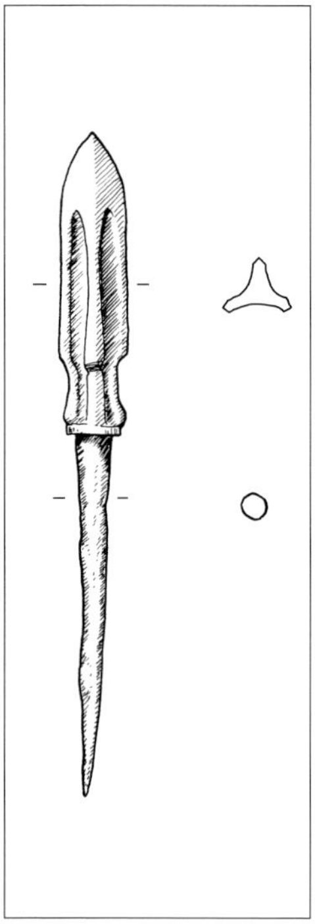

3.2.2.8.

3.2.2.7. Dreiflügelige Pfeilspitze mit leicht gerundeten Flügeln mit Widerhaken und Schäftungsdorn

Beschreibung: Die eiserne dreiflügelige Pfeilspitze hat leicht gerundete Flügel mit Widerhaken. Die Schäftung erfolgte mittels eines Dorns. Die dreiflügeligen Pfeilspitzen dieser Zeit sind eher zierlich.

Synonym: Pfeilspitze Zanier 1a.

Datierung: frühe Römische Kaiserzeit, v. a. spätes 1. Jh. v. Chr. und frühes 1. Jh. n. Chr.

Verbreitung: Süd- und Westdeutschland, Schweiz, Spanien, Slowenien.

Literatur: Zanier 1988, 6 m. Verw.; Hanel 1995, Taf. 51,B804; Luik 2010, Abb. 4,12–13; Zanier 2016, 315–324, Taf. 27–39, Kat. Nr. E85–489; Gleirscher 2022, Abb. 2,10.

(siehe Farbtafel Seite 27)

3.2.2.8. Dreiflügelige Pfeilspitze mit Schaftdorn und massivem dreikantigem Kopf

Beschreibung: Die dreiflügelige Pfeilspitze hat einen massiven dreikantigen Kopf, d. h. der Querschnitt im Spitzenbereich ist dreieckig. Darunter wirken die Seiten wie eingekehlt. Durch einen deutlichen Absatz ist der spitz zulaufende Schaftdorn abgeteilt. Die Längen liegen oft bei 8 bis 10 cm, als Material wurde Eisen verwendet.

Datierung: Völkerwanderungszeit bis Frühmittelalter, 6. Jh. n. Chr.

Verbreitung: Süddeutschland, Italien, Slowenien, Kroatien, Bosnien-Herzegowina.

Literatur: Möller 1987, 98, Taf. 65,8; von Freeden 1991, 601–604, Abb. 7,1–6.

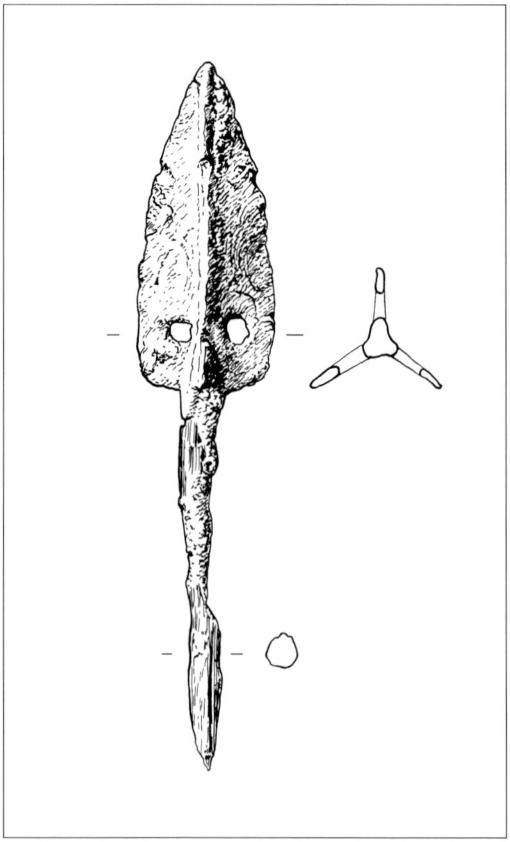

3.2.2.9.

3.2.2.9. Dreiflügelige Pfeilspitze mit konvexem Schneidenverlauf und gelochten Flügeln

Beschreibung: Die Schneiden der dreiflügeligen eisernen Pfeilspitze verlaufen konvex. Die Flügel sind jeweils gelocht. Die Schäftung erfolgte mittels eines Schaftdorns, der deutlich vom Blatt abgesetzt ist. Die Längen liegen oft bei 13 bis 16 cm.
Datierung: Frühmittelalter, 2. Hälfte 6.–8. Jh. n. Chr.
Verbreitung: Österreich, Südosteuropa.
Relation: 3.2.1.1.9. Querschneidige gelochte Pfeilbewehrung; 3.2.2.10. Dreiflügelige Pfeilspitze mit konvex-konkavem Schneidenverlauf und gelochten Flügeln; 3.2.2.11. Dreiflügelige Pfeilspitze mit gekantetem Schneidenverlauf und gelochten Flügeln.
Literatur: Daim 1987, 152, Taf. 74,4; 102,2/2; von Freeden 1987, 521; Daim 1998, Taf. 12,7; Spindler 2002.

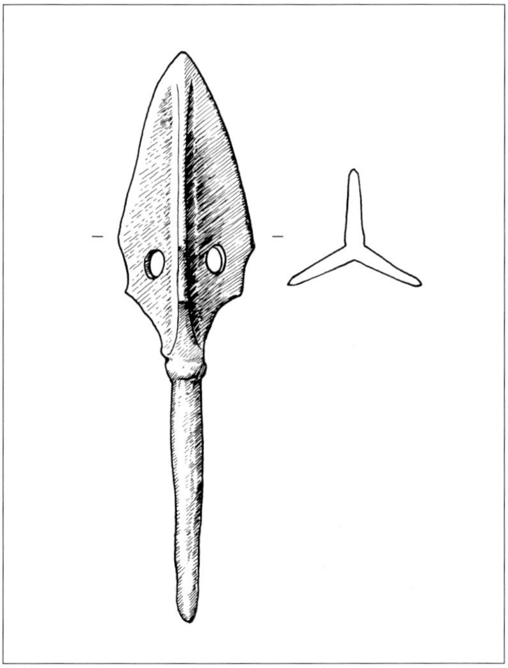

3.2.2.10.

3.2.2.10. Dreiflügelige Pfeilspitze mit konvex-konkavem Schneidenverlauf und gelochten Flügeln

Beschreibung: Die Schneiden der dreiflügeligen eisernen Pfeilspitze verlaufen im oberen Teil konvex, ziehen dann mit einem Knick konkav ein. Nach einem weiteren Knick laufen sie mehr oder weniger stark konkav auf einen Wulst zu, der den Schaftdorn abtrennt. Die Flügel weisen üblicherweise je ein Loch auf. Die Gesamtlänge liegt häufig zwischen 8 und 10,5 cm.
Synonym: dreiflügelige Pfeilspitze mit zweifach geknicktem Schneidenverlauf.
Datierung: Frühmittelalter, 2. Hälfte 6.–8. Jh. n. Chr.
Verbreitung: Österreich, Südosteuropa.
Relation: 3.2.1.1.9. Querschneidige gelochte Pfeilbewehrung; 3.2.2.9. Dreiflügelige Pfeilspitze mit konvexem Schneidenverlauf und gelochten Flügeln; 3.2.2.11. Dreiflügelige Pfeilspitze mit gekantetem Schneidenverlauf und gelochten Flügeln.
Literatur: Ladenbauer-Orel 1960, 43; 48, Taf. 6,Grab 74,7; 8,Grab 95,2; von Freeden 1987, 521; von Freeden 1991, 599, Abb. 3,3–4; Spindler 2002.

3.2.2.11. Dreiflügelige Pfeilspitze mit gekantetem Schneidenverlauf und gelochten Flügeln

Beschreibung: Die eiserne Pfeilspitze hat drei Flügel, deren Schneiden im oberen Teil gerade bis leicht konvex bis zur größten Breite ausladen, bevor sie mit einem scharfen Knick gerade weiter verlaufen. Die Breite verringert sich in diesem Bereich nur wenig. Nach einem weiteren Knick ziehen die Kanten ein und sind mit einem deutlichen Absatz vom Schaftdorn getrennt. Die Flügel weisen meist je ein Loch auf. Die Länge erreicht häufig 13 bis 14 cm.
Datierung: Frühmittelalter, 2. Hälfte 6.–8. Jh. n. Chr.
Verbreitung: Süddeutschland, Südosteuropa.
Relation: 3.2.1.1.9. Querschneidige gelochte Pfeilbewehrung; 3.2.2.9. Dreiflügelige Pfeilspitze mit konvexem Schneidenverlauf und gelochten Flügeln; 3.2.2.10. Dreiflügelige Pfeilspitze mit konvex-konkavem Schneidenverlauf und gelochten Flügeln.

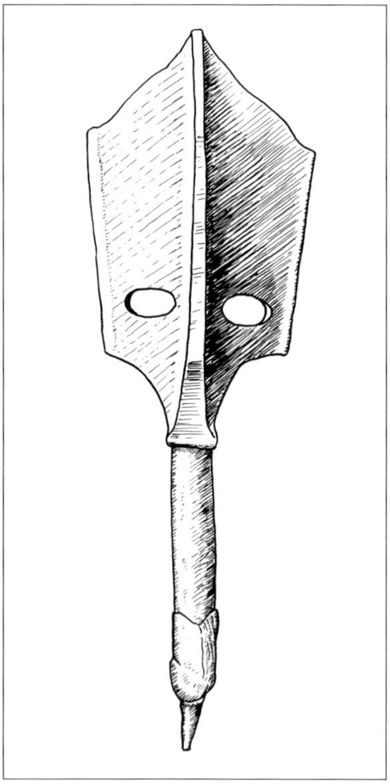

3.2.2.11.

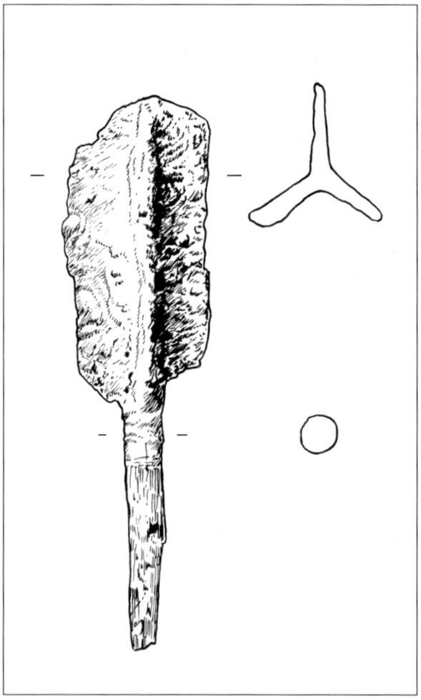

3.2.2.12.

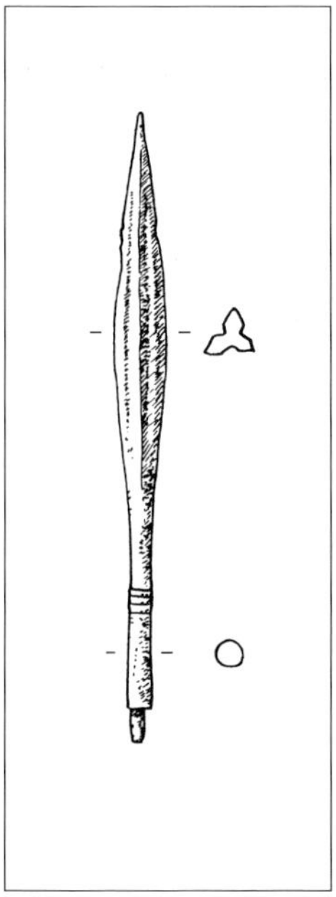

3.2.2.13.

Literatur: von Freeden 1987, 521; von Freeden 1991, 599, Abb. 6,2; Spindler 2002.

3.2.2.12. Dreiflügelige Pfeilbewehrung mit geradem oberem Abschluss

Beschreibung: Die mittels eines Dorns geschäftete eiserne Pfeilbewehrung hat drei Flügel. Die Schneiden verlaufen relativ gerade und knicken unten zum Schaftdorn hin um. Auch oben knicken sie ab, die obere Kante verläuft annähernd gerade. Viele dieser Stücke sind um 10 cm lang.
Datierung: Frühmittelalter, 2. Hälfte 6.–8. Jh. n. Chr.
Verbreitung: Österreich, Mitteldeutschland, Südosteuropa.
Literatur: Daim 1987, 152, Taf. 18,A/5/1; Eger/Biermann 2009, 142–145, Abb. 1,1; 2,1–2.

3.2.2.13. Pfeilspitze mit Schaftdorn und dreikantigem Blatt

Beschreibung: Die schmale eiserne Pfeilspitze hat ein dreikantiges Blatt und einen runden Hals, der vom Schaftdorn üblicherweise durch einen Absatz getrennt ist. Der Hals trägt gelegentlich einen Wulst oder mehrere Wülste. Nur selten treten Stücke mit überlangem Hals auf, häufig ist der Hals kürzer als das Blatt. Meist werden Längen von 8,5 bis 14,5 cm erreicht.
Synonym: Pfeilspitze Wegraeus Typ D1; Pfeilspitze Kempke Typ 2.
Untergeordneter Begriff: Pfeilspitze Haithabu Typ 15; Pfeilspitze Haithabu Typ 16.
Datierung: Früh- bis Hochmittelalter, 10.–12. Jh. n. Chr.
Verbreitung: Schweden, Norwegen, Schleswig-Holstein, Mecklenburg-Vorpommern.
Relation: 1.2.3.2. Dreiflügelige Pfeilspitze mit Schaftdorn <Organik>.

Literatur: Wegraeus 1986; Kempke 1988; Paulsen, H. 1999, 112–113, Abb. 13,10–11.13.23; Westphalen 2002, 238; 242, Abb. 109,15–16, Taf. 90,17–19; Herrmann, J. 2005, 151, Abb. 171,s; 172,q.t.

3.2.3. Vierflügelige oder vierkantige Pfeilbewehrung mit Schaftdorn oder Schaftzunge <Metall>

Beschreibung: Das Blatt der Pfeilspitzen ist meist langgestreckt und schlank. Der Querschnitt ist rechteckig bis quadratisch. Es geht mit oder ohne Absatz in einen Schaftdorn oder eine Schaftzunge über, welche ebenfalls häufig einen viereckigen Querschnitt aufweisen. Verzierung kommt nur selten vor. Als Material wurde Eisen verwendet.
Datierung: Römische Kaiserzeit, C (Eggers), bis Hochmittelalter, 2.–12. Jh. n. Chr.; Römische Republik bis mittlere Römische Kaiserzeit, ca. 2. Jh. v. Chr.–mindestens 3. Jh. n. Chr.
Verbreitung: Dänemark, Schweden, Norwegen, Schleswig-Holstein, Mecklenburg-Vorpommern, Süddeutschland, Schweiz, Österreich, Slowenien, Kroatien, Südeuropa, Römisches Reich.
Literatur: Mitscha-Märheim 1957, 31; Raddatz 1962, 95–99; Müller-Wille 1976a, 80; Erdmann 1982; Wegraeus 1986; Kempke 1988; von Freeden 1991, 605–608; Hanel 1995, 51; Unz/Deschler-Erb 1997, 23–24; Paulsen, H. 1999, 114–115; Steinklauber 2002a, 179–180; Steinklauber 2002b, 492–493; Westphalen 2002, 238; 242–243; Pauli Jensen/Nørbach 2009, 54; 68; 70–71; Fischer, V. in Vorb.

3.2.3.1. Vierkantige Pfeilspitze mit schmalem Blatt und Schaftzunge

Beschreibung: Das schmale Blatt der eisernen Pfeilspitze hat einen rechteckigen oder quadratischen Querschnitt. Unmittelbar über dem Schäftungsteil liegt die größte Breite. Die zunächst annähernd gleichbreite, flache Schaftzunge verbreitert sich oft zu ihrem Ende hin. Meist liegt die Gesamtlänge zwischen 8 und 14,5 cm.
Synonym: Pfeilspitze Pauli Jensen Typ IIA1.
Datierung: Römische Kaiserzeit, C (Eggers), bis Völkerwanderungszeit, 2.–5. Jh. n. Chr.
Verbreitung: Dänemark, Schleswig-Holstein.
Literatur: Raddatz 1962, 95–99, Abb. 5,5; 6,4–6; Raddatz 1974, 18–19, Taf. 35,136,d–f; Raddatz 1981, 55; Pauli Jensen/Nørbach 2009, 54; 68; 70–71.

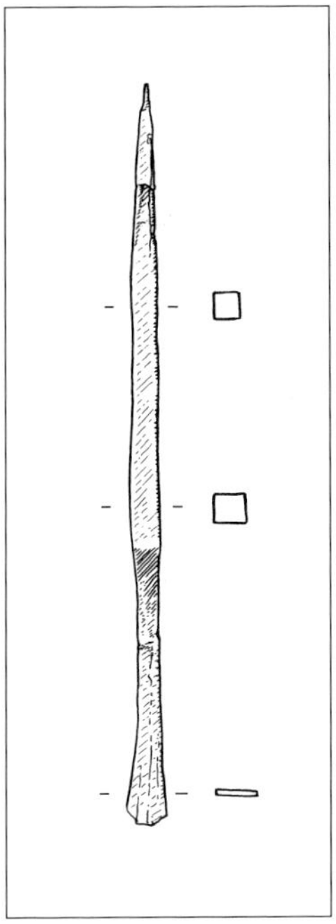

3.2.3.1.

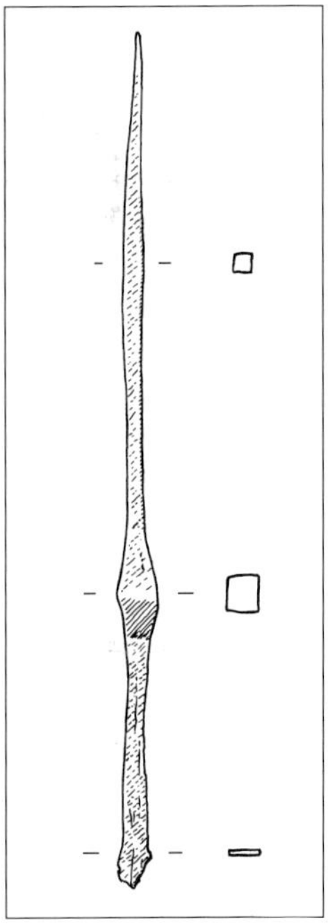

3.2.3.2.

3.2.3.2. Vierkantige Pfeilspitze mit schmalem Blatt und Wulst vor der Schaftzunge

Beschreibung: Das schmale Blatt der eisernen Pfeilspitze ist im Querschnitt rechteckig oder quadratisch. Die annähernd gleichbreite, flache Schaftzunge verbreitert sich oft zu ihrem Ende hin. Zum Blatt ist sie durch einen Wulst getrennt; in seltenen Fällen sind auch zwei Wülste vorhanden. Verzierung kann in Form von Rillen oder aufgesetztem Draht auftreten. Pfeilspitzen dieses Typs sind häufig zwischen 11 und 14,5 cm lang.
Synonym: Pfeilspitze Pauli Jensen Typ IIB1.
Datierung: Römische Kaiserzeit, C (Eggers), bis Völkerwanderungszeit, 2.–5. Jh. n. Chr.

Verbreitung: Dänemark, Schweden, Norwegen, Schleswig-Holstein.
Literatur: Raddatz 1974, 58, Taf. 144,749; Pauli Jensen/Nørbach 2009, 54; 68.

3.2.3.3. Pfeilspitze mit Schaftdorn und vierkantigem Blatt

Beschreibung: Die eiserne stabförmige Spitze hat einen quadratischen bis rechteckigen Querschnitt. Der im Querschnitt meist ebenfalls viereckige Hals, der in der Regel kürzer als das Blatt ist, ist vom Schaftdorn üblicherweise durch einen mehr oder weniger deutlichen Absatz getrennt. Im Norden kommen gelegentlich Stücke mit überlangem Hals vor. Bei den Pfeilspitzen im Süden ist der Übergang manchmal durch einen oder mehrere Wülste markiert. Die Längen liegen zwischen 6,5 und 12 cm.
Untergeordneter Begriff: Pfeilspitze Wegraeus Typ D2; Pfeilspitze Kempke Typ 3; Pfeilspitze Haithabu Typ 19; Pfeilspitze Haithabu Typ 22.
Datierung: Völkerwanderungszeit bis Frühmittelalter, 6.–8. Jh. n. Chr.; Früh- bis Hochmittelalter, 10.–12. Jh. n. Chr.
Verbreitung: Süddeutschland, Schweiz, Südeuropa, Österreich, Norwegen, Schweden, Schleswig-Holstein, Mecklenburg-Vorpommern.
Literatur: Werner 1953, 64; 87; Mitscha-Märheim 1957, 31, Taf. VII,12; Müller-Wille 1976a, 80, Abb. 37,1; Koch, U. 1977, 114, Taf. 42,15; Christlein 1979, Taf. 5,12–14; Pescheck 1983, Taf. 4,13; Wegraeus 1986; Kempke 1988; von Freeden 1991, 605–608, Abb. 10,3–4; Paulsen, H. 1999, 114–115, Abb. 13,17–22.24; Westphalen 2002, 238; 242–243, Abb. 109,19.22, Taf. 90,22; 91,1–4; Herrmann, J. 2005, 151–152, Abb. 171,p; 172,p.u–v.x–y.
Anmerkung: Die älteren Stücke finden sich im südlichen, die jüngeren im nördlichen Verbreitungsgebiet.

3.2.3.4. Bolzenartige Pfeilspitze mit meist vierkantigem Querschnitt und Dornschäftung

Beschreibung: Die kompakten bolzenartigen Pfeilspitzen mit vierkantigem Querschnitt und

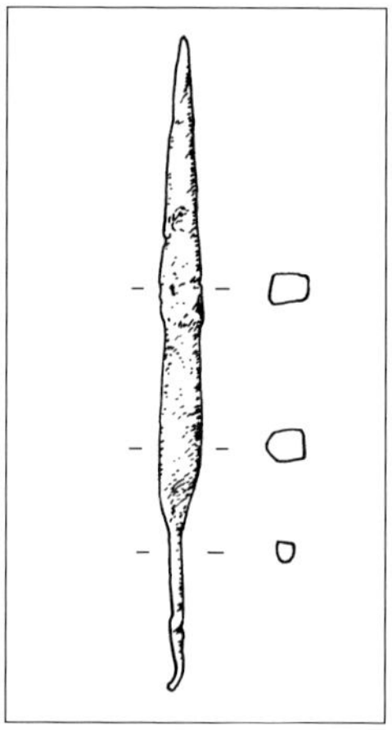

3.2.3.3.

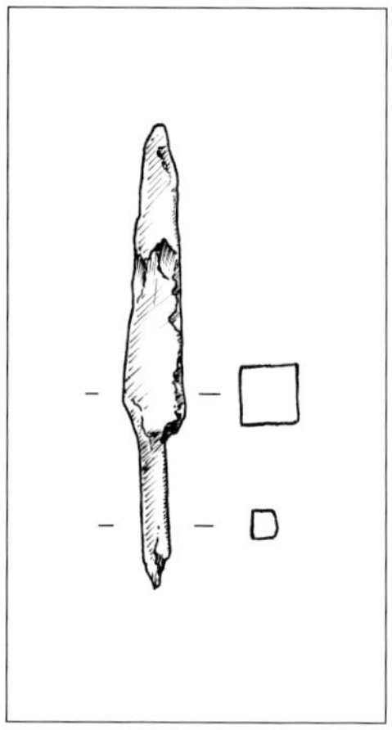

3.2.3.4.

Dorn zur Schäftung wurden aus Eisen geschmiedet. Mitunter gibt es auch Exemplare mit polygonalem Querschnitt. Der Schäftungsdorn kann Stärken von 1,5 bis 3 mm aufweisen.
Datierung: Römische Republik bis mittlere Römische Kaiserzeit, ca. 2. Jh. v. Chr.–mindestens 3. Jh. n. Chr.
Verbreitung: Römisches Reich.
Relation: [Geschossbolzen] 1.2. Geschossbolzen mit doppelkonischer Bolzenspitze mit deutlichem Absatz zum Dorn.
Literatur: Erdmann 1982; Hanel 1995, 51, Taf. 51,B827.B830; Unz/Deschler-Erb 1997, 23–24, Kat. Nr. 379–382, Taf. 20,379–380; Jilek 2005, Abb. 3,3; Reuter 2005, Abb. 5,A24–A25; Luik 2010, Abb. 4,16; Fischer, V. in Vorb.
Anmerkung: Bei einem Gewicht von bis zu 12 g kann von einer Nutzung für Handpfeile ausgegangen werden, aber nicht für Wurfspeere oder gar Geschosspfeile. Nichtrömische Vorläufer datieren vom 8. Jh. v. Chr. bis in hellenistische Zeit und stammen z. B. aus Ägypten, der Türkei und Griechenland.

3.2.3.5. Vierkantbolzen

Beschreibung: Eiserne Vierkantbolzen sind von langgestreckter, meist schlanker doppelkonischer Gestalt mit quadratischem Querschnitt. Die

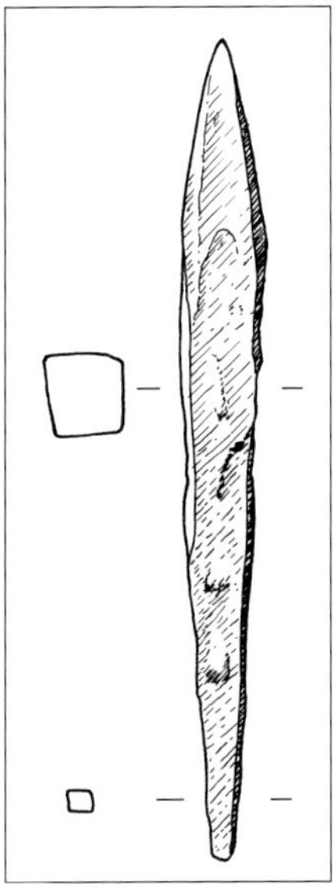

3.2.3.5.

größte Breite befindet sich im ersten Drittel, von dort aus verjüngt sich das Stück ohne Absatz bis zum Schaftende. Dieses läuft spitz zu, ist flach ausgeschmiedet oder hat weiterhin einen quadratischen Querschnitt. Vierkantbolzen erreichen Längen von 9 bis 13 cm.

Datierung: Völkerwanderungszeit, 4.–Beginn 5. Jh. n. Chr.

Verbreitung: Süddeutschland, Österreich, Slowenien, Kroatien.

Relation: 3.3.4.1. Tüllenpfeilspitze mit vierkantigem Blatt; [Lanzen-/Speerbewehrung] 3.2.1.5.5. Speerspitze mit vierkantigem Querschnitt und von der Spitze kaum oder gar nicht abgesetzter Tülle; [Lanzen-/Speerbewehrung] 3.2.1.5.6. Vierkantige Speerspitze mit Tülle.

Literatur: Steinklauber 2002a, 179–180, Taf. 63,7–24; 64,25–43; Steinklauber 2002b, 492–493, Abb. 2,6–8.

3.3. Pfeilbewehrung mit Tülle <Metall>

Beschreibung: Pfeilbewehrungen mit Tülle wurden aus Bronze, Eisen oder Silber hergestellt. Neben Stücken von konischer Form gibt es blattförmige, dreiflügelige bzw. dreikantige und vierflügelige bzw. vierkantige. Die blattförmigen Pfeilspitzen weisen dreieckige, weidenblatt- oder rautenförmige Blätter auf. Es gibt Formen mit und ohne Widerhaken. Gelegentlich kommen Tüllenwiderhaken vor. Die Tüllen können geschlitzt oder geschlossen sein. Auch Tordierung tritt auf. Selten sind durchbrochen gearbeitete Blätter.

Datierung: jüngere nordische Bronzezeit, Periode IV/V–V (Montelius), 10.–8. Jh. v. Chr.; mittlere Bronzezeit, Bronzezeit B (Reinecke), bis Hochmittelalter, 16. Jh. v. Chr.–13. Jh. n. Chr.

Verbreitung: Nord-, Mittel-, Süd- und Osteuropa, Skandinavien, Frankreich, Luxemburg, Großbritannien, Griechenland, Römisches Reich.

Literatur: Schulz 1953, 49; Chochorowski 1974; Wegner 1978, 111–113; Erdmann 1982; James 1983; Drescher 1984; Sievers 1984, 65–66; von Freeden 1987, 520; Schmidt, B. 1987, 196–197; Kempke 1988; Sievers 1989, 101; Leidorf 1990, 23–24; Giesler-Müller 1992, 72; Fischer, T. 1993, 32–33; Hanel 1995, 50; Paulsen, H. 1999, 114; Zimmermann 2000, 35–44; 64–66; Becker, M. 2001, 102; 112–113; Stöllner 2002, 133–135; Westphalen 2002, 238–239; 243; Gschwind 2004, 189; Voß 2005; Bishop/Coulston 2006, 134–136; Bofinger 2006; Pauli Jensen/Nørbach 2009, 54; 59; 66; 71–73; 90–91; Becker, M. 2010, 101; 426; Sievers 2010, 29–30; 122–123; Hansen, L. 2013, 243–244; Mackensen/Schimmer 2013, 301; 308; Zanier 2016, 291–298; Hauser 2019; Lauermann/Lindinger/Hasenhündl 2022, 160–161; Schneider 2022, 24–25; Fischer, V. in Vorb.

3.3.1. Bolzenförmige Pfeilbewehrung mit Tülle <Metall>

Beschreibung: Die aus Bronze- oder Eisenblech bestehende Pfeilbewehrung hat eine konische Form, deren Spitze häufig abgestumpft ist. Gelegentlich kommen Nietlöcher vor.

Datierung: jüngere Bronzezeit bis frühe Vorrömische Eisenzeit, Hallstatt A–Latène A (Reinecke), 12.–4. Jh. v. Chr.

Verbreitung: Frankreich, Schweiz, West- und Süddeutschland, Österreich, Tschechien, Slowenien.

Literatur: Wegner 1978, 111–113; Krahe 1982, 64; Drescher 1984; Baatz 1987; Krauße-Steinberger 1990a; Krauße-Steinberger 1990b; Hansen, S. 1994, 85; Drescher 2000, 237–239; Stöllner 2002, 135; Hansen, L. 2013, 243–244.

3.3.1.1. Konische Tüllenpfeilspitze mit spitzem oder abgestumpftem Ende

Beschreibung: Die aus Bronze oder Eisen gearbeitete Pfeilspitze hat eine konische Form. Die Spitze ist häufig abgestumpft. Die Längen liegen

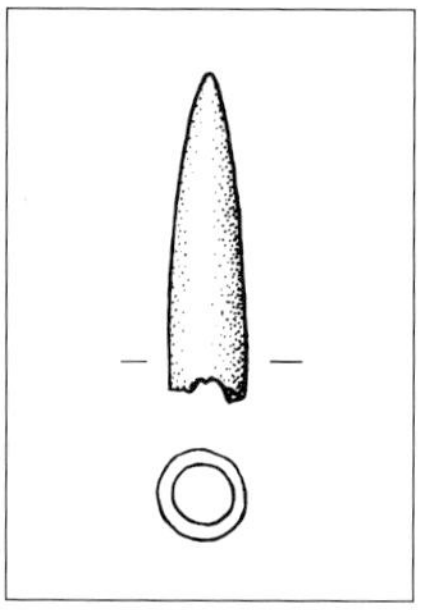

3.3.1.1.

zwischen 3,3 und 8 cm. Einige Stücke tragen gegenständige Löcher auf der Tülle. Gelegentlich wurden Pfeilspitzen dieser Form aus Bronze- oder Eisenblech gebogen, z.T. sind noch Lötnähte zu erkennen. An einigen Stücken wurde eine Verstärkung durch im Inneren eingelötete Eisenstifte angebracht.

Synonym: Pfeilspitze Stöllner Form 6.

Datierung: jüngere Bronzezeit bis frühe Vorrömische Eisenzeit, Hallstatt A–Latène A (Reinecke), 12.–4. Jh. v. Chr.

Verbreitung: Frankreich, Schweiz, West- und Süddeutschland, Österreich, Tschechien, Slowenien.

Relation: 1.3.2. Konische Tüllenpfeilspitze <Organik>; 1.3.3. Tüllenpfeilspitze aus Geweih.

Literatur: Herrmann, F.-R. 1966, 64, Taf. 76,9; Pauli 1978, Taf. 219,D10; Wegner 1978, 111–113, Abb. 7,14; Krahe 1982, 64; Berger 1984, 139; 149, Taf. 67,3; 78,6; Drescher 1984; Baatz 1987; Bernatzky-Goetze 1987, 96, Taf. 152,7–8; Kraußе-Steinberger 1990a; Krauße-Steinberger 1990b; Haffner 1992, 87, Abb. 45,4; Bauer/Kuhnen 1993, 249, Abb. 9,105–110; Hansen, S. 1994, 85; Eckhardt 1996, 279 (Nr. 423; 427); 283–284 (Nr. 456; 463); 289 (Nr. 510); 292 (Nr. 541); 295 (Nr. 576); 299 (Nr. 614); Drescher 2000, 237–239, Abb. 33; Kurz 2000, 111, Taf. 31; Stöllner 2002, 135, Abb. 54,3–5.10; Hansen, L. 2013, 243–244, Fig. 7,g–h.

Anmerkung: Da viele Stücke bisher nicht herstellungstechnisch untersucht sind, wurde der Typ nicht weiter aufgeschlüsselt. Baatz (1987) zweifelt die Verwendung als Pfeilbewehrung an.

3.3.2. Blattförmige Pfeilbewehrung mit Tülle <Metall>

Beschreibung: Blattförmige Pfeilbewehrungen mit Tülle haben ein dreieckiges, weidenblatt- oder rautenförmiges Blatt, gelegentlich mit lang ausgezogener Spitze. Es kann ein oder zwei Flügelwiderhaken aufweisen, häufig sind aber auch keine Widerhaken vorhanden. Die Schäftung erfolgte durch eine geschlitzte oder geschlossene Tülle. Bei einigen Typen sind ein oder zwei Tüllenwiderhaken vorhanden. Auch durchbrochen gearbeitete Pfeilspitzen oder solche aus dünnem Blech kommen vor. Die Pfeilspitzen wurden aus Bronze, Eisen oder Silber hergestellt.

Datierung: jüngere nordische Bronzezeit, Periode IV/V–V (Montelius), 10.–8. Jh. v. Chr.; mittlere Bronzezeit, Bronzezeit B (Reinecke), bis Hochmittelalter, 16. Jh. v. Chr.–13. Jh. n. Chr.

Verbreitung: Nord-, Mittel-, Süd- und Osteuropa, Frankreich, Luxemburg, Großbritannien, Römisches Reich.

Literatur: Schulz 1953, 49; Böhner 1956, 121; Böhner 1958, 163–164; Dölle 1977; James 1983; Sievers 1984, 65–66; zu Erbach 1986, 173–174; von Freeden 1987, 520; Kempke 1988; Sievers 1989, 101; Fischer, T. 1993, 32–33; Hanel 1995, 50; Paulsen, H. 1999, 114; Zimmermann 2000, 64–66; Becker, M. 2001, 102; 112–113; Stöllner 2002, 133–134; Westphalen 2002, 239; 243; Gschwind 2004, 189; Voß 2005; Bishop/Coulston 2006, 134–136; Bemmann 2007, 263; Pauli Jensen/Nørbach 2009, 54; 59; 66; 90–91; Sievers 2010, 29–30; 122–123; Hausmair 2016, 75; Zanier 2016, 291–298; Dombrowsky 2017, 150–151; Sievers 2018, 107; Gleirscher 2022, 107; Lauermann/Lindinger/Hasenhündl 2022, 160–161; Paust 2022, 84; Schneider 2022, 24–25.

3.3.2.1. Blattförmige Pfeilbewehrung mit Tülle ohne Widerhaken <Metall>

Beschreibung: Pfeilbewehrungen dieses Typs wurden aus Bronze oder Eisen, selten aus Silber hergestellt. Üblicherweise haben sie ein dreieckiges, weidenblatt- oder rautenförmiges Blatt, gelegentlich mit lang ausgezogener Spitze. Widerhaken treten nicht auf. Das Blatt kann auch durchbrochen gearbeitet sein, entweder mit Mittelsteg oder mit Streben, die eine Art Käfig bilden. Die Tülle kann geschlitzt oder geschlossen sein. Auch Pfeilspitzen aus dünnem Bronze- oder Silberblech mit zusammengebogener Tülle kommen vor.

Datierung: jüngere nordische Bronzezeit, Periode IV/V–V (Montelius), 10.–8. Jh. v. Chr.; späte Bronzezeit, Bronzezeit D (Reinecke), bis Hochmittelalter, 12. Jh. v. Chr.–12. Jh. n. Chr.
Verbreitung: Europa, Römisches Reich.
Literatur: Schulz 1953, 49; Böhner 1958, 163–164; Kramer, S. 1963, 21–22; Christlein 1966, 34–35; Nierhaus 1966, 21; Neuffer-Müller/Ament 1973, 91; Raddatz 1974, 69; Dölle 1977; Pescheck 1978, 39; Koschik 1981, 79; James 1983; Czysz 1986, 269; von Schnurbein, A. 1987, 36; 147; Kempke 1988; Knaut 1993, 124; Bemmann/Bemmann 1998, 43; Gruber 1999, 49–50; Paulsen, H. 1999, 114; Westphalen 1999, 173–174; Steidl 2000, 58; Stöllner 2002, 134; Losert 2003, 445; Gschwind 2004, 189; Voß 2005; Bishop/Coulston 2006, 134–136; Bemmann 2007, 263; Ramstein/Hartmann 2008, 110; Haffner/Lage 2008/09, 71–72; Pauli Jensen/Nørbach 2009, 54; 59; 66; Becker, M. 2010, 102; Dombrowsky 2014, 140; Lauermann/Lindinger/Hasenhündl 2022, 160–161; Paust 2022, 84; Schneider 2022, 25.

3.3.2.1.1. Dreieckige Tüllenpfeilspitze

Beschreibung: Die bronzene Pfeilspitze hat eine gedrungene Form mit einem weit herabgezogenen, deutlich von der kurzen Tülle abgesetzten Blatt. Die Tülle setzt sich auf dem Blatt oft relativ breit bis zur Spitze hin fort. Die Gesamtlänge liegt zwischen 2,5 und 4 cm.
Synonym: herzförmige Tüllenpfeilspitze; gedrungene Tüllenpfeilspitze; Pfeilspitze Eckhardt Grundtyp 5, Variante A.
Datierung: späte Bronzezeit bis ältere Vorrömische Eisenzeit, Bronzezeit D–Hallstatt D (Reinecke), 12.–5. Jh. v. Chr.

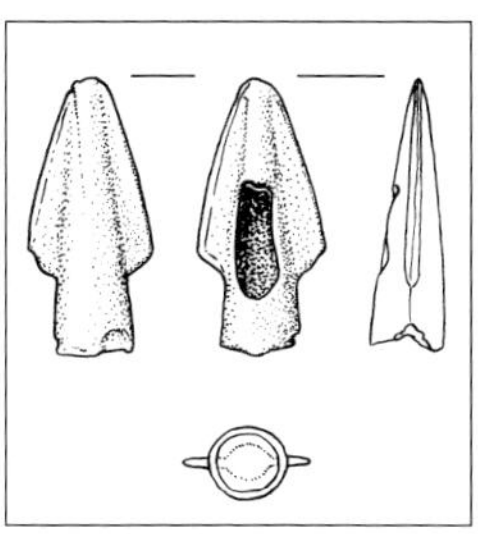

3.3.2.1.1.

Verbreitung: Deutschland, Österreich, Tschechien, Osteuropa.
Literatur: Kramer, S. 1963, 21–22, Abb. 21,16; Just 1968, 200–202, Abb. 143,c–d; Koschik 1981, 79, Taf. 43,7–9; Fröhlich 1983, 42, Taf. 62,25–29; 93,B1–8; Urban 1994, 114, Abb. 56,25; Eckhardt 1996, 30; Gruber 1999, 49–50; Puttkammer 2008, 56, Abb. 23,I/30/3; Dombrowsky 2014, 140, Abb. 10,2.6.16.17.19; Lauermann/Lindinger/Hasenhündl 2022, 160–161.
(siehe Farbtafel Seite 28)

3.3.2.1.2. Tüllenpfeilspitze mit breitem Blatt

Beschreibung: Die Pfeilspitze hat ein breites weidenblattförmiges bis dreieckiges Blatt mit rhombischem Querschnitt. Die größte Breite des Blattes liegt im unteren Drittel. Die runde Tülle ist geschlossen. Die Längen reichen von 6 bis 11,5 cm, als Material wurde Eisen verwendet.
Synonym: Pfeilspitze Kempke Typ 4.
Untergeordneter Begriff: Pfeilspitze Haithabu Typ 27; Pfeilspitze Haithabu Typ 28.
Datierung: Früh- bis Hochmittelalter, 8.–12. Jh. n. Chr.
Verbreitung: Mitteleuropa, Schweden, England.
Literatur: Kempke 1988; Paulsen, H. 1999, 114, Abb. 14,2–3; Westphalen 1999, 173–174, Taf. 32,2; Westphalen 2002, 239; 243, Abb. 109,27–28, Taf. 91,12–16; Herrmann, J. 2005, 151, Abb. 171,n.

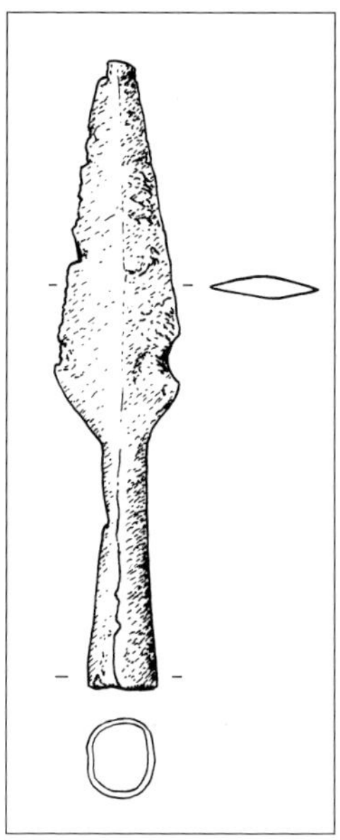

3.3.2.1.2.

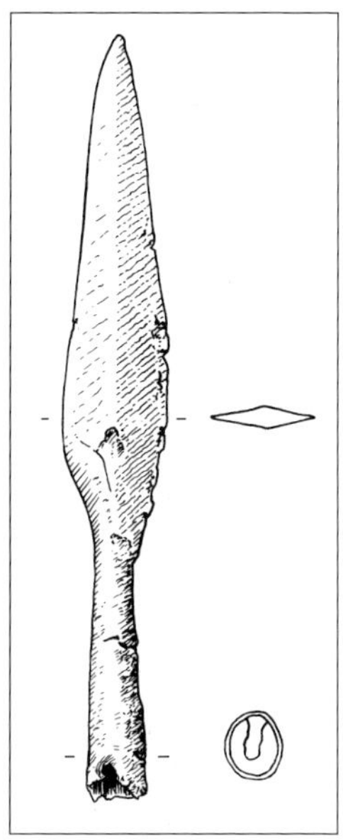

3.3.2.1.3.

3.3.2.1.3. Pfeilspitze mit breitem weidenblattförmigem Blatt und Tülle

Beschreibung: Das Blatt ist mindestens 1,4 cm breit und weidenblattförmig. Der Querschnitt ist oval bis rautenförmig. Die größte Breite des Blattes befindet sich in der unteren Hälfte. Die Schäftung erfolgte mittels einer Tülle. Als Material wurde Eisen oder selten auch Silber oder Bronze verwendet. Die Länge beträgt 7,5 bis 11,5 cm.
Synonym: Pfeilspitze Pauli Jensen Typ IA2; Tüllenspitze mit breitem Blatt.
Datierung: Römische Kaiserzeit, B2 (Eggers), bis Völkerwanderungszeit, Ende 1.–5. Jh. n. Chr.
Verbreitung: Nord-, Mittel- und Osteuropa.
Literatur: Schulz 1953, 49, Taf. III,2; X,2; Bemmann/Bemmann 1998, 43, Abb. 18,1479; Paulsen, H. 1998, 401–402; Voß 2005; Pauli Jensen/Nørbach 2009, 54; 59; Becker, M. 2010, 101; 426, Taf. 14,3; Schmidt, J.-P. 2019, 41–42.

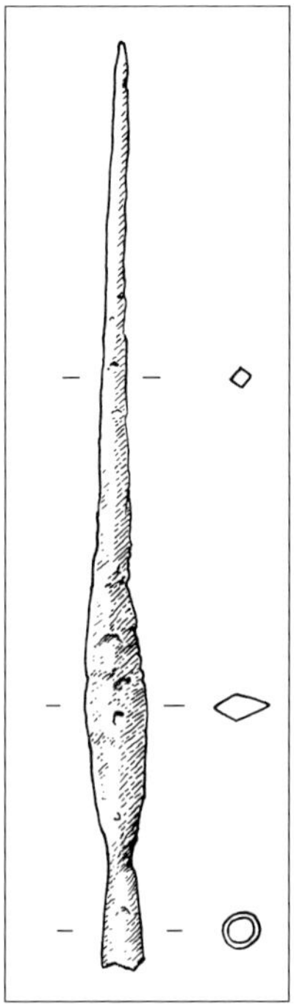

3.3.2.1.4.

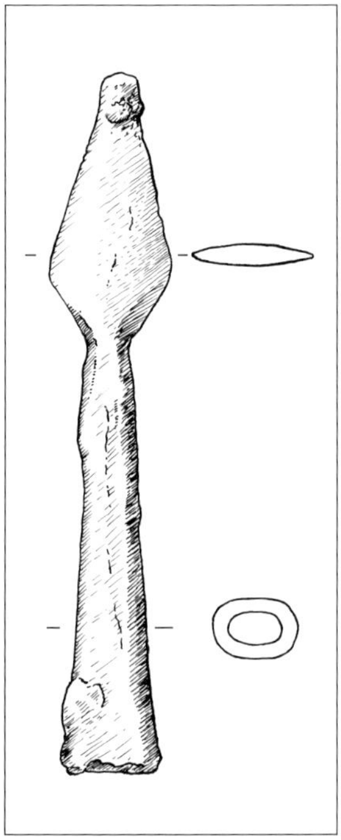

3.3.2.1.5.

3.3.2.1.4. Pfeilspitze mit schmalem Blatt und Tülle

Beschreibung: Das Blatt der eisernen Pfeilspitze ist weniger als 1,4 cm breit und grashalmförmig, oft mit lang ausgezogener Spitze. Der Blattquerschnitt ist oval oder rautenförmig. Die Länge der Tülle ist im Verhältnis zur Länge des Blattes sehr variabel. Die Gesamtlänge beträgt zwischen 6,5 und 14 cm.
Synonym: Pfeilspitze Pauli Jensen Typ IB2.
Datierung: Römische Kaiserzeit, C2 (Eggers), bis Völkerwanderungszeit, 3.–5. Jh. n. Chr.
Verbreitung: Dänemark, Schweden, Schleswig-Holstein, selten in Sachsen.
Literatur: Raddatz 1974, 69, Taf. 174,952,b; Pauli Jensen/Nørbach 2009, 54; 66, Abb. 49.

3.3.2.1.5. Tüllenpfeilspitze mit weidenblattförmigem flachem Blatt

Beschreibung: Die eiserne Pfeilspitze hat ein weidenblattförmiges flaches Blatt, welches im unteren Ende die breiteste Stelle aufweist. Der Blattquerschnitt ist eher flach und nicht profiliert. Die Tülle ist leicht konisch und nimmt meist etwas mehr als die Hälfte der Gesamtlänge der Pfeilspitze ein. Die Längen der Pfeilspitzen variieren etwa von 7 bis 12 cm.
Datierung: späte Römische Republik bis frühe Römische Kaiserzeit, 1. Jh. v. Chr.–1. Jh. n. Chr.
Verbreitung: Römisches Reich.
Literatur: Ulbert, G. 1959, Taf. 27,11–12; Walke 1965, Taf. 105,2–3; Mackensen 1987, Kat. Nr. 5, Abb. 65,5; Sievers 1994, Fig. 8,4–5; Deschler-Erb 1999, Taf. 7,91–92; Franke 2009, Taf. 2,16; Gleirscher 2022, Abb. 6,3.6.

3.3.2.1.6. Tüllenpfeilspitze mit rautenförmigem Blatt

Beschreibung: Das Blatt der aus Eisen gefertigten Pfeilspitze verbreitert sich von seinem Ansatz aus zunächst, um dann mit einem deutlichen Knick zur Spitze einzubiegen. Dieser Knick befindet sich in der Regel in der unteren Blatthälfte. Der Blattquerschnitt ist linsenförmig. Die Tülle kann ge-

schlitzt oder geschlossen sein. Die Längen liegen zwischen 7 und 13 cm.
Untergeordneter Begriff: Pfeilspitze Trier D; Pfeilspitze mit rautenförmigem Blatt und Schlitztülle.
Datierung: Völkerwanderungszeit bis Frühmittelalter, 6.–8. Jh. n. Chr.
Verbreitung: Süd- und Westdeutschland, Schweiz, Österreich.
Literatur: Böhner 1958, 163–164, Taf. 29,11; Neuffer-Müller 1966, Taf. 6,17; Koch, R. 1967, 65, Taf. 67,5; La Baume 1967, 29, Taf. 11,Grab 170,5; Stein 1967, 18; Neuffer-Müller/Ament 1973, 91, Taf. 5,6; 32,18; Stebler-Cauzzo 1997, 252, Taf. 9,Grab 37,2–3; Marti 2000, 121, Abb. 73,2–4.12–24; Aspöck 2001, 251, Taf. 3,4; Ramstein/Hartmann 2008, 110, Taf. 16,10–11; 23,9.11–12; 29,6; 31,5; 46,5–6; 51,5; 53,7.10; 56,29; 57,2; 59,7; 61,9–10; Paust 2022, 84, Taf. 31,6.

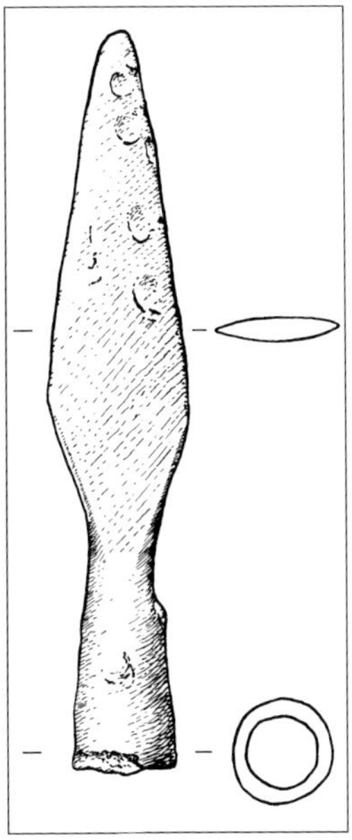

3.3.2.1.6.

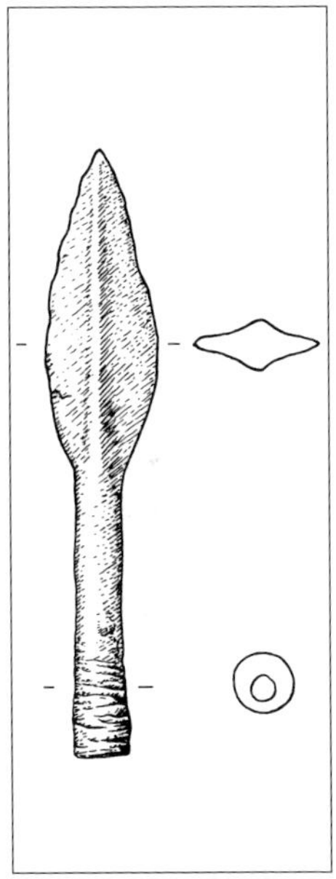

3.3.2.1.7.

3.3.2.1.7. Weidenblattförmige Pfeilspitze mit rautenförmigem Querschnitt

Beschreibung: Das lanzett- bis lorbeerblattförmige Blatt hat einen rautenförmigen Querschnitt mit einem mehr oder weniger stark ausgeprägten Mittelgrat. Die Tüllenlänge entspricht ungefähr der Blattlänge, kann aber auch etwas geringer ausfallen. Die Längen erreichen 7,5 bis 11,5 cm, als Material wurde Eisen verwendet.
Synonym: Pfeilspitze Stöllner Form 4; lanzenspitzenartige Pfeilspitze.
Datierung: ältere Vorrömische Eisenzeit, Hallstatt D–Latène A (Reinecke), 6.–4. Jh. v. Chr.
Verbreitung: Süd- und Westdeutschland, Österreich, Frankreich, Belgien.
Literatur: Biel 1985a, 65, Taf. 16; Biel 1985b, 140, Abb. 158; Stöllner 2002, 134, Taf. 83,155; Haffner/Lage 2008/09, 71–72, Nr. 9; 109, Nr. 13; Hansen, L. 2013, 243–244, Fig. 6, Mitte; 7,f.

3.3.2.1.8. Tüllenpfeilspitze mit ovalem Blatt

Beschreibung: Die eiserne Pfeilspitze hat ein schlank- bis breitovales Blatt mit linsen- bis flachrautenförmigem Querschnitt. Die größte Blattbreite befindet sich häufig im mittleren Bereich oder leicht darunter. Die Tülle kann geschlitzt oder geschlossen sein. Es werden Gesamtlängen von 6 bis 15 cm erreicht.
Synonym: Tüllenpfeilspitze mit weidenblattförmigem Blatt; Tüllenpfeilspitze mit lorbeerblattförmigem Blatt.
Untergeordneter Begriff: Pfeilspitze Trier A; Pfeilspitze Trier B.
Datierung: Vorrömische Eisenzeit, Latène A (Reinecke), bis Frühmittelalter, 5. Jh. v. Chr.–8. Jh. n. Chr.
Verbreitung: Deutschland, Schweiz, Luxemburg, Frankreich, Slowakei, Österreich.
Literatur: Schönberger 1952, 41, Taf. 15,38; Böhner 1958, 163–164, Taf. 29,7–8; Ulbert, G. 1959, Taf. 27,8; Pirling 1966, 189, Taf. 10,13; La Baume 1967, 28–29; Stein 1967, 18; Martin 1976, 51; Pescheck 1978, 39, Taf. 31,5–14; Häßler 1983, Taf. 25,15–16; 49,4–5.7–8; 50,1–6; Häßler 1985, Taf. 65,K15/A4,3–4; von Schnurbein, A. 1987, 36, Taf. 35,B3; Häßler 1990, Taf. 25,Q10/A1,2–6; Haffner 1992, 87, Abb. 45,2–3; Neumayer 1993, 71; Nortmann/Ehlers 1995, 88, Abb. 9e; Deschler-Erb 1999, Taf. 7,92; Häßler 1999, Abb. 22; 44,4–8;

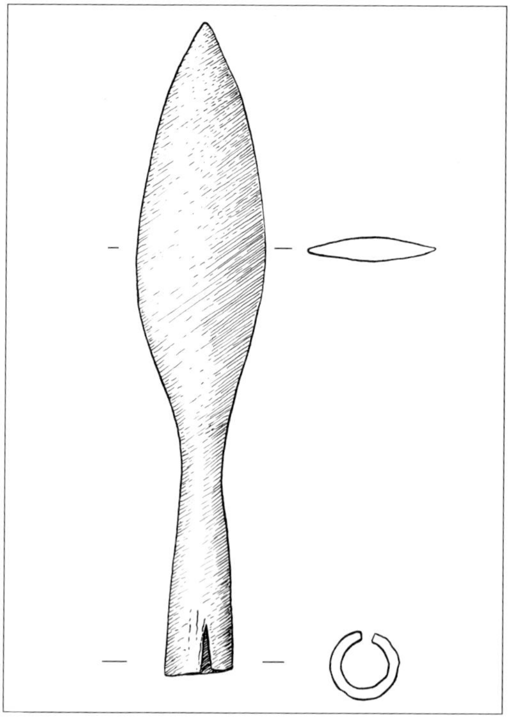

3.3.2.1.8.

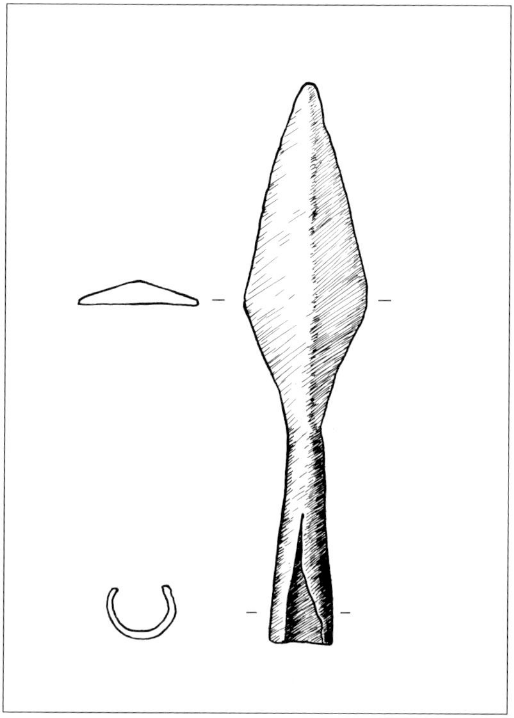

3.3.2.1.9.

49,11; Schuster 2001, 68, Abb. 2,13–16; Damminger 2002, 71, Taf. 33,4; 45,23; 46,B1; 66,B2–3; Bemmann 2007, 263, Abb. 15,2–4; Haffner/Lage 2008/09, 70–71, Nr. 9; Sievers 2010, 30, Taf. 51,693–696; Sievers 2018, 110, Taf. 17; Gleirscher 2022, Abb. 6,3.5; Hüdepohl/Sebrich/Codreanu-Windauer 2022, 255, Taf. 16,Grab 497,2; Schneider 2022, 25, Taf. 9,24.
Anmerkung: Im römischen Kontext ist der Übergang von Pfeilspitzen zu leichten Wurfspeerspitzen fließend und wird von den Bearbeitenden eher subjektiv unterschieden.
(siehe Farbtafel Seite 28)

3.3.2.1.9. Tüllenpfeilspitze mit dachförmigem Querschnitt

Beschreibung: Die aus Eisen gefertigte Pfeilspitze hat ein ovales bis rautenförmiges Blatt. Die eine Seite ist relativ flach, die andere zeigt einen Mittelgrat, wodurch ein dachförmiger Querschnitt entsteht. Die annähernd runde Tülle ist geschlitzt oder geschlossen. Die Länge der Pfeilspitzen beläuft sich häufig auf Werte zwischen 9 und 14 cm.
Datierung: Völkerwanderungszeit bis Frühmittelalter, 6.–7. Jh. n. Chr.
Verbreitung: Deutschland.
Literatur: Böhner 1958, 163, Taf. 29,10; Clauß 1971, 37, Taf. 3,1; Koch, U. 1982, Taf. 22,C1; Häßler 1983, Taf. 49,5; Möller 1987, Taf. 91,15.27.
Anmerkung: In der älteren Literatur wird der Begriff »dachförmiger Querschnitt« gelegentlich auch für rhombische Querschnitte verwendet.

3.3.2.1.10. Tüllenpfeilspitze mit gestuftem Querschnitt

Beschreibung: Die aus Eisen, selten aus Bronze gefertigte Pfeilspitze hat ein ovales bzw. lorbeerblattförmiges, manchmal auch annähernd rautenförmiges Blatt, das einen am Mittelgrat gestuften Querschnitt aufweist. Sie wurde mittels einer ge-

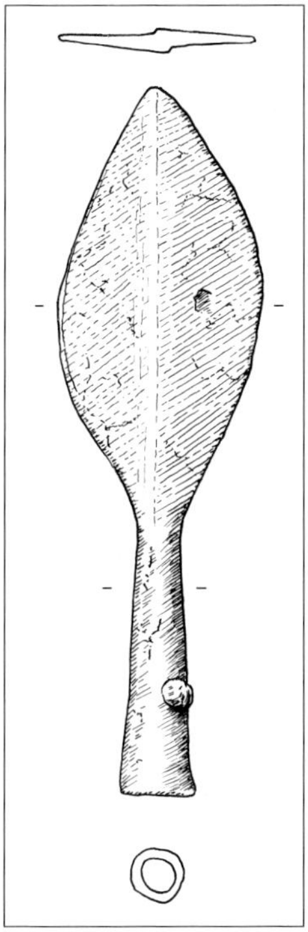

3.3.2.1.10.

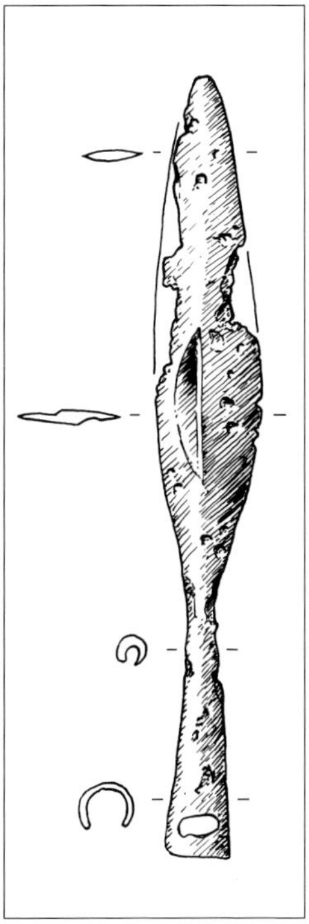

3.3.2.1.10.1.

schlossenen oder geschlitzten Tülle geschäftet. Es werden Längen von 8 bis 14,5 cm erreicht.
Synonym: Pfeilspitze mit vom Mittelgrat stufenförmig abgesetztem Blatt.
Datierung: jüngere Römische Kaiserzeit, C2 (Eggers), bis Frühmittelalter, 3.–7. Jh. n. Chr.
Verbreitung: Süd-, West- und Mitteldeutschland, Schweiz, Tschechien.
Relation: [Lanzen-/Speerbewehrung] 3.2.1.2.5. Lanzenspitze mit gestuftem Querschnitt.
Literatur: Werner 1938, Abb. 1,2–3; Christlein 1966, 34, Taf. 27,17; Nierhaus 1966, 21; Koch, R. 1969, 42, Taf. 7,A6–7; 19,C1a; 47,D2; 54,B1; Martin 1976, 51; Koch, U. 1977, Taf. 17,9; 36,5; 172,6–9; Pescheck 1978, 39, Taf. 5,16–17; Pescheck 1983, Taf. 2,10; Czysz 1986, 269; Möller 1987, Taf. 58,11; Knaut 1993, 124, Taf. 24,D1; Steidl 2000, 58; Gschwind 2004, Taf. 91,D409; Bemmann 2007, Abb. 16,1–5; Schneider 2022, Taf. 8,4–6.

3.3.2.1.10.1. Tüllenpfeilspitze mit teils gestuftem Querschnitt

Beschreibung: Die aus Eisen, selten aus Bronze gefertigte Pfeilspitze hat ein ovales bzw. lorbeerblattförmiges Blatt, das einen am Mittelgrat teilweise gestuften Querschnitt aufweist. Im Gegensatz zu den Tüllenpfeilspitzen mit gestuftem Querschnitt wurde das Blatt nicht auf voller Länge gestuft geschmiedet, sondern beidseitig wurde eine D-förmige, gestreckte Vertiefung eingeschlagen. Die Tülle zur Schäftung kann geschlossen oder geschlitzt sein.
Datierung: mittlere Römische Kaiserzeit bis Spätantike, ca. 2.–5. Jh. n. Chr.
Verbreitung: Römisches Reich.
Literatur: Czysz 2003, Taf. 26,B501; Gschwind 2004, 189, Taf. 92,D458–D460.
Anmerkung: Die Unterscheidung, ob der Querschnitt des Blattes ganz oder nur teilweise gestuft ist, wurde vermutlich in den meisten Publikationen nicht berücksichtigt. Die Einordnung als Pfeil- oder Wurfspeerspitze ist bei einigen Exemplaren schwierig.

3.3.2.1.11. Pfeilspitze mit sechseckigem Blattquerschnitt

Beschreibung: Die eiserne Pfeilspitze hat ein lanzettförmiges Blatt mit einem zunächst abgeflacht sechseckigen Querschnitt, der zur Spitze hin rhombisch wird. Geschäftet wurden diese Stücke mittels einer Tülle. Ihre Längen erreichen 7 bis 10 cm.

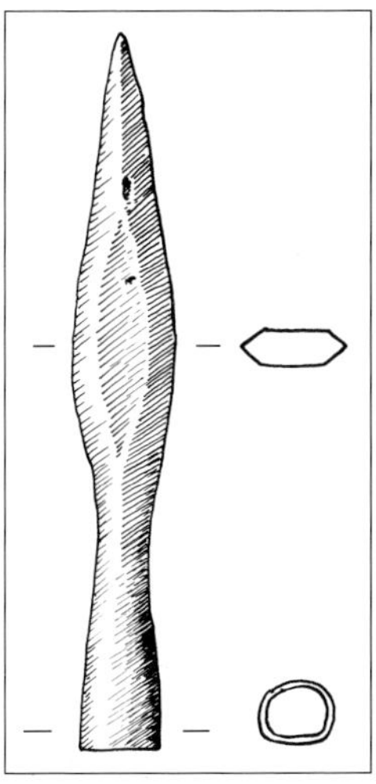

3.3.2.1.11.

Synonym: Pfeilspitze mit schmalem, in der Mitte abgeflachtem Blatt.
Datierung: Frühmittelalter, Ende 6.–Anfang 7. Jh. n. Chr.
Verbreitung: Süddeutschland.

Literatur: Christlein 1979, Taf. 6,16; Sage 1984, Taf. 167,23; von Schnurbein, A. 1987, 147, Taf. 47,E1–2; Geisler 1998, Taf. 282,3–4; Losert 2003, 445, Abb. 122,12.

3.3.2.1.12. Tüllenpfeilspitze mit durchbrochenem Blatt

Beschreibung: Das rautenförmige bis spitzovale Blatt der eisernen Pfeilspitze ist durchbrochen gearbeitet. Meist weist es einen Mittelsteg auf, nur in seltenen Fällen fehlt er. Die Schäftung erfolgte mittels einer Tülle. Die Gesamtlängen liegen bei 8 bis 12 cm.

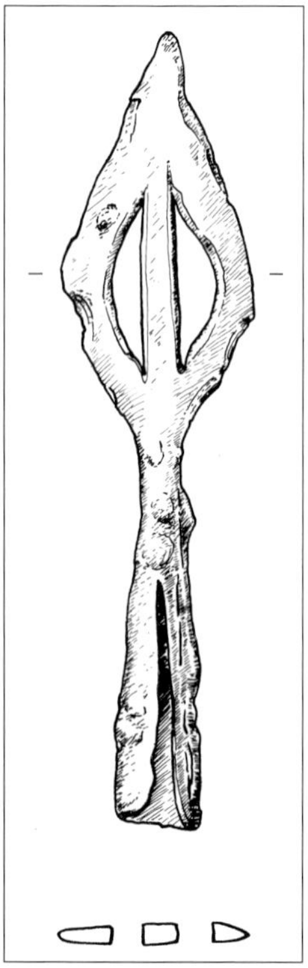

3.3.2.1.12.

Datierung: Völkerwanderungszeit bis Frühmittelalter, 6.–7. Jh. n. Chr.
Verbreitung: Süddeutschland, Schweiz.
Relation: [Lanzen-/Speerbewehrung] 3.2.1.1.19. Tüllenlanzenspitze mit durchbrochenem Blatt.
Literatur: Franken 1944, Taf. 27,14; Schoppa 1959, Taf. 40,22,2; Stein 1961, 86, Abb. 7,7; Christlein 1966, 34–35, Taf. 20,2; Koch, U. 1977, Taf. 172,18; Spindler 2002.

3.3.2.1.13. Durchbrochen gearbeitete Pfeilspitze mit Tüllenschäftung

Beschreibung: Die eiserne Pfeilspitze besitzt ein rautenförmiges durchbrochenes Blatt. Dabei bilden drei, selten auch vier, Streben einen »Käfig«. Oberhalb dieses Käfigs befindet sich eine vierkantige Spitze. Die Schäftung erfolgte mittels einer Tülle.
Synonym: Brandpfeilspitze.

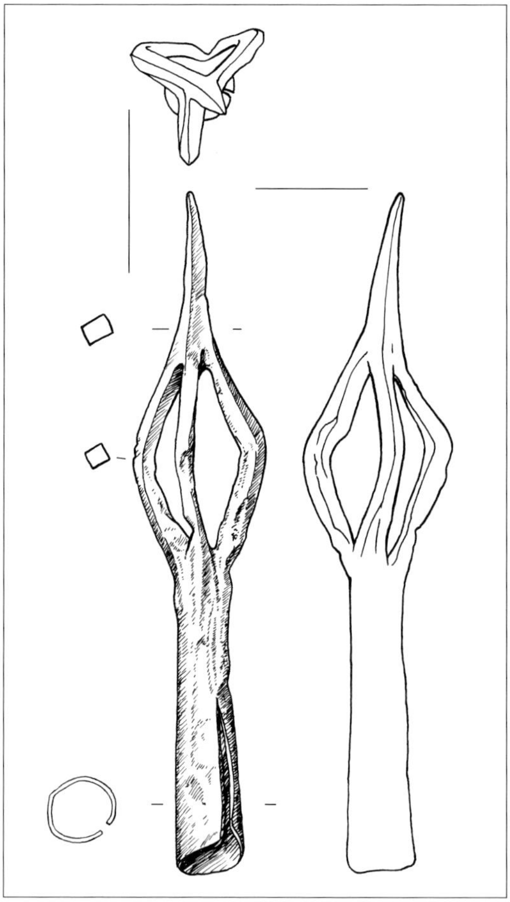

3.3.2.1.13.

Datierung: mittlere Römische Kaiserzeit, gesichert 2.–3. Jh. n. Chr.
Verbreitung: Römisches Reich.
Relation: 3.2.1.1.8. Durchbrochen gearbeitete Pfeilspitze mit Dornschäftung; [Geschossbolzen] 2.7. Bolzen mit geteiltem Kopf.
Literatur: Atkinson 1942, 225, Nr. 22, Taf. 55,B1; James 1983; Franke 2000, Abb. 2; Gschwind 2004, Taf. 90,D408; Bishop/Coulston 2006, 134–136, Abb. 81,13.
Anmerkung: Der Käfig diente zur Aufnahme eines organischen Materials, welches mit brennbarer Flüssigkeit getränkt war und vor Abschuss entzündet wurde.

3.3.2.1.14. Blechpfeilspitze mit zusammengebogener Tülle

Beschreibung: Als Material für die Blechpfeilspitzen wurde Bronze oder Silber verwendet. Sie wurden aus dünnem Blech gefertigt. Die Blattform ist dreieckig oder rautenförmig, der Querschnitt ist linsenförmig, bei den kaiserzeitlichen Stücken selten auch gestuft. Das Blatt geht in eine zusammengebogene Tülle über.
Datierung: jüngere nordische Bronzezeit, Periode IV/V–V (Montelius), 10.–8. Jh. v. Chr.; jüngere Römische Kaiserzeit, C2 (Eggers), 3. Jh. n. Chr.
Verbreitung: Schweden, Dänemark, Schleswig-Holstein, Mitteldeutschland, Tschechien.
Literatur: Schulz 1933, 14; Werner 1955b; Baudou 1960, 16; Dölle 1977; Schreiner/Huck 1989, 240; Becker, M. 2010, 102.

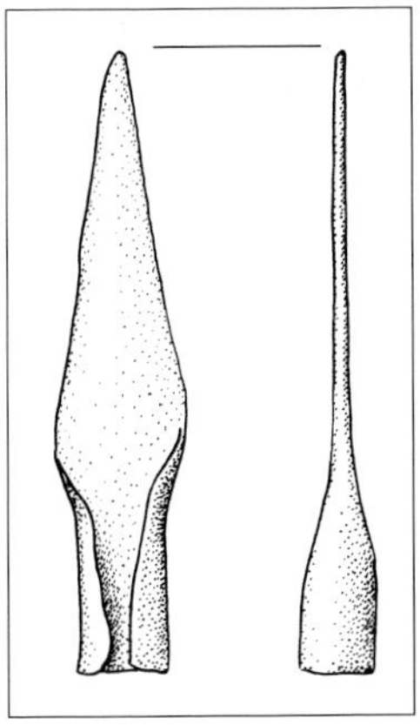

3.3.2.1.14.1.

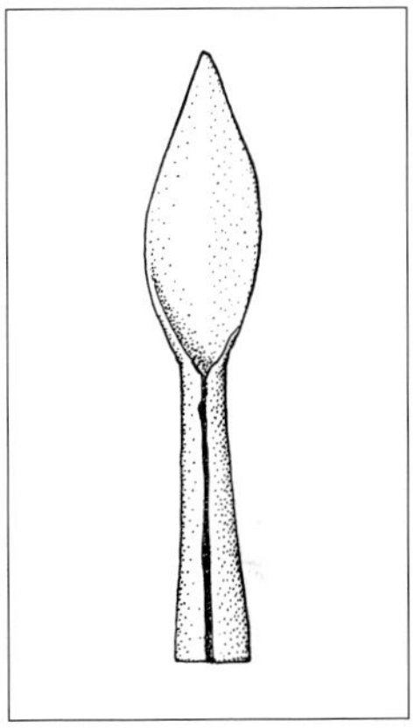

3.3.2.1.14.2.

3.3.2.1.14.1. Blechpfeilspitze mit dreieckigem Blatt und zusammengebogener kurzer Tülle

Beschreibung: Die Pfeilspitze wurde aus dünnem Bronzeblech gearbeitet. Sie besitzt ein langgestrecktes dreieckiges Blatt, dessen unteres Ende zu einer kurzen Tülle zusammengebogen ist. Das Blatt ist deutlich länger als die Tülle. Die Gesamtlänge beträgt 5 bis 7 cm.
Datierung: jüngere nordische Bronzezeit, Periode IV/V–V (Montelius), 10.–8. Jh. v. Chr.
Verbreitung: Schweden, Dänemark, Schleswig-Holstein.
Relation: [Geschossbolzen] 2.4.3.1. Geschossbolzen mit blattförmiger Spitze.
Literatur: Schulz 1933, 14; Baudou 1960, 16, Taf. III,VIB; Kramer, W. 1981, 457, Taf. 7,5; Becker, M. 2010, 102.

3.3.2.1.14.2. Blechpfeilspitze mit lanzett- bis rautenförmigem Blatt und zusammengebogener Tülle

Beschreibung: Die bronzenen oder silbernen Pfeilspitzen sind aus dünnem Blech hergestellt. Sie haben ein lanzett- bis rautenförmiges Blatt, das in eine relativ lange, röhrenförmig zusammengebogene Tülle übergeht. Der Blattquerschnitt ist flach linsenförmig, manchmal auch leicht gestuft. Häufig werden Längen von 5 bis 14 cm erreicht.
Datierung: jüngere Römische Kaiserzeit, C2 (Eggers), 3. Jh. n. Chr.
Verbreitung: Mittel- und Südostdeutschland, Tschechien.
Literatur: Schulz 1933, 14, Taf. 9,2–4; Schulz 1953, 49; Laser 1963, 329; 343–344, Abb. 2,e.h; 11; Werner 1955b; Dölle 1977; Fischer, T. 1983, 124, Abb. 82,1–3; Schreiner/Huck 1989, 240, Abb. 2,4–5; Becker, M. 2010, 102.
Anmerkung: Silberne Pfeilspitzen dieses Typs sind z. B. aus dem »Fürstengrab« von Haßleben bekannt (Schulz 1933).

3.3.2.2. Blattförmige Pfeilbewehrung mit Tülle und Flügelwiderhaken <Metall>

Beschreibung: Die aus Bronze, Eisen oder Silber gefertigten Pfeilspitzen haben ein dreieckiges Blatt mit einem oder zwei Flügelwiderhaken. Geschäftet wurden sie mittels einer geschlossenen oder geschlitzten Tülle. Manche Stücke weisen Tordierung auf.
Datierung: mittlere Bronzezeit, Bronzezeit B (Reinecke), bis Hochmittelalter, 16. Jh. v. Chr.–13. Jh. n. Chr.
Verbreitung: Deutschland, Frankreich, Luxemburg, Slowakei, Tschechien, Österreich, Schweiz,

Norditalien, Großbritannien, Dänemark, Skandinavien, Polen, Serbien, Ungarn, Osteuropa, Römisches Reich.
Literatur: Schulz 1953, 49; Böhner 1956, 121; Sievers 1984, 65–66; von Freeden 1987, 520; Kempke 1988; Sievers 1989, 101; Fischer, T. 1993, 32–33; Hanel 1995, 50; Zimmermann 2000, 64–66; Becker, M. 2001, 112–113; Stöllner 2002, 133; Westphalen 2002, 239; 243; Pauli Jensen/Nørbach 2009, 54; 90–91; Sievers 2010, 29–30; 122–123; Hausmair 2016, 75; Zanier 2016, 291–298; Sievers 2018, 107; Gleirscher 2022, 107; Lauermann/Lindinger/Hasenhündl 2022, 160–161; Schneider 2022, 24.

3.3.2.2.1. Tüllenpfeilspitze mit einem Flügelwiderhaken

Beschreibung: Die relativ lange Tülle geht absatzlos in ein dreieckiges Blatt über, bei dem auf einer Seite ein Flügelwiderhaken ausgebildet ist. Auf der anderen Seite schließt das Blatt mit der Tülle gerade ab. Es werden Längen von 5 bis 10 cm erreicht, als Material wurde Eisen verwendet.

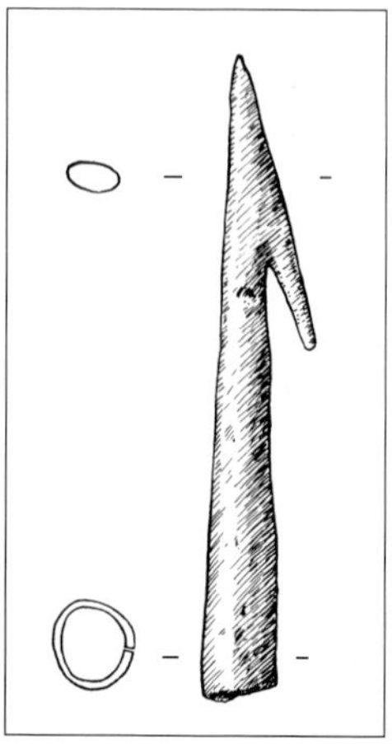
3.3.2.2.1.

Datierung: Vorrömische Eisenzeit, Latène B–D (Reinecke), 4.–1. Jh. v. Chr.
Verbreitung: Frankreich, Süddeutschland, Luxemburg, Slowakei, Tschechien, Österreich, Ungarn.
Literatur: Sievers 1989, 101, Abb. 5,2–4; 10,9–12; Sievers 2010, 29–30; 122–123, Taf. 52; Sievers 2018, 107.
(siehe Farbtafel Seite 28)

3.3.2.2.2. Tüllenpfeilspitze mit zwei Flügelwiderhaken

Beschreibung: Die Pfeilspitzen haben ein dreieckiges Blatt mit mehr oder weniger stark herabgezogenen Widerhaken. Der Blattquerschnitt ist oval bis rhombisch. Die Tülle kann geschlossen oder geschlitzt sein. Gelegentlich kommt Tordierung vor. Pfeilspitzen dieses Typs wurden aus Bronze, Eisen oder Silber gefertigt.
Datierung: mittlere Bronzezeit, Bronzezeit B (Reinecke), bis Hochmittelalter, 16. Jh. v. Chr.–13. Jh. n. Chr.
Verbreitung: Deutschland, Schweiz, Österreich, Frankreich, Norditalien, Großbritannien, Dänemark, Skandinavien, Polen, Tschechien, Slowakei, Serbien, Ungarn, Osteuropa, Römisches Reich.
Literatur: Schulz 1953, 49; Böhner 1956, 121; Fiedler 1962, 25; Friesinger 1971–1974, 61; Sievers 1984, 65–66; von Freeden 1987, 520; Kempke 1988; Fischer, T. 1993, 32–33; Hanel 1995, 50; Dolenz 1998, 79–80, Nr. M180–186; Marti 2000, 121; Zimmermann 2000, 64–66; Becker, M. 2001, 112–113; Stöllner 2002, 133; Westphalen 2002, 239; 243; Haberstroh 2004, 74; Puttkammer 2008, 136–138; Pauli Jensen/Nørbach 2009, 54; 90–91; Hausmair 2016, 75; Zanier 2016, 291–298; Gleirscher 2022, 107; Lauermann/Lindinger/Hasenhündl 2022, 160–161; Schneider 2022, 24.

3.3.2.2.2.1. Tüllenpfeilspitze mit dreieckigem Blatt und Flügelwiderhaken

Beschreibung: Die runde Tülle ist deutlich vom dreieckigen Blatt abgesetzt. Ihre Länge ist sehr variabel. Das Blatt weist mehr oder weniger weit herabgezogene Flügelwiderhaken auf. Pfeilspitzen dieses Typs sind 2 bis 6 cm lang. Als Material wurde Bronze oder Eisen verwendet.
Synonym: Pfeilspitze mit dreieckigem Blatt, Flügelwiderhaken und Schafttülle.
Untergeordneter Begriff: Pfeilspitze Stöllner Form 1.
Datierung: mittlere Bronzezeit bis Römische Kaiserzeit, Bronzezeit B (Reinecke)–augusteisch, 16. Jh. v. Chr.–Beginn 1. Jh. n. Chr.
Verbreitung: Süd- und Mitteldeutschland, Österreich, Schweiz, Polen, Tschechien, Slowakei, selten in Norddeutschland, Frankreich, Norditalien, Serbien und im Karpatenbecken.
Relation: 1.2.2.2.1. Dreieckige Widerhakenpfeilspitze mit linsenförmigem Querschnitt und

Schaftdorn; 2.2.1.3. Geflügelte Pfeilspitze; 3.2.1.2.1. Gestielte Metallpfeilspitze.
Literatur: Fröhlich 1983, 42, Taf. 62,9–24; 79,B10; Sievers 1984, 65–66, Taf. 110,1467; Fingerlin 1986, Fst. 439C,3; Fst. 503,5; Říhovský 1996, Taf. 23,303–305; Unz/Deschler-Erb 1997, Taf. 20,372–378; Dolenz 1998, 79–80, Nr. M180–186, Taf. 12,M180–184; Gruber 1999, 50, Taf. 1,7; Stöllner 2002, 133; Sicherl 2004, 168; Puttkammer 2008, 136–138, Abb. 72,19; Sievers 2010, 30; 122–123; Hansen, L. 2013, 243–244, Fig. 7,e; Zanier 2016, 291–298, Abb. 105,E42–E57; Sievers 2018, 107; Jünger 2020, 104, Taf. 64,C1; Terberger/Krüger 2020, 63; Gleirscher 2022, 107, Abb. 6.2–4.6; Lauermann/Lindinger/Hasenhündl 2022, 160–161.
(siehe Farbtafel Seite 28)

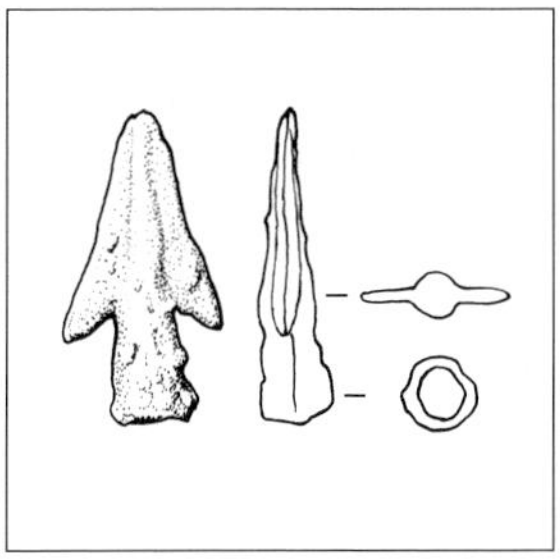

3.3.2.2.2.1.

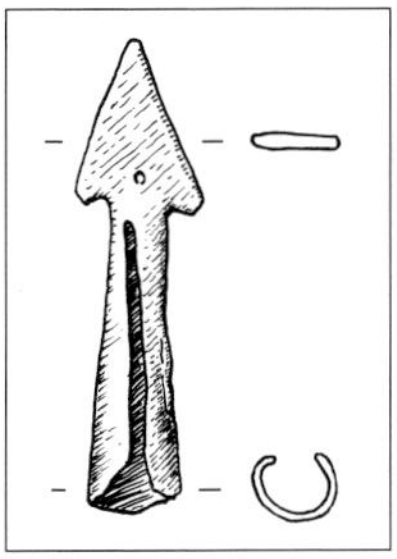

3.3.2.2.2.2.

3.3.2.2.2.2. Tüllenpfeilspitze mit flachem Blatt mit Widerhaken

Beschreibung: Die eisernen Pfeilspitzen besitzen ein flach geschmiedetes Blatt, das in Widerhaken ausläuft. Die Tülle ist meist geschlitzt. Die Länge liegt oft zwischen 3,5 und 5,2 cm, das Gewicht zwischen 4 und 5,7 g (Xanten, Legionslager Vetera I).
Datierung: Römische Kaiserzeit, Schwerpunkt 1. Jh. n. Chr.
Verbreitung: Römisches Reich des 1. Jhs. n. Chr.
Literatur: Hanel 1995, 50, Taf. 51,B 811–814; Unz/Deschler-Erb 1997, Taf. 20,365–369.

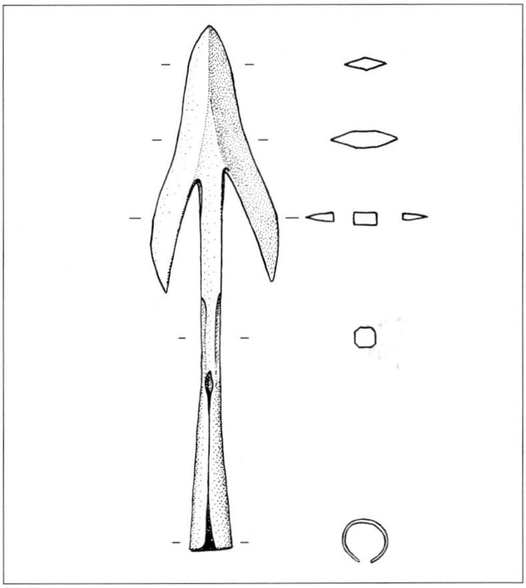

3.3.2.2.2.3.

3.3.2.2.2.3. Pfeilspitze mit Widerhaken, eckigem Schaft und Schlitztülle

Beschreibung: Das geschwungene Blatt endet in deutlich ausgearbeiteten Widerhaken. Es hat einen rhombischen Querschnitt und schließt ohne Absatz an den rechteckigen Schaft an. Dieser geht in eine geschlitzte Tülle über. Häufig werden Längen von 7 bis 12,5 cm erreicht. Pfeilspitzen dieses Typs wurden aus Eisen oder Silber hergestellt.
Untergeordneter Begriff: Pfeilspitze Pauli Jensen Gruppe IVA.
Datierung: jüngere Römische Kaiserzeit, C (Eggers), bis Völkerwanderungszeit, 2.–5. Jh. n. Chr.
Verbreitung: Dänemark, Schweden, Norwegen, Sachsen, Brandenburg, Mecklenburg, Tschechien, Slowakei.
Literatur: Schulz 1953, 49, Taf. XIX,1; Schmidt, B. 1963, 350, Abb. 4; Becker, M. 2001, 112–113, Abb. auf S. 140; Becker, M. 2002, 286, Abb. 5; Pauli Jensen/Nørbach 2009, 54; 90–91; Becker, M. 2010, 101; 426, Taf. 14,2.
Anmerkung: Silberne Pfeilspitzen dieser Form sind aus den »Fürstengräbern« von Gommern und Leuna bekannt (Schulz 1953; Becker, M. 2010).

3.3.2.2.2.4. Tüllenpfeilspitze mit Widerhaken und tordiertem Schaft

Beschreibung: Die eiserne Pfeilspitze hat ein dreieckiges Blatt mit deutlich herabgezogenen Widerhaken. Der Blattquerschnitt ist rautenförmig. Die Tülle kann geschlitzt oder geschlossen sein. Der darüber befindliche Schaft ist tordiert. Die Gesamtlängen liegen bei 6 bis 11,5 cm.
Untergeordneter Begriff: Pfeilspitze Trier F.
Datierung: Völkerwanderungszeit bis Frühmittelalter, 2. Hälfte 5.–8. Jh. n. Chr.
Verbreitung: Süd-, West- und Norddeutschland, Schweiz, Österreich.
Literatur: Böhner 1956, 121, Abb. 13,60–61; Böhner 1958, 164, Taf. 29,13–14; Christlein 1966, 34; Pirling 1966, 189, Taf. 10,14–15; La Baume 1967, 29, Taf. 11,Grab 170,4; Koch, R. 1967, 65, Taf. 25,10; Stein 1967, 18; Neuffer-Müller 1972, 62, Taf. 7,2; Neuffer-Müller/Ament 1973, 91, Taf. 27,23; Häßler 1983, Taf. 71,D15/A1–A2,4; Sage 1984, Taf. 15,Grab 110,16–17; von Freeden 1987, 520, Taf. 52,1; Ament 1992, Taf. 22,3; Aspöck 2001, 251, Taf. 3,3; 5,1; Csar 2002, 189; 207; 253, Taf. 1,4; 25,1–4; Ramstein/Hartmann 2008, 111, Taf. 59,6; Hausmair 2016, 75, Taf. 7,10.
(siehe Farbtafel Seite 28)

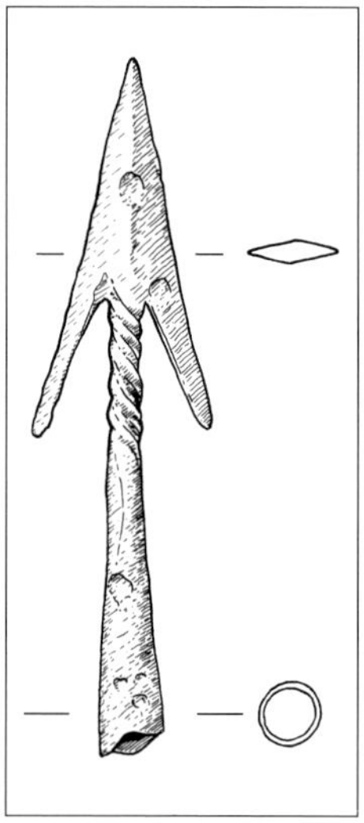

3.3.2.2.2.4.

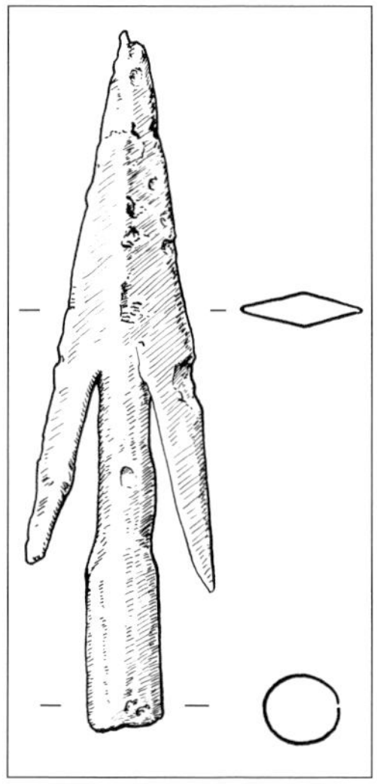

3.3.2.2.2.5.

3.3.2.2.2.5. Pfeilspitze mit Widerhaken und geschlossener Tülle

Beschreibung: Die lange schmale Pfeilspitze hat ein dreieckiges Blatt mit zwei Widerhaken und einem ovalen bis rautenförmigen Querschnitt. Die eisernen Stücke wurden mittels einer geschlossenen Tülle mit rundem Querschnitt geschäftet. Die Längen erreichen 4,5 bis 14 cm.
Synonym: Pfeilspitze Ruttkay Gruppe A Typ 1a; Pfeilspitze Kempke Typ 5; Pfeilspitze Haithabu Typ 29; Pfeilspitze Zimmermann Typ T 5-8.
Datierung: Früh- bis Hochmittelalter, 7.–13. Jh. n. Chr.
Verbreitung: Deutschland, Schweiz, Österreich, Großbritannien, Skandinavien, Osteuropa.
Literatur: Christlein 1966, Taf. 13,10; Neuffer-Müller 1966, Taf. 9,D1; Friesinger 1971–1974, 61, Taf. 12,Grab 15; von Freeden 1983, 464, Abb. 37,7–11; Kempke 1988; Fischer, T. 1993, 32–33, Taf. 44,2; Stebler-Cauzzo 1997, 252, Taf. 9,Grab 37,1; Paulsen, H. 1999, 114, Abb. 14,1; Zimmermann 2000, 64–66, Taf. 18; Westphalen 2002, 239; 243, Abb. 109,29, Taf. 91,17; Herrmann, J. 2005, 151, Abb. 171,j; Hausmair 2016, 75, Taf. 3,1; Pesseg 2016, 215, Taf. 4,A-10601B.

3.3.2.2.2.6. Pfeilspitze mit Widerhaken und Schlitztülle

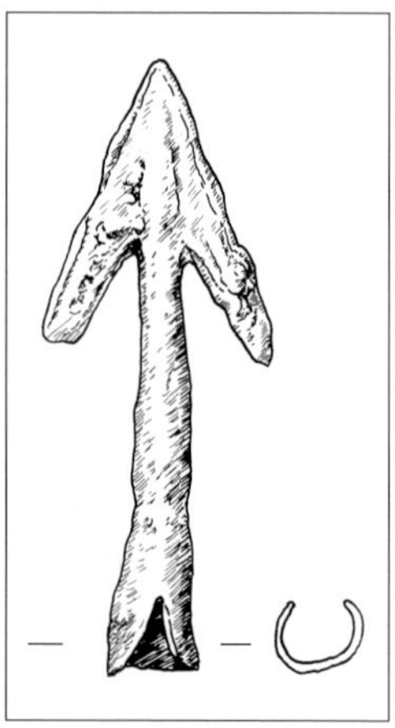

3.3.2.2.2.6.

Beschreibung: Die eiserne Pfeilspitze hat ein dreieckiges Blatt, das in zwei Flügelwiderhaken endet. Sein Querschnitt ist oval bis rautenförmig. Die runde glatte Tülle ist geschlitzt. Die Längen reichen von 7 bis 9,6 cm.
Datierung: Völkerwanderungszeit bis Frühmittelalter, 6.–7. Jh. n. Chr.

Verbreitung: Süddeutschland.
Literatur: Koch, U. 1968, Taf. 7,2; Koch, U. 1977, Taf. 69,15; Neuffer-Müller 1983, 33, Taf. 12,C2; 46,C3; 90,C5; Haberstroh 2004, 74, Taf. 3,6; Schneider 2022, 24, Taf. 8,7.

3.3.2.2.2.7. Tüllenpfeilspitze mit langen, nach innen gebogenen Widerhaken

Beschreibung: Die aus Eisen gefertigte Pfeilspitze besteht aus einem kurzen dreieckigen Blatt und lang ausgezogenen, nach innen gebogenen Widerhaken. Die Schäftung erfolgte mittels einer Tülle. Die Gesamtlängen liegen bei 9 bis 14 cm.
Datierung: Frühmittelalter, 6.–7. Jh. n. Chr.
Verbreitung: Süddeutschland, Schweiz.
Literatur: Franken 1944, Taf. 27,15; Fiedler 1962, 25, Taf. 28,A5; Marti 2000, 121, Abb. 73,1, Taf. 288,1; Spindler 2002.

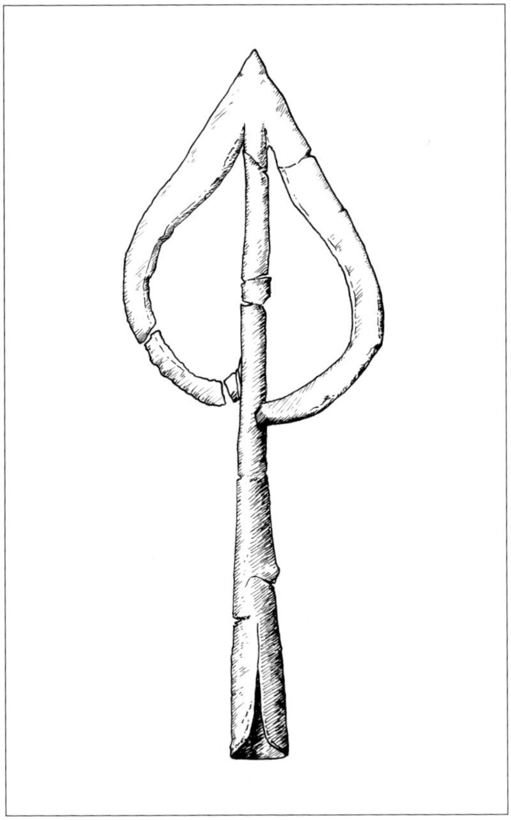

3.3.2.2.2.7.

3.3.2.3. Blattförmige Pfeilbewehrung mit Tülle und Tüllenwiderhaken <Metall>

Beschreibung: Charakteristisches Merkmal der bronzenen Pfeilspitzen sind ein oder zwei am Tüllenende befindliche Widerhaken. Selten befindet sich auch eine Öse an der Tülle. Das Blatt ist dreieckig, häufig mit Mittelrippe. Es endet in zwei mehr oder weniger lang ausgezogenen Flügeln.
Datierung: mittlere Bronzezeit bis ältere Vorrömische Eisenzeit, Bronzezeit C–Hallstatt D (Reinecke), 14.–5. Jh. v. Chr.
Verbreitung: Süd- und Norddeutschland, Österreich, Schweiz, Tschechien, Polen, Ungarn.
Literatur: zu Erbach 1986, 173–174; Eckhardt 1996, 30; Abels 2002, 31; Stöllner 2002, 133; Dombrowsky 2017, 150–151; Terberger/Krüger 2020, 63; Lauermann/Lindinger/Hasenhündl 2022, 160–161.

3.3.2.3.1. Tüllenpfeilspitze mit Dorn

Beschreibung: Das Blatt der bronzenen Pfeilspitze hat gerade bis konvexe Schneiden, die mehr oder weniger deutlich zu Flügeln herabgezogen sind. Es ist klar von der meist bis zur Spitze durchlaufenden Tülle abgesetzt, die am Ende einen abgewinkelten Widerhaken trägt. Die Längen reichen von 3 bis 6 cm.
Synonym: Tüllenpfeilspitze mit Widerhaken; Pfeilspitze Eckhardt Grundtyp 4, Variante C.
Untergeordneter Begriff: Pfeilspitze Stöllner Form 1.

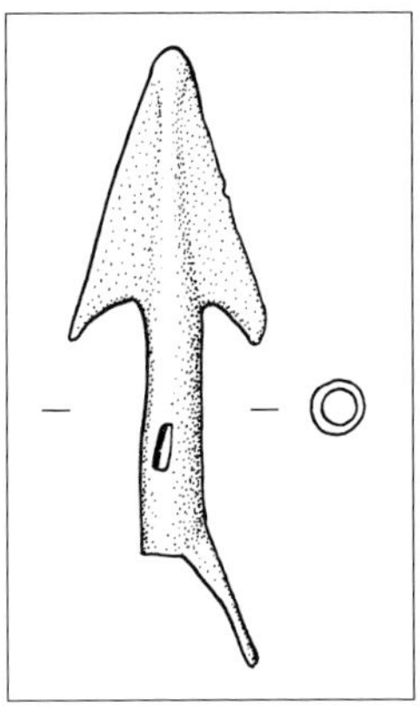

3.3.2.3.1.

Datierung: mittlere Bronzezeit bis ältere Vorrömische Eisenzeit, Bronzezeit C–Hallstatt D (Reinecke), 14.–5. Jh. v. Chr.
Verbreitung: Süddeutschland, Schweiz, Österreich, Tschechien, Polen, selten in Norddeutschland.
Relation: 3.2.1.3.1. Pfeilspitze mit Widerhaken am Schaftdorn

oder an der Schaftzunge; 3.2.1.3.2. Pfeilspitze mit Widerhakenpaar am Schaftdorn oder an der Schaftzunge; 3.3.2.3.2. Tüllenpfeilspitze mit Dorn und Öse; 3.3.2.3.3. Pfeilspitze mit zwei Tüllenwiderhaken.

Literatur: Vouga 1923, Taf. XIV,31; Müller-Karpe 1952, Taf. 10,D5; 21,C; 22,E3; 27,H3; Schultze-Naumburg 1967, 40–42, Abb. 12,9; Hundt 1974/75, 49, Abb. 7; Pirling 1980, Taf. 59,E3; Koschik 1981, 79, Taf. 9,6; 34,16; 36,5–8; Wilbertz 1982, 43, Taf. 49,1; 75,5; Schauer 1984, 218; 229, Abb. 4,5–7.9–10; 11,18; Sievers 1984, 65, Taf. 110,1463; zu Erbach 1985, Taf. 30,H1–2; 52,1; zu Erbach 1989, 92; Eckhardt 1996, 30; Říhovský 1996, Taf. 23,298; 24,318; Abels 2002, 31, Taf. 18,10–31; Stöllner 2002, 133; Mayer/Wild 2003, Abb. 35,5–6; Dombrowsky 2017, 150–151, Abb. 10,5; Münds-Lugauer 2018, 49; Terberger/Krüger 2020, 63; Terberger/Lidke/Krüger 2020, 85; Lauermann/Lindinger/Hasenhündl 2022, 160–161.

3.3.2.3.2. Tüllenpfeilspitze mit Dorn und Öse

Beschreibung: Die aus Bronze gefertigte Pfeilspitze trägt auf dem Blatt eine deutliche Mittelrippe und besitzt lang ausgezogene Flügelenden. An einer Seite der Tülle ist eine Öse angebracht. An der gegenüberliegenden Seite befindet sich ein Widerhaken. Es werden meist Längen von 7 bis 8 cm erreicht.

Synonym: Pfeilspitze Eckhardt Grundtyp 4, Variante E.

Datierung: späte Bronzezeit, Hallstatt A/B (Reinecke), 11.–10. Jh. v. Chr.

Verbreitung: Südwestdeutschland, Österreich, Ungarn, Tschechien.

Relation: 3.2.1.3.1. Pfeilspitze mit Widerhaken am Schaftdorn oder an der Schaftzunge; 3.2.1.3.2. Pfeilspitze mit Widerhakenpaar am Schaftdorn oder an der Schaftzunge; 3.3.2.3.1. Tüllenpfeilspitze mit Dorn; 3.3.2.3.3. Pfeilspitze mit zwei Tüllenwiderhaken.

Literatur: Kyrle 1918, 54, Abb. 4,10; zu Erbach 1985, Taf. 84,4; zu Erbach 1986, 173–174; zu Erbach 1989, 92; Eckhardt 1996, 30.

Anmerkung: Wiederholt wurden steinere Gussformen für diesen Typ gefunden (von Miske 1929, Abb. 8,2b; Smrž/Mladý 1979, 31, Abb. 4,1).
(siehe Farbtafel Seite 28)

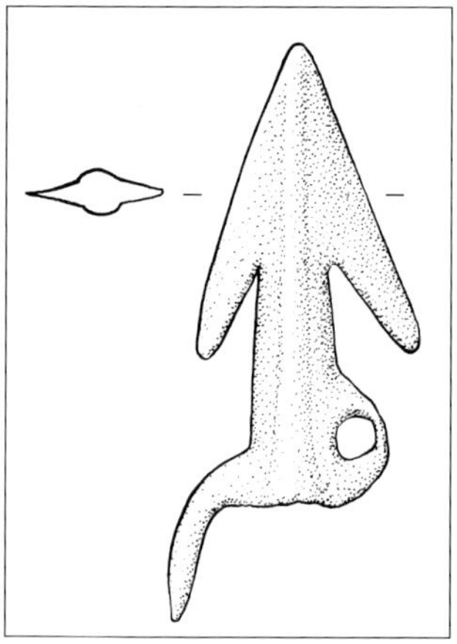

3.3.2.3.2.

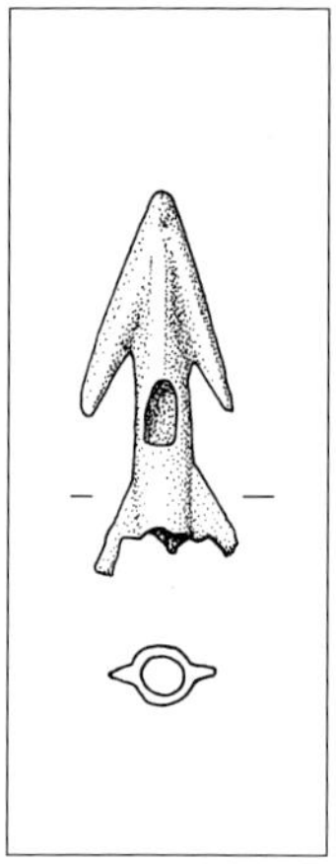

3.3.2.3.3.

3.3.2.3.3. Pfeilspitze mit zwei Tüllenwiderhaken

Beschreibung: Die bronzene Pfeilspitze hat ein dreieckiges Blatt mit zwei lang ausgezogenen Flügeln. An der Tülle sind zwei gegenständige Widerhaken mitgegossen. Die Längen der Pfeilspitzen betragen häufig 4 bis 5 cm.

Synonym: Pfeilspitze Eckhardt Grundtyp 4, Variante D.

Datierung: späte Bronzezeit bis ältere Vorrömische Eisenzeit, Bronzezeit D–Hallstatt B (Reinecke), 13.–9. Jh. v. Chr.; Hallstatt D1 (Reinecke), 7.–6. Jh. v. Chr.

Verbreitung: Süd- und Norddeutschland, Österreich, Tschechien.

Relation: 3.2.1.3.1. Pfeilspitze mit Widerhaken am Schaftdorn oder an der Schaftzunge; 3.2.1.3.2. Pfeilspitze mit Widerhakenpaar am Schaftdorn oder an der Schaftzunge; 3.3.2.3.1. Tüllenpfeilspitze mit Dorn; 3.3.2.3.2. Tüllenpfeilspitze mit Dorn und Öse.

Literatur: Fundberichte Urnenfelderzeit 1983–1984, Abb. 18,45–48; Abels 1988, Abb. 20; Eckhardt 1996, 30; Říhovský 1996, Taf. 26,420; Abels 2002, 31, Taf. 18,1–9.

3.3.3. Dreiflügelige oder dreikantige Pfeilbewehrung mit Tülle <Metall>

Beschreibung: Die aus Bronze oder Eisen gefertigten Pfeilbewehrungen haben ein dreiflügeliges oder dreikantiges Blatt mit oder ohne Widerhaken. Entweder schließt das Blatt direkt am Tüllenmund oder wenig darunter ab oder die Tülle steht frei.
Datierung: ältere Vorrömische Eisenzeit, Hallstatt D–Latène A (Reinecke), 6.–4. Jh. v. Chr.; Völkerwanderungszeit bis Frühmittelalter, Mitte 5.–7. Jh. n. Chr.
Verbreitung: Deutschland, Österreich, Schweiz, Italien, Frankreich, Großbritannien, Tschechien, Dänemark, Skandinavien, östliches Europa, Griechenland.
Literatur: Chochorowski 1974; Leidorf 1990, 23–24; Giesler-Müller 1992, 72; Losert 2003, 448; Bofinger 2006; Hauser 2019.

3.3.3.1. Tüllenpfeilspitze mit dreikantigem oder dreiflügeligem Blatt und freistehender Tülle

Beschreibung: Das Blatt der bronzenen Pfeilspitze ist dreikantig oder dreiflügelig. Die Tülle steht am unteren Ende frei, die Flügel bzw. Kanten reichen nicht bis zum Tüllenmund herunter. Entweder ist nur der Spitzenteil massiv mit dreieckigem Querschnitt und darunter befindlichen Flügeln oder das ganze Pfeilspitzenblatt hat einen dreieckigen Querschnitt und trägt keine ausgebildeten Flügel.
Datierung: ältere Vorrömische Eisenzeit, Hallstatt D2–Latène A (Reinecke), Ende 6.–4. Jh. v. Chr.
Verbreitung: östliches Europa, Griechenland, Süddeutschland, Frankreich.
Literatur: Chochorowski 1974; Bofinger 2006; Hauser 2019.

3.3.3.1.1. Tüllenpfeilspitze mit dreiflügeligem Blatt und freistehender Tülle

Beschreibung: Die bronzene Pfeilspitze hat ein dreiflügeliges Blatt. Die Spitzenpartie ist massiv mit dreieckigem Querschnitt, im weiteren Verlauf des Blattes sind drei Flügel ausgebildet. Diese reichen nicht bis an den Tüllenmund heran, sodass die Tülle frei steht. Die Gesamtlänge liegt häufig um 4 cm.
Synonym: Pfeilspitze Baitinger Typ Olympia II B3, Variante C.
Datierung: ältere Vorrömische Eisenzeit, Hallstatt D2 (Reinecke), Ende 6.–5. Jh. v. Chr.
Verbreitung: östliches Europa, Griechenland, Süddeutschland.
Literatur: Kimmig/Gersbach 1971, 49–50, Abb. 11,2, Taf. 8,2; Sievers 1984, 66, Taf. 110,1464; Říhovský 1996, Taf. 28,472–475; Hauser 2019.

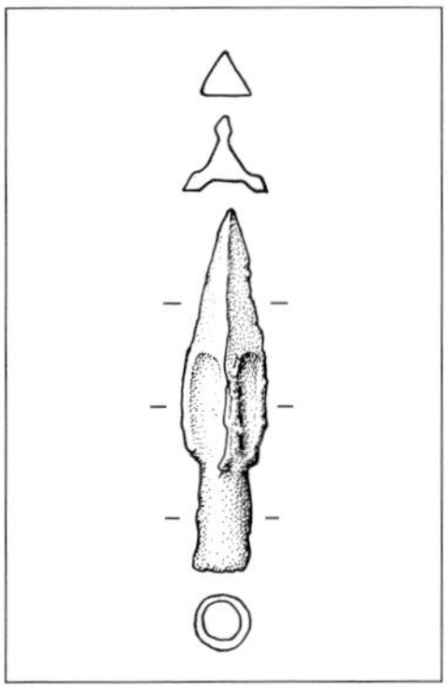

3.3.3.1.1.

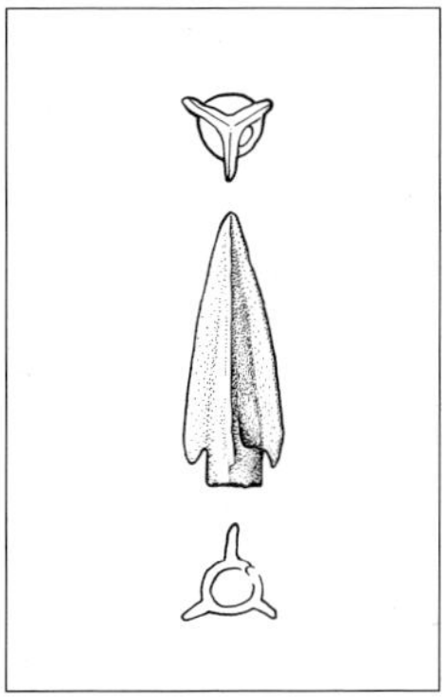

3.3.3.1.1.1.

3.3.3.1.1.1. Tüllenpfeilspitze mit dreiflügeligem Blatt, freistehender Tülle und Widerhaken

Beschreibung: Das dreiflügelige Blatt der bronzenen Pfeilspitze endet oberhalb des Tüllenmundes in Widerhaken. Der freistehende Bereich der Tülle ist relativ kurz. Oft werden Längen um 3 bis 4 cm erreicht.
Synonym: Pfeilspitze Baitinger Typ Olympia II B1.
Datierung: ältere Vorrömische Eisenzeit, Latène A (Reinecke), 4. Jh. v. Chr.
Verbreitung: östliches Europa, Süddeutschland, Frankreich, Griechenland.
Literatur: Bofinger 2006; Hauser 2019.

3.3.3.1.2. Tüllenpfeilspitze mit dreikantigem massivem Blatt und freistehender Tülle

Beschreibung: Die Pfeilspitze hat ein massives dreikantiges Blatt, woraus sich ein dreieckiger Querschnitt ergibt. Flügel sind nicht ausgebildet. Unterhalb des Blattes steht ein Teil der Tülle frei. Häufig werden Längen um 3 cm erreicht, als Material wurde Bronze verwendet.
Synonym: Pfeilspitze Baitinger Typ Olympia II B3.
Datierung: ältere Vorrömische Eisenzeit, Hallstatt D2 (Reinecke), Ende 6.–5. Jh. v. Chr.
Verbreitung: östliches Europa, Griechenland, Süddeutschland.
Literatur: Sievers 1984, 66, Taf. 110,1466; Hauser 2019.

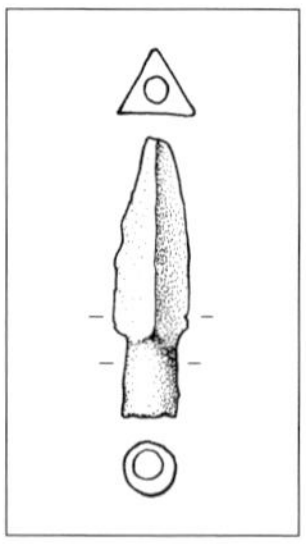

3.3.3.1.2.

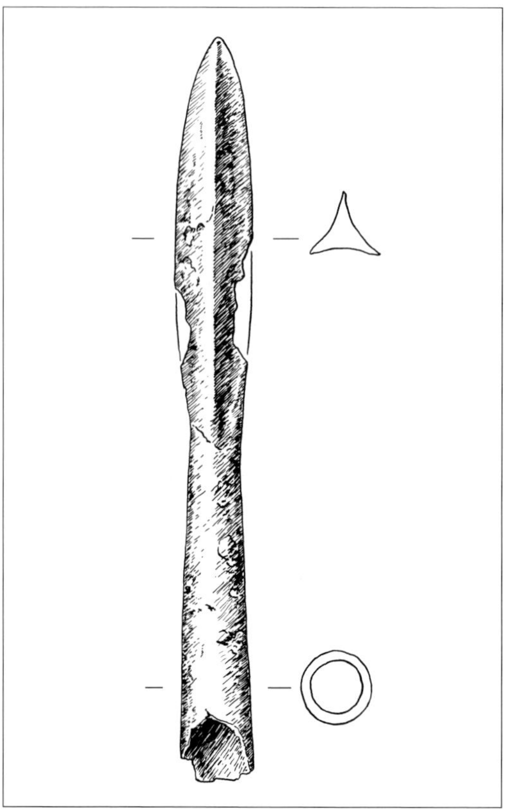

3.3.3.1.3.

3.3.3.1.3. Dreiflügelige Pfeilspitze mit langer Tülle

Beschreibung: Das Blatt der eisernen Pfeilspitze ist dreiflügelig. Die runde geschlossene Tülle ist nur wenig kürzer als das Blatt. Die Gesamtlängen liegen oft bei 10 bis 11 cm.
Datierung: Völkerwanderungszeit bis Frühmittelalter, Mitte 5.–7. Jh. n. Chr.
Verbreitung: Süddeutschland, Schweiz.
Literatur: Giesler-Müller 1992, 72, Taf. 14,1c; Geisler 1998, Taf. 117,6; Losert 2003, 448, Abb. 123,10–11.

3.3.3.2. Tüllenpfeilspitze mit dreikantigem oder dreiflügeligem Blatt und innen liegender Tülle

Beschreibung: Die bronzene Pfeilspitze wurde mittels Tülle geschäftet. Das Blatt ist dreiflügelig oder dreikantig und schließt direkt am Tüllenmund oder wenig darunter ab.
Datierung: ältere Vorrömische Eisenzeit, Hallstatt D–Latène A (Reinecke), 6.–4. Jh. v. Chr.
Verbreitung: östliches Europa, Deutschland, Österreich, Schweiz, Frankreich, Italien, Großbritannien, Tschechien, Dänemark, Skandinavien.
Literatur: Leidorf 1990, 23–24; Bofinger 2006; Hauser 2019.

3.3.3.2.1. Tüllenpfeilspitze mit dreiflügeligem Blatt und innen liegender Tülle

Beschreibung: Die bronzene Pfeilspitze hat ein dreiflügeliges Blatt, das direkt am Tüllenmund oder nur wenig darunter endet. Die Blattform ist sehr heterogen und reicht von gedrungen bis lang-schmal. Neben Stücken, bei denen die Schneiden bis zur Spitze durchlaufen, gibt es auch solche mit massiver Spitze und erst darunter beginnenden Flügeln. Pfeilspitzen dieses Typs sind 2 bis 3,5 cm lang.
Synonym: Pfeilspitze Eckhard Grundtyp 9.
Datierung: ältere Vorrömische Eisenzeit, Hallstatt D bis Latène A (Reinecke), 6.–4. Jh. v. Chr.

Verbreitung: östliches Europa, Süddeutschland, Österreich, Frankreich.
Literatur: Říhovský 1996, Taf. 28,486; Bofinger 2006; Hauser 2019.

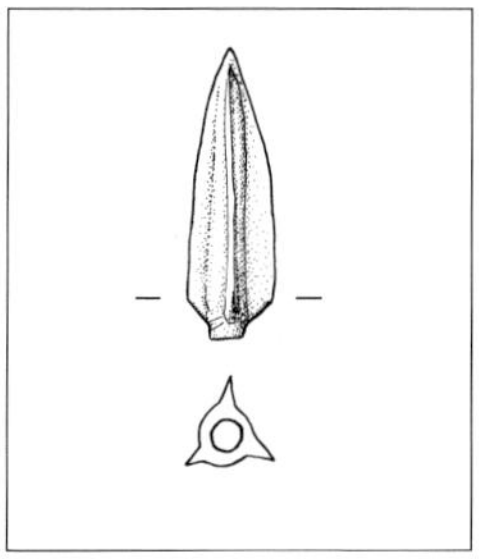

3.3.3.2.1.

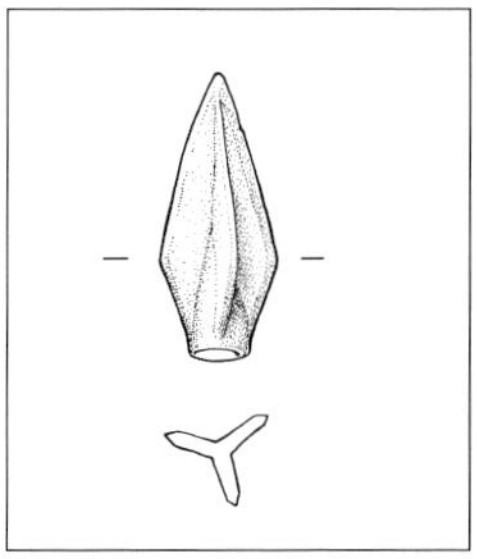

3.3.3.2.1.1.

3.3.3.2.1.1. Tüllenpfeilspitze mit dreiflügeligem Blatt, innen liegender Tülle und rhombischer Seitenansicht

Beschreibung: Das dreiflügelige Blatt der Bronzepfeilspitze ist in der Seitenansicht rhombisch und endet am Tüllenmund. Längen zwischen 1,5 und 6 cm sind belegt.
Synonym: Pfeilspitze Baitinger Typ Olympia II B4.
Datierung: ältere Vorrömische Eisenzeit, Hallstatt D bis Latène A (Reinecke), 6.–4. Jh. v. Chr.
Verbreitung: Süddeutschland, Belgien, Frankreich, Schweiz, östlicher Mittelmeerraum.
Literatur: Zeitler 1990, 61, Abb. 1,1; Bofinger 2006; Hauser 2019.

3.3.3.2.2. Tüllenpfeilspitze mit dreikantigem Blatt und innen liegender Tülle

Beschreibung: Das Blatt der bronzenen Pfeilspitze ist dreikantig ohne ausgearbeitete Flügel. Die Tülle reicht nicht über die Länge der Kanten hinaus. Die Form der Pfeilspitzen ist gedrungen bis lang-schmal. Häufig kommen Längen von 1,5 bis 4 cm vor.
Synonym: Pfeilspitze Eckhardt Grundtyp 10.

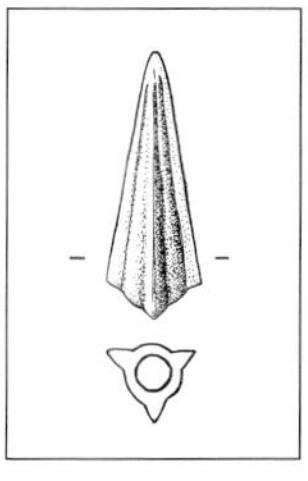

3.3.3.2.2.

Datierung: ältere Vorrömische Eisenzeit, Hallstatt D bis Latène A (Reinecke), 6.–4. Jh. v. Chr.
Verbreitung: östliches Europa, Süddeutschland, Frankreich, Italien.
Literatur: Leidorf 1982, Abb. 57; Leidorf 1990, 23–24, Abb. 11; Bofinger 2006; Hauser 2019.

3.3.4. Vierflügelige oder vierkantige Pfeilbewehrung mit Tülle <Metall>

Beschreibung: Typisch ist der quadratische bis rechteckige Querschnitt des Blattes. Darunter kann sich ein tordierter Schaft befinden. Die Tülle kann geschlitzt oder geschlossen sein. Zwischen ihr und dem Blatt kann sich ein Absatz befinden. Üblicherweise wurden Pfeilspitzen dieses Typs aus Eisen, selten aus Bronze oder Silber hergestellt.
Datierung: jüngere Römische Kaiserzeit, C (Eggers), bis Hochmittelalter, 2.–12. Jh. n. Chr.; Römische Republik bis Spätantike, ca. 2. Jh. v. Chr.–5. Jh. n. Chr.
Verbreitung: Deutschland, Schweiz, Großbritannien, Frankreich, Italien, Tschechien, Dänemark, Skandinavien, Römisches Reich.
Literatur: Böhner 1958, 164; Neuffer-Müller 1972, 62; Raddatz 1974, 18–19; Erdmann 1982; Schmidt, V. 1984, 56; Schmidt, B. 1987, 196–197; Kempke 1988; Paulsen, H. 1999, 114; Zimmermann 2000, 35–44; Westphalen 2002, 238; 243; Bemmann 2007, 263; Ramstein/Hartmann 2008, 111; Pauli Jensen/Nørbach 2009, 54; 71–73; Becker, M. 2010, 101; 426; Mackensen/Schimmer 2013, 301; 308; Fischer, V. in Vorb.

3.3.4.1. Tüllenpfeilspitze mit vierkantigem Blatt

Beschreibung: Das Blatt hat einen quadratischen oder rechteckigen Querschnitt. Es kann mit oder ohne Absatz in die geschlitzte oder geschlossene, meist runde Tülle übergehen. Das Verhältnis von Tüllen- und Blattlänge ist recht variabel. Gelegentlich befindet sich zwischen Tülle und Blatt ein abgerundetes Mittelstück. Meist sind Pfeilspitzen dieses Typs aus Eisen, selten aus Silber oder Bronze. Sie erreichen Längen von 3,5 bis 15 cm.
Synonym: Pfeilspitze Zimmermann Typ T 1-3.

Untergeordneter Begriff: vierkantige Pfeilspitze mit schmalem Blatt und Tülle; vierkantige Geschossspitze mit langer Schlitztülle; Pfeilspitze Pauli Jensen Typ IIA2; Pfeilspitze Kempke Typ 6; Pfeilspitze Haithabu Typ 23; Pfeilspitze Haithabu Typ 24; Pfeilspitze Haithabu Typ 25; Pfeilspitze Haithabu Typ 26; vierkantige Geschossspitze mit langer Tülle; nadelförmige Pfeilspitze.
Datierung: jüngere Römische Kaiserzeit, C (Eggers), bis Hochmittelalter, 2.–12. Jh. n. Chr.
Verbreitung: Skandinavien, Dänemark, Deutschland, England, Frankreich, Schweiz, Tschechien, Italien.
Relation: 3.2.3.5 Vierkantbolzen; [Lanzen-/Speerbewehrung] 3.2.1.5.5. Speerspitze mit vierkantigem Querschnitt und von der Spitze kaum oder gar nicht abgesetzter Tülle; [Lanzen-/Speerbewehrung] 3.2.1.5.6. Vierkantige Speerspitze mit Tülle; [Geschossbolzen] 2.3.1. Geschossbolzen mit langgezogener Bolzenspitze mit annähernd quadratischem Querschnitt und kaum erkennbarem Übergang zur Tülle; [Geschossbolzen] 2.6.1.1. Bolzenspitze mit quadratischem Querschnitt mit Tülle mit rundem Querschnitt.
Literatur: Raddatz 1963, Abb. 2,17; Neuffer-Müller 1966, Taf. 8,A26; 9,D1; 12,B4; La Baume 1967, 29, Taf. 17,Grab 237,2; Paulsen, P. 1967a, 122, Taf. 18,7; Dannheimer 1968, 24, Taf. 13,14; Raddatz 1974, 18–19, Taf. 35,136,g; Ament 1976, 88, Taf. 57,3; Pescheck 1983, Taf. 1,14; Schmidt, V. 1984, 56, Taf. 54,g–i; Czysz 1986, 269, Abb. 5,12–14; Schmidt, B. 1987, 196–197, Abb. 2,b–c; Kempke 1988; Neumayer 1993, 71, Taf. 19,2.6; Paulsen, H. 1999, 114, Abb. 13,14–16.26; Zimmermann 2000, 41–44, Taf. 4; Becker, M. 2001, 140; Westphalen 2002, 238; 243, Abb. 109,23–26, Taf. 91,5–11; Haberstroh 2004, 74, Taf. 6,1; Bemmann 2007, 263, Abb. 15,5–6; Ramstein/Hartmann 2008, 111; Pauli Jensen/Nørbach 2009, 54; 71–73; Becker, M. 2010, 101; 426, Taf. 14,1.

3.3.4.1.1. Bolzenartige Tüllenpfeilspitze mit vierkantigem Querschnitt

Beschreibung: Die kompakten bolzenartigen Spitzen haben einen vierkantigen Querschnitt. Geschäftet wurden sie mittels einer Tülle. Als Material wurde Eisen verwendet.
Datierung: Römische Republik bis Spätantike, ca. 2. Jh. v. Chr.–5. Jh. n. Chr.
Verbreitung: Römisches Reich.
Relation: [Geschossbolzen] 2.1.1. Geschossbolzen mit pyramidaler Bolzenspitze mit annähernd quadratischem Querschnitt und deutlichem Absatz zur Tülle; [Geschossbolzen] 2.2. Geschossbolzen mit pyramidaler Bolzenspitze mit annähernd quadratischem Querschnitt und verwaschenem Absatz zur Tülle.
Literatur: von Groller 1929, 209; 214, Taf. 26,15.21; 35,1–4.6–10; 38,18–21; Erdmann 1982; Hanel 1995, Taf. 49,B737; Mackensen/Schimmer 2013, 301 m. Anm. 1160–1161; 308, Abb. 137,8–9; Fischer, V. in Vorb.
Anmerkung: Bis zu einem Gewicht von 12 g können Artefakte dieses Typs laut Erdmann (1982) als Pfeilspitzen eingeordnet werden, schwerere Exemplare dürften von Wurfspeeren und Geschützpfeilen stammen.

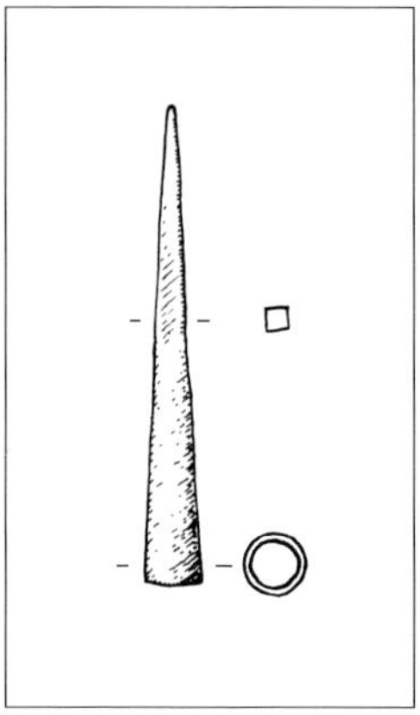
3.3.4.1.

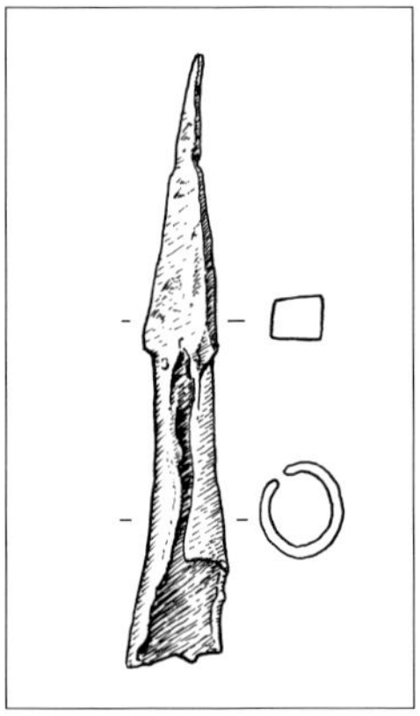
3.3.4.1.1.

3.3.4.2. Vierkantige Pfeilspitze mit tordiertem Schaft

Beschreibung: Die eiserne Spitze hat einen viereckigen Querschnitt und geht in einen tordierten Schaft und eine relativ lange geschlitzte oder ge-

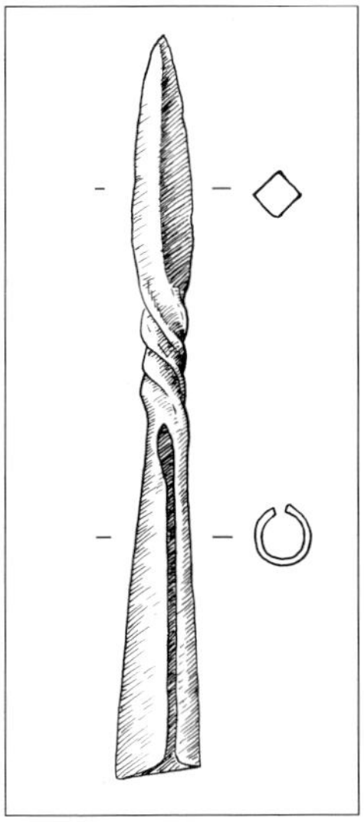

3.3.4.2.

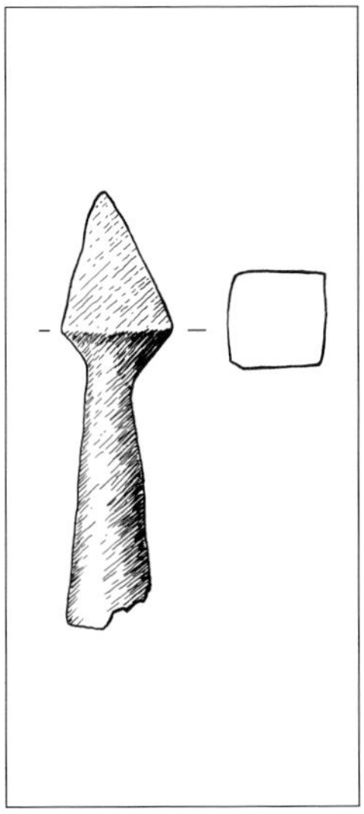

3.3.4.3.

schlossene Tülle über. Pfeilspitzen dieses Typs sind 7 bis 13,5 cm lang.
Untergeordneter Begriff: bolzenförmige Pfeilspitze mit Schlitztülle und tordiertem Schaft; Pfeilspitze Trier E; Pfeilspitze mit pyramidenförmiger Spitze und tordiertem Schaft.
Datierung: Völkerwanderungszeit bis Frühmittelalter, 6.–7. Jh. n. Chr.
Verbreitung: Süd- und Westdeutschland.
Literatur: Böhner 1958, 164, Taf. 29,12; Koch, R. 1969, 42, Taf. 19,A3; Clauß 1971, Taf. 22,20; Neuffer-Müller 1972, 62, Taf. 17,92,3; Pirling 1979, Taf. 55,11; Sage 1984, Taf. 155,15; Knaut 1993, 124, Taf. 3,B1; Losert 2003, Abb. 123,25–26.

3.3.4.3. Tüllenpfeilspitze mit spitzpyramidalem Blatt

Beschreibung: Das Blatt der eisernen Geschossspitze ist spitzpyramidal und von der runden Tülle durch eine konische Blattbasis abgesetzt. Der Blattquerschnitt ist quadratisch. Die Längen liegen zwischen 4 und 8 cm.
Untergeordneter Begriff: Pfeilspitze Zimmermann Typ T 1-1.
Datierung: Früh- bis Hochmittelalter, 10.–12. Jh. n. Chr.
Verbreitung: Deutschland, Schweiz, Großbritannien, Frankreich, Italien.
Relation: [Geschossbolzen] 2.1.1. Geschossbolzen mit pyramidaler Bolzenspitze mit annähernd quadratischem Querschnitt und deutlichem Absatz zur Tülle.
Literatur: Zimmermann 2000, 35–39, Taf. 1.

Die Lanzen-/Speerbewehrungen

Lanzen- bzw. Speerbewehrungen wurden aus Knochen, Geweih, Elfenbein, Silex oder Metall hergestellt. Ihre Formen und Größen sind vielfältig und reichen von den kleinen Rückenmessern aus Silex, die als Einsätze an Speeren dienten, bis zu den großen Angonen aus Eisen. Die Gliederung erfolgt zunächst nach dem jeweiligen Material, dann nach der Art der Schäftung: ohne Schäftungshilfe, mit Schaftzunge, -platte, -dorn oder -angel bzw. mit Tülle. Erst danach werden die Typen anhand der Spitzenform (blattförmig ohne Widerhaken, blattförmig mit Widerhaken, vierkantig) zusammengestellt. Die blattförmigen Stücke werden nochmals nach dem Querschnitt des Blattes gegliedert.

1. Lanzen-/Speerbewehrung <Organik>

Beschreibung: Lanzen-/Speerwehrungen wurden aus Knochen, Geweih oder Elfenbein gefertigt. Sie wurden ohne Schäftungshilfe, mit Schaftzunge, -platte oder -angel oder mit Tülle hergestellt. Einige Formen tragen mehr oder weniger deutlich ausgeprägte Widerhaken.
Datierung: Jungpaläolithikum bis Mesolithikum, 38.–5. Jt. v. Chr.; Jung- bis Endneolithikum, 43.–26. Jh. v. Chr.; Bronzezeit, Bronzezeit A–Hallstatt B (Reinecke), 18.–10. Jh. v. Chr.; jüngere nordische Bronzezeit, Periode V (Montelius), bis jüngere Römische Kaiserzeit, C2 (Eggers), 10. Jh. v. Chr.–3. Jh. n. Chr.; Frühmittelalter, 9.–11. Jh. n. Chr.
Verbreitung: Europa, Russland, Vorderer Orient.
Literatur: Schwab 1970, 7–9; Andersen 1971, 99–101; Tromnau 1973; Hahn 1977, 69–72; Müller-Beck 1977, 70–73; Bosinski 1978; Schoknecht 1982; Heidelk-Schacht 1983, 24–33; Rüttimann 1983, 45; Bokelmann 1988; Hahn 1993, 345–350; Torke 1993, 59–65; Wyss 1994; Andersen 1995–96; Cziesla 1999; Cziesla 2000; Hafner/Suter 2000, 189–190; Cziesla 2001; Grünberg 2001, 164–165; Bräunig 2002; Gramsch 2003; Schatte 2013a; Wild/Weber 2017; Pfeifer 2019.

1.1. Lanzen-/Speerbewehrung ohne Schäftungshilfe <Organik>

Beschreibung: Als Material für die Lanzen-/Speerbewehrungen ohne Schäftungshilfe wurden Knochen, Geweih und Elfenbein verwendet. Häufig sind langschmale Formen, deren Basalenden gerade oder schräg abgelängt oder ein- oder beidseitig angeschrägt sind. Darunter befinden sich Spitzen mit gegenständigen Längsrillen, in die Silexartefakte eingesetzt wurden. Eine Sonderform ist das Baguette demi-ronde, das aus zwei Teilen besteht, die zusammengesetzt werden. Diese langschmalen Stücke sind meist sorgfältig überarbeitet und können verziert sein. Weitere Sonderformen sind die Spitzen mit Widerhaken und die gekerbten Spitzen. Aber auch breitere Stücke mit einer in der Aufsicht fast dreieckigen Form kommen vor. Die Basis kann bei diesen leicht abgerundet sein. Die Oberfläche ist ebenfalls oft überarbeitet.
Datierung: Jungpaläolithikum, 38.–13. Jt. v. Chr.; Endphase Spätpaläolithikum bis Mesolithikum, 10.–5. Jt. v. Chr.
Verbreitung: Europa, Russland, Vorderer Orient.
Literatur: Zotz 1964/65; Andersen 1971, 99–101; Tromnau 1973; Hahn 1977, 69–72; Bosinski 1978; Heidelk-Schacht 1983, 24–33; Gramsch 1990; Feruglio 1992; Hahn 1993, 333–340; Jochim 1993, 82–83; 93–95; Andersen 1995–96; Cziesla 2001; Gramsch 2003; Bolus 2004, 21; 23; Bolus/Conard 2006; Cziesla 2006, 333–335; Bosinski 2007, 107–108; Terberger 2007, 246–249; Langley u. a. 2015; Pfeifer 2016, 60–62; Wild/Weber 2017; Hartz/Lübke/Groß 2019; Pfeifer 2019.

1.1.1. Spitze mit gespaltener Basis

Beschreibung: Die im Umriss dreieckige Spitze wurde aus Knochen oder Geweih hergestellt. In der Seitenansicht ist sie gleichmäßig dick und nur leicht gebogen. Der Querschnitt ist flachoval mit gerundeten Kanten. Die runde bis spitzbogige Basis ist gespalten. Die Oberfläche ist überarbeitet. Spitzen mit gespaltener Basis können 6 bis 30 cm lang sein.
Datierung: Jungpaläolithikum, 38.–31. Jt. v. Chr.

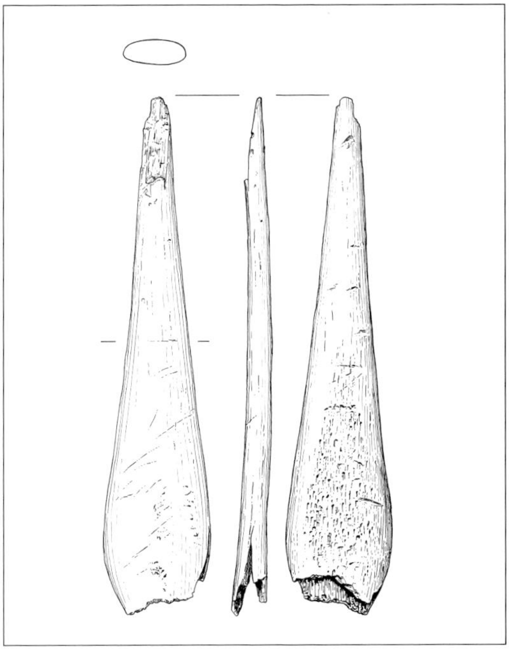

1.1.1.

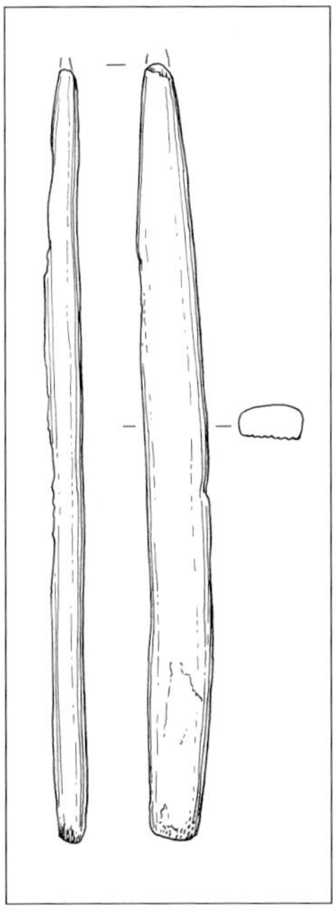

1.1.2.

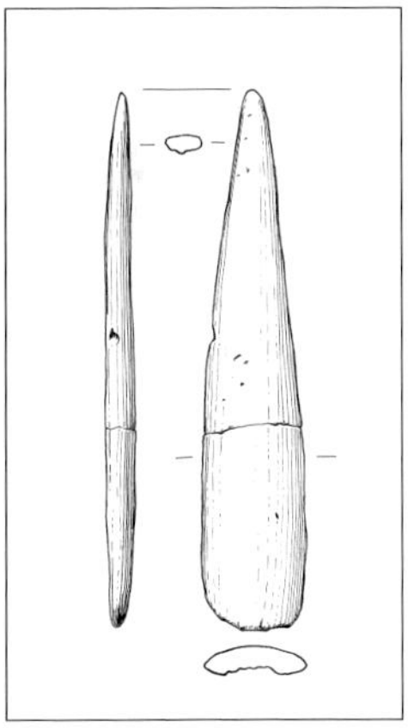

1.1.2.1.

Verbreitung: Europa.
Literatur: Hahn 1977, 69–71; Bosinski 1987, 23, Abb. 21; Hahn 1988, 205–206, Taf. 44,8–17; Hahn 1993, 335–337; Bolus 2004, 23, Abb. 9,17–19; 12,24; Bolus/Conard 2006.

1.1.2. Spitze mit einfacher Basis

Beschreibung: Spitzen mit einfacher Basis wurden aus Knochen, Geweih oder Elfenbein gefertigt. Die Basis ist meist abgerundet, die Kanten verlaufen gleichmäßig einziehend in Richtung Distalende, das spitz oder abgerundet sein kann. Der Querschnitt der Geschossspitze ist rechteckig bis D-förmig. Häufig werden Längen von 8 bis 22 cm erreicht.
Datierung: Jungpaläolithikum, 33.–13. Jt. v. Chr.
Verbreitung: Europa, Vorderer Orient.
Literatur: Hahn 1988, 208, Taf. 43,7; Hahn 1993, 333–334, Abb. 101,4; Pasda 1994, 67–69, Taf. 1,5; Pfeifer 2016, 62.

1.1.2.1. Spitze mit einfacher Basis Typ Mladeč

Beschreibung: Die Spitze mit flachovalem Querschnitt ist aus Knochen oder Geweih gearbeitet. Ihr Umriss ist annähernd dreieckig. Die Oberfläche ist überarbeitet. Manchmal sind noch Reste der Spongiosa vorhanden. Es werden Längen von 9 bis 37 cm erreicht.
Synonym: Spitze mit massiver Basis Typ Mladeč; Mladečer Spitze; Lautscher Spitze.
Datierung: Jungpaläolithikum, 38.–25. Jt. v. Chr.
Verbreitung: Europa, selten in Russland und Syrien.
Literatur: Zotz 1964/65; Mottl 1966, 157; Albrecht/Hahn/Torke 1972, 21; Hahn 1977, 69–72; Bosinski 1987, 23, Abb. 22; Bolus 2004, 21; Döhle/Weber 2004, Abb. 14,3; Bolus/Conard 2006.

1.1.3. Langschmale Elfenbeinspitze mit gerader Basis

Beschreibung: Die langschmalen Spitzen wurden aus Elfenbein hergestellt. Sie haben einen mehr oder weniger runden Querschnitt. Der meist geraden Basis gegenüber befindet sich eine Spitze, die nicht immer mittig zur Gerätachse liegt. Die Längen der Geschossspitzen liegen häufig zwischen 9 und 12,5 cm.

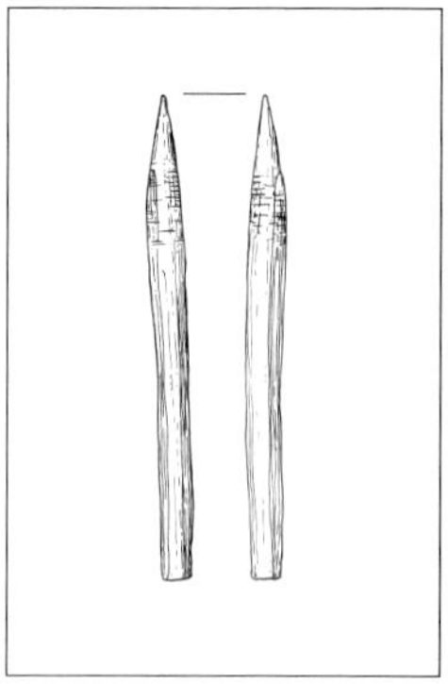

1.1.3.

Datierung: Jungpaläolithikum, 38.–35. Jt. v. Chr.
Verbreitung: Süddeutschland.
Literatur: Conard/Langguth/Uerpmann 2002, 25, Abb. 7,2; Bolus 2004, 23, Abb. 11,14; Bolus/Conard 2006, 11–12, Abb. 4,1.

1.1.4. Einfache glatte Knochenspitze mit gerader Basis

Beschreibung: Das langschmale Gerät wurde aus dem Mittelfußknochen eines Hirschs oder einem großen Röhrenknochen geschnitten, die Oberfläche dann geschliffen und poliert. Der Querschnitt ist bikonkav, konkav-konvex oder oval. Die Basis ist meist gerade abgeschnitten, gelegentlich finden sich dort aber auch noch Gelenkreste. Das obere Ende läuft in eine kurze Spitze aus. Die Längen bewegen sich zwischen 8 und 20 cm.
Untergeordneter Begriff: einfache glatte Spitze mit rundem Querschnitt und stumpfem Schaftende; einfache glatte Spitze mit mehrkantigem oder flachem Querschnitt und oft verjüngtem Schaftende.
Datierung: Frühmesolithikum, 10.–8. Jt. v. Chr.
Verbreitung: Europa.
Literatur: Schuldt 1961, 104–105, Taf. 41; Jochim 1993, 82–83; 93–95, Abb. 31; Kind 1997, 15; Gramsch 2000, 65, Abb. 9,1–3.

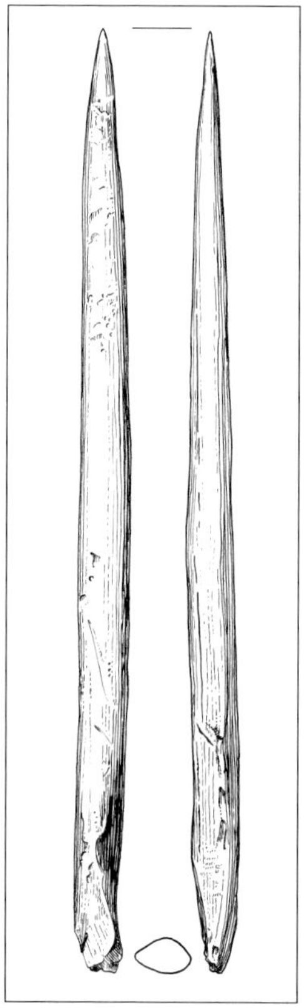

1.1.4.

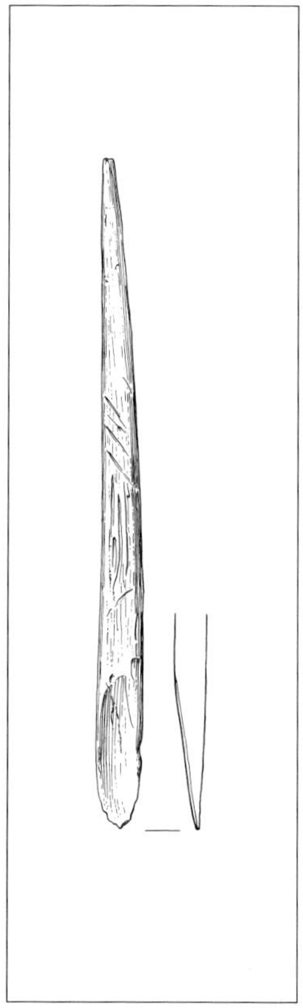

1.1.5.

1.1.5. Spitze mit einseitig abgeschrägter Basis

Beschreibung: Die aus Geweih oder Mammutelfenbein gefertigte Spitze ist sorgfältig bearbeitet und geglättet. Der Querschnitt ist halbrund bis annähernd rund. Der Umriss ist lanzettförmig mit einem spitzen, abgerundeten oder querschneidigen distalen Ende. Die Basis ist an einer Seite deutlich abgeschrägt. Diese Abschrägung ist in der Regel durch Ritzungen oder Hacknegative aufgeraut. Einige Spitzen sind mit einer in der Mitte des Geräts ansetzenden und bis kurz vor die Spitze verlaufenden Nut auf Dorsal- und Ventralfläche versehen. Die Längen belaufen sich auf 5,5 bis 14 cm. Gelegentlich kommt Verzierung vor.
Synonym: Geschossspitze mit einfach abgeschrägter Basis.

Datierung: Jungpaläolithikum, 32.–13. Jt. v. Chr.
Verbreitung: Frankreich, Schweiz, Süddeutschland, Spanien, Italien, Belgien, Tschechien.
Literatur: Bandi 1968, 113–114, Abb. 4; Riek 1973, 134–135; 154, Taf. 31,10; 35,9; Hahn 1993, 338–339, Abb. 102,1–3.6; Pasda 1994, 169, Taf. 41,1; Pfeifer 2016, 60–62, Taf. 4,3.5.7–8; Pfeifer 2019.

1.1.6. Spitze mit beidseitig abgeschrägter Basis

Beschreibung: Spitzen dieses Typs wurden aus Geweih oder Mammutelfenbein hergestellt und verfügen über einen annähernd runden oder halbrunden Querschnitt. Ihre Oberfläche ist sorgfältig bearbeitet. Im proximalen und medialen Teil des Artefakts laufen die Kanten parallel, erst im distalen Bereich ziehen sie zur Spitze ein. Auch gerundete oder querschneidige Enden kommen vor. Die Basis ist beidseitig abgeschrägt, wobei die schrägen Flächen meist parallele oder sich kreuzende Ritzungen oder Hacknegative aufweisen. Von der Mitte des Artefakts ausgehend kann sich auf Dorsal- und Ventralfläche jeweils eine Nut in Richtung der Spitze hinziehen. Längen zwischen 8 und 13,5 cm sind belegt. Einige Stücke sind verziert.
Synonym: Geschossspitze mit doppelt abgeschrägter Basis.
Datierung: Jungpaläolithikum, 18.–13. Jt. v. Chr.
Verbreitung: Südwest- und Mitteleuropa.
Literatur: Riek 1973, 134–135; 154, Taf. 30,7–9; 35,10; Hahn 1993, 339–340, Abb. 102,4–5; Lübke 1993, 73–76, Abb. 2,1; Pasda 1994, 169, Taf. 41,6; Beran 2001, 183, Abb. 4,3; Baales 2013; Pfeifer 2016, 60–62, Taf. 3,1–3; Pfeifer 2019.
(siehe Farbtafel Seite 29)

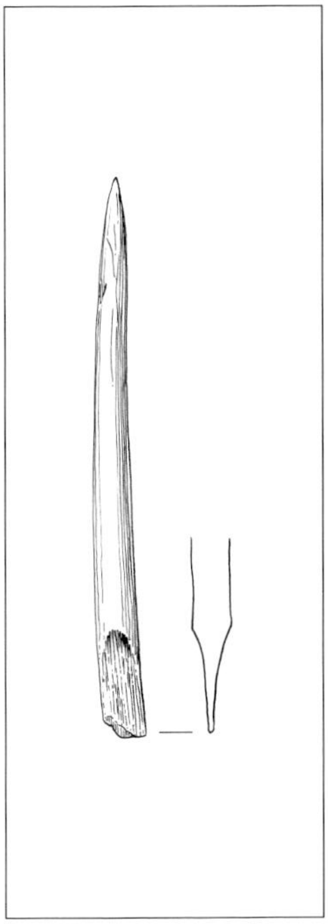

1.1.6.

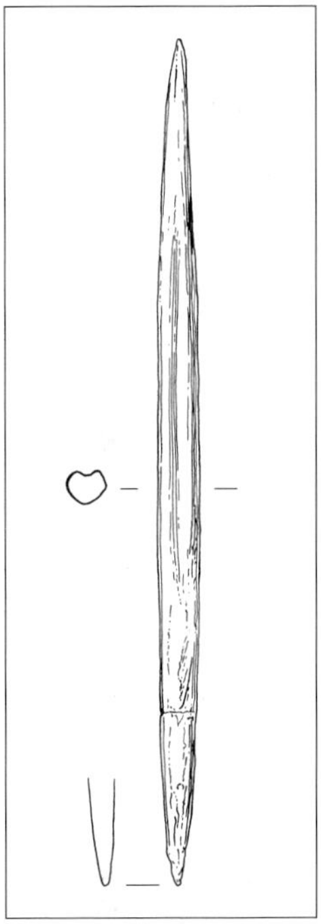

1.1.7.

1.1.7. Spindelförmige Knochenspitze

Beschreibung: Die langgestreckte Spitze wurde in der Regel aus einem Röhrenknochen hergestellt. Ihr Querschnitt ist häufig rund, gelegentlich zeigt sich eine Einstülpung aufgrund der Innenfläche des Knochens. Das Terminalende ist zu einer langen Spitze ausgezogen, die Basis verjüngt sich und kann ebenfalls zugespitzt sein. Meist sind Terminalende und medialer Bereich sorgfältig überarbeitet, während das Basalende Schnittspuren und -facetten trägt. Die Länge liegt selten unter 15 cm, meist zwischen 20 und 30 cm.
Datierung: Spätpaläolithikum, 12.–11. Jt. v. Chr.
Verbreitung: Nordostdeutschland, Südostbaltikum, selten in Österreich.
Literatur: Beran 2001, 183–186, Abb. 4,1–2; Gramsch 2003; Wild/Weber 2017.
Anmerkung: Reste von Schäftungspech zeigen, dass die Spitzen entweder seitlich an einem Schaft befestigt oder in diesen eingesetzt wurden (Gramsch 2003, 63). Aufgrund des relativ hohen Gewichts (für die Brandenburger Stücke 13 bis 46,4 g; Gramsch 2003, 64) wird es sich wohl um Speerspitzen handeln.

1.1.8. Baguette demi-ronde

Beschreibung: Das langschmale Baguette demironde wurde in der Regel aus Geweih hergestellt, selten aus Knochen oder Elfenbein. Der Quer-

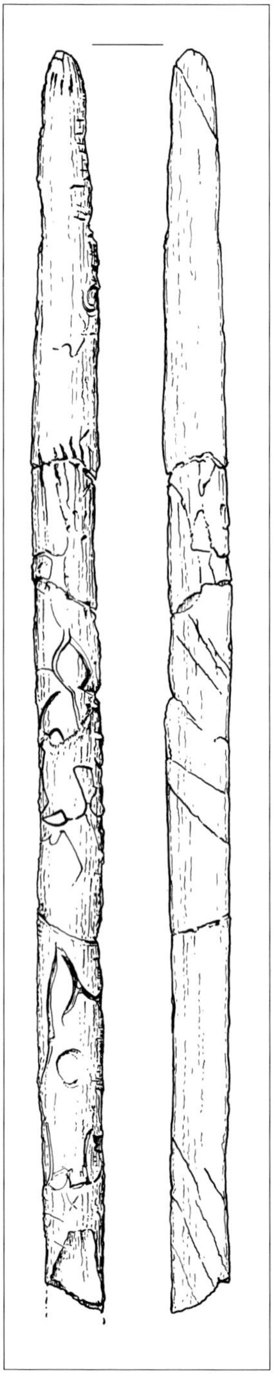

1.1.8.

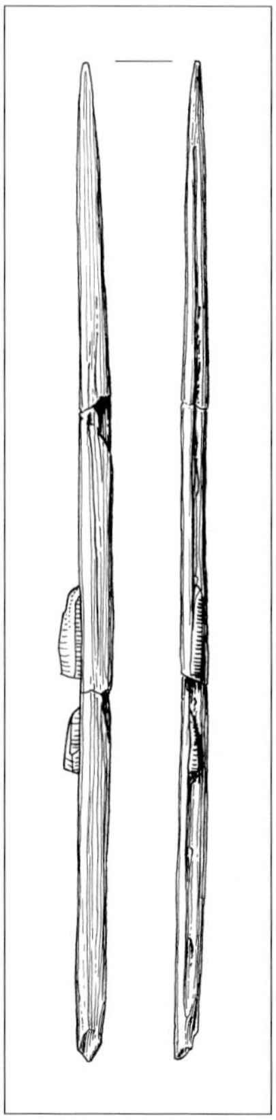

1.1.9.

schnitt ist plano-konvex. Die gewölbte Seite ist häufig mit Ritzlinien geometrisch oder figürlich verziert. Auch plastisch ausgearbeitete rechteckige oder rhombische »Höckerchen« kommen als Verzierung vor. Die plane Seite ist oft durch schräge Riefen aufgeraut und weist teilweise noch Reste der Spongiosa auf. Die Basis kann abgeschrägt sein. Die Enden laufen gerundet zu und können ebenfalls verziert sein. Es werden Längen über 35 cm erreicht.

Datierung: spätes Jungpaläolithikum, 15.–13. Jt. v. Chr.

Verbreitung: Frankreich, Spanien, Portugal, Schweiz, Westdeutschland.

Literatur: Bosinski 1978; Bosinski/Evers 1979, 46, Abb. 29; Bosinski 1987, 99, Abb. 91–93; Feruglio 1992; Bosinski 2007, 107–108, Abb. 83; Langley u. a. 2015; Pfeifer 2019.

Anmerkung: Die Gebrauchsspuren sprechen für eine Nutzung als Geschossspitze. Baguette demi-ronde werden als Paar zu einer dicken Spitze dergestalt zusammengefügt, dass die planen Flächen aufeinanderliegen. Es wurden auch Paare gefunden, bei denen die Verzierung der Schmalseite des einen Stücks auf dem anderen weitergeführt wurde.

1.1.9. Spitze mit gegenständigen Längsrillen

Beschreibung: In einen langgestreckten geraden Schaft aus Knochen oder Geweih wurden zwei gegenständige Längsrillen an den Schmalseiten eingearbeitet. Die Rillen beinhalten z. T. noch Flinteinsätze, häufig sind diese aber verlorengegangen. Der Querschnitt ist leicht kantig. Das Terminalende läuft zur Spitze aus. Die Basis ist recht variabel gestaltet. Häufig kommen Längen um 20 cm vor.

Datierung: Mesolithikum, 10.–5. Jt. v. Chr.

Verbreitung: Nordeuropa, nördliches Mitteleuropa.

Literatur: Gramsch 1973, 33–34, Abb. 23,1–2; Heidelk-Schacht 1983, 29, Abb. 5,b.

Anmerkung: In Dänemark und Schweden wurden Spitzen mit Flintschneiden in Tierskeletten steckend gefunden (Heidelk-Schacht 1983, 29).

1.1.10. Gekerbte Spitze

Beschreibung: Bei den aus Knochen hergestellten Spitzen sind an einer Längsseite partiell oder vollständig mehr oder weniger stark ausgeprägte Kerben angebracht. Gelegentlich finden sich ebensolche auch an der zweiten Längsseite. Die Oberfläche des Geräts kann roh belassen oder sorgfältig überarbeitet sein. Meist sind Geräte dieses Typs 10 bis 20 cm lang.
Datierung: Endphase Spätpaläolithikum bis Mesolithikum, 10.–7. Jt. v. Chr.
Verbreitung: nördliches Mitteleuropa, Südskandinavien.
Literatur: Tromnau 1973; Heidelk-Schacht 1983, 24–28; Gramsch 1990; Cziesla 2001; Cziesla 2006, 333–335; Groß u. a. 2019, 31; 36; 47; 58; Hartz/Lübke/Groß 2019.

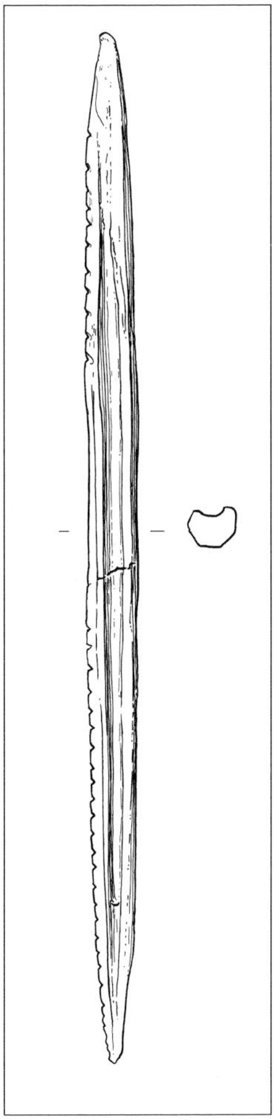

1.1.10.1.

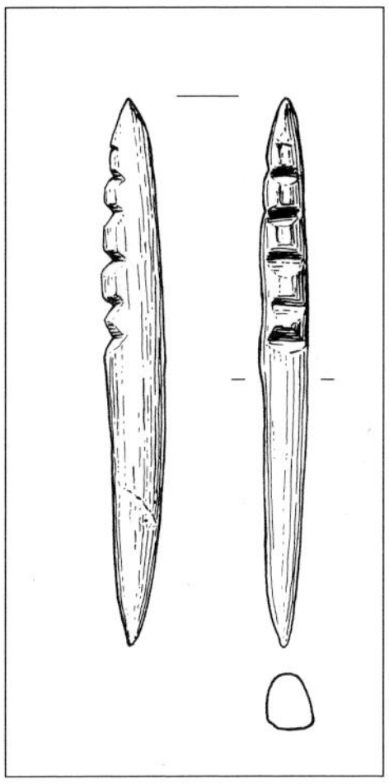

1.1.10.2.

1.1.10.1. Spitze Typ Duvensee

Beschreibung: Eine Längsseite ist vollständig oder partiell mit feinen Kerben versehen, gelegentlich finden sich solche auch an der gegenüberliegenden Seite. Die Längsseiten laufen zu einer Spitze zusammen, die Basis ist gerade, kann aber auch abgeschrägt bis zugespitzt sein. Der Querschnitt des oft sorgfältig überarbeiteten Geräts ist spitzoval, rundlich oder kantig. Spitzen dieses Typs erreichen häufig Längen zwischen 10 und 13 cm, können aber auch über 20 cm lang sein. Als Material wurde Knochen verwendet.
Synonym: Spitze mit feinen Kerben; Spitze mit flachen Kerben.
Datierung: Endphase Spätpaläolithikum bis Mesolithikum, 10.–7. Jt. v. Chr.
Verbreitung: Norddeutschland, Dänemark, Südskandinavien, Niederlande, Polen.
Literatur: Kersten 1963, 146, Abb. 22,3–8; Gramsch 1964, 20; Buck 1965; Gramsch 1973, 31–32, Abb. 16,1–5; Tromnau 1973; Heidelk-Schacht 1983, 24–25, Abb. 6,c; Cosack 2001, Abb. 1,2; Cziesla 2001; Cziesla 2006, 333; Groß u. a. 2019, 31; 36; 47; 58; Hartz/Lübke/Groß 2019.

1.1.10.2. Spitze Typ Dobbertin

Beschreibung: Der im Querschnitt ovale, rundliche oder abgerundet rechteckige Schaft weist im oberen Drittel oder den oberen zwei Dritteln an einer Kante tiefe, annähernd rechtwinklige Einschnitte auf. Das aus Knochen gefertigte Gerät ist meist zwischen 10 und 20 cm lang und sorgfältig überarbeitet.
Synonym: Spitze mit tiefen Kerben.
Datierung: Mesolithikum, 10.–7. Jt. v. Chr.
Verbreitung: Nordostdeutschland, Südschweden, Polen.

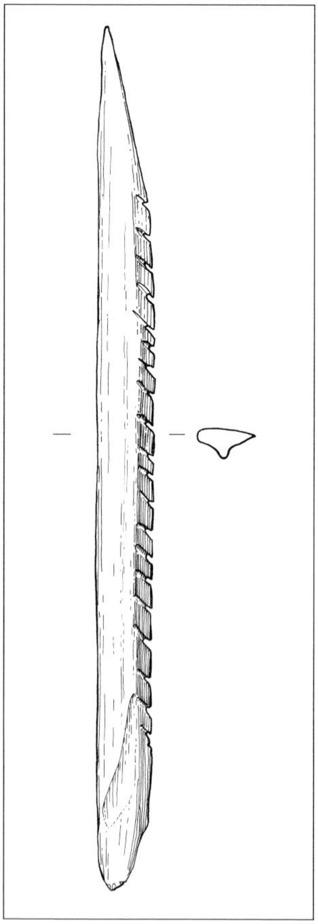

1.1.10.3.

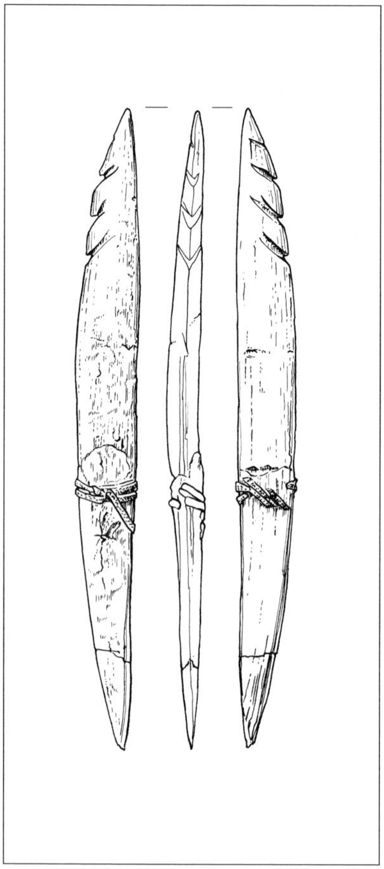

1.1.10.4.

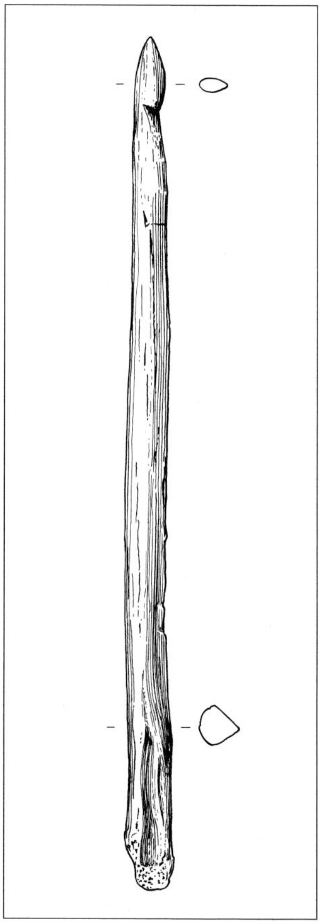

1.1.11.1.

Literatur: Schuldt 1961, 106–107, Taf. 45,b; Gramsch 1964, 20; Gramsch 1973, 32, Abb. 18,2.4; Heidelk-Schacht 1983, 25, Abb. 5,d; 6,d; Groß 2017, 106; Groß u. a. 2019, 31; 36; 47; 58.

1.1.10.3. Spitze mit Schrägkerben

Beschreibung: Der im Querschnitt ovale bis D-förmige Schaft ist an einer Längsseite vollständig oder partiell mit kräftigen widerhakenartigen, schräg angebrachten Kerben versehen. Die Länge des aus Knochen gefertigten Geräts beträgt häufig 17 bis 20 cm.
Synonym: Spitze Typ Kunda; Spitze mit tiefen Schrägkerben.
Datierung: Frühmesolithikum, 10.–8. Jt. v. Chr.
Verbreitung: nördliches Mitteleuropa.
Literatur: Schuldt 1961, 107, Taf. 44,b; Gramsch 1973, 32, Abb. 18,1.5; 19,1.3–7; Heidelk-Schacht 1983, 25–26; Gramsch 2000, 65, Abb. 9,4; Groß 2017, 106; Groß u. a. 2019, 31.
Anmerkung: Dieser Typ wird gelegentlich zum Typ Duvensee gerechnet (Petersen, E. B. 2019, 179; Groß u. a. 2019, 31; 36).

1.1.10.4. Spitze Typ Pritzerbe

Beschreibung: Im terminalen Bereich des Geräts befinden sich meist zwei bis sechs durch Kerbung herausgearbeitete Häkchen von annähernd konvexer bis rhomboider Form. Die Oberfläche kann sorgfältig bearbeitet, aber auch mehr oder weniger roh belassen sein. Als Rohmaterial wurde Kno-

chen verwendet. Die Basis kann spitz zulaufen. Meist sind Geräte dieses Typs 12 bis 20 cm lang.
Synonym: Spitze mit kleinen Widerhaken; Spitze Clark Typ 8.
Datierung: Mesolithikum, 10.–7. Jt. v. Chr.
Verbreitung: Nordostdeutschland, Polen, selten in Dänemark.
Literatur: Nilius/Schuldt 1957; Gramsch 1973, 33, Abb. 21,1–5; Heidelk-Schacht 1983, 27–28, Abb. 5,c; Gramsch 1987; Gramsch 2000, 70, Abb. 12; Cziesla 2001; Cziesla 2006, 333–335, Abb. 1; Groß u. a. 2019, 31; 36; 47; 58.
Anmerkung: In Dänemark tritt häufiger der sehr ähnliche Mullerup-Typ auf, bei dem die Oberseite der Widerhaken konkav ist, während sie beim Pritzerbe-Typ konvex verläuft (Petersen, E. B. 2019, 180).

1.1.11. Spitze mit Widerhaken

Beschreibung: Spitzen mit einem kleinen Widerhaken wurden aus Knochen hergestellt und in der Regel wenig überarbeitet. Auch die Rehgehörn-Harpunen sind wenig überarbeitet. Hier wurden die natürliche Form des Gehörns genutzt und ein bis zwei Seitensprosse zu Widerhaken umgestaltet.
Datierung: Mesolithikum, Mitte 9.–8. Jt. v. Chr.; 45.–40. Jh. v. Chr.
Verbreitung: Nordostdeutschland, Dänemark, Polen.
Literatur: Eggers 1934; Schuldt 1961, 108–109; Andersen 1971, 99–101; Gramsch 1973, 32–34; Heidelk-Schacht 1983, 27; 32–33; Andersen 1995–96; Hartz/Kraus 2005, 431; Terberger 2007, 246–249; Glykou 2016, 340.

1.1.11.1. Spitze mit einem kleinen Widerhaken

Beschreibung: Am oberen Ende eines Knochenschaftes wurde ein kleiner Widerhaken ausgearbeitet. Die Oberfläche und die Basis wurden oft nur wenig überarbeitet. Spitzen dieses Typs sind meist 15 bis 20 cm lang.
Datierung: Frühmesolithikum, Mitte 9.–8. Jt. v. Chr.
Verbreitung: Nordostdeutschland, Dänemark.
Literatur: Schuldt 1961, 108–109, Taf. 46,a; Gramsch 1973, 32–33, Abb. 20,1–4; Heidelk-Schacht 1983, 27, Abb. 6,a–b.f.

1.1.11.2. Rehgehörn-Harpune

Beschreibung: Ein oder zwei Seitensprosse eines schädelechten Rehgehörns wurden zu Widerhaken umgestaltet, die Endsprosse wurde zugespitzt. Die Basis ist flach zugeschnitten oder beidseitig abgeschrägt. Etwas oberhalb befinden sich meist kleine Zapfen. Die Objekte weisen die natür-

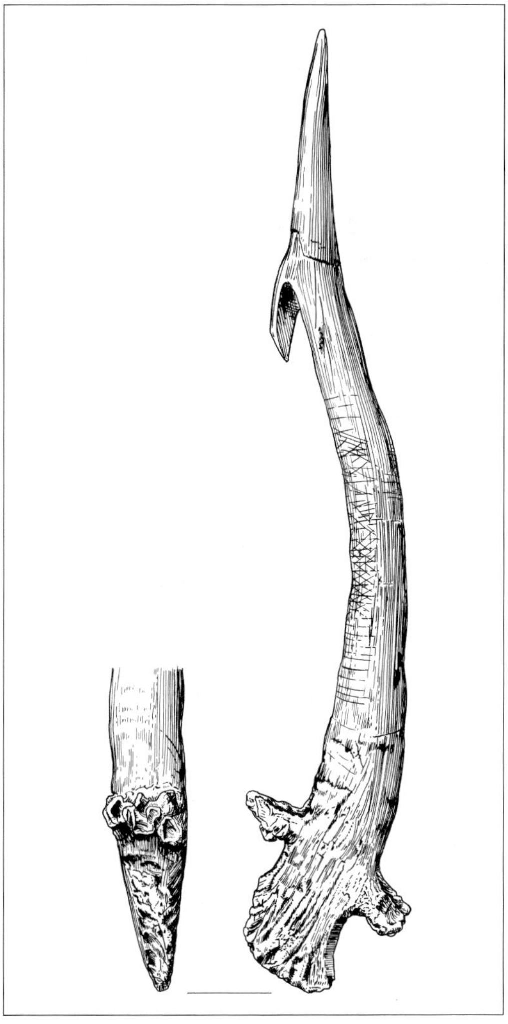

1.1.11.2.

liche Form des Rehgehörns auf und sind daher nie gerade. Meist ist die Oberfläche nur zur Spitze hin geglättet, selten vollständig. Es werden meist Längen von 15 bis 25 cm erreicht. Verzierung kommt nur an Einzelstücken vor.
Synonym: Harpune Andersen Typ C.
Datierung: Endmesolithikum, 45.–40. Jh. v. Chr.
Verbreitung: Nordostdeutschland, Dänemark, Polen.
Literatur: Eggers 1934; Andersen 1971, 99–101, Abb. 30–34; Schwabedissen 1972, 3, Abb. 3,5; Gramsch 1973, 34, Taf. 55,1; Heidelk-Schacht 1983, 32–33; Schwabedissen 1994, Taf. 15,1; 16,5; Andersen 1995–96; Hartz/Kraus 2005, 431, Abb. 7,5; Hirsch/Klooß/Klooß 2007, 33, Abb. 12; Terberger 2007, 246–249, Abb. 7,1–2; 8,a; Glykou 2016, 340, Taf. 28; Hartz 2022, Abb. 5.

1.2. Lanzen-/Speerbewehrung mit Schaftzunge, -platte oder -angel <Organik>

Beschreibung: Die aus Knochen oder Geweih gearbeiteten Lanzen- bzw. Speerbewehrungen mit Schaftzunge, -platte oder -angel haben an einer oder beiden Längsseiten herausgearbeitete Widerhaken. Diese sind in Form und Anzahl je nach Typ sehr unterschiedlich. Auch die Basisformen sind sehr heterogen.
Datierung: Jungpaläolithikum bis Mesolithikum, Mitte 12.–Mitte 6. Jt. v. Chr.; nordisches Endmesolithikum, 46.–40. Jh. v. Chr.; Jung- bis Endneolithikum, 43.–26. Jh. v. Chr.; frühe bis mittlere Bronzezeit, Bronzezeit A–B (Reinecke), 18.–15. Jh. v. Chr.
Verbreitung: Deutschland, Dänemark, Südskandinavien, Polen, Österreich, Tschechien, Italien, Schweiz, Westeuropa.
Literatur: Schwab 1970, 7–9; Müller-Beck 1977, 70–73; Rüttimann 1983, 45; Bokelmann 1988; Hahn 1993, 345–350; Torke 1993, 56–59; Wyss 1994; Andersen 1995–96; Cziesla 1999; Cziesla 2000; Hafner/Suter 2000, 189–190; Grünberg 2001, 164–165; Pfeifer 2019.

1.2.1. Widerhakenspitze

Beschreibung: Die aus Geweih oder Knochen gefertigten Spitzen tragen ein- oder beidseitig einen oder mehrere Widerhaken, deren Anzahl, Form und Anordnung variabel sind. Auch die Form der Basis ist sehr heterogen; sie kann durchlocht sein. Gelegentlich tritt Verzierung auf.
Synonym: Harpune.
Untergeordneter Begriff: Stabharpune.
Datierung: Jungpaläolithikum bis Mesolithikum, Mitte 12.–Mitte 6. Jt. v. Chr.; nordisches Endmesolithikum, 46.–40. Jh. v. Chr.; Jung- bis Endneolithikum, 43.–26. Jh. v. Chr.; frühe bis mittlere Bronzezeit, Bronzezeit A–B (Reinecke), 18.–15. Jh. v. Chr.
Verbreitung: Deutschland, Dänemark, Südskandinavien, Polen, Österreich, Tschechien, Italien, Schweiz, Westeuropa.
Literatur: Schwab 1970, 7–9; Müller-Beck 1977, 70–73; Rüttimann 1983, 45; Bokelmann 1988; Hahn 1993, 345–350; Torke 1993, 56–59; Wyss 1994; Andersen 1995–96; Cziesla 1999; Cziesla 2000; Hafner/Suter 2000, 189–190; Grünberg 2001, 164–165; Pfeifer 2019.

1.2.1.1. Einreihige Widerhakenspitze

Beschreibung: Einreihige Widerhakenspitzen wurden aus Knochen oder Geweih gefertigt. Sie sind von langschmaler Form und tragen an einer Seite einen oder mehrere Widerhaken. Einige Stücke sind vollständig geglättet, andere nur im Bereich der Basis und der Spitze. Gelegentlich tritt Verzierung auf. Einige Widerhakenspitzen sind an der Basis gelocht. Die Längen belaufen sich häufig auf Werte zwischen 13 und 30 cm.
Synonym: einreihige Harpune.
Datierung: Jungpaläolithikum bis Mesolithikum, Mitte 12.–Mitte 6. Jt. v. Chr.; nordisches Endmesolithikum, 46.–40. Jh. v. Chr.
Verbreitung: Deutschland, Dänemark, Südskandinavien, Polen, Tschechien, Schweiz, Westeuropa.
Literatur: Toepfer 1962; Andersen 1971; Hahn 1993, 345–349; Andersen 1995–96; Hartz 1997, 178; Cziesla 1999; Larsson 1999; Cziesla 2000;

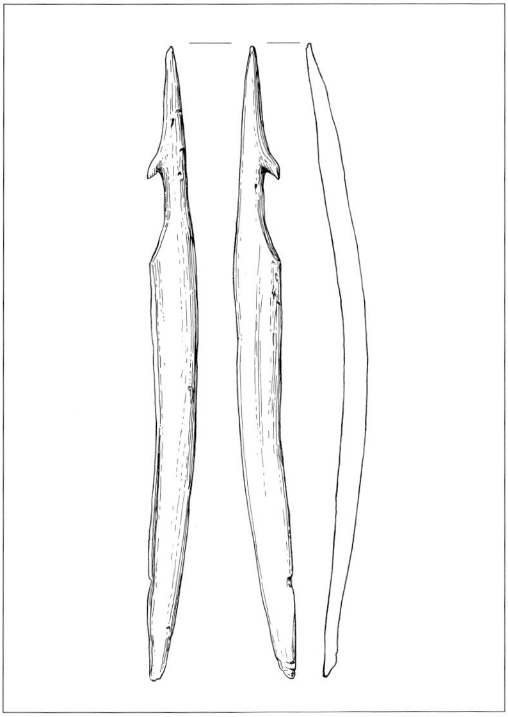

1.2.1.1.1.

Grünberg 2001, 164–165; Andersen/Petersen 2005; Pfeifer 2016, 62–63; Hartz/Lübke/Groß 2019, 211–212; Pfeifer 2019.

1.2.1.1.1. Widerhakenspitze mit einem oder zwei Widerhaken

Beschreibung: Unterhalb der Spitze sind ein oder zwei deutliche Widerhaken ausgebildet. Danach verdickt sich der relativ lange, häufig gebogene Schaft und läuft erst im unteren Bereich schmaler werdend in eine gerade oder spitze Basis aus. Widerhakenspitzen dieses Typs wurden aus Geweih, seltener aus Knochen hergestellt. Bei den Geweihartefakten blieb die Perlung erhalten oder wurde sorgfältig entfernt, sodass der Schaft glatt ist. Die Längen belaufen sich auf knapp 13 bis 30 cm.
Datierung: Mesolithikum, 9.–Mitte 6. Jt. v. Chr.
Verbreitung: Sachsen-Anhalt.
Literatur: Toepfer 1962; Grünberg 2001, 164–165; Porr 2004.

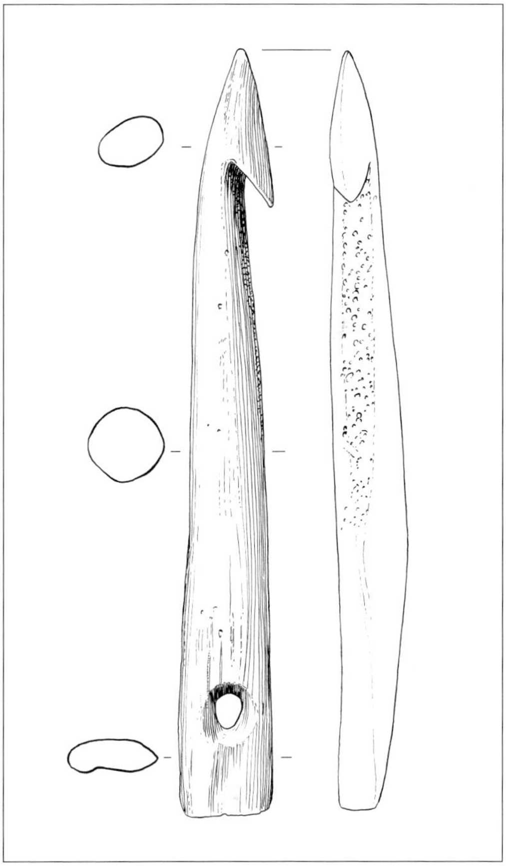

1.2.1.1.2.

1.2.1.1.2. Harpune mit einem Widerhaken und Lochung

Beschreibung: Die aus Geweih gearbeiteten Harpunen tragen knapp unterhalb der Spitze einen einzigen großen Widerhaken. Die Oberfläche ist im Bereich der Spitze, seltener am ganzen Objekt sorgfältig geglättet. Etwas oberhalb der meist geraden, zungenförmigen Basis befindet sich eine Lochung. Harpunen dieses Typs sind oft 14 bis 20 cm lang.
Datierung: nordisches Endmesolithikum, 46.–40. Jh. v. Chr.
Verbreitung: Dänemark, Südschweden, Norddeutschland.
Literatur: Andersen 1971; Gramsch 1973, Taf. 55,4; Andersen 1995–96.

1.2.1.1.3. Einreihige Magdalénienharpune

Beschreibung: Die aus Geweih (meist Ren) oder seltener Knochen hergestellte Harpune besitzt einseitig durch eckige Einschnitte herausgearbeitete Widerhaken, die gegen die Einschussrichtung nach hinten gestellt sind. Ihr Umriss ist kantig oder gerundet, Anzahl und Abstände sind variabel. Der Harpunenschaft ist langgestreckt und schlank mit parallelen Kanten, die Basis einseitig abgeschrägt. Häufig ist sie vom Körper abgesetzt. Gelegentlich kommen Verzierungen in Form von Ritzlinien vor. Die wenigen vollständig erhaltenen Stücke erreichen oft Längen um 15 cm.

Datierung: Jungpaläolithikum, Mitte 12.–11. Jt. v. Chr.

Verbreitung: Süd- und Westdeutschland, Schweiz, Tschechien, Westeuropa.

Literatur: Bandi 1968, Abb. 3,1; Riek 1973, 154–155; Müller-Beck 1977, 70–73; 112, Abb. 33,a–b; Bosinkski 1987, 113, Abb. 105; Hahn 1993, 345–349; Pfeifer 2016, 62–63, Taf. 9,5; von Berg 2017, Abb. 4; Pfeifer 2019.

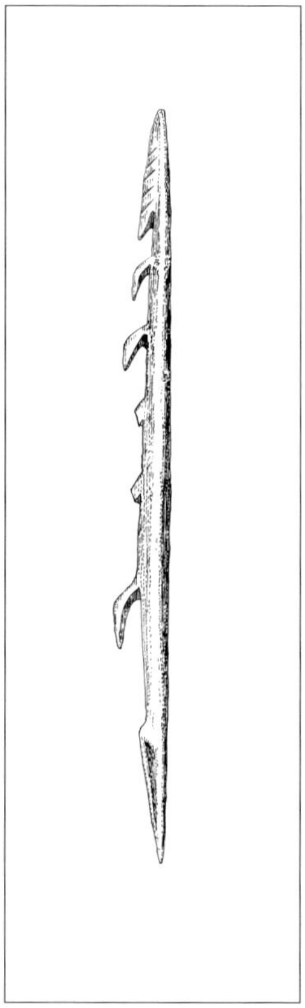

1.2.1.1.3.

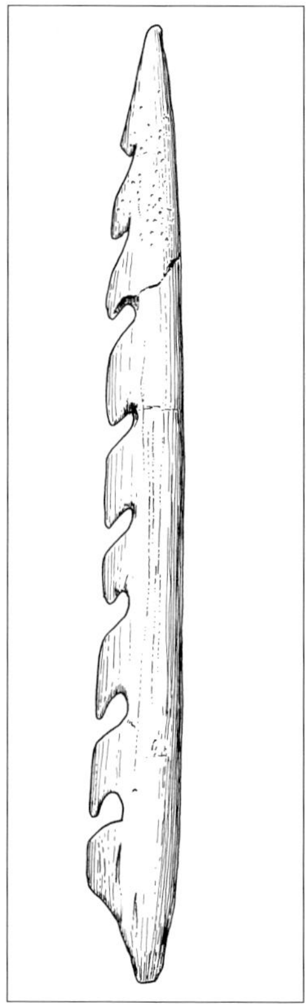

1.2.1.1.5.

1.2.1.1.4. Einreihige Widerhakenspitze vom Havel-Typ

Beschreibung: Die Widerhakenspitze besteht aus einem geraden Schaft mit annähernd rechteckigem Querschnitt aus Geweih (meist Ren) oder seltener Knochen. An diesem befindet sich einseitig eine Reihe von meist drei bis fünf Widerhaken von langgestreckt rhombischer Form. Sie sind um die 3 cm lang und weisen einen mehr oder weniger rautenförmigen Querschnitt auf. Die Basis ist in der Aufsicht asymmetrisch gerundet. Das ganze Gerät ist sorgfältig überschliffen, eine Verzierung aus Ritzlinien kommt gelegentlich vor. Die Länge liegt häufig bei 21 bis 25 cm.

Synonym: Widerhakenspitze Havel-Typ 12 A.

Datierung: Spätpaläolithikum, 11.–10. Jt. v. Chr.

Verbreitung: Norddeutschland (v. a. Havelgebiet), Dänemark, Südschweden, Polen.

Literatur: Mey 1960, 5, Bild 2,1–3; Heidelk-Schacht 1983, 10–11; Schmidt, J.-P. 1995; Cziesla 1998; Cziesla 1999; Cziesla 2000; Andersen/Petersen 2005.

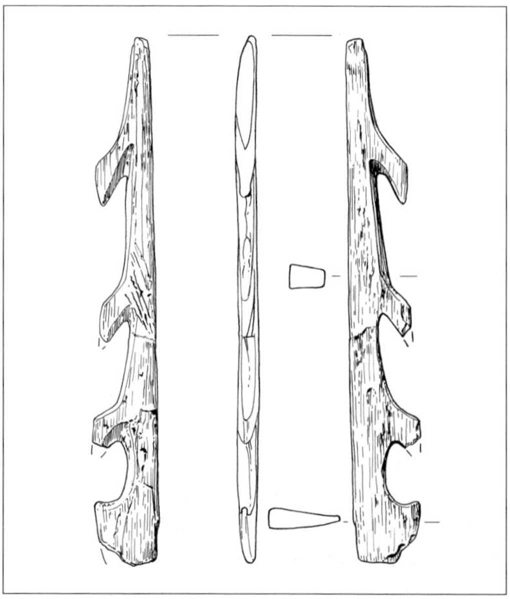

1.2.1.1.4.

1.2.1.1.5. Knochenspitze mit einseitigen großen Widerhaken

Beschreibung: Die Spitzen wurden aus Hirsch- oder Elchknochen gearbeitet, nur äußerst selten ist die Verwendung von Geweih belegt. An einer Längsseite befinden sich drei bis zehn große Widerhaken, wobei vier bis fünf am häufigsten vorkommen. An der Basis befindet sich seitlich ein dreieckiger oder trapezoider Höcker. Die Längen der vollständigen Spitzen liegen zwischen 19 und 31 cm.
Datierung: Mesolithikum, 9.–8. Jt. v. Chr.
Verbreitung: Südskandinavien, Schleswig-Holstein, Mecklenburg-Vorpommern.
Literatur: Röschmann 1963, Taf. 1,3–5; Larsson 1999; Andersen/Petersen 2005; Hartz/Schmölcke 2013, 22, Fig. 8; Hartz/Lübke/Groß 2019, 211–212, Fig. 5.

1.2.1.1.6. Harpune mit einseitigen Widerhaken und Lochung

Beschreibung: Die aus Geweih gearbeitete Harpune trägt an einer Seite zwei oder mehr dreieckige oder hakenförmige Widerhaken. Der obere Spitzenabschluss ist kurz und breit. Oft sind Spitzenpartie und Basis sorgfältig geglättet, seltener die ganze Oberfläche. Die Basis ist flach zungenförmig und weist eine Lochung auf. Die Längen liegen zwischen 17 und 23 cm.
Datierung: nordisches Endmesolithikum, 46.–40. Jh. v. Chr.
Verbreitung: Dänemark, Südschweden, Norddeutschland.
Literatur: Andersen 1971; Andersen 1995–96; Hartz 1997, 178, Abb. 6,3.

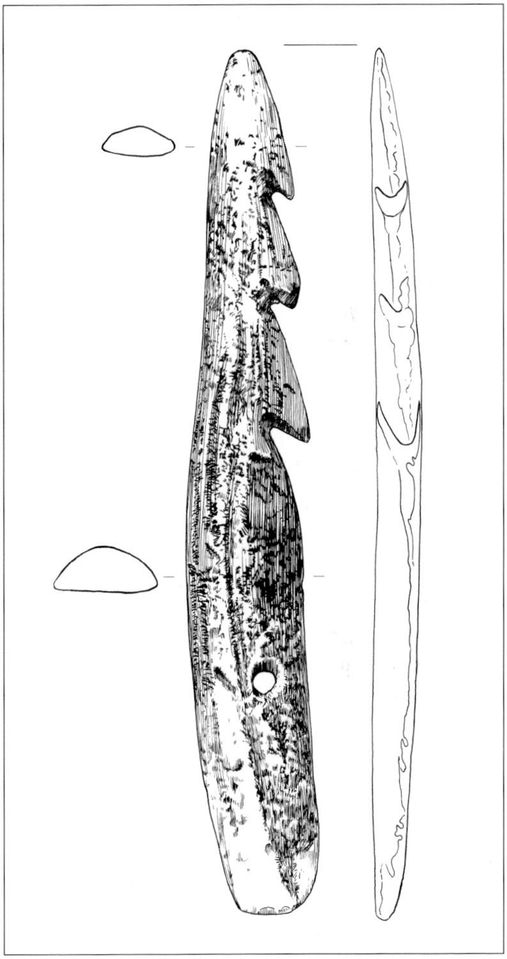

1.2.1.1.6.

1.2.1.2. Zweireihige Widerhakenspitze

Beschreibung: Zweireihige Widerhakenspitzen wurden aus Knochen oder Geweih gefertigt. An einem langschmalen Schaft sind beiseitig ein oder mehrere Widerhaken gegenständig oder versetzt angebracht. Die Basis ist sehr unterschiedlich ausgebildet und teilweise auch gelocht. Verzierung kommt selten vor.

Synonym: zweireihige Harpune.
Datierung: Jung- bis Spätpaläolithikum, Mitte 12.–10. Jt. v. Chr.; Spätmesolithikum bis Frühneolithikum, 8.–6. Jt. v. Chr.; nordisches Endmesolithikum, 46.–40. Jh. v. Chr.; Jung- bis Endneolithikum, 43.–26. Jh. v. Chr.; frühe bis mittlere Bronzezeit, Bronzezeit A–B (Reinecke), 18.–15. Jh. v. Chr.
Verbreitung: Deutschland, Dänemark, Südschweden, Polen, Österreich, Tschechien, Italien, Schweiz, Westeuropa.
Literatur: Schwab 1970, 7–9; Müller-Beck 1977, 70–73; Rüttimann 1983, 45; Bokelmann 1988; Hahn 1993, 345–350; Torke 1993, 56–59; Wyss

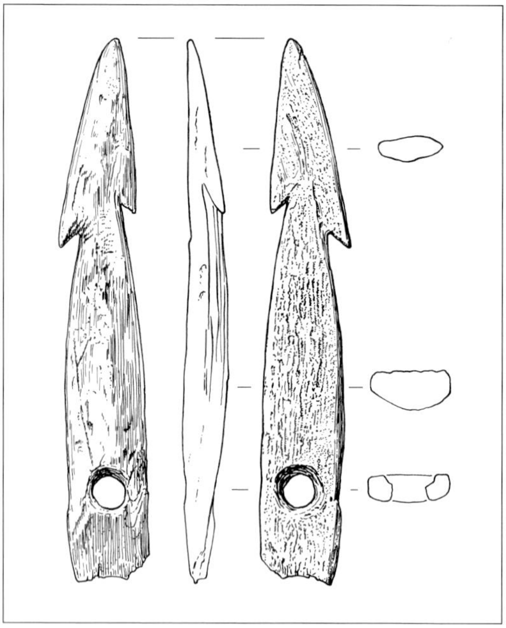

1.2.1.2.1.

1994; Andersen 1995–96; Hartz 1997, 178; Hafner/Suter 2000, 189–190; Deschler-Erb/Marti-Grädel/Schibler 2002, 338; Cziesla 2015; Pfeifer 2019.

1.2.1.2.1. Zweiseitige Harpune mit jeweils einem Widerhaken

Beschreibung: Die aus Rothirschgeweih oder Walknochen hergestellte Harpune trägt unterhalb der ausgearbeiteten Spitze auf jeder Seite einen Widerhaken. Diese Widerhaken können gegenständig oder leicht gegeneinander versetzt angebracht sein. Die Basis ist zungenförmig und gelocht. Es werden meist Längen von 14 bis 16,5 cm erreicht.

Datierung: nordisches Endmesolithikum, 46.–40. Jh. v. Chr.; Jungneolithikum, 43.–41. Jh. v. Chr.

Verbreitung: Dänemark, Südschweden, Norddeutschland, Polen; Schweiz.

Literatur: Wyss 1994, 105–106, Abb. 38,4; Andersen 1995–96; Hartz 1997, 178, Abb. 6,1.

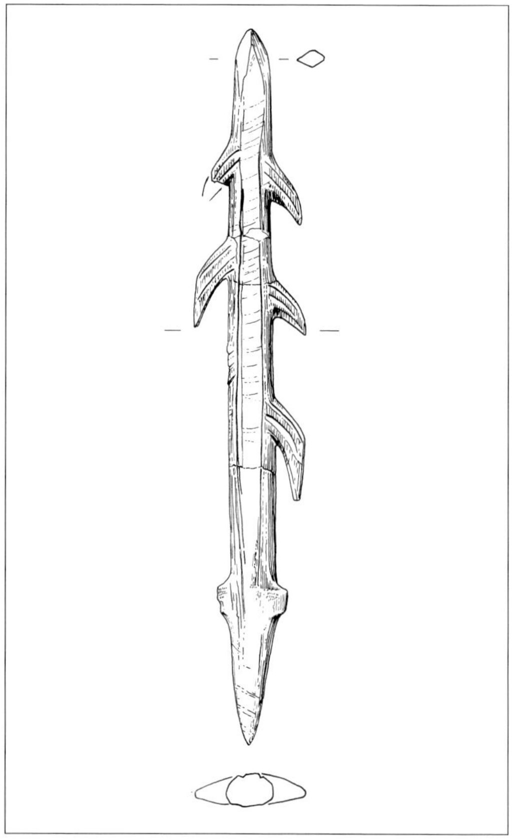

1.2.1.2.2.

1.2.1.2.2. Zweireihige Magdalénienharpune

Beschreibung: Die aus Geweih (meist Ren) oder seltener Knochen hergestellte Harpune besitzt einen schlanken langgestreckten Schaft mit parallelen Kanten und aus diesem beidseitig durch eckige Einschnitte herausgearbeitete symmetrisch oder asymmetrisch angeordnete Widerhaken, die gegen die Einschussrichtung nach hinten gerichtet sind. Deren Umriss ist kantig oder gerundet, ihre Distalenden können spitz, abgerundet oder querschneidig sein. Abstände und Anzahl der Widerhaken sind variabel. Die konische Basis ist oft abgesetzt. Schaft und Widerhaken können verziert sein. Die Längen der Geräte liegen oft zwischen 9 und 18 cm.

Datierung: Jungpaläolithikum, Mitte 12.–11. Jt. v. Chr.

Verbreitung: Süd- und Westdeutschland, Schweiz, Tschechien, Westeuropa.
Literatur: Riek 1973, 154–155; Müller-Beck 1977, 70–73; 112–115, Abb. 32a–b; 35a–c; Bosinski 1987, 113; 124, Abb. 105; 117; Hahn 1993, 345–349; Pfeifer 2016, 62–63, Taf. 9,1–4.12; Pfeifer 2019.
(siehe Farbtafel Seite 29)

1.2.1.2.3. Zweireihige Widerhakenspitze vom Havel-Typ

Beschreibung: Am geraden Schaft aus Geweih (meist Ren) oder selten Knochen wurden an sich gegenüberliegenden Seiten Reihen von großen Widerhaken angebracht. Diese können gegenständig oder versetzt zueinander stehen. Die Basis ist zungenartig (»wappenschildartig«) ausgearbeitet. Längen von 15 bis 27 cm werden erreicht.
Synonym: Widerhakenspitze Havel-Typ 12 B.

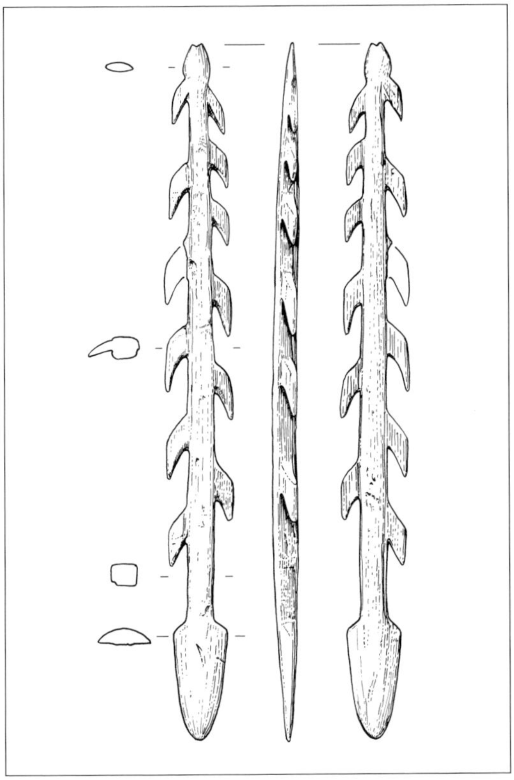

1.2.1.2.3.

Datierung: Spätpaläolithikum, 11.–10. Jt. v. Chr.
Verbreitung: Norddeutschland, Dänemark, Polen.
Literatur: Rust 1943, 187–188, Taf. 89,1.4; Mey 1960, 5, Bild 2,4–10; Taute 1968, 205–206, Taf. 161,1–2; 162,1–3; Bokelmann 1988; Hahn 1993, 349–350, Abb. 104,3; Cziesla 1999.

1.2.1.2.4. Zweireihige Harpune mit Schnürkerben

Beschreibung: Die meist aus Hirschgeweih, selten aus Knochen hergestellten Harpunen haben einen langgestreckten Schaft, an dem in unregelmäßigen Abständen gegenständig oder versetzt Widerhaken angebracht sind. Diese sind unterschiedlich stark eingeschnitten. Die rundliche Basis ist abgesetzt (Schnürkerben). Harpunen dieses Typs sind häufig 9 bis 17 cm lang.

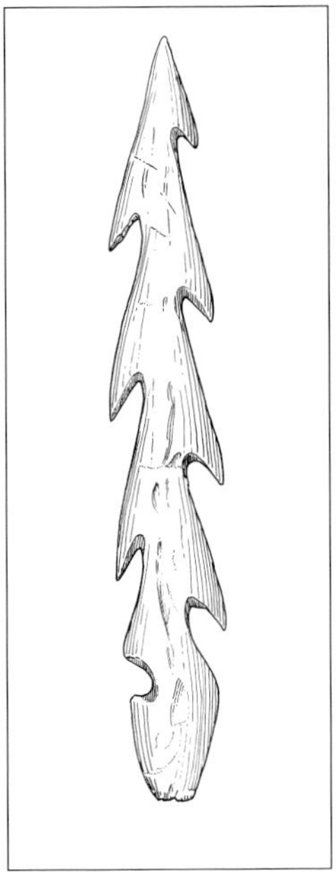

1.2.1.2.4.

Datierung: Spätmesolithikum bis Frühneolithikum, 8.–6. Jt. v. Chr.
Verbreitung: Schweiz, Süddeutschland, Frankreich, Österreich, Italien.
Literatur: Wyss 1966; Pollmann 2013; Cziesla 2015.

1.2.1.2.5. Harpune mit doppelseitigen Widerhaken und Lochung

Beschreibung: An beiden Seiten des Schafts sind gegenständig oder versetzt Widerhaken herausgearbeitet. Die Spitze ist relativ kurz und breit, der ausgearbeitete Basisteil weist eine Lochung auf. Die Längen erreichen 12 bis 26 cm. In der Regel wurden diese Harpunen aus Geweih, seltener aus Knochen hergestellt.

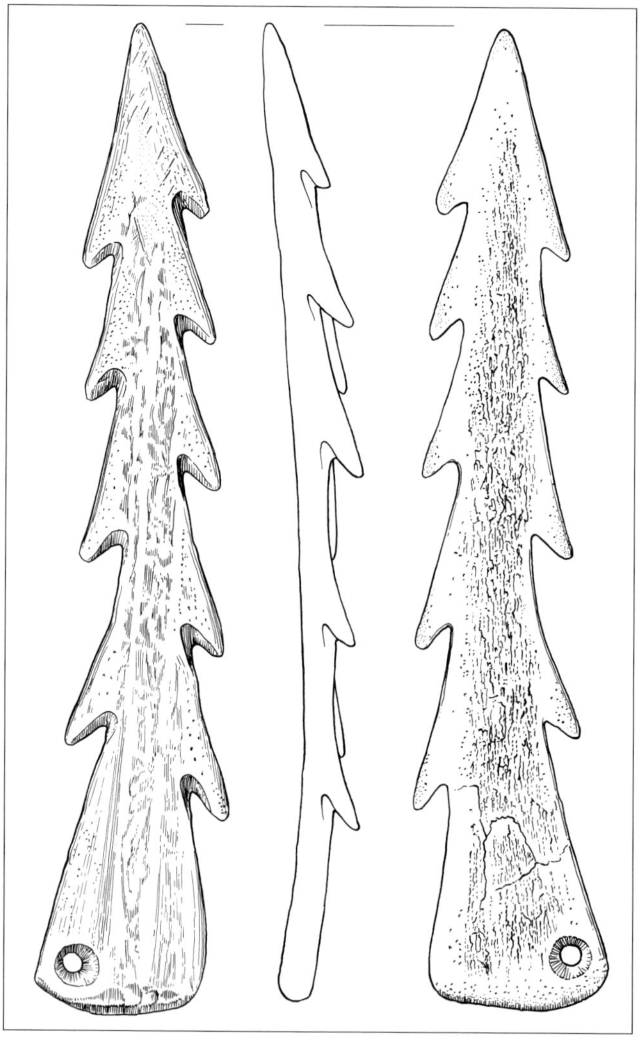

1.2.1.2.5.

Datierung: Neolithikum, 34.–29. Jh. v. Chr.; frühe bis mittlere Bronzezeit, Bronzezeit A–B (Reinecke), 18.–15. Jh. v. Chr.
Verbreitung: Schweiz, Südwestdeutschland.
Literatur: Schwab 1970, 7–9, Abb. 1,1.3–5; Schwab 1982, 25, Abb. 13,1–2; Winiger 1992, 92, Abb. 18,1; Auler 1993, 24–27, Abb. 5; Torke 1993, 56–59, Abb. 7–9; Hafner/Suter 2000, 189–190; Köninger/Lübke 2001, 72; Kotai 2010b, 186, Taf. 31,375.
(siehe Farbtafel Seite 29)

1.2.1.2.6. Harpune mit doppelseitigen Widerhaken und abgesetzter Basisplatte

Beschreibung: Die aus Geweih gefertigten Harpunen weisen gegenständige bis leicht versetzte Widerhaken an den beiden Längskanten auf. Die Spitze ist relativ kurz, der schmale Schaft ist deutlich von der ungelochten Basisplatte abgesetzt (Doppelkerbung). Diese ist annähernd rechteckig, oft mit abgerundeten Enden. Üblich sind Längen zwischen 15 und 27 cm.
Synonym: Stabharpune mit Doppelkerbung.

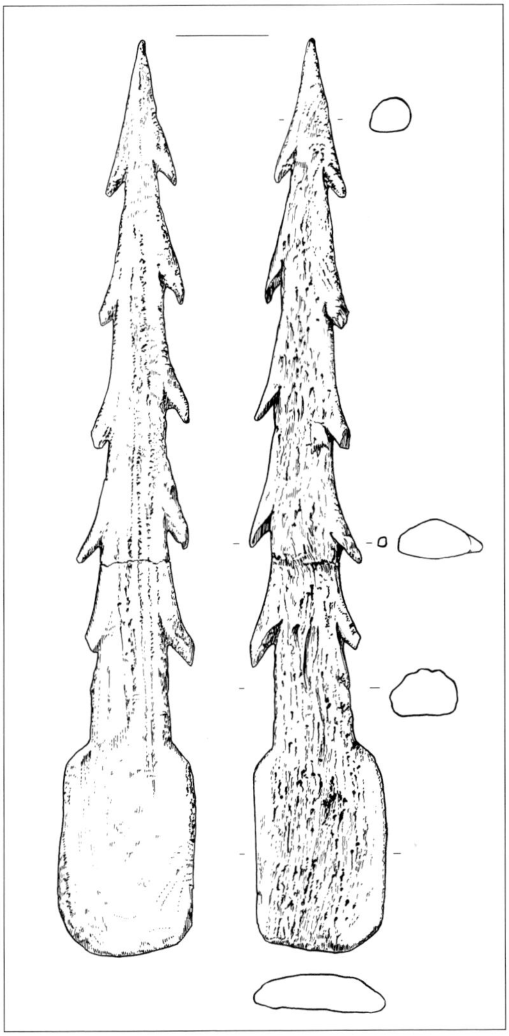

1.2.1.2.6.

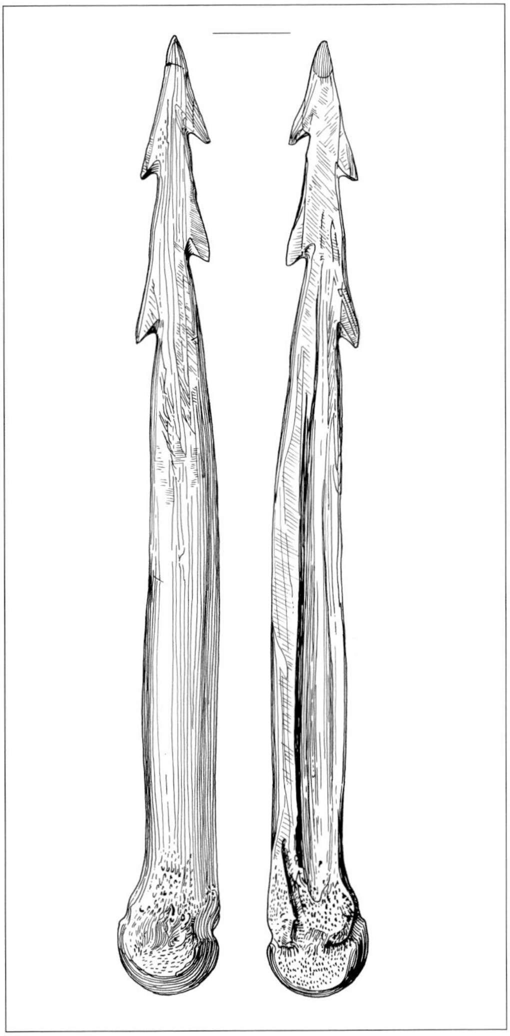

1.2.1.2.7.

Datierung: Jung- bis Endneolithikum, 40.–26. Jh. v. Chr.

Verbreitung: Südwestdeutschland, Schweiz.

Literatur: Schwab 1982, 25, Abb. 14,2; Rüttimann 1983, 45, Abb. 60; Schlichtherle/Wahlster 1986, 82, Abb. 151; Winiger 1992, 92, Abb. 18,2; Auler 1993, 21, Abb. 2,1; Hüster-Plogmann/Leuzinger 1995, 112, Abb. 12; Dieckmann u. a. 1997, 46, Taf. 3; Hafner/Suter 2000, 189–190; Köninger/Lübke 2001, 72; Deschler-Erb/Marti-Grädel/Schibler 2002, 338, Abb. 504; 529,9; Hafner/Suter 2004, 33, Abb. 15.

1.2.1.2.7. Zweireihige Harpune mit Gelenkende

Beschreibung: Zur Herstellung dieser Harpunen wurde ein Langknochen vom Hirsch halbiert. Die Gelenkenden wurden nicht entfernt. Zusätzlich zur Spitze wurden im oberen Teil des Schaftes alternierend mehrere Widerhaken angebracht. Für diese sehr seltenen Harpunen wurden Längen von 24 bis 26 cm gemessen.

Datierung: Jungneolithikum, 43.–41. Jh. v. Chr.

Verbreitung: Schweiz.

Literatur: Wyss 1994.

1.3. Lanzen-/Speerbewehrung mit Tülle <Organik>

Beschreibung: Lanzen- oder Speerbewehrungen mit Tülle wurden aus Knochen oder den Spitzenenden von Geweih hergestellt. Bei ersteren wurde der Knochen schräg angeschnitten, um eine Spitze zu erhalten. Letztere verjüngen sich vom Tüllenmund bis zur Spitze. Eine Sonderform sind die Knebelharpunen, die einseitig einen deutlich ausgeprägten Widerhaken am Tüllenmund tragen.
Datierung: Bronzezeit, Bronzezeit A2–Hallstatt B (Reinecke), 18.–10. Jh. v. Chr.; jüngere nordische Bronzezeit, Periode V (Montelius), bis jüngere Römische Kaiserzeit, C2 (Eggers), 10. Jh. v. Chr.–3. Jh. n. Chr.; Frühmittelalter, 9.–11. Jh. n. Chr.
Verbreitung: Nord- und Süddeutschland, Dänemark, Südschweden, Großbritannien, Litauen, Polen, Niederlande, Schweiz, östliches Mitteleuropa, Osteuropa.
Literatur: Raddatz 1954, 63–67; Schoknecht 1982; Torke 1993, 59–65; Auler 1995; Köninger/Lübke 2001, 73–75; Bräunig 2002; Schatte 2013a.

1.3.1. Tüllenlanzenspitze <Organik>

Beschreibung: Tüllenlanzenspitzen wurden aus Knochen oder Geweih angefertigt. Ein Röhrenknochen wurde an einem Ende schräg angeschnitten, um eine lange Spitze herzustellen. Bei Stücken aus Geweih findet eine Verjüngung vom Tüllenmund bis zur Spitze statt. Einige Stücke sind verziert oder facettiert. Manchmal kommen Nietlöcher an der Basis vor.
Datierung: jüngere nordische Bronzezeit, Periode V (Montelius), bis jüngere Römische Kaiserzeit, C2 (Eggers), 10. Jh. v. Chr.–3. Jh. n. Chr.; Frühmittelalter, 9.–11. Jh. n. Chr.
Verbreitung: Norddeutschland, Dänemark, Südschweden, Großbritannien, Litauen, Polen, Niederlande, östliches Mitteleuropa, Osteuropa.
Literatur: Raddatz 1954, 63–67; Schoknecht 1982; Bräunig 2002; Schatte 2013a.

1.3.1.1. Tüllenlanzenspitze Typ A

Beschreibung: Tüllenlanzenspitzen vom Typ A wurden aus Hirschgeweih gefertigt. Die Perlung ist in der Regel abgearbeitet. Vom runden Tüllenmund aus verjüngt sich die Lanzenspitze langsam bis zum spitzen Ende hin. Dieses kann auch etwas außerhalb der Längsachse des Objektes liegen. Nietlöcher an der Basis können auftreten. Die Längen liegen zwischen 7,5 und 17 cm. Die frühmittelalterlichen Tüllenlanzenspitzen wurden gelegentlich verziert.
Synonym: Tüllenspitze Schatte Typ III,1.
Datierung: jüngere nordische Bronzezeit, Periode V (Montelius), bis jüngere Römische Kaiserzeit, C2 (Eggers), 10. Jh. v. Chr.–3. Jh. n. Chr.; Frühmittelalter, 9.–10. Jh. n. Chr.

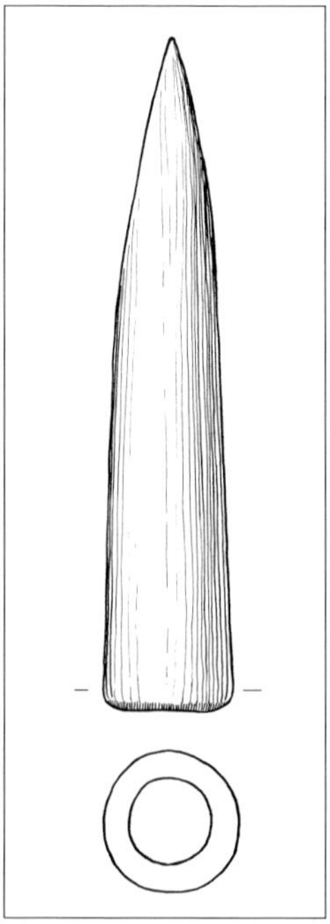

1.3.1.1.

Verbreitung: Norddeutschland, Dänemark, östliches Mitteleuropa, Osteuropa.
Relation: [Pfeilbewehrung] 1.3.2. Konische Tüllenpfeilspitze <Organik>; [Pfeilbewehrung] 1.3.3. Tüllenpfeilspitze aus Geweih.
Literatur: Raddatz 1954, 63–67; Schoknecht 1982; Bräunig 2002, 544; Biermann 2008, 248, Abb. 6,2.4; Struckmeyer 2011, 69, Taf. 17,1–5; Schatte 2013b.

1.3.1.2. Tüllenlanzenspitze Typ B

Beschreibung: Von einem langen Röhrenknochen von Schaf oder Ziege wurde ein Ende schräg abgetrennt, sodass eine lange Spitze entstand. Das untere Ende wurde gerade abgeschnitten, das Gelenkende damit entfernt. Etwas darüber können sich zwei gegenständige Nietlöcher befinden.

Die Längen der Lanzenspitzen variieren zwischen 6,5 bis 18 cm.
Untergeordneter Begriff: Tüllenlanzenspitze Typ D (mit schrägem Tüllenende); Tüllenlanzenspitze Typ E (mit rundlicher Tülle).
Datierung: jüngere Bronzezeit, Periode V (Montelius), bis jüngere Römische Kaiserzeit, C2 (Eggers), 10. Jh. v. Chr.–3. Jh. n. Chr.; Wikingerzeit, 9.–11. Jh. n. Chr.
Verbreitung: Norddeutschland, Dänemark, Südschweden, Großbritannien, Litauen, Polen, Niederlande.
Relation: [Pfeilbewehrung] 1.3.1. Tüllenpfeilspitze mit schräger Spitze.
Literatur: Raddatz 1954, 63–67; Salo 1962, 74–75, Abb. 27–28; Gebers 1977, 19–20, Abb. 2; Schoknecht 1982; Westphalen 1999, 6–8, Taf. 2,1–14; Bemmann/Bemmann 2001, 50; Bräunig 2002, 544–545; 547; Heske u. a. 2010, Abb. 18,d; Schatte 2013a; Schatte 2013b; Lidke 2014, 123, Abb. 3.
Anmerkung: In Hjortspring fanden sich geschäftete Tüllenlanzenspitzen vom Typ B (Schoknecht 1982, 49; Schatte 2013b, Abb. 2). Bei der in Woserow gefundenen Tüllenlanzenspitze ist die Zuordnung in slawische Zeit unsicher (Schoknecht 1987, Abb. 18j).

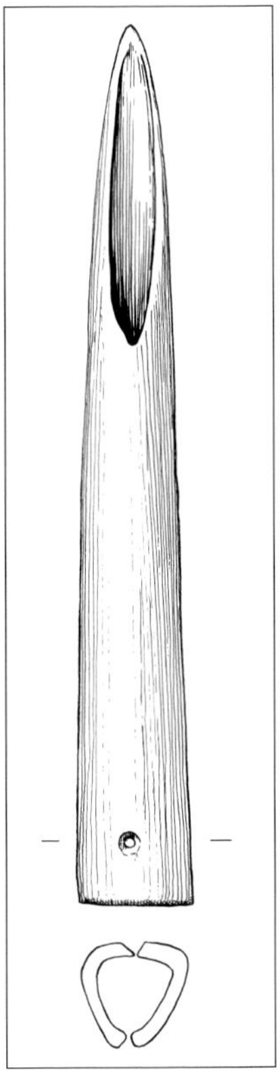

1.3.1.2.

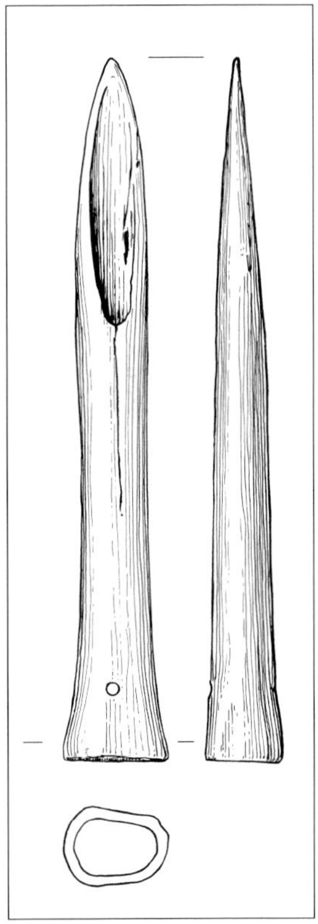

1.3.1.3.

1.3.1.3. Tüllenlanzenspitze Typ C

Beschreibung: Der Röhrenknochen eines kleinen Wiederkäuers wurde an einem Ende schräg angeschnitten, um eine lange Spitze herzustellen. Am anderen Ende wurde das Gelenkende so angeschnitten, dass die Erweiterung am Übergang zum Knochenschaft als Tüllenmund diente. Etwas oberhalb davon können sich zwei gegenständige Nietlöcher befinden. Es werden Längen von 9 bis 15 cm erreicht.
Datierung: jüngere nordische Bronzezeit, Periode V (Montelius), bis jüngere Römische Kaiserzeit, C2 (Eggers), 10. Jh. v. Chr.–3. Jh. n. Chr.
Verbreitung: Norddeutschland, Dänemark, Südschweden, Großbritannien, Polen, Niederlande.
Relation: [Pfeilbewehrung] 1.3.1. Tüllenpfeilspitze mit schräger Spitze.
Literatur: Becker, C. J. 1948, 164, Abb. 16,e; Raddatz 1954, 63–67; Schoknecht 1964, 383, Abb. 182,g–h; Schoknecht 1982; Bräunig 2002, 544–545; Heske u. a. 2010, Abb. 18,c; Schatte 2013b.
Anmerkung: In Grimthorpe (Großbritannien) wurde eine geschäftete Tüllenlanzenspitze Typ C gefunden (Schoknecht 1982, 49). Bei den als Lesefunde in Kagenow und Görke gefundenen Tüllenlanzenspitzen ist die Zuordnung in slawische Zeit unsicher (Schoknecht 1964, Abb. 182, g–h).

1.3.1.4. Tüllenlanzenspitze Typ F

Beschreibung: Die Lanzenspitze wurde aus Hirschgeweih gefertigt und ist vom Tüllenmund bis zur Spitze facettiert. Etwas oberhalb des Tüllenmundes können sich zwei gegenständige Nietlöcher befinden. Die Länge liegt häufig um 12 cm.

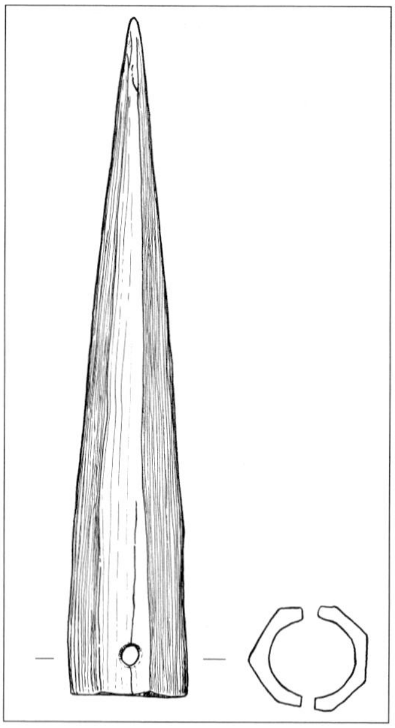

1.3.1.4.

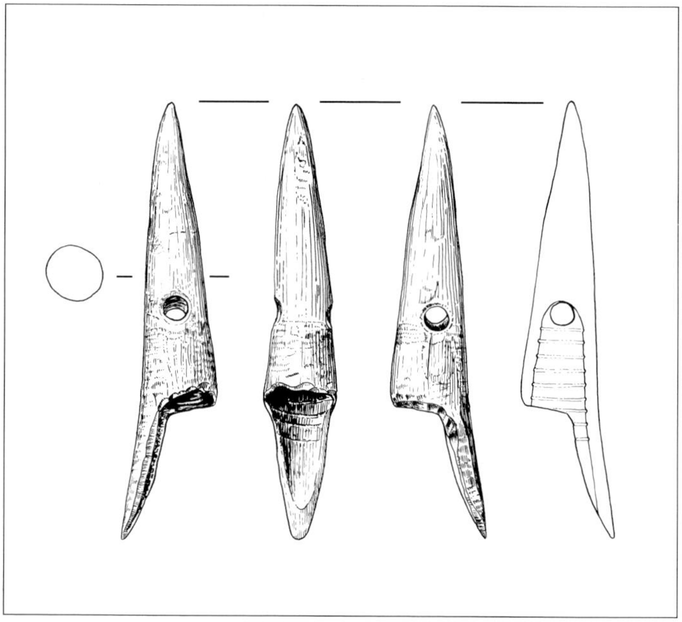

1.3.2.

Untergeordneter Begriff: Tüllenspitze Schatte Typ IV.
Datierung: Vorrömische Eisenzeit, Periode VI (Montelius), bis Römische Kaiserzeit, C2 (Eggers), 8. Jh. v. Chr.–3. Jh. n. Chr.
Verbreitung: Norddeutschland, Dänemark.
Relation: [Pfeilbewehrung] 1.3.2. Konische Tüllenpfeilspitze <Organik>; [Pfeilbewehrung] 1.3.3. Tüllenpfeilspitze aus Geweih.
Literatur: Schoknecht 1982; Bräunig 2002, 544; Schatte 2013b.
Anmerkung: Aus Nydam liegt eine geschäftete facettierte Tüllenlanzenspitze vor (Schoknecht 1982, Abb. 5e).

1.3.2. Knebelharpune

Beschreibung: Knebelharpunen wurden aus den Spitzenenden vom Hirschgeweih hergestellt. Quer durch die konisch ausgehöhlte Basis verläuft eine Durchlochung. An der Basis befindet sich einseitig ein deutlich ausgezogener Widerhaken. Gelegentlich wurden unterhalb der Lochung mehrere Rillen eingetieft. Die Längen liegen zwischen 6,5 und 12 cm.
Datierung: Bronzezeit, Bronzezeit A2–Hallstatt B (Reinecke), 18.–10. Jh. v. Chr.
Verbreitung: Süddeutschland, Schweiz, Slowenien, Serbien, Ungarn.
Literatur: Rychner 1979, Taf. 128,3–4; Auler 1993, 28; Torke 1993, 59–65, Abb. 10; 12–14; Auler 1994; Auler 1995; Biel 1996, Abb. 3; Köninger/Lübke 2001, 73–75, Abb. 9; Baumeister/Köninger 2016, 341–343, Abb. 499.
Anmerkung: In Auvernier (Schweiz) gibt es aus der späten Bronzezeit formgleiche Stücke aus Metall (Rychner 1979, Taf. 128,5–7; Auler 1994, 135). Bei einem möglicherweise neolithischen Stück aus der Horgener Siedlung Dullenried ist die Datierung unsicher (Auler 1994).
(siehe Farbtafel Seite 29)

2. Lanzen-/Speerbewehrung <Silex>

Beschreibung: Lanzen-/Speerbewehrungen kommen ohne Schäftungshilfe oder mit Schaftzunge bzw. Schaftdorn vor. Letztere werden in der Literatur gemeinhin als Stiel bezeichnet. Allgemein sind die Bewehrungen aus Silex in Form, Größe und Bearbeitung sehr heterogen.

Datierung: Mittelpaläolithikum bis Spätpaläolithikum, 50.–11. Jt. v. Chr.; Endneolithikum bis ältere Bronzezeit, Periode II (Montelius), 28.–14. Jh. v. Chr.
Verbreitung: Europa, Nordafrika, Naher Osten.
Literatur: Becker, C. J. 1956; Taute 1968, 11–12; Tromnau 1975, 47; 61–62; Kühn 1979, 72; Hahn 1993, 194–198; 240–247; Bosinski 2002, 113–114; 116; Bolus 2018c; Floss/Weber 2018, 510–514; Pasda 2018, 489–494.

2.1. Lanzen-/Speerbewehrung ohne Schäftungshilfe <Silex>

Beschreibung: Die Lanzen-/Speerbewehrungen sind häufig von langschmaler Form, aber auch gedrungenere Stücke kommen vor. Insgesamt sind die Aufsichten sehr heterogen, ebenso wie die Größen. Die kleinsten Artefakte erreichen gerade einmal um 25 mm, während große bis zu 330 mm lang werden. Auch Art und Ausdehnung der Retuschierung sind vielfältig. Neben Stücken mit deutlicher Spitze kommen querschneidige Formen vor.
Datierung: Mittelpaläolithikum bis Spätpaläolithikum, 50.–11. Jt. v. Chr.; Endneolithikum bis ältere Bronzezeit, Periode II (Montelius), 28.–14. Jh. v. Chr.
Verbreitung: Europa, Nordafrika, Naher Osten.
Literatur: Becker, C. J. 1956; Hahn 1969, 54–56; Tromnau 1975, 47; Kühn 1979, 72; Hahn 1993, 194–198; 240–247; Bolus/Rück 2000; Bosinski 2002, 113–114; 116; Bolus 2018a, 317–321; Bolus 2018c; Floss 2018b, 401; 403; Floss/Weber 2018, 510–511; Pasda 2018, 491–494.

2.1.1. Rückenmesser

Beschreibung: Als Grundform wurde eine Lamelle, eine schmale Klinge oder ein länglicher Abschlag verwendet. Mindestens eine Längskante wurde mehr oder weniger steil retuschiert; eine Untergliederung des Typs ergibt sich aus der Anzahl der retuschierten Kanten. Bei den einfachen Rückenmessern ist nur eine Längskante, bei den parallelseitigen sind beide Längskanten retuschiert. Die Länge liegt oft zwischen 25 und 30 mm, die Breite beträgt nicht mehr als 10 mm.
Datierung: mittleres Jung- bis Spätpaläolithikum, 28.–11. Jt. v. Chr.
Verbreitung: Europa, Nordafrika, Naher Osten.
Relation: [Pfeilbewehrung] 2.1.3.1. Mikro-Rückenmesser.
Literatur: Hahn 1993, 240–243; Gerken 2001, 29; Bolus 2018c.
Anmerkung: Rückenmesser wurden ein- oder beidseitig als Einsätze für Speere verwendet (Bolus 2018c, 431, Abb. 3,1).

2.1.1.1. Einfaches Rückenmesser

Beschreibung: An einer Lamelle, einer schmalen Klinge oder einem länglichen Abschlag wurde eine der Längskanten stumpf retuschiert. Die Enden der Grundform sind erhalten oder wurden abgebrochen. Einfache Rückenmesser sind meist 25 bis 30 mm lang, die Breite übersteigt 10 mm nicht.
Datierung: mittleres Jung- bis Spätpaläolithikum, 28.–11. Jt. v. Chr.
Verbreitung: Europa, Nordafrika, Naher Osten.
Relation: [Pfeilbewehrung] 2.1.3.1. Mikro-Rückenmesser.
Literatur: Taute 1968, Abb. 2,9; Hahn 1969, 56, Abb. 7,19–49.52; Hahn 1993, 241, Abb. 77,1–2; Pasda 1994, 118–120; 181, Taf. 19,9–13; 48,4–12.14–18.22; Bolus 2018c.

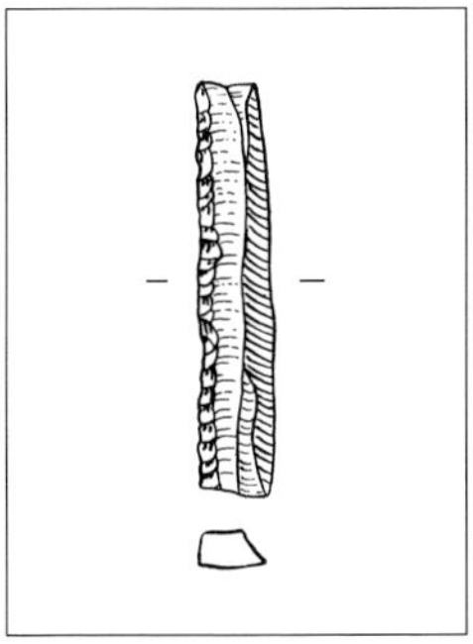

2.1.1.1., Maßstab 1 : 1

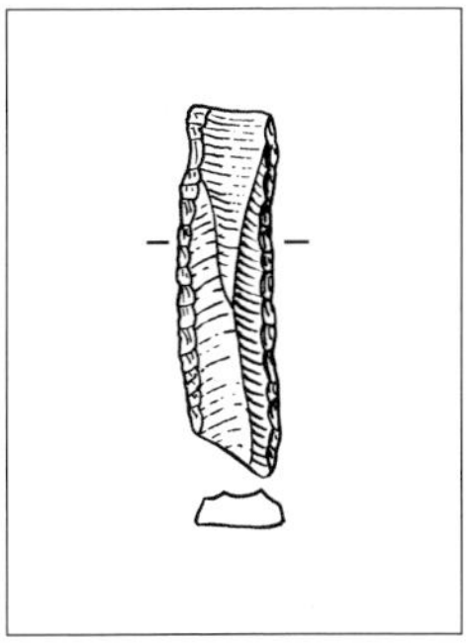

2.1.1.2., Maßstab 1 : 1

2.1.1.2. Parallelseitiges Rückenmesser

Beschreibung: Beide Längskanten einer Lamelle, einer schmalen Klinge oder eines länglichen Abschlags weisen stumpfe Retusche auf. Die Enden der Grundform sind erhalten oder abgebrochen.

Bei der Breite wird 10 mm nicht überschritten. Die Länge liegt häufig bei 25 bis 30 mm.
Datierung: mittleres Jung- bis Spätpaläolithikum, 28.–11. Jt. v. Chr.
Verbreitung: Europa, Nordafrika, Naher Osten.
Relation: [Pfeilbewehrung] 2.1.3.1. Mikro-Rückenmesser.
Literatur: Taute 1968, Abb. 2,10; Hahn 1969, 56, Abb. 7,50–51; Hahn 1993, 241, Abb. 77,6; Pasda 1994, 118–120; 181, Taf. 48,13; Bolus 2018c.

2.1.1.3. Einfaches Rückenmesser mit Endretusche

Beschreibung: Eine Längskante sowie ein Ende des Artefakts sind stumpf retuschiert. Als Grundform wurde eine Lamelle, eine schmale Klinge oder ein länglicher Abschlag verwendet. Rückenmesser sind meist zwischen 25 und 30 mm lang und nicht breiter als 10 mm.
Synonym: endretuschiertes einfaches Rückenmesser.
Datierung: mittleres Jung- bis Spätpaläolithikum, 28.–11. Jt. v. Chr.
Verbreitung: Europa, Nordafrika, Naher Osten.
Relation: [Pfeilbewehrung] 2.1.3.1. Mikro-Rückenmesser.
Literatur: Taute 1968, Abb. 2,11; Hahn 1993, 241, Abb. 77,5; Pasda 1994, 118–120; 181, Taf. 48,1.21; Bolus 2018c.

2.1.1.4. Einfaches Rückenmesser mit doppelter Endretusche

Beschreibung: Neben einer Längskante wurden beide Enden des Geräts stumpf retuschiert. Hergestellt wurden die Rückenmesser aus länglichen Abschlägen, Lamellen oder schmalen Klingen. Die maximale Breite liegt bei 10 mm. Üblicherweise werden Längen von 25 bis 30 mm erreicht.
Datierung: mittleres Jung- bis Spätpaläolithikum, 28.–11. Jt. v. Chr.
Verbreitung: Europa, Nordafrika, Naher Osten.
Relation: [Pfeilbewehrung] 2.1.3.1. Mikro-Rückenmesser.
Literatur: Hahn 1993, 241; Bolus 2018c.

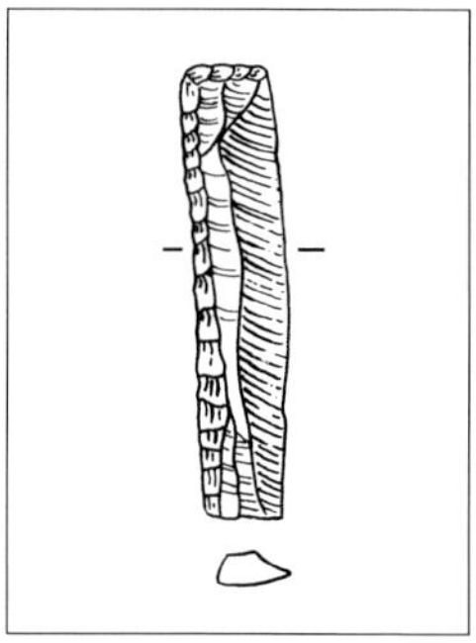

2.1.1.3., Maßstab 1 : 1

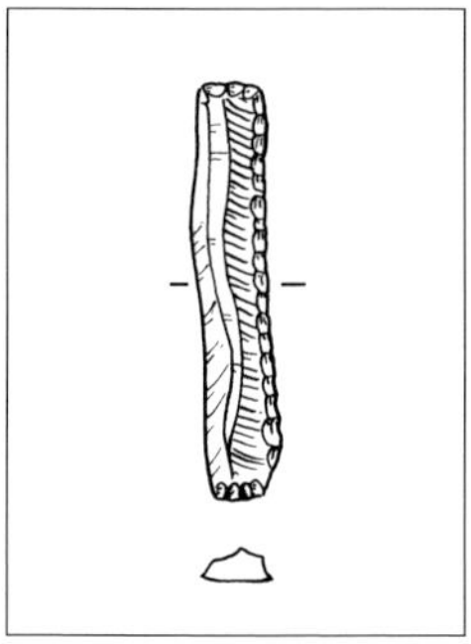

2.1.1.4., Maßstab 1 : 1

2.1.1.5. Parallelseitiges Rückenmesser mit Endretusche

Beschreibung: An einer schmalen Klinge, einem länglichen Abschlag oder einer Lamelle wurden beide Längsseiten sowie ein Ende stumpf retuschiert. Die Breite beträgt nicht mehr als 10 mm. Häufig sind Längen von 25 bis 30 mm.
Datierung: mittleres Jung- bis Spätpaläolithikum, 28.–11. Jt. v. Chr.
Verbreitung: Europa, Nordafrika, Naher Osten.
Relation: [Pfeilbewehrung] 2.1.3.1. Mikro-Rückenmesser.
Literatur: Bolus 2018c.

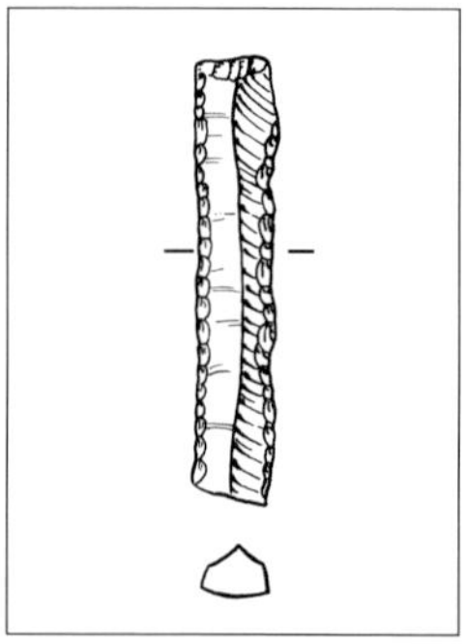

2.1.1.5., Maßstab 1 : 1

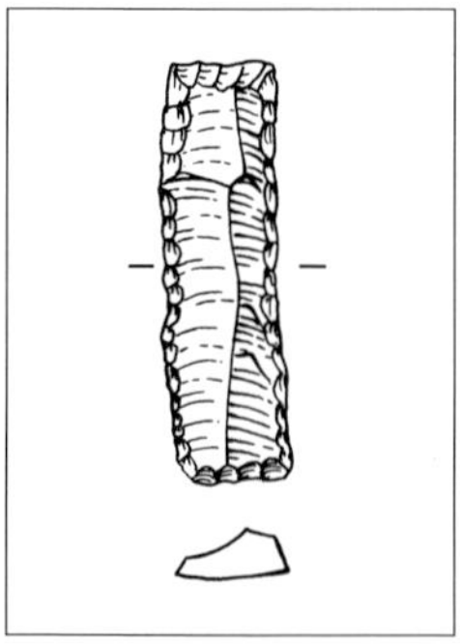

2.1.1.6., Maßstab 1 : 1

2.1.1.6. Rechteckmesser

Beschreibung: Alle Kanten einer Lamelle, einer Klinge oder eines länglichen Abschlags wurden mit stumpfer Retusche versehen. Längen zwischen 25 und 30 mm sind üblich.

Datierung: mittleres Jung- bis Spätpaläolithikum, 28.–11. Jt. v. Chr.
Verbreitung: Europa, Nordafrika, Naher Osten.
Relation: [Pfeilbewehrung] 2.1.3.1. Mikro-Rückenmesser.
Literatur: Hahn 1993, 241; Bolus 2018c.

2.1.2. Fléchette

Beschreibung: An einer dünnen Klinge wurden beide Enden zur Spitze retuschiert, sodass ein spitzovaler Umriss entstand. Beide Längskanten weisen weitere meist partielle Retuschen auf, die sich auf die Dorsal- und die Ventralfläche erstrecken können. Die Längen liegen zwischen 40 und 60 mm.
Datierung: Jungpaläolithikum, 32.–25. Jt. v. Chr.
Verbreitung: Mitteleuropa, Frankreich.
Literatur: Hahn 1993, 245, Abb. 77,12; Taller/Conard 2016, Abb. 6,7–10; Floss 2018b, 401, Abb. 2,1–2; Pasda 2018, 493–494, Abb. 3.

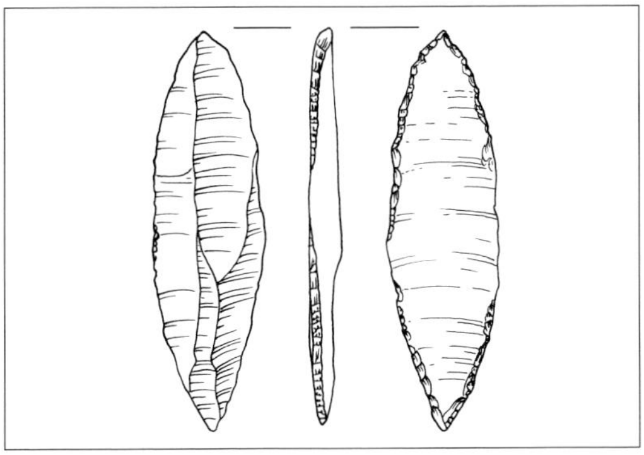

2.1.2., Maßstab 2 : 3

2.1.3. Blattspitze

Beschreibung: Blattspitzen weisen in der Regel bilateral mehr oder weniger starke Flächenretusche auf. An einem Ende wurde eine Spitze herausretuschiert, die Basis ist häufig gerundet. Die Artefakte sind relativ flach mit einem plano-konvexen – Oberseite leicht konvex und Unterseite flach – bis bikonvexen oder spitzovalen Querschnitt. Die Längen sind wenig einheitlich. Kleinste Stücke erreichen gerade einmal 50 mm, große bis zu 200 mm.

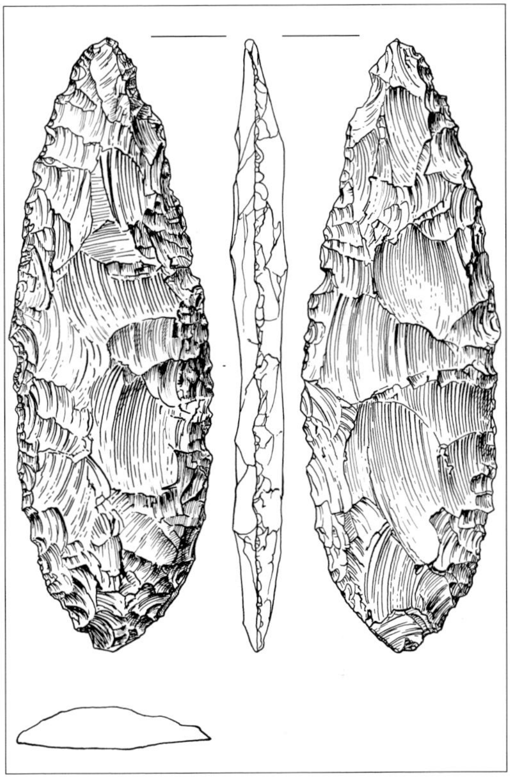

2.1.3., Maßstab 2 : 3

Datierung: Mittelpaläolithikum bis Beginn Jungpaläolithikum, 50.–35. Jt. v. Chr.
Verbreitung: Mittel- und Osteuropa.
Literatur: Hahn 1993, 194–198, Abb. 63,1–5; Bolus/Rück 2000; Bosinski 2002, 113–114, Abb. 2; Bolus 2004, 20; Müller-Beck 2004, Abb. 15.9–15.11; Bolus 2018a, 317–321, Abb. 1,1–7.
Anmerkung: Gebrauchsspurenanalysen zeigten, dass Blattspitzen sowohl als Bewehrung für eine Lanze bzw. einen Speer als auch als Messer benutzt wurden.
(siehe Farbtafel Seite 30)

2.1.4. Rückenspitze

Beschreibung: Als Grundformen wurden Klingen oder längliche Abschläge verwendet. Die Spitze liegt entweder auf der Mittelachse des Geräts oder ist seitenständig angebracht. Der Rücken ist ge-

rade oder konvex gebogen. Ferner kommen Stücke mit einfach und doppelt geknicktem Rücken vor. Meist weisen größere Bereiche der Artefakte keine Retuschierung auf. Es werden Längen bis 65 mm erreicht.
Datierung: mittleres Jungpaläolithikum, 28.–25. Jt. v. Chr.; spätes Jung- bis Spätpaläolithikum, 13.–11. Jt. v. Chr.
Verbreitung: Europa.
Literatur: Hahn 1969, 54–56; Hahn 1993, 244–245; 247; Bosinski 2002, 116; Heinen 2005, 79; Floss 2018b, 403; Floss/Weber 2018, 510–511; Pasda 2018, 491–493.

2.1.4.1. Symmetrische Rückenspitze

Beschreibung: Eine Lateralseite einer langschmalen Grundform ist meist vollständig steil retuschiert. Der Rücken ist gerade oder leicht konvex gebogen. Die Basis sowie der Bereich der Spitze können ventrale Retuschen aufweisen. Die Spitze liegt ungefähr auf der Mittellinie des Geräts. Gravette-Spitzen sind bis zu 120 mm groß, am häufigsten werden Längen von 40 bis 60 mm erreicht. Mikro-Gravette-Spitzen sind maximal 30 mm lang, 4 bis 5 mm breit und um 3 mm dick. Ihr Gewicht beträgt oft weniger als 1 g.
Synonym: Gravette-Spitze; Gravette.
Untergeordneter Begriff: Mikro-Gravette-Spitze.
Datierung: mittleres Jungpaläolithikum, 28.–25. Jt. v. Chr.
Verbreitung: Europa.
Literatur: Hahn 1969, 54–56, Abb. 7,58; Taute 1968, Abb. 2,5; Hahn 1993, 244, Abb. 77,11.18; Einwögerer 2000, 109, Taf. 5,196; Höck 2000, 90, Taf. 18,19; Gerken 2001, 27–28, Taf. 24,2.5; 47,4; Bosinski 2002, 116, Abb. 9; Heinen 2005, 79, Abb. 32,1.5–6; Taller/Conard 2016, Abb. 6,1–6; Floss 2018b, 403, Abb. 2,3–5; Pasda 2018, 491–493, Abb. 2.
Anmerkung: Die Beschädigungen an Gravette-Spitzen lassen auf eine Frontalschäftung an Speeren schließen.

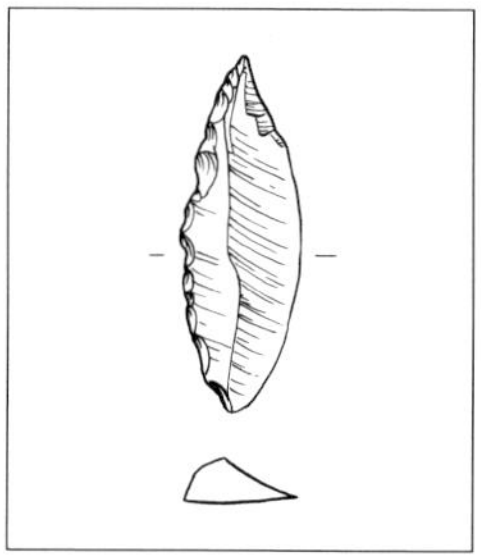

2.1.4.1., Maßstab 2 : 3

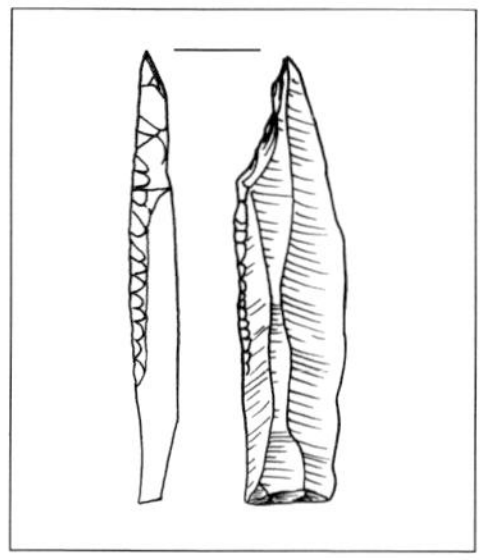

2.1.4.2., Maßstab 2 : 3

2.1.4.2. Rückenspitze mit einfach geknicktem Rücken

Beschreibung: Eine Lateralkante einer Klinge oder eines länglichen Abschlags ist so retuschiert, dass ein deutlicher Knick entsteht, welcher sich oft im oberen Teil der Lateralkante befindet. Diese kann vollständige oder partielle Retusche aufweisen. Die gegenüberliegende Seite kann unbearbeitet sein, aber auch partielle Retusche tragen. Die Längen liegen zwischen 23 und 60 mm.
Synonym: Creswell point; Creswell-Spitze; Messer mit geknicktem Rücken.
Untergeordneter Begriff: Rückenspitze Typ Kent; Rückenspitze Typ Petersfels.
Datierung: spätes Jung- bis Spätpaläolithikum, 13.–11. Jt. v. Chr.
Verbreitung: Europa.
Literatur: Taute 1968, Abb. 2,3; Heinen 1990, 16; Hahn 1993, 247, Abb. 77,15; Höck 2000, 92, Taf. 18,27; Gerken 2001, 28, Taf. 24,11.13; 25,2; Heinen 2005, 79, Abb. 32,2.4; Holzkämper/Maier 2013, Abb. 150,2; Floss/Weber 2018, 510, Abb. 1,11–12.

2.1.4.3. Rückenspitze mit doppelt geknicktem Rücken

Beschreibung: Eine Lateralkante eines länglichen Abschlags oder einer Klinge wurde an beiden Enden schräg retuschiert, sodass jeweils ein deutlicher Knick zur dazwischen liegenden unretuschierten Kante gebildet wird. Die gegenüberliegende Lateralkante ist häufig ebenfalls unbe-

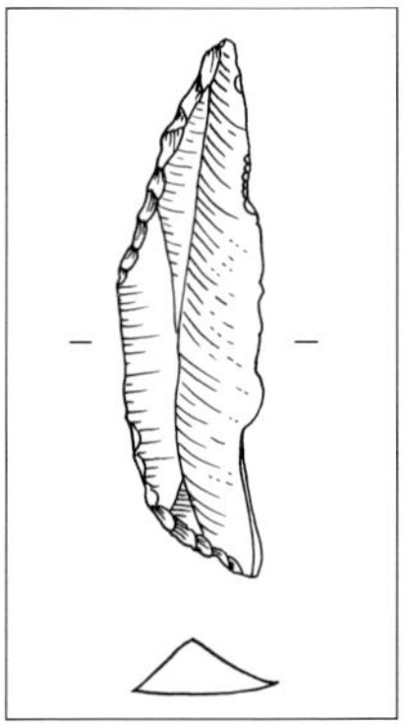

2.1.4.3., Maßstab 2:3

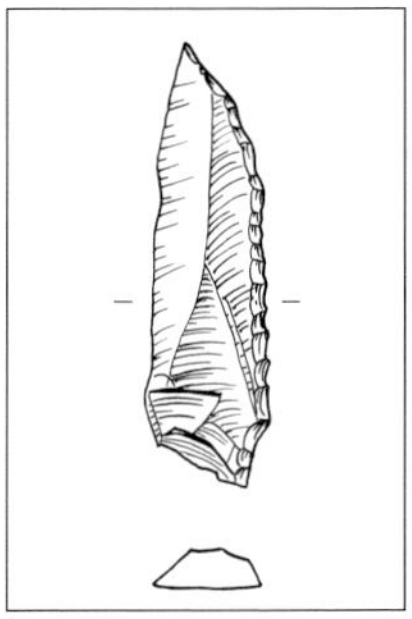

2.1.4.4., Maßstab 2:3

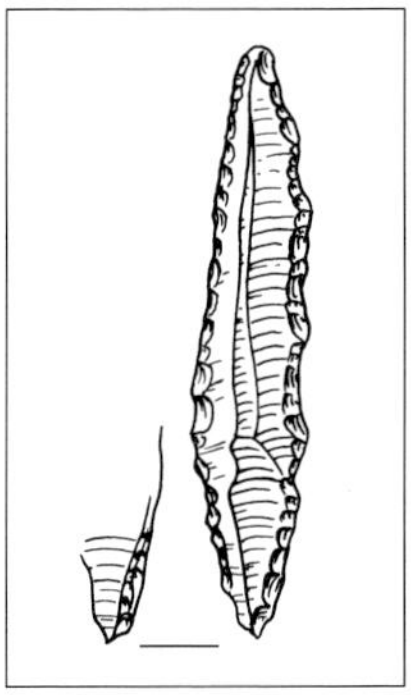

2.1.5., Maßstab 2:3

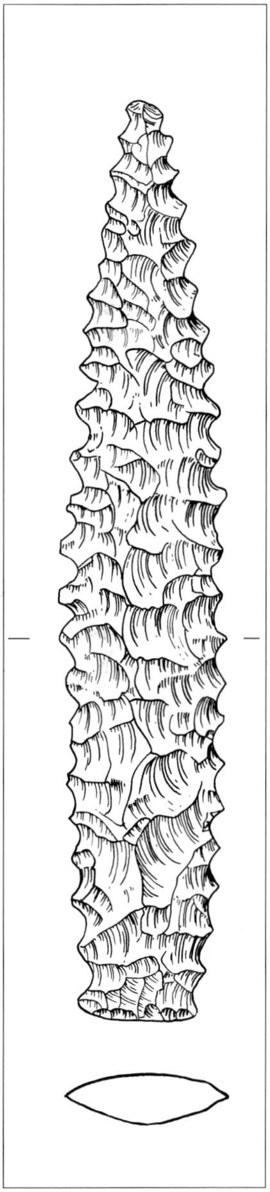

2.1.6., Maßstab 2:3

arbeitet. Die Längen liegen meist zwischen 45 und 65 mm.
Synonym: Trapezmesser; Cheddar point.
Datierung: spätes Jung- bis Spätpaläolithikum, 13.–11. Jt. v. Chr.
Verbreitung: Europa.
Literatur: Taute 1968, Abb. 2,4; Gerken 2001, 28, Taf. 58,9; Floss/Weber 2018, 510, Abb. 1,8–10.

2.1.4.4. Asymmetrische Rückenspitze

Beschreibung: Die relativ dünne Grundform des Artefakts ist durch einen mehr oder weniger stark konvex ausgearbeiteten Rücken charakterisiert. Die Spitze ist in der Regel seitenständig. Die Basis kann retuschiert oder unretuschiert sein. Es werden Längen von 20 bis 46 mm erreicht.
Synonym: Rückenspitze mit gebogenem Rücken; Federmesser.
Datierung: Spätpaläolithikum, 12.–11. Jt. v. Chr.
Verbreitung: Europa.
Literatur: Taute 1968, Abb. 2,8; Hahn 1993, 245; Gerken 2001, 28, Taf. 24,6; 47,1; Heinen 2005, 79, Abb. 32,3.7; Floss/Weber 2018, 510–511, Abb. 2,1–2.

2.1.5. Kremser Spitze

Beschreibung: An einer schlanken Klinge wurden beide Längsseiten so retuschiert, dass eine feine, oft nadelförmige Spitze entstand. Die Spitze ist manchmal etwas abgesetzt oder leicht nach unten gebogen. Die Längen belaufen sich auf 24 bis 55 mm.
Datierung: älteres Jungpaläolithikum, 38.–28. Jt. v. Chr.
Verbreitung: Nord-, Mittel- und Westdeutschland, Niederlande, Österreich, Rumänien.
Literatur: Strobl/Obermaier 1909, Taf. XIV,17–28; Schwabedissen 1954, 5–6; 39; 41–42; 51–52; 55, Abb. 5,a–i, Taf. 38,8–9; 45,2–3; 74,8; 77,6; 85,12; Taute 1968, Abb. 2,6, Taf. 84,8–10; Tromnau 1975, 47, Taf. 13,2; Hahn 1977, 59; 109; 134.

2.1.6. Gezähnte Flintspitze

Beschreibung: Die flache Flintspitze läuft an einem Ende spitz aus, während die relativ breite Basis eingezogen oder gerade verläuft. Meist sind die Stücke flächig retuschiert. Charakteristisch ist die ausgeprägte Kantenzähnung. Es werden Längen von 13 bis 33 cm erreicht.
Datierung: Endneolithikum bis ältere Bronzezeit, Periode II (Montelius), 28.–14. Jh. v. Chr.

Verbreitung: Dänemark, Nordostdeutschland, Schleswig-Holstein.
Literatur: Becker, C. J. 1956; Kühn 1979, 72, Taf. 14,9.
(siehe Farbtafel Seite 30)

2.2. Lanzen-/Speerbewehrung mit Schaftzunge oder Schaftdorn <Silex>

Beschreibung: Zu den Speerbewehrungen mit Schaftzunge oder Schaftdorn zählen die Stielspitzen, die durch einen durch beidseitige Retuschierung eines Endes herausgearbeiteten kräftigen Stiel gekennzeichnet sind. In der Regel wurden Klingen als Grundform genutzt.
Datierung: mittleres Jungpaläolithikum, 28.–25. Jt. v. Chr.; Spätpaläolithikum, Mitte 12.–Mitte 11. Jt. v. Chr.
Verbreitung: Mitteleuropa, Frankreich, Südskandinavien.
Literatur: Taute 1968, 11–12; Tromnau 1975, 61–62; Hahn 1993, 244–245; Floss/Weber 2018, 512–514; Pasda 2018, 489.

2.2.1. Stielspitze <Lanzen-/Speerbewehrung>

Beschreibung: Als Grundformen wurden üblicherweise Klingen genutzt. Typisch ist der kräftige Stiel, der durch beidseitig angebrachte Retuschen herausgearbeitet wurde. Die Bearbeitung des Spitzenbereichs reicht von unbearbeitet bis flächig retuschiert.
Datierung: mittleres Jungpaläolithikum, 28.–25. Jt. v. Chr.; Spätpaläolithikum, Mitte 12.–Mitte 11. Jt. v. Chr.
Verbreitung: Mitteleuropa, Frankreich, Südskandinavien.
Relation: [Pfeilbewehrung] 2.2.1.2. Stielspitze <Pfeilbewehrung>.
Literatur: Taute 1968, 11–12; Tromnau 1975, 61–62; Hahn 1993, 244–245; Floss/Weber 2018, 512–514; Pasda 2018, 489.

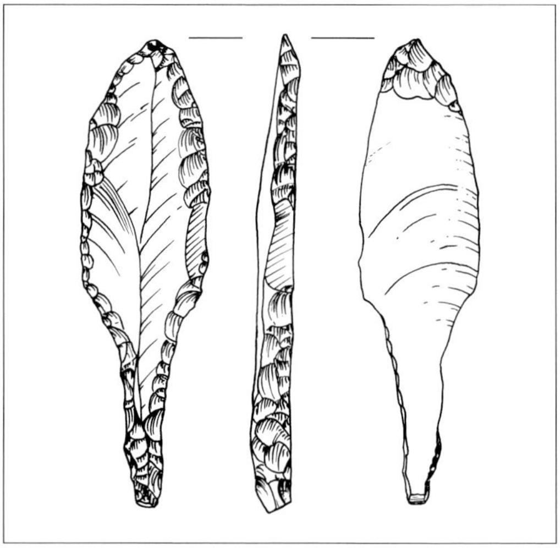

2.2.1.1., Maßstab 2 : 3

2.2.1.1. Font-Robert-Spitze

Beschreibung: Meist wurden Klingen als Grundform verwendet. Der lange kräftige Stiel wurde durch beidseitige Retuschen herausgearbeitet. Der Spitzenbereich kann unbearbeitet oder an einer oder beiden Kanten bearbeitet, aber auch flächig retuschiert sein. Durch die ungleichmäßige Retuschierung der Lateralkanten in diesem Bereich und ein unterschiedlich hohes Ansetzen der Schulter sind Font-Robert-Spitzen leicht asymmetrisch. Weitere Bereiche der Lateralkanten im Oberteil können Retusche aufweisen. Die Längen liegen zwischen 50 und 110 mm.
Datierung: mittleres Jungpaläolithikum, 28.–25. Jt. v. Chr.
Verbreitung: Mitteleuropa, Frankreich.
Literatur: Hahn 1993, 244, Abb. 77,16; Taller/Conard 2016, Abb. 6,11–12; Floss 2018b, 403, Abb. 2,6–14; Pasda 2018, 489, Abb. 1.
Anmerkung: Die Font-Robert-Spitzen werden wegen ihrer Form zu den Stielspitzen gezählt. Allerdings gibt es aus dem mittleren Jungpaläolithikum noch keine verlässlichen Hinweise auf die Nutzung von Pfeil und Bogen, weshalb die Einordnung bei den Lanzen- und Speerspitzen erfolgt.

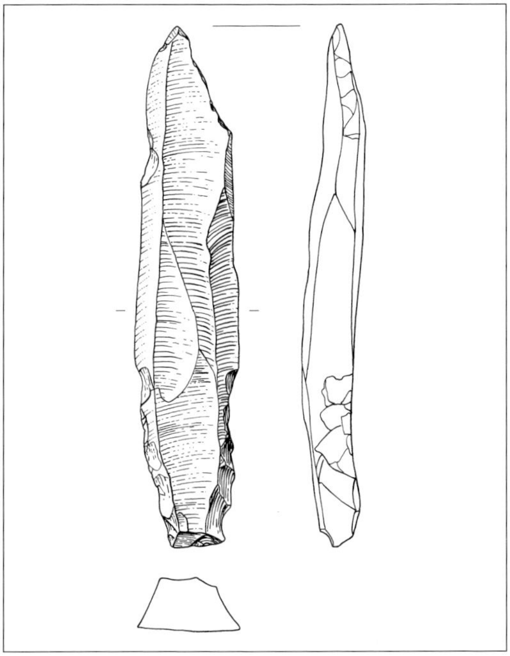

2.2.1.2., Maßstab 2 : 3

2.2.1.2. Lyngby-Spitze

Beschreibung: An einer massiven Klinge wurde im Basalbereich ein kräftiger Stiel herausgearbeitet. Die Spitzenpartie ist häufig unmodifiziert. Spitze und Stiel sind in der Regel mittelständig. Die Länge liegt über 55 mm und/oder die Breite über 17 mm.
Synonym: Bromme-Spitze.
Datierung: Spätpaläolithikum, Mitte 12.–Mitte 11. Jt. v. Chr.
Verbreitung: Südskandinavien und angrenzendes Norddeutschland.
Literatur: Taute 1968, 11–12, Abb. 1,1; Tromnau 1975, 61–62, Taf. 24,31; Hahn 1993, 245; Kaiser/Terberger 1995, 32, Abb. 16,m; 17,b; Gerken 2001, 26–27, Taf. 26,1–2; 90,7; Floss/Weber 2018, 512–514, Abb. 2,6.
Anmerkung: Einige Spitzen sind sehr groß und schwer. Experimente haben gezeigt, dass sich auch Stücke mit einem Gewicht über 20 g als Pfeilspitzen auf Distanzen bis 20 m eignen (Hartz 1987, 9). Kaiser/Terberger (1995, 32) gehen aber davon aus, dass die Stielbreiten von häufig 12 bis 20 mm eher für die Befestigung an einem Speer mit einer Schaftdicke von 18 bis 20 mm sprechen.

3. Lanzen-/Speerbewehrung <Metall>

Beschreibung: Lanzen- und Speerbewehrungen wurden entweder mittels Schaftzunge oder -dorn oder mittels einer Tülle geschäftet. Als Material wurde Bronze oder Eisen, selten auch Edelmetall verwendet. Viele Stücke sind unverziert, aber auch reich verzierte Objekte treten auf. Blattform, -querschnitt und Größe sind sehr variabel.
Datierung: nordische Bronzezeit, Periode I–V (Montelius), 17.–8. Jh. v. Chr.; frühe Bronzezeit, Bronzezeit A2 (Reinecke), bis Hochmittelalter, 20. Jh. v. Chr.–13. Jh. n. Chr.
Verbreitung: Nord-, Mittel-, West- und Südeuropa, Römisches Reich.
Literatur: Jahn 1916, 33–34; 74–77; Böhner 1958, 146–151; 160–162; Jacob-Friesen 1967; Hübener 1967; Stein 1967, 16–18; Schauer 1973; Schauer 1974; von Schnurbein, S. 1974; Pauli 1978, 227; Wilbertz 1982, 43–44; zu Erbach 1989, 88–91; Oesterwind 1989, 99–101; Ilkjær 1990; Bennett 1991; Hansen, S. 1991, 37–49; Kempke 1991, 15–17; Petculescu 1991; Völling 1991; Cordie-Hackenberg 1993, 95; Deschler-Erb/Schwarz 1993; Bemmann/Hahne 1994, 432; 439–440; Hansen, S. 1994, 61–72; Buora 1997; Bemmann 1998; Dolenz 1998, 70–71; Deschler-Erb 1999, 19; 21; Fischer, T. 2000, 69–74; Biermann 2002; Damminger 2002, 66–70; Horvat 2002; Stöllner 2002, 131–133; Westphalen 2002, 229–234; Losert 2003, 439–441; Gschwind 2004, 185–187; Fischer, T. 2005, 160–161; Bishop/Coulston 2006, 200–202; Blaich 2006, 76–79; Trenkmann 2006, 70–71; Will 2007; Poux 2008, 332–335; Ludwig 2009, 81–82; Iversen 2010, 48–51; Sievers 2010, 23–26; 29; Ramsl 2011, 157; Bunnefeld 2012, 130–144; Laux 2012, 10–12; 15–23; 30–48; 65–84; 89–92; 98–103; 108–111; Dombrowsky 2014, 138–139; Ruß 2016, 319–320; Dombrowsky 2017, 145–146; Zagermann 2018, 305, Nr. 165; Deschler-Erb 2022, 93; Leskovar/Schumann 2023, 49–50; Fischer, V. in Vorb.

3.1. Lanzen-/Speerbewehrung mit Schaftzunge oder Schaftdorn <Metall>

Beschreibung: Das Blatt ist vom langen vierkantigen oder runden Schaft abgesetzt, der in eine spitz zulaufende Schaftangel oder in eine rechteckige Zunge übergeht. Als Material wurde Eisen verwendet. Blattquerschnitt und -länge sind sehr variabel.
Datierung: Römische Republik bis Römische Kaiserzeit, 2. Jh. v. Chr.–Mitte 2. Jh. n. Chr.; Frühmittelalter, spätes 8.–frühes 11. Jh. n. Chr.
Verbreitung: Baltikum, Skandinavien, Nordostdeutschland, Römisches Reich.
Literatur: Deschler-Erb 1999, 19; Biermann 2002; Horvat 2002.

3.1.1. Zungenpilum

Beschreibung: Das eiserne Pilum, der schwere Wurfspeer, hat entweder ein flaches Blatt mit spitzovalem Querschnitt oder eine vierkantig oder seltener dreikantig pyramidale Spitze. Daran schließt sich ein eiserner Schaft an, der in einer rechteckigen Zunge endet, die mittels Nieten und einer Zwinge an einem hölzernen Schaft befestigt war. Zungenpila erreichen oft Längen von 35 bis 60 cm.
Datierung: Römische Republik bis Römische Kaiserzeit, 2. Jh. v. Chr.–Mitte 2. Jh. n. Chr.
Verbreitung: Römisches Reich.
Relation: 3.2.1.5.8. Tüllenpilum.
Literatur: Diemer 1955, 195–197; Lampe 1973, 267; 287; Deschler-Erb 1999, 19; Horvat 2002.

3.1.1.1. Zungenpilum mit flachem Blatt

Beschreibung: Das Pilum hat ein flaches Blatt mit spitzovalem Querschnitt, das in einen langen Schaft übergeht. Dieser endet in einer rechteckigen Zunge, in der sich ein oder mehr Nietlöcher befinden. Die Längsseiten der Zunge sind jeweils ungefähr zur Hälfte nach innen und außen umgebogen. Zungenpila mit flachem Blatt wurden aus Eisen hergestellt und erreichen oft Längen von 22 bis 40 cm.

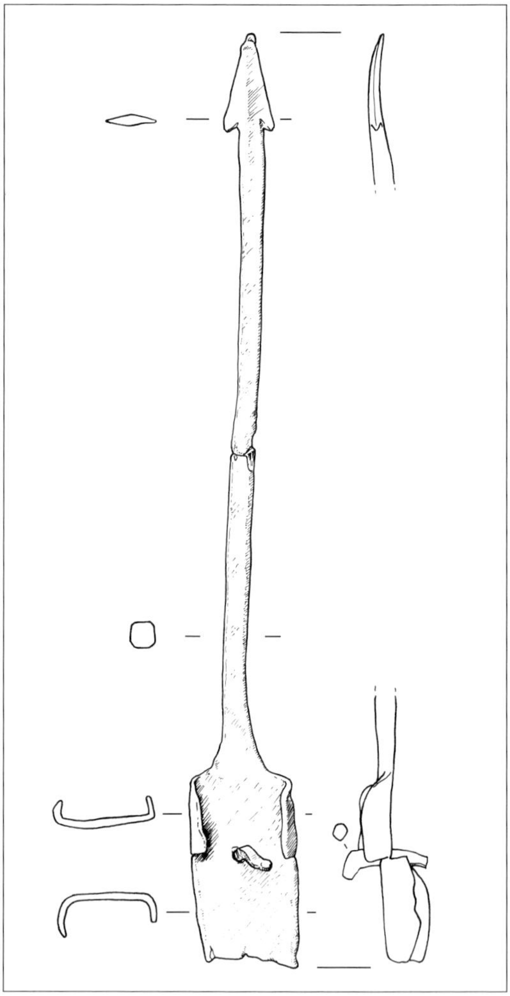

3.1.1.1., Maßstab 1 : 3

Synonym: Zungenpilum Horvat Typ 1; Zungenpilum Horvat Typ 2.
Datierung: Römische Republik bis Römische Kaiserzeit, 2. Jh. v. Chr.–Mitte 2. Jh. n. Chr.
Verbreitung: Römisches Reich.
Literatur: Horvat 2002.

3.1.1.2. Zungenpilum mit vierkantig oder dreikantig pyramidaler Spitze

Beschreibung: Das eiserne Pilum hat eine vierkantig oder seltener eine dreikantig pyramidale

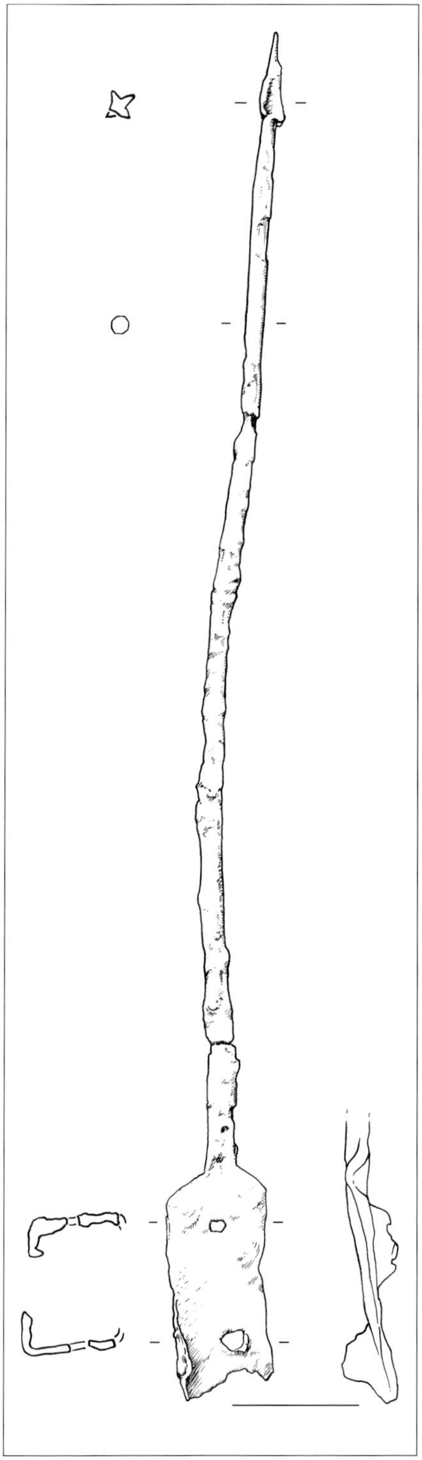

3.1.1.2., Maßstab 1 : 3

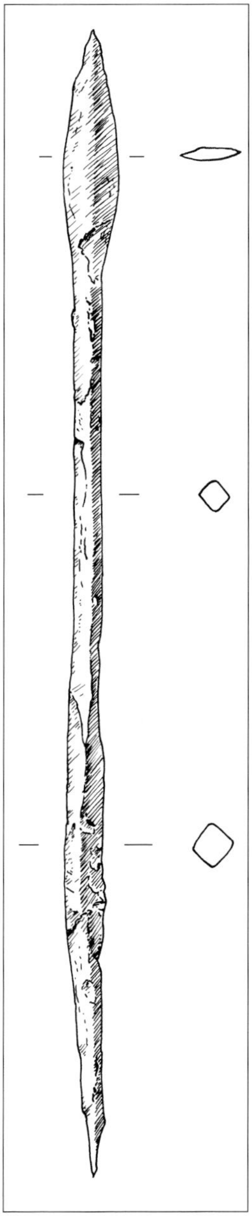

3.1.2., Maßstab 1 : 3

Spitze, die auf einem langen Schaft aufsitzt, der in einer rechteckigen Zunge endet. Diese trägt ein oder mehrere Nietlöcher. Die Längsseiten sind jeweils ca. zur Hälfte nach innen und außen umgebogen. Die eisernen Teile erreichen oft Längen von 44 bis 60 cm.

Synonym: Zungenpilum
Horvat Typ 3.

Datierung: Römische Republik bis Römische Kaiserzeit, 2. Jh. v. Chr.–Mitte 2. Jh. n. Chr.

Verbreitung: Römisches Reich.

Relation: 3.2.1.5.8.2. Tüllenpilum mit vierkantig oder dreikantig pyramidaler Spitze.

Literatur: Hanel 1995, 47–48, Taf. 50,B758; Harnecker 1997, 89, Taf. 73,771; Horvat 2002.

Anmerkung: In Haltern wurde ein vollständig erhaltenes Pilum mit Schäftungszunge, Doppelniet und Zwinge gefunden.

3.1.2. Lanzenspitze mit langer Schaftangel

Beschreibung: Das Blatt der eisernen Lanzenspitze ist weidenblatt- oder rautenförmig, wobei die Längen recht unterschiedlich sind. Sein Querschnitt ist linsen- bis rautenförmig. Gelegentlich ist jeweils eine Blattseite gegenständig gekehlt, sodass ein gestufter Querschnitt auftritt. Der Schaft ist vierkantig oder rund und vom Blatt abgesetzt. Er verdickt sich zunächst vom Schaft aus und geht dann – oft mit einem weiteren Absatz – in eine spitz zulaufende Schaft-

angel von meist vierkantigem Querschnitt über. Die Gesamtlängen liegen zwischen 28 und 45 cm.
Datierung: Frühmittelalter, spätes 8.–frühes 11. Jh. n. Chr.
Verbreitung: Baltikum, Skandinavien, selten in Nordostdeutschland.
Literatur: Diemer 1955, 195–197, Abb. 150,i; Lampe 1973, 267; 287, Abb. 8a; Biermann 2002.

3.2. Lanzen-/Speerbewehrung mit Tülle <Metall>

Beschreibung: Lanzen-/Speerbewehrungen mit Tülle treten mit oder ohne Widerhaken auf. Bei ersteren sind die Blattquerschnitte sehr vielfältig – mit Mittelwulst, mit Mittelgrat, mit spitzovalem oder rhombischem Querschnitt, mit abgeflachtem Mittelteil und mit polygonalem Querschnitt –, während bei den Stücken mit Widerhaken der rhombische Blattquerschnitt überwiegt. Die Tüllen sind rund, oval oder kantig, geschlitzt oder offen. Bei den Angonen kommt als Sonderform die Federtülle hinzu. Hergestellt wurden die Lanzen-/Speerbewehrungen mit Tülle aus Bronze oder Eisen. Neben vielen unverzierten gibt es auch überaus reich verzierte Stücke. Gelegentlich wurde für die Verzierung auch Edelmetall verwendet.
Datierung: nordische Bronzezeit, Periode I–V (Montelius), 17.–8. Jh. v. Chr.; frühe Bronzezeit, Bronzezeit A2 (Reinecke), bis Hochmittelalter, 20. Jh. v. Chr.–13. Jh. n. Chr.
Verbreitung: Nord-, Mittel-, West- und Südeuropa, Römisches Reich.
Literatur: Jahn 1916, 33–34; 74–77; Hachmann 1957, 126–127; Böhner 1958, 146–151; 160–162; Nierhaus 1966, 120–121; Hübener 1967; Jacob-Friesen 1967; Koch, R. 1967, 58–62; Stein 1967, 16–18; Koch, U. 1968, 88; Keller 1971, 78; Schauer 1973; Schauer 1974; von Schnurbein, S. 1974; Voigt 1975, 225; Koch, U. 1977, 112; Pauli 1978, 227; Koschik 1981, 79; Erdmann 1982, 7; Wilbertz 1982, 43–44; Müller-Wille 1987, 37; zu Erbach 1989, 88–91; Oesterwind 1989, 99–101; Ilkjær 1990; Koch, U. 1990, 181–183; Bennett 1991; Hansen, S. 1991, 37–49; Kempke 1991, 15–17; Petculescu 1991; Speitel 1991, 86–87; Völling 1991; Cordie-Hackenberg 1993, 95; Deschler-Erb/Schwarz 1993; Bemmann/Hahne 1994, 432; 439–440; Hansen, S. 1994, 61–72; Hanel 1995, 48; Říhovský 1996, 40–41; Buora 1997; Harnecker 1997, 88–89; Stebler-Cauzzo 1997, 252; Bemmann 1998; Bemmann/Bemmann 1998, 172; 181; 186; Brandherm 1998, 47–51; Dolenz 1998, 70–71; Deschler-Erb 1999, 21; Fischer, T. 2000, 69–74; Damminger 2002, 66–70; Horvat 2002, 133; Stöllner 2002, 131–133; Westphalen 2002, 229–234; Losert 2003, 439–441; Brandherm 2004; Gschwind 2004, 185–187; Fischer, T. 2005, 160–161; Bishop/Coulston 2006, 200–202; Blaich 2006, 76–79; Trenkmann 2006, 70–71; Will 2007; Poux 2008, 332–335; Ludwig 2009, 81–82; Iversen 2010, 48–51; Sievers 2010, 23–26; 29; Ramsl 2011, 157; Bunnefeld 2012, 130–144; Laux 2012, 10–12; 15–23; 30–48; 65–84; 89–92; 98–103; 108–111; Dombrowsky 2014, 138–139; Ruß 2016, 319–320; Dombrowsky 2017, 145–146; Zagermann 2018, 305, Nr. 165; Deschler-Erb 2022, 93; Leskovar/Schumann 2023, 49–50; Fischer, V. in Vorb.

3.2.1. Lanzen-/Speerbewehrung mit Tülle ohne Widerhaken <Metall>

Beschreibung: Die Lanzen-/Speerbewehrungen mit Tülle, die keine Widerhaken tragen, werden nach ihren Blattquerschnitten in Typen eingeteilt – mit Mittelwulst, mit Mittelgrat, mit spitzovalem oder rhombischem Querschnitt, mit abgeflachtem Mittelteil und mit polygonalem Querschnitt. Die Tülle kann rund, oval oder kantig, geschlitzt oder offen sein. Nietlöcher kommen häufig vor. Zur Herstellung wurde Bronze oder Eisen verwendet. Einige Stücke sind verziert, manche überaus reich. Z. T. wurde für die Verzierungen Edelmetall verwendet.
Datierung: nordische Bronzezeit, Periode I–V (Montelius), 17.–8. Jh. v. Chr.; frühe Bronzezeit, Bronzezeit A2 (Reinecke), bis Hochmittelalter, 20. Jh. v. Chr.–13. Jh. n. Chr.
Verbreitung: Nord-, Mittel-, West- und Südeuropa, Römisches Reich.
Literatur: Jahn 1916, 33–34; 74–77; Hachmann 1957, 126–127; Böhner 1958, 146–151; Nierhaus 1966, 120–121; Hübener 1967; Jacob-Friesen 1967; Koch, R. 1967, 58–62; Stein 1967, 16–18;

Koch, U. 1968, 88; Keller 1971, 78; Schauer 1973; Schauer 1974; Koch, U. 1977, 112; Pauli 1978, 227; Koschik 1981, 79; Erdmann 1982, 7; Wilbertz 1982, 43–44; Müller-Wille 1987, 37; zu Erbach 1989, 88–91; Oesterwind 1989, 99–101; Ilkjær 1990, 48–59; 73–74; 79–85; 90–91; 94–110; 128–132; 142–146; Koch, U. 1990, 181–183; Hansen, S. 1991, 37–43; 48–49; Kempke 1991, 15–17; Petculescu 1991; Speitel 1991, 86–87; Cordie-Hackenberg 1993, 95; Hansen, S. 1994, 61–62; 66; 70–72; Hanel 1995, 48; Říhovský 1996, 40–41; Harnecker 1997, 88–89; Stebler-Cauzzo 1997, 252; Bemmann 1998; Bemmann/Bemmann 1998, 172; 181; Brandherm 1998, 47–51; Dolenz 1998, 70–71; Deschler-Erb 1999, 21; Fischer, T. 2000, 70–74; Damminger 2002, 66–70; Horvat 2002, 133; Stöllner 2002, 131–133; Westphalen 2002, 229–234; Losert 2003, 439–441; Brandherm 2004; Gschwind 2004, 185–187; Fischer, T. 2005, 160–161; Blaich 2006, 76–79; Trenkmann 2006, 70–71; Will 2007; Poux 2008, 332–335; Ludwig 2009, 81–82; Iversen 2010, 48–51; Sievers 2010, 23–26; 29; Ramsl 2011, 157; Bunnefeld 2012, 130–144; Laux 2012, 10–12; 15–23; 30–48; 65–84; 89–92; 98–103; 108–111; Dombrowsky 2014, 138–139; Ruß 2016, 319–320; Dombrowsky 2017, 145–146; Zagermann 2018, 305, Nr. 165; Deschler-Erb 2022, 93; Leskovar/Schumann 2023, 49–50; Fischer, V. in Vorb.

3.2.1.1. Lanzen-/Speerbewehrung mit Tülle ohne Widerhaken mit Mittelwulst

Beschreibung: Die Blattform ist sehr variabel, ebenso wie die Größe der Lanzenspitzen oder das Verhältnis von Tüllen- zu Blattlänge. Allen gemeinsam ist ein Mittelwulst auf dem Blatt, der auch von Rippen begleitet sein kann. Widerhaken sind nicht vorhanden. Der Tüllenquerschnitt ist rund, oval oder rautenförmig. Auch facettierte Tüllen treten auf. Nietlöcher kommen häufig vor. Verzierung, z. T. auch sehr reich, ist nachgewiesen. Selten sind hohl gegossene Lanzenspitzen, Lanzenspitzen mit durchbrochenem Blatt oder Lanzenspitzen mit Ösen direkt unterhalb des Blattes oder am freien Tüllenteil. Als Material wurde Bronze und Eisen verwendet.

Datierung: nordische Bronzezeit, Periode I–V (Montelius), 17.–8. Jh. v. Chr.; frühe Bronzezeit bis ältere Vorrömische Eisenzeit, Bronzezeit A2–Hallstatt D (Reinecke), 20.–5. Jh. v. Chr.; Völkerwanderungszeit bis Frühmittelalter, 6.–8. Jh. n. Chr.
Verbreitung: Nord-, Mittel-, West- und Südeuropa.
Literatur: Hachmann 1957, 126–127; Hübener 1967; Jacob-Friesen 1967; Schauer 1973; Schauer 1974; Koschik 1981, 79; Wilbertz 1982, 43–44; zu Erbach 1989, 88–91; Hansen, S. 1991, 37–43; 48–49; Speitel 1991, 86–87; Hansen, S. 1994, 61–62; 66; 70–72; Říhovský 1996, 40–41; Brandherm 1998, 47–51; Brandherm 2004; Trenkmann 2006, 70–71; Will 2007; Bunnefeld 2012, 130–144; Laux 2012, 10–12; 15–23; 30–48; 65–84; 89–92; 98–103; 108–111; Dombrowsky 2014, 138–139; Dombrowsky 2017, 145–146; Leskovar/Schumann 2023, 49–50.

3.2.1.1.1. Tüllenlanzenspitze Typ Bagterp

Beschreibung: Die aus Bronze gefertigte Lanzenspitze hat eine kurze gedrungene Form, die größte Breite befindet sich relativ weit unten am Blatt. Die Längen liegen häufig bei 10 bis 15 cm, die Breiten um 3 bis 4 cm. Die konvexen Schneiden werden in Form scharfer Grate oder leichter Wülste bis zu den recht großen Nietlöchern, die sich ungefähr in der Mitte des freien Tüllenteils befinden, fortgesetzt. Der Tüllenquerschnitt ist zunächst eher oval, im Bereich des Blattes dann rund bis rautenförmig. Die Tülle endet im oberen Bereich des Blattes spitz oder auch relativ breit. Während in Skandinavien Lanzenspitzen vom Typ Bagterp häufig verziert sind, herrschen in Norddeutschland unverzierte Stücke vor.

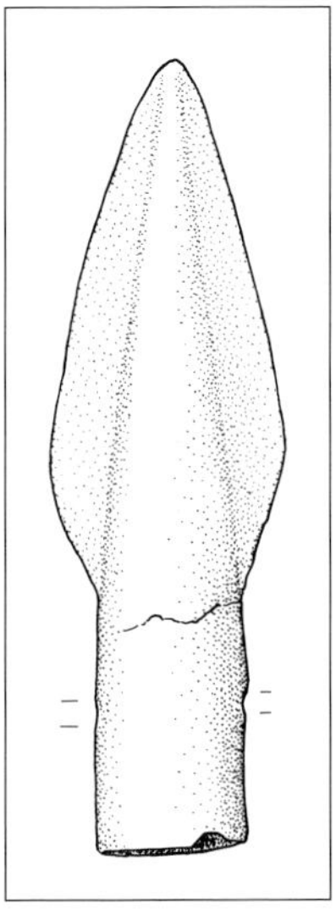

3.2.1.1.1.

Datierung: ältere nordische Bronzezeit, Periode I (Montelius), 17. Jh. v. Chr.

Verbreitung: Schweden, Dänemark, Norddeutschland, selten in Westdeutschland, Norwegen und den Niederlanden.
Literatur: Jacob-Friesen 1967, 89–104, Taf. 3,11.13; 9,1–5; 11,4–5; Aner/Kersten 1977, 138, Nr. 1905; 146, Nr. 1949; 151, Nr. 1981, Taf. 97,1905; 104,1949; 109,1981; Weber, C. 2001, 9; Bérenger/Grünewald 2008, 158; Bunnefeld 2012, 130–131, Taf. 68,A1–A2; Laux 2012, 10–11, Taf. 1,1–12; Dombrowsky 2014, 138; Dombrowsky 2017, 145–146.

3.2.1.1.2. Tüllenlanzenspitze Typ Bühl

Beschreibung: Das Blatt der bronzenen Lanzenspitze ist relativ schmal und lorbeerblattförmig. Es setzt im unteren Drittel der Tülle an. Der Schneidenverlauf ist gleichmäßig gebogen. Die im Vergleich zum Blatt recht gedrungene Tülle läuft bis zur Spitze durch. In der Tülle befinden sich in der Regel zwei Nietlöcher. Lanzenspitzen vom Typ Bühl erreichen Längen zwischen 15 und 20 cm.
Synonym: Lanzenspitze Typ Tinsdal.
Datierung: Ende frühe Bronzezeit, Bronzezeit A2 (Reinecke), 20.–17. Jh. v. Chr.
Verbreitung: Mitteleuropa.
Literatur: Rittershofer 1983, 219, Abb. 10,1.3–4; 40,5; 41,2; Berger 1984, Taf. 26,3; 38,4; Hansen, S. 1991, 33; Hansen, S. 1994, 61; Říhovský 1996, 40–41; Hänsel 1997, 38, Taf. 8,11; Brandherm 1998, 47–51; Weber, C. 2001, 15, Abb. 14,46; Sicherl 2004, Taf. 12,6–8.
(siehe Farbtafel Seite 30)

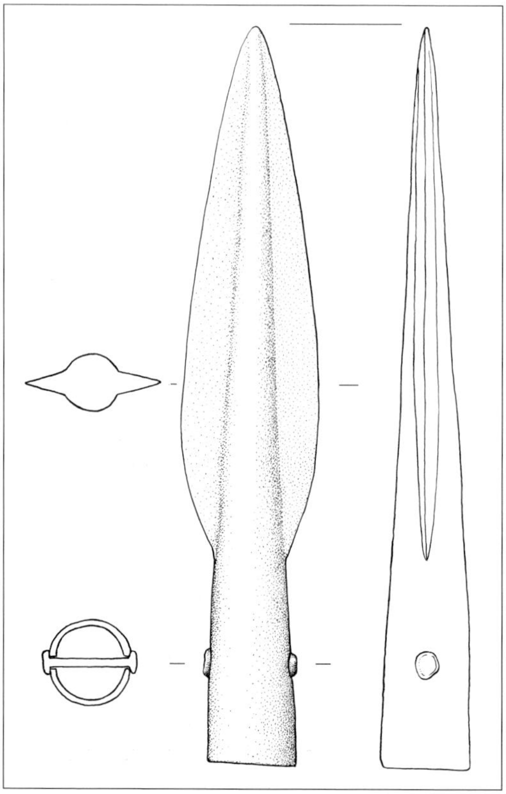

3.2.1.1.2.

3.2.1.1.3. Tüllenlanzenspitze Typ Vorwohlde

Beschreibung: Die bronzene Lanzenspitze hat ein schmales Blatt, dessen größte Breite sich nahe am Blattansatz befindet. Das Blatt nimmt ungefähr zwei Drittel der Gesamtlänge (meist 12 bis 16 cm) ein. Die im Querschnitt runde Tülle erweitert sich deutlich vom Blattansatz zum Tüllenmund. Die Tülle läuft bis zur Spitze durch. Üblicherweise befinden sich zwei Nietlöcher in der Tülle.
Datierung: ältere nordische Bronzezeit, Periode I–II (Montelius), 16.–15. Jh. v. Chr.
Verbreitung: Niedersachsen (beiderseits der Leine und an der mittleren und unteren Weser).
Literatur: Bunnefeld 2012, 131–132, Taf. 68,A6; Laux 2012, 11–13, Taf. 1,13–2,28.

3.2.1.1.4. Tüllenlanzenspitze Typ Tréboul

Beschreibung: Bei der bronzenen Lanzenspitze endet die Tülle auf dem Blatt ein ganzes Stück vor der Spitze und geht in einen Grat oder eine Verdickung über. Die Tülle selber hat einen leicht ovalen bis rautenförmigen Querschnitt. Die Nietlöcher in der Tülle sind meist groß und häufig auch unregelmäßig. Neben Rippen auf dem Blatt kommt oft Verzierung mit geometrischen Mustern vor. Das Blatt setzt mit gleichmäßigem Schwung oder fast rechtwinklig an der Tülle an, biegt zunächst leicht aus und dann im unteren Drittel des Blattes zur Spitze um. Die größte Breite liegt so relativ nah am Tüllenansatz. Die Schneiden verlaufen gerade

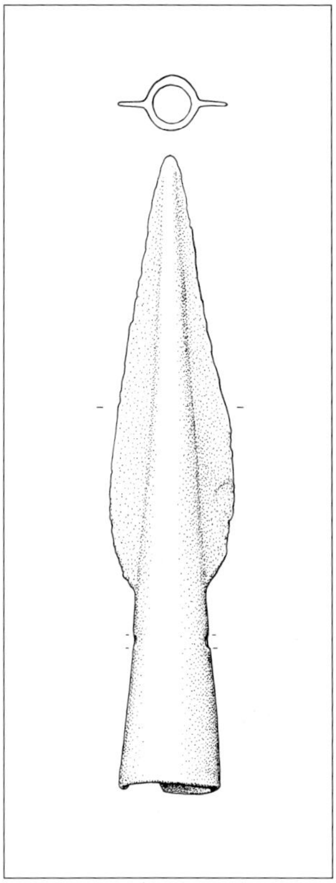

3.2.1.1.3.

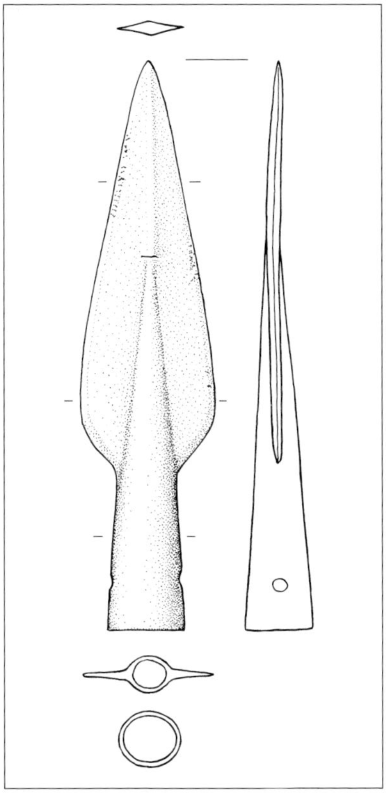

3.2.1.1.4.

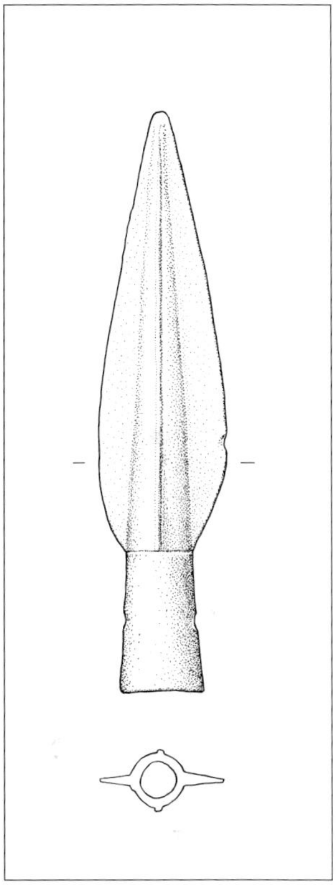

3.2.1.1.5.

in Richtung Spitze. Es werden Längen von 13 bis 27 cm erreicht.

Datierung: mittlere Bronzezeit, Bronzezeit B (Reinecke), 16. Jh. v. Chr.

Verbreitung: Frankreich, Niederlande, Belgien, selten in Deutschland und Großbritannien.

Literatur: Butler 1987, 9–10, Abb. 1; Hansen, S. 1990; Hansen, S. 1991, 32; Bérenger/Grünewald 2008, 159; Bunnefeld 2012, 133–134, Taf. 69,A13.

3.2.1.1.5. Tüllenlanzenspitze Lüneburger Typ II

Beschreibung: Die bronzene Lanzenspitze hat ein unverziertes, unprofiliertes Blatt mit konvex verlaufenden Schneiden. Die Gesamtlänge beträgt 11 bis 31 cm, wobei 24 cm selten überschritten werden. Die größte Breite, welche im unteren Blattdrittel liegt, beläuft sich auf 3,5 bis 5 cm. Der freie Tüllenteil hat einen Anteil von maximal einem Drittel der Gesamtlänge. Auf der im Querschnitt runden Tülle befindet sich auf beiden Seiten eine gerundete, 1 bis 2 mm starke Rippe, die vom Ansatz des Blattes bis zur Spitze durchläuft. Am Blattansatz kann sich ein leichter Absatz befinden. In der Tülle sind zwei Nietlöcher angebracht.

Untergeordneter Begriff: Lüneburger Stoßlanzenspitze mit Mittelrippe (Form B).

Datierung: mittlere nordische Bronzezeit, Periode III (Montelius), 13.–12. Jh. v. Chr.

Verbreitung: Norddeutschland, selten in Mittel- und Süddeutschland.

Literatur: Jacob-Friesen 1967, 184–190, Taf. 97,6.10; 99,7; von Brunn 1968, 140–141; Berger 1984, Taf. 18,7; Hansen, S. 1991, 36; Speitel 1991, 86; Laux 2012, 34–47, Taf. 12,174–18,262; Dombrowsky 2014, 138.

(siehe Farbtafel Seite 31)

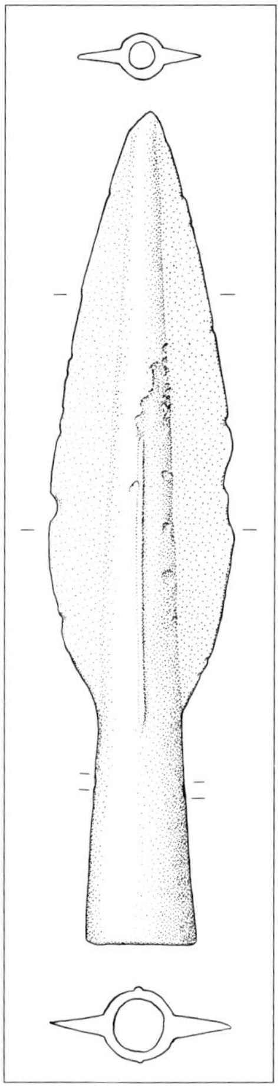

3.2.1.1.6.

3.2.1.1.6. Tüllenlanzenspitze Lüneburger Typ III

Beschreibung: Die Schneiden der aus Bronze gefertigten Lanzenspitze sind leicht konvex. Die größte Breite liegt zwischen 3 und 5 cm und befindet sich im unteren Blattdrittel. Die Gesamtlängen belaufen sich auf 11 bis 30 cm, wovon der freie Tüllenteil annähernd ein Drittel einnimmt. Am Blattansatz kann ein kleiner Absatz ausgearbeitet sein. Ungefähr auf der halben Höhe des freien Tüllenteils sind zwei Nietlöcher angebracht. Bei der im Querschnitt rundlichen Tülle kann im unteren auf dem Blatt befindlichen Teil eine schmale Rippe ausgearbeitet sein.
Untergeordneter Begriff: Lüneburger Stoßlanzenspitze, Form Südergellersen.
Datierung: mittlere nordische Bronzezeit, Periode III (Montelius), 13.–12. Jh. v. Chr.
Verbreitung: Norddeutschland, selten in Mitteldeutschland.
Literatur: Jacob-Friesen 1967, 191–194, Taf. 101,7; 102,6; Speitel 1991, 86–87; Bunnefeld 2012, 135, Taf. 69,A18; Laux 2012, 30–32; 48–56; Dombrowsky 2014, 138.

3.2.1.1.7. Tüllenlanzenspitze Typ Weitgendorf

Beschreibung: Die größte Breite der aus Bronze gefertigten Lanzenspitze liegt relativ nah am Blattansatz. Von dort verlaufen die Schneiden gerade zur Spitze. Charakteristisch ist ein plastisches Winkelmuster auf der Tülle ungefähr in Höhe des Blattansatzes. Die Winkelspitze kann nach oben oder unten zeigen. Der Tüllenquerschnitt ist im freien Tüllenteil eher rundlich, im Bereich des Blattes meist rautenförmig. In der Tülle befinden sich zwei Nietlöcher. Die Längen belaufen sich auf 13 bis 17,5 cm.
Datierung: mittlere nordische Bronzezeit, Periode III (Montelius), 13.–12. Jh. v. Chr.
Verbreitung: Mittel- und Nordostdeutschland.
Literatur: Jacob-Friesen 1967, 196–199, Taf. 105,1–9; von Brunn 1968, 141; Fröhlich 1983, 40–41; Speitel 1991, 86–87; Laux 2012, Taf. 25,364–365.

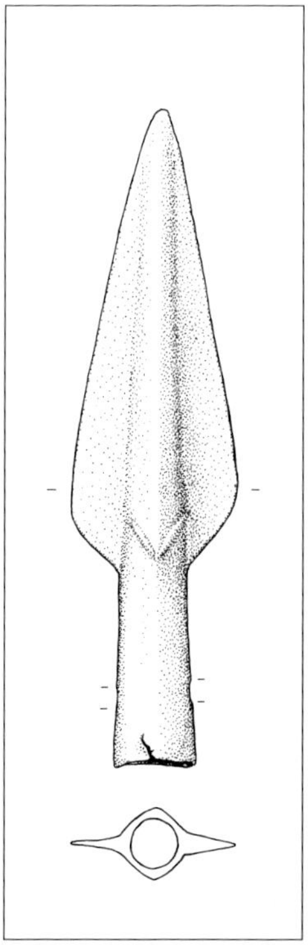

3.2.1.1.7.

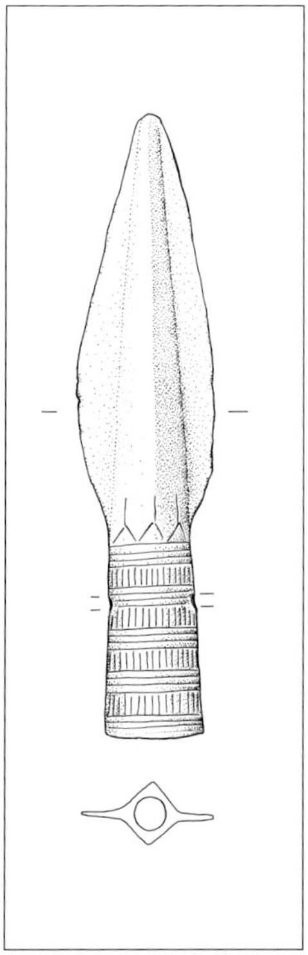

3.2.1.1.8.

3.2.1.1.8. Tüllenlanzenspitze Typ Suckow

Beschreibung: Das Blatt der bronzenen Lanzenspitze ist relativ schmal, wobei die größte Breite im unteren Blattdrittel liegt. Typisch ist eine Verzierung des freien Tüllenteils aus mindestens fünf Gruppen horizontal umlaufender Linien, zwischen denen senkrechte Strichreihen angebracht sind. Ungefähr am Blattansatz schließt sich ein Muster aus Winkeln an, die z.T. jeweils eine senkrechte Linie tragen. Der Tüllenquerschnitt im Bereich des Blattes ist rautenförmig oder rundlich. Lanzenspitzen dieses Typs sind 12 bis 15 cm lang.
Datierung: mittlere nordische Bronzezeit, Periode III (Montelius), 13.–12. Jh. v. Chr.
Verbreitung: Nordostdeutschland.
Literatur: Jacob-Friesen 1967, 199–201, Taf. 106,1–4.6; Fröhlich 1983, 41.

3.2.1.1.9. Tüllenlanzenspitze Typ Forchheim

Beschreibung: Die maximale Breite des Blattes der bronzenen Lanzenspitze befindet sich knapp oberhalb des Blattansatzes, wo es in Richtung Spitze umbiegt. Die Schneiden verlaufen nahezu geradlinig bis zur Spitze. Das Blatt nimmt ungefähr zwei Drittel der Gesamtlänge der Lanzenspitze ein. Die Tülle ist am Tüllenmund relativ breit und läuft dann sich gleichmäßig verschmälernd zur Spitze durch. Die Längen belaufen sich auf 14,5 bis 17,5 cm.
Datierung: frühe bis mittlere Bronzezeit, Bronzezeit A2–B (Reinecke), 20.–16. Jh. v. Chr.
Verbreitung: Süddeutschland, Schweiz, Slowakei, Tschechien, Polen, Ungarn.
Literatur: Kimmig 1955, 59, Abb. 3,12–14; Rittershofer 1983, 223, Abb. 41,1; Hansen, S. 1991, 33; Říhovský 1996, 40–41; Brandherm 2004; Sicherl 2004, Taf. 12,3–5.

3.2.1.1.10. Tüllenlanzenspitze mit facettierter Tülle im Bereich des Blattes

Beschreibung: Bei Lanzenspitzen dieses Typs ist die Tülle im Blattbereich beidseitig facettiert. In Bezug auf Größe und Blattform ist diese Gruppe sehr heterogen. Gelegentlich trennt ein Absatz

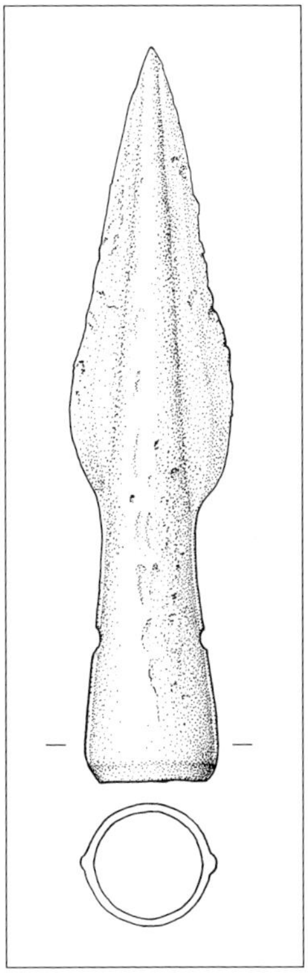

3.2.1.1.9.

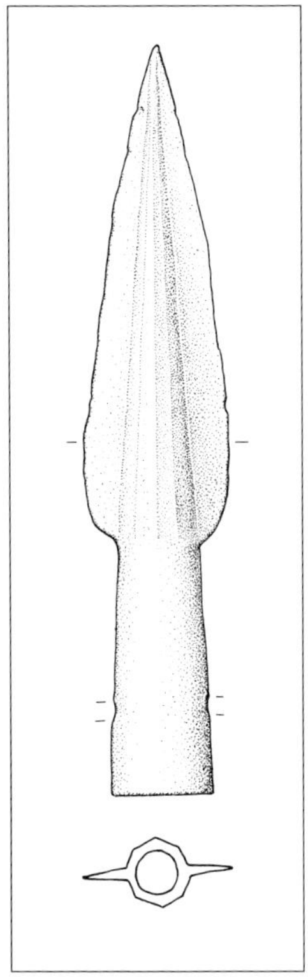

3.2.1.1.10.

die Tülle vom Blatt. Der freie Tüllenteil kann mit Linien- und Bogenmustern, Rippengruppen oder Rillen verziert sein. Die Längen liegen zwischen 14 und 25 cm, als Material wurde Bronze verwendet.
Untergeordneter Begriff: Tüllenlanzenspitze Typ Fiskbaek; Tüllenlanzenspitze Typ Lillemark; Tüllenlanzenspitze Typ Warningshof.
Datierung: jüngere nordische Bronzezeit, Periode IV (Montelius), 11.–10. Jh. v. Chr.
Verbreitung: Skandinavien, Dänemark, Deutschland.
Literatur: Jacob-Friesen 1967, 237–245, Taf. 127,1–11; Bérenger/Grünewald 2008, 160; Laux 2012, 104–107.
Anmerkung: Bei Laux (2012) werden alle Stücke mit facettierter Tülle, sowohl vollständig als auch nur im Bereich des Blattes, gemeinsam aufgeführt.

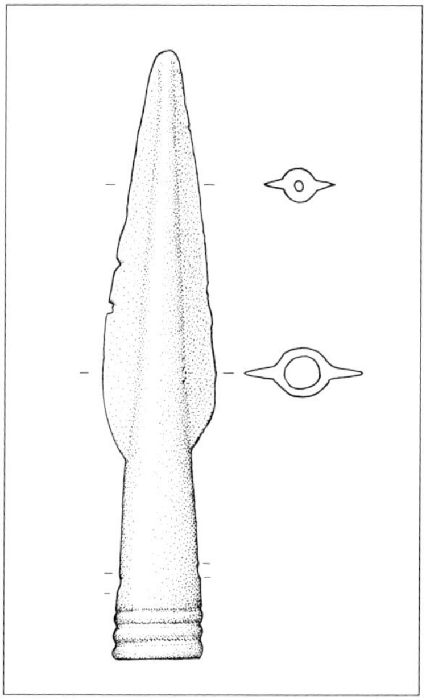

3.2.1.1.11.

3.2.1.1.11. Tüllenlanzenspitze mit geripptem Tüllenmund

Beschreibung: Typisch für die bronzene Lanzenspitze ist der mit Rippen, Rillen oder Riefen kräftig profilierte Tüllenmund. Darüber befinden sich üblicherweise zwei Nietlöcher. Das häufig relativ lange Blatt weist konvex verlaufende Schneiden auf. Die Tülle kann, sich stetig verjüngend, bis zur Spitze durchlaufen. Die Länge des freien Tüllenteils variiert stark, ebenso wie die Gesamtlänge von 9,5 bis 27,5 cm.
Synonym: Lanzenspitze sächsisch-thüringischer Form.
Untergeordneter Begriff: Tüllenlanzenspitze Typ Badene.
Datierung: jüngere nordische Bronzezeit, Periode IV–V (Montelius) bzw. späte Bronzezeit, Hallstatt A–B (Reinecke), 11.–8. Jh. v. Chr.
Verbreitung: Nord- und Mitteldeutschland, Dänemark, selten in den Niederlanden, Süddeutschland und der Schweiz.
Literatur: Sprockhoff 1937, 25, Taf. 2,1.5.11; 6,6; Sprockhoff 1956, 83, Taf. 3,1; Jacob-Friesen 1967, 247–249, Taf. 131,4–10; von Brunn 1968, 142; Trenkmann 2006, 70–71, Abb. 2,3; Bunnefeld 2012, 141–143; Laux 2012, 98–103.
(siehe Farbtafel Seite 31)

3.2.1.1.12. Tüllenlanzenspitze vom westbaltischen Typ

Beschreibung: Das Blatt der Bronzelanzenspitze hat konvexe Schneiden. Der Blattquerschnitt ist spitzoval mit einer deutlichen Verdickung im Bereich der Tülle. Neben langen schmalen Stücken kommen auch kurze, relativ breite Stücke vor. Die Gesamtlänge ist mit knapp 10 bis über 50 cm sehr variabel. Der freie Tüllenteil ist recht lang und weist nur selten Nietlöcher auf. Der untere Bereich der Tülle ist häufig mit Rillengruppen verziert. Selten kommen dort weitere Verzierungen, z. B. gepunzte Dreiecke, vor.
Datierung: jüngere nordische Bronzezeit, Periode V (Montelius), 10.–8. Jh. v. Chr.
Verbreitung: Dänemark, Südschweden, Norddeutschland, selten in Norwegen, Finnland, Westdeutschland und den Niederlanden.
Literatur: Jacob-Friesen 1967, 250–261, Taf. 134; 135,1.4–5; 141–142; 144; 146,3.6–7.9–16; 147; Schoknecht 1974, 160; Weber, C. 2001, 7; Dombrowsky 2017, 147.

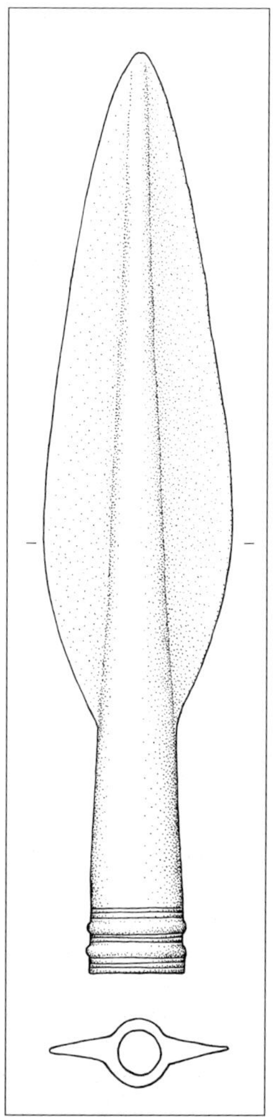

3.2.1.1.12.

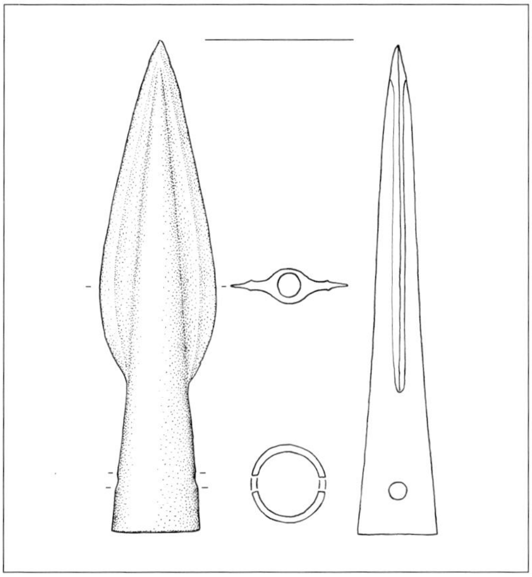

3.2.1.1.13.

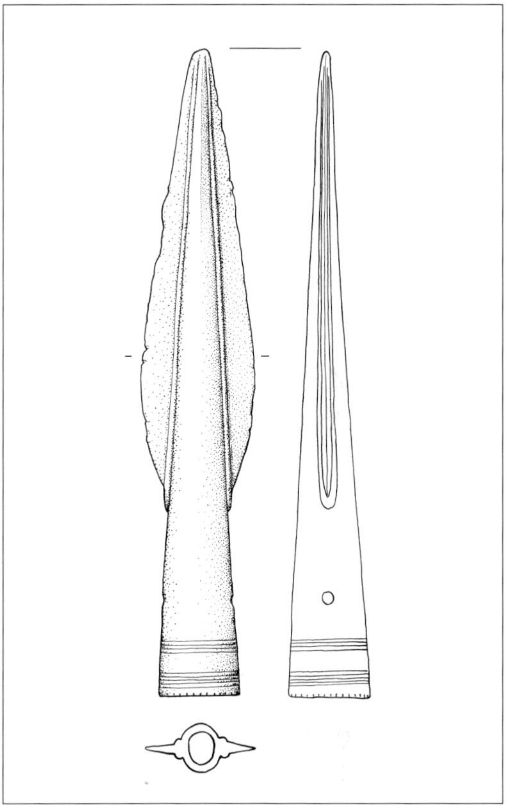

3.2.1.1.14.

3.2.1.1.13. Lanzenspitze Form Beilngries/ Penkhof

Beschreibung: Die Lanzenspitze hat ein flaches Blatt, dessen größte Breite sich in seinem unteren Drittel befindet. Die abgesetzten Schneiden verlaufen danach gerade zur Spitze. Die Tülle ist zunächst breit und verjüngt sich dann bis zur Spitze hin. Zwei Nietlöcher befinden sich oberhalb des Tüllenmundes. Verzierungen in Form von Punzmustern aus Linien, Dreiecken, Bogenbändern und Punkten am Tüllenschaft können vorkommen. Die Längen liegen zwischen 15,5 und 17,5 cm, als Material wurde Bronze verwendet.
Datierung: Ende frühe bis mittlere Bronzezeit, Bronzezeit A2–C (Reinecke), 20.–14. Jh. v. Chr.
Verbreitung: Süddeutschland, Tschechien.
Literatur: Torbrügge 1959, Taf. 7,7; 10,15; Koschik 1981, 79, Taf. 106,6; Hänsel 1997, 38, Taf. 13,4.

3.2.1.1.14. Lanzenspitze mit tüllenbegleitenden Rippen

Beschreibung: Das Blatt der aus Bronze gefertigten Lanzenspitze hat seine größte Breite nahe am Blattansatz; der Querschnitt ist profiliert. Dies resultiert aus einer konischen, bis zur Spitze des Blattes laufenden Tülle, die beidseitig von Rippen begleitet wird. Diese reichen bis kurz unterhalb des Blattansatzes, wo sie einen schildförmigen Absatz zeigen. In der Tülle können sich zwei Nietlöcher befinden; das untere Tüllenende kann mit Rillengruppen verziert, der Tüllenmund gekerbt sein. Lanzenspitzen mit tüllenbegleitenden Rippen sind meist zwischen 15,5 bis 17,5 cm lang.
Datierung: späte Bronzezeit, Hallstatt B (Reinecke), 11.–9. Jh. v. Chr.
Verbreitung: Ungarn, Süd- und Norddeutschland, Schweiz, Skandinavien.
Literatur: Jacob-Friesen 1967, 276, Taf. 177,15–16; 183,1.5; Wilbertz 1982, 44; 170, Taf. 87,2; Hansen, S. 1991, 46, Taf. 7,3.

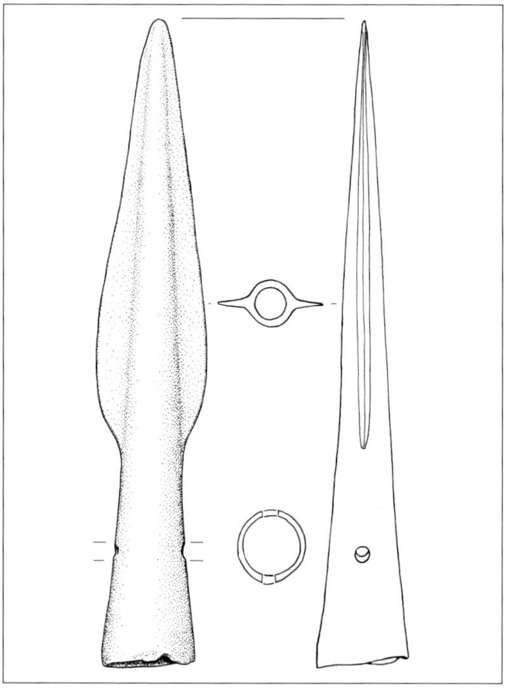

3.2.1.1.15.

3.2.1.1.15. Lanzenspitze Form Brunn

Beschreibung: Die bronzene Lanzenspitze hat ein relativ schmales Blatt, dessen größte Breite sich etwas oberhalb des Blattansatzes befindet. Die Schneiden ziehen danach leicht ein und verlaufen dann gerade zur Spitze. Die Tülle ist am Tüllenmund breit, verjüngt sich danach und läuft bis zur Spitze durch. Die Tüllenlänge entspricht ungefähr einem Drittel der Gesamtlänge, die zwischen 18,5 und 24 cm liegt.
Datierung: mittlere bis späte Bronzezeit, Bronzezeit B–D/Hallstatt A1 (Reinecke), 16.–12. Jh. v. Chr.
Verbreitung: Süddeutschland, Tschechien.
Literatur: Torbrügge 1959, 64, Taf. 32,18; Koschik 1981, 79, Taf. 1,1; 82,7; Hänsel 1997, 38, Taf. 31,6.

3.2.1.1.16. Lanzenspitze mit lorbeerblattförmigem Blatt und langem freiem Tüllenteil

Beschreibung: Die bronzene Lanzenspitze hat ein kurzes lorbeerblattförmiges Blatt mit deutlichem Mittelwulst. Die größte Blattbreite befindet sich im unteren Teil. Der freie Tüllenteil ist im Vergleich zum Blatt relativ lang; die Tülle verbreitert sich zu ihrem Ende hin. Die Gesamtlängen erreichen 7,5 bis 20 cm.

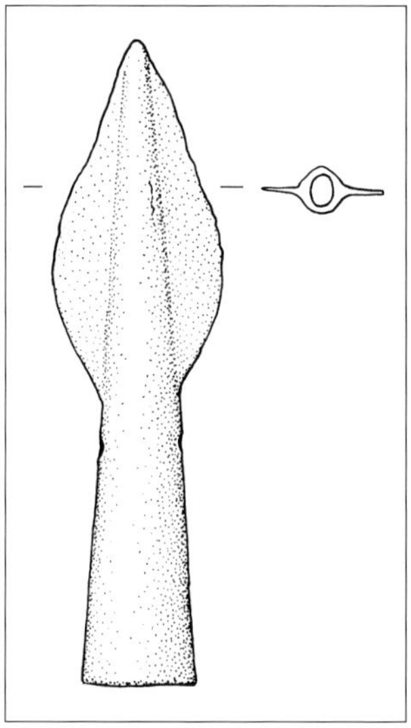

3.2.1.1.16.

Datierung: späte Bronzezeit, Bronzezeit D–Hallstatt B1 (Reinecke), 13.–10. Jh. v. Chr.
Verbreitung: Süd- und Westdeutschland, Schweiz, Österreich, Frankreich, Belgien, selten in Norddeutschland und den Niederlanden.
Literatur: Müller-Karpe 1959, Taf. 156,64–66; 162,A8–9; 162,B4–5; Moosleitner 1982, Abb. 5,22; Kibbert 1984, Taf. 90,B2–4; Hansen, S. 1991, 37; 42–43; Hansen, S. 1994, 70; Weber, C. 2001, Abb. 9,39; Bunnefeld 2012, 139–140; Laux 2012, 89–92.

3.2.1.1.17. Lanzenspitze mit lanzettförmigem Blatt und langer Tülle

Beschreibung: Die eiserne Lanzenspitze hat ein langes lanzettförmiges Blatt mit rhombischem Blattquerschnitt und stark hervorgehobener Mittelrippe. Der Übergang zwischen Blatt und Tülle ist nur wenig abgesetzt. Die Tülle ist relativ lang und trägt häufig im unteren Bereich angebrachte Knöpfe. Unterschieden wird zwischen der kleineren, massiveren Variante Eugendorf und der längeren, schlankeren Variante Schleedorf, deren Vertreter bis zu 60 cm Gesamtlänge erreichen können. Häufiger sind Lanzenspitzen dieses Typs aber 28 bis 40 cm lang.
Synonym: Lanzenspitze Stöllner Form 2.
Untergeordneter Begriff: Lanzenspitze Stöllner Form 2, Variante Eugendorf; Lanzenspitze Stöllner Form 2, Variante Schleedorf.

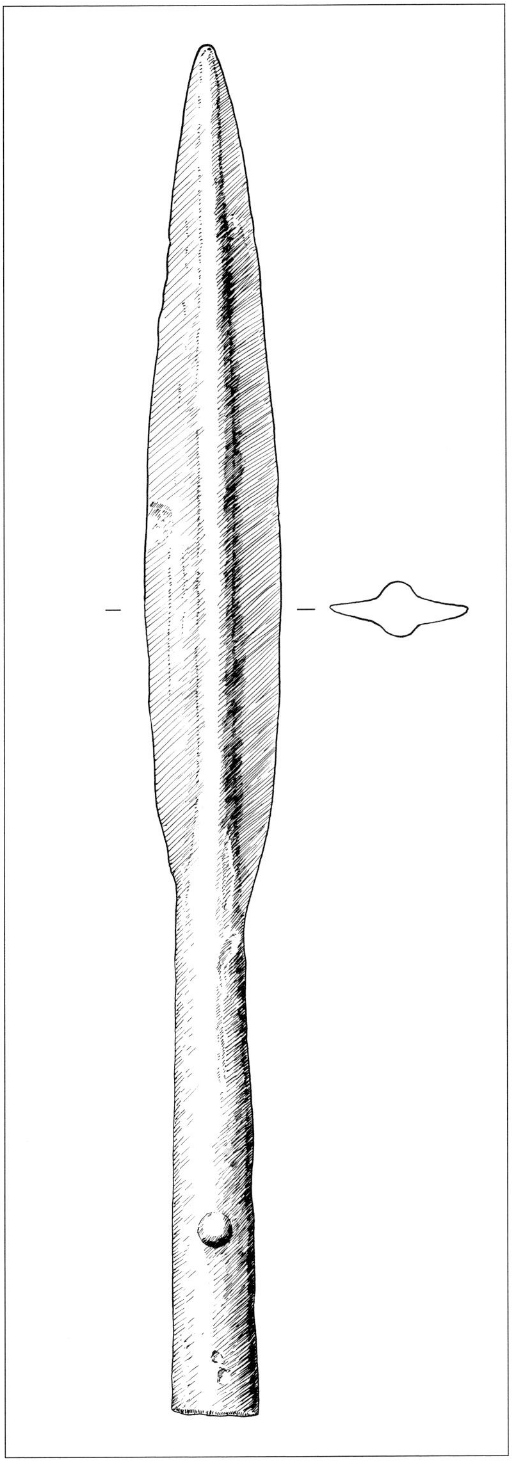

3.2.1.1.17.

Datierung: ältere Vorrömische Eisenzeit, Hallstatt C/D–D3 (Reinecke), 7.–5. Jh. v. Chr.
Verbreitung: Österreich, Slowenien, Südostdeutschland.
Literatur: Stöllner 2002, 132, Abb. 53,2–3, Taf. 27,B7; 35,D1; 52,D2; 58,A1; 64,B2a–b; 66,B1–4; 75,6–7; Leskovar/Schumann 2023, 49–50, Abb. 32.

3.2.1.1.18. Tüllenlanzenspitze Typ Dorfmerkingen

Beschreibung: Die eiserne Lanzenspitze hat eine geschlossene Tülle, die am Tüllenmund recht breit ist und bis zur Blattspitze hin konisch zuläuft. Die Tülle kann rund oder schwach facettiert sein. Das

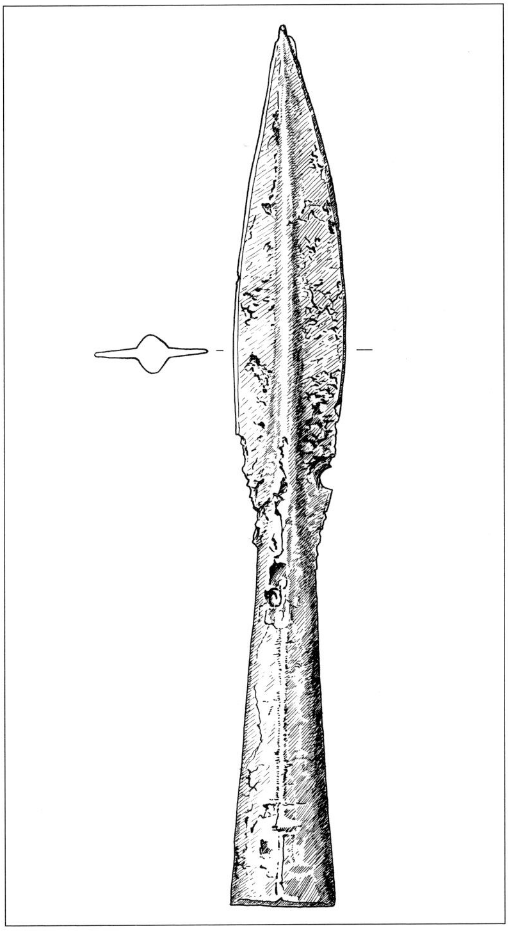

3.2.1.1.18.

Blatt hat in der Aufsicht eine spitzovale Form. Gelegentlich tritt Verzierung auf. Die Längen belaufen sich auf 17 bis 32 cm.

Synonym: Lanzenspitze mit durchgehender Ganztülle; Lanzenspitze Trier B 6.

Datierung: Völkerwanderungszeit bis Frühmittelalter, 6.–8. Jh. n. Chr.

Verbreitung: Süd-, West- und Mitteldeutschland, Schweiz, Frankreich, Italien, Slowakei.

Literatur: Böhner 1956, 121, Abb. 13,70; Böhner 1958, 156–158, Taf. 30,5–6; Jorns 1961, 91–92, Abb. 5,8; Fundschau 1962a, 277, Taf. 49,A3; Hübener 1967; Neuffer-Müller/Ament 1973, 90; Pirling 1974, 141–142, Taf. 39,9; Ament 1976, 85, Taf. 96,8; 97,3; Neuffer-Müller 1983, 32, Taf. 78,A1; Pescheck 1983, 43–44, Taf. 10,7; Fischer, T. 1993, 31–32, Taf. 34,1; Knaut 1993, 121, Taf. 26,A1; Neumayer 1993, 68, Taf. 17,4; Damminger 2002, Taf. 8,B5; 36,D2; 60,8; Losert 2003, 439; Herget 2006, 46, Abb. 13,232.

(siehe Farbtafel Seite 31)

3.2.1.1.19. Tüllenlanzenspitze mit durchbrochenem Blatt

Beschreibung: Das spitzovale bis lorbeerblattförmige Blatt der eisernen Lanzenspitze weist rechts und links der Mitte je ein bis zwei Durchbrechungen auf. Die Tülle der zwischen 20 und 30 cm langen Artefakte ist häufig facettiert.

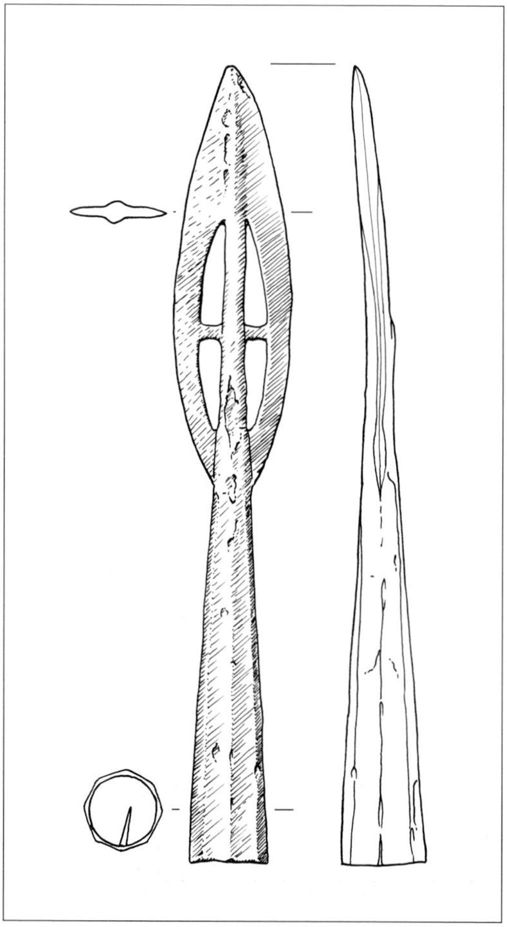

3.2.1.1.19.

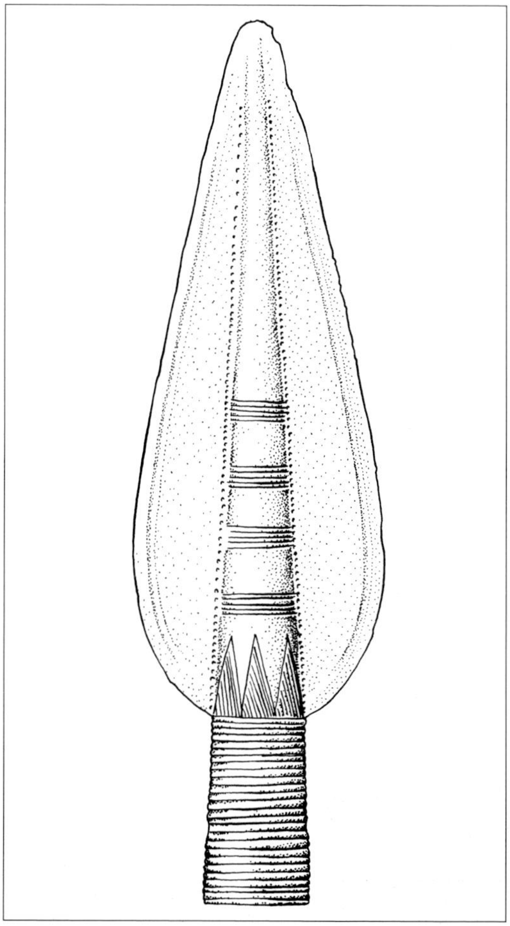

3.2.1.1.20.

Datierung: Frühmittelalter, 1.–2. Drittel 7. Jh. n. Chr.
Verbreitung: Italien, Österreich, Bayern, Ungarn.
Relation: [Pfeilbewehrung] 3.3.2.1.12. Tüllenpfeilspitze mit durchbrochenem Blatt.
Literatur: von Hessen 1971; Will 2007.

3.2.1.1.20. Tüllenlanzenspitze mit breitem Blatt

Beschreibung: Die aus Bronze gefertigte Lanzenspitze hat ein breites lorbeerblattförmiges Blatt, dessen größte Breite sich in seinem unteren Teil nahe am Übergang zur Tülle befindet. Der zunächst breite Mittelwulst verjüngt sich zur Spitze hin zunehmend. Die Tülle ist im Verhältnis zum Blatt relativ kurz. Die Lanzenspitzen können mit Strichmustern verziert sein, auch Wolfzahnmuster (gleichschenklige, spitzwinklige Dreiecke mit Horizontalschraffur) kommen vor. Die Länge liegt oft zwischen 24 und 26 cm.
Datierung: frühe bis mittlere Bronzezeit, Bronzezeit A2–B (Reinecke), 20.–16. Jh. v. Chr.
Verbreitung: Süddeutschland, Schweiz.
Literatur: Stroh 1952, 275–276, Abb. 1,2–3; Hachmann 1957, 126–127, Taf. 56,11–12; Hansen, S. 1991, 28.

3.2.1.1.21. Tüllenlanzenspitze mit lorbeerblattförmigem Blatt und kurzem freiem Tüllenteil

Beschreibung: An den kurzen freien Tüllenteil schließt sich ein längeres lorbeerblattförmiges Blatt an, dessen größte Breite unterhalb der Mitte liegt. Der Mittelwulst ist rundlich oder leicht abgeplattet. Die meisten Stücke sind zwischen 15 und 22 cm lang. Als Material wurde Bronze verwendet.
Datierung: späte Bronzezeit, Bronzezeit D–Hallstatt A (Reinecke), 13.–11. Jh. v. Chr.
Verbreitung: Süddeutschland, Schweiz, Frankreich, Italien, Österreich, Ungarn, Rumänien, Tschechien, Griechenland.
Literatur: Müller-Karpe 1959, Taf. 128,A15; 151,A8; Fundchronik 1987, 98, Abb. 67,6; Hansen, S. 1994, 61–62.

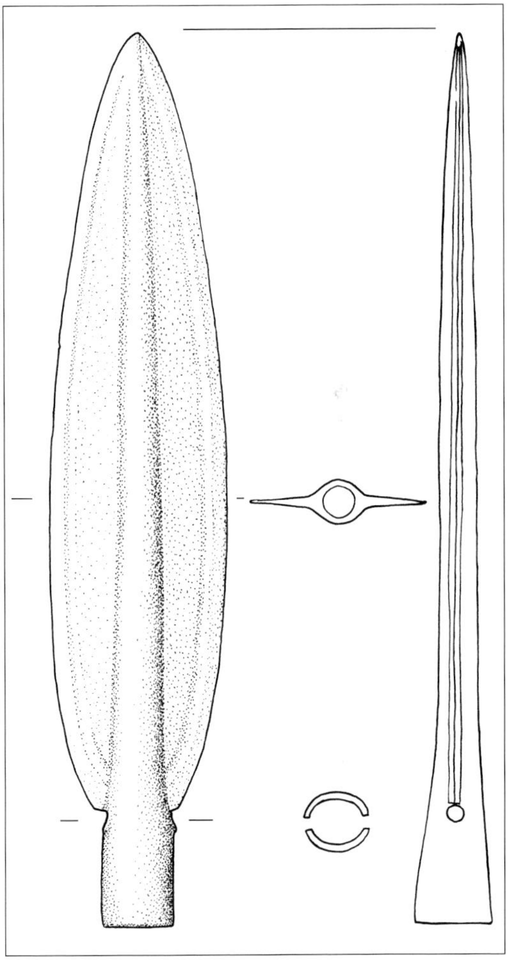

3.2.1.1.21.

3.2.1.1.22. Tüllenlanzenspitze Typ Kirke Såby

Beschreibung: Die Schneiden der schlanken Lanzenspitze verlaufen in der Regel konvex. Das Blatt geht in flachem Winkel aus der im Querschnitt runden Tülle hervor. Die Längen der Lanzenspitzen liegen meist zwischen 19 bis 26 cm, die Breiten bei 3 bis 4,5 cm. Die Länge des freien Tüllenteils ist mit ungefähr 3 cm relativ gering. Die Blattlänge kann bis zu fast 90 % der Gesamtlänge betragen. Lanzenspitzen dieses Typs weisen häufig zonale Verzierungen auf. In Höhe des Blattansatzes finden sich Motive aus gefüllten Dreiecken oder mehr-

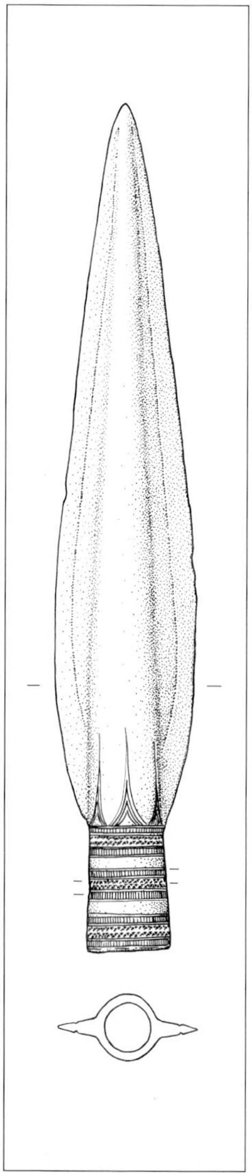

3.2.1.1.22.

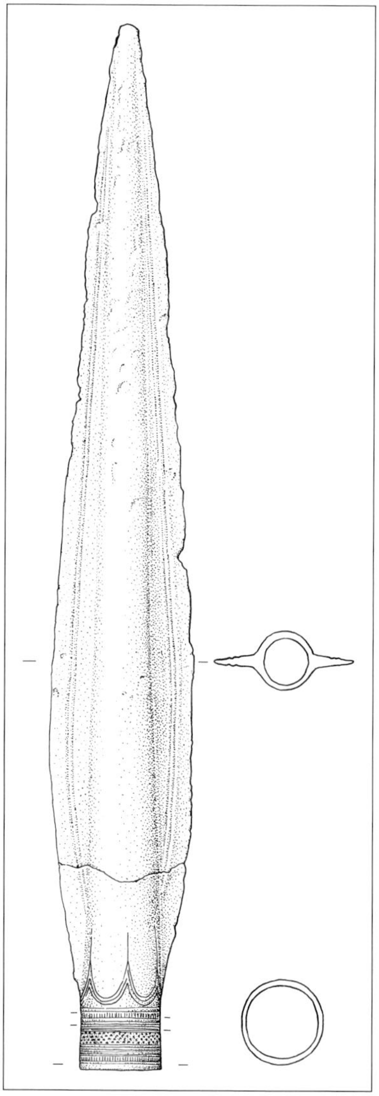

3.2.1.1.23.

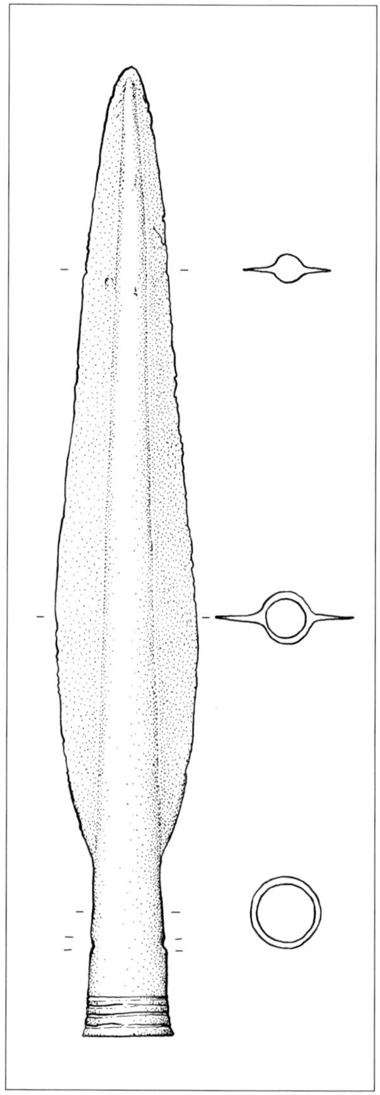

3.2.1.1.24.

fachen Bogengirlanden. Darunter liegen Bänder aus Rillen- und Dreieckmotiven, den Tüllenmund kann eine Riefe oder Rille begleiten. Auch das Blatt kann Verzierungen aus eingepunzten parallelen Linien tragen, manchmal verläuft ein Absatz oder eine Rinne parallel zu den Schneiden. Als Material wurde Bronze verwendet.

Datierung: ältere nordische Bronzezeit, Periode II (Montelius), 15.–14. Jh. v. Chr.

Verbreitung: Dänemark, Norddeutschland, selten in Schweden.

Literatur: Jacob-Friesen 1967, 137–142, Taf. 55,3; 62,4; Aner/Kersten 1973, Taf. 119,575; Hänsel 1997, 38, Taf. 1,2; Laux 2012, 21–22, Taf. 5,68–69; Aner/Kersten/Willroth 2017, 81; 138, Taf. 29; 64,299.

(siehe Farbtafel Seite 31)

3.2.1.1.23. Tüllenlanzenspitze Typ Ullerslev

Beschreibung: Die großen schlanken Bronzelanzenspitzen erreichen Längen zwischen 30 und 44 cm, wobei die meisten zwischen 24 und 35 cm liegen. Die Breiten belaufen sich auf 3 bis 5,5 cm. Das Blatt reicht weit in Richtung Tüllenmund herab, sodass nur ein relativ kleiner freier Tüllenteil vorhanden ist. In diesem befinden sich zwei Nietlöcher. Die Schneiden verlaufen konvex und sind häufig deutlich abgesetzt. Weitere Rillen verlaufen parallel zur Schneide. Auch am Tüllenmund befindet sich eine Rille. Die im Querschnitt runde Tülle ist entweder unverziert oder weist Muster aus Linienbändern auf, deren Zwischenräume mit Strichmustern oder gepunzten Dreiecken gefüllt sind. Oberhalb des in Richtung Blatt abschließenden Linienbandes wurde entweder ein Muster aus ineinander gestapelten oder strichgefüllten Winkelmotiven mit eingeschwungenen Seiten oder aus Bogengirlanden mit oft lang ausgezogenen Spitzen angebracht.
Datierung: ältere nordische Bronzezeit, Periode II (Montelius), 15.–14. Jh. v. Chr.
Verbreitung: Dänemark, Schweden, Norwegen, Norddeutschland, Polen.
Literatur: Jacob-Friesen 1967, 143–149, Taf. 67,6; 69,6–7.9–10; 72,3; Fröhlich 1983, 38, Taf. 44,9–11; 92,D1; Laux 2012, 20–21, Taf. 5,63–67.
(siehe Farbtafel Seite 32)

3.2.1.1.24. Tüllenlanzenspitze mit weidenblattförmigem Blatt und kurzem freiem Tüllenteil

Beschreibung: Das Blatt der bronzenen Lanzenspitze ist schmal weidenblattförmig. Die größte Breite findet sich im unteren Drittel. Der relativ kurze freie Tüllenteil ist gelegentlich durch umlaufende Rillen, meist direkt am Tüllenmund, verziert. Es werden Längen von 25 bis 32 cm erreicht.
Synonym: schlanke Lanzenspitze mit tief ansetzendem Blatt.
Datierung: späte Bronzezeit, Hallstatt B (Reinecke), 11.–9. Jh. v. Chr.
Verbreitung: Süd- und Westdeutschland, Schweiz, Österreich, Nordkroatien.
Literatur: Fundschau 1975, Taf. 191,9; Fundschau 1980, Taf. 82,B2; zu Erbach 1985, Taf. 30,D1; zu Erbach 1989, 90; Hansen, S. 1991, 48–49.

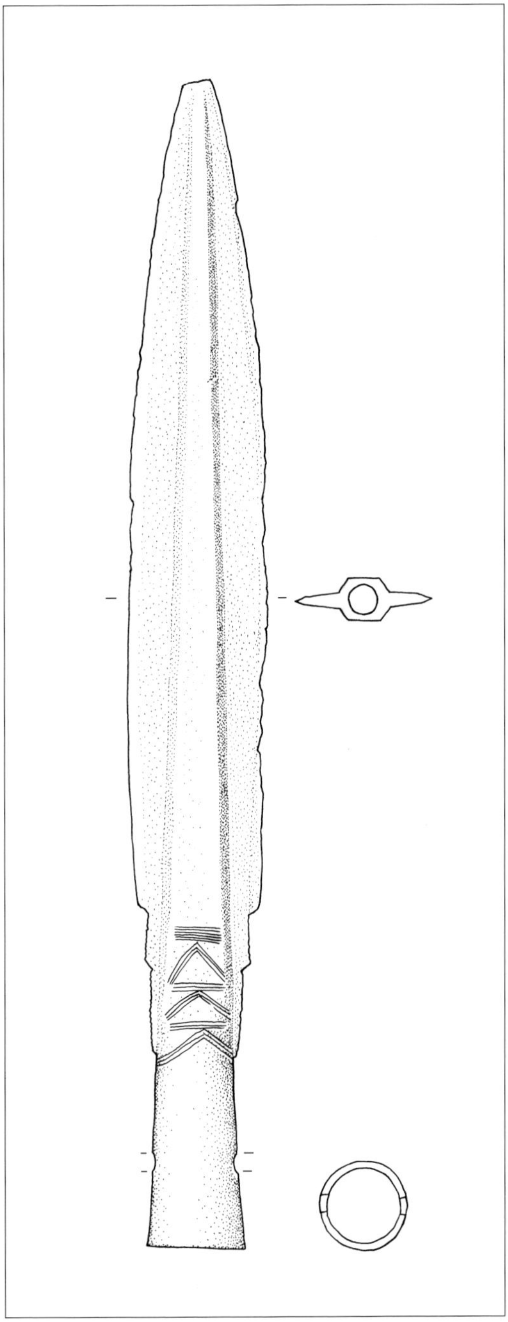

3.2.1.1.25.

3.2.1.1.25. Tüllenlanzenspitze Typ Gaualgesheim

Beschreibung: Die bronzene Lanzenspitze hat eine kurze Tülle und ein langes schlankes Blatt. Der Blattansatz kann stufig verlaufen. Der Mittelwulst ist rund oder kantig ausgebildet. Lanzenspitzen dieses Typs haben eine Länge von 30 bis 44 cm. Gelegentlich kommt eine Linienverzierung vor.
Datierung: jüngere Bronzezeit, Bronzezeit D–Hallstatt B1 (Reinecke), 13.–10. Jh. v. Chr.
Verbreitung: Süddeutschland, Österreich, Frankreich, Tschechien, Kroatien, Ungarn.
Literatur: Schauer 1979, Abb. 1; 2,3; Hansen, S. 1991, 38–39; Hansen, S. 1994, 62; Windholz-Konrad 2002, 399, Taf. 3,14.

3.2.1.1.26. Tüllenlanzenspitze Typ Gundslev

Beschreibung: Charakteristisch ist das nahe am Tüllenmund ansetzende, leicht geschweifte Blatt. Im Bereich zwischen dem Blattansatz und der größten Breite, die sich im unteren Drittel der Lanzenspitze befindet, sind die Schneiden mehr oder weniger stark eingezogen. Parallel zu den Schneiden verlaufen auf dem Blatt eine oder mehrere Linien. Bei einigen Stücken sind die Schneiden leicht abgesetzt. Lanzenspitzen dieses Typs sind zwischen 16 und 35 cm lang und 3,5 bis 4,5 cm breit. Selten ist der Tüllenbereich unverziert, oft befindet sich am Tüllenmund ein Muster aus schmalen, mit senkrechten Strichen gefüllten Linien. Darüber wurden meist strichgefüllte Dreiecke angebracht. Neben Lanzenspitzen mit zwei Nietlöchern in der Tülle kommen häufig auch solche ohne vor. Als Material wurde Bronze verwendet.
Datierung: ältere bis mittlere nordische Bronzezeit, Ende Periode II–III (Montelius), 14.–12. Jh. v. Chr.
Verbreitung: Südschweden, Dänemark, Norddeutschland.
Literatur: Jacob-Friesen 1967, 150–156, Taf. 75,9; 76,1–3; Aner/Kersten 1977, Taf. 37,1578; Laux 2012, 22–23, Taf. 5,70–6,72; Aner/Kersten/Willroth 2017, 88, Taf. 32,10142.
(siehe Farbtafel Seite 32)

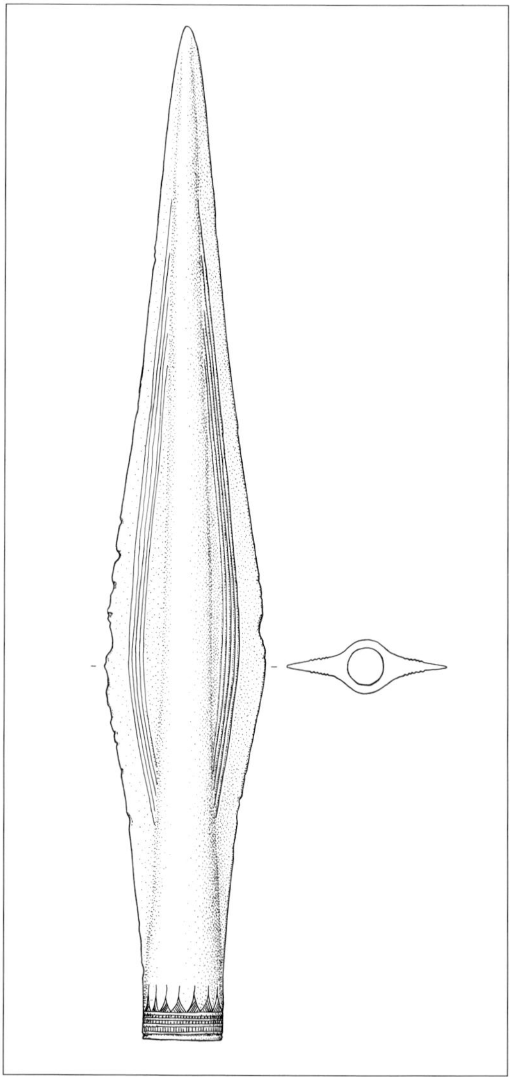

3.2.1.1.26.

3.2.1.1.27. Hohl gegossene Lanzenspitze

Beschreibung: Charakteristisch für diese Bronzelanzenspitzen sind das dünnwandige, hohl gegossene Blatt und die relativ kurze Tülle. Das Blatt geht ohne Absatz in diese über. Der Tüllenmund kann von Wülsten oder Rippen begleitet werden. Es werden Längen von 11 bis 25 cm erreicht.
Datierung: jüngere nordische Bronzezeit, Periode IV (Montelius), 11.–10. Jh. v. Chr.

Verbreitung: Dänemark, Schweden, Norddeutschland.
Literatur: Ørsnes 1958, 10; 63; Jacob-Friesen 1967, 225–234; Laux 2012, 111.

3.2.1.1.27.1. Tüllenlanzenspitze Typ Borbjerg

Beschreibung: Die bronzene Lanzenspitze hat ein dünnwandiges, hohl gegossenes Blatt. Blatt und Tülle sind hier kaum bis gar nicht voneinander getrennt. Im mittleren Bereich des Blattes verlaufen drei senkrechte Rippen, von denen die beiden äußeren am Blattansatz nach außen abbiegen und unter diesem enden, während die mittlere Rippe in die Tülle hineinzieht. Diese ist kurz und kräftig mit einem in der Regel runden Querschnitt. Oberhalb des Tüllenmundes können sich kräftige umlaufende Rippen befinden. Auch Kreisaugenverzierung kommt an einigen Stücken vor. Die Längen belaufen sich auf 14 bis 25 cm.
Datierung: jüngere nordische Bronzezeit, Periode IV (Montelius), 11.–10. Jh. v. Chr.
Verbreitung: Dänemark, Schweden, Nordostdeutschland.
Literatur: Sprockhoff 1937, 24; Ørsnes 1958, 10; 63, Abb. 10a; 31; Hollnagel 1962, Taf. 31,g; Jacob-Friesen 1967, 225–234, Taf. 116,6–7; Hundt 1997, Taf. 59,8–11.

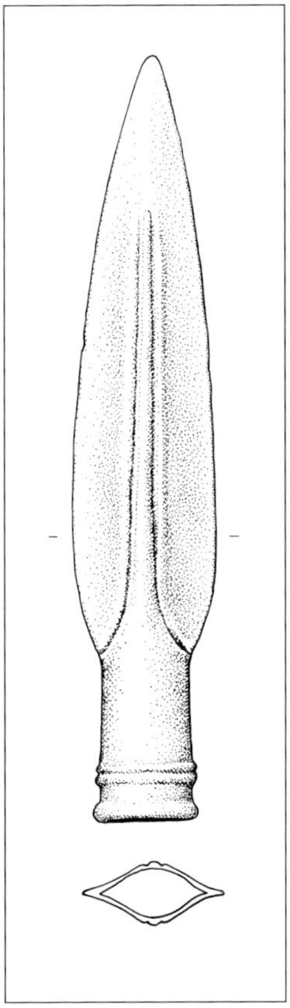

3.2.1.1.27.1.

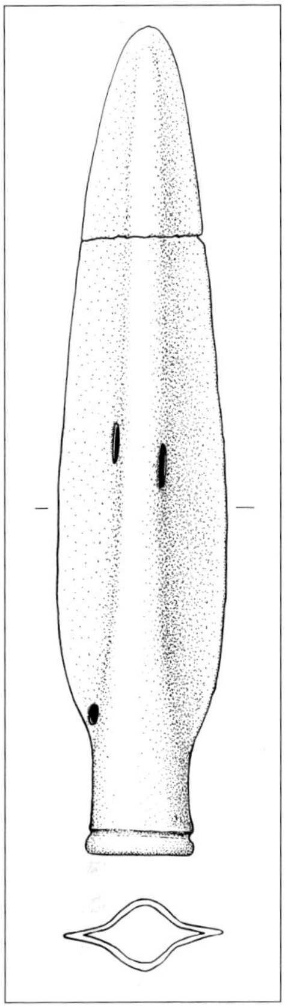

3.2.1.1.27.2.

3.2.1.1.27.2. Tüllenlanzenspitze Typ Vattholma

Beschreibung: Der Blattkörper der bronzenen Lanzenspitze ist hohl gegossen und relativ dünnwandig. Der Blattquerschnitt ist in der Regel schwach gewölbt, manchmal findet sich ein leichter Mittelrücken. Der freie Tüllenteil ist sehr kurz und kräftig. Den Tüllenmund begleiten ein oder zwei kräftige Rinnen oder Wülste. Einige Stücke sind verziert. Lanzenspitzen dieses Typs sind 11 bis 20 cm lang.
Datierung: jüngere nordische Bronzezeit, Periode IV (Montelius), 11.–10 Jh. v. Chr.
Verbreitung: Schweden, Dänemark, selten in Schleswig-Holstein, Niedersachsen und Mecklenburg.
Literatur: Sprockhoff 1937, 24; Hundt 1955, Abb. 8,11; Jacob-Friesen 1967, 225–234, Taf. 117,1–2.7–11; Aner/Kersten 1977, Taf. 95,1887; Laux 2012, 111, Taf. 43,654.
(siehe Farbtafel Seite 32)

3.2.1.1.28. Ösenlanzenspitze

Beschreibung: Die bronzene Lanzenspitze besitzt zwei Ösen, die direkt unter dem Blatt oder am freien Tüllenteil angebracht sind. Das Blatt ist glatt oder gerippt. Die Schneiden können deutlich abgesetzt sein. Die Tülle ist im Bereich des Blattes rund, dachförmig oder facettiert. Die Blattform und auch die Länge (12 bis 48 cm) der Lanzenspitzen sind sehr heterogen.

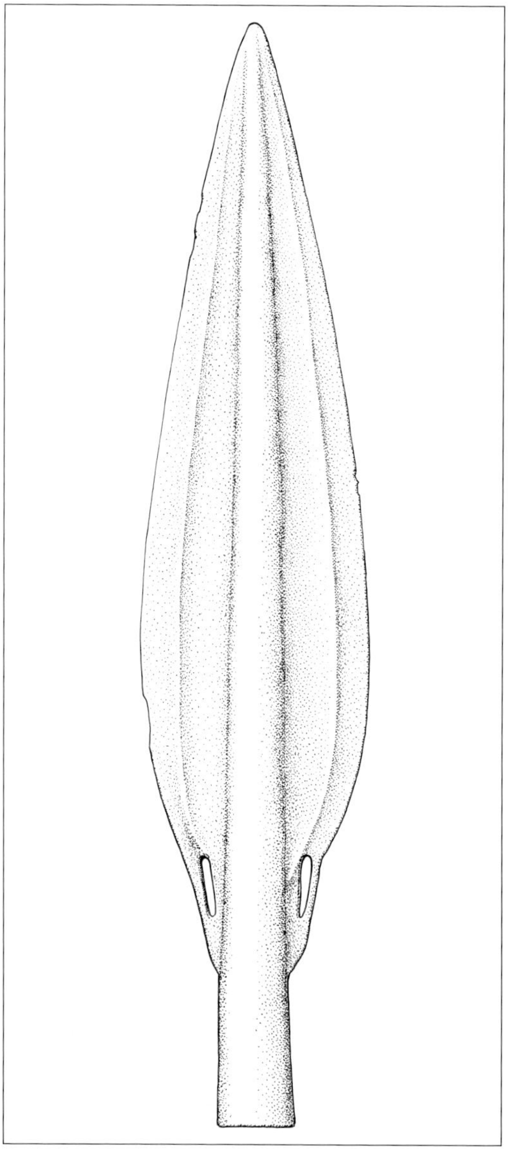

3.2.1.1.28.

Untergeordneter Begriff: Ösenlanzenspitze mit Ösen am freien Tüllenteil; Ösenlanzenspitze mit Ösen direkt unter dem Blatt; Lanzenspitze Typ Enfield.
Datierung: ältere bis mittlere nordische Bronzezeit, Periode II–III (Montelius), 14.–12. Jh. v. Chr.; späte Bronzezeit, Bronzezeit D–Hallstatt A (Reinecke), 13.–11. Jh. v. Chr.
Verbreitung: Großbritannien, Frankreich, seltener in Belgien, Niederlande, Deutschland, Schweiz, Polen, Spanien.
Literatur: Jacob-Friesen 1967, 203–219, Taf. 108; Schauer 1973; Schauer 1974; Butler 1987, 19, Abb. 9; Hansen, S. 1994, 70–72, Taf. 18,6; Tarot 2000, 10–11, Taf. 4; Davis 2012; Laux 2012, 47–48, Taf. 19,270.

3.2.1.1.29. Tüllenlanzenspitze Lüneburger Typ I

Beschreibung: Die aus Bronze gefertigte Lanzenspitze hat eine lange schlanke Tülle und ein kurzes rhombisches Blatt. Die Gesamtlänge beträgt 11 bis 22 cm, wovon das Blatt weniger als die Hälfte ausmacht. Es ist recht dünn und weist keine abgesetzten Schneiden auf. In der Tülle befinden sich z. T. Nietlöcher. Gelegentlich tritt ein leichter Absatz am Blattansatz auf.
Untergeordneter Begriff: Lanzenspitze Lüneburger Typ 1, Variante a; Lanzenspitze Lüneburger Typ 1, Variante b.
Datierung: mittlere bis jüngere nordische Bronzezeit, Periode III – Beginn IV (Montelius), 13.–11. Jh. v. Chr.
Verbreitung: Nord- und Mitteldeutschland.
Literatur: Jacob-Friesen 1967, 176–183, Taf. 92; von Brunn 1968, 140–141; Cosack 2001, Abb. 3,12; Bunnefeld 2012, 137–138; Laux 2012, 73–84; Dombrowsky 2014, 139; Dombrowsky 2017, 145.
(siehe Farbtafel Seite 32)

3.2.1.1.30. Tüllenlanzenspitze Typ Valsömagle

Beschreibung: Die aus Bronze gefertigten Lanzenspitzen erreichen Längen von 10 bis 44 cm, wobei der Großteil bis 27 cm lang ist. Die Blattlänge liegt immer deutlich über der Hälfte der Gesamtlänge und kann bis 80 % betragen. Die größte Breite, die ca. ein Viertel der Gesamtlänge beträgt, wird im unteren Drittel oder Viertel des Blattes erreicht. Die Schneiden sind danach in Richtung Spitze konkav ausgebildet. Häufig sind sie abgesetzt. Die Tülle hat im Blattbereich einen meist scharfkantig rautenförmigen, seltener ova-

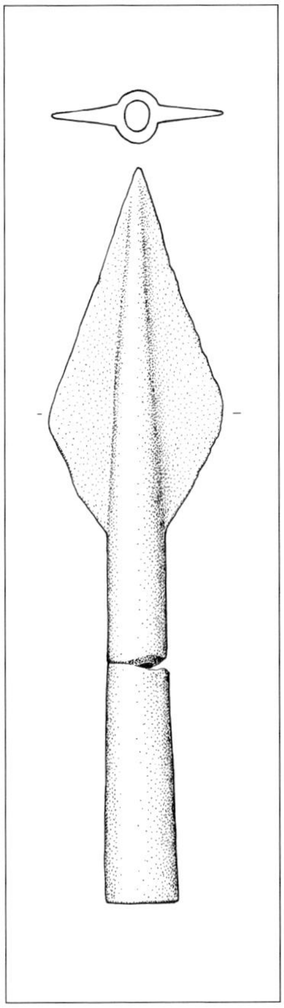

3.2.1.1.29.

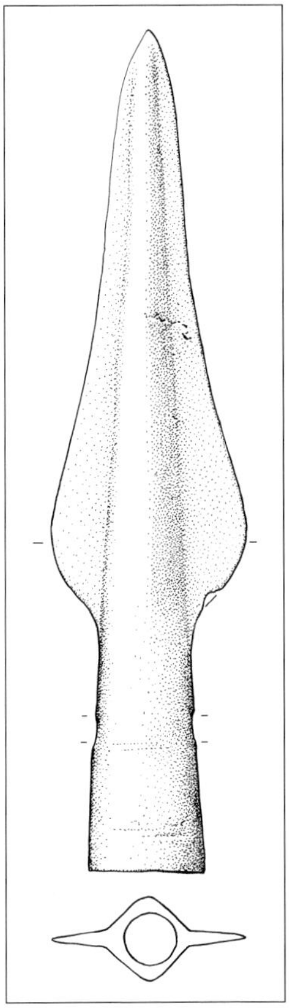

3.2.1.1.30.

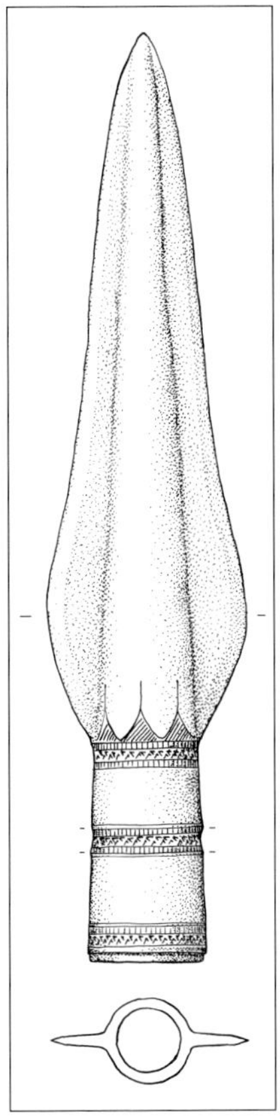

3.2.1.1.31.

len Querschnitt. Im freien Tüllenteil ist der Querschnitt recht variabel und reicht von fast viereckig bis spitzoval. Hier befinden sich zwei Nietlöcher. Einige Lanzenspitzen dieses Typs sind mit Rillengruppen, Punktreihen und gepunzten Dreiecken verziert, auch Rillen oder Riefen am Tüllenmund kommen gelegentlich vor.

Synonym: Tüllenlanzenspitze Typ Valsømagle.

Datierung: ältere nordische Bronzezeit, späte Periode I (Montelius), 16. Jh. v. Chr.

Verbreitung: Schweden, Dänemark, Schleswig-Holstein, selten in Niedersachsen.

Literatur: Jacob-Friesen 1967, 117–136, Taf. 25,1–2; 27,4; 28,1; 33,6; Aner/Kersten 1973, 147, Nr. 412, Taf. 87,412; Fröhlich 1983, 37–38, Taf. 93,C1; Bunnefeld 2012, 132, Taf. 68,A8; Laux 2012, 15–17, Taf. 2,31–3,36.

3.2.1.1.31. Tüllenlanzenspitze Typ Smörumövre

Beschreibung: Die größte Breite der bronzenen Lanzenspitze befindet sich im unteren Blattteil. Die Gesamtlänge, von der das Blatt deutlich über die Hälfte einnimmt, liegt zwischen 10 und 44 cm. Längen über 25 cm werden allerdings nur selten erreicht. Die Schneiden, die z. T. abgesetzt sind, ziehen im oberen Blattbereich mehr oder weniger stark ein. Der Tüllenquerschnitt ist im freien Tüllenteil rundlich, im Bereich des Blattes rundlich bis spitzoval. In der Tülle befinden sich zwei Nietlöcher. Die Lanzenspitzen können mit Rillengruppen, gepunzten Dreiecken und Zickzackbändern verziert sein, gelegentlich finden sich Rillen oder Riefen am Tüllenmund.

Synonym: Lanzenspitze vom Holsteiner Typ; Holsteiner Lanzenspitze.

Datierung: ältere nordische Bronzezeit, Periode II (Montelius), 15.–14. Jh. v. Chr.

Verbreitung: Schweden, Dänemark, Schleswig-Holstein, Niedersachsen, Westfalen, selten in Finnland und Norwegen.

Literatur: Jacob-Friesen 1967, 117–136, Taf. 43,10; 45,3; 49,3; 51,4; Aner/Kersten 1973, Taf. 71; Béren-ger/Grünewald 2008, 159; Bunnefeld 2012, 132–133, Taf, 68,A9–A12; Laux 2012, 18–20, Taf. 4,49–5,61; Aner/Kersten/Willroth 2017, 24; 81, Taf. 6,10046B; 29.

(siehe Farbtafel Seite 33)

3.2.1.1.32. Lanzenspitze mit geschweiftem Blatt und unprofiliertem Querschnitt

Beschreibung: Das Blatt der bronzenen Lanzenspitze ist geschweift. Die größte Breite liegt in der unteren Blatthälfte. Die im Querschnitt runde Tülle läuft stetig schmaler werdend bis fast zur Spitze durch. Der freie Tüllenteil macht weniger als ein Drittel der Gesamtlänge aus. Diese liegt häufig bei 15 bis 17,5 cm.

Datierung: späte Bronzezeit, Hallstatt A2–B (Reinecke), 11.–9. Jh. v. Chr.

Verbreitung: Österreich.

Literatur: Moosleitner 1982, Abb. 5,20; zu Erbach 1985, Taf. 30,C1; 49,1; 79,4; zu Erbach 1989, 90.

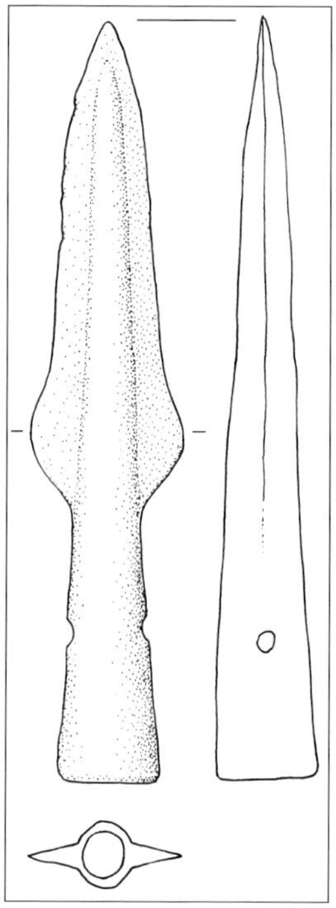

3.2.1.1.32.

3.2.1.1.33. Tüllenlanzenspitze Typ Hulterstad

Beschreibung: Das Blatt der bronzenen Lanzenspitze reicht weit in Richtung Tüllenmund herab. Der freie Tüllenteil, in dem sich auch zwei Nietlöcher befinden können, ist 1 bis 3 cm lang, allerdings werden 1,5 cm nur selten überschritten. Die Gesamtlängen liegen zwischen 12 und 21 cm, die Breiten zwischen 3 und 4 cm. Die größte Breite befindet sich ungefähr in der Mitte oder etwas darunter. Die Schneiden des unverzierten Blattes sind geschweift. Direkt über dem Tüllenmund wurde eine kräftige Rille angebracht. Die Tülle selber ist nur selten verziert.

Synonym: Lanzenspitze Typ Tangendorf.

Datierung: mittlere nordische Bronzezeit, Periode III (Montelius), 13.–12. Jh. v. Chr.

Verbreitung: Norddeutschland, Schweden, Dänemark, Norwegen.

Literatur: Jacob-Friesen 1967, 157–164, Taf. 83,1; 89,2; Fröhlich 1983, 41; Bunnefeld 2012, 137, Taf. 70,A22; Laux 2012, 65–72; Dombrowsky 2014, 138–139, Abb. 9,2; Dombrowsky 2017, 145, Abb. 7,3.

(siehe Farbtafel Seite 33)

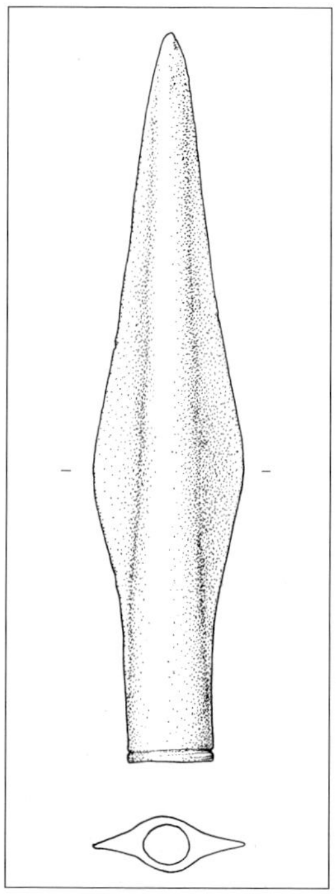

3.2.1.1.33.

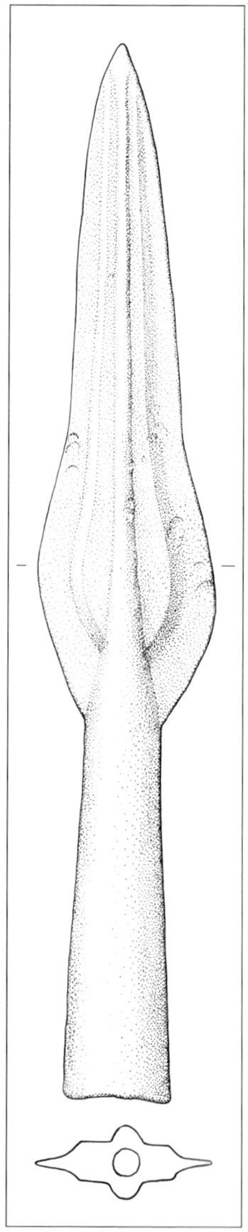

3.2.1.1.34.

3.2.1.1.34. Tüllenlanzenspitze mit gestuftem Blatt

Beschreibung: Die stark geschweiften Schneiden zeigen eine deutliche Einziehung etwas unterhalb der Mitte des Blattes. Die Gesamtlänge liegt zwischen 8 und 32 cm, wobei die Blattlänge meist zwei Drittel davon einnimmt. Der Blattquerschnitt ist gestuft, was durch eine oberhalb des Blattansatzes beginnende kräftige Verdickung beiderseits der Tülle bewirkt wird. In diesem Bereich verjüngt sich die Tülle oft sehr stark zur Spitze hin. In der Tülle, die im Blattbereich entweder gerundet, spitzoval oder dachförmig ist, befinden sich üblicherweise zwei Nietlöcher. Gelegentlich kommen gepunzte Muster vor. Als Material wurde Bronze verwendet.
Synonym: Lanzenspitze mit geschweiftem Blatt und getrepptem Querschnitt; Lanzenspitze mit getrepptem Blatt.
Datierung: späte Bronzezeit, Bronzezeit D–Hallstatt A1 (Reinecke), 13.–12. Jh. v. Chr.
Verbreitung: Süddeutschland, Österreich, Tschechien, Slowakei, Kroatien, Rumänien, Ungarn, vereinzelt in Norddeutschland, Schweden, Schweiz.
Literatur: Jacob-Friesen 1967, 220–224, Taf. 112,10; 113,9–10; Wilbertz 1982, 43–44, Taf. 92,1; Trnka 1983, 148, Abb. 13,13; zu Erbach 1985, Taf. 52,12; 80,3–8; 81,1–7; 83,1–3; zu Erbach 1989, 88–89; Hansen, S. 1991, 37–38; Hansen, S. 1994, 66, Taf. 21,3; Schütz-Tillmann 1997, 26; 33, Abb. 3,1; Brestrich 1998, 131; Tarot 2000, 11–12, Taf. 5; Schopper/Borchert 2002, 204; Laux 2012, 108–110.
(siehe Farbtafel Seite 33)

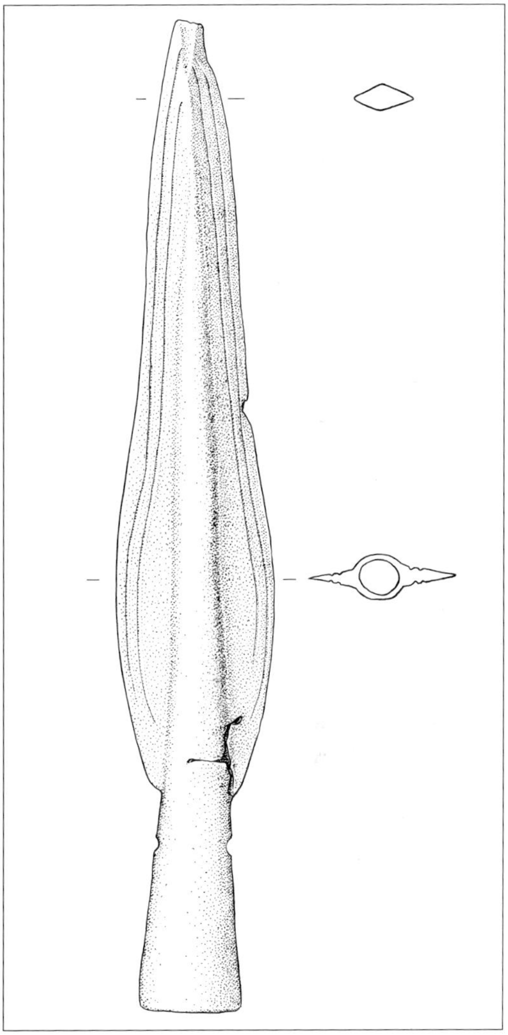

3.2.1.1.35.

3.2.1.1.35. Lanzenspitze mit durch Rillen profiliertem Blatt

Beschreibung: Die aus Bronze gefertigte Lanzenspitze hat ein mehr oder weniger stark geschweiftes Blatt. Die Schneiden werden annähernd vom Blattansatz bis zur Spitze von mehreren parallelen Rillen begleitet, wodurch der Querschnitt deutlich profiliert ist. Der Blattansatz kann leicht eckig verlaufen. Die konische Tülle trägt in der Regel zwei Nietlöcher und kann verziert sein. Die Längen variieren zwischen 25 und 32 cm.
Datierung: späte Bronzezeit, Hallstatt B (Reinecke), 11.–9. Jh. v. Chr.
Verbreitung: Süd- und Mitteldeutschland, Österreich, Westungarn, Kroatien, Schweiz.
Literatur: Pittioni 1952, 53, Abb. 1,1; Müller-Karpe 1961, 115, Taf. 53,10; Jacob-Friesen 1967, 264, Taf. 163,2; zu Erbach 1985, Taf. 84,2; zu Erbach 1989, 90–91; Möslein 1998/99, 206, Abb. 1,10.

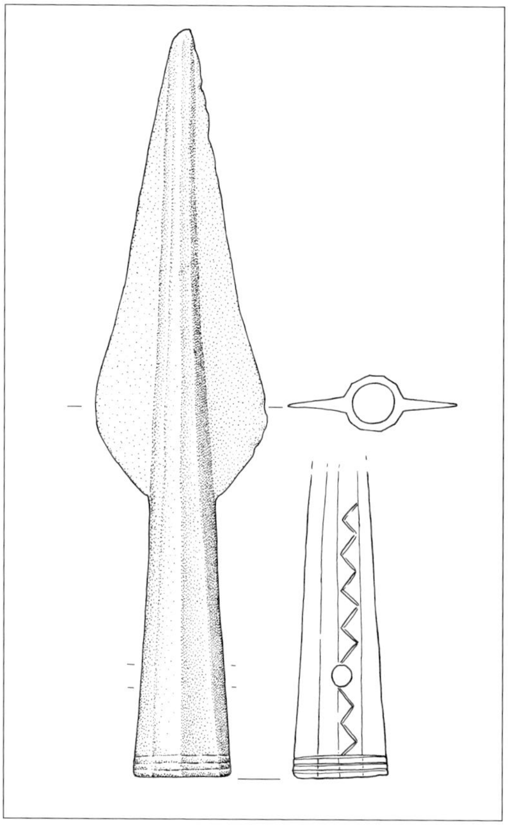

3.2.1.1.36.

3.2.1.1.36. Lanzenspitze mit durchgehend facettierter Tülle

Beschreibung: Das Blatt der bronzenen Lanzenspitze ist geschweift, die konische Tülle ist vom Tüllenmund bis zur Spitze durchgehend facettiert. Tüllen und Blatt können verziert sein. Die Längen erreichen 15 bis 27 cm.
Datierung: jüngere Bronzezeit, Periode IV–V (Montelius) bzw. Hallstatt B2 (Reinecke), 10.–9. Jh. v. Chr.
Verbreitung: Italien, selten in Nord- und Westdeutschland, Bayern, Österreich, Ungarn.
Literatur: Jacob-Friesen 1967, 235–236, Taf. 123,5–6; zu Erbach 1989, 91; Weber, C. 2001, 49, Abb. 15,35; Bérenger/Grünewald 2008, 160.

3.2.1.2. Lanzen-/Speerbewehrung mit Tülle ohne Widerhaken mit Mittelgrat

Beschreibung: Charakteristisch ist der Blattquerschnitt mit dem mehr oder weniger stark ausgeprägten Mittelgrat. Die Form des Blattes reicht von klein und gedrungen bis langgestreckt schmal. Die Tülle ist rund oder vierkantig. Die Größen der Lanzenspitzen und das Verhältnis von Blatt zu Tülle sind sehr variabel. An einigen Typen treten Verzierungen auf. Als Material wurde Eisen, seltener auch Bronze verwendet.
Datierung: Vorrömische Eisenzeit, Hallstatt D (Reinecke), bis Frühmittelalter, 7. Jh. v. Chr.–7. Jh. n. Chr.
Verbreitung: Deutschland, Schweiz, Frankreich, Österreich, Slowakei, Tschechien, Polen, Slowenien, Ungarn, Norditalien, Belgien, Luxemburg, Dänemark, Schweden, Norwegen.
Literatur: Jahn 1916, 33–34; 74–77; Nierhaus 1966, 120–121; Oesterwind 1989, 99–101; Ilkjær 1990, 73–74; 90–91; 94–110; 128–132; 142–146; Koch, U. 1990, 181–182; Cordie-Hackenberg 1993, 95; Bemmann 1998; Damminger 2002, 66–68; Stöllner 2002, 131–132; Ludwig 2009, 81–82; Sievers 2010, 23–26; Ramsl 2011, 157.

3.2.1.2.1. Lanzenspitze mit kurzem herzförmigem Blatt

Beschreibung: Die eiserne Lanzenspitze hat ein kleines, gerundet dreieckiges bzw. umgedreht herzförmiges Blatt mit einem mehr oder weniger stark ausgeprägten, teilweise verrundeten Mittelgrat. Die größte Breite liegt sehr tief, meist nur wenig über dem Blattansatz. Die Tülle kann profiliert sein. Es werden Längen zwischen 10 und 21 cm erreicht.
Synonym: Lanzenspitze mit kleinem gerundet dreieckigem Blatt.
Datierung: Vorrömische Eisenzeit, Hallstatt D–Latène C1 (Reinecke), 6.–3. Jh. v. Chr.
Verbreitung: Westdeutschland, Luxemburg.
Literatur: Joachim 1980, Abb. 34,5; Cordie-Hackenberg 1993, 95, Taf. 62,Hügel 48,Grab 1,e; 89,Hügel 107,Grab 1,d; Cordie-Hackenberg 1995, 26, Taf. 17,Hügel 10,a–b; 20,c–d; 21,Hügel 28,a–c; Nakoinz 2004, 152.

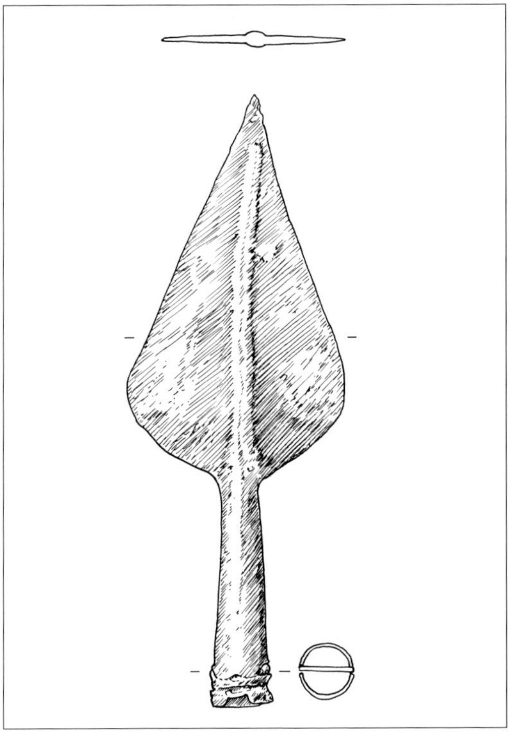

3.2.1.2.1.

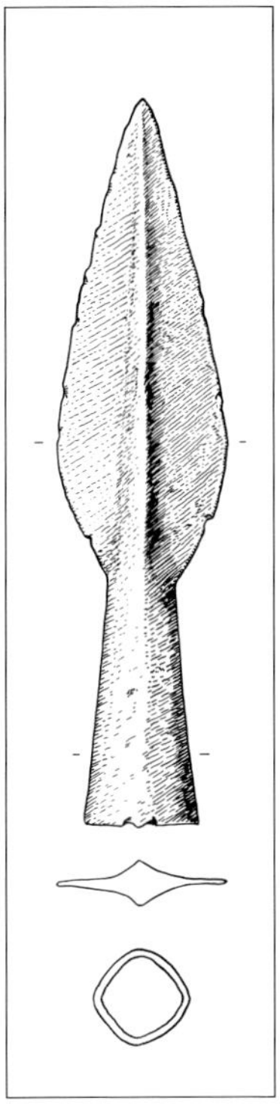

3.2.1.2.2.

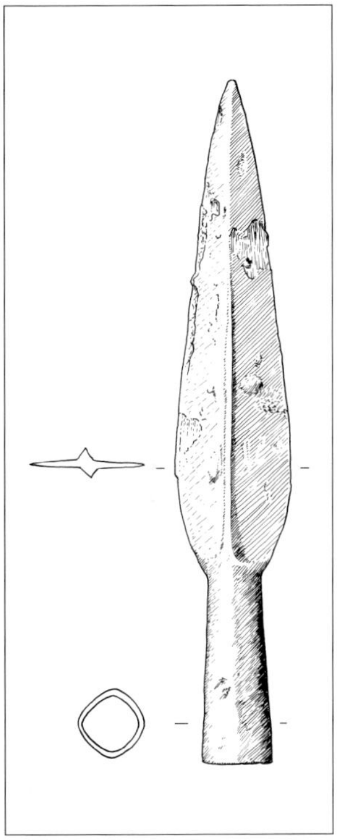

3.2.1.2.3.

3.2.1.2.2. Kleine Tüllenlanzenspitze mit verhältnismäßig breitem Blatt

Beschreibung: Die kleine eiserne Lanzenspitze hat ein relativ breites lorbeerblattförmiges Blatt, dessen breiteste Stelle sich in seinem unteren Drittel befindet. Der Blattquerschnitt ist konkav-rhombisch mit einem breiten Mittelgrat, der langsam in die Blatthälften übergeht. Die konische Tülle ist in der Regel ungefähr halb so lang wie das Blatt. Lanzenspitzen dieses Typs sind nicht länger als 13 cm, die Blattbreite liegt immer über 2 cm.
Synonym: Lanzenspitze Ilkjær Typ 18.
Datierung: jüngere Römische Kaiserzeit, C1 (Eggers), 2. Jh. n. Chr.
Verbreitung: Dänemark, Sachsen-Anhalt, Tschechien, Polen.
Literatur: Bantelmann 1971, Taf. 20,149b; 47,331c; Ilkjær 1990, 128–132, Taf. 126–135; Bemmann/Bemmann 1998, 175, Taf. 73,706–710.

3.2.1.2.3. Tüllenlanzenspitze Typ Lynghøjgård

Beschreibung: Die aus Eisen hergestellte Lanzenspitze hat ein länglich dreieckiges Blatt, dessen größte Breite sich im unteren Drittel befindet. Der Blattquerschnitt ist rhombisch mit einer stark ausgeprägten Mittelrippe. Die Tülle ist vierkantig oder rund. Gesamtlängen zwischen 15 und 35 cm werden erreicht.
Synonym: Lanzenspitze Ilkjær Typ 10.
Datierung: Römische Kaiserzeit, B2–C1 (Eggers), 2. Hälfte 1.–2. Jh. n. Chr.
Verbreitung: Dänemark, Schweden, Norwegen, Norddeutschland, Polen, selten in Mitteldeutschland.
Literatur: Ilkjær 1990, 73–74, Abb. 58; Abegg-Wigg 2021, Abb. 3,d.
(siehe Farbtafel Seite 34)

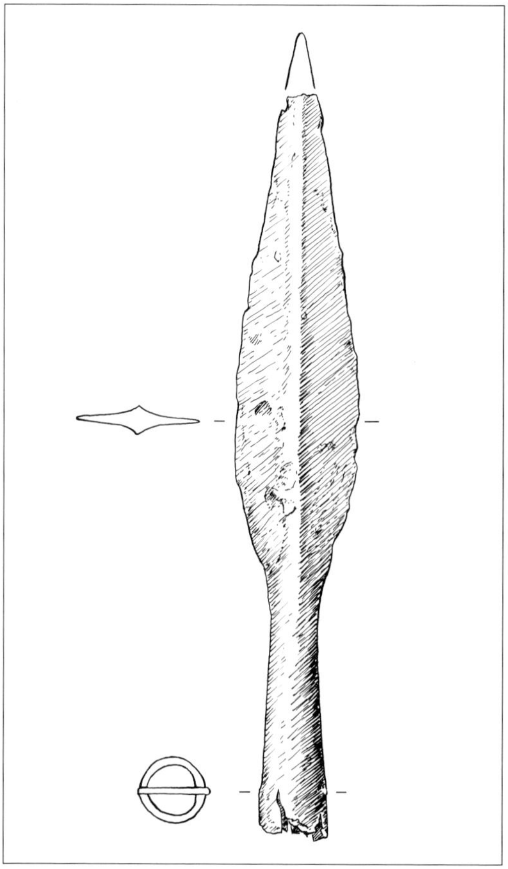

3.2.1.2.4.

3.2.1.2.4. Weidenblattförmige Lanzenspitze mit sich in die Tülle fortsetzendem Mittelgrat

Beschreibung: Das Blatt der eisernen Lanzenspitze ist weidenblattförmig und hat einen deutlichen Mittelgrat. Dieser setzt sich noch ein Stück weit in die Tülle fort. Die größte Breite des Blattes liegt in der unteren Blatthälfte. Die Tülle erreicht ein Viertel bis ein Drittel der Gesamtlänge, die sich oft auf 21 bis 36 cm beläuft.
Datierung: jüngere Vorrömische Eisenzeit bis ältere Römische Kaiserzeit, Latène D (Reinecke)–B (Eggers), 1. Jh. v. Chr.–Mitte 2. Jh. n. Chr.
Verbreitung: Österreich, Süd- und Westdeutschland.
Literatur: Schönberger 1952, Taf. 9,21; 10,29; Hell 1956, 232–234, Abb. 1,4; Oesterwind 1989, 99–101, Taf. 2,A1; Neugebauer 1993, Abb. 35,13.

3.2.1.2.5. Lanzenspitze mit gestuftem Querschnitt

Beschreibung: Die eiserne Lanzenspitze hat ein ovales Blatt, dessen Querschnitt am Mittelgrat gestuft ist. Die Tülle ist geschlitzt oder geschlossen. Es werden Längen zwischen 19 und 33 cm erreicht.
Datierung: jüngere Römische Kaiserzeit, C3 (Eggers), bis Frühmittelalter, 4.–6. Jh. n. Chr.
Verbreitung: Süddeutschland, Frankreich, Polen.
Relation: [Pfeilbewehrung] 3.3.2.1.10. Tüllenpfeilspitze mit gestuftem Querschnitt.
Literatur: Nierhaus 1966, 121, Taf. 13,50c; 18,87,b; 22,80,d; Pescheck 1983, Taf. 4,3.

3.2.1.2.6. Lanzenspitze Typ Gilgenberg

Beschreibung: Das lanzettförmige Blatt weist einen rhombischen Querschnitt mit einem deutlich betonten Mittelgrat auf. Die Tülle ist im Vergleich zum Blatt relativ kurz. Die Längen betragen 10,5 bis 30 cm. Lanzenspitzen dieses Typs wurden in der Regel aus Eisen gefertigt, selten aus Bronze.
Synonym: Lanzenspitze Stöllner Form 1.
Datierung: ältere Vorrömische Eisenzeit, Hallstatt C–D1 (Reinecke), 8.–6. Jh. v. Chr.
Verbreitung: Österreich, Slowenien, Südostdeutschland.
Literatur: Stöllner 2002, 131–132, Abb. 53,1, Taf, 10,A6; 11,3; 44,5; Leskovar/Schumann 2023, 48, Abb. 31.

3.2.1.2.7. Lanzenspitze mit schmalem Blatt und langer Tülle

Beschreibung: Die eiserne Lanzenspitze hat ein lorbeerblattförmiges schmales Blatt mit einem deutlichen Mittelgrat. Die Tülle ist oft annähernd so lang wie das Blatt. Die Gesamtlänge der süddeutschen Stücke beträgt 28 bis 41 cm.
Datierung: Vorrömische Eisenzeit, Latène C (Reinecke), Mitte 3.–Mitte 2. Jh. v. Chr.
Verbreitung: Süddeutschland, Frankreich.

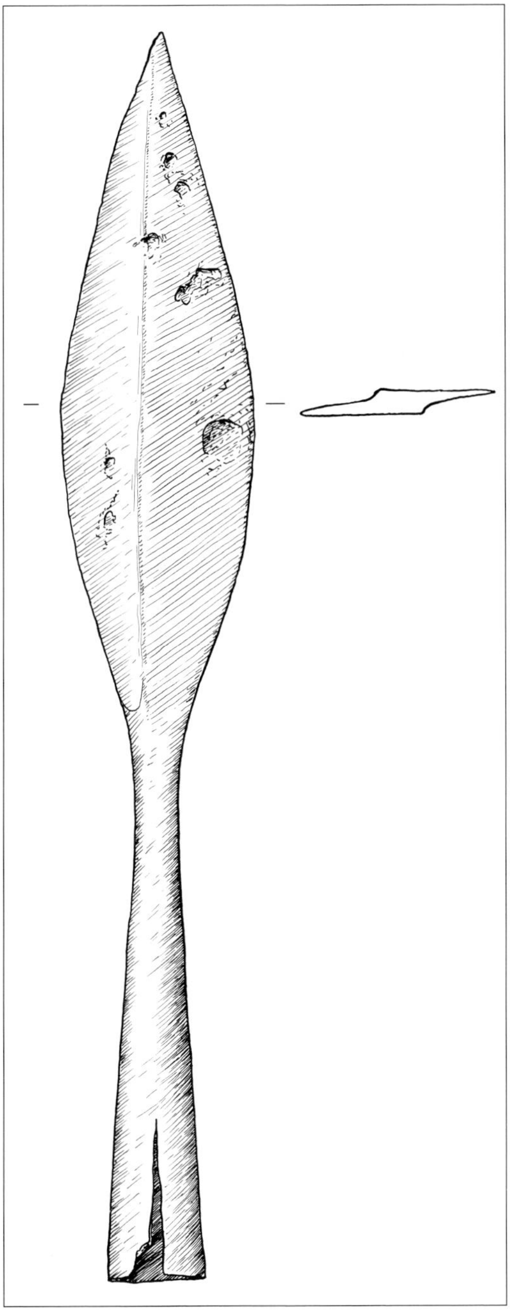

3.2.1.2.5.

Literatur: Krämer 1985, 86–87; 115; 121; 126; 149, Taf. 20,2; 22,2; 52,6; 59,2; 64,3; Sievers 2010, 23–26, Abb. 8.

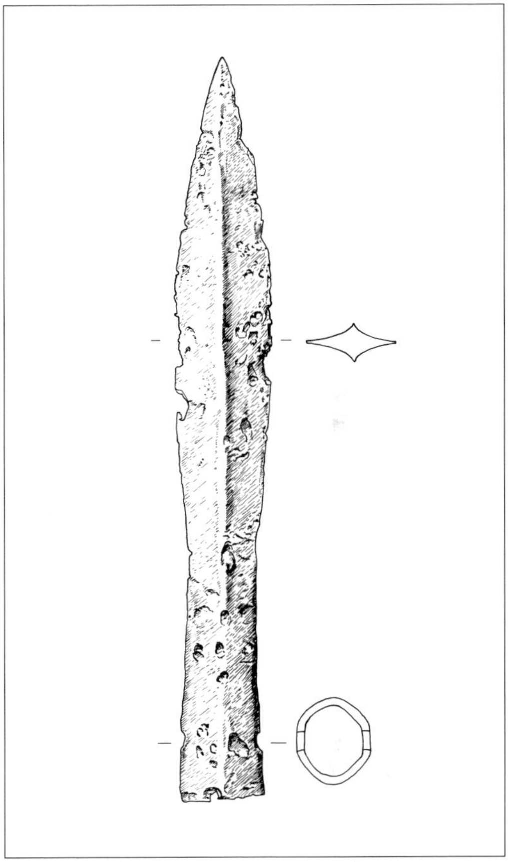

3.2.1.2.6.

3.2.1.2.8. Lanzenspitze mit schmalem Blatt und sich in die Tülle fortsetzendem Mittelgrat

Beschreibung: Die Lanzenspitze hat ein langschmales Blatt mit deutlichem Mittelgrat. Die größte Breite liegt ungefähr auf halber Blattlänge. Der Mittelgrat setzt sich auf der langen Tülle fort, sodass diese zunächst einen rautenförmigen Querschnitt hat. Die Gesamtlänge der Lanzenspitzen aus Süddeutschland beträgt 36 bis 53 cm.
Datierung: Vorrömische Eisenzeit, Latène C (Reinecke), Mitte 3.–Mitte 2. Jh. v. Chr.
Verbreitung: Süddeutschland, Frankreich.
Literatur: Krämer 1985, 86; 122, Taf. 21,2; 60,4; Sievers 2010, 23–26, Abb. 8.

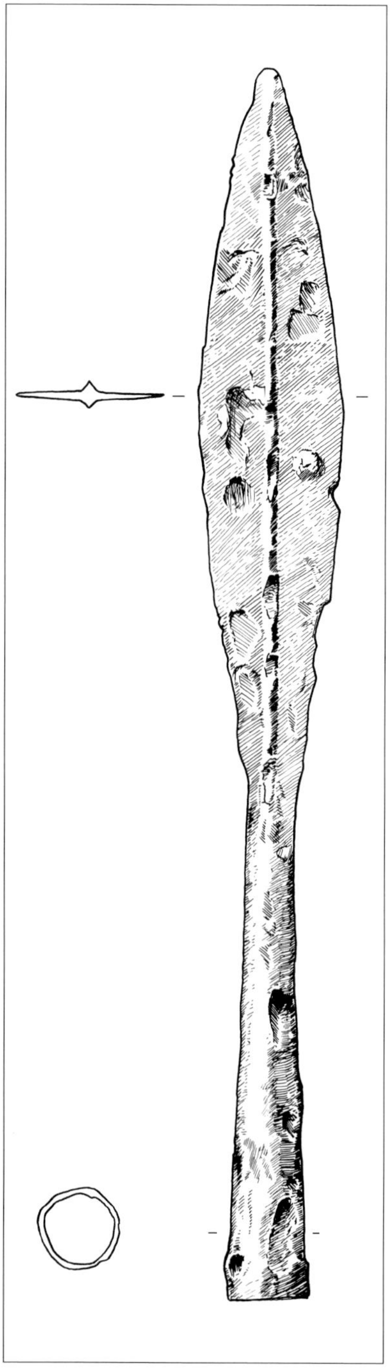

3.2.1.2.7.

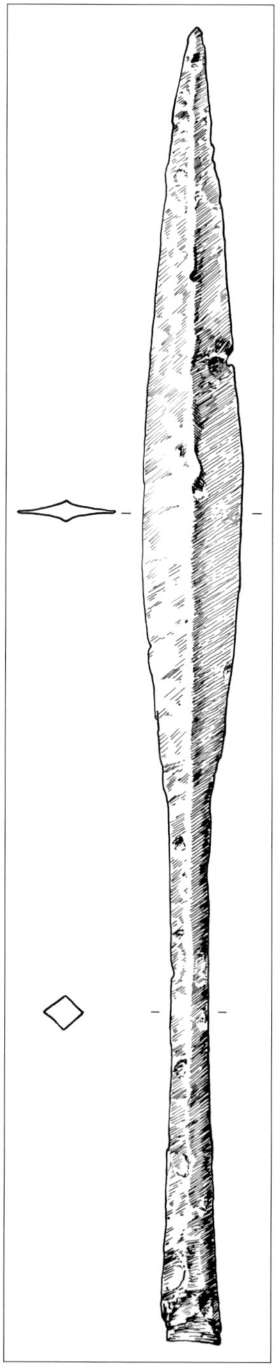

3.2.1.2.8., Maßstab 1 : 3

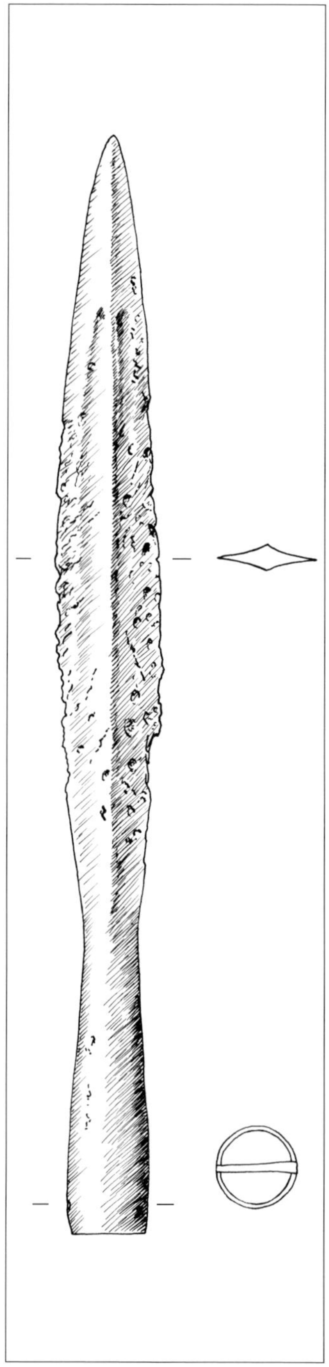

3.2.1.2.9.

3.2.1.2.9. Tüllenlanzenspitze mit langschmalem Blatt und ausgeprägter Mittelrippe

Beschreibung: Das langschmale Blatt der eisernen Lanzenspitze hat einen rautenförmigen Querschnitt mit einer deutlich ausgeprägten Mittelrippe. Die größte Breite wird ungefähr in der Mitte des Blattes erreicht. Die kurze Tülle ist nur wenig vom Blatt abgesetzt. Die Gesamtlängen liegen zwischen 24 und 32 cm.
Datierung: ältere Römische Kaiserzeit, B (Eggers), 1. Jh. n. Chr.
Verbreitung: Süddeutschland.
Literatur: Nierhaus 1966, 120, Taf. 15,63c; 16,73b; 18,70a.85; 21,78f.

3.2.1.2.10. Lanzenspitze mit gerundetem Blattansatz und langschmalem Blatt

Beschreibung: Das langschmale Blatt der eisernen Lanzenspitze hat seine größte Breite nahe am gerundeten Blattansatz. Der Mittelgrat ist mehr oder weniger stark ausgeprägt, häufig auch verrundet. Die Tülle nimmt ein Viertel bis ein Drittel der Gesamtlänge ein, die oft um 30 cm liegt, und kann mit Rillen oder Rippen profiliert sein.
Datierung: ältere Vorrömische Eisenzeit, Hallstatt D–Latène B (Reinecke), Ende 7.–Mitte 3. Jh. v. Chr.
Verbreitung: Westdeutschland, Luxemburg.
Literatur: Cordie-Hackenberg 1993, 95, Taf. 72,Hügel 67,1d.
Anmerkung: Die Lanzenspitzen vom Glauberg (Hessen) zeigen Merkmale der Lanzenspitzen der Hunsrück-Eifel-Kultur.
(siehe Farbtafel Seite 34)

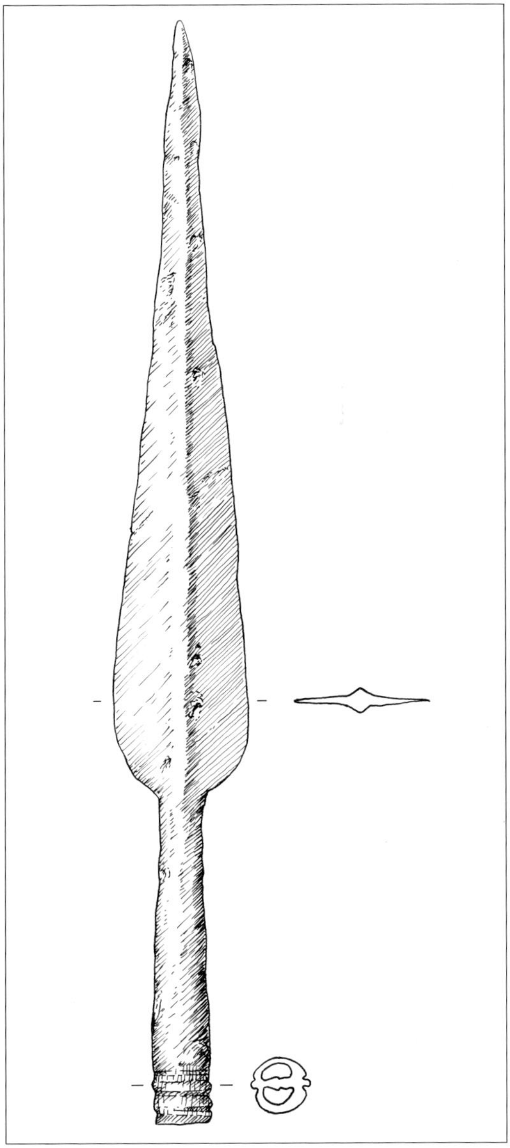

3.2.1.2.10.

3.2.1.2.11. Lanzenspitze mit langschmalem Blatt und Mittelgrat

Beschreibung: Das langschmale weidenblattförmige Blatt der eisernen Lanzenspitze hat seine größte Breite im unteren Drittel. Von dort ziehen die Schneiden gleichmäßig zur Spitze hin ein. Der Mittelgrat ist mehr oder weniger stark ausgeprägt. Die Tülle ist im Verhältnis zum Blatt recht kurz. Die Gesamtlängen variieren zwischen 19 und 45 cm.
Datierung: Vorrömische Eisenzeit, Latène B–D (Reinecke), 4.–1. Jh. v. Chr.
Verbreitung: Süd- und Westdeutschland, Österreich, Schweiz, Frankreich, Slowakei, Ungarn.
Literatur: Fundbericht 1956; Haffner 1971, Taf. 41,6; Penninger 1972, Taf. 31,A15; 49,A7; Pauli 1978, 227–228; Pescheck 1978, 39, Taf. 138,4; Suter 1984, Abb. 4,17; Oesterwind 1989, 99–101;

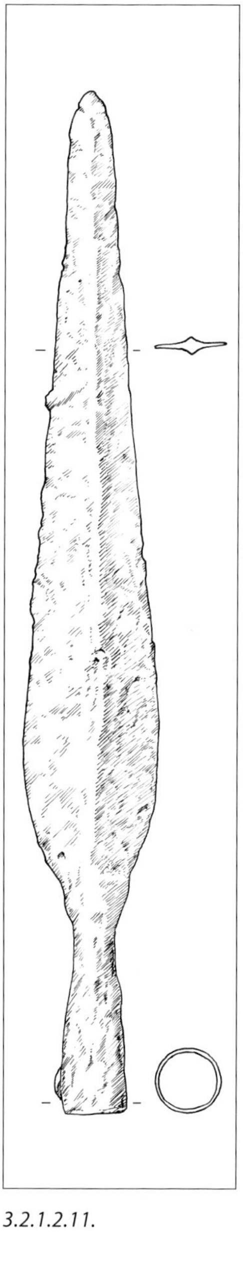

3.2.1.2.11.

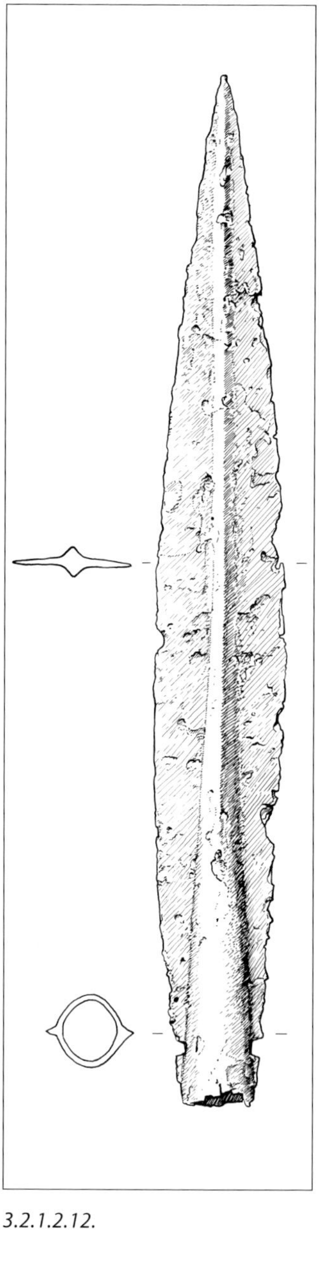

3.2.1.2.12.

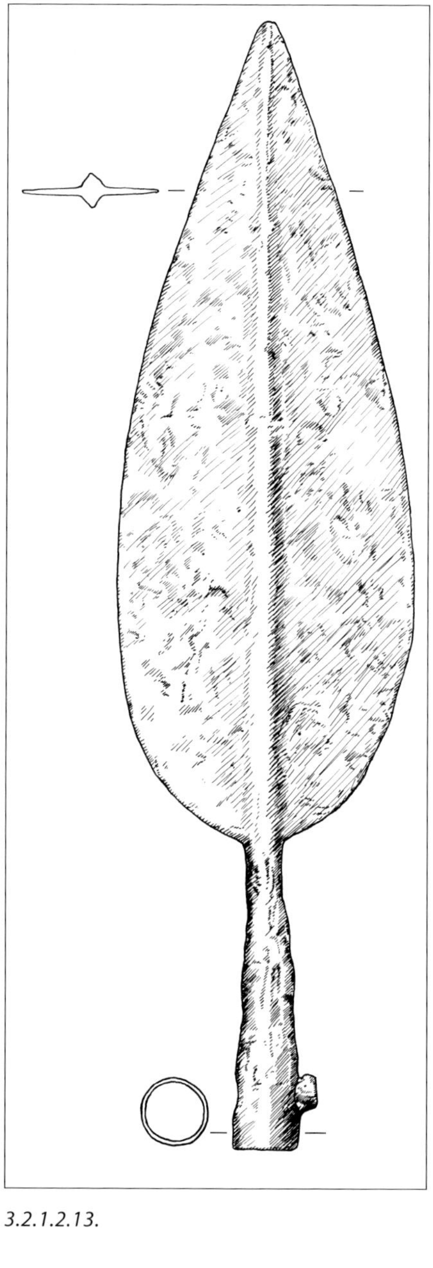

3.2.1.2.13.

Ramsl 2002, 82, Taf. 48,12; Ludwig 2009, 81–82, Taf. 32,4; Sievers 2010, 24–25; Ramsl 2011, Taf. 66,6.
Anmerkung: Lanzenspitzen mit stark ausgebildeter Mittelrippe sollen jünger sein als solche mit flacherer Mittelrippe (Sievers 2010, 24; Windholz-Konrad 2017, 324). Die Zuordnung ist rein subjektiv und kann nicht immer nachvollzogen werden, weshalb nur ein Typ gebildet wird.
(siehe Farbtafel Seite 34)

3.2.1.2.12. Lanzenspitze mit an der Tüllenbasis ansetzendem Blatt

Beschreibung: Das Blatt mit konvexem Schneidenverlauf setzt direkt an der Tüllenbasis an. Wenig oberhalb dieser wird das Blatt von den gegenständigen Nietlöchern unterbrochen. Seine größte Breite erreicht das Blatt ungefähr in der Mitte der Blattlänge. Die gerundete Tülle geht im unteren Drittel in einen deutlichen Mittelgrat über, der bis zur Spitze durchläuft. Die Länge beträgt häufig zwischen 15 und 27 cm.
Datierung: ältere Vorrömische Eisenzeit, Jastorf C bzw. Latène B (Reinecke), 4. Jh. v. Chr.
Verbreitung: Norwegen, Schweden, Dänemark, selten in Schleswig-Holstein und Rheinland-Pfalz.
Literatur: Salo 1962, 67, Abb. 8; Bemmann 1998.
Anmerkung: Ein ähnliches Stück mit nicht ganz so tief gezogenem, etwas kantigerem Blatt ist aus Leopoldau, Grab 1 (Österreich) bekannt. Das Grab wird in Latène A (Reinecke) datiert (Nebehay 1983, 57, Taf. 18,Grab 1,4).

3.2.1.2.13. Tüllenlanzenspitze mit breitem lorbeerblattförmigem Blatt

Beschreibung: Die Breite des lorbeerblattförmigen Blattes der eisernen Lanzenspitze beläuft sich oft auf annähernd 8 cm. Die größte Breite liegt im unteren Drittel des Blattes. Der Mittelgrat ist mehr oder weniger stark ausgeprägt. Die Länge der runden Tülle ist variabel, erreicht aber kaum mehr als ein Drittel der Gesamtlänge, die 28 bis 52 cm beträgt.
Datierung: Vorrömische Eisenzeit, Latène B–D1 (Reinecke), 4.–1. Jh. v. Chr.
Verbreitung: Süd- und Westdeutschland, Österreich, Frankreich, Schweiz, Slowakei.
Literatur: Joachim 1980, 373, Abb. 37,4; Zeller, K. W. 1980, 121, Abb. 10,4; Bujna 1989, Taf. 15,9; Szabó/Petres 1992, Taf. 86,2; Sievers 2010, 25; Ramsl 2011, 157, Taf. 117,8; 190,2; 221,9.
Anmerkung: Aus Grab 180 von Mannersdorf (Österreich) ist eine Lanzenspitze ähnlicher Form mit kurzer Tülle bekannt, deren Blatt durch Aussparungen geschmückt ist (Ramsl 2011, 157; 192–194, Taf. 185). Solche Stücke sind selten und werden als Standarten gedeutet.

3.2.1.2.14. Tüllenlanzenspitze mit stempelverziertem Blatt

Beschreibung: Das Blatt der eisernen Lanzenspitze ist spitzoval oder deutlich geschweift. Charakteristisch ist ein stempelverziertes Feld, das sich zunächst an der Blattform orientiert und dann zum deutlich ausgeprägten Mittelgrat einzieht. Es beginnt üblicherweise am Blattansatz und endet häufig erst auf halber Länge, reicht manchmal aber deutlich darüber hinaus.
Datierung: Frühmittelalter, Mitte 6.–1. Hälfte 7. Jh. n. Chr.
Verbreitung: Süd- und Westdeutschland, Frankreich, Belgien, Luxemburg, Schweiz, Norditalien.
Literatur: Koch, R. 1967, 58–59; Paulsen, P. 1967a, 108–109; Koch, U. 1968, 89; Neuffer-Müller 1983, 31; Sippel 1989, 145–146; Koch, U. 1990, 181–182; Damminger 2002, 66–68; 299–300, Liste 3A–3B; 4A–4C.

3.2.1.2.14.1. Stempelverzierte Lanzenspitze Typ Salgen

Beschreibung: Die aus Eisen hergestellte Lanzenspitze hat ein spitzovales Blatt, das bis weit über seine halbe Länge mit S-Stempeln verziert ist. Diese spitzoval angelegte Verzierung endet mit der Mittelrippe im letzten Drittel unterhalb der Blattspitze. Die Tülle ist rund bis vierkantig abgerundet und kann im Bereich unterhalb des Blattansatzes ebenfalls stempelverziert sein. Die Länge liegt um 35 bis 41 cm.

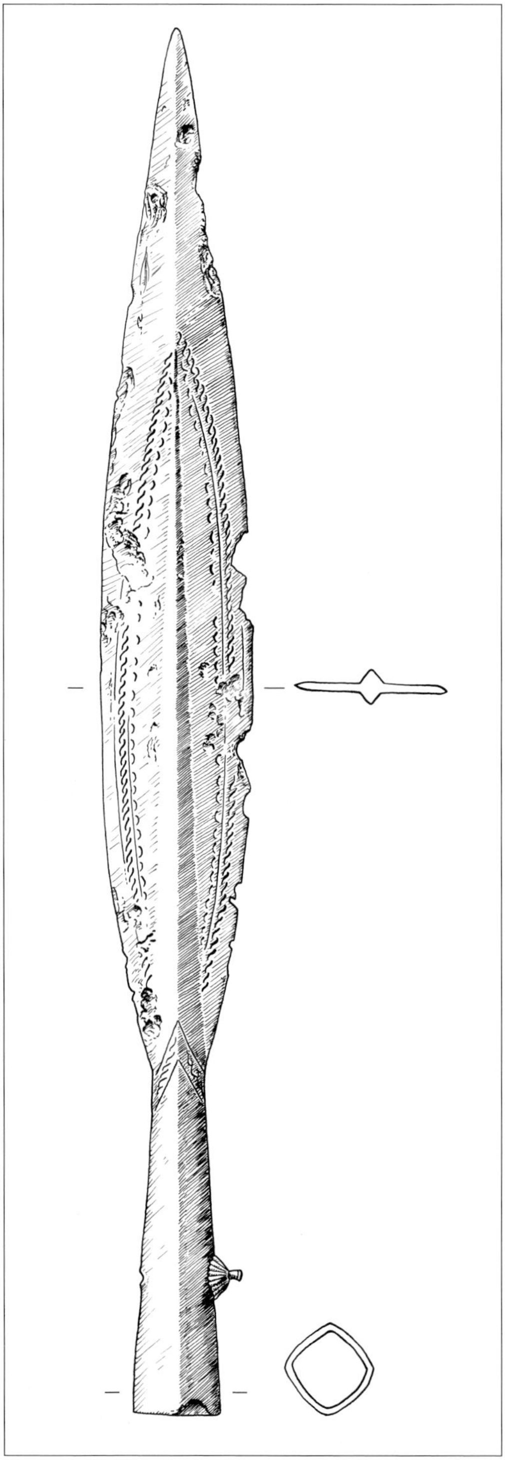

3.2.1.2.14.1.

Datierung: Frühmittelalter, Ende 6.–1. Hälfte 7. Jh. n. Chr.
Verbreitung: Süddeutschland, Luxemburg.
Literatur: Koch, R. 1967, 59; Koch, U. 1977, 111, Taf. 16,7; Sippel 1989, 145–146, Taf. 30,5; Damminger 2002, 66; 300, Liste 4B.

3.2.1.2.14.2. Stempelverzierte Lanzenspitze Typ Reute

Beschreibung: Das spitzovale eiserne Blatt ist mit Dreiecksstempeln sowie eingeschlagenen Punkten und Kreisen verziert. Diese Verzierung breitet sich bis deutlich über die halbe Länge des Blattes aus und endet an der Mittelrippe. Die konische Tülle ist geschlossen. Sie ist rund bis vierkantig abgerundet und kann in der Nähe des Blattansatzes verziert sein. Die Längen liegen bei 25 bis 36 cm.
Untergeordneter Begriff: stempelverzierte Lanzenspitze Typ Straßkirchen.
Datierung: Frühmittelalter, Ende 6.–1. Hälfte 7. Jh. n. Chr.
Verbreitung: Süddeutschland, Frankreich, Schweiz, Norditalien.
Literatur: Koch, R. 1967, 59; Koch, U. 1968, 89, Taf. 74,6; Koch, U. 1977, 111, Taf. 6,9; 24,7; Neumayer 1993, 67, Taf. 30,5; Damminger 2002, 66; 300, Liste 4A.

3.2.1.2.14.3. Stempelverzierte Lanzenspitze Typ Ubstadt

Beschreibung: Die eiserne Lanzenspitze hat ein mehr oder weniger stark gedrungenes spitzovales Blatt. Der Querschnitt ist ebenfalls spitzoval mit einer deutlichen Mittelrippe. Diese läuft im oberen Blattdrittel spitz aus. An ihr endet ein am Blattansatz beginnendes spitzovales Verzierungsfeld, das mittels S- und Dreiecksstempeln erstellt wurde. Die Tülle ist rund bis vierkantig abgerundet und läuft konisch zu. Auch auf ihr können sich Stempelverzierungen befinden. Die Länge erreicht meist 25 bis 30 cm.
Datierung: Frühmittelalter, 2. Hälfte 6. Jh. n. Chr.
Verbreitung: Süddeutschland, Schweiz, Frankreich.
Literatur: Koch, U. 1991, 69, Abb. 24; Damminger 2002, 66–68; 300, Liste 4C, Taf. 64,B.

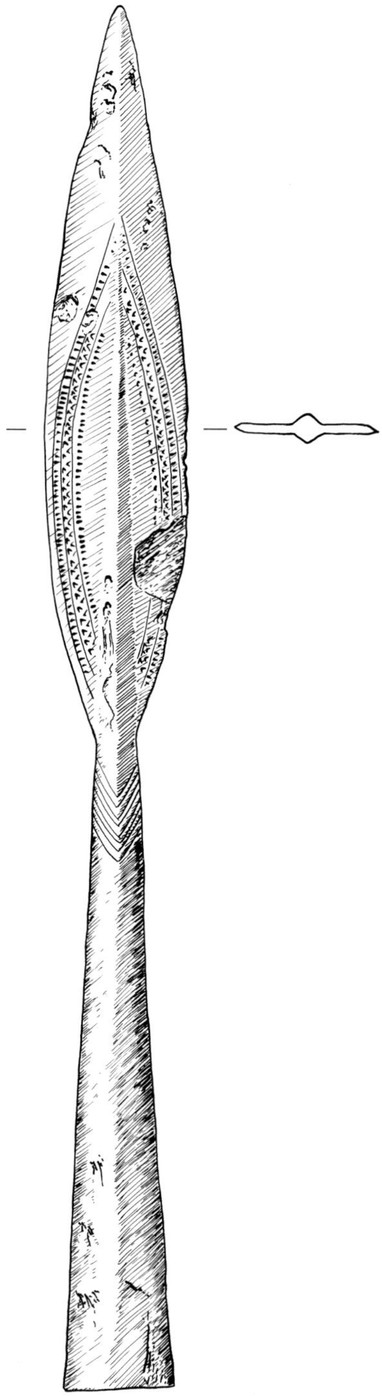

3.2.1.2.14.2., Maßstab 1 : 3

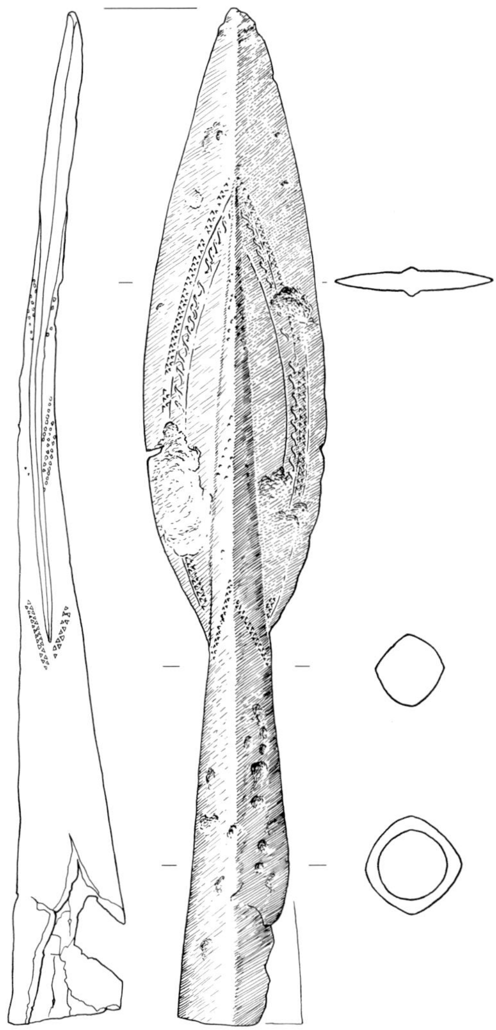

3.2.1.2.14.3.

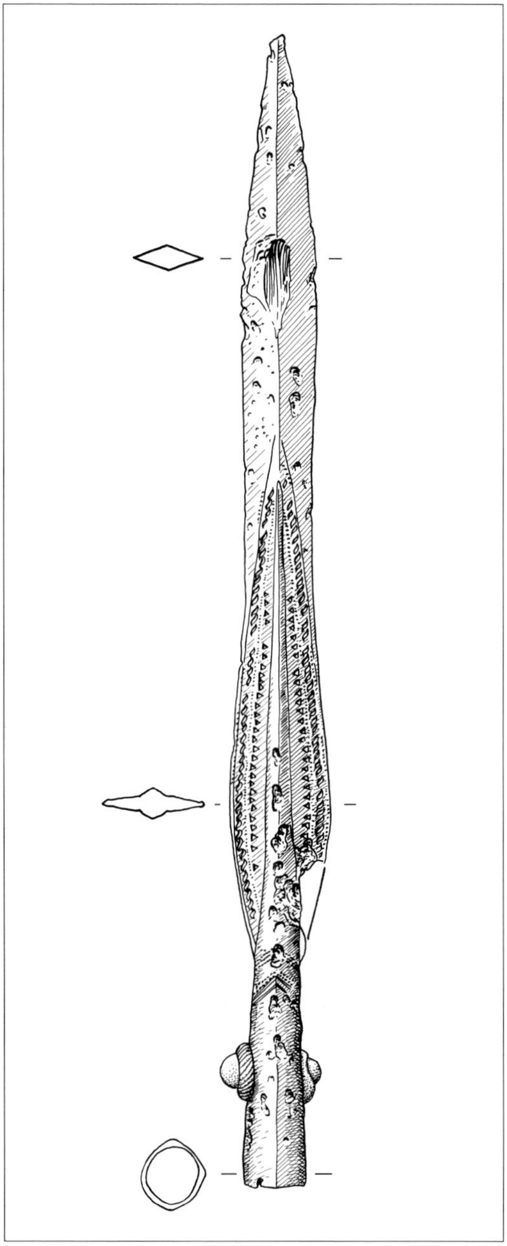

3.2.1.2.14.4., Maßstab 1 : 3

3.2.1.2.14.4. Stempelverzierte Lanzenspitze Typ Pflaumheim

Beschreibung: Die eiserne Lanzenspitze hat ein stark geschweiftes Blatt. Die Tülle ist als kantige Mittelrippe weit über die Blattmitte hinaus fortgeführt. Die Verzierung folgt zunächst der geschweiften Blattform und zieht dann gleichmäßig zur Mittelrippe ein. An dieser endet sie in der oberen Blatthälfte. In der Tülle befinden sich zwei Nietstifte mit reich verzierten Köpfen. Die Länge beläuft sich häufig auf 45 bis 48 cm.

Datierung: Frühmittelalter, Ende 6.–1. Hälfte 7. Jh. n. Chr.

Verbreitung: Süddeutschland.

Literatur: Koch, R. 1967, 58, Taf. 20,10; Paulsen, P. 1967a, 108–109, Taf. 17,2–3; 91,4; Damminger 2002, 68; 299, Liste 3B.

3.2.1.2.14.5. Stempelverzierte Lanzenspitze Typ Hellmitzheim

Beschreibung: Das stark geschweifte Blatt der eisernen Lanzenspitze weist ein spitzovales Verzierungsfeld auf, das ungefähr in Höhe der Einziehung des Blattes zusammen mit der Mittelrippe endet. Die Verzierung wurde mittels einfacher länglicher sowie dreieckiger Punzen erstellt. Auch die runde oder facettierte Tülle kann am Blattansatz mit Rillen- und Stempelmustern verziert sein. Lanzenspitzen dieses Typs sind zwischen 28 und 35 cm lang.

Datierung: Frühmittelalter, Mitte 6.–1. Hälfte 7. Jh. n. Chr.

Verbreitung: Süd- und Westdeutschland, Frankreich, Belgien.

Literatur: Neuffer-Müller 1966, 29, Taf. 2,A4; 35,2; Koch, R. 1967, 59; Koch, U. 1968, 89, Taf. 58,2; Koch, U. 1977, 111, Taf. 77,22; Neuffer-Müller 1983, 31, Taf. 77,12; 89,B5; Koch, U. 1990, 181–182, Taf. 4,B2; Knaut 1993, 121, Taf. 64,F; Damminger 2002, 66; 299, Liste 3A, Taf. 26,E; Losert 2003, 438.

(siehe Farbtafel Seite 35)

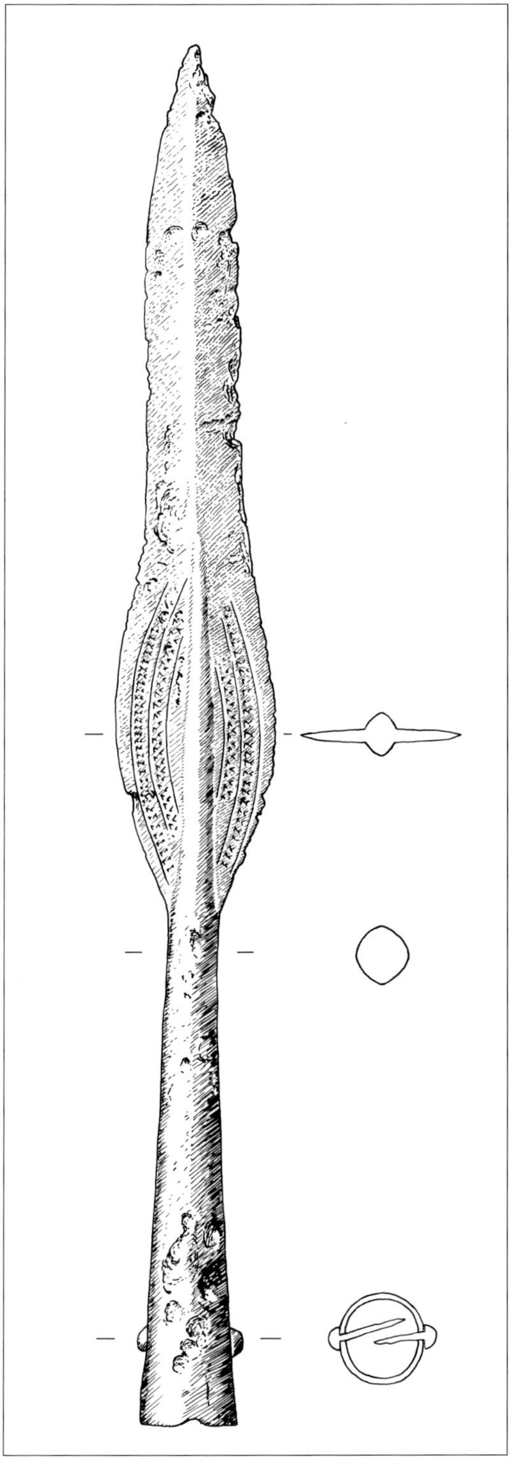

3.2.1.2.14.5.

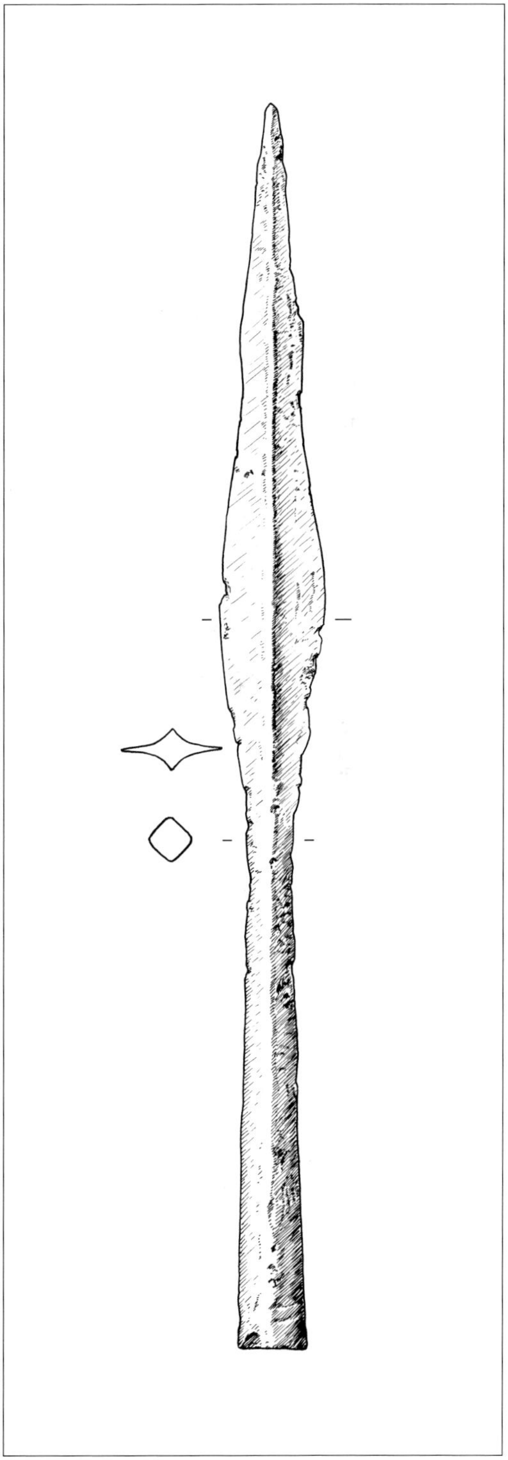

3.2.1.2.15.

3.2.1.2.15. Lanzenspitze Typ Kragehul

Beschreibung: Die eisernen Lanzenspitzen haben ein schmales Blatt und eine lange Tülle, wobei das Längenverhältnis um 1:1 liegt. Die Gesamtlänge der Stücke liegt hauptsächlich zwischen 29 und 40 cm, sehr selten sind Exemplare mit mehr als 50 cm Länge. Die größte Breite des Blattes beträgt 2,3 bis 3,7 cm. Der Blattquerschnitt ist konkav-rhombisch. Die größte Blattbreite befindet sich unterhalb der Blattmitte, die Schneiden ziehen gleichmäßig bis wenig geschwungen zur Spitze ein. Die Tülle ist am Blattansatz im Querschnitt oft viereckig. Verzierung, z. B. in Form von Rillen oberhalb des Tüllenmundes, kommt nur selten vor. In der Regel befinden sich zwei Nietlöcher in der Tülle.
Datierung: Völkerwanderungszeit, 1. Hälfte 5. Jh. n. Chr.
Verbreitung: Norwegen, Schweden, Dänemark, Nord- und Nordostdeutschland.
Literatur: Ilkjær 1990, 142–146, Taf. 136; Bemmann/Hahne 1994, 320–322; 429–430, Abb. 18,1; 64,2; Bemmann/Bemmann 1998, 262; Iversen 2010, 41–46, Taf. 10,C 3134; Schmidt, J.-P. 2019, 39–40, Abb. 3,1–2.5; 4,2–4.
Anmerkung: Es gibt eine kleinere Variante, die bisher nur in Skandinavien auftritt.

3.2.1.2.16. Lanzenspitze mit langgestrecktem lanzett- bis lorbeerblattförmigem Blatt und relativ kurzer Tülle

Beschreibung: Die aus Eisen gefertigte Lanzenspitze hat ein sehr langgestrecktes lanzett- bis lorbeerblattförmiges Blatt mit rhombischem Blattquerschnitt. Charakteristisch ist die lang ausgezogene Spitze. Der Mittelgrat ist deutlich ausgeprägt. Die Tülle ist im Verhältnis zum Blatt oft relativ kurz. Die Gesamtlänge beträgt zwischen 26,5 bis 49 cm.
Synonym: Lanzenspitze Stöllner Form 3.
Untergeordneter Begriff: Lanzenspitze mit bayonetteartiger Spitze.
Datierung: Vorrömische Eisenzeit, Hallstatt D–Latène D (Reinecke), 7.–1. Jh. v. Chr.
Verbreitung: Süd- und Westdeutschland, Österreich, Slowenien, Ungarn, Schweiz, Frankreich.

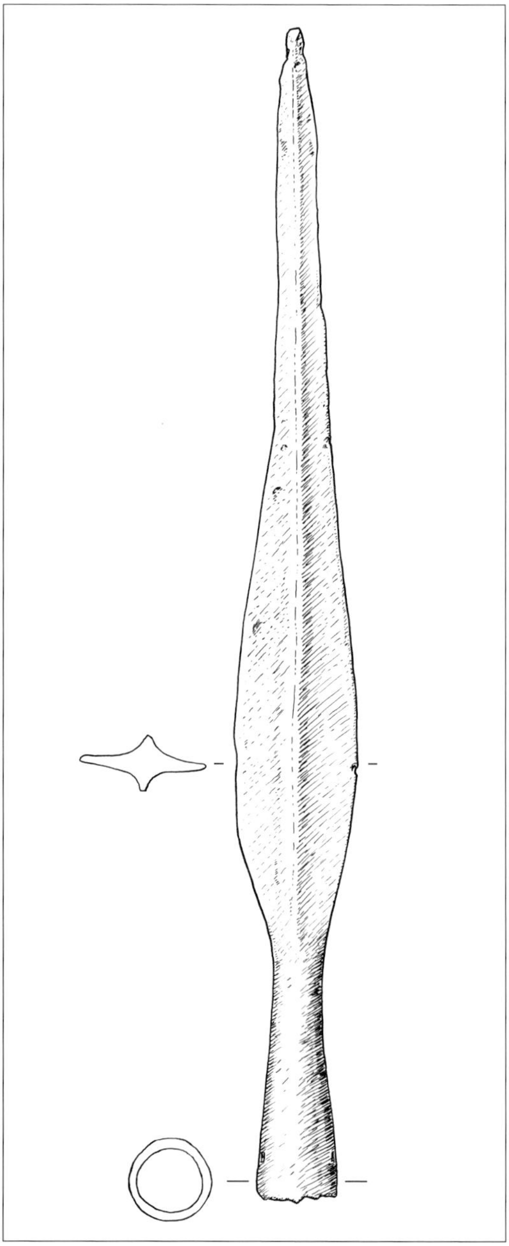

3.2.1.2.16.

Literatur: Penninger 1972, Taf. 44,19–20; Pauli 1978, 227; Zeller, K. W. 1980, 121, Abb. 10,6; Drack 1981, 18, Abb. 31; Oesterwind 1991, 389, Abb. 3,7; Haffner 1992, 74, Abb. 38,1–2; Szabó/Petres 1992, Taf. 113; Ramsl 2002, 82, Taf. 59,5; Stöllner 2002,

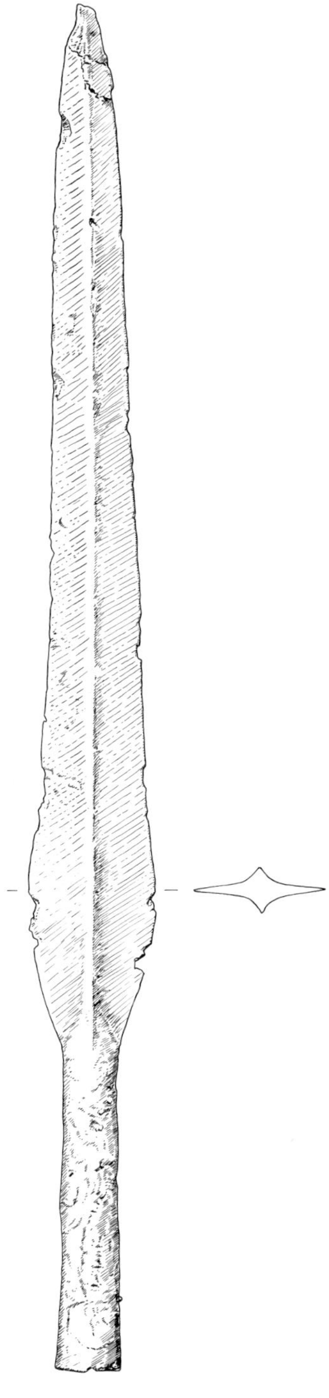

3.2.1.2.17.

132, Abb. 53,4, Taf. 19,A1; 36,B1; 47,1–2; 79,B3; 84,150; 140,A8; Wyss/Rey/Müller 2002, 59; Haffner/Lage 2008/09, 69–70, Nr. 6–7.

3.2.1.2.17. Lanzenspitze Typ Gamme

Beschreibung: Das lange schmale Blatt der eisernen Lanzenspitze ist leicht geschwungen und weist einen konkav-rhombischen Querschnitt auf. Der ausgeprägte Mittelgrat endet am Übergang vom Blatt zur zylindrischen Tülle. Die größte Breite liegt nur wenig oberhalb dieses Übergangs. Es werden Längen von 26 bis 42 cm erreicht.
Synonym: Lanzenspitze Ilkjær Typ 25.
Datierung: Römische Kaiserzeit, B–C (Eggers), 1.–3. Jh. n. Chr.
Verbreitung: Norwegen, Schweden, Dänemark, Schleswig-Holstein, Mecklenburg-Vorpommern, Brandenburg.
Literatur: Bantelmann 1971, 120, Taf. 34,260m; 48,332,b; Ilkjær 1990, 90–91; 94; Bemmann/Hahne 1994, 419, Abb. 61,1.

3.2.1.2.18. Lanzenspitze Typ Vennolum

Beschreibung: Der Blattquerschnitt ist deutlich konkav-rautenförmig mit einem scharfen Mittelgrat. Der Blattumriss ist geschwungen, die größte Breite befindet sich im unteren Blattdrittel. Der Tüllenquerschnitt ist rund bis facettiert. Lanzenspitzen dieses Typs wurden aus Eisen gefertigt. Sie erreichen Längen von 20 bis 60 cm. Gelegentlich tragen die Stücke Ziselierungen oder Einlagen.
Synonym: Lanzenspitze Ilkjær Typ 15.
Datierung: jüngere Römische Kaiserzeit, C1 (Eggers), 2. Hälfte 2. Jh. n. Chr.
Verbreitung: Dänemark, Norwegen, Schweden, Deutschland, Polen.
Literatur: Raddatz 1961, 27, Abb. 1,2; Wamser 1988, 91–94, Abb. 63,3; Ilkjær 1990, 95–110; Bemmann 2007, 271, Abb. 24,1.

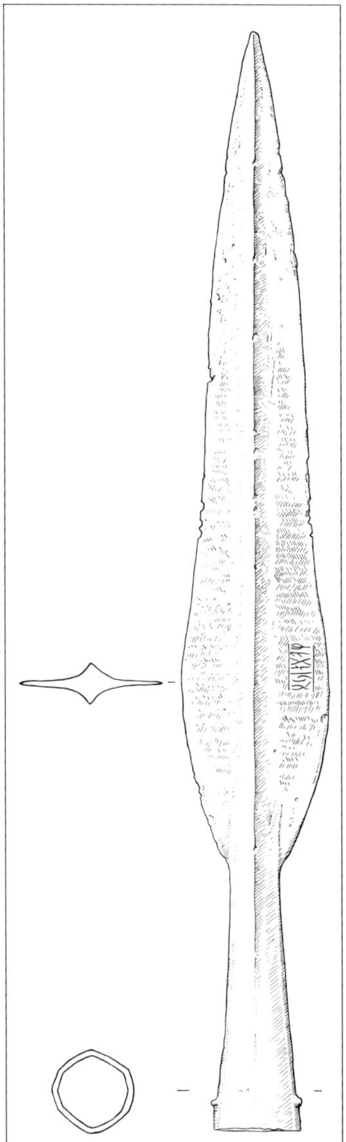

3.2.1.2.18.

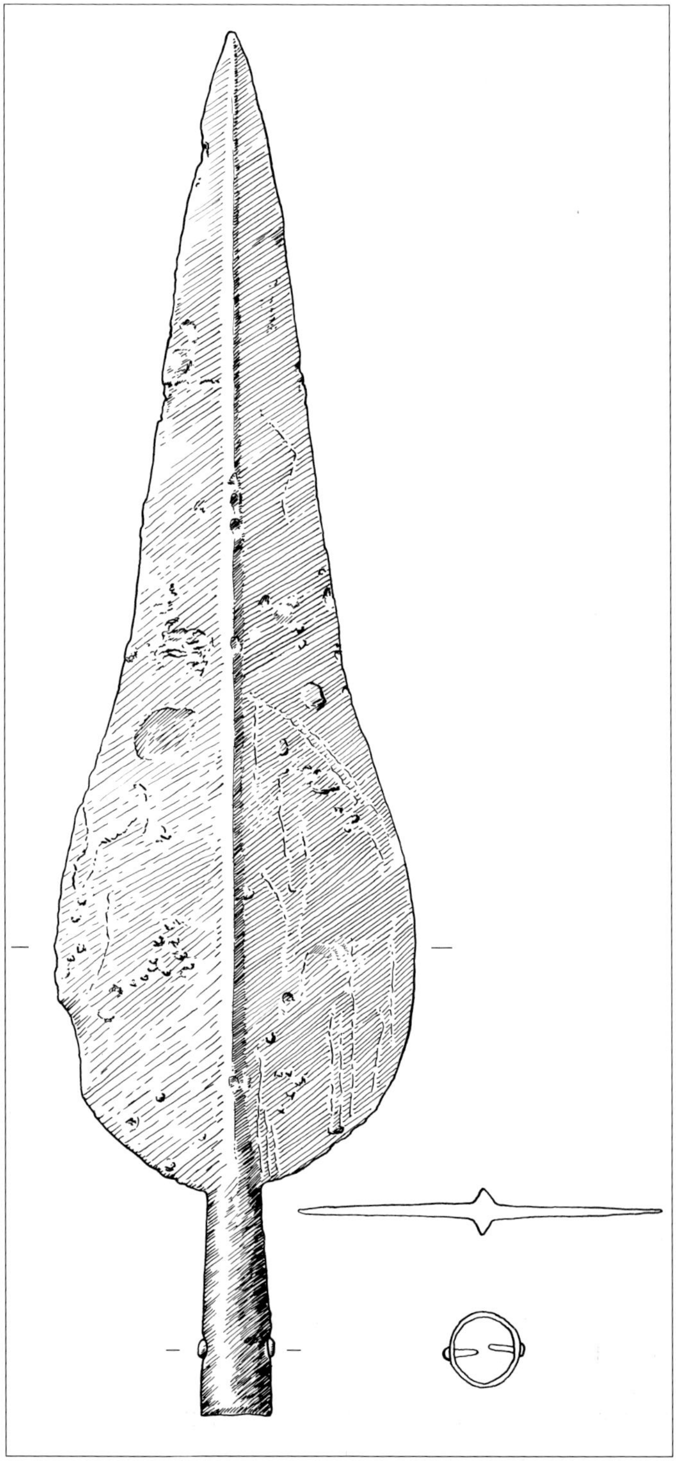

3.2.1.2.19.

3.2.1.2.19. Lanzenspitze mit breitem geschweiftem Blatt und kurzer Tülle

Beschreibung: Die eiserne Lanzenspitze hat ein breites geschweiftes Blatt mit einem mehr oder weniger deutlich ausgeprägten Mittelgrat. Die Tülle ist im Verhältnis zum Blatt recht kurz. Die Gesamtlängen reichen von 24 bis 55 cm.
Datierung: Vorrömische Eisenzeit, Latène B–D1 (Reinecke), 4.–2. Jh. v. Chr.
Verbreitung: Süddeutschland, Österreich, Slowakei, Schweiz, Frankreich, selten in Norddeutschland.
Literatur: Benadik 1957, 112–114, Abb. 33,12; Fundschau 1962b, 242, Taf. 30,3; Zeller, K. W. 1980, 121, Abb. 10,1; Krämer 1985, 76–77; 80; 83; 89; 145, Taf. 2,1; 3,3; 11,6; 12,2; 16,2; 26,2; Möllers 2009, 52; Sievers 2010, 23–26, Abb. 8; Ramsl 2011, 157, Taf. 82,13.

3.2.1.2.20. Lanzenspitze mit breitem, doppelt geschweiftem Blatt und kurzer Tülle

Beschreibung: Das lange Blatt ist doppelt geschweift und weist einen deutlichen Mittelgrat auf. Die größte Blattbreite befindet sich im unteren Drittel. Die Tülle ist im Verhältnis zum Blatt sehr kurz. Die Länge beläuft sich auf 32 bis 52 cm, als Material wurde Eisen verwendet.
Datierung: Vorrömische Eisenzeit, Latène B2–C (Reinecke), 4.–2. Jh. v. Chr.
Verbreitung: Süddeutschland, Österreich, Schweiz.
Literatur: Jahn 1916, 32, Abb. 28; Vouga 1923, IX,12; Krämer 1985, 27; 88, Taf. 16,2; 24,2; Sievers 2010, 23–26, Abb. 8; Ramsl 2011, Taf. 153,4.

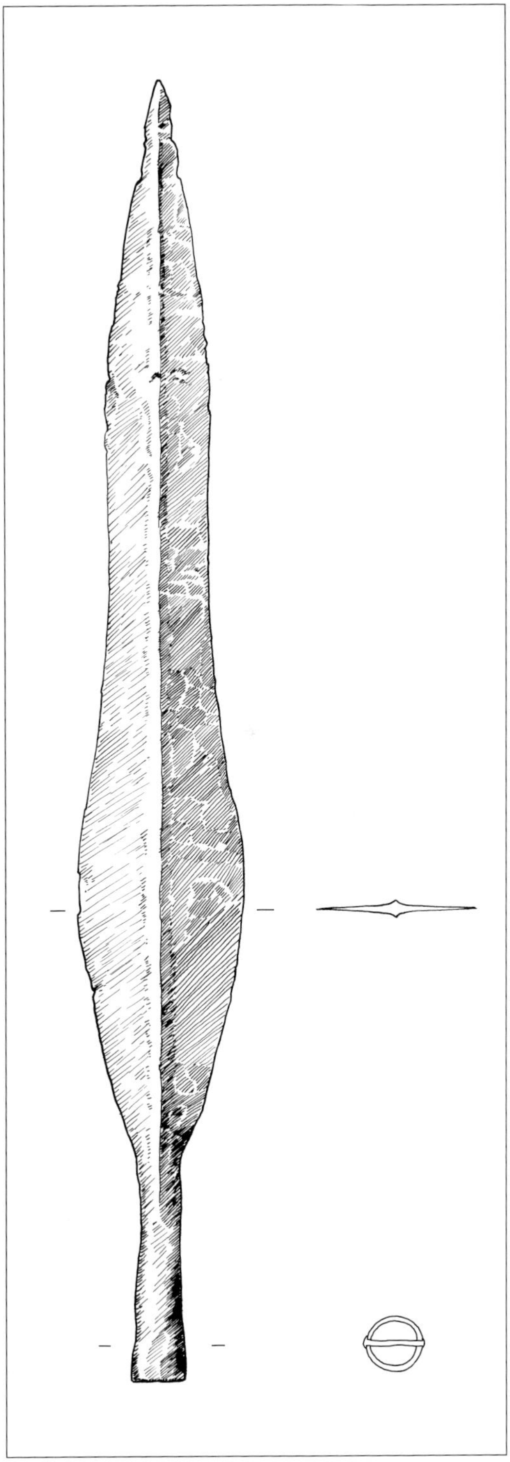

3.2.1.2.20.

3.2.1.2.21. Lanzenspitze mit ausgeschnittenem Blatt

Beschreibung: Die eiserne Lanzenspitze hat oft ein langschmales Blatt, dessen Querschnitt einen deutlichen Mittelgrat aufweist. An den Blattkanten befinden sich ein oder mehrere Ausschnitte, die auch asymmetrisch angelegt sein können und so dem Blatt ein wellenartiges Aussehen verlei-

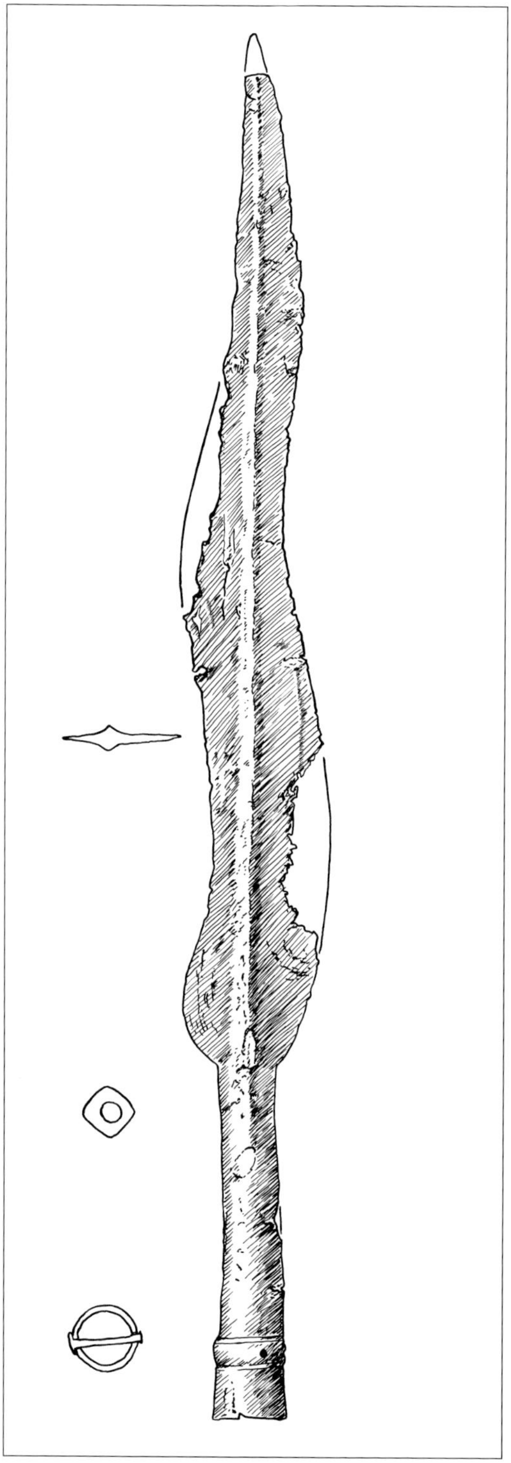

3.2.1.2.21.

hen. Die Tülle entspricht ungefähr einem Viertel bis einem Drittel der Gesamtlänge und ist gelegentlich verziert. Es werden Längen von 26 bis 48 cm erreicht.

Datierung: jüngere Vorrömische Eisenzeit, Latène D (Reinecke), Mitte 2.–1. Jh. v. Chr.

Verbreitung: Frankreich, Schweiz, selten in Thüringen.

Literatur: Jahn 1916, 33–34; 74–77, Abb. 29–32; Vouga 1923, 51, Taf. XI–XII; Zeller, K. W. 1980, 120–121, Abb. 10,2–3; Charpy/Rapin 2001, Abb. auf S. 21, d; David 2010, Abb. auf S. 18–19; Spehr 2021, Abb. 1,23; 2,2.

Anmerkung: In Frankreich und der Schweiz wurden auch breitere Formen mit Ausschnitt gefunden.

3.2.1.3. Lanzen-/Speerbewehrung mit Tülle ohne Widerhaken mit spitzovalem oder rhombischem Querschnitt

Beschreibung: Typisch ist der spitzovale oder rhombische Querschnitt des Blattes. Die Blattformen sind vielfältig, ebenso die Größen und das Verhältnis von Tülle zu Blatt. Einige Stücke weisen einen mehr oder weniger langen Schaft auf. Die Tülle kann rund oder facettiert, geschlitzt oder offen sein. Als Material wurde Eisen verwendet, für Verzierungen auch Edelmetall.

Datierung: Vorrömische Eisenzeit, Hallstatt D–Latène C (Reinecke), 7.–2. Jh. v. Chr.; Römische Kaiserzeit bis Hochmittelalter, 1.–13. Jh. n. Chr.

Verbreitung: Deutschland, Norwegen, Schweden, Finnland, Dänemark, Polen, Baltikum, Niederlande, Belgien, Frankreich, Schweiz, Österreich, Tschechien, Ungarn, Italien, Römisches Reich.

Literatur: Böhner 1958, 146–151; Nierhaus 1966, 120; Koch, R. 1967, 58–62; Stein 1967, 16–18; Koch, U. 1968, 88; Pauli 1978, 227; Müller-Wille 1987, 37; Ilkjær 1990, 48–59; Kempke 1991, 15–17; Fischer, T. 2000, 70–74; Damminger 2002, 68–70; Stöllner 2002, 132–133; Westphalen 2002, 229–234; Losert 2003, 439–441; Gschwind 2004, 185–187; Fischer, T. 2005, 160–161; Blaich 2006, 76–79; Iversen 2010, 48–51; Sievers 2010, 24; Ruß 2016, 319–320.

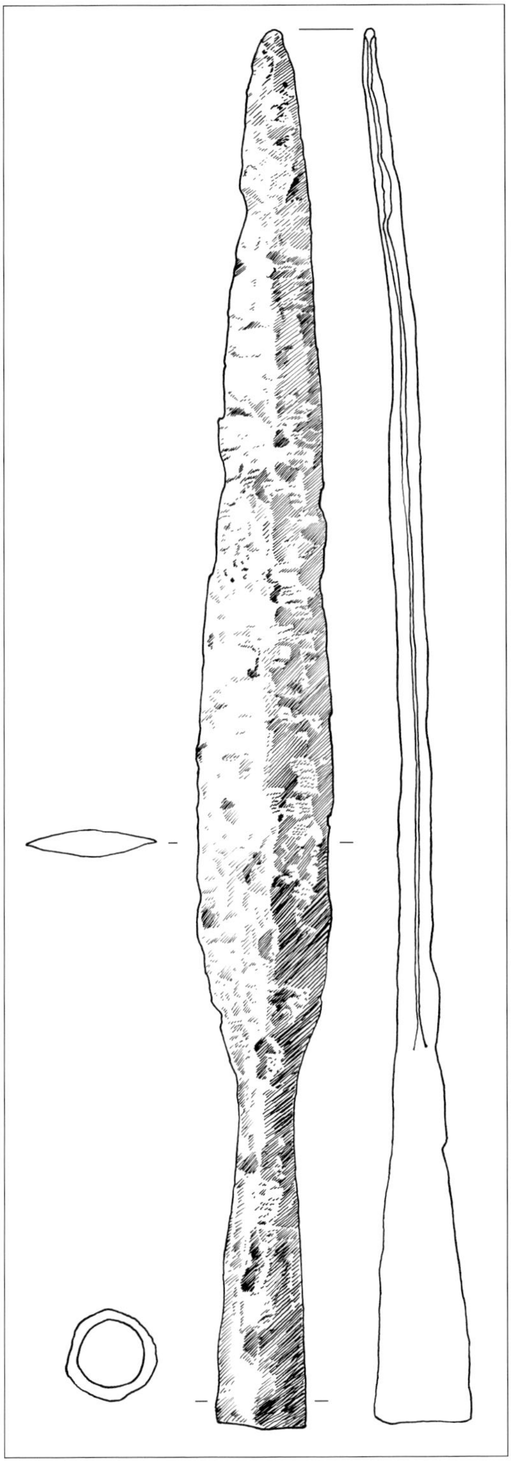

3.2.1.3.1.

3.2.1.3.1. Lanzenspitze mit langschmalem, wenig abgesetztem Blatt

Beschreibung: Der runde Querschnitt der Tülle wird im oberen Bereich oval bis leicht rhombisch. Daran schließt das langschmale, wenig abgesetzte Blatt mit den gleichmäßig zur Spitze einziehenden Kanten an. Dessen Querschnitt ist linsen- bis rautenförmig. Die Gesamtlänge liegt zwischen 37 und 41 cm, als Material wurde Eisen verwendet.
Datierung: Vorrömische Eisenzeit, Latène C (Reinecke), 3.–2. Jh. v. Chr.
Verbreitung: Süddeutschland, Österreich.
Literatur: Penninger 1972, Taf. 44,19–20; Sievers 2010, 24, Taf. 39,488.490.

3.2.1.3.2. Langschmale Lanzenspitze mit rautenförmigem Querschnitt

Beschreibung: Das langschmale Blatt der eisernen Lanzenspitze hat seine größte Breite nahe am Blattansatz, die Seiten ziehen gleichmäßig zur Spitze ein. Der Blattquerschnitt ist rautenförmig. Zwischen Blatt und runder Tülle kann sich ein Hals mit rhombischem Querschnitt befinden. Tülle bzw. Tülle und Hals nehmen ein Viertel bis ein Drittel der Gesamtlänge ein, die 29 bis 44 cm beträgt.
Datierung: ältere Vorrömische Eisenzeit, Hallstatt D (Reinecke), Ende 7.–Mitte 5. Jh. v. Chr.
Verbreitung: Österreich.
Literatur: Moosleitner/Pauli/Penninger 1974, Taf. 140,9; 141,A5; 163,B3–4; Pauli 1978, 227.

3.2.1.3.3. Lanzenspitze Typ Havor

Beschreibung: Die Tülle der eisernen Lanzenspitze hat üblicherweise einen abgerundet viereckigen Querschnitt. Ohne Absatz geht die Tülle in das ungeschweifte Blatt über, das einen rhombischen Querschnitt aufweist. Das Blatt ist nicht breiter als 2 cm. Die Blattbreite ist immer geringer als der größte Tüllendurchmesser. Das Blatt ist mindestens doppelt so lang wie die Tülle, häufig auch dreimal so lang. Lanzenspitzen dieses Typs erreichen Längen von 12 bis 30 cm, Breiten von 1 bis 2 cm und Dicken von 0,6 bis 1,2 cm.
Synonym: Lanzenspitze Ilkjær Typ 5.

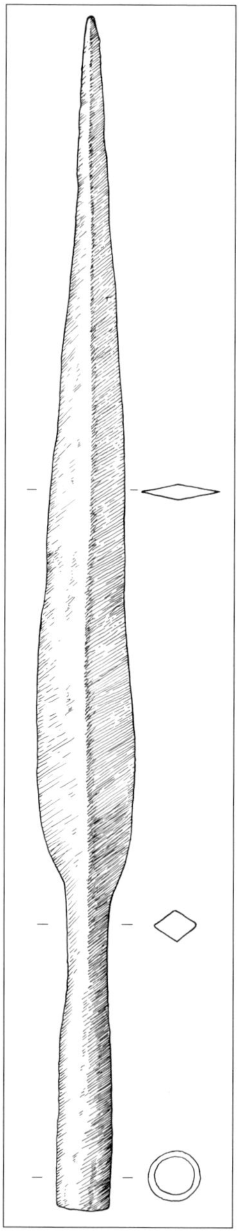

3.2.1.3.2., *Maßstab 1 : 3*

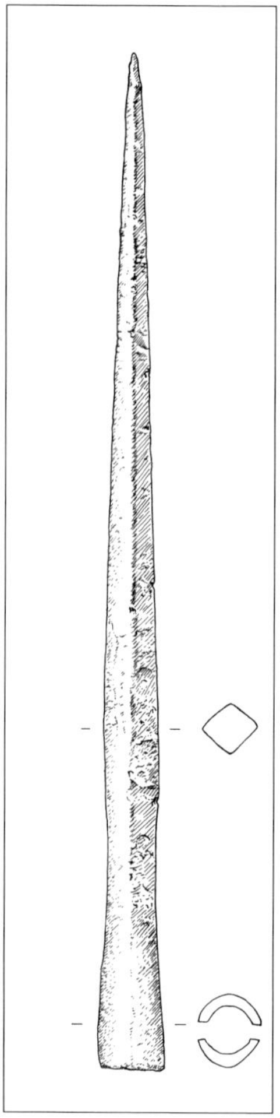

3.2.1.3.3.

Datierung: jüngere Römische Kaiserzeit, C (Eggers), 2.–4. Jh. n. Chr.
Verbreitung: Norwegen, Schweden, Dänemark, Finnland, Niedersachsen.
Literatur: Ilkjær 1990, 53–59, Taf. 13–21; Bemmann/Hahne 1994, 426–427, Abb. 63,4; Bemmann/Bemmann 1998, 180–181, Taf. 103,908–107,960.
(siehe Farbtafel Seite 35)

3.2.1.3.4. Lanzenspitze Typ Egling

Beschreibung: Das schmale lanzettförmige Blatt der eisernen Lanzenspitze hat einen rhombischen Querschnitt. Beiderseits des Mittelgrates befinden sich Zierrillen, die sich auf das untere Drittel des Blattes und das obere Drittel der Tülle beschränken. Zum Grat hin spitzt sich das Rillenpaar zu. Die achtkantig facettierte Tülle nimmt ungefähr ein Drittel der Gesamtlänge ein und geht ohne Absatz in das Blatt über. Gelegentlich befinden sich knapp oberhalb des Tüllenmundes bronzene Nietköpfe, die silberplattiert und von quergekerbtem oder tordiertem Draht eingefasst sind. Seltener sind nur mit Kerbrand versehene oder gerippte Nietköpfe. Die Gesamtlänge beträgt 27 bis 40 cm.
Datierung: Frühmittelalter, 8. Jh. n. Chr.
Verbreitung: Süd- und Westdeutschland, selten in Norddeutschland, Niederlande, Österreich.
Literatur: Stein 1967, 16–17; 411, Liste 6, Taf. 27,17.32; 67,19; Koch, U. 1982, 39–40; Neuffer-Müller 1983, 32–33, Taf. 4,A1; 8,21; 52,C10; Neumayer 1993, 69; Damminger 2002, 69, Taf. 14,A2.
(siehe Farbtafel Seite 35)

3.2.1.3.5. Lanzenspitze Petersen Typ E

Beschreibung: Die eiserne Lanzenspitze hat ein schmales Blatt mit rhombischem Querschnitt. Es geht allmählich – ohne Absatz – in die Tülle über, die mit Kerbmustern verziert sein kann. Die Tülle hat vom unteren Ende bis ins obere Drittel einen runden, am Übergang zum Blatt einen viereckigen Querschnitt. Lanzenspitzen dieses Typs sind 32 bis 58 cm lang.
Synonym: Lanzenspitze Haithabu Typ 4.
Datierung: Wikingerzeit, Ende 8.–10. Jh. n. Chr.
Verbreitung: Skandinavien, selten in Schleswig-Holstein.
Literatur: Petersen, J. 1919, 26–28, Abb. 12–13; Thålin-Bergman 1986, 17; Westphalen 2002, 230; 233, Abb. 107,4, Taf. 86,4; Westphal, F. 2006, 61; Arents/Eisenschmidt 2010, 79, Taf. 32,1–2; 40,1.

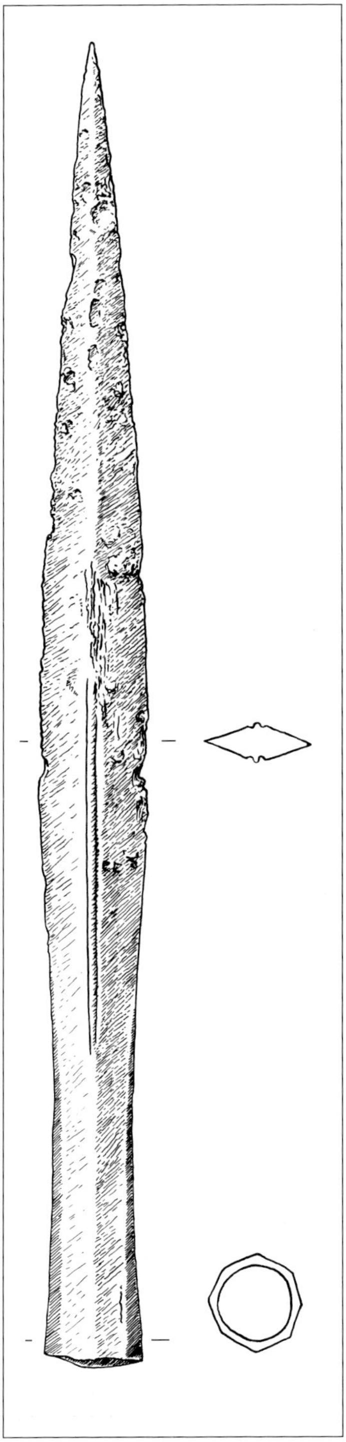

3.2.1.3.4.

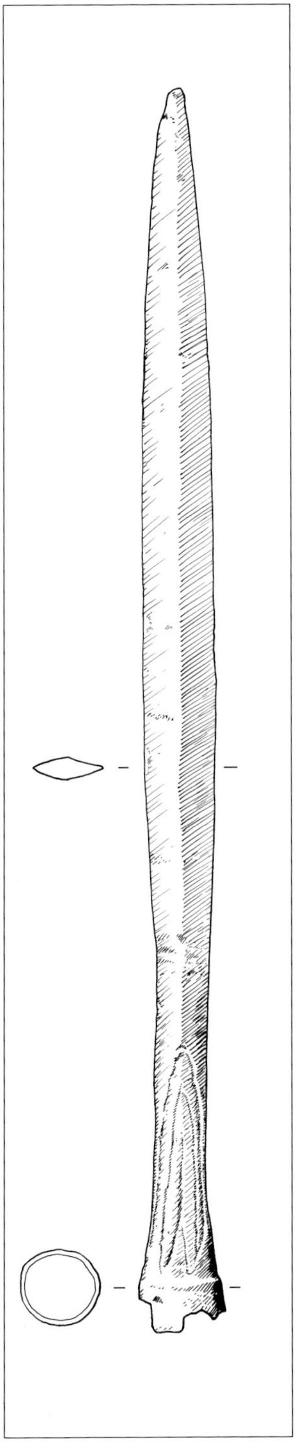

3.2.1.3.5.

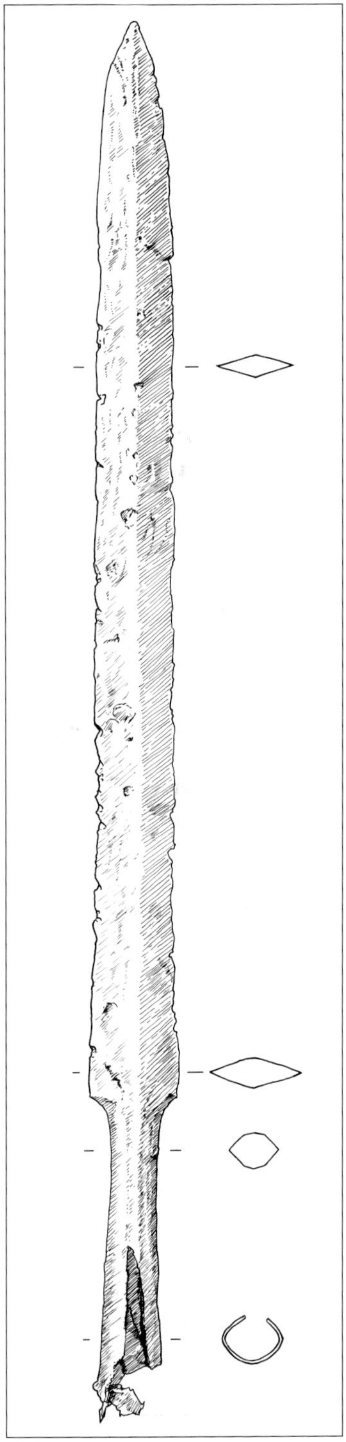

3.2.1.3.6., Maßstab 1 : 3

3.2.1.3.6. Lanzenspitze Typ Dresden-Dobritz/Gübs

Beschreibung: Das lange schmale Blatt der eisernen Lanzenspitze hat nahezu parallele Seitenkanten, die erst kurz vor dem Ende zur Spitze einziehen. Der Blattquerschnitt ist rhombisch. Der Übergang zur kurzen Tülle verläuft schräg bis fast rechtwinklig. Hier ist der Querschnitt oval mit sechs Seitenfacetten, im weiteren Verlauf bekommt die geschlossene oder geschlitzte Tülle einen gerundet vierkantigen Querschnitt. Die Längen betragen 32 bis 48 cm.
Synonym: Lanzenspitze Schmidt Typ 1.
Datierung: Völkerwanderungszeit, Ende 4.–5. Jh. n. Chr.
Verbreitung: nordöstliches Mitteldeutschland, Skandinavien, Baltikum.
Literatur: Schmidt, B. 1961, 151, Abb. 58,a; Schmidt, B. 1976, Taf. 3,2c; Iversen 2010, 48–51, Abb. 25, Taf. 18,22545–22546; Kontny 2019, 107, Abb. 5; Schmidt, J.-P. 2019, 41.

3.2.1.3.7. Spieß

Beschreibung: Charakteristisch ist das sehr schmale Blatt mit rhombischem Querschnitt, dessen Schneiden lange parallel laufen und erst spät zur Spitze einziehen. In der Regel ist das Blatt länger als die Tülle, deren Durchmesser die Blattbreite üblicherweise übertrifft. Das Blatt ist meist unverziert, beim Typ Nocera Umbra verlaufen zwei Rillen parallel zum Mittelgrat, enden aber deutlich vor der Spitze. Am Ansatz kann das Blatt einen facettierten Querschnitt aufweisen. Unterhalb des Blattansatzes finden sich manchmal einzelne oder zu Gruppen geordnete Wülste, selten treten Wülste auch am Tüllenmund auf. Die Tülle ist facettiert (bis zu zwölf Facetten) oder rund und erweitert sich in Richtung Tüllenmund. Die Gesamtlänge der Spieße bewegt sich häufig zwischen 20 und 30 cm, kann aber auch 50 cm erreichen.
Synonym: Lanzenspitze Trier B 5; Lanzenspitze mit dreieckigem Blatt und geschlossener Tülle.
Untergeordneter Begriff: Spieß Typ Nocera Umbra; Spieß Typ Steinheim-Hailfingen; Spieß Typ Untermassing-Schwabelweis.
Datierung: Völkerwanderungszeit bis Frühmittelalter, 6.–7. Jh. n. Chr.
Verbreitung: Süd- und Westdeutschland, Schweiz, Italien, Ungarn.
Literatur: Stoll 1939, Taf. 32,2; 33,6; Fundberichte 1952–1954, 102–103, Abb. 43; Böhner 1958, 155–156, Taf. 30,4; Dannheimer 1962, Taf. 29,12; Paulsen, P. 1967a, 104, Taf. 17,4; Koch, U. 1968, 89–90, Taf. 31,9; 50,8; 100,19; Koch, R. 1969, 40, Taf. 18,B3; Koch, U. 1977, 112, Taf. 26,14; 87,15; 147,25; 152,15; Fingerlin 1983, 191, Abb. 177; Sage 1984, Taf. 47,19; 55,9; 58,21; 69,30; 93,10; 128,25; 162,10; Koch, U. 1990, 182–183, Taf. 35,B1; von Freeden 1991, 610–616, Abb. 13–17; Bertram 2002, 183, Taf. 36,C1; 50,C2; Damminger 2002, 68, Taf. 28,A1; Losert 2003, 439–441, Abb. 121,1–8.
Anmerkung: Die unter den untergeordneten Begriffen aufgeführten Typen unterscheiden sich nur geringfügig voneinander, sodass auf die detaillierte Auflistung verzichtet wird. Die große Masse der Spieße ist ohnehin keinem Typ zuzuordnen.
(siehe Farbtafel Seite 35)

3.2.1.3.8. Lanzenspitze mit schmalem lanzettförmigem Blatt

Beschreibung: Das schmale lanzettförmige Blatt der eisernen Lanzenspitze ist mindestens genauso lang wie die Tülle, kann aber auch doppelt so lang sein. Der Blattquerschnitt ist rhombisch. Die Tülle kann rund oder facettiert sein. Die Länge liegt zwischen 33 und 54 cm.
Datierung: Frühmittelalter, 2. Hälfte 7.–Beginn 8. Jh. n. Chr.
Verbreitung: Süd- und Mitteldeutschland.
Literatur: Koch, R. 1967, 61–62, Taf. 60,12; Tannhäuser 2023, 26, Taf. 24,Befund 140,7.

3.2.1.3.9. Lanzenspitze Petersen Typ I

Beschreibung: Die eiserne Lanzenspitze besitzt ein schlankes Blatt mit flach-rhombischem Querschnitt. Die Blattgröße variiert stark. Der schmale Hals, der gelegentlich Tauschierung aufweist, geht in eine lange, schmale Tülle über, die mit einer größeren Anzahl durchgehender Bronzestifte verziert ist. Die Gesamtlänge reicht von 33 bis 62 cm.

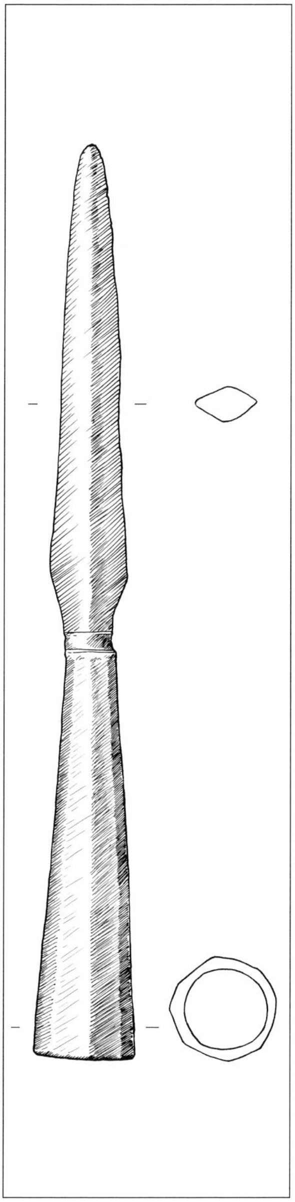

3.2.1.3.7.

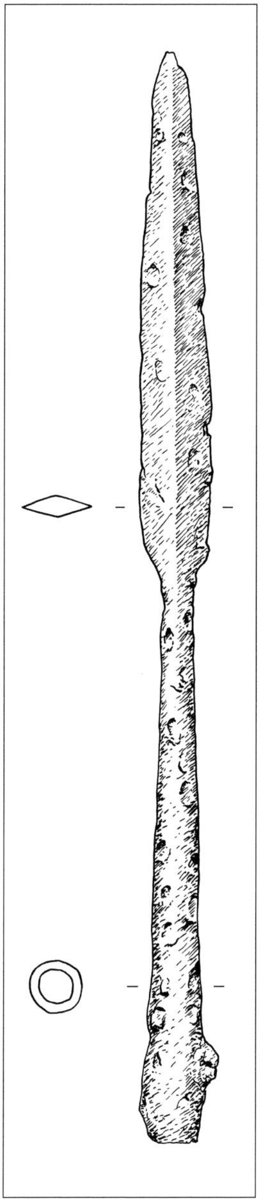

3.2.1.3.8., Maßstab 1 : 3

Datierung: Wikingerzeit, 1. Hälfte 10. Jh. n. Chr.
Verbreitung: Norwegen, Schweden, Schleswig-Holstein.
Literatur: Petersen, J. 1919, 31, Abb. 20; Arbman 1940, Taf. 7,5–8; 9,2–3.5–7; Thålin-Bergman 1986, 17; Müller-Wille 1987, 37, Taf. 68,9.

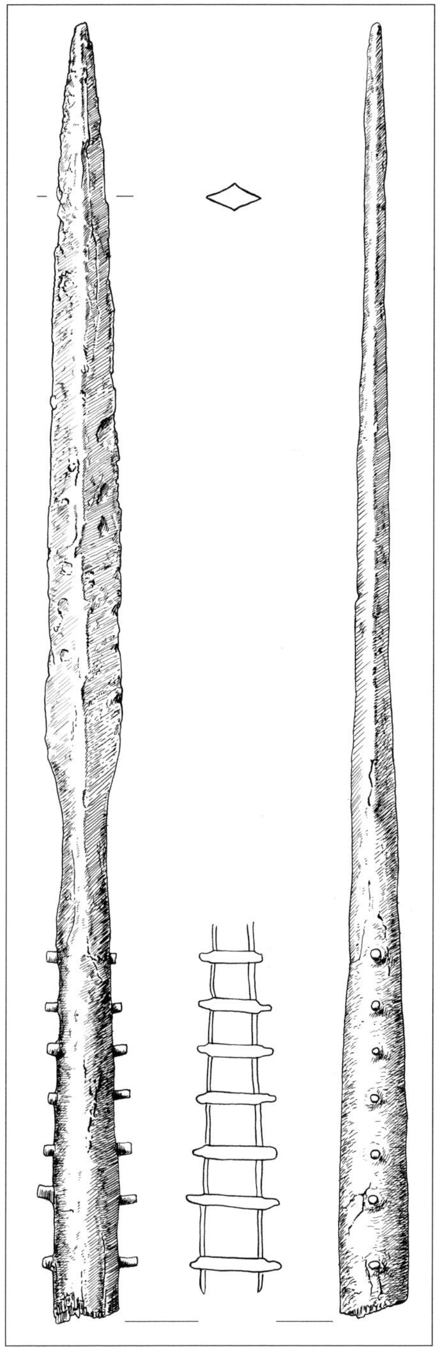

3.2.1.3.9.

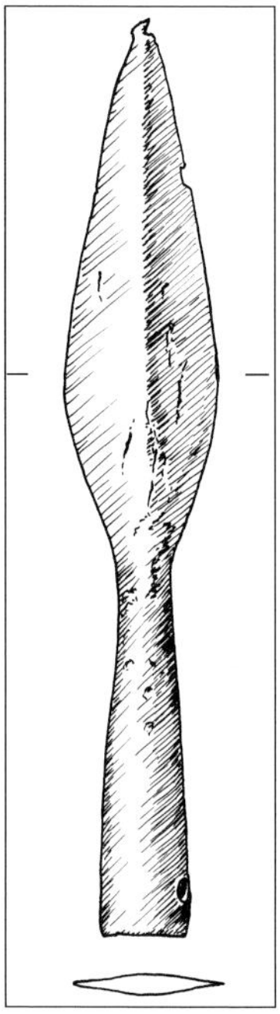

3.2.1.3.10.

3.2.1.3.10. Tüllenlanzenspitze mit breit-ovalem Blatt mit linsenförmigem Querschnitt

Beschreibung: Die eiserne Lanzenspitze hat ein breitovales Blatt mit linsenförmigem Querschnitt. Die Länge der Tülle erreicht fast die des Blattes; sie ist nur wenig von diesem abgesetzt. Die Gesamtlänge erreicht 11 bis 16 cm.
Datierung: Römische Kaiserzeit, B2–C2 (Eggers), 2.–3. Jh. n. Chr.
Verbreitung: Süddeutschland.
Literatur: Nierhaus 1966, 120, Taf. 5,8c; 9,26b.

3.2.1.3.11. Lanzenspitze mit schlankem spitzovalem Blatt und geschlossener Tülle

Beschreibung: Die aus Eisen gefertigte Lanzenspitze hat meist ein schlankes spitzovales Blatt mit flach-rhombischem Querschnitt. Die geschlossene Tülle kann rund oder facettiert sein. Das Blatt ist oft ähnlich lang wie die Tülle, manchmal aber auch deutlich länger. Gelegentlich sind knapp oberhalb des Tüllenmundes bronzene Nietköpfe mit gekerbtem Rand erhalten. Lanzenspitzen dieses Typs sind 22 bis 53 cm lang.
Synonym: Lanzenspitze Trier B 1; Lanzenspitze mit Ganztülle und schlank-ovalem Blatt.
Datierung: Völkerwanderungszeit bis Frühmittelalter, 6.–Beginn 8. Jh. n. Chr.
Verbreitung: West-, Mittel- und Süddeutschland, Österreich, Niederlande, Nordostfrankreich.
Literatur: Böhner 1958, 152–153, Taf. 29,1–2; Pirling 1966, 188, Taf. 22,8; La Baume 1967, 25–26, Taf. 12,Grab 193,5; 25,Grab 395,1; Hinz 1969, 26–27, Taf. 8,Grab 56,6; 13,Grab 77,1; 20,Grab 141,7; Neuffer-Müller/Ament 1973, 88–89, Taf. 16,1; 19,10; 23,4; 27,21–22; Pirling 1974, 140,

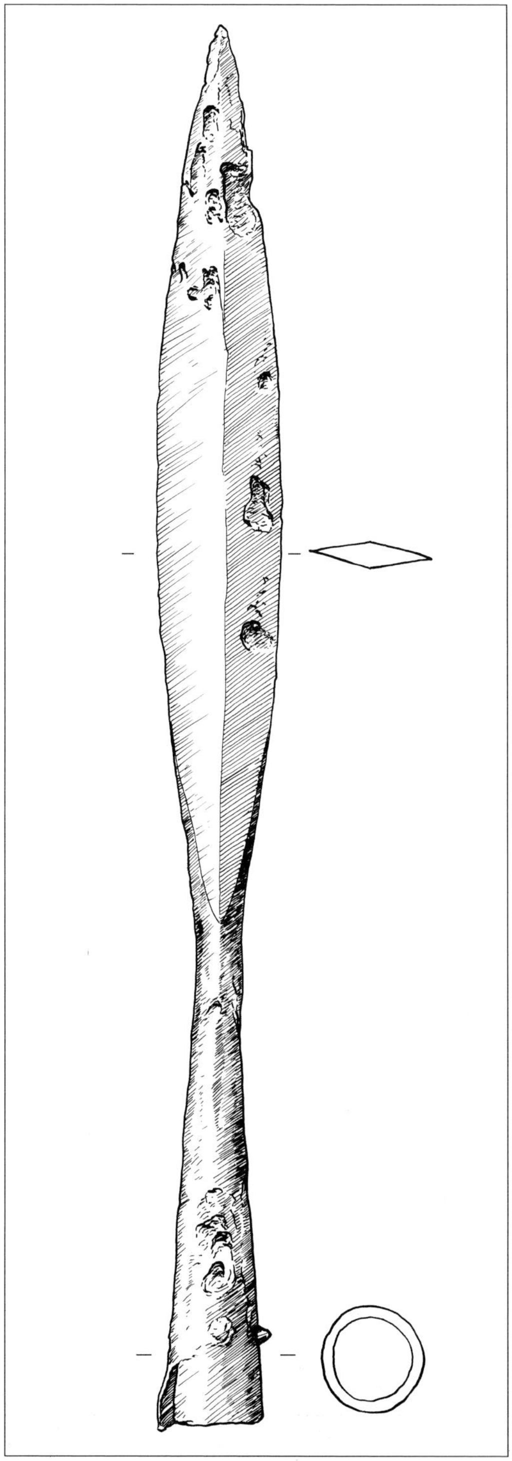

3.2.1.3.11.

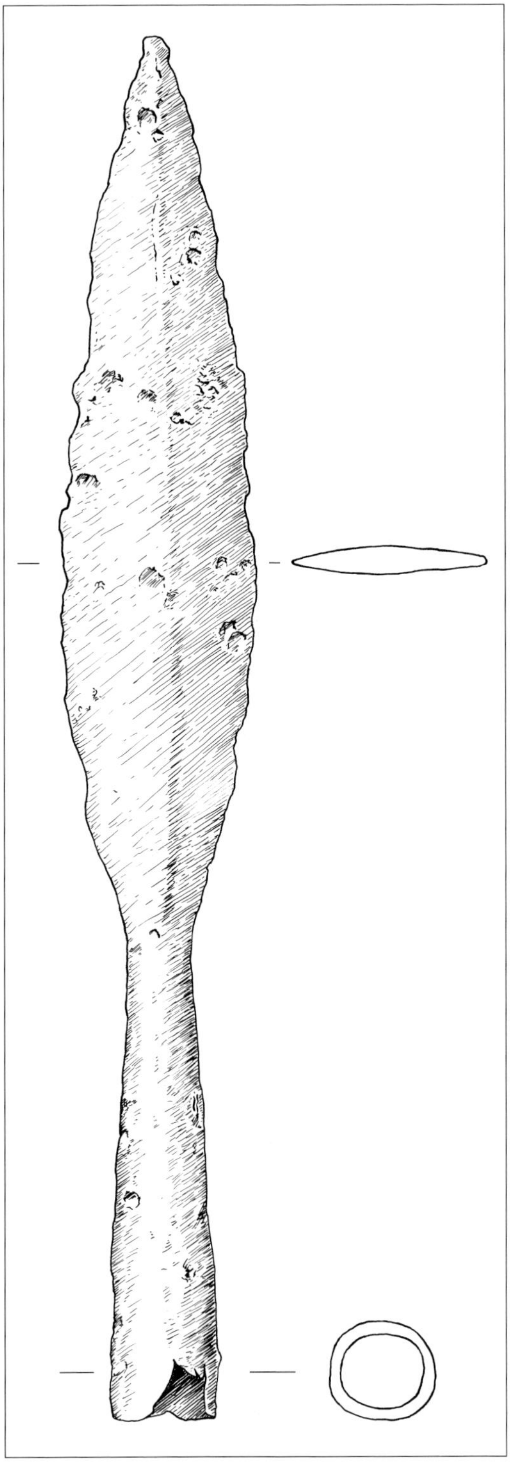

3.2.1.3.12.

Taf. 76,14; 79,1; 83,10; Ament 1976, Taf. 58,16; Koch, U. 1977, 109–110, Taf. 21,8; 22,7; 25,2; 47,11.20; 100,21; 125,10; Pirling 1979, 104, Taf. 6,15; 13,1; 18,5; 77,1; Timpel 1990, 77, Abb. 6,12; van Es/Hulst 1991, 98, Abb. 60,1; Knaut 1993, 120, Taf. 38,C1; 53,A1; Neumayer 1993, 68–69, Taf. 8,7; 10,10; 25,3–4.6; 29,6; 30,6; 33,1.4–5; Aspöck/Stadler 2003, 192, Taf. 24,1; Losert 2003, 434, Abb. 119,6–8.

3.2.1.3.12. Lanzenspitze mit breit-ovalem Blatt und geschlossener Tülle

Beschreibung: Die aus Eisen gefertigte Lanzenspitze hat meist ein breites ovales Blatt mit flachrhombischem Querschnitt. Die Blattbreite liegt bei 3,5 bis 5 cm. Die geschlossene Tülle und der Hals können rund oder facettiert sein. Die Tülle ist kürzer als das Blatt. Die Gesamtlänge liegt zwischen 24 und 38 cm.
Synonym: Lanzenspitze Trier B 2; Lanzenspitze mit Ganztülle und gedrungen-ovalem Blatt.
Datierung: Frühmittelalter, 7.–8. Jh. n. Chr.
Verbreitung: West- und Mitteldeutschland.
Literatur: Böhner 1958, 153–154, Taf. 29,5; Pirling 1966, 188, Taf. 20,13; 73,1; La Baume 1967, 25; 27, Taf. 28,Grab 439,1; 30,Grab 464,1; Neuffer-Müller/Ament 1973, 89, Taf. 11,31; 41,18; Pirling 1979, 104, Taf. 26,1; 34,1; 38,4; Timpel 1990, 77, Abb. 16,9; Blaich 2006, 79, Taf. 91,Grab 167,1; Schneider 2022, Taf. 38,2.

3.2.1.3.12.1. Lanzenspitze mit gestrecktem Blatt und längsfacettierter Tülle

Beschreibung: Diese aus Eisen gefertigten Lanzenspitzen weisen ein gestrecktes Blatt mit rautenförmigem Querschnitt und eine geschlossene, längsfacettierte Tülle auf. Das Blatt variiert von sehr gestreckt bis leicht blattförmig verbreitert, entsprechend ist auch der Querschnitt kompakter oder flacher. Die Längen erreichen knapp 19 bis 35 cm.
Datierung: mittlere Römische Kaiserzeit bis Spätantike, etwa 3.–5. Jh. n. Chr.
Verbreitung: Barbaricum und nordwestliches Römisches Reich.

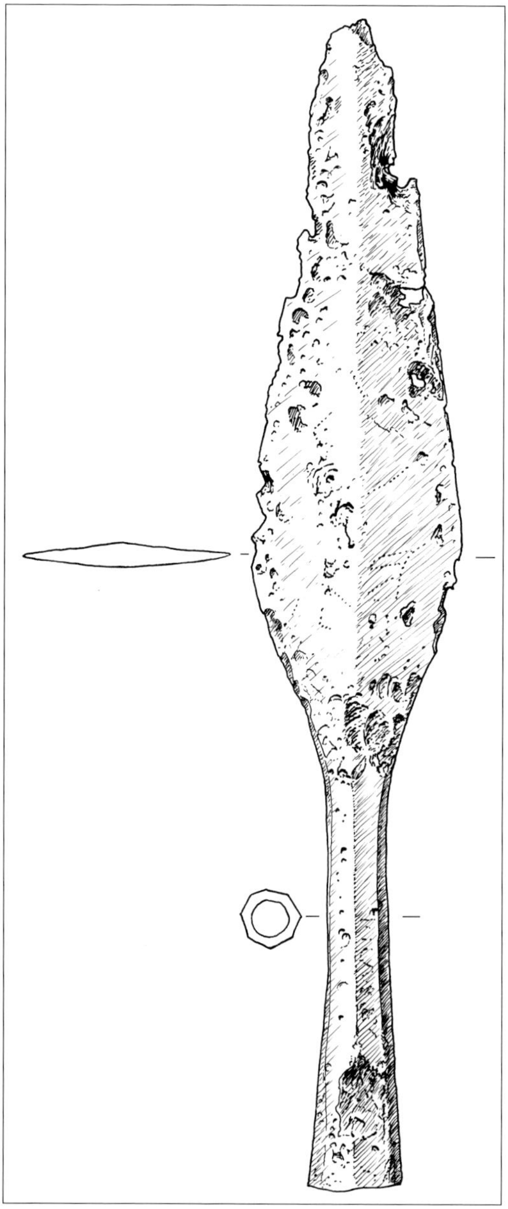

3.2.1.3.12.1.

Literatur: Bersu 1964, 59, Taf. 9,2; Keller 1995/96, 125, Abb. 5,1; Fischer, T. 2000, 70–74, Abb. 3,4–6; Gschwind 2004, Taf. 78,D47.

Anmerkung: Die Lanzenspitzen treten in spätantiken römischen Kontexten auf und wurden aus dem germanischen Formenschatz übernommen, wie die facettierte Tülle zeigt. Germanische Lanzenspitzen mit facettierter Tülle haben häufig einen deutlichen Mittelgrat, der bei den Exemplaren aus dem römischen Militärkontext mitunter weniger ausgeprägt scheint. Dennoch kann in diesem Kontext nicht zwischen einer römischen und einer germanischen Provenienz unterschieden werden.

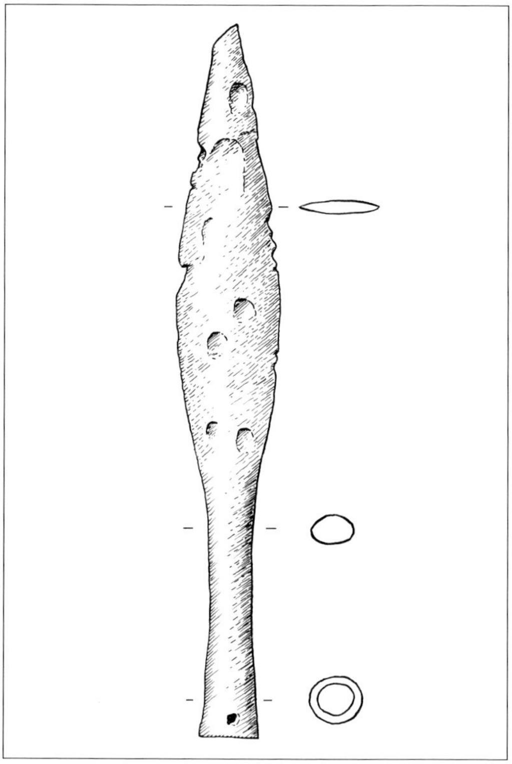

3.2.1.3.13.

3.2.1.3.13. Speerspitze mit gestrecktem Blatt und geschlossener Tülle

Beschreibung: Die Speerspitzen haben ein lorbeerblattförmiges gestrecktes Blatt mit flachem Querschnitt. Die sorgfältig geschlossene oder fast geschlossene, geschlitzte Tülle kommt mit und ohne Nagelloch vor. Als Material wurde Eisen verwendet.

Datierung: Römische Kaiserzeit, 1.–4. Jh. n. Chr.

Verbreitung: Römisches Reich.

Literatur: Ulbert, G. 1959, Taf. 27,15–18; Herrmann, F.-R. 1969, 133–134, Abb. 4,6–9; Mackensen 1987, Abb. 65,10; Deschler-Erb 1999, 20–22, Taf. 7,58; Gschwind 2004, 185–187, Taf. 80,D100–101; 81,D103.D108; Bishop/Coulston 2006, 151–152, Abb. 93,1–2.
Anmerkung: Kleinere Exemplare könnten auch von Wurfspeeren stammen. Größere Spitzen dieser Art werden mitunter auch als Lanzenspitzen bezeichnet.
(siehe Farbtafel Seite 36)

3.2.1.3.14. Lanzenspitze mit langgestrecktem Blatt mit rautenförmigem Querschnitt und geschlossener oder geschlitzter Tülle

Beschreibung: Die Lanzenspitzen haben ein langgestrecktes Blatt mit rautenförmigem Querschnitt. Die schmale Tülle kann geschlossen oder geschlitzt sein. Hergestellt wurden Lanzenspitzen dieses Typs aus Eisen.
Datierung: Römische Kaiserzeit, 1.–4. Jh. n. Chr.
Verbreitung: Römisches Reich.
Literatur: Winkelmann 1884–1937, Nr. 73 Pfünz, Taf. XXI,41; Walke 1965, Taf. 108,9–11; Herrmann, F.-R. 1969, 133–134, Abb. 4,1–5; Hanel 1995, Taf. 49,B 743; Deschler-Erb 1999, Taf. 5,61.63–64; Czysz 2003, Taf. 27,B509.B513; Gschwind 2004, Taf. 80,D98; Fischer, T. 2005, 160–161, Abb. 6,2–3; Bishop/Coulston 2006, 151–152, Abb. 93,3–5; Maspoli 2014, Taf. 2,4; Zagermann 2018, Taf. 327,164.

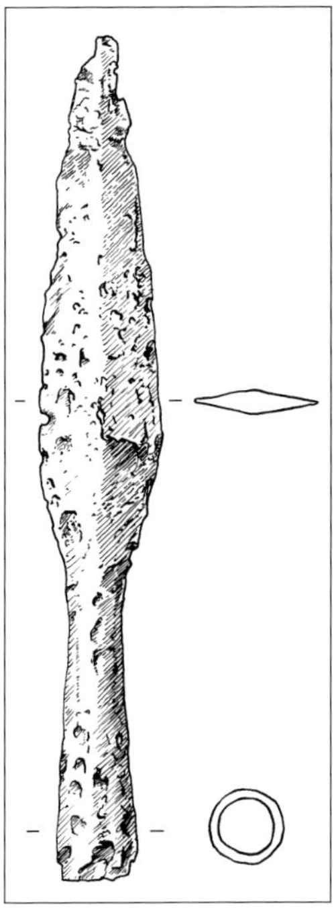

3.2.1.3.14.

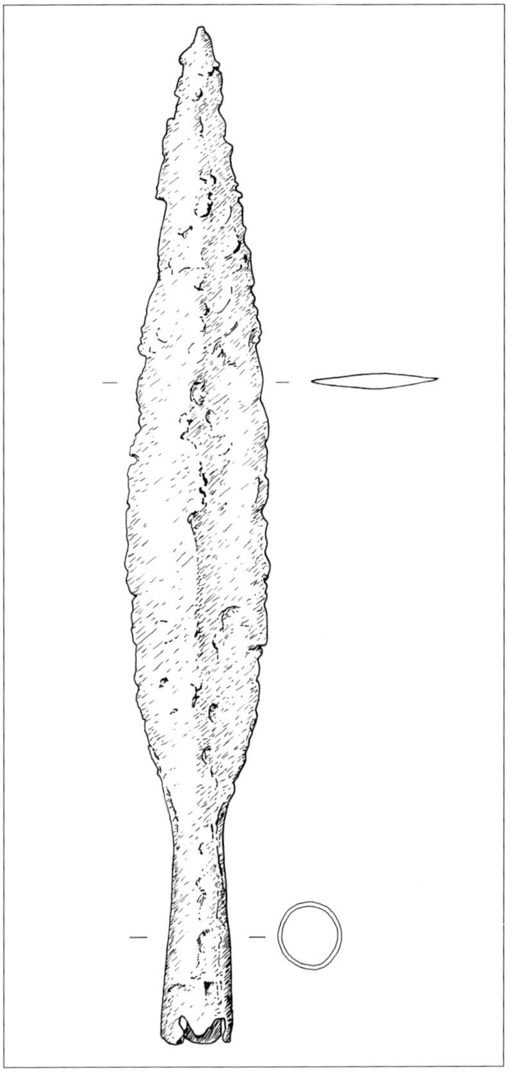

3.2.1.3.15.

3.2.1.3.15. Lanzenspitze Petersen Typ A

Beschreibung: Das bauchige Blatt der aus Eisen gefertigten Lanzenspitze hat seine größte Breite in der unteren Hälfte. Der Blattquerschnitt ist flach-rhombisch. Die Tülle ist schlank mit rundem Querschnitt. Es werden Längen von 26 bis 37 cm erreicht.
Synonym: Lanzenspitze Haithabu Typ 7.
Datierung: Frühmittelalter, 8.–10. Jh. n. Chr.
Verbreitung: Skandinavien, selten in Nord- und Nordostdeutschland.

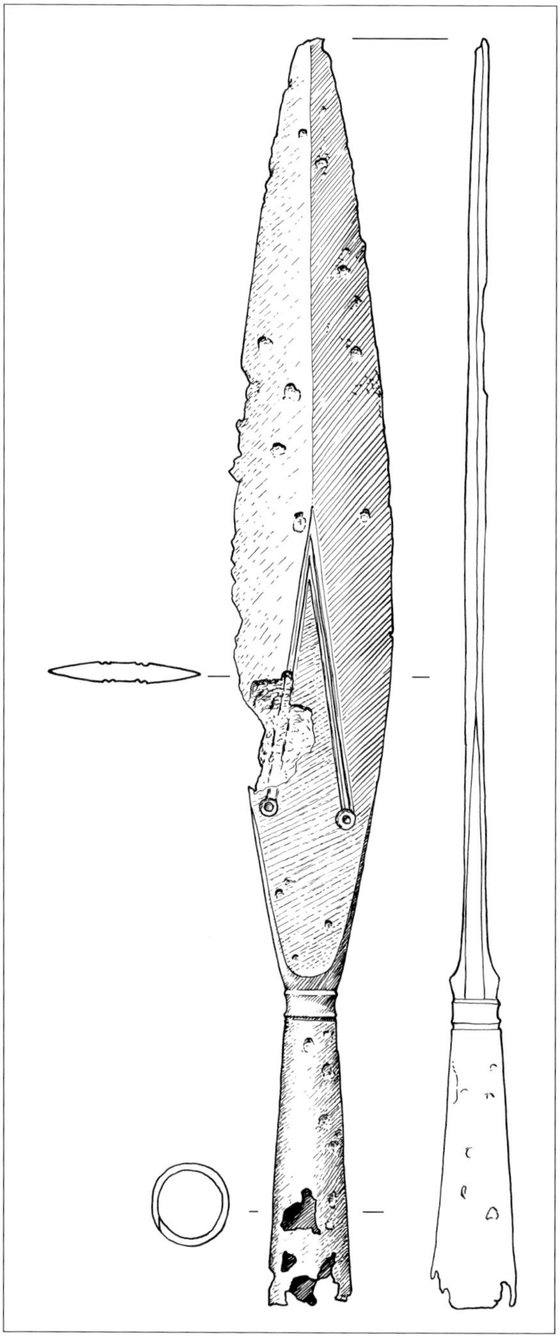

3.2.1.3.16.

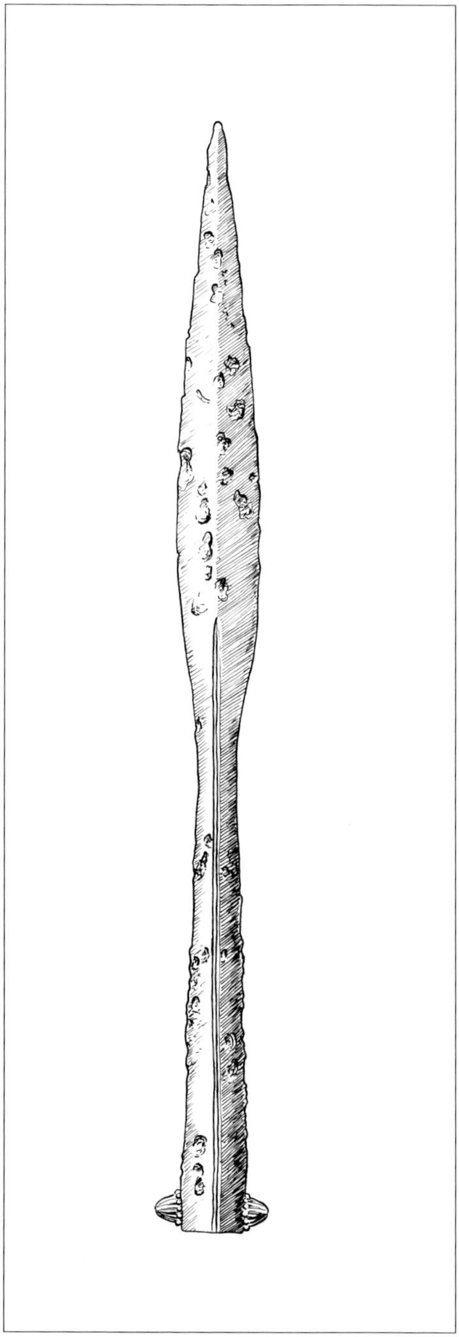

3.2.1.3.17., Maßstab 1 : 3

Literatur: Petersen, J. 1919, 22–23, Abb. 7; Nerman 1958, 139, Abb. 202; Herrmann/Donat 1979, 144, Nr. 42/27, Abb. 42/27,5; Westphalen 2002, 230–231; 234, Abb. 107,7, Taf. 87,5.

3.2.1.3.16. Lanzenspitze Typ Mergentheim

Beschreibung: Das in der Aufsicht spitzovale Blatt hat im oberen Teil einen rautenförmigen Querschnitt. Im unteren Teil des Blattes sind die Seitenkanten abgestumpft, was dort zu einem flach-rechteckigen Querschnitt führt. Das häufig durch Rillen verzierte Blatt ist von der Tülle durch Rippen und Riefen abgesetzt. Die runde Tülle ist geschlossen, sie ist ungefähr halb so lang wie das Blatt. Gesamt liegen die Längen bei 31 bis 43 cm, als Material wurde Eisen verwendet.
Datierung: Frühmittelalter, 2. Hälfte 7. Jh. n. Chr.
Verbreitung: Süddeutschland, Schweiz.
Literatur: Koch, R. 1967, 60, Taf. 65,2; Koch, R. 1969, 41, Taf. 17,B1; Neuffer-Müller 1983, Taf. 41,1; Fischer, T. 1993, 31, Taf. 20,4; Damminger 2002, 68.

3.2.1.3.17. Lanzenspitze Typ Pfullingen

Beschreibung: Das weidenblattförmige Blatt hat einen rhombischen Querschnitt und geht ohne Absatz in die vierkantig gerundete Tülle über. Ein Rillenpaar beginnt am Tüllenmund und läuft am Mittelgrat entlang im unteren Blattdrittel spitz aus. Häufig kommen endständig bronzene Nietköpfe vor, die oft mit Silber, selten auch mit Gold plattiert sind. Umgeben sind sie in der Regel mit Perldraht, der aus dem gleichen Material wie die Plattierung besteht. Seltener treten gekerbte Drahtringe auf. Lanzenspitzen des Typs Pfullingen sind 30 bis 50 cm lang.
Datierung: Frühmittelalter, 8. Jh. n. Chr.
Verbreitung: Süddeutschland, Österreich.
Literatur: Stein 1967, 17, Taf. 44,2; Koch, U. 1982, 39–40, Taf. 27,A9; Damminger 2002, 70.

3.2.1.3.18. Lanzenspitze mit Aufhaltern

Beschreibung: Das Blatt der eisernen Lanzenspitze ist schmal und hat meist einen rautenförmigen Querschnitt. Der Mittelgrat ist mehr oder weniger deutlich ausgeprägt. Die Tülle ist rund oder facettiert. Entweder sind bei dieser gegenständig zwei kurze Aufhalter angeschmiedet bzw. aus ihr herausgearbeitet, die in stilisierten Tierköpfen enden können, oder es befinden sich in den Nietlöchern waagerecht stehende Aufhalter, die krampenartig umbiegen.
Synonym: Hakenlanze.
Datierung: Völkerwanderungszeit bis Frühmittelalter, 5.–7. Jh. n. Chr.
Verbreitung: Süd- und Westdeutschland, Belgien, Frankreich, Schweiz, Österreich, Norditalien.
Literatur: Reinecke 1899, 36; Böhner 1951, 313–314; Böhner 1958, 158–160; Dannheimer 1960, 187–189; Ladenbauer-Orel 1960, 57; Pirling 1964, 195–196; Furger 1978, 84, 121–122; Koch, U. 1982, 40–42; Marti 2000, 120; Losert 2003, 442; Ruß 2016, 320.

3.2.1.3.18.1. Lanzenspitze mit festen Aufhaltern

Beschreibung: Die eiserne Lanzenspitze hat ein schmales lanzettförmiges Blatt mit rautenförmigem Querschnitt. Selten kommen auch Blattformen wie bei den Spießen (3.2.1.3.7.) vor. Die kurze Tülle ist rund, kann aber auch vom Übergang zum Blatt aus zunächst facettiert sein. An die Tülle gegenständig angeschmiedet bzw. aus dieser herausgearbeitet wurden zwei querstehende kurze Aufhalter mit rundem oder rechteckigem Querschnitt. Gelegentlich finden sich an deren Enden stilisierte Tierköpfe. Die Gesamtlänge liegt in der Regel bei 31 bis 50 cm, Sonderformen können deutlich größer sein.
Synonym: Lanzenspitze mit festen Haken; Lanzenspitze Trier C; Lanzenspitze mit Ganztülle und Aufhaltern.
Datierung: Völkerwanderungszeit bis Frühmittelalter, 6.–7. Jh. n. Chr.
Verbreitung: Süd- und Westdeutschland, Belgien, Frankreich, Schweiz.
Literatur: Böhner 1951, 313–314, Abb. 48,5; Böhner 1958, 158–160; Paulsen, P. 1969, 295, Fig. 2,1; Ament 1970, Taf. 9,3; Neuffer-Müller/Ament 1973, 90, Taf. 47,7; Ament 1976, 87, Taf. 44,11; Furger 1978, 84, 121–122; Koch, U. 1982, 40,

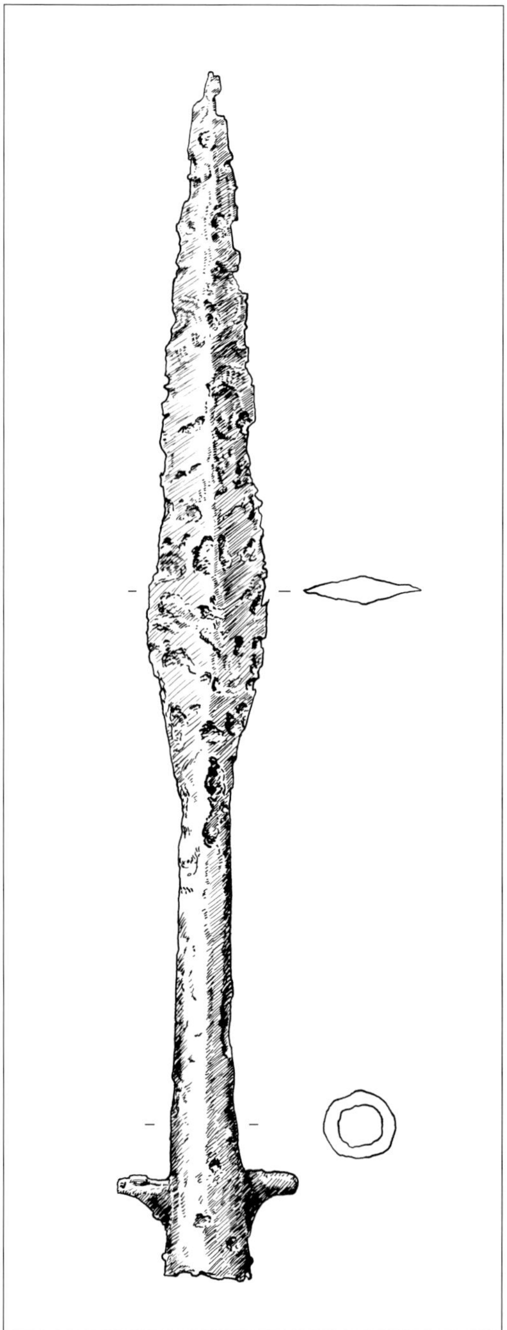

3.2.1.3.18.1., Maßstab 1 : 3

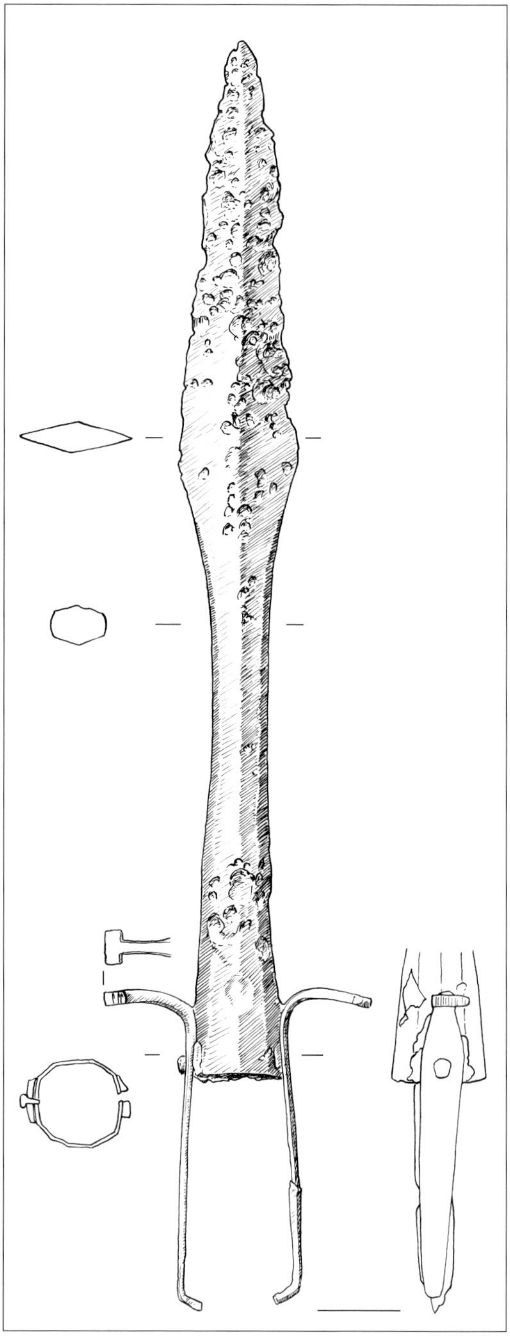

3.2.1.3.18.2., Maßstab 1 : 3

Taf. 6,7; 7,4; Giesler 1983, 488; 536, Abb. 7,1; Ament 1993, 83, Abb. 71,4; Marti 2000, 120; Damminger 2002, 70; Ruß 2016, 320.

3.2.1.3.18.2. Lanzenspitze mit losen Aufhaltern

Beschreibung: Die eiserne Lanzenspitze hat ein schlankes, im Querschnitt rautenförmiges Blatt. Der Mittelgrat kann flach, aber auch deutlich ausgeprägt sein. Die runde oder facettierte Tülle besitzt am Tüllenende gegenständig zwei Nietlöcher, in denen sich waagerecht stehende, im Querschnitt runde oder rechteckige Fortsätze befinden, die krampenartig umbiegen. Gelegentlich sind Schaftbeschläge aus Eisenblech mit Drahtumwicklung erhalten. Im Rheinland treten Stücke mit eingerollten Aufhaltern auf. Die Längen liegen meist zwischen 42 und 50 cm, gelegentlich sind auch Stücke bis 72 cm nachgewiesen.
Datierung: Völkerwanderungszeit bis Frühmittelalter, 5.–7. Jh. n. Chr.
Verbreitung: Süd- und Westdeutschland, Österreich, Schweiz, Norditalien, Frankreich.
Literatur: Werner 1953, 63, Taf. 35,11; Dannheimer 1960, 187–189, Abb. 4,23; Ladenbauer-Orel 1960, 57, Taf. 14,2; Dannheimer 1962, 89, Taf. 69,B1; Pirling 1964, 195–196, Abb. 4,2; Koch, R. 1967, Taf. 25,12; Koch, U. 1968, 88, Taf. 47,12; Koch, R. 1971, 311; 326–327, Abb. 6,7; 18; Böhme 1974, 101; Koch, U. 1982, 40–42; Roth/Theune 1995, 42, Taf. 38,5; Geisler 1998, Taf. 288,1; Losert 2003, 442, Abb. 121,11.
(siehe Farbtafel Seite 36)

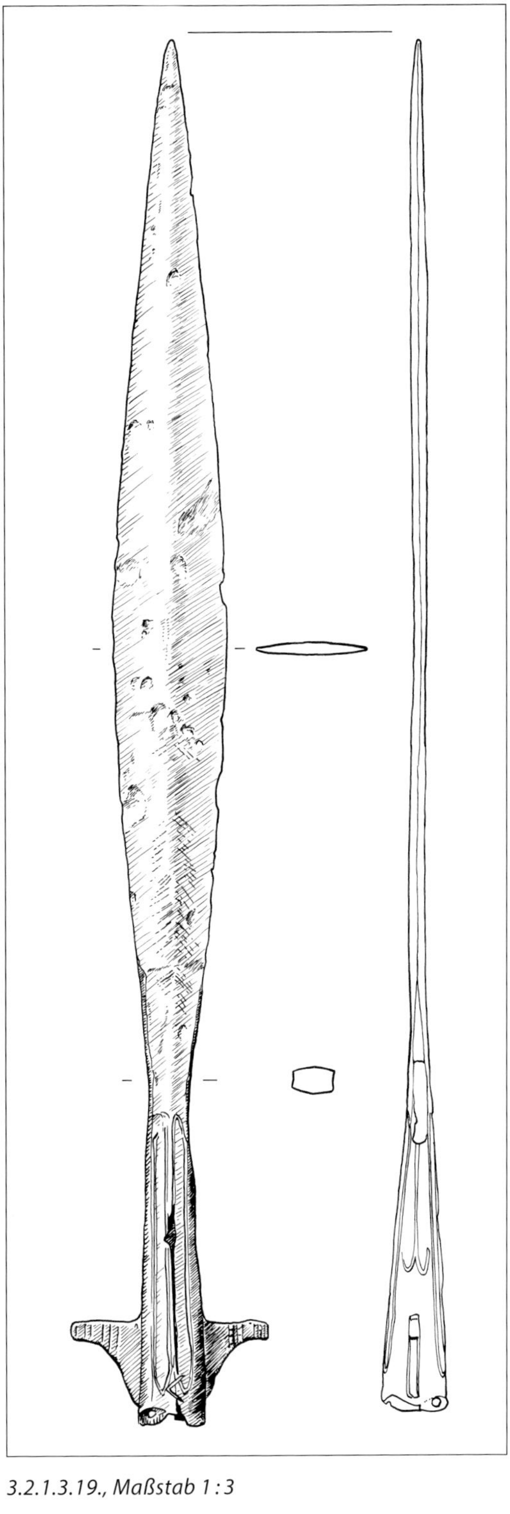

3.2.1.3.19., Maßstab 1 : 3

3.2.1.3.19. Flügellanzenspitze

Beschreibung: Die kurze achteckige oder runde Tülle geht in ein lanzettförmiges, manchmal fast dreieckiges Blatt mit linsen- bis rautenförmigem Querschnitt über. Die größte Breite befindet sich in der Mitte oder der unteren Blatthälfte. Das Blatt weist häufig Damaszierung auf, die Tülle kann mit einem Rillenmuster verziert sein. Am Tüllenende befinden sich Nietlöcher bzw. bronzene, z. T. silberplattierte Nietköpfe und darüber querstehend flache, halbtrapezförmige Flügel, die Rillenverzie-

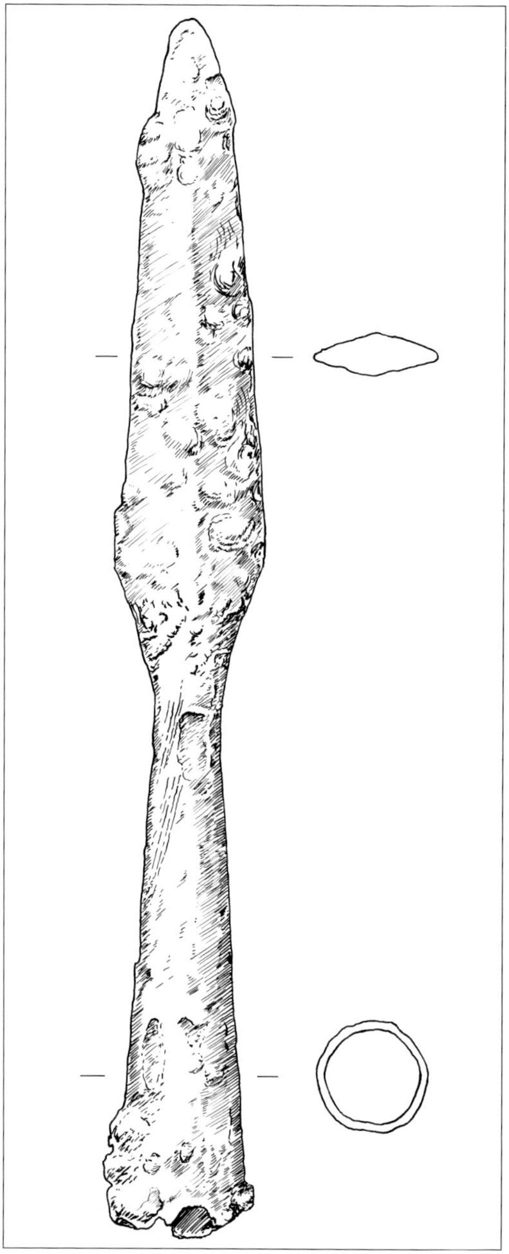

3.2.1.3.20.

rung tragen können. Die Gesamtlänge liegt häufig zwischen 34 und 60 cm, wobei meist drei bis vier Fünftel auf das Blatt entfallen. Die Flügelspannweite kann die größte Blattbreite deutlich überragen. Als Material wurde Eisen verwendet.

Synonym: Lanzenspitze Trier D.
Untergeordneter Begriff: Lanzenspitze Petersen Typ B; Lanzenspitze Petersen Typ D1; Lanzenspitze Petersen Typ D2; Lanzenspitze Haithabu Typ 1; Lanzenspitze Haithabu Typ 2; Lanzenspitze Haithabu Typ 3; Flügellanzenspitze Szameit Typ A; Flügellanzenspitze Szameit Typ B; Flügellanzenspitze Szameit Typ C; Flügellanzenspitze Westphal Typ I; Flügellanzenspitze Westphal Typ II; Flügellanzenspitze Westphal Typ III; Flügellanzenspitze Westphal Typ IV.
Datierung: Frühmittelalter, 8.–Beginn 11. Jh. n. Chr.
Verbreitung: Süd- und Westdeutschland, Niederlande, Österreich, Ungarn, Skandinavien, selten in Schleswig-Holstein und Niedersachsen.
Literatur: Reinecke 1899, 35–37; Petersen, J. 1919, 23–26, Abb. 8; 10–11; Arne 1934, 24–25, Taf. IV,8; Brønsted 1936, 167, Abb. 76b; Waller 1938, Taf. 55,4; Aner 1952, 70, Abb. 7; Böhner 1958, 160, Taf. 31,4; Arbman/Nilsson 1966–1968, 186, Abb. 26,2–3; Paulsen, P. 1967b; Stein 1967, 18, Taf. 8,18; 16,21; 29,1; 45,9; 47,1; Paulsen, P. 1969; Schmid 1970, 57, Abb. 6,4; Friesinger 1971–1974, 50; 91, Taf. 7; 16,Grab 36; Friesinger 1972, 44–45, Abb. 10,1–3; 11,2; Müller-Wille 1977, 46, Abb. 4,1; Ypey 1982; von Schnurbein, A. 1987, 36, Taf. 68,A1; Szameit 1987, 155–169, Abb. 2–3; 6,1–2; Steuer 1988, 229, Abb. 173; Westphal, H. 2002, 221–297; Westphalen 2002, 229–230; 233, Abb. 107,1–3, Taf. 86,1–3; Ruß 2016, 319–320, Abb. 57, Taf. 4,A-8450.
(siehe Farbtafel Seite 36)

3.2.1.3.20. Lanzenspitze mit gedrückt-ovalem Blatt und geschlossener Tülle

Beschreibung: Die aus Eisen gefertigte Lanzenspitze hat ein gedrungenes ovales Blatt mit rhombischem Querschnitt. Die größte Breite liegt nahe am Blattansatz. Die geschlossene Tülle und der Hals können rund oder facettiert sein. Es sind Längen von 20 bis 41 cm nachgewiesen.
Synonym: Lanzenspitze Trier B 3; Lanzenspitze mit Ganztülle und gedrückt-ovalem Blatt.
Datierung: Frühmittelalter, 7. Jh. n. Chr.
Verbreitung: Westdeutschland.

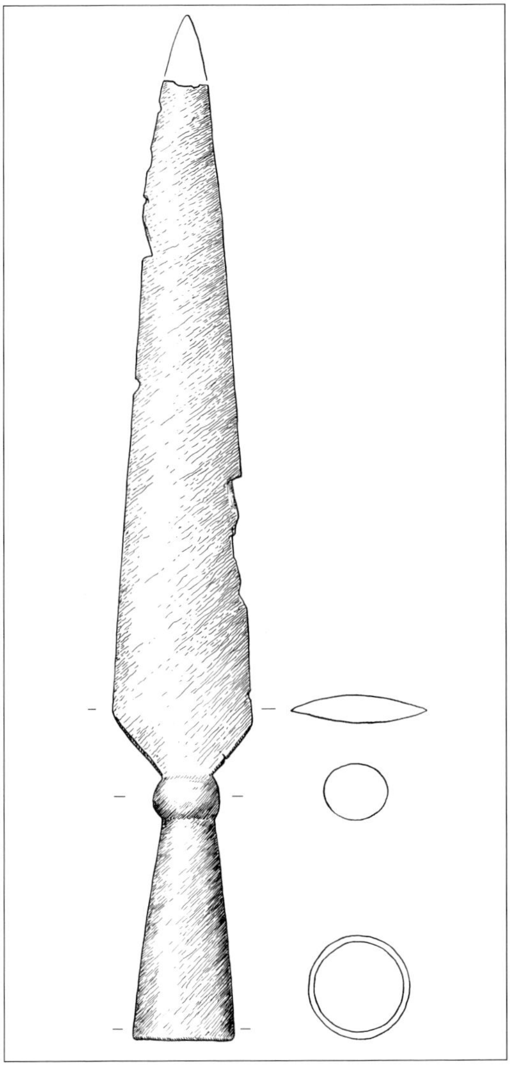

3.2.1.3.21.

Literatur: Böhner 1958, 154, Taf. 29,6; Neuffer-Müller/Ament 1973, 89, Taf. 49,9.

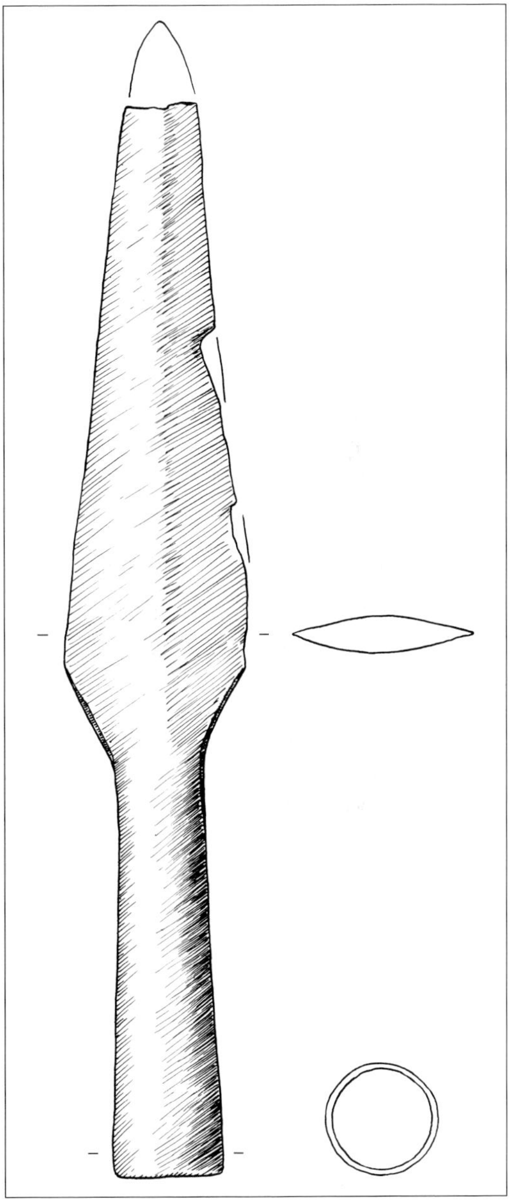

3.2.1.3.22.

3.2.1.3.21. Lanzenspitze Petersen Typ H

Beschreibung: Das Blatt der eisernen Lanzenspitze verbreitert sich zunächst und knickt dann nach kurzer Strecke ein und verjüngt sich zur Spitze hin. Am Übergang vom Blatt zur konischen unverzierten Tülle befindet sich eine ringartige Verdickung. Der Blattquerschnitt ist linsenförmig, der Tüllenquerschnitt rund. Die Gesamtlänge beträgt 26 bis 42 cm.

Synonym: Lanzenspitze Haithabu Typ 8.

Datierung: Früh- bis Hochmittelalter, 2. Hälfte 10.–1. Hälfte 12. Jh. n. Chr.

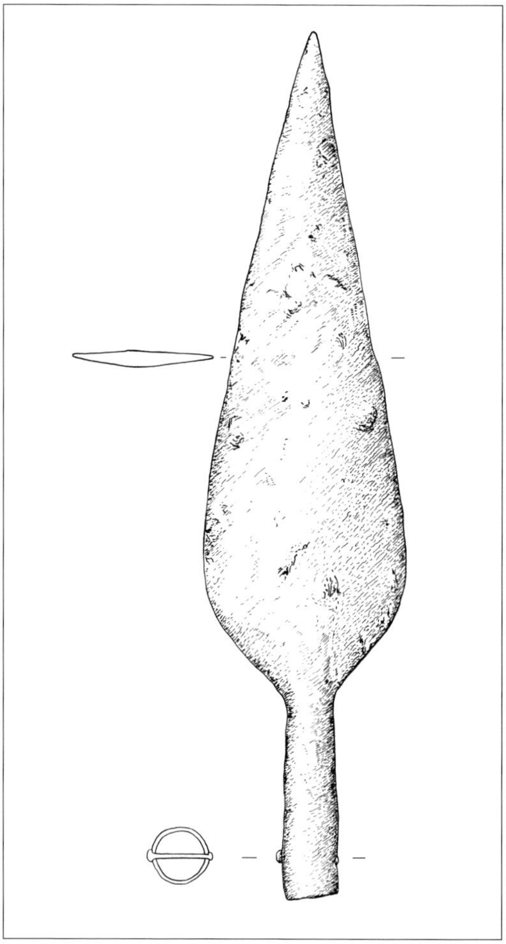

3.2.1.3.23.

Verbreitung: Norwegen, Schweden, Schleswig-Holstein.
Literatur: Petersen, J. 1919, 29–31, Abb. 19; Shetelig 1933, 111, Abb. 31; Kempke 1991, 15–17, Abb. 4,2; Westphalen 2002, 230–231; 234, Abb. 107,8, Taf. 87,6.

3.2.1.3.22. Lanzenspitze Petersen Typ G

Beschreibung: Die eiserne Lanzenspitze verfügt über eine kurze unverzierte Tülle und ein relativ breites, längliches Blatt. Von der Tülle ausgehend weitet es sich zunächst und verläuft dann nach einem deutlichen Knick gleichmäßig in Richtung Spitze. Der Blattquerschnitt ist linsenförmig bis flach-rhombisch. Lanzenspitzen dieses Typs sind 22 bis 49 cm lang.
Datierung: Wikingerzeit bis Hochmittelalter, 10.–13. Jh. n. Chr.
Verbreitung: Norwegen, Schweden, Dänemark, Nordostdeutschland, Polen, Baltikum.
Literatur: Petersen, J. 1919, 29, Abb. 17–18; Müller-Wille 1976b, 27, Taf. 29,3; Kempke 1991, 15–17, Abb. 4,3.

3.2.1.3.23. Lanzenspitze mit breitem Blatt und linsenförmigem Querschnitt

Beschreibung: Das lorbeerblattförmige Blatt hat einen mehr oder weniger linsenförmigen Querschnitt, der Mittelgrat fehlt oder ist nur wenig hervorgehoben. Das breite Blatt ist deutlich von der kurzen Tülle abgesetzt. Die Längen liegen zwischen 12,5 und 23,5 cm, als Material wurde Eisen verwendet.
Synonym: Lanzenspitze Stöllner Form 4.
Datierung: Vorrömische Eisenzeit, Hallstatt D–Latène C (Reinecke), 7.–3. Jh. v. Chr.
Verbreitung: Österreich, West- und Süddeutschland, Frankreich.
Literatur: Penninger 1972, Taf. 36,9; Moosleitner/Pauli/Penninger 1974, Taf. 161,24–26; Sievers 1984, Taf. 182,1953; Egg 1985, 280; 307, Abb. 13,A1; Krauße-Steinberger 1990a; Haffner 1992, 87, Abb. 45,5–6; Schulze-Forster 2000/2001, Abb. 6,7; Charpy/Rapin 2001, Abb. f auf S. 15; Stöllner 2002, 132–133, Abb. 53,5, Taf. 18,B4b; 19,B1; 27,A13; 35,E1; Ludwig 2009, 81–82, Taf. 33,B12.

3.2.1.3.23.1. Große Lanzenspitze mit breitem flachem Blatt und geschlitzter Tülle

Beschreibung: Die großen eisernen Lanzenspitzen weisen ein breites Blatt mit sehr flachem Querschnitt und gewöhnlich eine geschlitzte Tülle auf.
Verbreitung: (überlieferungsbedingter?) Schwerpunkt Obergermanien und Raetien, v. a. Limesgebiet, Noricum, Pannonien.
Datierung: mittlere Römische Kaiserzeit, 2. Hälfte 2.–3. Jh. n. Chr.

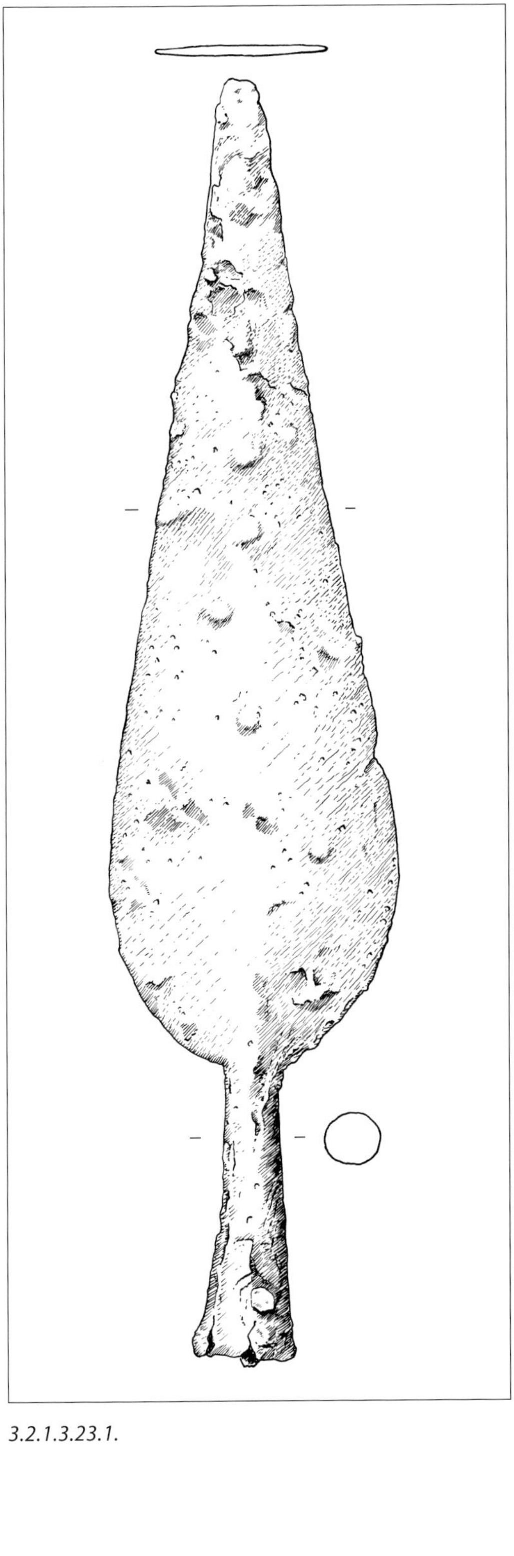

3.2.1.3.23.1.

Literatur: Winkelmann 1884–1937, Nr. 73 Pfünz, Taf. XXI,32.36–38.43; Faber 1994, Abb. 29,14–15; Fischer, T. 1995, 341, Abb. 1,4; Gschwind 2004, Taf. 77,D34; Jilek 2005, Abb. 3,10.

3.2.1.3.24. Lanzenspitze mit gedrungen-ovalem Blatt und kurzer Schlitztülle

Beschreibung: Das fast ellipsenförmige Blatt der eisernen Lanzenspitze geht direkt in eine kurze Schlitztülle über. Der Blattquerschnitt ist flachrhombisch. Die Länge liegt häufig um 30 cm.
Synonym: Lanzenspitze Trier A 6.
Datierung: Frühmittelalter, 7.–8. Jh. n. Chr.
Verbreitung: Westdeutschland.
Literatur: Böhner 1958, 151, Taf. 28,5.

3.2.1.3.25. Lanzenspitze mit breit-spitzovalem Blatt und Schlitztülle

Beschreibung: Die eiserne Lanzenspitze hat ein relativ breites spitzovales Blatt. Der Blattquerschnitt ist rhombisch. Die geschlitzte Tülle ist gleich lang oder auch deutlich länger als das Blatt. Die Gesamtlänge beträgt 30 bis 41 cm.
Datierung: Völkerwanderungszeit bis Frühmittelalter, 6. Jh. n. Chr.
Verbreitung: Süddeutschland.
Literatur: Koch, R. 1967, 58, Taf. 35,23.27; Koch, U. 1977, 109, Taf. 65,5.

3.2.1.3.26. Lanzenspitze mit breit-ovalem Blatt und Schlitztülle

Beschreibung: Das breit-ovale Blatt der eisernen Lanzenspitze hat einen flach-rhombischen Querschnitt. Die geschlitzte Tülle und der kurze Hals sind rund oder leicht facettiert und zusammen etwas länger als das Blatt. Es sind Längen von 23 bis 35,5 cm nachgewiesen.
Synonym: Lanzenspitze Trier A 1.
Datierung: Völkerwanderungszeit, Mitte 5.–Anfang 6. Jh. n. Chr.
Verbreitung: Süd- und Westdeutschland, Schweiz.
Literatur: Böhner 1958, 146–147, Taf. 28,1; Blaich 2006, 77, Taf. 92,2.

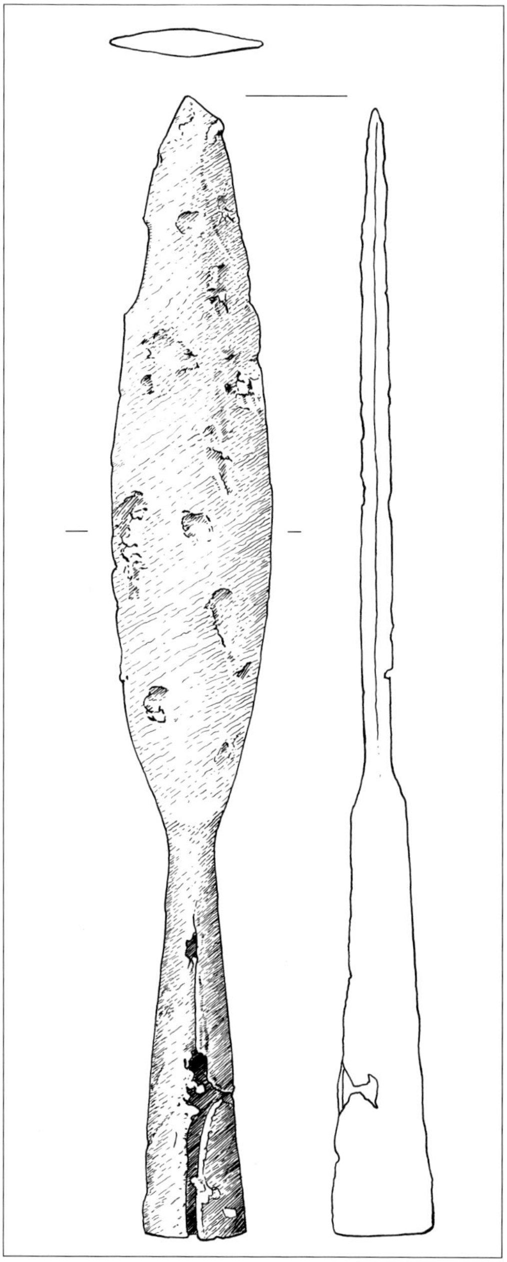

3.2.1.3.24.

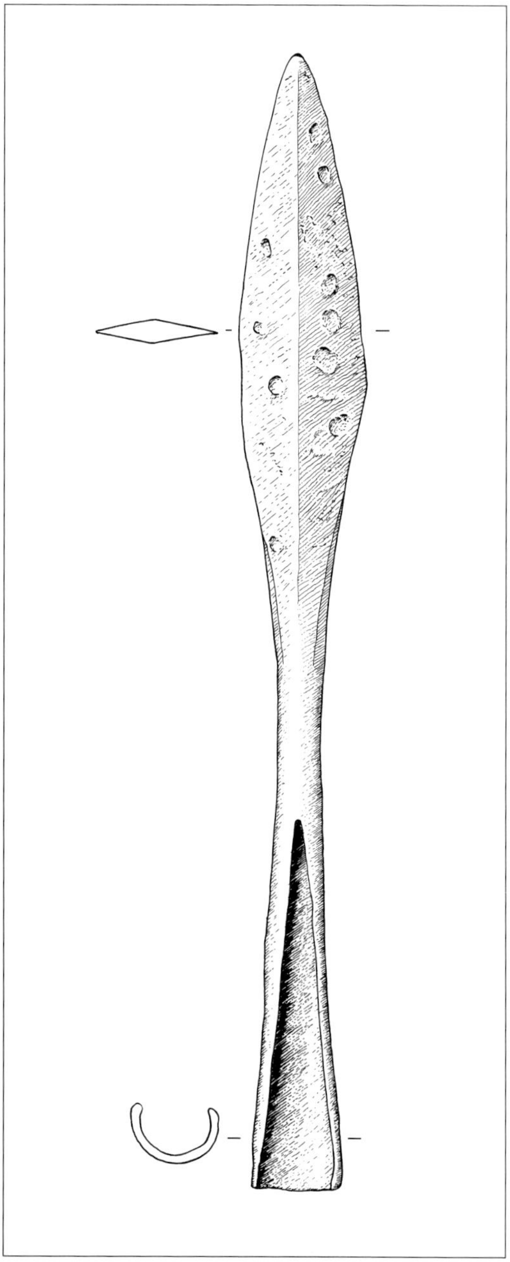

3.2.1.3.25.

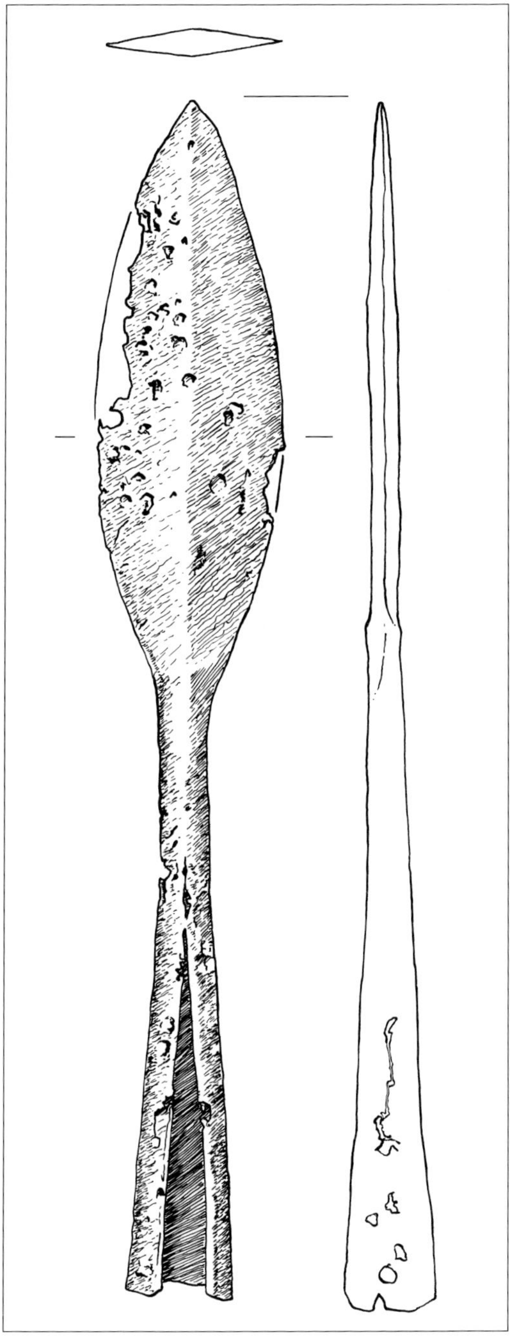

3.2.1.3.26.

3.2.1.3.27. Lanzenspitze mit schlank-ovalem Blatt und Schlitztülle

Beschreibung: Die aus Eisen gefertigte Lanzenspitze hat in der Regel ein langes schlankes Blatt von ovaler Form und flach-rhombischem Querschnitt. Gelegentlich schwingt es im oberen Bereich leicht ein (Trier A 5). Das Blatt geht absatzlos in den meist relativ langen Schaft mit der geschlitzten Tülle über, die rund oder facettiert sein kann. Die Lanzenspitzen können Längen bis 70 cm erreichen, die kleinsten sind nur 25 cm lang. Es werden zwei Varianten unterschieden, die sich am Verhältnis Blatt zu Tülle orientieren (Variante a = Verhältnis 1:2; Variante b = Verhältnis 1:1).
Synonym: Lanzenspitze Trier A 4.
Untergeordneter Begriff: Lanzenspitze Trier A 5; Lanzenspitze mit schlank-ovalem Blatt mit schwach eingeschwungenen Schneiden und Schlitztülle; Lanzenspitze Schmidt Typ 3.
Datierung: Frühmittelalter, 6. Jh. n. Chr.
Verbreitung: West- und Süddeutschland, Schweiz, Österreich, vereinzelt in Nordostfrankreich, Italien, Polen und Norddeutschland.
Literatur: Böhner 1958, 148–151, Taf. 28,4.6–9; Schmidt, B. 1961, 151, Abb. 58,e; Pirling 1966, 188, Taf. 32,1; 56,12; La Baume 1967, 25, Taf. 9,Grab 161,4; 12,Grab 202,2; 15,Grab 224,1; 23,Grab 349,2; Hinz 1969, 26, Taf. 3,Grab 27,1; 5,Grab 43,8; 15,Grab 94,11; 18,Grab 130,6; 24,Grab 164,13; Neuffer-Müller/Ament 1973, 87–88, Taf. 6,34; 8,23; 11,17; 18,12–14; 24,35; 25,26; Pirling 1974, 140, Taf. 2,1; 18,17; 53,9; 55,7; 72,2; 73,1; 75,1a–b; 75,19; Koch, U. 1977, 109, Taf. 29,9.12; 137,6; 145,11; Pirling 1979, 103, Taf. 6,11.14; 12,4; 18,1; 22,7; 24,3; Roth 1982, 515, Taf. 36,Grab 14,13; Koch, U. 1990, 182, Taf. 6,7; 38,2; Knaut 1993, 119, Taf. 41,A2; 41,B1; 45,A1; Neumayer 1993, 66–67, Taf. 25,5; 33,3; Damminger 2002, 65, Taf. 4,7; 8,B4; Schmidt, J.-P. 2002/03, 50–51, Abb. 2,1; Aspöck/Stadler 2003, 192, Taf. 23,Grab 30,1; Leithäuser 2003, 312, Taf. 19,Grab 142,1; Lehmann 2004, 324, Abb. 2; Blaich 2006, 77, Taf. 42,1; 51,Grab 106,1; 87,Grab 160,1–2; 227,2; Ramstein/Hartmann 2008, 110, Taf. 20,9.
(siehe Farbtafel Seite 36)

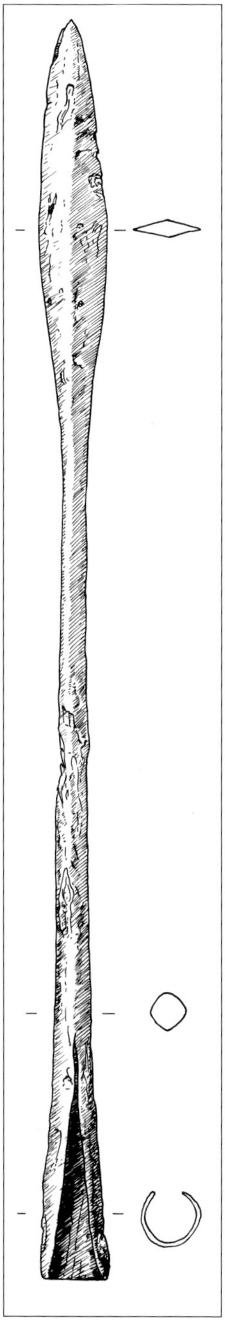

3.2.1.3.27., Maßstab 1 : 3

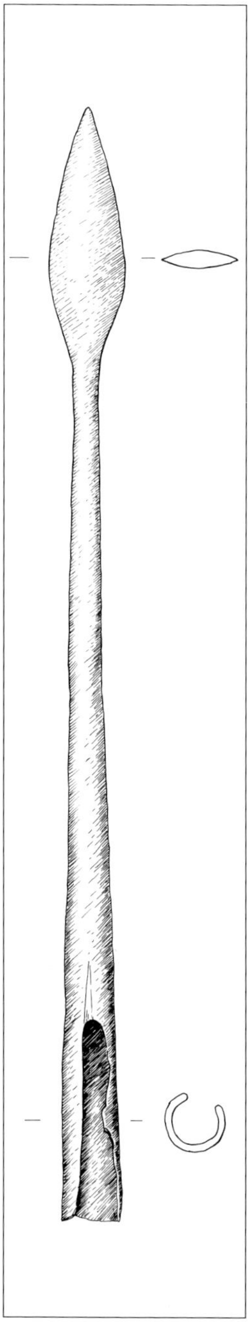

3.2.1.3.28., Maßstab 1 : 3

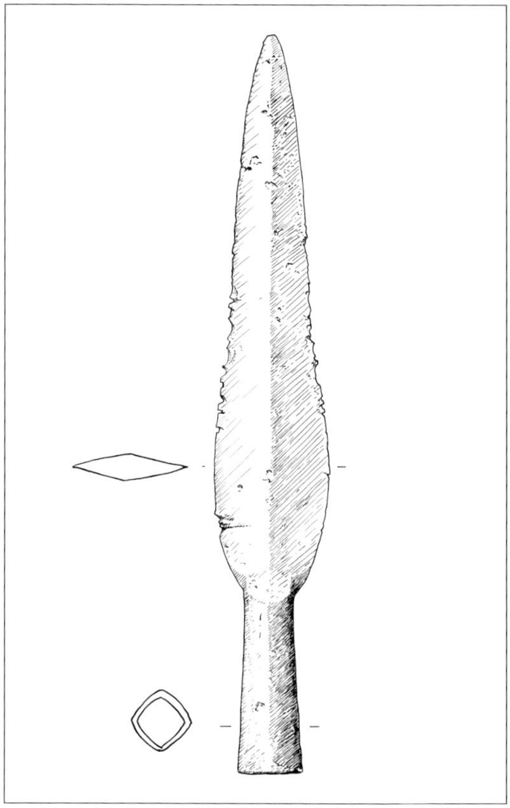

3.2.1.3.29.

3.2.1.3.28. Lanzenspitze mit kleinem breit-ovalem Blatt, Schlitztülle und langem Hals

Beschreibung: Das kleine breit-ovale Blatt der eisernen Lanzenspitze hat einen flach-rhombischen Querschnitt. Die Schlitztülle und der lange Hals sind rund oder leicht facettiert. Die Lanzenspitzen können 40 bis 60 cm lang sein.

Synonym: Lanzenspitze Trier A 2.

Untergeordneter Begriff: Lanzenspitze Schmidt Typ 3.

Datierung: Völkerwanderungszeit, Mitte 5.–Anfang 6. Jh. n. Chr.

Verbreitung: Süd-, Mittel- und Westdeutschland, Schweiz.

Literatur: Böhner 1958, 147–148, Taf. 28,2; Schmidt, B. 1961, 151, Abb. 58,e; Pirling 1966, 187, Taf. 23,15; 70,1; 78,1; Pirling 1974, 140, Taf. 43,6;

84,1; 86,1; Müller 1976, 45; Lehmann 2014, 36; Katalog, 49–51, Abb. 34,10; Schneider 2022, Taf. 46,2.

3.2.1.3.29. Lanzenspitze Ilkjær Typ 4

Beschreibung: Das Blatt der eisernen Lanzenspitze hat einen rautenförmigen Querschnitt. Die Blattbreite liegt immer über 2 cm. Der Blattumriss ist geschwungen, die größte Breite befindet sich nahe dem Ansatz der Tülle. Die Gesamtlänge liegt zwischen 17 und 27 cm, die Blattlänge erreicht 13 bis 21 cm. Der Tüllenquerschnitt kann facettiert sein.

Datierung: Römische Kaiserzeit, B2–C1 (Eggers), 2. Hälfte 1.–2. Jh. n. Chr.

Verbreitung: Dänemark, Norwegen, Schweden, Schleswig-Holstein, Hamburg.

Literatur: Wegewitz 1964, Taf. 16,45; 18,48; 19; Ilkjær 1990, 48–52, Abb. 35, Taf. 9–12; Schmidt, J.-P. 2019, 40–41, Abb. 3,3.

3.2.1.3.30. Lanzenspitze Typ Dünzling

Beschreibung: Das Blatt der eisernen Lanzenspitze verbreitert sich vom Ansatz aus zunächst, bevor die Schneiden mit einem mehr oder weniger starken Knick einziehen. Sie laufen parallel und ziehen erst kurz vor dem Ende zur Spitze ein. Das Blatt ist relativ schmal, die breiteste Stelle befindet sich kurz oberhalb des Blattansatzes. Die im Verhältnis zum Blatt kurze Tülle kann geschlossen oder geschlitzt sein. Die Gesamtlängen betragen 26 bis 55 cm.

Datierung: Völkerwanderungszeit bis Frühmittelalter, 6. Jh. n. Chr.

Verbreitung: Süd-, West- und Mitteldeutschland, Belgien, Schweiz.

Literatur: Koch, U. 1968, 148, Taf. 9,9; Koch, U. 1969, 174–175, Abb. 5,5–6; Schmidt, B. 1970, Taf. 38,2b; Schmidt, B. 1976, Taf. 22,f; 185,3b; Koch, U. 2001, 171; 278, Taf. 17,2; Lehmann 2004, 324–326; Blaich 2006, 76–77, Taf. 139,2.

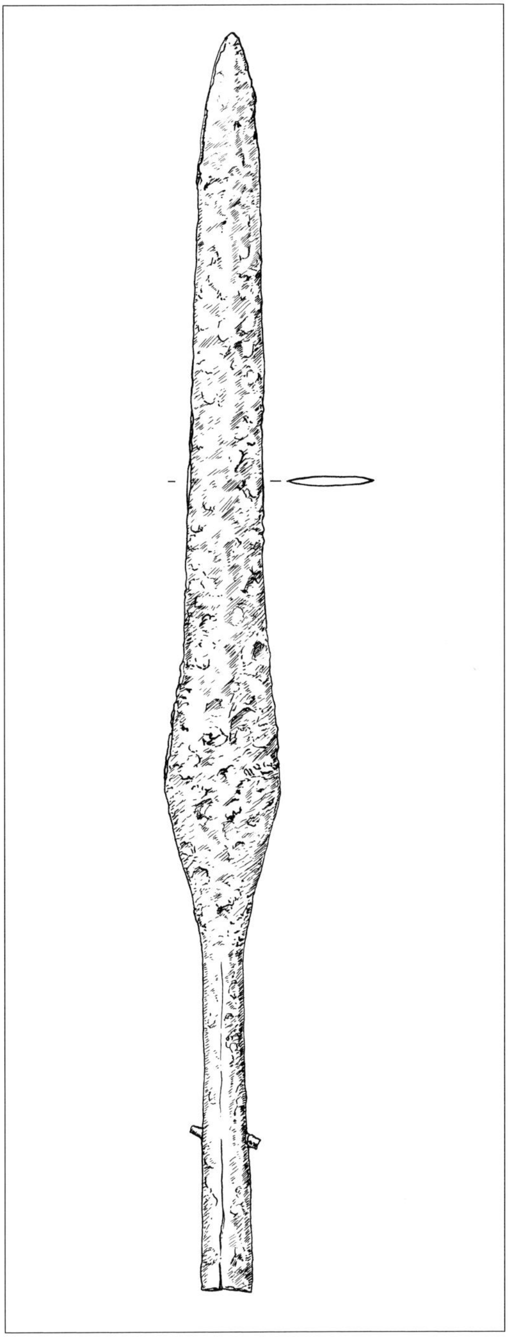

3.2.1.3.30., Maßstab 1 : 3

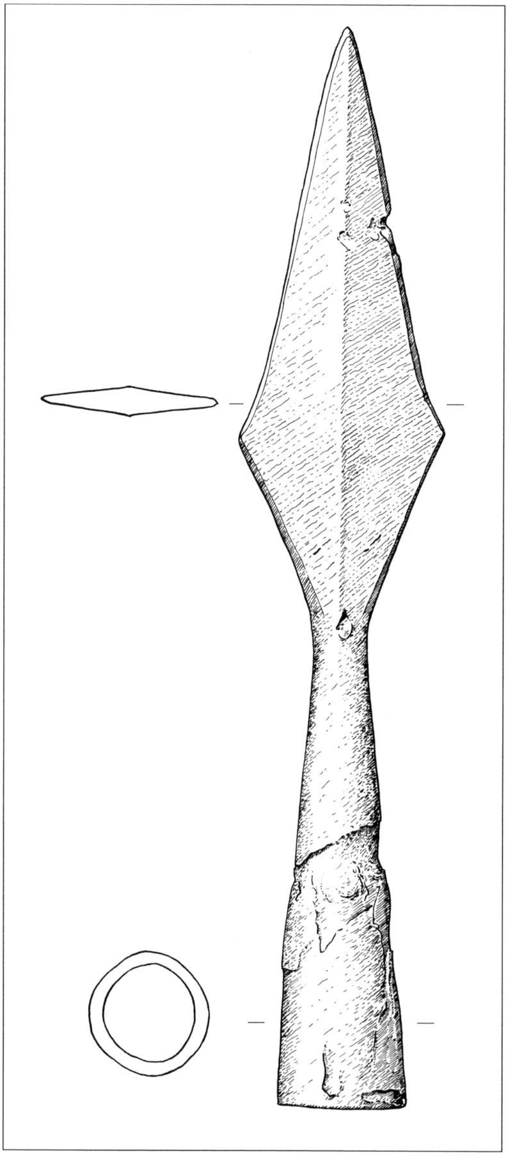

3.2.1.3.31.

3.2.1.3.31. Lanzenspitze mit breitem rautenförmigem Blatt

Beschreibung: Die eiserne Lanzenspitze hat ein in der Aufsicht relativ breites rautenförmiges Blatt, dessen Umbruch sich unterhalb der Blattmitte befindet. Der Querschnitt ist ebenfalls rautenförmig. Die runde Tülle ist geschlossen oder geschlitzt. Lanzenspitzen dieses Typs erreichen Längen von 28 bis 35 cm.

Synonym: Lanzenspitze Schmidt Typ 2.

Datierung: Völkerwanderungszeit bis Frühmittelalter, 5.–7. Jh. n. Chr.

Verbreitung: Mittel- und Süddeutschland.

Literatur: Schmidt, B. 1961, 151, Abb. 58,b; Koch, R. 1967, 60–61, Taf. 5,7; 50,6; 57,6; Schreg 1999, 421, Abb. 105,1.

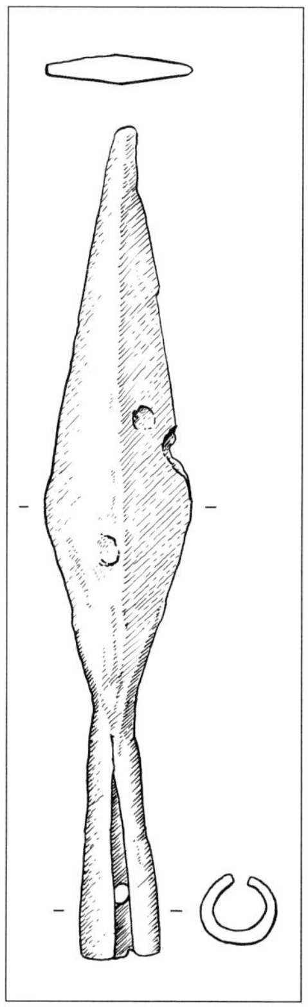

3.2.1.3.32.

3.2.1.3.32. Speerspitze mit fast rautenförmigem Blatt mit dreieckigem bis rautenförmigem Querschnitt und meist geschlitzter Tülle

Beschreibung: Die eiserne Speerspitze hat ein fast rautenförmig verbreitertes Blatt; die breiteste Stelle ist meist etwas unterhalb der Blattmitte. Der Querschnitt ist dreieckig bis rautenförmig und die Tülle häufig geschlitzt.

Verbreitung: Römisches Reich.

Datierung: mittlere Römische Kaiserzeit, Schwerpunkt 2.–3. Jh. n. Chr.

Literatur: Walke 1965, Taf. 108,12–13; Gschwind 2004, 185–187, Taf. 79,D53; Konrad 2005, Taf. 51,L18; Bishop/Couston 2006, 130; 151–152, Fig. 75,7; 93,18.

(siehe Farbtafel Seite 37)

3.2.1.3.33. Lanzenspitze mit länglich rautenförmigem Blatt und geschlossener Tülle

Beschreibung: Die aus Eisen gefertigte Lanzenspitze hat ein annähernd rautenförmiges Blatt, dessen Umbruch sich unterhalb der Mitte befindet. Der Blattquerschnitt ist ebenfalls rautenförmig oder spitzoval. Das Blatt ist genauso lang, meist aber deutlich länger als die geschlossene Tülle. Der zwischen Blatt und Tülle gelegene Bereich kann einen rechteckigen Querschnitt aufweisen. Die Längen liegen zwischen 23 bis 57 cm. Neben unverzierten Exemplaren stehen solche, bei denen Teile von Blatt, Hals und Tülle mit Mustern aus Linien, Dreiecken und/oder Kreisaugen verziert sind.

Untergeordneter Begriff: Lanzenspitze Trier B 4; Lanzenspitze mit Ganztülle und rautenförmigem Blatt; Lanzenspitze mit rautenförmigem Blatt und geschlossener Tülle; Lanzenspitze mit schmalem rautenförmigem Blatt.

Datierung: Frühmittelalter, 7. Jh. n. Chr.

Verbreitung: West- und Süddeutschland.

Literatur: Werner 1955a, Taf. 37,Grab 94b,2; Böhner 1958, 154–155, Taf. 30,1; Christlein 1966, 33, Taf. 30,18; 52,3; 54,22; Pirling 1966, 188, Taf. 44,5; 56,2; Koch, R. 1967, 61, Taf. 23,12; 51,28; 53,11; Paulsen, P. 1967a, 111, Abb. 57,6; Koch, U. 1968, Taf. 58,9; 80,1; Koch, R. 1969, Taf. 37,7; 78,10; Neuffer-Müller/Ament 1973, 89–90, Taf. 48,8; Koch, U. 1977, 112, Taf. 168,10; 169,15; Pirling 1979, 104–105, Taf. 58,1; 66,16; 77,10; Koch, U. 1982, 39, Taf. 29,E4; 32,B1; Knaut 1993, 121; Wörner 1999, 43, Taf. 1,9; 4,15; 19,11; 21,7; Blaich 2006, 78, Taf. 121,1.

(siehe Farbtafel Seite 37)

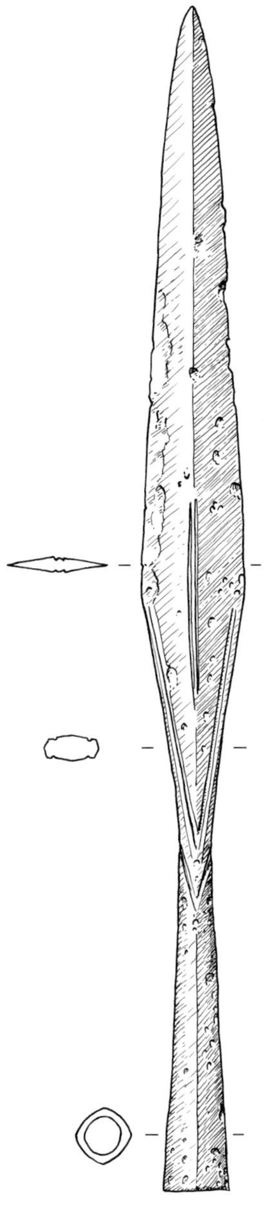

3.2.1.3.33., Maßstab 1 : 3

3.2.1.3.33.1. Lanzenspitze mit länglich rautenförmigem Blatt und verdickter Spitze

Beschreibung: Das länglich rautenförmige Blatt der eisernen Lanzenspitze hat einen rautenförmigen Querschnitt. Die Spitze ist deutlich verdickt. Die größte Breite des Blattes befindet sich im unteren Drittel. Das Blatt und die geschlossene Tülle können mit einem Rillenmuster verziert sein. Die Gesamtlängen liegen bei 42 bis 54 cm.

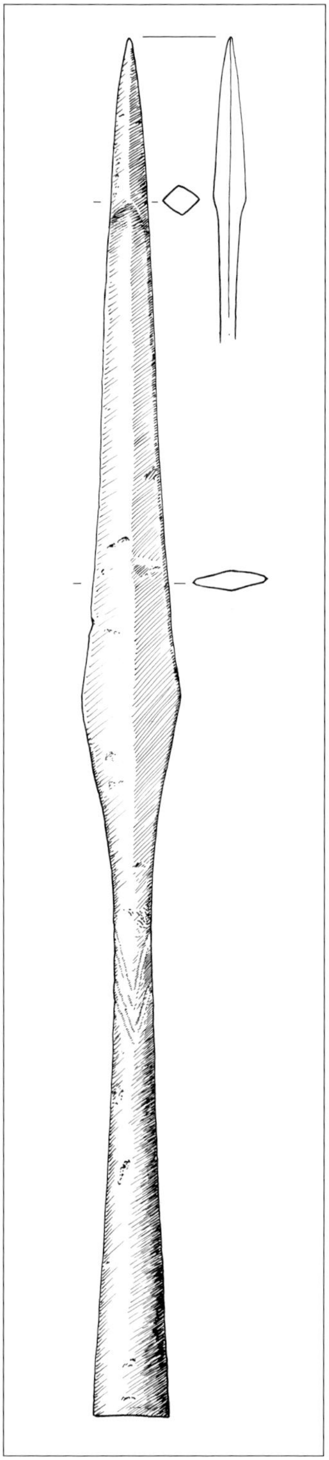

3.2.1.3.33.1., Maßstab 1 : 3

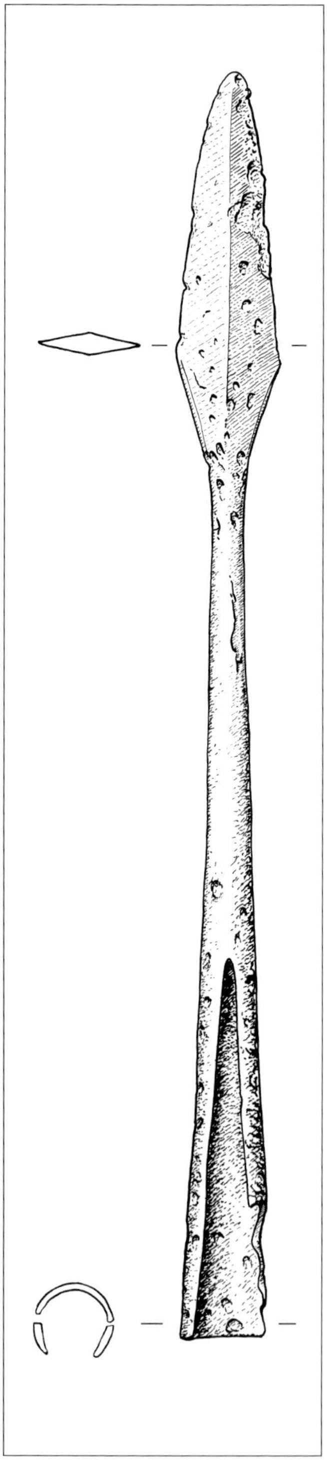

3.2.1.3.34.

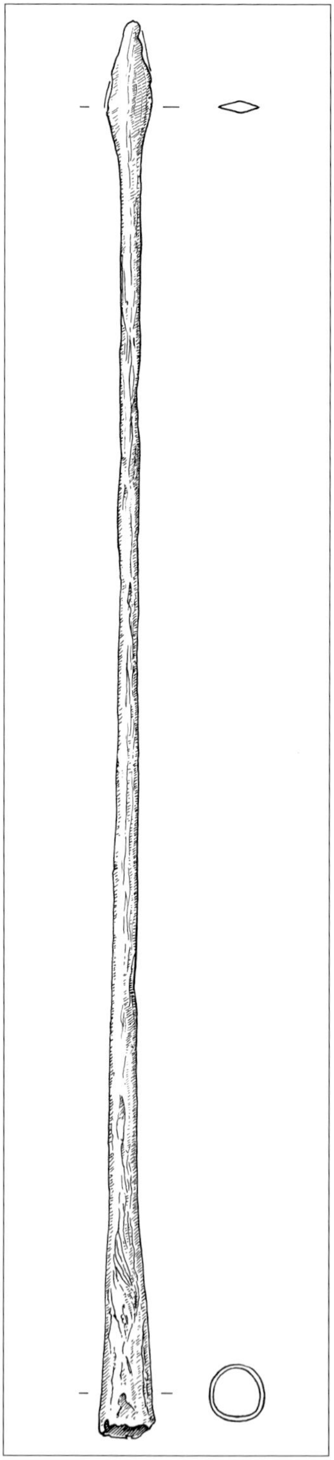

3.2.1.3.35., Maßstab 1 : 3

Datierung: Frühmittelalter, 7. Jh. n. Chr.
Verbreitung: Süddeutschland.
Literatur: Koch, R. 1967, 61, Taf. 67,13; Koch, U. 1977, 112, Taf. 90,23; Neuffer-Müller 1983, 32, Taf. 19,4; Roth/Theune 1995, 231, Taf. 290,B2; Wörner 1999, 43, Taf. 6,14; Damminger 2002, 69, Taf. 12,9; 58,18.
(siehe Farbtafel Seite 37)

3.2.1.3.34. Lanzenspitze mit rautenförmigem Blatt und Schlitztülle

Beschreibung: Die geschlitzte Tülle und der lange Hals gehen in ein länglich rautenförmiges Blatt über. Dessen größte Breite befindet in der unteren Blatthälfte. Der Blattquerschnitt ist flach-rautenförmig. Tülle und Hals sind deutlich länger als das Blatt. Die Gesamtlänge beträgt 24,5 bis 56 cm.
Synonym: Lanzenspitze Trier A 3; Lanzenspitze Typ Perchtoldsdorf.
Datierung: Völkerwanderungszeit bis Frühmittelalter, Mitte 5.–6. Jh. n. Chr.
Verbreitung: Süd- und Westdeutschland, Tschechien, Ungarn.
Literatur: Böhner 1958, 148, Taf. 28,2; Pirling 1966, 188, Taf. 26,3; Koch, R. 1967, 58, Taf. 23,10; 57,10; Pirling 1979, 103, Taf. 19,16; 23,2; 27,1; 38,3; Pescheck 1983, 43, Taf. 6,16; 22,7; Koch, U. 1990, 180–181, Taf. 22,3; Damminger 2002, 65, Taf. 49,2.
(siehe Farbtafel Seite 38)

3.2.1.3.35. Lanzenspitze mit kleinem rautenförmigem Blatt, langem Schaft und geschlossener Tülle

Beschreibung: Die eiserne Lanzenspitze hat ein kleines rautenförmiges Blatt mit flach rautenförmigem Querschnitt. Die geschlossene Tülle und der Schaft sind im Verhältnis zum Blatt sehr lang. Die Gesamtlänge liegt meist bei 70 bis 75 cm.
Datierung: Völkerwanderungszeit bis Frühmittelalter, 6.–7. Jh. n. Chr.
Verbreitung: Süd- und Westdeutschland, Tschechien.
Literatur: Koch, U. 1968, 88, Abb. 7, Taf. 40,11; Back 1989, Taf. 12,1.

3.2.1.4. Lanzen-/Speerbewehrung mit Tülle ohne Widerhaken mit abgeflachtem Mittelteil

Beschreibung: Lanzenspitzen dieses Typs haben gemeinsam, dass sie im Mittelteil ein abgeflachtes Feld besitzen. Das Blatt hat oberhalb des Mittelteils häufig einen rautenförmigen Querschnitt. Die Tülle ist rund oder kantig. Die Größen sind sehr variabel.
Datierung: ältere bis beginnende jüngere Römische Kaiserzeit, B–C1 (Eggers), 1.–2. Jh. n. Chr.; Frühmittelalter, 7. Jh. n. Chr.
Verbreitung: Dänemark, Schweden, Norwegen, Schleswig-Holstein, Süddeutschland, Schweiz.
Literatur: Koch, R. 1967, 59–60; Koch, U. 1977, 112; Koch, U. 1990, 183; Stebler-Cauzzo 1997, 252; Bemmann/Bemmann 1998, 172.

3.2.1.4.1. Lanzenspitze mit flach geschmiedetem Feld

Beschreibung: Die eiserne Lanzenspitze hat ein breites, in der Aufsicht spitzovales Blatt. Im unteren oder in den unteren beiden Blattdritteln befindet sich auf beiden Seiten ein flach geschmiedetes Feld. Dieses folgt zunächst dem Schneidenverlauf und zieht dann zur Mitte hin ein. Die runde oder vierkantige Tülle verjüngt sich deutlich und läuft zum Ende des flach geschmiedeten Teils – z. T. gegratet – schmal aus. Der obere Blattteil hat einen rautenförmigen Querschnitt. Lanzenspitzen dieses Typs sind 31 bis 44 cm lang.
Synonym: Lanzenspitze Typ Wenigumstadt.
Datierung: Frühmittelalter, 7. Jh. n. Chr.
Verbreitung: Süddeutschland.
Literatur: Stoll 1939, 32, Taf. 32,7; Werner 1955a, Taf. 26,3; Koch, R. 1967, 59–60, Taf. 20,8; 62,20; Paulsen, P. 1967a, 104, Taf. 17,1; 84,3; Koch, R. 1969, 41, Taf. 39,A3; Koch, U. 1990, 183, Taf. 45,A5.

3.2.1.4.2. Lanzenspitze mit parallel zur Mittelrippe verlaufenden Einbuchtungen

Beschreibung: Das Blatt der eisernen Lanzenspitze ist lorbeerblattförmig. Schon kurz nach dem Übergang von der geschlossenen Tülle zum Blatt

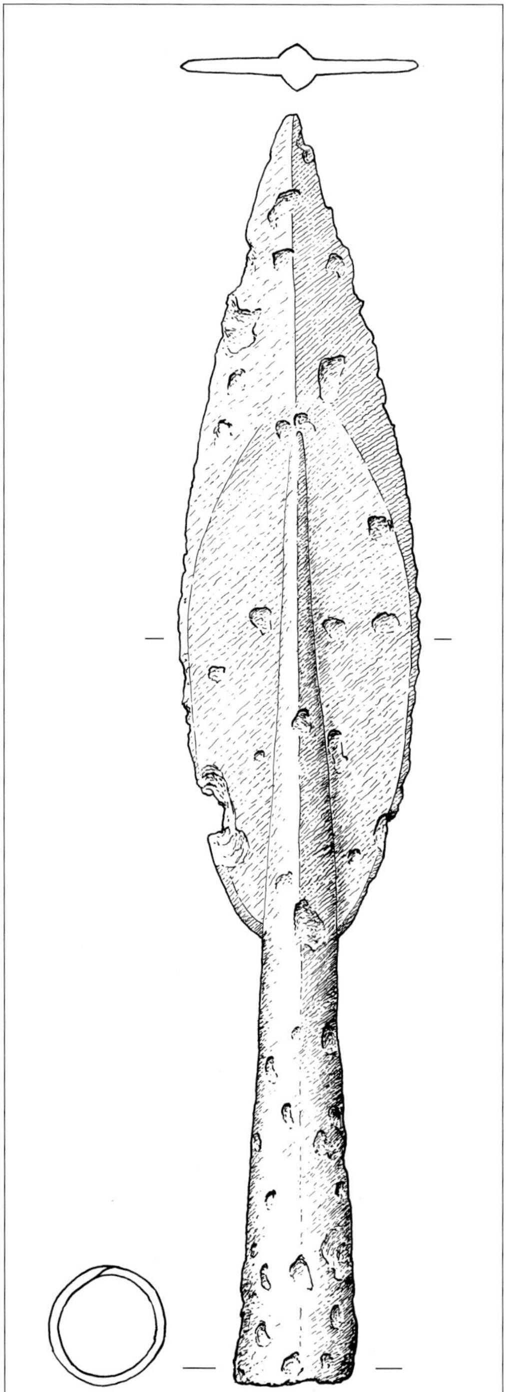

3.2.1.4.1.

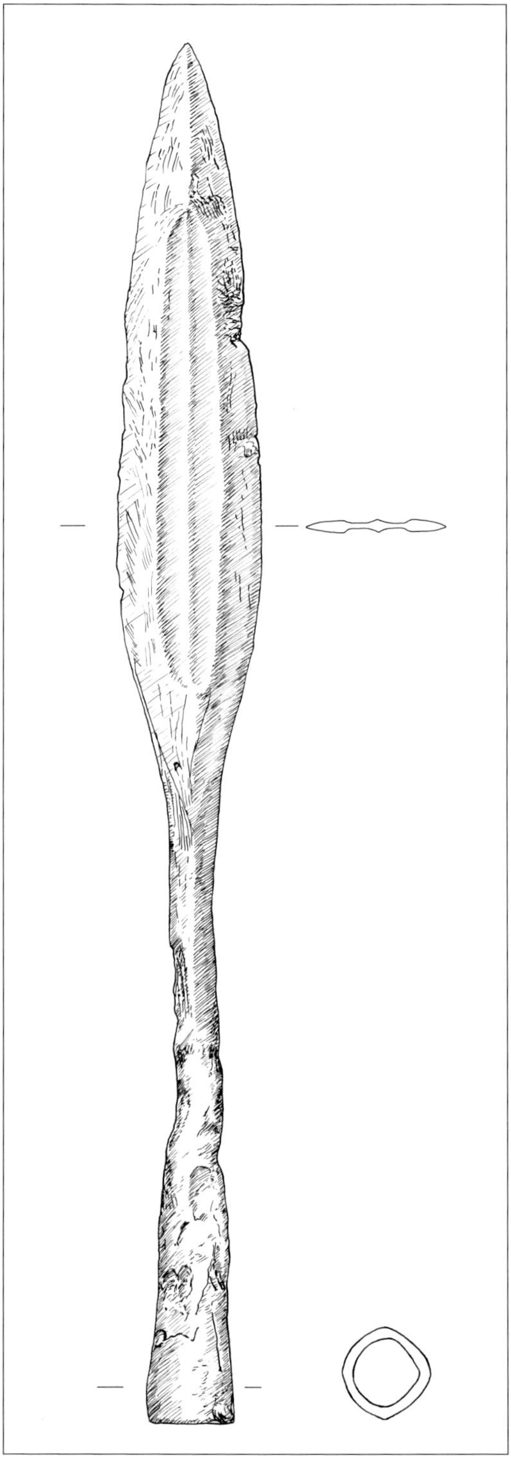

3.2.1.4.2.

erscheinen auf beiden Seiten des Mittelgrates Einbuchtungen, die bis in das obere Drittel hineinreichen. Die Tülle ist rund oder gekantet. Die Länge liegt zwischen 34 und 41 cm.
Synonym: Lanzenspitze mit zwei parallelen Dellen.
Datierung: Frühmittelalter, 7. Jh. n. Chr.
Verbreitung: Süddeutschland, Schweiz.
Literatur: Veeck 1931, Taf. 73,B3; Koch, U. 1977, 112, Taf. 60,26; Stebler-Cauzzo 1997, 252, Taf. 4,Grab 12,1.

3.2.1.4.3. Tüllenlanzenspitze mit beidseitigen Vertiefungen neben dem Mittelgrat

Beschreibung: Die eiserne Lanzenspitze hat ein leicht geschweiftes Blatt, wobei die größte Breite in seinen unteren zwei Dritteln liegt. In diesem Bereich finden sich auch Vertiefungen auf beiden Seiten des Mittelgrates. Daraus ergibt sich im oberen Teil des Blattes ein rhombischer, unten ein konkav-rhombischer Querschnitt. Die Tülle ist kurz und relativ dick. Es sind Gesamtlängen von 15 bis 23 cm nachgewiesen.
Datierung: ältere bis beginnende jüngere Römische Kaiserzeit, B–C1 (Eggers), 1.–2. Jh. n. Chr.
Verbreitung: Dänemark, Schweden, Norwegen, Schleswig-Holstein.
Literatur: Raddatz 1974, Taf. 20,59/60; 49,218,b; Bemmann/Bemmann 1998, 172.

3.2.1.5. Lanzen-/Speerbewehrung mit Tülle ohne Widerhaken und polygonalem Blattquerschnitt

Beschreibung: Das Blatt hat einen polygonalen Querschnitt. Es geht mit oder ohne Absatz in die meist runde, seltener facettierte Tülle über und weist keine Widerhaken auf. Die Tülle kann geschlitzt oder geschlossen sein. Eine Sonderform stellen die Pila dar, bei denen sich zwischen Tülle und Blatt ein langer Schaft befindet, der im Falle der Brandpila zusätzlich eine ösenförmige Erweiterung unterhalb der Spitze tragen kann. Als Material wurde Eisen oder Bronze verwendet. Verzierung tritt selten auf.

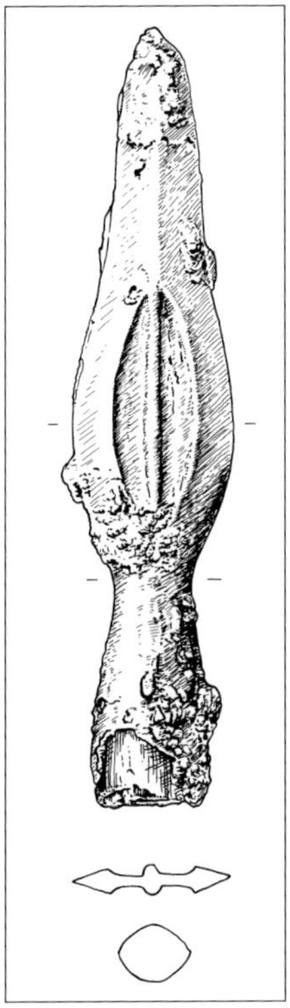

3.2.1.4.3.

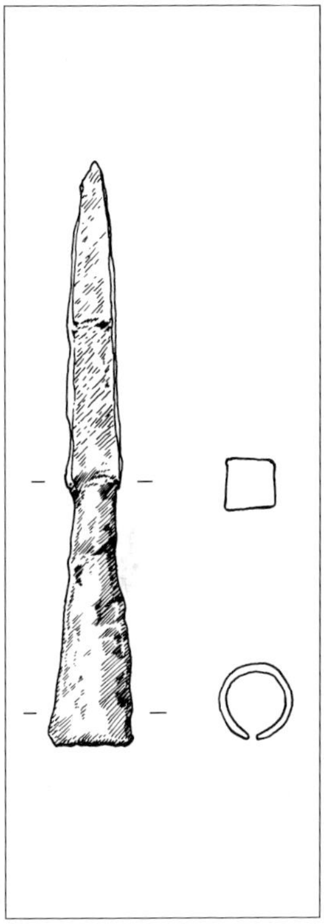

3.2.1.5.1.

Datierung: Vorrömische Eisenzeit, Latène C (Reinecke), bzw. Römische Republik bis Völkerwanderungszeit, 2. Jh. v. Chr.–5. Jh. n. Chr.
Verbreitung: Süddeutschland, Frankreich, Schweiz, Tschechien, Slowenien, Dänemark, Schweden, Norwegen, Finnland, Schleswig-Holstein bzw. Römisches Reich.
Literatur: Keller 1971, 78; Erdmann 1982, 7; Ilkjær 1990, 79–85; Petculescu 1991; Hanel 1995, 48; Harnecker 1997, 88–89; Bemmann/Bemmann 1998, 181; Dolenz 1998, 70–71; Deschler-Erb 1999, 21; Horvat 2002, 133; Gschwind 2004, 187; Poux 2008, 332–335; Sievers 2010, 29; Zagermann 2018, 305, Nr. 165; Deschler-Erb 2022, 93; Fischer, V. in Vorb.

3.2.1.5.1. Vierkantspitze

Beschreibung: Das Blatt hat einen quadratischen bis rechteckigen Querschnitt. Es geht mit oder ohne Absatz in eine sich nach unten erweiternde,

üblicherweise runde Tülle über. Neben Stücken, bei denen Tülle und Blatt annähernd gleich lang sind, gibt es auch solche mit im Verhältnis zur Tülle deutlich kleinerem Blatt. Vierkantspitzen wurden aus Eisen gefertigt. Sie erreichen Längen von 12 bis 24 cm.
Verbreitung: Süddeutschland, Frankreich, Schweiz, Tschechien, Slowenien.
Relation: [Pfeilbewehrung] Tüllenpfeilspitze mit vierkantigem Blatt; [Geschossbolzen] 2.1.1. Geschossbolzen mit pyramidaler Bolzenspitze mit annähernd quadratischem Querschnitt und deutlichem Absatz zur Tülle; [Geschossbolzen] 2.2. Geschossbolzen mit pyramidaler Bolzenspitze mit annähernd quadratischem Querschnitt und verwaschenem Absatz zur Tülle; [Geschossbolzen] 2.3.1. Geschossbolzen mit langgezogener Bolzenspitze mit annähernd quadratischem Querschnitt und kaum erkennbarem Übergang zur Tülle.
Datierung: Vorrömische Eisenzeit, Latène C–D (Reinecke), 2.–1. Jh. v. Chr.
Literatur: Sievers 2010, 29, Taf. 50,680–687.
Anmerkung: Die Vierkantspitzen haben große Ähnlichkeit mit den Tüllenpfeilspitzen mit vierkantigem Blatt; allerdings sind die Tüllendurchmesser mit 1,8 bis 2 cm deutlich größer und sprechen eher für eine Nutzung als Speer- oder Lanzenspitze.

3.2.1.5.2. Wurfspeerspitze mit polygonalem Querschnitt

Beschreibung: Die massiven Spitzen haben einen polygonalen Querschnitt und eine meist geschlossene, seltener geschlitzte Tülle. Sie wurden aus einer Kupferlegierung oder aus Eisen hergestellt. Diesen Speeren zuzuordnen sind konische Speerschuhe mit kugel- oder zwiebelförmigem Endstück.
Datierung: mittlere Römische Kaiserzeit, spätestens 2.–mindestens Mitte 3. Jh. n. Chr.
Verbreitung: Römisches Reich, Stücke aus Kupferlegierung mit deutlicher Konzentration auf die Donauprovinzen.
Relation: [Geschossbolzen] 2.1.2. Geschossbolzen mit pyramidaler Bolzenspitze mit sechseckigem Querschnitt und deutlichem Absatz zur Tülle.

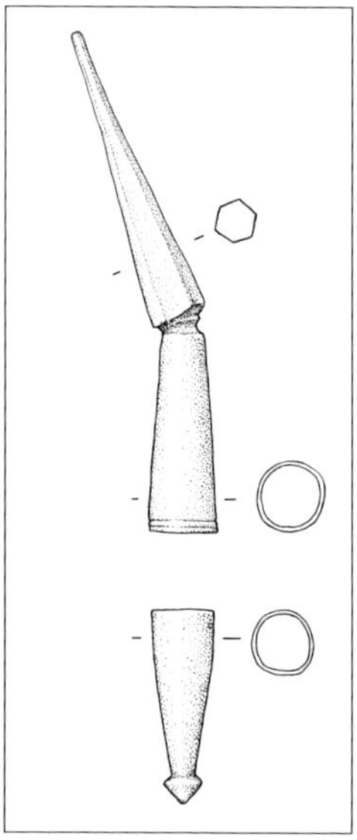

3.2.1.5.2.

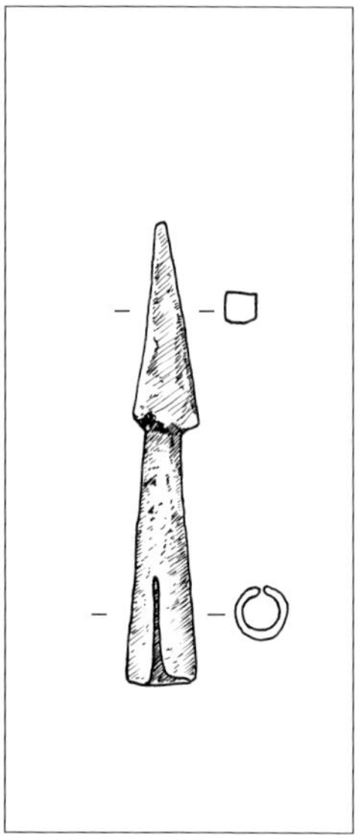

3.2.1.5.3.

Literatur: Petculescu 1991; Deschler-Erb/Schwarz 1993, 173–183; Gschwind 2004, 187; Fischer, V. in Vorb.

3.2.1.5.3. Wurfspeerspitze mit vierkantigem Querschnitt und von der Spitze abgesetzter Tülle

Beschreibung: Die massiven Spitzen haben einen vierkantigen Querschnitt und eine meist geschlossene, seltener geschlitzte Tülle. Sie wurden aus einer Kupferlegierung oder aus Eisen gefertigt. Diesen Speeren zuzuordnen sind konische Speerschuhe mit kugel- oder zwiebelförmigem Endstück.
Datierung: Römische Kaiserzeit, 1.–5. Jh. n. Chr.; Stücke aus Kupferlegierung v. a. im 2.–3. Jh. n. Chr.
Verbreitung: Römisches Reich, Stücke aus Kupferlegierung mit deutlicher Konzentration auf die Donauprovinzen.
Relation: [Geschossbolzen] 2.1.1. Geschossbolzen mit pyramidaler Bolzenspitze mit annähernd quadratischem Querschnitt und deutlichem Absatz zur Tülle.
Literatur: Erdmann 1982, 7; Petculescu 1991; Hanel 1995, Taf. 49,B732; Gschwind 2004, 187; Fischer, V. in Vorb.

Anmerkung: Bei eisernen Exemplaren, die unter 12 g wiegen, ist laut E. Erdmann eine Verwendung als Pfeilspitze wahrscheinlicher.

3.2.1.5.4. Wurfspeerspitze mit dreikantigem Querschnitt

Beschreibung: Die massive Spitze hat einen dreikantigen Querschnitt und eine meist geschlossene, seltener geschlitzte Tülle. Wurfspeerspitzen dieses Typs wurden aus einer Kupferlegierung oder aus Eisen hergestellt. Diesen Speeren zuzuordnen sind konische Speerschuhe mit kugel- oder zwiebelförmigem Endstück.
Datierung: mittlere Römische Kaiserzeit, spätestens 2.–mindestens Mitte 3. Jh. n. Chr.
Verbreitung: Römisches Reich, Stücke aus Kupferlegierung mit deutlicher Konzentration auf die Donauprovinzen.
Relation: [Geschossbolzen] 2.1.4. Geschossbolzen mit pyramidaler Bolzenspitze mit dreieckigem Querschnitt und deutlichem Absatz zur Tülle.
Literatur: Walke 1965, Taf. 108,14–16; Petculescu 1991; Zanier 1992, Taf. 24,C 26–27; Gschwind 2004, 187.

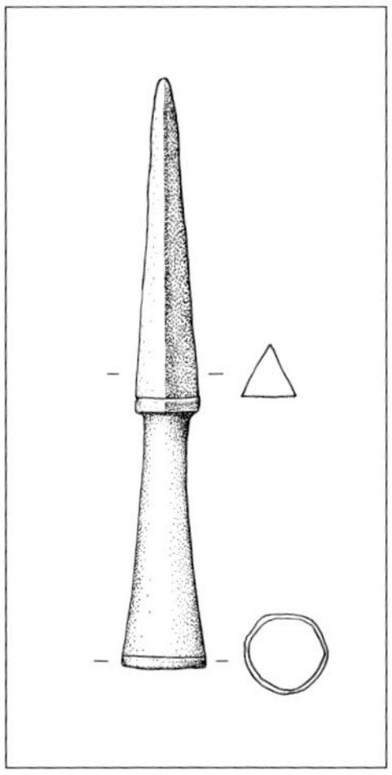

3.2.1.5.4., Maßstab 2:3

3.2.1.5.5. Speerspitze mit vierkantigem Querschnitt und von der Spitze kaum oder nicht abgesetzter Tülle

Beschreibung: Die eiserne Spitze hat einen vierkantigen Querschnitt. Sie geht ohne oder mit nur minimalem Absatz in die Tülle über.
Datierung: Römische Kaiserzeit bis Spätantike, 1.–5. Jh. n. Chr.
Verbreitung: Römisches Reich.
Relation: 3.2.1.5.6. Vierkantige Speerspitze mit Tülle; [Pfeilbewehrung] 3.3.4.1. Tüllenpfeilspitze mit vierkantigem Blatt; [Pfeilbewehrung] 3.2.3.5. Vierkantbolzen; [Geschossbolzen] 2.3.1. Geschossbolzen mit langgezogener Bolzenspitze mit annähernd quadratischem Querschnitt und kaum erkennbarem Übergang zur Tülle; [Geschossbolzen] 2.6.1.1. Bolzenspitze mit quadratischem Querschnitt mit Tülle mit rundem Querschnitt.

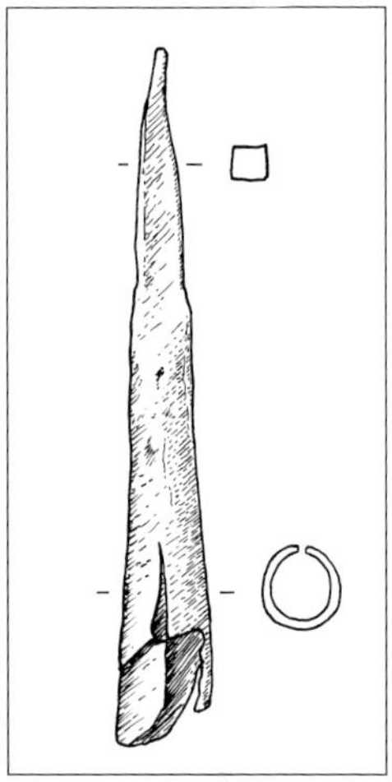

3.2.1.5.5.

Literatur: Dolenz 1998, 70–71 m. Anm. 290; Deschler-Erb 1999, Taf. 2,20–21; 26–33; Gschwind 2004, 187; Zagermann 2018, 305, Nr. 165, Abb. 9,165.
Anmerkung: Eine konkrete Unterscheidung von Wurfspeer- oder Speerspitzen ist schwierig. Größere und schwerere Exemplare werden häufig als Geschossspitzen eingeordnet (vgl. Deschler-Erb 1999, 16–17). Mitunter bleibt deshalb in der Literatur vage, ob mit der Ansprache »Geschoss« konkret Geschützpfeilspitzen oder eine allgemeine Ansprache als Waffenspitze gemeint ist.

3.2.1.5.6. Vierkantige Speerspitze mit Tülle

Beschreibung: Die eiserne vierkantige Speerspitze geht ohne Absatz in eine meist geschlossene, seltener geschlitzte Tülle über. Zu den kleineren, leichteren Wurfspeerspitzen sind sie durch ihre Größe abzugrenzen. Deschler-Erb schlug vor, dass die Grenze bei einer Größe von etwa 210 mm liegen sollte.
Datierung: mittlere Römische Kaiserzeit, Schwerpunkt wohl 2.–3. Jh. n. Chr.
Verbreitung: Römisches Reich.
Relation: 3.2.1.5.5. Speerspitze mit vierkantigem Querschnitt und von der Spitze kaum oder gar nicht abgesetzter Tülle; [Pfeilbewehrung] 3.2.3.5.

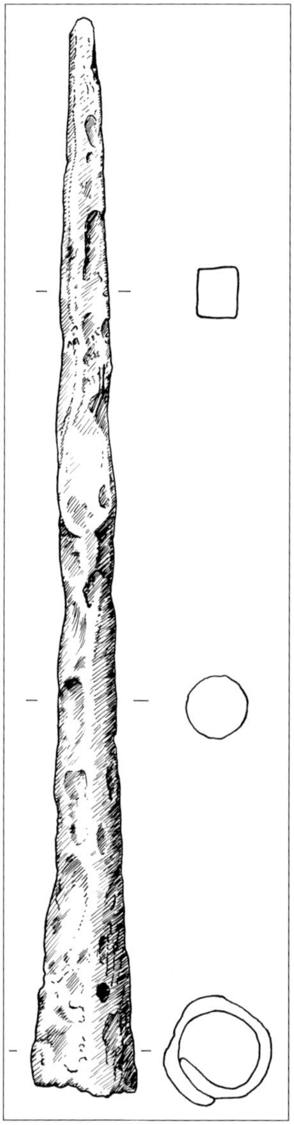

3.2.1.5.6.

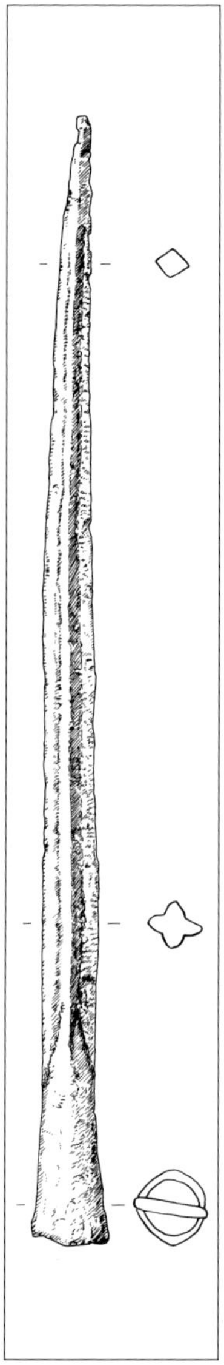

3.2.1.5.7.

Vierkantbolzen; [Pfeilbewehrung] 3.3.4.1. Tüllenpfeilspitze mit vierkantigem Blatt; [Geschossbolzen] 2.3.1. Geschossbolzen mit langgezogener Bolzenspitze mit annähernd quadratischem Querschnitt und kaum erkennbarem Übergang zur Tülle; [Geschossbolzen] 2.6.1.1. Bolzenspitze mit quadratischem Querschnitt mit Tülle mit rundem Querschnitt.

Literatur: Schumacher 1884–1937, Nr. 40 Osterburken, Taf. 7,28–30.34; Keller 1971, 78 m. Anm. 449, Taf. 3,11; Deschler-Erb 1999, 21; Gschwind 2004, Taf. 82,D119.

3.2.1.5.7. Tüllenlanzenspitze Typ Mollestad

Beschreibung: Die eiserne Lanzenspitze hat ein häufig recht langes und sehr schmales Blatt mit einem im unteren Teil sternförmigen, an der Blattspitze rhombischen bis quadratischen Querschnitt. Ersterer resultiert aus einem scharf abgesetzten, hohen dreieckigen Mittelgrat. Lanzenspitzen dieses Typs sind mit 16,5 bis 76 cm in ihrer Länge sehr heterogen. Von dieser Länge nimmt die mit ein oder zwei Nietlöchern versehene Tülle nur einen geringen Teil ein, da hier 3,5 cm selten überschritten werden. Blattbreite und -dicke entsprechen sich in etwa und erreichen maximal 2,5 cm. Gelegentlich wurden punktförmige Einlagen aus Gold, Silber oder Bronze als Verzierung angebracht.
Synonym: Lanzenspitze Ilkjær Typ 11.
Datierung: jüngere Römische Kaiserzeit, C3 (Eggers), bis Völkerwanderungszeit, 4.–5. Jh. n. Chr.
Verbreitung: Dänemark, Schweden, Norwegen, Finnland, Schleswig-Holstein.
Literatur: Ilkjær 1990, 79–85, Taf. 34–38; Bemmann/Hahne 1994, 425; 427; 314, Abb 14,1; 63,5; Bemmann/Bemmann 1998, 181, Taf. 107,962–111,994; Bemmann 1999, 8, Abb. 2,2.

3.2.1.5.8. Tüllenpilum

Beschreibung: Die runde, seltener facettierte Tülle hat in der Regel ein Nietloch und geht in einen langen Schaft über, der entweder in einer einfachen bzw. einer vierkantigen oder seltener dreikantig pyramidalen Spitze endet. Eine Sonderform stellen die Brandpila dar, die unterhalb der Spitze eine ösenförmige Erweiterung tragen.
Datierung: Römische Republik bis Römische Kaiserzeit, 2. Jh. v. Chr.–3. Jh. n. Chr.
Verbreitung: Römisches Reich.
Relation: 3.1.1. Zungenpilum.

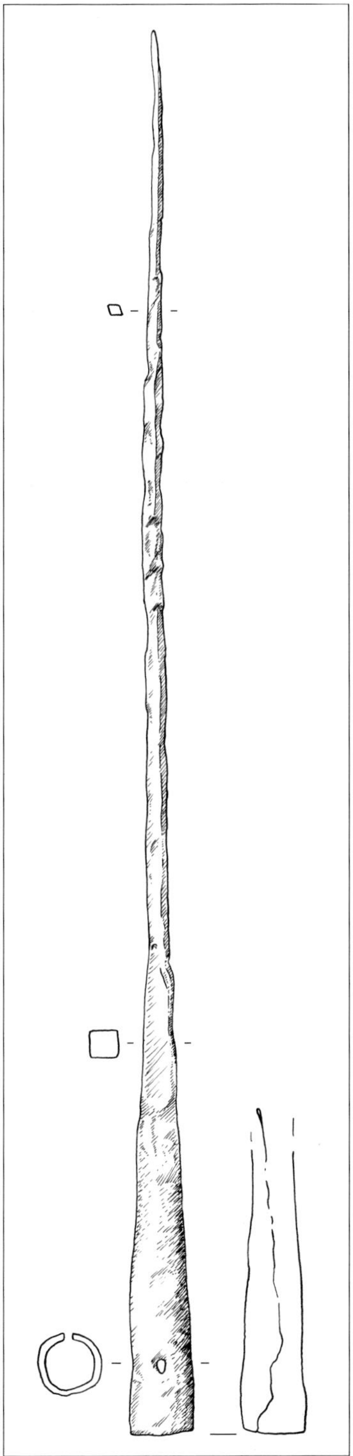

3.2.1.5.8.1.

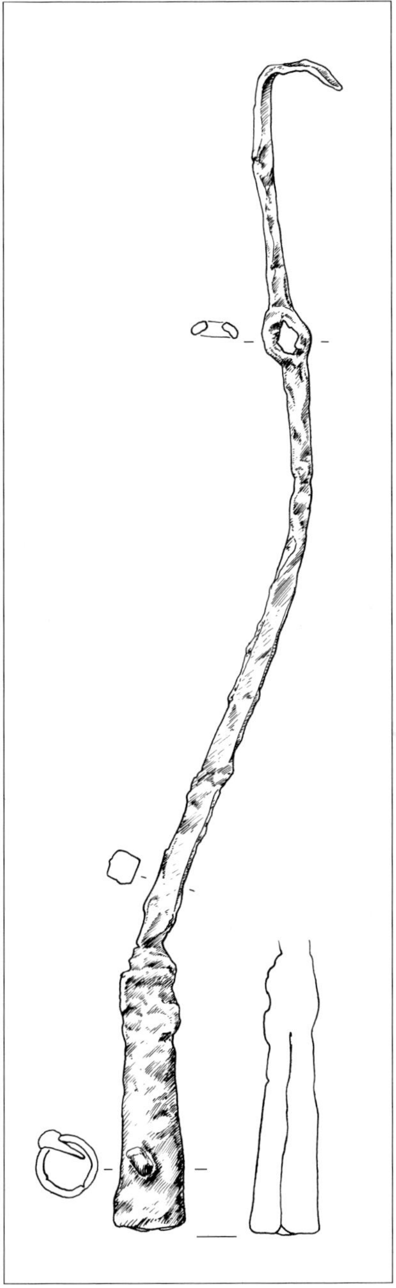

3.2.1.5.8.1.1.

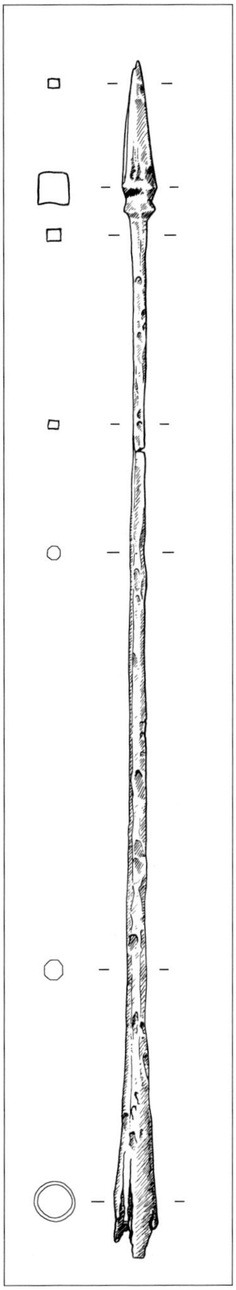

3.2.1.5.8.2., Maßstab 1 : 3

Literatur: Hanel 1995, 48; Harnecker 1997, 88–89; Horvat 2002, 133; Poux 2008, 332–335; Deschler-Erb 2022, 93.

3.2.1.5.8.1. Tüllenpilum mit einfacher Spitze

Beschreibung: An die runde Tülle mit einem Nietloch schließt sich ein langer Schaft mit quadratischem Querschnitt an. Dieser Schaft endet in einer einfachen Spitze. Es werden Längen von 21 bis 70 cm erreicht.
Datierung: Römische Republik bis Römische Kaiserzeit, 2. Jh. v. Chr.–3. Jh. n. Chr.
Verbreitung: Römisches Reich.
Literatur: Horvat 2002, 133, Taf. 7,4–7; 8–10; 11,1–7; Poux 2008, 332–335.

3.2.1.5.8.1.1. Brandpilum

Beschreibung: In der runden Tülle befindet sich ein Nietloch. Sie geht in einen Schaft mit quadratischem Querschnitt über, der in einer einfachen Spitze endet. Unterhalb der Spitze befindet sich eine ösenförmige Verbreitung zur Aufnahme organischen Brandmaterials. Die Längen der Brandpila betragen 24 bis 40 cm, wobei zu berücksichtigen ist, dass viele Stücke in der Öse gebrochen sind.
Datierung: Römische Republik bis Römische Kaiserzeit, 2. Jh. v. Chr.–3. Jh. n. Chr.
Verbreitung: Römisches Reich.
Literatur: Horvat 2002, Taf. 11,8–10; 12.

3.2.1.5.8.2. Tüllenpilum mit vierkantig oder dreikantig pyramidaler Spitze

Beschreibung: Die vierkantig oder seltener dreikantig pyramidale Spitze sitzt oft auf einem profilierten Halsteil. Daran schließt sich ein langer Schaft an, der zunächst einen viereckigen Querschnitt hat. Der Schaft geht in die runde oder facettierte, am Ende erweiterte Tülle über, in der sich meist ein Nietloch befindet. Häufig werden Längen zwischen 45 und 70 cm erreicht.
Datierung: Römische Republik bis Römische Kaiserzeit, 2. Jh. v. Chr.–3. Jh. n. Chr.
Verbreitung: Römisches Reich.
Relation: 3.1.1.2. Zungenpilum mit vierkantig oder dreikantig pyramidaler Spitze.
Literatur: Hanel 1995, 48, Taf. 50,B757; Harnecker 1997, 88–89, Taf. 73,770; Dolenz 1998, 61; Deschler-Erb 1999, 19–20; Deschler-Erb 2022, 93, Taf. 69,M0071.
(siehe Farbtafel Seite 38)

3.2.2. Lanzen-/Speerbewehrung mit Tülle und Blattwiderhaken <Metall>

Beschreibung: Die Längen der Widerhaken der eisernen Bewehrungen sind sehr variabel. Der Blattquerschnitt ist häufig rautenförmig. Zwischen Blatt und Tülle kann sich ein längerer Schaft befinden. Die Tülle ist rund oder facettiert, kann geschlitzt oder offen sein. Bei den Angonen kommt als Sonderform die Federtülle hinzu.
Datierung: Römische Kaiserzeit, B (Eggers), bis Frühmittelalter, 1.–Beginn 7. Jh. n. Chr.
Verbreitung: Norwegen, Schweden, Dänemark, Finnland, Schleswig-Holstein, Sachsen-Anhalt sowie Fränkisches Reich mit Schwerpunkten im Kerngebiet in Nordostfrankreich, Südbelgien, im Moselgebiet und am Mittelrhein, Römisches Reich.
Literatur: Böhner 1958, 160–162, Taf. 31,5; von Schnurbein, S. 1974; Voigt 1975, 225; Ilkjær 1990, 183–184; 240–245; Bennett 1991; Völling 1991; Deschler-Erb/Schwarz 1993; Bemmann/Hahne 1994, 432; 439–440; Buora 1997; Bemmann/Bemmann 1998, 186; Fischer, T. 2000, 69–71; Bishop/Coulston 2006, 200–202.

3.2.2.1. Lanzenspitze mit Widerhaken Typ Hunn

Beschreibung: Das geschwungene Blatt hat üblicherweise lange, deutlich ausschwingende Widerhaken. Es hat einen rhombischen bis konkav-rhombischen Querschnitt. Die Tülle wird im mittleren Teil durch mehrere Wülste in zwei Abschnitte gegliedert. Der obere weist einen quadratischen, der untere einen kreisrunden oder facettierten Querschnitt auf. Als Material wurde Eisen verwendet. Die Spitzen haben Längen von 14 bis 30 cm, wobei 20 cm selten unterschritten werden.

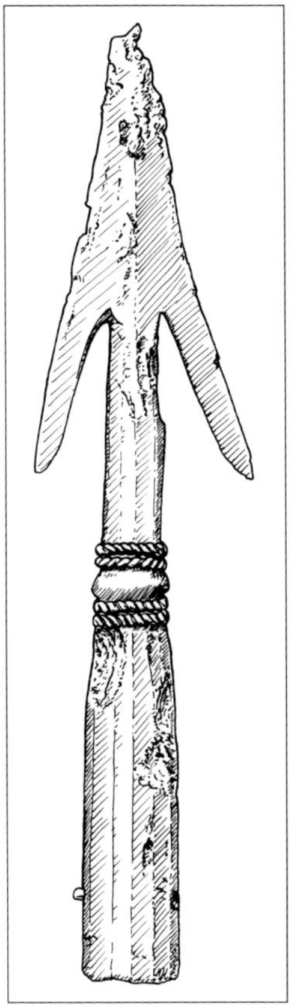

3.2.2.1.

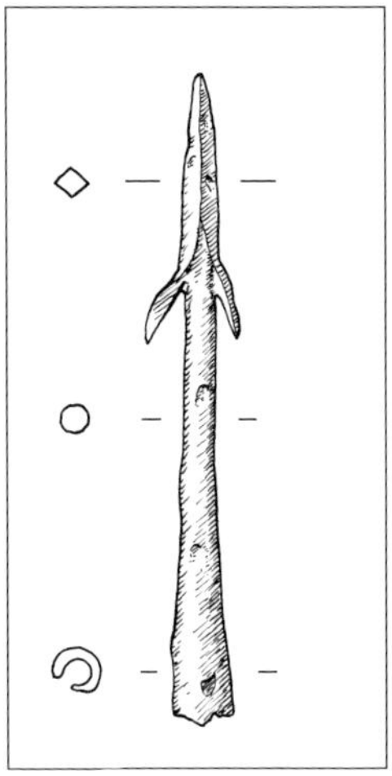

3.2.2.2.

Die Breiten belaufen sich auf 2,5 bis 5 cm und die Dicken auf 0,65 bis 1 cm.
Datierung: Römische Kaiserzeit, B–C (Eggers), 1.–4. Jh. n. Chr.
Verbreitung: Norwegen, Schweden, Dänemark, Schleswig-Holstein, Sachsen-Anhalt, selten in Niedersachsen.
Literatur: Raddatz 1974, Taf. 99,499,d; Voigt 1975, 225, Abb. 45,d; Raddatz 1981, Taf. 64,377,e; Bemmann/Hahne 1994, 432, Abb. 65,1.
(siehe Farbtafel Seite 38)

3.2.2.2. Wurfspeerspitze mit Widerhaken

Beschreibung: Die eisernen Speerspitzen haben eine vierkantige Spitze und tief ansetzende Widerhaken. Der Schaft ist vierkantig und geht in eine häufig geschlitzte Tülle über.
Datierung: Spätantike, 4.–5. Jh. n. Chr.
Verbreitung: Römisches Reich.
Literatur: Garbsch 1966, Taf. 29,27; Ulbert, T. u. a. 1981, 76; 173, Nr. 181, Taf. 22,181; Gschwind 2004, 188, Taf. 82,D466–D467; Bishop/Coulston 2006, 200–202, Abb. 127,2.
Anmerkung: Angelehnt an germanische Widerhakenspeere wurde diese Form in der Spätantike in verschiedenen Ausführungen ins römische Heer übernommen. Der Übergang zu den Widerhakenpfeilspitzen mit Tülle ist fließend.

3.2.2.2.1. Plumbata

Beschreibung: Die *plumbata* ist ein Wurfpfeil mit zweiflügeliger Widerhakenspitze. Der Schaft hat einen runden oder viereckigen Querschnitt und ist bisweilen tordiert. Seltenere Varianten zeigen nur einen einzelnen Widerhaken oder eine Spitze ohne Widerhaken mit dreikantigem oder pyramidalem Querschnitt. Die Verbindung der bis zu 16 cm langen Spitze mit dem Holzschaft erfolgt durch eine an beiden Schmalseiten gelochte bikonische oder spindelförmige Bleimanschette, die

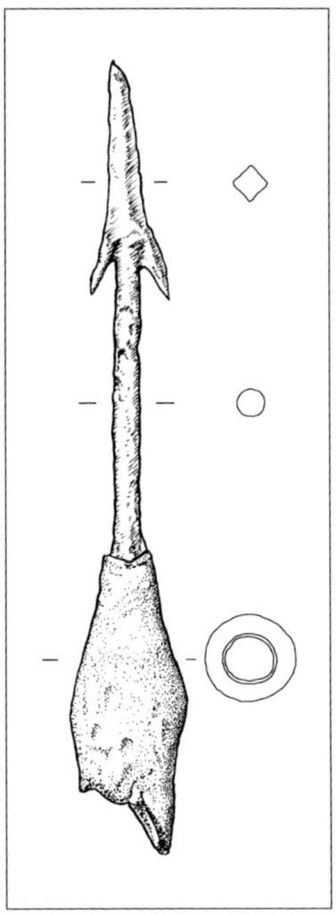

3.2.2.2.1.

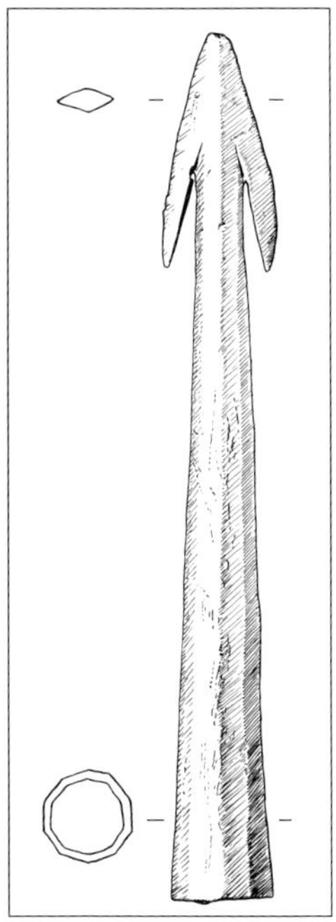

3.2.2.3.

auch ohne erhaltene Spitze eine eindeutige Zuweisung zu *plumbatae* ermöglicht. Die Bleimanschette diente gleichzeitig wie bei Dartpfeilen zur Stabilisierung der Flugbahn. Das lateinische Synonym »*mattiobarbulus*« bezieht sich auf die »bartartigen« Fortsätze der Widerhaken.
Synonym: Wurfpfeil; mattiobarbulus.
Datierung: Spätantike, 4.–5. Jh. n. Chr.
Verbreitung: Großbritannien, Deutschland, Österreich, Ungarn, Slowenien, Norditalien, Serbien, Bulgarien, Georgien.
Literatur: Bennett 1991; Völling 1991; Buora 1997; Bishop/Coulston 2006; Vujović 2009; Buora 2016; Tökölyová 2018; Dolenz/Flügel/Buora 2021, 695–697.
(siehe Farbtafel Seite 38)

3.2.2.3. Lanzenspitze mit Widerhaken Typ Hval

Beschreibung: Die aus Eisen gefertigte Lanzenspitze hat ein im Verhältnis zur langen Tülle kurzes Blatt. Der Blattquerschnitt ist rautenförmig. Die Widerhaken sind deutlich ausgeprägt und herabgezogen. Die Tülle kann facettiert sein. Die Gesamtlänge der Lanzenspitze liegt unter 17 cm, die Blattlänge unter 6 cm.
Synonym: Speerspitze Ilkjær Typ 2.
Datierung: Römische Kaiserzeit, B2–C1 (Eggers), 2. Hälfte 1.–2. Jh. n. Chr.
Verbreitung: Dänemark, Schweden, Norwegen, Finnland, Schleswig-Holstein.
Literatur: Bantelmann 1971, Taf. 40,302h; Ilkjær 1990, 183–184, Abb. 130, Taf. 152–153.

3.2.2.4. Speerspitze mit Widerhaken

Beschreibung: Die kurze Speerspitze weist Widerhaken auf. Sie sitzt auf einem kräftigen vierkantigen Schaft und einer Tülle mit Nagelloch. Die Tülle kann facettiert sein. Zwischen Tülle und Schaft befindet sich eine mehr oder weniger ausgeprägte Verdickung.
Datierung: mittlere Römische Kaiserzeit bis Spätantike, etwa 3.–5. Jh. n. Chr.
Verbreitung: Barbaricum und nordwestliches Römisches Reich.

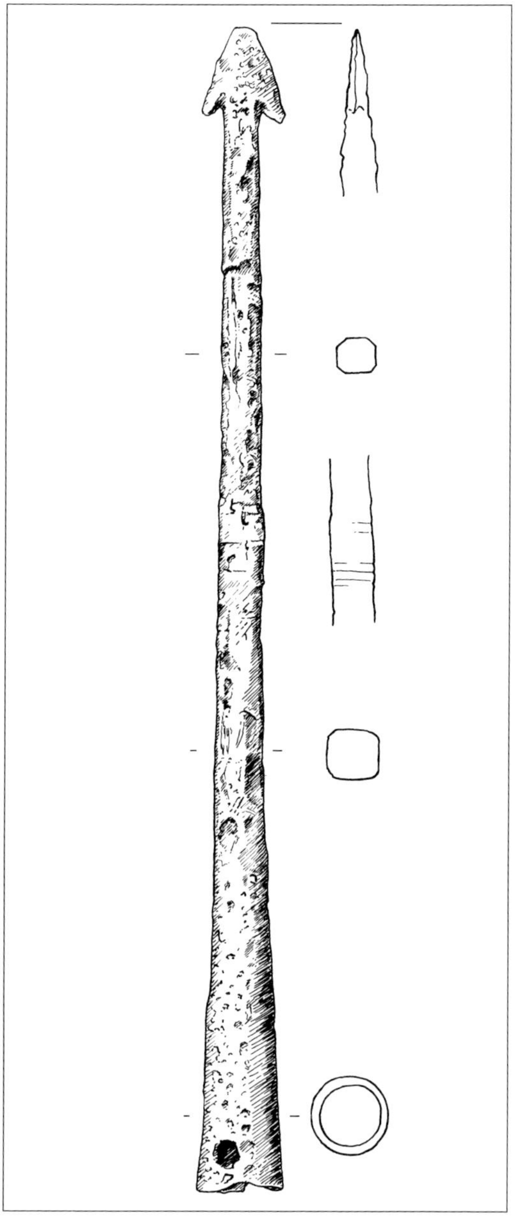

3.2.2.4.

Literatur: Jahn 1916, 87–89; Bemmann/Hahne 1994, Abb. 54,4; Fischer, T. 2000, 69–71, Abb. 2,1; Gschwind 2004, 188, Taf. 82,D118.
Anmerkung: Speere mit Widerhaken sind eine germanische Waffenform, welche in der Spätantike auch im römischen Heer in Erscheinung tritt.

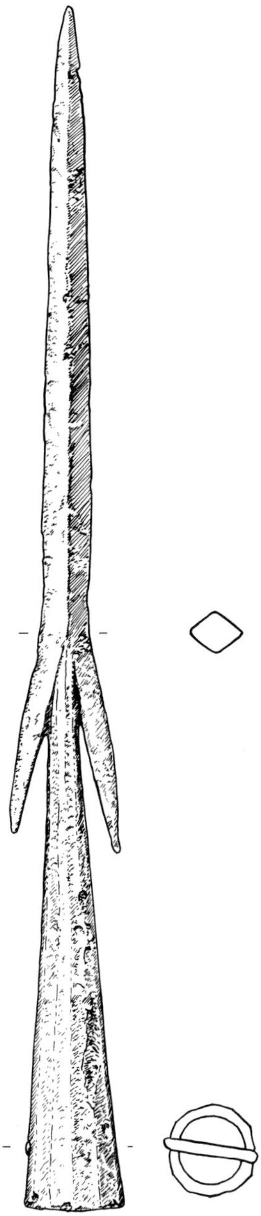

3.2.2.5.

3.2.2.5. Lanzenspitze mit Widerhaken Typ Sättra

Beschreibung: Das lange schlanke Blatt läuft in deutlichen Flügelwiderhaken aus. Es hat einen hochrhombischen Querschnitt. Die größte Breite und Dicke befinden sich in der Mitte oder im mittleren Drittel des Blattes. Es ist immer länger als die facettierte Tülle. Die Längen der eisernen Spitzen belaufen sich auf 15 bis 35 cm, die Breiten auf 0,8 bis 1,2 cm und die Dicken auf 0,8 bis 1 cm.
Synonym: Speerspitze Ilkjær Typ 11.
Datierung: jüngere Römische Kaiserzeit, C (Eggers), 2.–4. Jh. n. Chr.
Verbreitung: Dänemark, Schweden, Norwegen, Schleswig-Holstein.
Literatur: Saggau 1981, Taf. 158,K.S.10326; Ilkjær 1990, 240–245, Taf. 220–227; Bemmann/Hahne 1994, 439–440; Bemmann/Bemmann 1998, 186, Taf. 145,1252–151,1317.

3.2.2.6. Speerspitze mit dreikantigem Querschnitt und kleinen Widerhaken

Beschreibung: Die massive Spitze hat einen dreikantigen Querschnitt und endet in kleinen Widerhaken. Geschäftet wurde sie mittels einer geschlossenen oder geschlitzten Tülle. Als Material wurde Eisen verwendet.

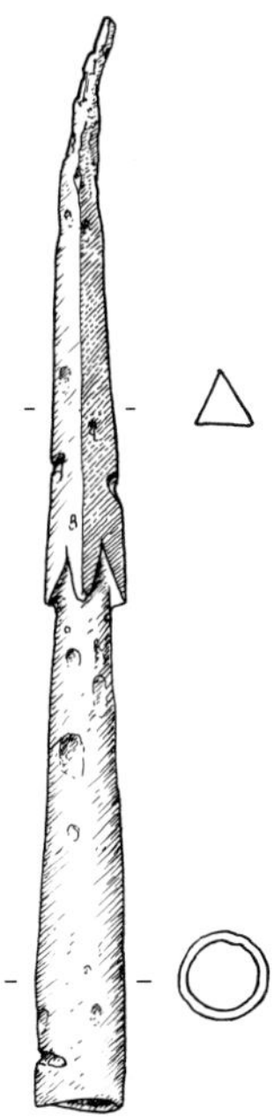

3.2.2.6.

Datierung: Römische Republik bis Römische Kaiserzeit, 2. Jh. v. Chr.–4. Jh. n. Chr.
Verbreitung: Römisches Reich.
Literatur: Herrmann, F.-R. 1969, 134, Abb. 4,11–14; Fischer, T. 1990, Taf. 43,I18; Petculescu 1991; Deschler-Erb/Schwarz 1993; Gschwind 2004, 187, Taf. 85,D212–D214; Luik 2010, Abb. 4,2.

Anmerkung: Die Unterscheidung von Speeren und Wurfspeeren ist mitunter kaum möglich. Es wird diskutiert, ob sie mit dem durch Vegetius benannten Speertyp »verutum« gleichzusetzen sein könnten (Vegetius, Epitoma rei militaris 2, 15).

3.2.2.7. Ango

Beschreibung: Die eiserne Lanzenspitze besteht aus einem langen dünnen Schaft und einer pyramidenförmigen, im Querschnitt annähernd quadratischen Spitze mit zwei Widerhaken. Die Länge der Spitze inklusive der Widerhaken liegt zwischen 6 und 10 cm. Der Schaft ist 1 bis 1,5 cm dick und im Querschnitt meist rund, sechs- oder achteckig, nur selten auch quadratisch. Zur Tülle hin verdickt sich der Schaft und ist hier oft facettiert. Verziert ist er sehr selten. Es gibt drei verschiedene Tüllenformen, die wohl mit allen Spitzenformen vorkommen können. Bei der Federtülle erweitert sich der Schaft zu einer kurzen Tülle, an die zwei bis vier schmale lange Zungen, die sogenannten Federn, angebracht sind, die den Holzschaft umfassen. Über diese Federn wurden drei bis vier Ringe geschoben; häufig wurden wohl in die Zwischenräume zwischen den Federn schmale Eisenbänder eingelegt, die am Ende zu Drähten geschmiedet waren, die in enger Wicklung um den Schaft gelegt wurden. Diese Art der Tülle ist korrosionsanfällig und schwer zu identifizieren. Häufiger kommen Tüllen mit Schlitz (Schlitztülle) vor, bei denen z. T. ebenfalls bis zu vier Ringe über die Verbindung zwischen Tülle und Holzschaft geschoben wurden. Selten sind gänzlich geschlossene Tüllen (Ganztüllen). Die eisernen Teile der Angonen weisen häufig Längen zwischen 80 und 115 cm auf, aber auch bis zu 190 cm können – gerade bei den Stücken mit Federtülle – erreicht werden.
Datierung: Frühmittelalter, 2. Hälfte 5.–Beginn 7. Jh. n. Chr.
Verbreitung: Fränkisches Reich mit Schwerpunkten im Kerngebiet in Nordostfrankreich, Südbelgien, im Moselgebiet und am Mittelrhein.
Literatur: Böhner 1958, 160–162, Taf. 31,5; von Schnurbein, S. 1974.
Anmerkung: Angoähnliche Waffen finden sich auch noch auf mittelalterlichen Darstellungen,

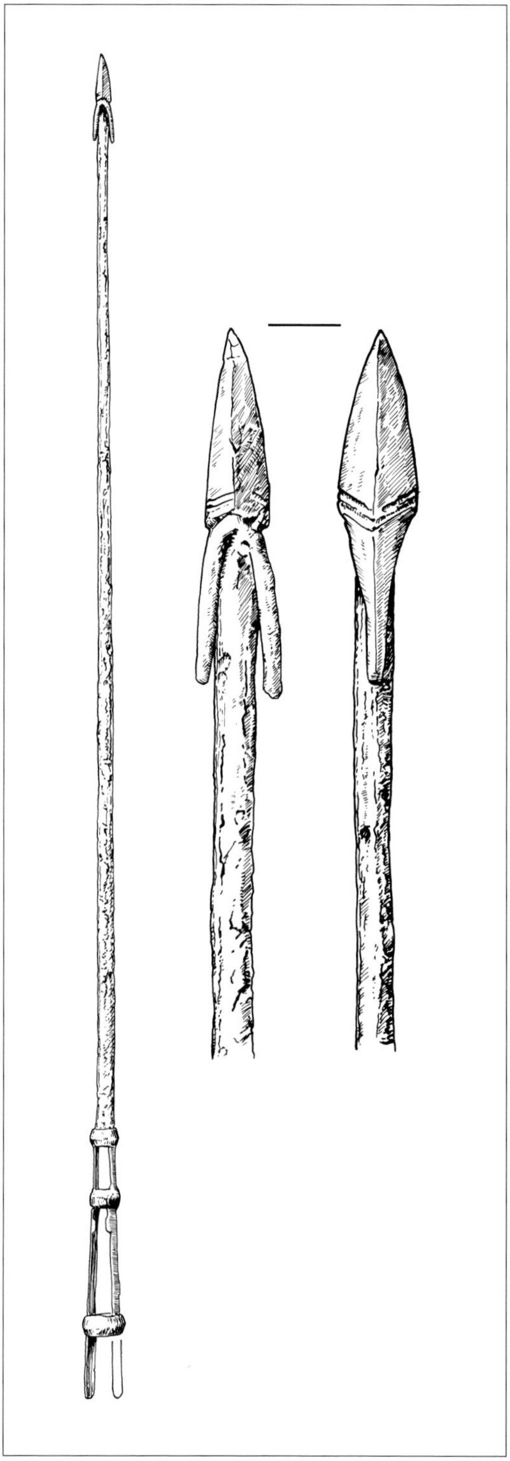

3.2.2.7.1., Maßstab 1 : 6, 2 : 3

z. B. auf dem Teppich von Bayeux (von Schnurbein, S. 1974, 421).

3.2.2.7.1. Ango Typ A

Beschreibung: Die gedrungene pyramidenförmige Spitze des eisernen Angos hat einen ungefähr quadratischen Querschnitt und zwei Widerhaken. Die Spitzenlängen einschließlich der Widerhaken betragen 6 bis 10 cm. Sie verlaufen parallel zum Schaft. Zwischen der bolzenförmigen Spitze und den Widerhaken liegt eine deutliche Einschnürung. Der lange Schaft hat meist einen runden oder einen sechs- oder achteckigen Querschnitt und läuft in einer Tüllen- oder einer Federschäftung aus. Zur Tülle hin verdickt sich der Schaft und kann facettiert sein. Es werden Gesamtlängen der eisernen Teile von 80 bis 190 cm erreicht.
Datierung: Frühmittelalter, 2. Hälfte 5.–Mitte 6. Jh. n. Chr.
Verbreitung: Fränkisches Reich mit Schwerpunkten im Kerngebiet in Nordostfrankreich, Südbelgien, im Moselgebiet und am Mittelrhein.
Literatur: Keßler 1940, Abb. 2,2; Jorns 1961, Abb. 13,1; Ament 1970, Taf. 9,1a–c; Garscha 1970, 283, Taf. 60,1; von Schnurbein, S. 1974; Damminger 2002, 71, Taf. 39,A1.

3.2.2.7.2. Ango Typ B

Beschreibung: Der eiserne Ango hat eine pyramidenförmige Spitze mit annähernd quadratischem Querschnitt und zwei Widerhaken. Spitze und Widerhaken haben eine Länge zwischen 6 und 10 cm. Zwischen der bolzenförmigen Spitze und den Widerhaken befindet sich eine leichte Einschnürung, die von zwei schrägen Kerben begleitet wird. Üblicherweise schwingen die Widerhaken leicht nach außen aus. Der Querschnitt des langen Schaftes ist rund, sechs- oder achteckig. Er verdickt sich zur Tülle hin und ist gelegentlich facettiert. Mittels Tüllen- oder Federschäftung wurde er mit einem Schaft aus organischem Material verbunden. Die eisernen Teile der Angonen erreichen Gesamtlängen von 80 bis 190 cm.
Synonym: Ango mit eingeschnürter Spitze.

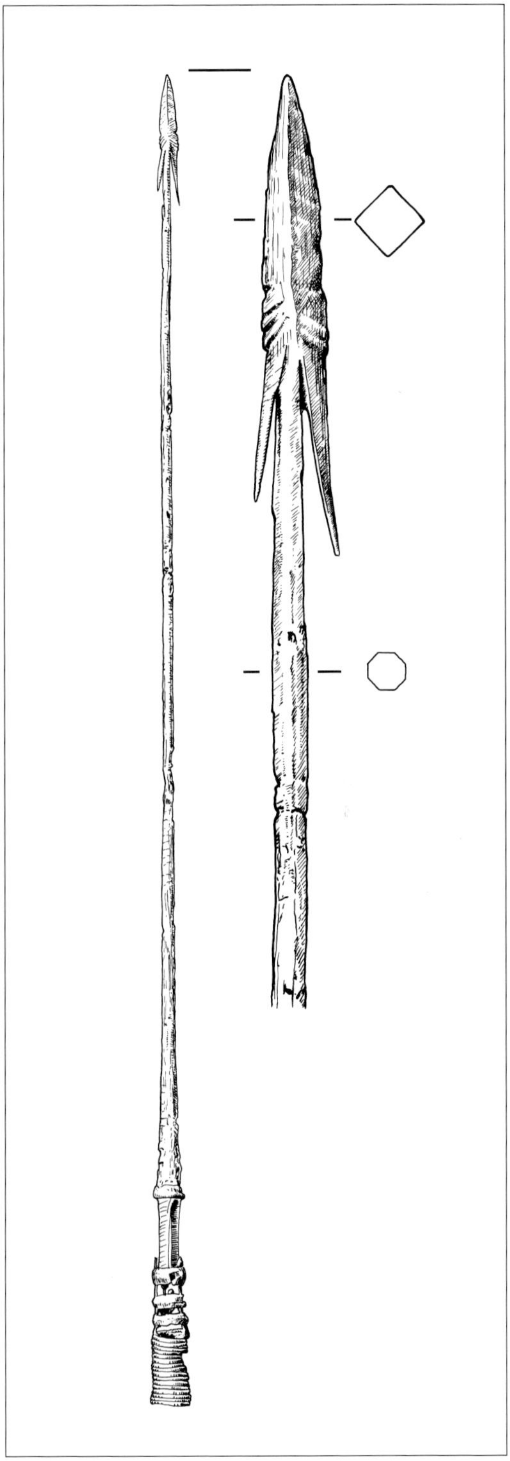

3.2.2.7.2., Maßstab 1 : 6, 2 : 3

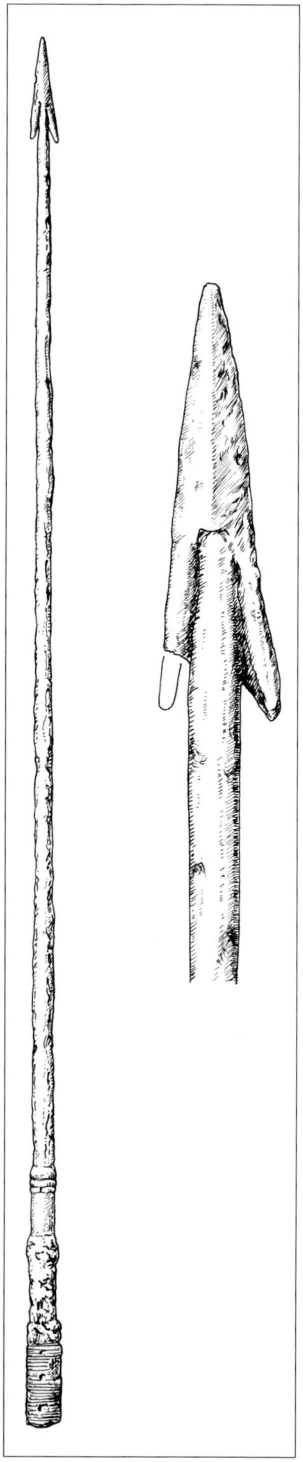

3.2.2.7.3., Maßstab 1 : 6, 2 : 3

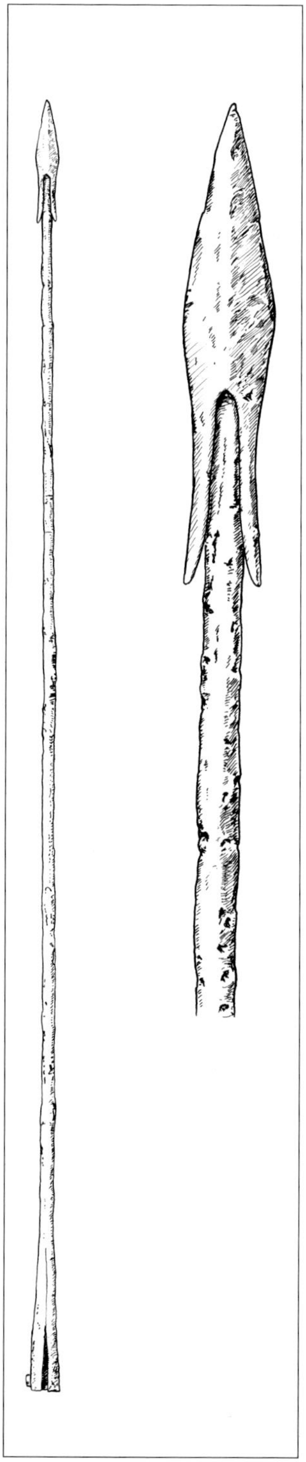

3.2.2.7.4., Maßstab 1 : 6, 2 : 3

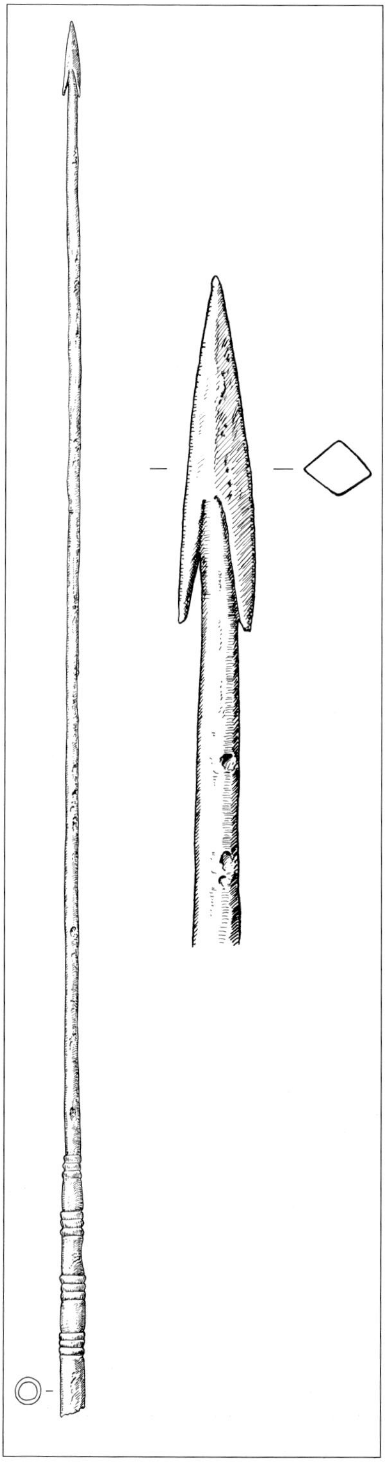

3.2.2.7.5., Maßstab 1 : 6, 2 : 3

Datierung: Frühmittelalter, 2. Hälfte 5.–Beginn 7. Jh. n. Chr.
Verbreitung: Fränkisches Reich mit Schwerpunkten im Kerngebiet in Nordostfrankreich, Südbelgien, im Moselgebiet und am Mittelrhein.
Literatur: Fundschau 1959, 193–194, Taf. 48,1; La Baume 1967, 28, Taf. 9,151,2; Garscha 1970, 218, Taf. 13,A12; von Schnurbein, S. 1974; Wieczorek 1987, 435, Abb. 4,47.

3.2.2.7.3. Ango Typ C

Beschreibung: Die pyramidenförmige Spitze des eisernen Angos hat einen ungefähr quadratischen Querschnitt und zwei Widerhaken. Die Länge der Spitze inklusive Widerhaken beträgt 6 bis 10 cm. Die Spitze ist im Umriss weidenblattförmig und oft durch schräge Kerben gefurcht. Am Übergang von der Spitze zum Schaft sitzen kurze, schräg nach außen abstehende Widerhaken. Der lange Schaft hat einen runden, sechs- oder achteckigen Querschnitt und läuft in einer Tüllen- oder Federschäftung aus. In Richtung Tülle ist der Schaft verdickt und z. T. facettiert. Die eisernen Teile sind insgesamt 80 bis 190 cm lang.
Datierung: Frühmittelalter, 2. Hälfte 5.–Beginn 7. Jh. n. Chr.
Verbreitung: Fränkisches Reich mit Schwerpunkten im Kerngebiet in Nordostfrankreich, Südbelgien, im Moselgebiet und am Mittelrhein.
Literatur: Doppelfeld 1964, 168, Abb. 8,d–e; Ament 1970, Taf. 19,1a–f; von Schnurbein, S. 1974.

3.2.2.7.4. Ango Typ D

Beschreibung: Der eiserne Ango trägt eine pyramidenförmige Spitze mit zwei kurzen Widerhaken, die eng am Schaft anliegen. Die Länge von Spitze und Widerhaken liegt zwischen 6 und 10 cm. Der Umriss der Spitze ist leicht gekantet, der Querschnitt ist im oberen Teil rautenförmig, im unteren rechteckig. Der lange Schaft verdickt sich und endet in einer Tüllen- oder Federschäftung. Sein Querschnitt ist rund, sechs- oder achteckig. Es werden Gesamtlängen der eisernen Teile von 80 bis 190 cm erreicht.
Datierung: Frühmittelalter, 2. Hälfte 5.–Beginn 7. Jh. n. Chr.
Verbreitung: Fränkisches Reich mit Schwerpunkten im Kerngebiet in Nordostfrankreich, Südbelgien, im Moselgebiet und am Mittelrhein.
Literatur: Kutsch 1921, Abb. 2,10; Böhner 1958, Taf. 31,5; von Schnurbein, S. 1974; Timpel 1990, 76; Benedix 2024, 67, Taf. 1,FRD-01-03.

3.2.2.7.5. Ango Typ E

Beschreibung: Die pyramidenförmige Spitze des eisernen Angos hat einen annähernd quadratischen Querschnitt und zwei Widerhaken. Spitze und Widerhaken erreichen Längen von 6 bis 10 cm. Die Spitze ist haubenartig über das Schaftende geschmiedet und läuft ohne Einschnürung in die parallel zum Schaft geführten oder leicht nach außen schwingenden Widerhaken aus. Der lange Schaft hat einen runden, sechs- oder achteckigen Querschnitt und endet in einer Tüllen- oder Federschäftung. In Richtung der Tülle ist der Schaft verdickt und z. T. auch facettiert. Die eisernen Teile erreichen Gesamtlängen von 80 bis 190 cm.
Datierung: Frühmittelalter, 2. Hälfte 5.–Beginn 7. Jh. n. Chr.
Verbreitung: Fränkisches Reich mit Schwerpunkten im Kerngebiet in Nordostfrankreich, Südbelgien, im Moselgebiet und am Mittelrhein.
Literatur: Pirling 1964, Abb. 4,5; Zeller, G. 1972/73, Abb. 6,63,1; Pirling 1974, 143–144, Taf. 45,1; von Schnurbein, S. 1974; Pirling 1979, 106, Taf. 22,1; 38,1; Blaich 2006, 79, Taf. 92,1.

Die Geschossbolzen

Mario Bloier

In der römischen Artillerie sind seit republikanischer Zeit (2. Jh. v. Chr.) geschmiedete Projektilspitzen in zwei Grundformen bekannt: mit Dorn und mit Tülle. Die ursprünglichen Formen beginnen in hellenistischer Zeit und entwickeln sich typologisch weiter. Dabei kommen unterschiedliche Formen sowohl der Spitze – von quadratisch bis rund – als auch vom Übergang der Spitze v. a. zur Tülle vor, die typologisch unterschieden werden können. Grundsätzlich sind spätere Stücke mit länger gezogenen Spitzen und undeutlicheren Übergängen, als auch weniger fein gearbeitete (Massenherstellung) von den frühen Exemplaren zu unterscheiden.

Von den zeit- und formgleichen Lanzen- und Pfeilspitzen können Bolzenspitzen nur in Einzelfällen aufgrund der Größe, des Gewichts, als auch der offenen Tüllennaht unterschieden werden. Benutzte Bolzenspitzen zeigen meist deutlichere Verformungen und Spannungsrisse durch die hohe Aufprallwucht bzw. Abschussgeschwindigkeit. In der Schlachtfeldarchäologie können Bolzenspitzen von Lanzenspitzen meist durch ihre parallele Anordnung und Ausrichtung bzw. rekonstruierte Abschussstellen unterschieden werden.

1. Geschossbolzen mit Dorn

Beschreibung: Das Formmerkmal dieser Gruppe ist das Vorhandensein eines Dorns zur Befestigung im Schaft des Geschosses. Der Dorn erscheint in unterschiedlichen Querschnitten, was von Ubl (2007) zu unterschiedlichen Typen gegliedert wurde. Die Spitzen können sowohl pfeilähnlich pyramidal (1.1.) als auch doppelkonisch (1.2.) geformt sein. Von den späteren Exemplaren der Zeit ab dem späten 1. Jh. n. Chr. unterscheiden sich die frühen römischen wie die hellenistischen Vorläufer durch eine sorgfältigere Ausformung. Als Material wurde Eisen verwendet.
Datierung: späte Römische Republik bis Römische Kaiserzeit, spätrepublikanisch–tetrarchisch, 1. Jh. v. Chr.–5. Jh. n. Chr. (1.1.); frühe Römische Kaiserzeit, augusteisch, 1. Jh. n. Chr. (1.2.).
Verbreitung: Römisches Reich, Barbaricum.
Literatur: Baatz 1966, 205; Unz/Deschler-Erb 1997, 24–25; Zanier 2016, 304–315 (zur Herstellung S. 206); Wilkins 2024, 31; 63; 143.

1.1. Geschossbolzen mit pyramidaler Bolzenspitze mit deutlichem Absatz zum Dorn

Beschreibung: Das Formmerkmal dieser Variante ist das Vorhandensein einer relativ gleichseitigen pyramidalen Spitze mit quadratischem, sechs- und achteckigem oder rundem Querschnitt, die im unteren Absatz mit einem mehr oder weniger deutlichen Umbruch in den zentralen Mitteldorn übergeht, wobei der Übergang oft aus Erhaltungsgründen verschliffen sein kann. Der Dorn kann sowohl in rundlicher (Ubl Typ A1), als auch viereckiger Form (Ubl Typ A2) vorhanden sein. Vor allem die frühen, kaiserzeitlichen Formen können oft mit *pila*-Spitzen (siehe Lanzen-/Speerbewehrung 3.2.1.5.8.2.) verwechselt werden. Die Gesamtlänge und das Gewicht variieren zeitlich zwischen 4 und 16 cm bzw. 10 und 90 g und bilden so zwei unterschiedliche Gewichtsgruppen und somit unterschiedliche »Kaliber«. Alle Stücke wurden aus Eisen gefertigt.
Synonym: Gudea SU BII; Ubl Typ A1 (runder Dornquerschnitt); Ubl Typ A2 (quadratischer Dornquerschnitt).
Datierung: späte Römische Republik bis Römische Kaiserzeit, spätrepublikanisch–tetrarchisch, 1. Jh. v. Chr.–5. Jh. n. Chr.
Verbreitung: Römisches Reich, Barbaricum.
Literatur: Baatz 1966, 205, Abb. 2,2; Gudea 1991, 72, Abb. 3; Brouquier-Reddé 1997, 282, Abb. 3; Sievers 1997, 272, Abb. 1; Unz/Deschler-Erb 1997, 24, Taf. 22,421–428; Deschler-Erb 1999, 131, Taf. 3,37–40; Sievers 2000, 65, Abb. 95; Radman-Livaja 2001, 138; 145–146; 151, Taf. 3,5; Ubl 2007, 131–132, Abb. 4–5; Berger u. a. 2010, 342, Abb. 20,1–3; Campbell 2011, 35; Torres-Martínez/Martínez Velasco/Pérez Farraces 2012, 532, Abb. 5,14–15; Lahanar 2016, 91, Abb. 6,2; Tökölyová 2018, 128; 148–149, Nr. 97–103, Taf. LVI,97–98.101–103; Wilkins 2024, 31, Abb. 27,63; 50,143; 124.
(siehe Farbtafel Seite 39)

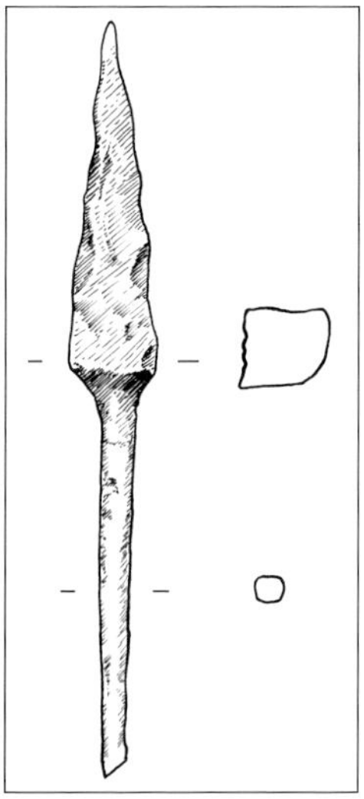

1.1.

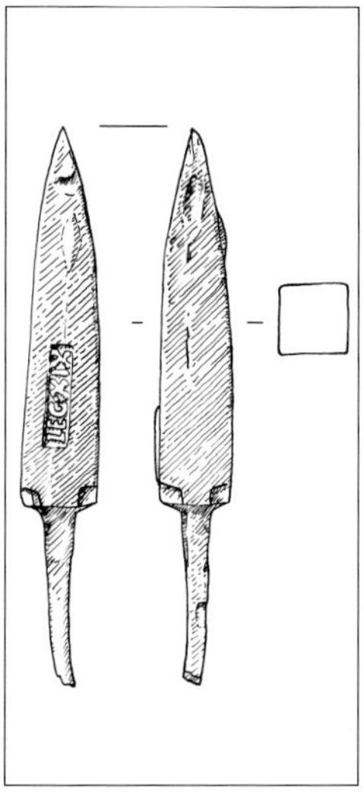

1.2.

1.2. Geschossbolzen mit doppelkonischer Bolzenspitze mit deutlichem Absatz zum Dorn

Beschreibung: Das Merkmal dieser eisernen Geschossbolzen ist das Vorhandensein einer doppelkonischen Spitze mit quadratischem Querschnitt, die im unteren Absatz mit einem eher deutlichen Umbruch in den zentralen Mitteldorn übergeht. Die Basis der Spitze ist meist an allen vier Ecken zu einem Achteck schräg abgekantet. Der vierkantige Schaftdorn ist deutlich abgesetzt und kann sowohl viereckige als auch abgerundete Form besitzen. Bei den bekannten Exemplaren können anhand der Länge der Spitzen und besonders des Gewichts zwei »Kaliber« unterschieden werden. Kaliber I: Länge 5,8 bis 6,7 cm, Gewicht 27 bis 33 g; Kaliber II: Länge 5,5 bis 5,8 cm, Gewicht 16 bis 25 g.
Datierung: frühe Römische Kaiserzeit, augusteisch, 1. Jh. n. Chr.
Verbreitung: Römisches Reich, Barbaricum.
Relation: [Pfeilbewehrung] 3.2.3.4. Bolzenartige Pfeilspitze mit vierkantigem Querschnitt und Dornschäftung.
Literatur: Baatz 1966, 205, Abb. 2,5; Unz/Deschler-Erb 1997, 24–25, Taf. 22,429–458; Zanier 2016, 304–315; 373–374, Taf. 26,E81–E84.
Anmerkung: Vom Döttenbichl sind drei Spitzen bekannt, die ein 1,3 × 0,35 cm großes, leicht vertieftes Stempelfeld besitzen, das die verwendende Einheit nennt: **LEG**[io] • **XIX**.
(siehe Farbtafel Seite 39)

2. Geschossbolzen mit Tülle

Beschreibung: Das Formmerkmal dieser Gruppe ist das Vorhandensein einer Tülle zur Befestigung am Schaft des Geschosses – meist wurde die Tülle zusätzlich mit einem kleinen Nagel am Schaft befestigt. Die Tülle hat in unterschiedliche Querschnitte. Die Spitzen erscheinen sowohl deutlich von der Tülle abgesetzt (2.1.) als auch mit einem fließenden Übergang (2.2.), ohne erkennbaren Übergang (2.3.) bzw. durch das Einschlagen der flachen Spitze (2.4.) geformt. Die Spitzen kommen in unterschiedlichen Formen, Längen und Querschnitten vor; so können sie sowohl pfeilähnlich pyramidal (2.1.–2.2.) als auch langgezogen (2.3.; 2.6.) oder doppelkonisch (2.5.) erscheinen – besondere Formen bilden die flächig ausgeformten Spitzen (2.4.3.) sowie die Bolzen mit geteiltem Kopf (2.7.). Geschossbolzen mit Tülle sind oft schwer von (Wurf-)Lanzenspitzen zu trennen; als Unterscheidungsmerkmal dienen Stauchungsrisse oder Verformungen aufgrund hoher Aufprallgeschwindigkeit, die so nur durch mechanische Abschussgeräte möglich erscheint. Im Vergleich zu klassischen Lanzen haben sie des Weiteren eine nicht verschweißte Tüllenöffnung (Zanier 2016, 302). Von den späteren Exemplaren der Zeit ab dem späten 1. Jh. n. Chr. unterscheiden sich die frühen römischen wie die hellenistischen Vorläufer durch eine sorgfältigere Ausformung. Als Material wurde stets Eisen verwendet.
Datierung: späte Römische Republik bis Römische Kaiserzeit, spätrepublikanisch–tetrarchisch, 1. Jh. v. Chr.–5. Jh. n. Chr.
Verbreitung: Römisches Reich, Barbaricum.
Literatur: James 1983, 142–143; Gudea 1991, 72; Brouquier-Reddé 1997, 282; Unz/Deschler-Erb 1997, 25–26; Radman-Livaja 1998, 226–231; Deschler-Erb 1999, 129–130; Radman-Livaja 2001, 151; Gschwind 2004, 187; Bishop/Coulston 2006, 60; 90; 137; 169; Ubl 2007, 132–146; Berger u. a.

2010, 341–342; Schwarz 2015, 34–35; Buora 2016, 38; Zanier 2016, 301 (Herstellung); Tökölyová 2018, 128–129; 149–155; Lechuga Chica u. a. 2021, 172; Wilkins 2024, 21; 61; 66 (zur Herstellung Abb. 53).

2.1. Geschossbolzen mit pyramidaler Bolzenspitze mit deutlichem Absatz zur Tülle

Beschreibung: Das prägende Formelement dieser Variante ist der deutlich erkennbare Übergang von der Spitze zur Tülle. Die Grundform der Spitze kann dabei im Querschnitt variieren. Die frühen Spitzen sind eher kompakt geformt, wohingegen die späteren Ausführungen langgezogen erscheinen. Weniger deutliche Übergänge von der Spitze zur Tülle können auf Korrosion zurückgeführt werden bzw. bilden die Varianten unter 2.2. Alle Stücke wurden aus Eisen gefertigt.
Datierung: späte Römische Republik bis Römische Kaiserzeit, 1. Jh. v. Chr.–3. Jh. n. Chr.
Verbreitung: Römisches Reich, Barbaricum.
Literatur: Gudea 1991, 72; Brouquier-Reddé 1997, 282, Unz/Deschler-Erb 1997, 25; Tökölyová 2018, 128–129; Wilkins 2024, 21.

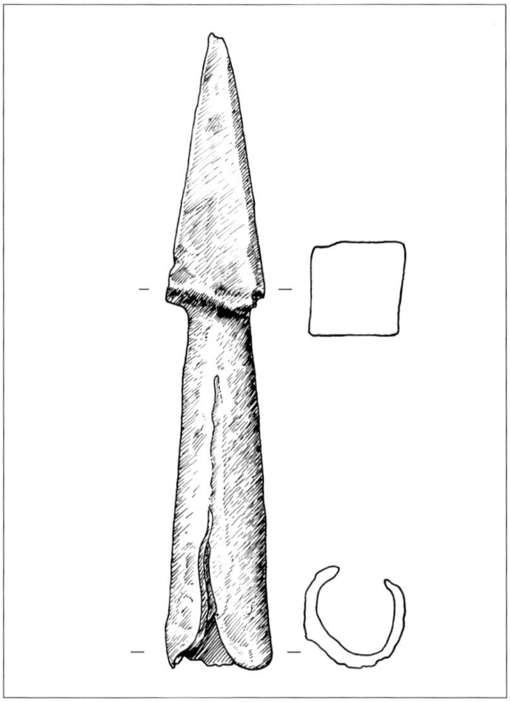

2.1.1

2.1.1. Geschossbolzen mit pyramidaler Bolzenspitze mit annähernd quadratischem Querschnitt und deutlichem Absatz zur Tülle

Beschreibung: Das Formmerkmal dieser Variante der eisernen Bolzen ist der quadratische Querschnitt der Spitze, die in einem eher deutlichen Umbruch in die Tülle übergeht. Möglicherweise können einige Exemplare der Form 2.1.3. korrosionsbedingt auch dieser Form zugeordnet werden. Weniger deutliche Übergänge von der Spitze zur Tülle können auf Korrosion zurückgeführt werden oder bilden die Variante 2.2. Mittels der vorliegenden Exemplare können unterschiedliche »Kaliber« anhand des Gewichts bestimmt werden. Die kleinsten Exemplare wiegen 20 bis 30 g, darauf folgen solche um 70 bis 75 g, dann eine Gruppe von 85 bis 100/110 g. Die größten wiegen zwischen 120 und knapp über 130 g und bilden die schwersten Exemplare dieses Typs. Die Länge variiert zwischen 7 und 15 cm.
Synonym: Gudea SU AII.
Datierung: späte Römische Republik bis frühe Römische Kaiserzeit, 1. Jh. v. Chr.–3. Jh. n. Chr.
Verbreitung: Römisches Reich, Barbaricum.
Relation: 2.2. Geschossbolzen mit pyramidaler Bolzenspitze mit annähernd quadratischem Querschnitt und verwaschenem Absatz zur Tülle; [Pfeilbewehrung] 3.3.4.1.1. Bolzenartige Tüllenpfeilspitze mit vierkantigem Querschnitt; [Pfeilbewehrung] 3.3.4.3. Tüllenpfeilspitze mit spitzpyramidalem Blatt; [Lanzen-/Speerbewehrung] 3.2.1.5.1.Vierkantspitze; [Lanzen-/Speerbewehrung] 3.2.1.5.3. Wurfspeerspitze mit vierkantigem Querschnitt und von der Spitze abgesetzter Tülle.
Literatur: Baatz 1966, 205, Abb. 1,1.7; Gudea 1991, 72, Abb. 2; Brouquier-Reddé 1997, 282, Abb. 4; Sievers 1997, 272, Abb. 1; Unz/Deschler-Erb 1997, 25, Taf. 23,459–486.499–501.503–505; Deschler-Erb 1999, 129–130, Taf. 1,5.8–9.14; 2,19.23–24; Guichard/Deberge 2000, 34, Abb. 47; Sievers 2000, 65, Abb. 95; Radman-Livaja 2001,

138.145.151, Taf. 3,4; Bishop/Coulston 2006, 60; 90; 137; 169, Abb. 29,a–c.e–f.; 47,a–d.f.; 82,2.4.; 108,2–4.6–7; Steidl 2006, Abb. 4,1; Peralta Labrador/Abad/Ibáñez 2009, 280, Abb. 2,1; Lahanar 2016, 91, Abb. 6,1; Zanier 2016, 299–304, Taf. 25–26,E66–E80; Tökölyová 2018, 128–129; 150–151, Nr. 120; 128–130, Taf. LVII,120.128–130; Lechuga Chica u. a. 2021, 172, Abb. 6,751–751.780.787; Istenič 2023, 337–338, Abb. 4,h–i; Wilkins 2024, 21; 31; 61; 80, Abb. 19,a.; 27; 47; 63.
(siehe Farbtafel Seite 39)

2.1.2. Geschossbolzen mit pyramidaler Bolzenspitze mit sechseckigem Querschnitt und deutlichem Absatz zur Tülle

Beschreibung: Das Formmerkmal dieser Variante ist der sechseckige Querschnitt der Spitze, die in einem mehr oder weniger deutlichen Umbruch in die Tülle übergeht. Der sechseckige Querschnitt wurde intentionell hergestellt. Möglicherweise können einige Exemplare der Form 2.1.3. korrosionsbedingt auch dieser Form zugeordnet werden. Weniger deutliche oder kaum Übergänge von der Spitze zur Tülle können auf Korrosion zurückgeführt werden oder bilden die Variante 2.3.2. Anhand der wenig eindeutig zugewiesenen Exemplare können keine unterschiedlichen »Kaliber« bestimmt werden. Die Exemplare wiegen 20 bis 30 g und besitzen eine Länge von 7 bis 9 cm. Als Material wurde stets Eisen genutzt.
Synonym: Gudea SU AIII Var.
Datierung: Römische Kaiserzeit, 3. Jh. n. Chr.
Verbreitung: Römisches Reich, Barbaricum.
Relation: [Lanzen-/Speerbewehrung] 3.2.1.5.2. Wurfspeerspitze mit polygonalem Querschnitt.
Literatur: Unz/Deschler-Erb 1997, 25, Taf. 23,502; Bishop/Coulston 2006, 169, Abb. 108,5; Franke 2009, 13, Taf. 2,22; Tökölyová 2018, 129, Taf. LVIII,138.
Anmerkung: Ähnliche Stücke aus Bronze werden als Reiterlanzen angesprochen (Ubl 2007, 144–145, Abb. 17,1; Radman-Livaja 2001, 939; siehe [Lanzen-/Speerbewehrung] 3.2.1.5.2. Wurfspeerspitze mit polygonalem Querschnitt).
(siehe Farbtafel Seite 39)

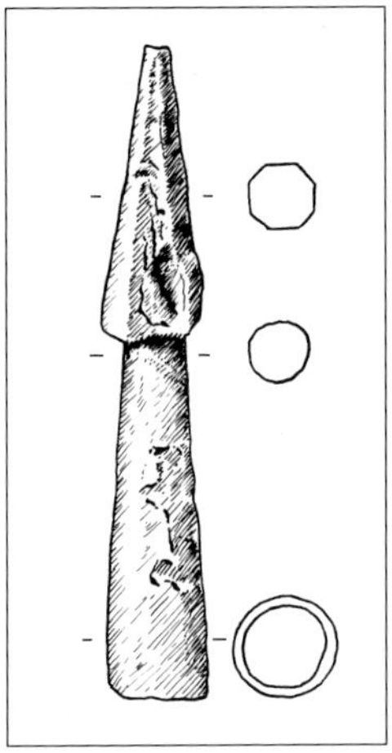

2.1.2.

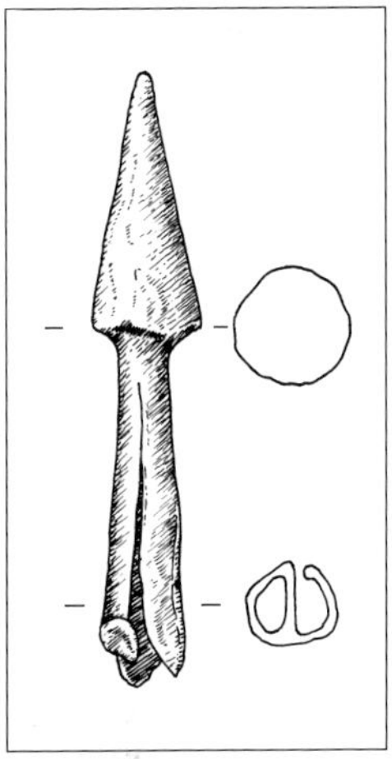

2.1.3.

2.1.3. Geschossbolzen mit pyramidaler Bolzenspitze mit annähernd rundem Querschnitt und deutlichem Absatz zur Tülle

Beschreibung: Das Formmerkmal dieser Variante der aus Eisen hergestellten Bolzen ist der annähernd runde Querschnitt der Spitze, die in einem mehr oder weniger deutlichen Umbruch in die Tülle übergeht. Es erscheint fraglich, ob der runde Querschnitt intentionell hergestellt wurde. Einige Beispiele zeigen auch abgeflachte Seiten, sodass es sich möglicherweise um stark korrodierte resp. verformte Exemplare der Formen 2.1.1. (quadratischer Querschnitt) oder 2.1.2. (sechseckiger Querschnitt) handeln könnte. Anhand der wenigen eindeutig zugewiesenen Exemplare können keine unterschiedlichen »Kaliber« bestimmt werden. Die Exemplare wiegen 10 bis über 40 g und besitzen eine Länge von 7 bis 8 cm.
Synonym: Gudea SU AIII.
Datierung: Römische Kaiserzeit, augusteisch–severisch, 1.–3. Jh. n. Chr.
Verbreitung: Römisches Reich, Barbaricum.
Literatur: Gudea 1991, 72, Abb. 2; Unz/Deschler-Erb 1997, 25, Taf. 23,503; Franke 2009, 13, Taf. 2,20–21; Tökölyová 2018, 129; 151–152, Nr. 131–138, Taf. LVIII,133–134.136.138.

2.1.4. Geschossbolzen mit pyramidaler Bolzenspitze mit dreieckigem Querschnitt und deutlichem Absatz zur Tülle

Beschreibung: Das Formmerkmal dieser Variante ist der dreieckige Querschnitt der Spitze, die in einem mehr oder weniger deutlichen Umbruch in die Tülle übergeht. Weniger deutliche Übergänge von der Spitze zur Tülle können auf Korrosion zurückgeführt werden oder bilden die Variante 2.3.3. Anhand der wenigen vorliegenden Exemplare können keine unterschiedlichen »Kaliber« bestimmt werden. Die Länge der Exemplare beträgt zwischen 6 und 7 cm. Als Material wurde Eisen verwendet.
Synonym: Gudea SU AI.
Datierung: späte Römische Republik bis frühe Römische Kaiserzeit, spätrepublikanisch–augusteisch, 1. Jh. v. Chr.–1. Hälfte 1. Jh. n. Chr. sowie 3. Jh. n. Chr.
Verbreitung: Römisches Reich, Barbaricum.
Relation: [Lanzen-/Speerbewehrung] 3.2.1.5.4. Wurfspeerspitze mit dreikantigem Querschnitt.
Literatur: Gudea 1991, 72, Abb. 1; Brouquier-Reddé 1997, 282, Abb. 4,b; Wilkins 2024, 21, Abb. 19,b.

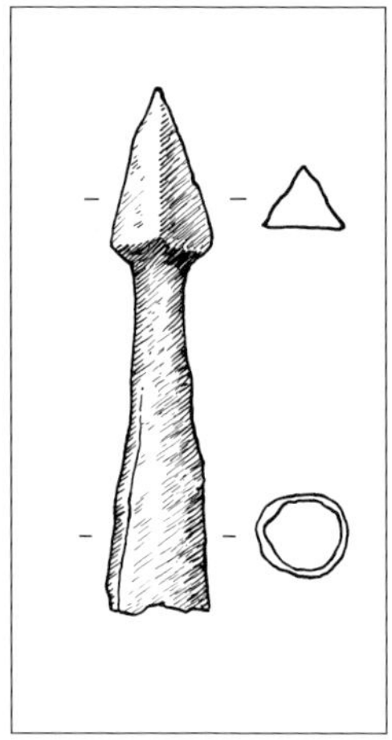

2.1.4.

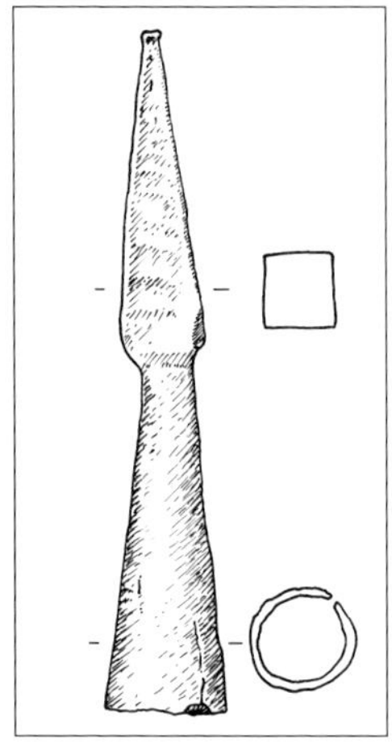

2.2.

2.2. Geschossbolzen mit pyramidaler Bolzenspitze mit annähernd quadratischem Querschnitt und verwaschenem Absatz zur Tülle

Beschreibung: Das Formmerkmal dieser Variante eiserner Bolzen ist der quadratische Querschnitt der Spitze, die in einem undeutlichen Umbruch in die Tülle übergeht. Einige Exemplare, mit weniger deutlichem Übergang von der Spitze zur Tülle können korrosionsbedingt der Form 2.3.1. zugeordnet werden. Anhand der vorliegenden Exemplare können zwei unterschiedliche »Kaliber« anhand des Gewichts bestimmt werden. Die kleineren Exemplare wiegen knapp 15 bis 25 g, die größeren zwischen 30 und 45 g. Im Lauf der Zeit werden die Spitzen flacher und länger, der angedeutete Übergang bleibt jedoch erhalten. Die Längen variieren zwischen 7 und 12 cm.
Synonym: Ubl Typ B1a.
Datierung: späte Republik bis Römische Kaiserzeit, spätrepublikanisch–tetrarchisch, 1. Jh. v. Chr.–5. Jh. n. Chr.
Verbreitung: Römisches Reich, Barbaricum.
Relation: 2.1.1. Geschossbolzen mit pyramidaler Bolzenspitze mit annähernd quadratischem Querschnitt und deutlichem Absatz zur Tülle; [Pfeilbewehrung] 3.3.4.1.1. Bolzenartige Tüllenpfeilspitze mit vierkantigem Querschnitt; [Lanzen-/Speerbewehrung] 3.2.1.5.1. Vierkantspitze.
Literatur: Gudea 1991, 72, Abb. 2 Var.; Unz/Deschler-Erb 1997, 25, Taf. 23,466–467.474–476.478–479.483–485.487–488; Radman-Livaja 1998, 229; 231, Taf. 1,3.5; Deschler-Erb 1999, 129–130, Taf. 1,4; Radman-Livaja 2001, 151, Taf. 3,1–3; Bishop/Coulston 2006, 60; 90; 137; 169, Abb. 29,c.e; 47,b; 82,2; 108,2; Ubl 2007, 132–133; 135; 144; 146, Abb. 6,1–14; Buora 2016, 38, Abb. 13,1–3; Tökölyová 2018, 128; 149–151, Nr. 104–119; 121–127, Taf. LVII,104–108.111–113.115–117.121.123–124.127; Lechuga Chica u. a. 2021, 172, Abb. 6,745; Wilkins 2024, 21, Abb. 19,a.

2.3. Geschossbolzen mit langgezogener Bolzenspitze und kaum erkennbarem Übergang zur Tülle

Beschreibung: Das prägende Formmerkmal dieser Variante ist die sehr lang gezogene Spitze, die meist in einem kaum merklichen Umbruch in die runde Tülle übergeht. Die Spitze besitzt annähernd quadratischen (2.3.1.), sechseckigen (2.3.2.) oder dreieckigen (2.3.2.) Querschnitt. In späteren Zeiten zieht sich die Spitze immer länger und dünner aus, sodass dies bedingt als zeitliches Kriterium gesehen werden kann. Das verwendete Material ist Eisen.

Synonym: Ubl Typ B1b und Var.

Datierung: späte Römische Republik bis Römische Kaiserzeit, 1. Jh. v. Chr.–5. Jh. n. Chr.

Verbreitung: Römisches Reich, Barbaricum.

Literatur: Unz/Deschler-Erb 1997, 25–26; Gschwind 2004, 187; Ubl 2007, 133–135; 144; Tökölyová 2018, 129; 152–154, Nr. 160.

2.3.1. Geschossbolzen mit langgezogener Bolzenspitze mit annähernd quadratischem Querschnitt und kaum erkennbarem Übergang zur Tülle

Beschreibung: Das Merkmal dieser Variante der aus Eisen hergestellten Bolzen ist der quadratische Querschnitt der in späteren Zeiten sehr lang gezogenen Spitze, die meist in einem kaum merklichen Umbruch in die Tülle übergeht. Im Lauf der Zeit zieht sich die Spitze immer länger und dünner aus, sodass dies bedingt ein zeitliches Kriterium darstellen kann. Einige Exemplare mit deutlicherem Übergang können möglicherweise korrosionsbedingt auch der Form 2.2. zugeordnet werden. Weniger deutliche Querschnitte können auf Korrosion zurückgeführt werden oder bilden die Variante 2.6.1. Anhand der vorliegenden Exemplare können unterschiedliche »Kaliber« bezüglich des Gewichts bestimmt werden. Die kleinsten Exemplare wiegen 10 bis 40 g, gefolgt von 60 bis 80 g. Die größten wiegen zwischen 90 und 150 g bzw. knapp über 200 g und bilden die schwersten Exemplare dieses Typs. Die Länge variiert zwischen 7 und 20 cm.

Synonym: Ubl Typ B1b.

Datierung: späte Römische Republik bis Römische Kaiserzeit, 1. Jh. v. Chr.–5. Jh. n. Chr.

Verbreitung: Römisches Reich, Barbaricum.

Relation: 2.6.1.1. Bolzenspitze mit quadratischem Querschnitt mit Tülle mit rundem Querschnitt; [Pfeilbewehrung] 3.3.4.1. Tüllenpfeilspitze mit vierkantigem Blatt; [Lanzen-/Speerbewehrung] 3.2.1.5.1.Vierkantspitze; [Lanzen-/Speerbewehrung] 3.2.1.5.5. Speerspitze mit vierkantigem Querschnitt und von der Spitze kaum oder nicht abgesetzter Tülle; [Lanzen-/Speerbewehrung] 3.2.1.5.6. Vierkantige Speerspitze mit Tülle.

Literatur: Sievers 1997, 272, Abb. 1; Unz/Deschler-Erb 1997, 25–26, Taf. 23,499–501.509–510.519–546; Deschler-Erb 1999, 129–131, Taf. 1,4–5.7.10–11.13–14; Radman-Livaja 2001, 152, Taf. 4,1–5; Gschwind 2004, 187; 372–375, Taf. 88,D303–D326.D329–D344; 89,D345–D384; Ubl 2007, 133–135; 144, Abb. 6–8; Franke 2009, 13, Taf. 2,18.28; Berger u. a. 2010, 340–341, Abb. 18,1–9; 19,1–4; Tökölyová 2018, 129; 152–154, Nr. 139–159; Taf. LVIII–LIX,139.143–158.

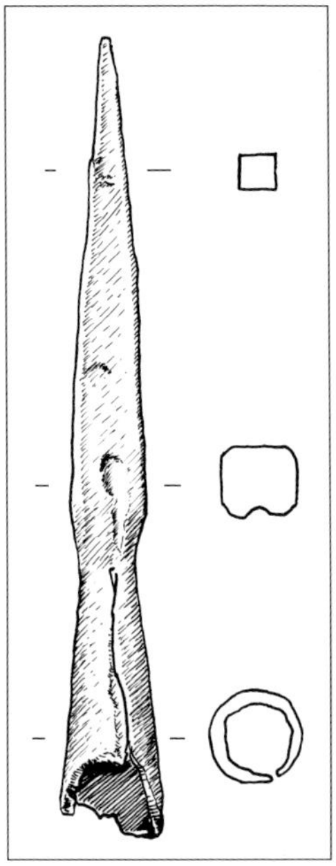

2.3.1.

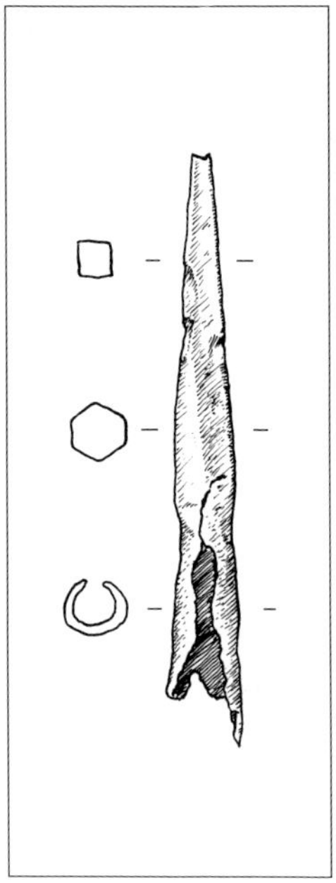

2.3.2.

2.3.2. Geschossbolzen mit langgezogener Bolzenspitze mit sechseckigem Querschnitt und kaum erkennbarem Übergang zur Tülle

Beschreibung: Das Formmerkmal dieser Variante ist der sechseckige Querschnitt der Spitze, die in einem eher undeutlichen Umbruch in die Tülle übergeht. Der sechseckige Querschnitt wurde in-

tentionell hergestellt. Möglicherweise können einige Exemplare der Form 2.6.1. korrosionsbedingt auch dieser Form zugeordnet werden. Deutlichere Übergänge von der Spitze zur Tülle bilden die Variante 2.1.2. Anhand der wenig eindeutig zugewiesenen Exemplare können keine unterschiedlichen »Kaliber« bestimmt werden. Die Exemplare wiegen 13 bis 15 g und besitzen eine Länge von 7 bis 9 cm. Als Material wurde stets Eisen genutzt.
Synonym: Ubl Typ B1b Var.
Datierung: Römische Kaiserzeit, 3. Jh. n. Chr.
Verbreitung: Römisches Reich, Barbaricum.
Literatur: Gschwind 2004, 373, Taf. 88,D327.

2.3.3. Geschossbolzen mit langgezogener Bolzenspitze mit dreieckigem Querschnitt und kaum erkennbarem Übergang zur Tülle

Beschreibung: Das Formmerkmal dieser Variante ist der dreieckige Querschnitt der Spitze, die in einem mehr oder weniger undeutlichen Umbruch in die Tülle übergeht. Deutlichere Übergänge von der Spitze zur Tülle bilden die Variante 2.1.4. Die Länge der Exemplare beträgt zwischen 12 und 16 cm; anhand des Gewichts können zwei unterschiedliche »Kaliber« festgestellt werden: das kleinere mit 40 bis 50 g und das größere mit 100 bis 125 g. Zur Herstellung wurde Eisen verwendet.
Synonym: Ubl Typ B1b Var.
Datierung: frühe bis mittlere Römische Kaiserzeit, augusteisch–antoninisch (?), 1.–Ende 2. Jh. n. Chr.
Verbreitung: Römisches Reich, Barbaricum.
Literatur: Unz/Deschler-Erb 1997, 25–26, Taf. 24,512–513.517; Deschler-Erb 1999, 131, Taf. 3,35; Bishop/Coulston 2006, 90, Abb. 47,e; Tökölyová 2018, 129. 154, Nr. 160, Taf. LIX,160.

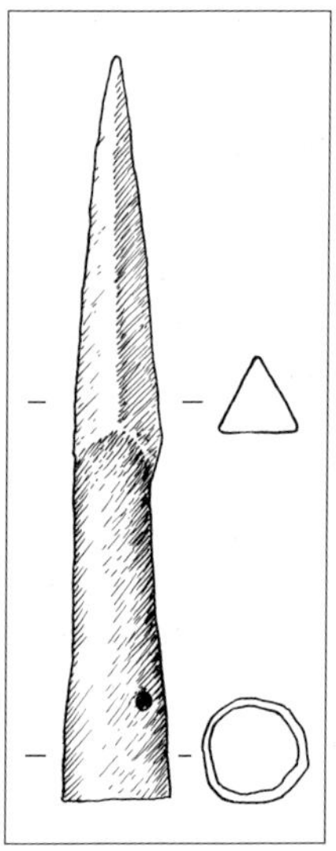

2.3.3.

2.4. Geschossbolzen mit im Querschnitt flachrhombischer Spitze

Beschreibung: Das Merkmal dieser Form ist das Vorhandensein einer doppelkonischen, teils flächig ausgeformten Spitze mit meist flachrautenförmigem Querschnitt. Die rautenförmigen Spitzen (2.4.1.–2.4.2.) können durch die Form der Tülle und ihre einfache Gestaltung von den flächig ausgeformten Spitzen (2.4.3.) unterschieden werden. Letztere können aufgrund der sorglosen Massenherstellung auch einen flachquadratischen oder längsovalen Querschnitt besitzen.
Synonym: Gudea SU AIV Var; Ubl Typ B2a–B2b2.
Datierung: Römische Kaiserzeit, 1.–5. Jh. n. Chr.
Verbreitung: Römisches Reich, Barbaricum.
Literatur: Gudea 1991, 72; Unz/Deschler-Erb 1997, 25; Ubl 2007, 135–142; Berger u. a. 2010, 342; Tökölyová 2018, 129; 154–155, Nr. 161–172.

2.4.1. Geschossbolzen mit im Querschnitt flachrhombischer Spitze und Tülle mit rundem Querschnitt

Beschreibung: Das Formmerkmal dieser Variante der eisernen Bolzen ist der flache rhombenförmige Querschnitt der Spitze, die meist in einem kaum merklichen Umbruch in die Tülle übergeht.

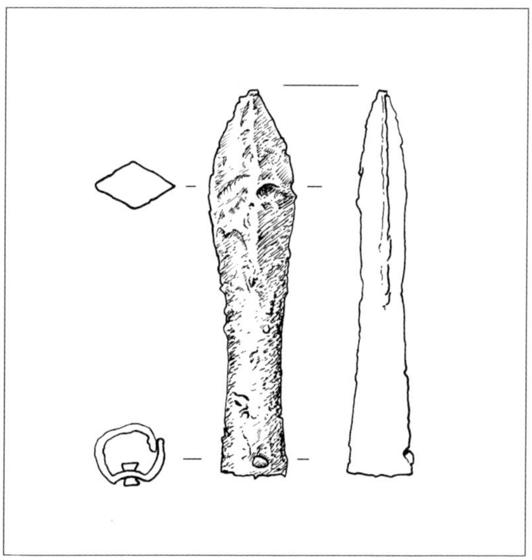

2.4.1.

Die Tülle endet in einem kreisrunden Ring. Die vorliegenden Exemplare besitzen eine Länge von 7 bis 8 resp. 24 cm.
Synonym: Gudea SU AIV Var.
Datierung: Römische Kaiserzeit, 3.–4. Jh. n. Chr.
Verbreitung: Römisches Reich, Barbaricum.
Literatur: Baatz 1966, 205, Abb. 1,3; Gudea 1991, 72, Abb. 2 Var.; Berger u. a. 2010, 342, Abb. 20,5.

2.4.2. Geschossbolzen mit im Querschnitt flachrhombischer Spitze und Tülle mit quadratischem Querschnitt

Beschreibung: Das Formmerkmal dieser Variante ist der flache rhombenförmige Querschnitt der Spitze, die meist in einem kaum merklichen Umbruch in die Tülle übergeht. Die Tülle endet in einem quadratischen Ring. Die vorliegenden Exemplare besitzen eine Länge von 13 bis 14 cm. Die Stücke wurden aus Eisen gefertigt.

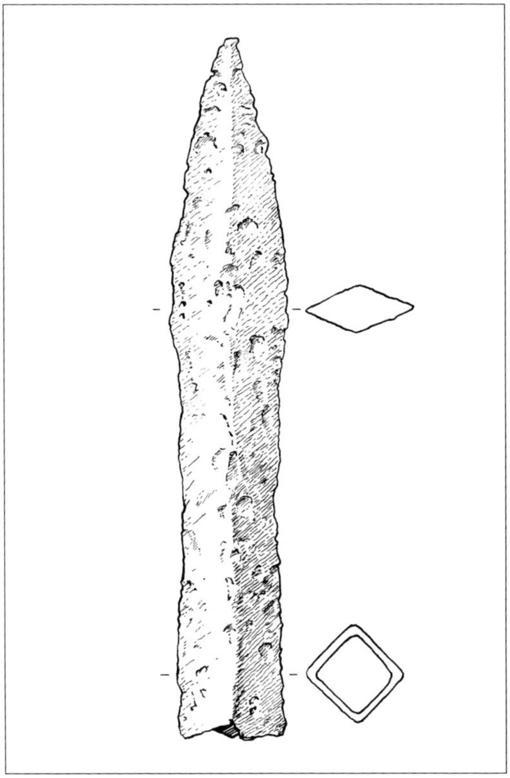

2.4.2.

Datierung: frühe Römische Kaiserzeit, 1. Jh. n. Chr.
Verbreitung: Römisches Reich, Barbaricum.
Literatur: Unz/Deschler-Erb 1997, 25, Taf. 24,511.

2.4.3. Geschossbolzen mit flächig ausgeformter Spitze mit flachem Querschnitt

Beschreibung: Das Formmerkmal dieser Variante ist der sehr flache rechteckige oder längsovale Querschnitt der Spitze. Die eingeschlagenen Enden der Spitze bilden seitengleiche Ausbuchtungen, die blatt-/tropfenförmig (2.4.3.1.), birnenförmig (2.4.3.2.) oder geigenförmig (2.4.3.3.) erscheinen. Die birnenförmigen (2.4.3.2.) Exemplare können aufgrund ihrer Qualität als reine Massenware betrachtet werden; die blatt-/tropfen- (2.4.3.1.) wie auch die geigenförmigen (2.4.3.3.) sind deutlich sorgfältiger gearbeitet. Zur Herstellung wurde Eisen genutzt.
Synonym: Ubl Typ B2a–B2b2.
Datierung: Römische Kaiserzeit, 3.–5. Jh. n. Chr.
Verbreitung: Römisches Reich, Barbaricum.
Literatur: Baatz 1966; Ubl 2007, 135–142; Tökölyová 2018, 129; 154–155, Nr. 161–172.
Anmerkung: Aufgrund der Fundstreuung über die zivilen Wohnviertel in *Lauriacum* vermutete Ubl (2007, 147) das Abfeuern von »leichten bespannten Geschützen oder von Handwaffen«.

2.4.3.1. Geschossbolzen mit blattförmiger Spitze

Beschreibung: Das Formmerkmal dieser Variante der eisernen Bolzen ist der sehr flache rechteckige oder längsovale Querschnitt der Spitze. Die eingeschlagenen Enden der Spitze bilden dabei eine offene, runde Tülle und besitzen eine Gesamtlänge von 9 bis 18 cm; die Breite der entstandenen blatt-/tropfenförmigen Ausbuchtung beträgt zwischen 2 und 4 cm. Das Gewicht beträgt zwischen 40 und 50 g, sodass nur von einer einheitlichen Geschossgröße (Kaliber) ausgegangen werden muss.
Synonym: Ubl Typ B2a.
Datierung: Römische Kaiserzeit, 3.–5. Jh. n. Chr.
Verbreitung: Römisches Reich, Barbaricum.

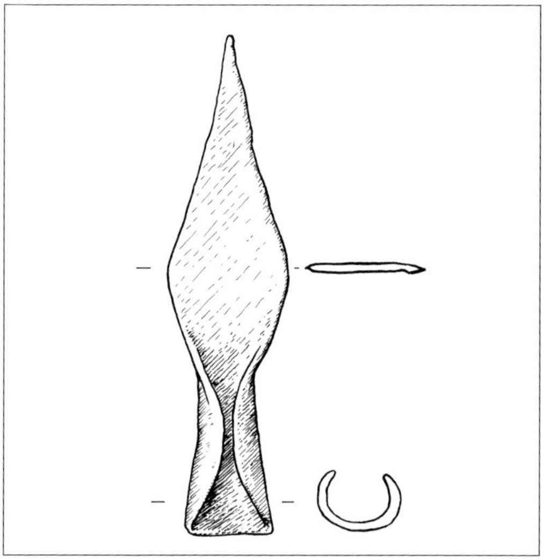

2.4.3.1.

Relation: [Pfeilbewehrung] 3.3.2.1.14.1. Blechpfeilspitze mit dreieckigem Blatt und zusammengebogener kurzer Tülle.
Literatur: Baatz 1966, Abb. 1,4; Ubl 2007, 135–136, Abb. 9,1–5; Tökölyová 2018, 129; 154, Nr. 161, Taf. LIX,161.

2.4.3.2. Geschossbolzen mit birnenförmig ausgearbeiteter Spitze

Beschreibung: Das Formmerkmal dieser Variante ist eine deutlich von der Tülle abgesetzte, »scheibenförmig verbreiterte und zungenartig oder dreieckig spitz ausgezogene Klinge« (Ubl 2007, 143) sowie der sehr flache rechteckige oder längsovale Querschnitt der Spitze. Die eingeschlagenen Enden der Spitze bilden dabei eine offene Tülle und besitzen eine Gesamtlänge von 10 bis 19 cm. Die Breite der birnenförmigen Ausbuchtung beträgt zwischen 2,2 und 4 cm. Das Gewicht variiert zwischen 16 und 52 g, wodurch zwei Kalibergrößen unterschieden werden können. Bolzen dieser Form wurden aus Eisen hergestellt.
Synonym: Ubl Typ B2b1.
Datierung: Römische Kaiserzeit, 3.–5. Jh. n. Chr.
Verbreitung: Römisches Reich, Barbaricum.

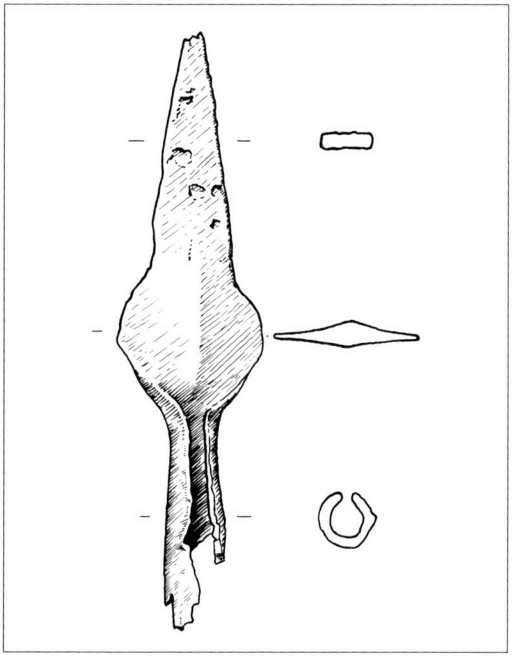

2.4.3.2.

Literatur: Ubl 2007, 137–139; 142–143, Abb. 9–12; 15,4–6; Tökölyová 2018, 129; 154–155, Nr. 162–166, Taf. LIX,162–166.

2.4.3.3. Geschossbolzen mit geigenförmig ausgearbeiteter Spitze

Beschreibung: Das Formmerkmal dieser Variante ist der »ausgeprägt geigenförmige Umriss, gebildet durch beidseitige tiefe Stauchung der Bolzenklinge in Klingenmitte und die betont rautenförmigen Spitzen« (Ubl 2007, 143) sowie der sehr flache rechteckige oder längsovale Querschnitt der Spitze. Die eingeschlagenen Enden der Spitze bilden dabei eine offene Tülle und besitzen eine Gesamtlänge von 10 bis 14 cm; die maximale Breite beträgt zwischen 1,8 und 4,5 cm. Das Gewicht variiert zwischen 20 und 60 g, sodass wohl zwei verschiedene »Kaliber« unterschieden werden können. Zur Fertigung wurde Eisen verwendet.
Synonym: Ubl Typ B2b2.
Datierung: Römische Kaiserzeit, 3.–5. Jh. n. Chr.

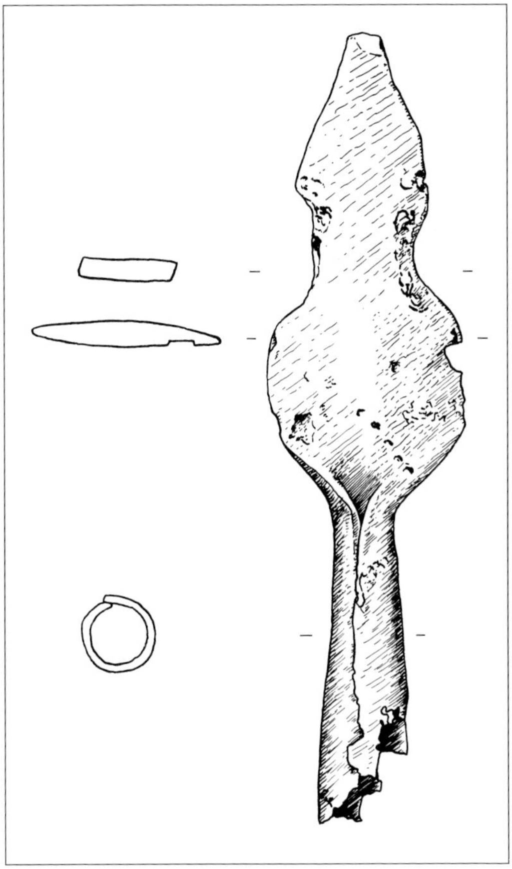

2.4.3.3.

Verbreitung: Römisches Reich, Barbaricum.
Literatur: Ubl 2007, 140–142, Abb. 13–14; 15,1–3; Tökölyová 2018, 129; 155, Nr. 167–172, Taf. LIX,167–169.172.

2.5. Geschossbolzen mit doppelkonischer Bolzenspitze

Beschreibung: Das Merkmal dieser Form der eisernen Bolzen ist das Vorhandensein einer doppelkonischen Spitze, die im unteren Absatz mit einem mehr oder weniger deutlichen Umbruch in die Tülle übergeht. Der Querschnitt der Spitze kann annähernd quadratisch (2.5.1.), sechseckig (2.5.2.) oder annähernd rund (2.5.3.) sein.
Synonym: Gudea SU AIV.
Datierung: Römische Kaiserzeit, 1.–3. Jh. n. Chr.
Verbreitung: Römisches Reich, Barbaricum.
Literatur: Gudea 1991, 72; Unz/Deschler-Erb 1997, 25; Berger u. a. 2010, 342.

2.5.1. Geschossbolzen mit doppelkonischer Bolzenspitze mit annähernd quadratischem Querschnitt

Beschreibung: Das Merkmal dieser Form ist das Vorhandensein einer doppelkonischen Spitze mit quadratischem Querschnitt, die im unteren Absatz mit einem mehr oder weniger deutlichen Umbruch in die Tülle übergeht. Die Länge der Exemplare beträgt zwischen 6 und 9 cm; anhand des Gewichts kann nur ein gewichtsorientiertes »Kaliber« mit 20 bis 30 g festgestellt werden. Als Material wurde Eisen verwendet.
Synonym: Gudea SU AIV.
Datierung: Römische Kaiserzeit, 1. und 3. Jh. n. Chr.
Verbreitung: Römisches Reich, Barbaricum.
Literatur: Gudea 1991, 72, Abb. 2; Unz/Deschler-Erb 1997, 25, Taf. 23,494–495; Berger u. a. 2010, 342, Abb. 20,4.

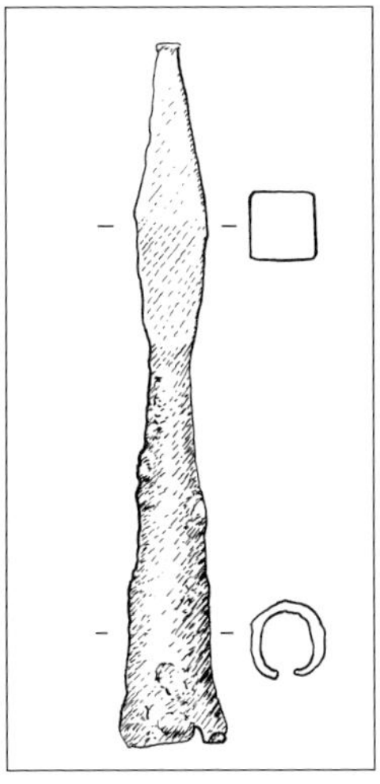

2.5.1.

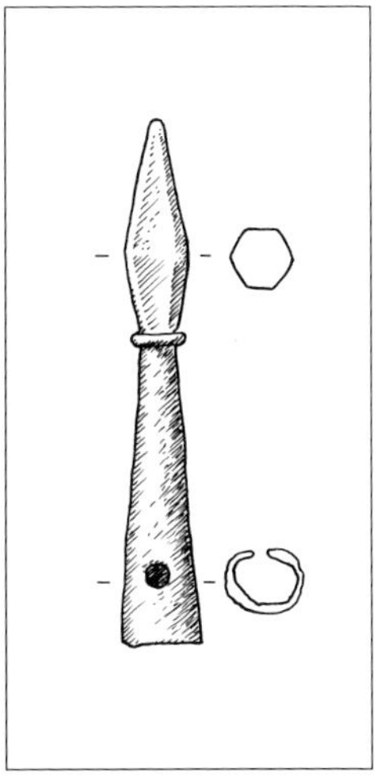

2.5.2.

2.5.2. Geschossbolzen mit doppelkonischer Bolzenspitze mit sechseckigem Querschnitt

Beschreibung: Das Formmerkmal dieser Variante ist der sechseckige Querschnitt der Spitze, die in einem mehr oder weniger undeutlichen Umbruch in die Tülle übergeht. Der sechseckige Querschnitt wurde intentionell hergestellt. Möglicherweise können einige Exemplare korrosionsbedingt der Form 2.5.1. (quadratischer Querschnitt) zugeordnet werden. Anhand der wenigen eindeutig zugewiesenen Exemplare können keine unterschiedlichen »Kaliber« bestimmt werden. Die Exemplare wiegen zwischen 15 bis 25 g und besitzen eine Länge von 6 bis 8 cm. Bolzen dieses Typs wurden aus Eisen hergestellt.
Datierung: Römische Kaiserzeit, 1.–2. Jh. n. Chr.
Verbreitung: Römisches Reich, Barbaricum.
Literatur: Unz/Deschler-Erb 1997, 25, Taf. 23,497.

2.5.3. Geschossbolzen mit doppelkonischer Bolzenspitze mit annähernd rundem Querschnitt

Beschreibung: Das Formmerkmal dieser Variante der eisernen Bolzen ist der runde Querschnitt der Spitze, die in einem mehr oder weniger undeutlichen Umbruch in die Tülle übergeht. Es erscheint fraglich, ob der runde Querschnitt intentionell hergestellt wurde. Einige Beispiele zeigen auch abgeflachte Seiten, sodass es sich möglicherweise um stark korrodierte resp. verformte Exemplare der Formen 2.5.1. (quadratischer Querschnitt) oder 2.5.2. (sechseckiger Querschnitt) handeln könnte. Anhand der wenigen eindeutig zugewiesenen Exemplare können keine unterschiedlichen »Kaliber« bestimmt werden. Die Exemplare wiegen 15 bis 25 g und haben eine Länge von 6 bis 8 cm.

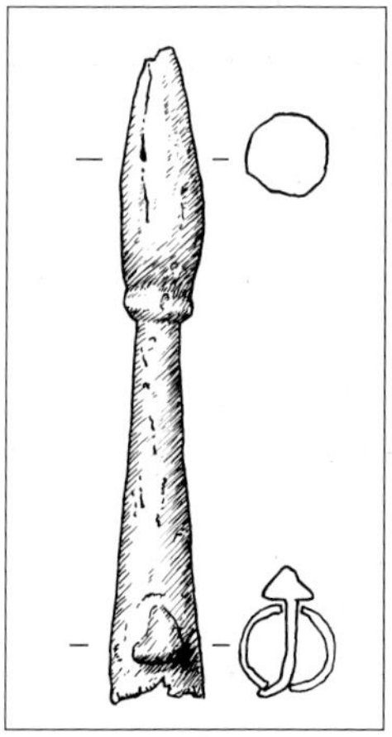

2.5.3.

Datierung: Römische Kaiserzeit, 1.–2. Jh. n. Chr.
Verbreitung: Römisches Reich, Barbaricum.
Literatur: Unz/Deschler-Erb 1997, 25, Taf. 23,496.498.

2.6. Bolzenspitze mit kurzem oder ohne deutlichen Übergang zur Tülle

Beschreibung: Formmerkmal dieser Variante ist die langgezogene Spitze, die nahezu fließend und meist ohne deutlichen Umbruch in die Tülle übergeht. Der Querschnitt der Spitze kann annähernd quadratisch (2.6.1.), rund (2.6.2.) oder dreieckig (2.6.3.) sein. Eine Sonderform bildet 2.6.4., bei der die Spitze im Inneren hohl erscheint. Alle Typen wurden aus Eisen hergestellt. Die Formen sind ohne Beschussmerkmale oft nicht von Lanzenschuhen zu unterscheiden.
Datierung: späte Römische Republik bis Römische Kaiserzeit, 1. Jh. v. Chr.–5. Jh. n. Chr.
Verbreitung: Römisches Reich, Barbaricum.
Literatur: Unz/Deschler-Erb 1997, 26; Gschwind 2004, 187; Ubl 2007, 134–135; Berger u. a. 2010, 341; Tökölyová 2018, 129; 154–159; Wilkins 2024, 61.

2.6.1. Bolzenspitze mit annähernd quadratischem Querschnitt und mit kurzem oder ohne deutlichen Übergang zur Tülle

Beschreibung: Formmerkmal dieser Variante der eisernen Bolzen ist der quadratische Querschnitt der Spitze, die meist ohne merklichen Umbruch in die Tülle übergeht. Die Tülle endet in einem kreisrunden Ring (2.6.1.1.) oder einem nahezu seitengleichen Quadrat (2.6.1.2.) Die Formen sind ohne Beschussmerkmale oft nicht von Lanzenschuhen zu unterscheiden.
Synonym: Ubl Typ B1b und Var.
Datierung: späte Römische Republik bis Römische Kaiserzeit, 1. Jh. v. Chr.–5. Jh. n. Chr.
Verbreitung: Römisches Reich, Barbaricum.
Literatur: Unz/Deschler-Erb 1997, 26; Gschwind 2004, 187; Ubl 2007, 134–135; Berger u. a. 2010, 341; Tökölyová 2018, 129; 154–159; Wilkins 2024, 61.

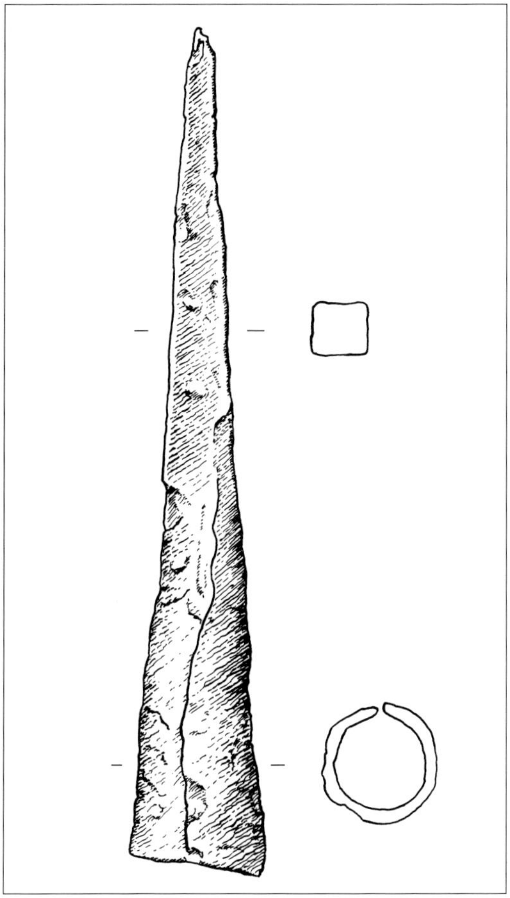

2.6.1.1.

2.6.1.1. Bolzenspitze mit quadratischem Querschnitt mit Tülle mit rundem Querschnitt

Beschreibung: Das Formmerkmal dieser Variante ist der quadratische Querschnitt der Spitze, die meist ohne merklichen Umbruch in die Tülle übergeht. Die Tülle endet in einem kreisrunden Ring. Die Form ist ohne Beschussmerkmale oft nicht von Lanzenschuhen zu unterscheiden. Die vorliegenden Exemplare besitzen eine Länge von knapp 10 bis 21 cm; grundsätzlich können die kürzeren wohl als die älteren Exemplare betrachtet werden. Durch die unterschiedlichen Gewichte können 4 »Kaliber« unterschieden werden: Die kleinsten Exemplare wiegen 40 bis 65 g, darauf folgen solche um 70 bis 80 g, dann eine Gruppe von 85 bis 120 g. Die größten wiegen zwischen 140 und um 200 g und bilden die schwersten Exemplare dieses Typs. Alle Stücke wurden aus Eisen gefertigt.

Synonym: Ubl Typ B1b.

Datierung: späte Römische Republik bis Römische Kaiserzeit, 1. Jh. v. Chr.–5. Jh. n. Chr.

Verbreitung: Römisches Reich, Barbaricum.

Relation: 2.3.1. Geschossbolzen mit langgezogener Bolzenspitze mit annähernd quadratischem Querschnitt und kaum erkennbarem Übergang zur Tülle; [Pfeilbewehrung] 3.3.4.1. Tüllenpfeilspitze mit vierkantigem Blatt; [Lanzen-/Speerbewehrung] 3.2.1.5.5. Speerspitze mit vierkantigem Querschnitt und von der Spitze kaum oder nicht abgesetzter Tülle; [Lanzen-/Speerbewehrung] 3.2.1.5.6. Vierkantige Speerspitze mit Tülle.

Literatur: Sievers 1997, 272, Abb. 1,1; Unz/Deschler-Erb 1997, 26, Taf. 24,519–539.541–546; Deschler-Erb 1999, 129, Taf. 1,1.7.10–11.13; 2,15.20–21.25; Gschwind 2004, 187; 372–375, Taf. 88,D303–D326; 89,D378–D384; Ubl 2007, 134–135, Abb. 7,9–13; 8,4; Berger u. a. 2010, 341, Abb. 19,1–4; Tökölyová 2018, 129; 154, Nr. 155–159; Taf. LIX,155–158; Wilkins 2024, 61, Abb. 48.

2.6.1.2. Bolzenspitze mit quadratischem Querschnitt mit Tülle mit quadratischem Querschnitt

Beschreibung: Das Formmerkmal dieser Variante ist der quadratische Querschnitt der Spitze, die meist ohne merklichen Umbruch in die Tülle übergeht. Die Tülle endet in einem nahezu seitengleichen Quadrat. Die Form ist ohne Beschussmerkmale oft nicht von Lanzenschuhen zu unterscheiden. Die vorliegenden Exemplare haben eine Länge von knapp 7 bis 21 cm. Die wenigen Exemplare besitzen ein Gewicht von 26 bzw. 85 und 178 g, sodass eine Aufteilung in 3 »Kaliber« möglich erscheint. Zur Herstellung wurde Eisen verwendet.

Datierung: Römische Kaiserzeit, augusteisch–frühantoninisch, 1.–2. Jh. n. Chr.

Verbreitung: Römisches Reich, Barbaricum.

Literatur: Unz/Deschler-Erb 1997, 26, Taf. 24,518.540; Deschler-Erb 1999, 131, Taf. 2,33.

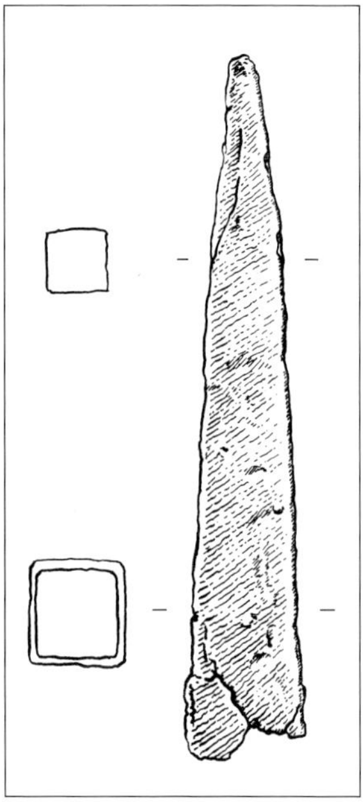

2.6.1.2.

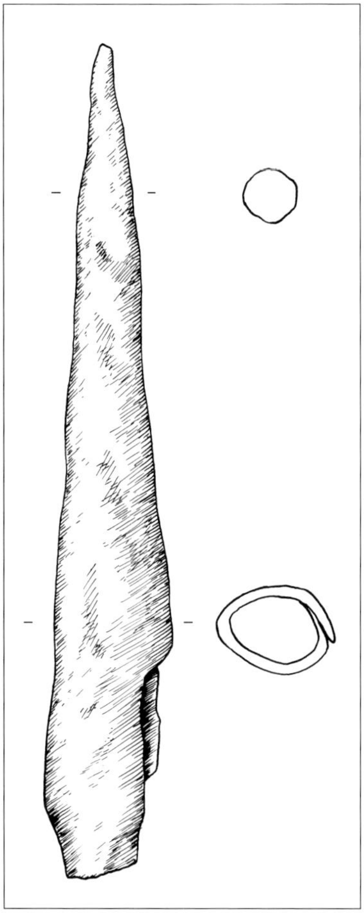

2.6.2.

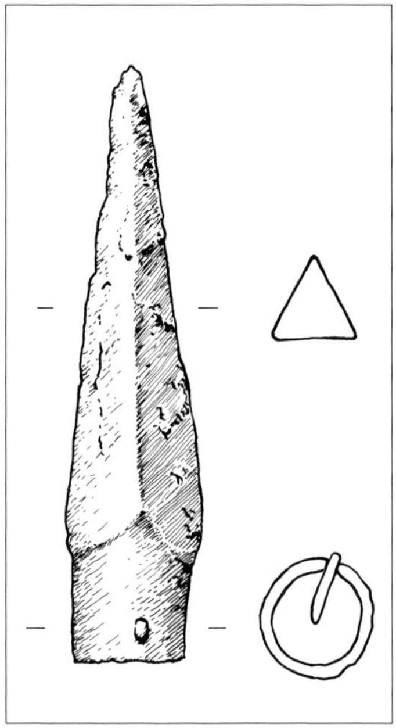

2.6.3.

2.6.2. Bolzenspitze mit annähernd rundem Querschnitt

Beschreibung: Das Formmerkmal dieser Variante der eisernen Bolzen ist der nahezu runde Querschnitt der Spitze, die sehr langgezogen erscheint und meist ohne merklichen Umbruch in die Tülle übergeht. Die Tülle endet in einem nahezu runden Kreis. Die Form ist ohne Beschussmerkmale oft nicht von Lanzenschuhen zu unterscheiden. Die vorliegenden Exemplare besitzen eine Länge von 7 bis knapp 17 cm. Die bekannten Exemplare können anhand des Gewichts in 4 »Kaliber« unterteilt werden: 17 bis 30 g, um die 40 g, zwischen 60 und 85 g und von 112 bis 131 g.

Datierung: Römische Kaiserzeit, 1.–3. Jh. n. Chr.
Verbreitung: Römisches Reich, Barbaricum.
Literatur: Deschler-Erb 1999, 129–130, Taf. 1,2–3.6.12; 2,16–18.27–28.30–31.

2.6.3. Bolzenspitze mit dreieckigem Querschnitt

Beschreibung: Das Formmerkmal dieser Variante ist der dreieckige Querschnitt der Spitze, die meist ohne merklichen Umbruch in die Tülle übergeht. Die Tülle endet in einem nahezu runden Kreis. Die vorliegenden Exemplare besitzen eine Länge von knapp 6 bis 11 cm. Die wenigen Exemplare besitzen ein Gewicht von 15 bzw. 33 und 79 g, sodass eine Einteilung in 3 »Kaliber« möglich erscheint. Bolzenspitzen dieser Form wurden aus Eisen hergestellt.

Datierung: Römische Kaiserzeit, augusteisch–flavisch, 1. Jh. n. Chr.

Verbreitung: Römisches Reich, Barbaricum.

Literatur: Unz/Deschler-Erb 1997, 26, Taf. 24,515–516; Deschler-Erb 1999, 131, Taf. 3,35.

2.6.4. Bolzenspitze mit annähernd quadratischem hohlem Querschnitt

Beschreibung: Das Formmerkmal dieser Variante der eisernen Bolzen ist der quadratische Querschnitt der hohlen Spitze, die meist ohne merklichen Umbruch in die Tülle übergeht. Die Tülle endet in einem nahezu runden Kreis. Die wenigen Exemplare besitzen eine Länge von knapp 7 cm und ein Gewicht von 25 g, sodass keine Aufteilung in »Kaliber« möglich erscheint.

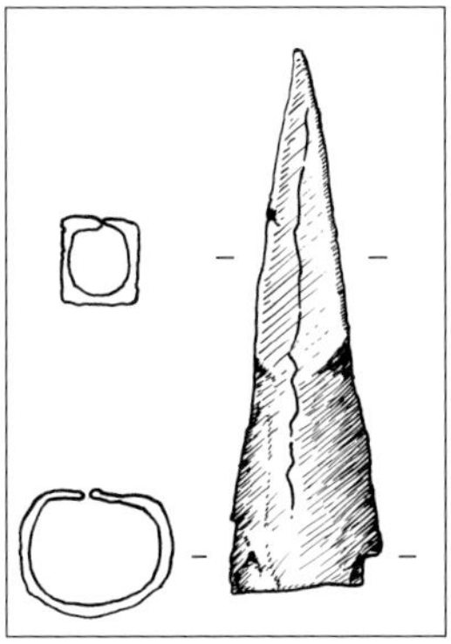

2.6.4.

Datierung: Römische Kaiserzeit, augusteisch–flavisch (?), 1. Jh. n. Chr.

Verbreitung: Römisches Reich, Barbaricum.

Literatur: Unz/Deschler-Erb 1997, 26, Taf. 24,514.

2.7. Bolzen mit geteiltem Kopf

Beschreibung: Das Formmerkmal dieser Variante ist die spitz dreieckig bis herzförmig ausgebildete Spitze, die sich direkt am Übergang von der Basis in mehrere gleich starke, runde Stäbchen auffächert. Diese sind bauchig seitwärts und nach oben (ausgehend von der flachen Spitze) gewölbt und mit der Tülle verbunden. Die Metallstäbchen bilden eine Art Käfig, der das Brandmaterial aufnehmen kann. In ihrer Art entsprechen sie den Spitzen der Brandpfeile (Pfeilbewehrung 3.2.1.1.8. und 3.3.2.1.13.), sind jedoch massiver gestaltet.

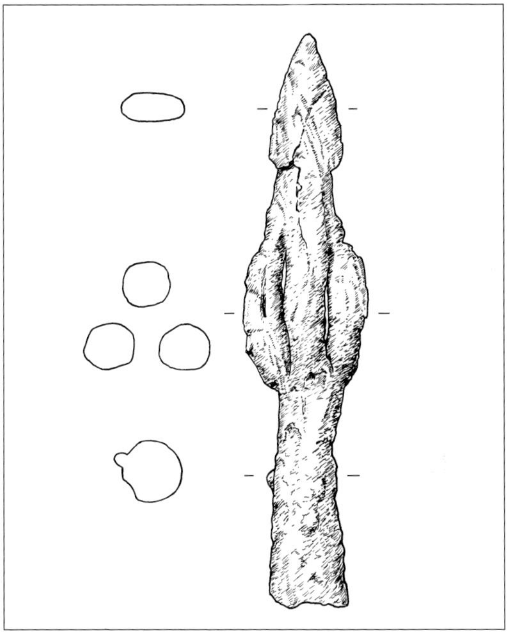

2.7.

Die Länge kann zwischen 10 und 22 cm variieren. Alle Stücke wurden aus Eisen gefertigt.

Synonym: Brandbolzen; malleoli.

Datierung: Römische Kaiserzeit, 2.–4. Jh. n. Chr.

Verbreitung: Römisches Reich, Barbaricum.

Relation: [Pfeilbewehrung] 3.2.1.1.8. Durchbrochen gearbeitete Pfeilspitze mit Dornschäftung; [Pfeilbewehrung] 3.3.2.1.13. Durchbrochen gearbeitete Pfeilspitze mit Tüllenschäftung.

Literatur: James 1983, 142–143, Abb. 2–4; Radman-Livaja 1998, 226–228; 231, Taf. 1,2; Bishop/Coulston 2006, 469, Abb. 108,8; Schwarz 2015, 34–35, Abb. 7; Wilkins 2024, 66, Abb. 53.

Die Schleudergeschosse

Doris Lettmann

Schleudern sind effektive, leicht zu transportierende und einfach herzustellende Waffen, die weltweit als Kriegs- und Jagdwaffen genutzt werden. Die frühesten bekannten Schleudersteine stammen aus Südwestasien und datieren in das 8. Jt. v. Chr. (Völling 1990, 6). Schriftquellen und bildliche Darstellungen deuten darauf hin, dass in der Antike zwei Arten von Schleudern verwendet wurden: In etrurischen Gräbern werden längere Schleudern mit einer aus drei Seilsträngen gebildeten Schleudertasche abgebildet. Auf spätrepublikanischen, kaiserzeitlichen und spätantiken Darstellungen sind kürzere Exemplare ohne Schleudertasche erkennbar (Völling 1990, 32–33).

Schleuderer (lat.: *funditores*) im Römischen Heer kamen antiken Quellen nach von den Balearen und aus dem gesamten Mittelmeerraum (Völling 1990, 44). Dabei wurden Schleudern nicht nur von Auxiliareinheiten, sondern auch in den Legionen eingesetzt, wie Truppennennungen auf Schleuderbleien zeigen (Völling 1990, 46). Schleudern standen zwar während der gesamten Kaiserzeit in Gebrauch, allerdings kommt ein Großteil der Funde aus republikanischen Fundkontexten. Auch in den antiken Quellen werden sie ab dem 1. Jh. n. Chr. erwähnt, jedoch selten (Völling 1990, 46).

Als Material für die Schleudergeschosse wurde Blei, Ton oder Stein verwendet, wobei die Exemplare aus Blei in Museumssammlungen überwiegen. Die ältesten bekannten Schleuderbleie (lat.: *glandes plumbae* [Eicheln aus Blei], engl.: *sling bullets*, fr.: *balles des fronde en plomb*) wurden in Knossos gefunden. Sie datieren in die 2. Hälfte des 2. Jts. v. Chr. (Völling 1990, 25). Schleuderbleie werden sicher ab dem 4. Jh. v. Chr. in Griechenland verwendet, in römischem Kontext treten sie ab dem 2. Jh. v. Chr. auf. Sie kommen vor allem in republikanischen Fundstellen vor, allerdings werden auch noch an kaiserzeitlichen Fundplätzen (z. B. in Haltern, in Thuin in Belgien oder im schottischen Burnswark) ganze Serien gefunden. In der Spätantike sind sowohl Funde wie auch die schriftliche Erwähnung von Schleuderbleien selten (Völling 1990, 34). Schleuderbleie sind vor allem aus Italien, Spanien, den Nordwestprovinzen und dem Balkan bekannt. Dieses Verbreitungsbild ist, wie beispielsweise die monografische Vorlage der Schleuderbleie aus Bulgarien zeigt (Nankov 2023), stark vom Forschungsstand bestimmt, da gerade für den Osten des Römischen Reiches Schriftquellen die Nutzung von Schleudern im römischen Heer bis in die Spätantike belegen (Völling 1990, 47).

Die Länge der meisten Schleuderbleie liegt zwischen 2,5 und 5 cm; es gibt vor allem in Slowenien auch Exemplare, die bis zu 11 cm lang sind. Die meisten Schleuderbleie wiegen zwischen 25 und 45 g, wobei große Geschosse auch ein Gewicht von 80 bis 120 g erreichen können (Poux 2008, Abb. 47,368; Laharnar 2011, Abb. 10,354). Innerhalb der Serien von einzelnen Fundplätzen zeichnen sich oft zwei bis drei Gewichtsklassen ab, was darauf hindeutet, dass die Geschosse für unterschiedliche Entfernungen verwendet wurden (Poux 2008, 368).

Die Analyse der Maße und des Gewichts an großen Schleuderbleiserien aus den Nordwestprovinzen ergab, dass Form und Länge der Geschosse alleine nicht zur Datierung herangezogen werden können. Schleuderbleie von Fundstellen aus der Zeit der späten Republik (1. Jh. v. Chr.) sind in der Regel etwas größer und länger als die gedrungeneren Exemplare aus kaiserzeitlichen Fundstellen, bei denen das Verhältnis von Länge zu Durchmesser unter 2,3 liegt. Die Durchmesser der jüngeren Bleie liegen in der Regel über 1,6 cm (Poux 2008, 368). Die älteren Serien sind etwas einheitlicher als die von jüngeren Fundplätzen (Poux 2008, 370). Einzelne Exemplare können so allerdings nur mit großer Vorsicht datiert werden.

Schleuderbleie wurden entweder im Zwei- oder Einschalen-Gussverfahren oder im offenen Sandguss hergestellt (Völling 1990, 40–41). In Burnswark (Schottland) verläuft diese Gussnaht horizontal, während auf dem Kontinent und an anderen britischen Fundplätzen die Gussnaht vertikal, also entlang der längeren Achse des Schleuderbleis verläuft (Reid/Nicholson 2019, 468). Die heterogene Schleuderbleiserie aus Haltern deutet darauf hin, dass die Geschosse von unterschiedlichen Einheiten individuell hergestellt wurden (Runkel/

Tremmel 2015, 73). Dies wird auch in antiken Quellen erwähnt (Völling 1990, 36). Das Blei der Schleuderbleie aus Haltern kommt aus nahegelegenen Lagerstätten (Runkel/Tremmel 2015, 73), während das Blei der Schleuderbleie aus Thuin aus Südspanien stammt (Paridaens u. a. 2020, 119).

Eine Besonderheit sind Abbildungen, Namensnennungen und Inschriften auf Schleuderbleien. Schleuderbleie mit griechischen Namen kommen bereits seit dem 4. Jh. v. Chr. vor und beziehen sich auf einzelne hochrangige Offiziere, seltener auf die Hersteller (Nankov 2023, 73–92). Im römischen Kontext sind beschriftete Schleuderbleie typisch für die Zeit der späten Römischen Republik (2. und 1. Jh. v. Chr.) und kommen hier besonders auf den Typen Völling I bis III vor (Flügel 2015, 443). Dargestellt werden Zeichen wie Blitze, Anker oder Delphine. Genannt werden Hersteller, die Truppe oder der Feldherr. Besonders auffällig sind auch in der Form mitgegossene lateinische Inschriften, die die Gegner beschimpfen oder demoralisieren sollten: Vor allem während der römischen Bürgerkriege im 1. Jh. v. Chr. wurden Schleuderbleie mit unflätigen Ausdrücken versehen. In antiken Quellen wird auch berichtet, dass beschriftete Schleuderbleie dazu verwendet wurden, um Informationen aus belagerten Städten zu bringen (Völling 1990, 37).

Schleudergeschosse aus gebranntem Ton (lat. *ex argilla glandes*) sind wie die meisten Exemplare aus Blei entweder eiförmig oder doppelkonisch. Aufgrund ihres geringeren Gewichts entwickeln sie keine so hohe Durchschlagskraft wie Schleuderbleie und werden deshalb oft als Jagdwaffen gedeutet, kommen aber häufiger auch im militärischen Kontext vor (Poux 2008, 366–367; Gudea 2009, 232). In antiken Quellen wird überliefert, dass glühende Tongeschosse verwendet wurden, um Dächer in Brand zu setzen (Völling 1990, 39).

Die frühesten bekannten Geschosse aus Ton stammen aus Enkomi-Alkasia auf Zypern und datieren in das 12. und 11. Jh. v. Chr. (Spehr 2021, 15). Sie treten nicht nur im mediterranen Raum, sondern auch in Frankreich und Süd- und Mitteldeutschland auf. Die frühesten Exemplare kommen aus späthallstatt-frühlatènezeitlichen Gräbern in Spanien (Spehr 2021, 17) und Siedlungen in Frankreich und Südwestdeutschland (Lettmann 2013, 185) sowie aus Gräbern der Hunsrück-Eifel-Kultur (Haffner 1976, 26–27). Wie bei den Schleuderbleien ist die Verbreitung wahrscheinlich stark vom Stand der Forschung geprägt. Schleudergeschosse aus Ton sind im Durchschnitt ca. 3,0 bis 4,5 cm lang und 1,6 bis 49 g schwer.

Schleuderkugeln für Katapultgeschosse kommen bei der römischen Armee seit spätrepublikanischer Zeit vor (Wilkins 2024). Sie fanden bei Belagerungen von Städten Verwendung, beispielsweise bei der Zerstörung Karthagos 146 v. Chr., wie zahlreiche Schleuderkugelfunde vom dortigen Stadtberg (Byrsa) zeigen. Aus einem Magazinbau im spätrepublikanischen Legionslager von Cáceres el Viejo in Spanien stammen 31 Steinkugeln, die teilweise auf zwei Seiten abgeflacht sind und verschiedenen Geschützkalibern zuzuweisen sind (Ulbert, G. 1984, 112, Tab. 3). Die kleineren Steinkugeln aus Cáceres mit einem Umfang von 71 bis 86 cm wiegen zwischen 13,3 und 27 kg (40,6 bis 82,5 römische Pfund), während größere Exemplare mit über 100 cm Durchmesser auch Gewichte zwischen 30 und 40 kg (69,9 bis 87,8 römische Pfund) erreichen können. Kleinere Schleuderkugeln wie aus Qasr Ibrim (Ägypten) besitzen ein Durchschnittsgewicht von 3,1 kg. Schleuderkugeln aus Stein können aufgemalte griechische oder lateinische Inschriften mit der Gewichtsangabe in römischen Pfund (1 römisches Pfund = 0,327 kg) sowie der Nennung der militärischen Einheit tragen; vereinzelt sind auch aufgemalte Schmähinschriften überliefert, die sonst mit ähnlichem Inhalt nur von Bleigeschossen bekannt sind (Wilkins/Barnard/Rose 2006, 70–74).

1. Schleudergeschoss <Blei>

Beschreibung: Blei-Schleudergeschosse unterschiedlicher Form als einfach herzustellende Offensivwaffe wurden in Tonformen gegossen, in denen mehrere Exemplare gleichzeitig hergestellt werden konnten; Fehlgüsse mit Resten der Gusskanäle haben sich beispielsweise aus Adria in Oberitalien erhalten (Adria, Museo Archeologico). Der überwiegende Teil fällt mit 86 % in Gewichts-

klassen zwischen 24 und 34 g (Nankov Gruppe 2) bzw. 34–44 g (Nankov Gruppe 4).
Synonym: Schleuderblei.
Datierung: Römische Republik bis Spätantike, 4. Jh. v. Chr.–5. Jh. n. Chr., schwerpunktmäßig 2. Jh. v. Chr.–1. Jh. n. Chr.
Verbreitung: Römisches Reich.
Literatur: Völling 1990; Rageth 2004; Rageth 2005; Reid/Nicolson 2019; Nankov 2023, 67–72.

1.1. Ovales Schleuderblei

Beschreibung: Das Schleuderblei ist eiförmig bzw. ovoid. Es gibt drei Varianten: Variante a ist symmetrisch und hat abgerundete, stumpfe Enden. Variante b besitzt ein gerundetes und ein abgeflachtes Ende und Variante c ein gerundetes und ein angespitztes Ende. Der Typ ist bereits seit hellenistischer Zeit (4. Jh. v. Chr.) bekannt.
Synonym: Völling Typ I (Variante a–c); Burnswark type VI.
Datierung: Römische Republik bis Römische Kaiserzeit, 2. Jh. v. Chr.–2. Hälfte 2. Jh. n. Chr.
Verbreitung: Italien, Belgien, am Niederrhein, Großbritannien, Nordafrika, Spanien, Dalmatien, Slowenien.
Literatur: Völling 1990, 34–36, Liste 5,57; Laharnar 2011, Abb. 352; Reid/Nicholson 2019; Nankov 2023.

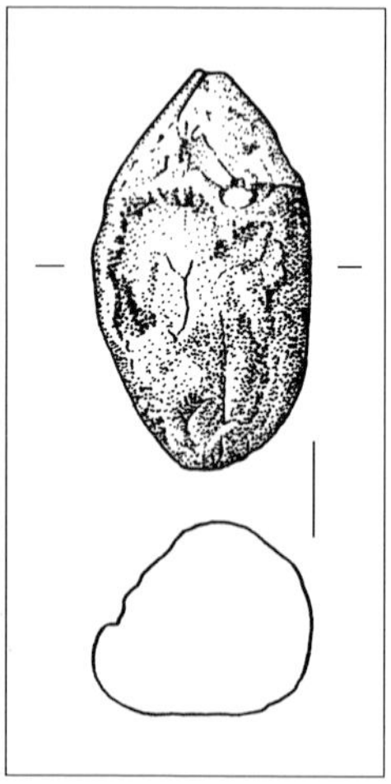

1.1.

1.2. Doppelkonisches Schleuderblei

Beschreibung: Das doppelkonische Schleuderblei hat zwei angespitzte Enden. Diese häufigste Form der Schleuderbleie weist entweder einen eher kantigen (Variante a) oder einen eher gerundeten Umriss (Variante b) auf.

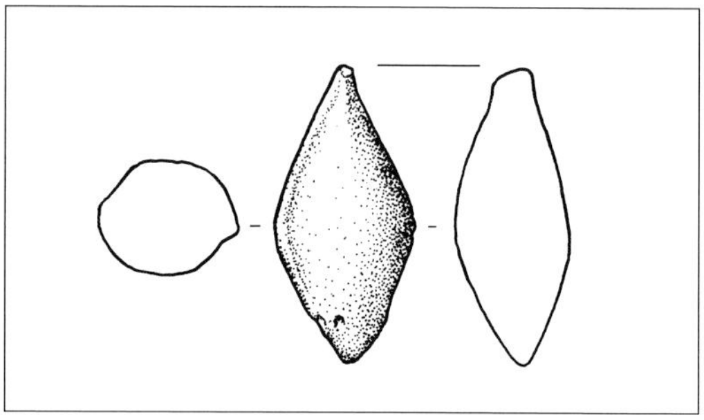

1.2.

Synonym: Völling Typ II (Variante a–b); spindelförmiges Schleudergeschoss; mandelförmiges Schleudergeschoss <Blei>; bikonisches Schleudergeschoss <Blei>; Burnswark type I b; Burnswark type I d; glands »en olive«; glandes biconique.
Datierung: Römische Republik bis Römische Kaiserzeit, Ende 3./2. Jh. v. Chr.–2. Jh. n. Chr.
Verbreitung: Römisches Reich, u. a. Spanien, Italien, Deutschland, Großbritannien, Slowenien, Belgien.
Literatur: Völling 1990, 34–36, Liste 5,57; Laharnar 2011, Abb. 352.

1.3. Doppelpyramidenförmiges Schleuderblei

Beschreibung: Das selten vorkommende Schleuderblei ist gekennzeichnet durch beidseitig zugespitzte, pyramidenförmige Enden. Anders als bei den Typen 1.1. und 1.2. verläuft der Umriss nicht geschwungen, sondern gerade. Mit 76 bis 102 g ist das Durchschnittsgewicht dieser Bleie deutlich höher als bei den Typen 1.1 und 1.2.
Synonym: Völling Typ III; Burnswark type IV.

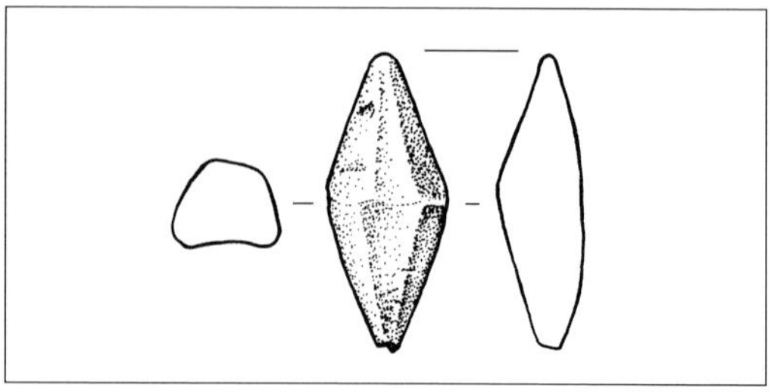

1.3.

Datierung: Römische Republik, 1. Drittel 1. Jh. v. Chr.
Verbreitung: Italien, Marokko, Spanien, Slowenien.
Literatur: Völling 1990, 35–36, Liste 1,74.82–83.102; Liste 5,57; Laharnar 2011, 363–364; 366.
(siehe Farbtafel Seite 40)

1.4. Schleuderblei mit zwei abgeflachten Seiten

Beschreibung: Dieser selten auftretende Typ weist breite, abgeflachte Seiten auf.
Synonym: Völling Typ IV.
Datierung: Römische Republik bis frühe Römische Kaiserzeit, 1. Jh. v. Chr.
Verbreitung: Italien, Luxemburg, Deutschland, Slowenien.
Literatur: Völling 1990, 35, Liste 1,42.48.122; Laharnar 2011, 354–356; 365.

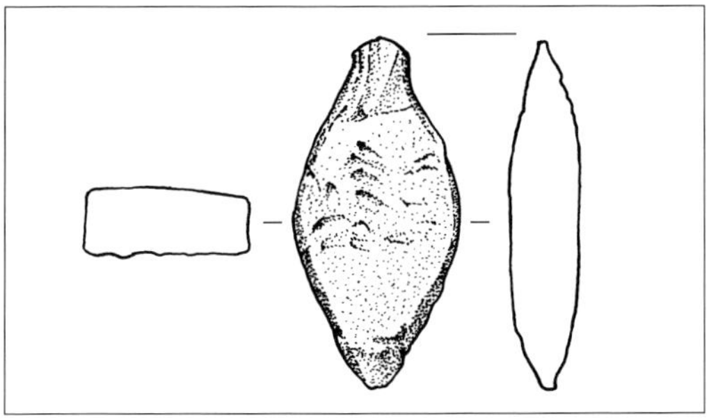

1.4.

1.5. Eichelförmiges Schleuderblei

Beschreibung: Das ovale Schleuderblei hat abgerundete Enden. Eine Hälfte ist deutlich breiter und wulstiger ausgeformt als die andere. Der Typ tritt eher selten auf.
Synonym: Völling Typ V; Burnswark type III; Windridge Farm type two (acorn shaped).
Datierung: Römische Republik bis Römische Kaiserzeit, 2. Hälfte 1. Jh. v. Chr.–2. Hälfte 2. Jh. n. Chr.
Verbreitung: Großbritannien, Slowenien.
Literatur: Greep 1987, 191; Völling 1990, 35, Liste 1,8.10.27; Laharnar 2011, 345; 348; 356.

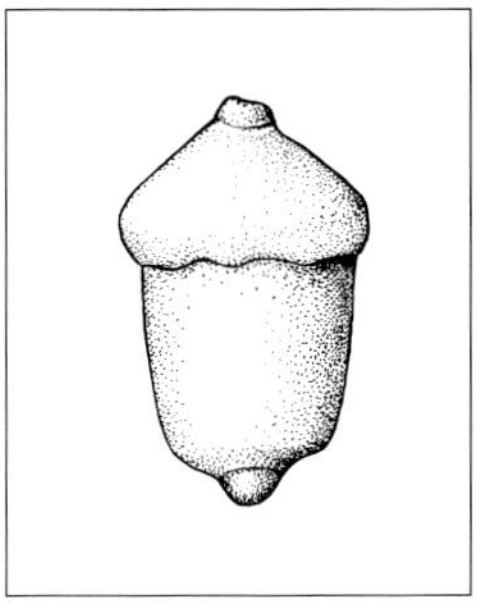

1.5.

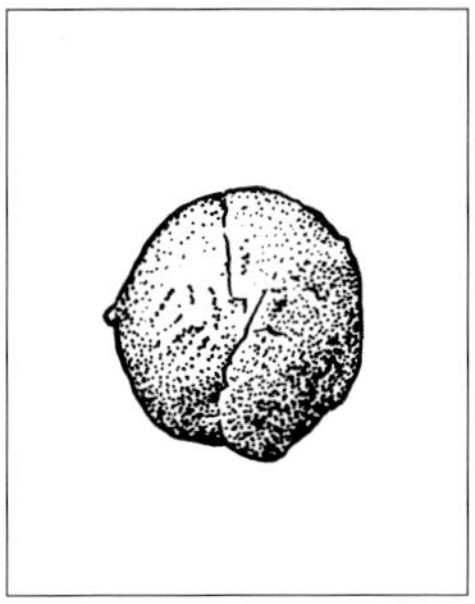

1.6.

1.6. Kugelförmiges Schleuderblei

Beschreibung: Das kugelförmige Schleuderblei hat oft eine unruhige, facettierte Oberfläche. Die Schleuderbleie aus dem Kastell des 3. Jhs. in Krefeld-Gellep wiegen 70 bis 117 g und gehören damit zu den schwereren Exemplaren.
Synonym: Völling Typ VI; Burnswark type V.
Datierung: Römische Kaiserzeit, 2. Hälfte 2. Jh. n. Chr. und 4. Jh. n. Chr.
Verbreitung: Großbritannien, Deutschland.
Literatur: Völling 1990, Liste 1,10.19.44; Laharnar 2011, 351; Fernández-Götz u. a. 2022, 53.

2. Schleudergeschoss <Ton>

Beschreibung: Die runden, bikonischen oder ovoiden Schleudergeschosse wurden von Hand geformt und anschließend gebrannt. Im Orient sind Schleuderkugeln aus Ton bereits seit 3500 v. Chr. bekannt (Nankov 2023, 43). Emil Nankov (2023, 66, Tab. 6) konnte für die hellenistisch-römischen Exemplare aus Bulgarien mehrere Gewichtsklassen feststellen: Über die Hälfte der Exemplare (56 %) ist in die Gewichtsklasse zwischen 23 und 49 g einzuordnen, gefolgt mit 18 % von einer weiteren Gewichtsklasse bis 100 g. Darüber hinausgehende Gewichte bis 400 g sind selten (Nankov Gruppen 3–5).
Datierung: Eisenzeit bis Spätantike, 5. Jh. v. Chr.–5. Jh. n. Chr.
Verbreitung: Die Verbreitungsgebiete dieser seit dem 5. Jh. v. Chr. im griechischen Einflussgebiet belegten Form unterscheiden sich je nach Datie-

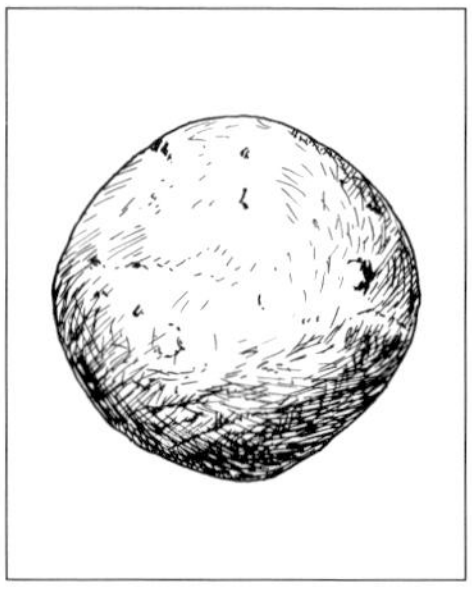

2.1.

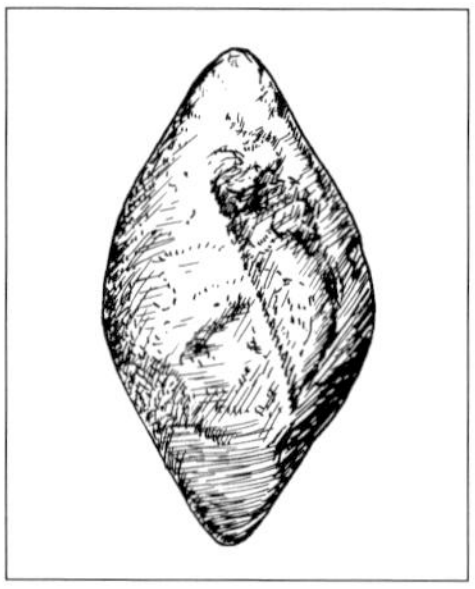

2.2.

rung. In römischer Zeit sind sie vor allem entlang der Militärgrenzen zu finden.
Literatur: Haffner 1976, 26–27; Völling 1990, 38; Nankov 2023, 63–67.

2.1. Kugelförmiges Schleudergeschoss <Ton>

Beschreibung: Das Schleudergeschoss aus Ton ist kugelförmig bis leicht eiförmig. Die aus dem Kastell Pförring (Bayern) überlieferten Maße (Durchmesser 3,1–3,5 cm, Gewicht 25,8–37,2 g) liegen innerhalb Nankovs Gewichtsklasse 1.
Synonym: eiförmiges Schleudergeschoss.
Datierung: Eisenzeit bis Spätantike, Mitte 5. Jh. v. Chr.–5. Jh. n. Chr.
Verbreitung: Spanien, Frankreich, Südwest- und Mitteldeutschland, Tschechien, Großbritannien.
Literatur: Maier 1979, 166–168; Völling 1990, 38; Spehr 2021, 15–18.

2.2. Bikonisches Schleudergeschoss

Beschreibung: Das tönerne Schleudergeschoss ist doppelkonisch geformt. Einige Exemplare weisen eine umlaufende, eingeritzte Spirale auf.
Synonym: olivenförmiges Schleudergeschoss; mandelförmiges Schleudergeschoss <Ton>; bi-conical bullet.
Datierung: Eisenzeit bis Spätantike, Mitte 5. Jh. v. Chr.–5. Jh. n. Chr.
Verbreitung: Spanien, Frankreich, Südwest- und Mitteldeutschland, Großbritannien.
Literatur: Maier 1979, 166–168; Völling 1990, 38; Poux 2008, 366–368; Lettmann 2013, 185; Spehr 2021, 15–18.

2.3. Dick-ovoides Schleudergeschoss

Beschreibung: Das eiförmige, aus Ton gefertigte Schleudergeschoss hat einen gedrückt ovalen Umriss.
Datierung: Römische Republik bis Spätantike, 1. Jh. v. Chr.–5. Jh. n. Chr.
Verbreitung: Nordwestdeutschland, Spanien.
Literatur: Völling 1990, 38, Liste 1,43.86.
Anmerkung: Aufgrund des schlechten Forschungsstands zu tönernen Geschossen ist nicht eindeutig, ob es sich hier um einen eigenen Typ handelt oder ob er von anderen Autoren zu den kugelförmigen Geschossen gezählt wird.

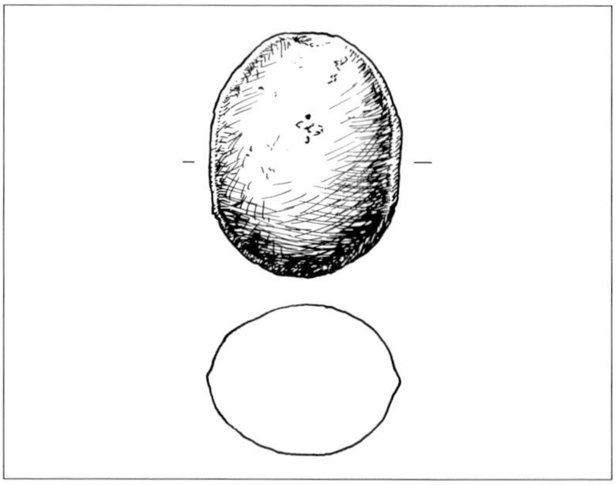

2.3.

3. Schleuderkugel

Beschreibung: Die Steinkugel aus lokalem Steinmaterial besitzt eine grob bearbeitete, unregelmäßige aber glatte Oberfläche. Es lassen sich verschiedene Varianten der Kugelform bilden, die auf unterschiedliche Ausführungen im Herstellungsprozess und die unterschiedlichen Bearbeitungseigenschaften des verwendeten Steinmaterials zurückzuführen sind. Es lassen sich rohe, sorgfältig gerundete, abgeflachte, unregelmäßige, hemisphärische, kubische und ovoide Steinkugeln unterscheiden.

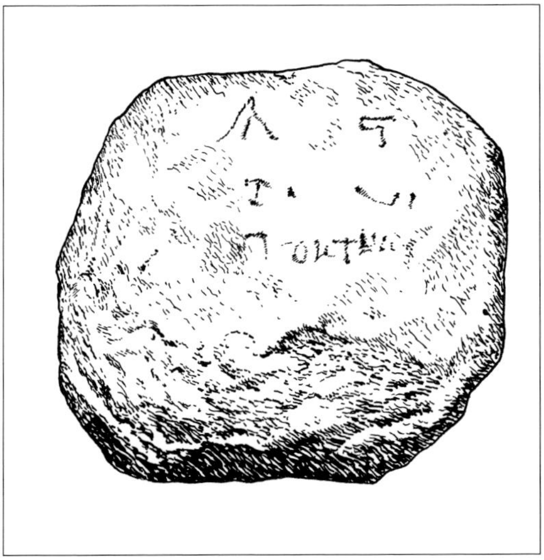

3.

Datierung: Römische Republik bis Spätantike, 2. Jh. v. Chr.– 5. Jh. n. Chr.
Verbreitung: Römisches Reich, u. a. Spanien, Rumänien, Ägypten.
Literatur: Ulbert, G. 1984, 111–114; Wilkins/Barnard/Rose 2006; Gudea 2009; Wilkins 2024.

Anhang

Literatur

Abegg-Wigg 2021
Angelika Abegg-Wigg, Ein Grab mit silbertauschiertem Reitersporn von Pinneberg-Ratsberg (Kr. Pinneberg) aus der Übergangsphase zur jüngeren Römischen Kaiserzeit. Archäologisches Korrespondenzblatt 51, 2021, 547–560.

Abels 1988
Björn-Uwe Abels, Die Heunischenburg bei Kronach. Archäologische Denkmäler in Oberfranken (Kronach 1988).

Abels 2002
Björn-Uwe Abels, Die Heunischenburg bei Kronach. Eine späturnenfelderzeitliche Befestigung. Regensburger Beiträge zur prähistorischen Archäologie 9 (Regensburg 2002).

Abramova 1982
Zoja A. Abramova, Zur Jagd im Jungpaläolithikum. Archäologisches Korrespondenzblatt 12, 1982, 1–9.

Albrecht/Hahn/Torke 1972
Gerd Albrecht/Joachim Hahn/Wolfgang G. Torke, Merkmalanalyse von Geschoßspitzen des mittleren Jungpleistozäns in Mittel- und Osteuropa. Archaeologica Venatoria 2 (Stuttgart 1972).

Ament 1970
Hermann Ament, Fränkische Adelsgräber von Flonheim in Rheinhessen. Germanische Denkmäler der Völkerwanderungszeit, Serie B, Band 5 (Berlin 1970).

Ament 1976
Hermann Ament, Die fränkischen Grabfunde aus Mayen und der Pellenz. Germanische Denkmäler der Völkerwanderungszeit, Serie B: Die fränkischen Altertümer des Rheinlandes 9 (Berlin 1976).

Ament 1992
Hermann Ament, Das alamannische Gräberfeld von Eschborn (Main-Taunus-Kreis). Materialien zur Vor- und Frühgeschichte von Hessen 14 (Wiesbaden 1992).

Ament 1993
Hermann Ament, Siedlung und Gräberfeld des frühen Mittelalters von Mertloch, Künzerhof (Kreis Mayen-Koblenz) (Nürnberg 1993).

Andersen 1971
Søren H. Andersen, Ertebøllekulturens Harpuner. Kuml 21, 1971, 73–125.

Andersen 1995–96
Søren H. Andersen, Ertebølleharpuner og spækhuggertænder. Kuml 1995–96, 45–99.

Andersen/Petersen 2005
Søren H. Andersen/Peter Vang Petersen, Maglemosekulturens stortandede harpuner. Aarbøger for nordisk Oldkyndighed og Historie 2005, 7–41.

Aner 1952
Ekkehard Aner, Die wikingerzeitlichen Kammergräber am Thorsberger Moor. Offa 11, 1952, 60–78.

Aner/Kersten 1973
Ekkehard Aner/Karl Kersten, Frederiksborg und Københavns Amt. Die Funde der älteren Bronzezeit des nordischen Kreises in Dänemark, Schleswig-Holstein und Niedersachsen I (København/Neumünster 1973).

Aner/Kersten 1977
Ekkehard Aner/Karl Kersten, Bornholms, Maribo, Odense und Svendborg Amter. Die Funde der älteren Bronzezeit des nordischen Kreises in Dänemark, Schleswig-Holstein und Niedersachsen III (København/Neumünster 1977).

Aner/Kersten/Willroth 2017
Ekkehard Aner/Karl Kersten/Karl-Heinz Willroth, Kreise Plön und Ostholstein und die kreisfreie Hansestadt Lübeck. Die Funde der älteren Bronzezeit des nordischen Kreises in Dänemark, Schleswig-Holstein und Niedersachsen XXI (Mainz 2017).

Arbman 1940
Holger Arbman, Birka I: Die Gräber (Uppsala 1940).

Arbman/Nilsson 1966–1968
Holger Arbman/Nils-Ove Nilsson, Armes scandinaves de l'epoque Viking en France. Meddelanden från Lunds Universitets Historiska Museum 1966–1968, 163–202.

Arents/Eisenschmidt 2010
Ute Arents/Silke Eisenschmidt, Die Gräber von Haithabu. Die Ausgrabungen in Haithabu 15 (Neumünster 2010).

Arne 1934
Ture J. Arne, Das Bootsgräberfeld von Tuna in Alsike, Uppland (Stockholm 1934).

Arnold 1971
Volker Arnold, Steinbronzezeitliche Siedlungsreste auf dem »Tegelbarg«, Gemeinde Quern-Neukirchen, Kr. Flensburg. Offa 28, 1971, 94–95.

Arora 1976
Surendra K. Arora, Die mittlere Steinzeit im westlichen Deutschland und in den Nachbargebieten. Beiträge zur Urgeschichte des Rheinlandes II. Rheinische Ausgrabungen 17 (Köln 1976), 1–65.

Aspöck 2001
Edeltraud Aspöck, Merowingerzeitliche Grabfunde aus Fischlham-Hafeld: Reste eines baierischen Reihengräberfeldes. Jahrbuch des oberösterreichischen Musealvereines 146/1, 2001, 235–266.

Aspöck/Stadler 2003
Edeltraud Aspöck/Peter Stadler, Die langobardenzeitlichen Gräber von Brunn am Gebirge, Flur Wolfholz, Niederösterreich. Archaeologia Austriaca 87, 2003, 169–223.

Atkinson 1942
Donald Atkinson, Report on Excavations at Wroxeter 1923–1927. Birmingham Archaeological Society (Oxford 1942).

Auler 1993
Jost Auler, Stabharpunen in Neolithikum und Bronzezeit. Fundberichte aus Baden-Württemberg 18, 1993, 17–28.

Auler 1994
Jost Auler, Bronzezeitliche Harpunen mit Tüllenknebelspitzen. Archäologie der Schweiz 17/4, 1994, 134–139.

Auler 1995
Jost Auler, Experimente zu bronzezeitlichen Tüllenknebelharpunen aus Hirschgeweih. Experimentelle Archäologie. Bilanz 1994. Archäologische Mitteilungen aus Nordwestdeutschland, Beiheft 8 (Oldenburg 1995), 165–178.

Baales 2002
Michael Baales, Zwischen Kalt und Warm. Das Spätpaläolithikum in Deutschland. In: Menschen Zeiten Räume. Archäologie in Deutschland. Ausstellungskatalog Berlin/Bonn (Stuttgart 2002), 121–123.

Baales 2013
Michael Baales, Eine jungpaläolithische Geweihspitze aus der Feldhofhöhle bei Balve. In: Michael Baales/Hans-Otto Pollmann/Bernhard Stapel,

Westfalen in der Alt- und Mittelsteinzeit (Münster 2013), 111–112.

Baatz 1966
Dietwulf Baatz, Zur Geschützbewaffnung römischer Auxiliartruppen in der frühen und mittleren Kaiserzeit. Bonner Jahrbücher 166, 1966, 194–207.

Baatz 1987
Dietwulf Baatz, »Spitzen« aus Eisenblech von der Heuneburg. Archäologisches Korrespondenzblatt 17, 1987, 93–95.

Back 1989
Ulrich Back, Frühmittelalterliche Grabfunde beiderseits der unteren Mosel. BAR International Series 532 (Oxford 1989).

Baitinger 2010
Holger Baitinger, Der Glauberg – ein Fürstensitz der Späthallstatt-/Frühlatènezeit in Hessen. Glauberg-Studien 1/I. Materialien zur Vor- und Frühgeschichte von Hessen 26/I (Wiesbaden 2010).

Bandi 1968
Hans-Georg Bandi, Das Jungpaläolithikum. In: Ur- und frühgeschichtliche Archäologie der Schweiz. Band I. Die Ältere und Mittlere Steinzeit (Basel 1968), 107–122.

Bantelmann 1971
Niels Bantelmann, Hamfelde, Kreis Herzogtum Lauenburg. Ein Urnenfeld der römischen Kaiserzeit in Holstein. Urnenfriedhöfe Schleswig-Holsteins 2. Offa-Bücher 24 (Neumünster 1971).

Bauch 1988
Wolfgang Bauch, Eine Nachbestattung der Einzelgrabkultur mit Pferdeschädel in einem Megalithgrab von Borgstedt, Kreis Rendsburg-Eckernförde. Offa 45, 1988, 43–73.

Baudou 1960
Evert Baudou, Die regionale und chronologische Einteilung der jüngeren Bronzezeit im Nordischen Kreis. Studies in North-European Archaeology 1 (Stockholm 1960).

Bauer/Kuhnen 1993
Sibylle Bauer/Hans-Peter Kuhnen, Frühkeltische Opferfunde von der Oberburg bei Egesheim, Lkr. Tuttlingen. In: Amei Lang/Hermann Parzinger/Hansjörg Küster (Hrsg.), Kulturen zwischen Ost und West (Berlin 1993), 239–292.

Baumeister/Köninger 2016
Ralf Baumeister/Joachim Köninger, Nachgehakt. Fischerei am Bodensee und in Oberschwaben. In: 4.000 Jahre Pfahlbauten. Begleitband zur Großen Landesausstellung Baden-Württemberg 2016 (Ostfildern 2016), 341–344.

Becker, C. J. 1948
Carl Johan Becker, Die zeitliche Stellung des Hjortspring-Fundes. Acta Archaeologica 19, 1948, 145–187.

Becker, C. J. 1950
Carl Johan Becker, Den grubekeramikse kultur i Danmark. Aarbøger for nordisk Oldkyndighed og Historie 1950, 153–263.

Becker, C. J. 1956
Carl Johan Becker, De stortandede flint-spyd og deres alder. Aarbøger for nordisk Oldkyndighed og Historie 1956, 205–220.

Becker, M. 2001
Matthias Becker, Luxus für das Jenseits. In: Schönheit, Macht und Tod. 120 Funde aus 120 Jahren Landesmuseum für Vorgeschichte Halle. 120 Funde aus 120 Jahren Landesmuseum für Vorgeschichte Halle. Begleitband zur Sonderausstellung vom 11. Dezember 2001 bis 28. April 2002 im Landesmuseum für Vorgeschichte Halle (Halle/Saale 2001), 112–113.

Becker, M. 2002
Matthias Becker, Germanen. Freunde und Feinde der Römer. In: Menschen Zeiten Räume. Archäologie in Deutschland. Ausstellungskatalog Berlin/Bonn (Stuttgart 2002), 284–288.

Becker, M. 2010
Matthias Becker, Das Fürstengrab von Gommern. Veröffentlichungen des Landesamtes für Denkmalpflege und Archäologie Sachsen-Anhalt – Landesmuseum für Vorgeschichte 63 (Halle 2010).

Bemmann 1998
Jan Bemmann, Ein Waffendepot der vorrömischen Eisenzeit aus Ostholstein. In: Anke Wesse (Hrsg.), Studien zur Archäologie des Ostseeraumes. Von der Eisenzeit bis zum Mittelalter. Festschrift für Michael Müller-Wille (Neumünster 1998), 321–329.

Bemmann 1999
Jan Bemmann, Körpergräber der jüngeren Römischen Kaiserzeit und Völkerwanderungszeit aus Schleswig-Holstein. Zum Aufkommen der neuen Bestattungssitte im überregionalen Vergleich. Studien zur Sachsenforschung 13 (Oldenburg 1999), 5–45.

Bemmann 2007
Jan Bemmann, Anmerkungen zu Waffenbeigabensitte und Waffenformen während der jüngeren Römischen Kaiserzeit und der Völkerwanderungszeit in Mitteldeutschland. Alt-Thüringen 40, 2007, 247–290.

Bemmann/Bemmann 1998
Güde Bemmann/Jan Bemmann, Der Opferplatz von Nydam. Die Funde aus den älteren Grabungen: Nydam-I und Nydam-II (Neumünster 1998).

Bemmann/Bemmann 2001
Güde Bemmann/Jan Bemmann, Archäologische Zeugnisse eines Opferplatzes in Ostholstein. In: Vi får tacka Lamm (Stockholm 2001), 47–58.

Bemmann/Hahne 1994
Jan Bemmann/Güde Hahne, Waffenführende Grabinventare der jüngeren römischen Kaiserzeit und Völkerwanderungszeit in Skandinavien. Studien zur zeitlichen Ordnung anhand der norwegischen Funde. Bericht der Römisch-Germanischen Kommission 75, 1994, 283–653.

Benadik 1957
Blažej Benadik, Das archäologische Fundmaterial und seine Auswertung. In: Blažej Benadik/Emanuel Vlček/Cyril Ambros, Keltské Pohrebiská na juhozápadnom Slovensku. Keltische Gräberfelder der Südwestslowakei. Archaeologica Slovaca Fontes 1 (Bratislava 1957), 11–200.

Benedix 2024
Judith Benedix, Gräberfelder des 6. Jahrhunderts nach Christus aus dem Tullnerfeld und Traisental (NÖ). Archäologische Forschungen in Niederösterreich Neue Folge 10 (St. Pölten 2024).

Bennett 1991
Martin Bennett, *Plumbatae* from Pitsunda (Pityus), Georgia, and observations on their possible use. Journal of Roman Military Equipment Studies 2, 1991, 59–63.

Beran 2001
Jonas Beran, Spätpaläolithische und mesolithische Funde der Rettungsgrabung Wustermark 12 im Havelland. Die Kunde N. F. 52, 2001, 173–188.

Beran/Hensel 2013
Jonas Beran/Nicola Hensel, Zum früh- und mittelbronzezeitlichen Siedlungswesen im westlichen Brandenburg. Rettungsgrabungen und archäologische Baubegleitungen der Archäologie Manufaktur GmbH 1996 bis 2012 (Wustermark). In: Jutta Kneisel/Hans Joachim Behnke/Franz Schopper, Frühbronzezeit – Mittelbronzezeit. Neue Erkenntnisse zur Besiedlung zwischen Elbe und Warthe und angrenzender Regionen (2000–1400 v. Chr.). Symposium vom 24.–25. September 2011 in Welzow/Brandenburg (Bonn 2013), 55–94.

Bérenger/Grünewald 2008
Daniel Bérenger/Christoph Grünewald, Westfalen in der Bronzezeit (Münster 2008).

von Berg 2017
Axel von Berg, Die Zeit der Eiszeitjäger. In: vorZEITEN. 70 Jahre Landesarchäologie Rheinland-

Pfalz. Ausstellungskatalog Mainz (Regensburg 2017), 87–93.

Berg-Hobohm 2004
Stefanie Berg-Hobohm, Die germanische Siedlung Göritz, Lkr. Oberspreewald-Lausitz. Forschungen zur Archäologie im Land Brandenburg 7 (Wünsdorf 2004).

Berger 1984
Arthur Berger, Die Bronzezeit in Ober- und Mittelfranken. Materialhefte zur bayerischen Vorgeschichte 52 (Kallmünz/Opf. 1984).

Berger u. a. 2010
Frank Berger/Felix Bittmann/Michael Geschwinde/Petra Lönne/Michael Meyer/Günther Moosbauer, Die römisch-germanische Auseinandersetzung am Harzhorn (Ldkr. Northeim, Niedersachsen). Germania 88, 2010, 313–402.

Bernatzky-Goetze 1987
Monika Bernatzky-Goetze, Mörigen. Die spätbronzezeitlichen Funde. Antiqua 16 (Basel 1987).

Bersu 1964
Gerhard Bersu, Die spätrömische Befestigung »Bürgle« bei Gundremmingen. Münchner Beiträge zur Vor- u. Frühgeschichte 10 (München 1964).

Bertram 2002
Marion Bertram, Die frühmittelalterlichen Gräberfelder von Pocking-Inzing und Bad Reichenhall-Kirchberg. Museum für Vor- und Frühgeschichte. Bestandskataloge 7 (Berlin 2002).

Biel 1985a
Jörg Biel, Der Keltenfürst von Hochdorf (Stuttgart 1985).

Biel 1985b
Jörg Biel, Katalog. In: Der Keltenfürst von Hochdorf. Methoden und Ergebnisse der Landesarchäologie. Katalog Stuttgart (Stuttgart 1985), 135–159.

Biel 1996
Jörg Biel, Bronze- und Eisenzeit. In: Mostefa Kokabi/Björn Schlenker/Joachim Wahl, »Knochenarbeit«. Artefakte aus tierischen Rohstoffen im Wandel der Zeit. Begleitheft zur Ausstellung im Saalburg-Museum (Bad Homburg v. d. H. 1996), 57–70.

Biermann 2002
Felix Biermann, Frühgeschichtliche Speerspitzen mit Dorn im nördlichen Ostdeutschland. Bodendenkmalpflege in Mecklenburg-Vorpommern, Jahrbuch 50, 2002, 19–33.

Biermann 2008
Felix Biermann, Die Knochen- und Geweihbearbeitung im nordwestslawischen Siedlungsgebiet vom 7./8. bis 12. Jahrhundert n. Chr. In: Walter Melzer (Hrsg.), Archäologie und mittelalterliches Handwerk – Eine Standortbestimmung. Beiträge des 10. Kolloquiums des Arbeitskreises zur archäologischen Erforschung des mittelalterlichen Handwerks. Soester Beiträge zur Archäologie 9 (Soest 2008), 239–266.

Bishop/Coulston 2006
Mike C. Bishop/Jon C. N. Coulston, Roman Military Equipment. From the Punic Wars to the Fall of Rome (Oxford ²2006).

Blaich 2006
Markus C. Blaich, Das frühmittelalterliche Gräberfeld von Eltville, Rheingau-Taunus-Kreis. Fundberichte aus Hessen. Beiheft 2 (Kassel 2006).

Böhme 1974
Horst Wolfgang Böhme, Germanische Grabfunde des 4. bis 5. Jahrhunderts zwischen unterer Elbe und Loire (München 1974).

Böhner 1951
Kurt Böhner, Fränkische Gräber von Oberlörick im Stadtkreis Düsseldorf. Bonner Jahrbücher 151, 1951, 312–319.

Böhner 1956
Kurt Böhner, Die merowingerzeitlichen Altertümer des Saalburgmuseums. Saalburg Jahrbuch 15, 1956, 102–140.

Böhner 1958
Kurt Böhner, Die fränkischen Altertümer des Trierer Landes. Germanische Denkmäler der Völkerwanderungszeit (Berlin 1958).

Bofinger 2006
Jörg Bofinger, Kelten – Skythen – Griechen: Zu den dreiflügeligen Pfeilspitzen von der Heuneburg an der Oberen Donau. In: Hans-Peter Wotzka (Hrsg.), Grundlegungen. Beiträge zur europäischen und afrikanischen Archäologie für Manfred K. H. Eggert (Tübingen 2006), 551–562.

Bokelmann 1971
Klaus Bokelmann, Duvensee, ein Wohnplatz des Mesolithikums in Schleswig-Holstein, und die Duvenseegruppe. Offa 28, 1971, 5–26.

Bokelmann 1988
Klaus Bokelmann, Eine Rengeweihharpune aus der Bondenau bei Bistoft, Kreis Schleswig-Flensburg. Offa 45, 1988, 5–15.

Bokelmann 1999
Klaus Bokelmann, Eine Stielspitze mit Schäftungspech der Ahrensburger Kultur aus Stellmoor. In: Erwin Cieszla/Thomas Kersting/Stefan Pratsch (Hrsg.), Den Bogen spannen … Festschrift für Bernhard Gramsch zum 65. Geburtstag. Teil 1. Beiträge zur Ur- und Frühgeschichte Mitteleuropas 20 (Weissbach 1999), 77–80.

Bolus 2004
Michael Bolus, Übergang vom Mittel- zu Jungpaläolithikum in Europa. Germania 82/1, 2004, 1–54.

Bolus 2018a
Michael Bolus, Blattförmige Schaber, Limaces, Blattspitzen. In: Harald Floss (Hrsg.), Steinartefakte. Vom Altpaläolithikum bis in die Neuzeit (Tübingen ^{3}2018), 309–326.

Bolus 2018b
Michael Bolus, Mittelpaläolithische Spitzen. In: Harald Floss (Hrsg.), Steinartefakte. Vom Altpaläolithikum bis in die Neuzeit (Tübingen ^{3}2018), 273–280.

Bolus 2018c
Michael Bolus, Rückenmesser. In: Harald Floss (Hrsg.), Steinartefakte. Vom Altpaläolithikum bis in die Neuzeit (Tübingen ^{3}2018), 429–434.

Bolus/Conard 2006
Michael Bolus/Nicholas Conard, Zur Zeitstellung von Geschossspitzen aus organischen Materialien im späten Mittelpaläolithikum und Aurignacien. Archäologisches Korrespondenzblatt 36, 2006, 1–15.

Bolus/Rück 2000
Michael Bolus/Oliver Rück, Eine Blattspitze aus Wittislingen, Lkr. Dillingen a. d. Donau (Bayern). Archäologisches Korrespondenzblatt 30, 2000, 165–172.

Bosinski 1978
Gerhard Bosinski, Eine zusammengesetzte Magdalénien-Geschossspitze aus der Höhle im Freudenthal, Kanton Schaffhausen (Schweiz). Archäologisches Korrespondenzblatt 8, 1978, 87–89.

Bosinski 1987
Gerhard Bosinski, Die große Zeit der Eiszeitjäger. Europa zwischen 40 000 und 10 000 v. Chr. Jahrbuch des Römisch-Germanischen Zentralmuseums Mainz 34/1, 1987, 3–139.

Bosinski 2002
Gerhard Bosinski, Die Anfänge der Kunst. Das Jungpaläolithikum in Deutschland. In: Menschen Zeiten Räume. Archäologie in Deutschland. Ausstellungskatalog Berlin/Bonn (Stuttgart 2002), 113–120.

Bosinski 2007
Gerhard Bosinski, Gönnersdorf und Andernach-Martinsberg. Späteiszeitliche Siedlungsplätze am

Mittelrhein. Archäologie an Mittelrhein und Mosel 19 (Koblenz 2007).

Bosinski/Evers 1979
Gerhard Bosinski/Dietrich Evers, Jagd im Eiszeitalter. Schriften des Jagd- und Naturkundemuseums Burg Brüggen 2 (Köln 1979).

Bräunig 2002
René Bräunig, Verbreitung und Gebrauch von Knochenlanzenspitzen während der vorrömischen Eisenzeit und älteren römischen Kaiserzeit. Ethnographisch-archäologische Zeitschrift 43, 2002, 543–560.

Bräunig u. a. 2015
René Bräunig/Sebastian Tegge/Heinz Haase/Markus Schwanitz, Bronzezeitlicher Bergbau in Berlin? Archäologie in Berlin und Brandenburg 2015, 61–62.

Brandherm 1998
Dirk Brandherm, Ein Langquaidbeil und eine Lanzenspitze westeuropäischen Typs aus Weingarten, Kr. Germersheim. Archäologisches Korrespondenzblatt 28, 1998, 47–58.

Brandherm 2004
Dirk Brandherm, Ein neuer Fund eines Langquaidbeils und einer Lanzenspitze aus Speyer. Archäologisches Korrespondenzblatt 34, 2004, 357–374.

Breddin 1989
Rolf Breddin, Die bronzezeitlichen Lausitzer Gräberfelder von Tornow, Kr. Calau. Teil 1. Veröffentlichungen des Museums für Ur- und Frühgeschichte Potsdam 23, 1989, 97–145.

Brestrich 1998
Wolfgang Brestrich, Die mittel- und spätbronzezeitlichen Grabfunde auf der Nordstadtterrasse von Singen am Hohentwiel. Forschungen und Berichte zur Vor- und Frühgeschichte in Baden-Württemberg 67 (Stuttgart 1998).

Brodowski 1998
Rainer Brodowski, Ein neuer Fundplatz des dreieckdominierten Mittelmesolithikums im Landkreis Lüchow-Dannenberg – Soven 215/6. Die Kunde N. F. 49, 1998, 41–60.

Brønsted 1936
Johannes Brønsted, Danish inhumation graves of the Viking Age. Acta Archaeologica VII, 1936, 81–228.

Brouquier-Reddé 1997
Véronique Brouquier-Reddé, L'equipement militaire d'Alesia d'apres les nouvelles recherches (prospections et fouilles). Journal of Roman Military Equipment Studies 8, 1997, 277–288.

von Brunn 1968
Wilhelm Albert von Brunn, Mitteldeutsche Hortfunde der jüngeren Bronzezeit. Römisch-Germanische Forschungen 29 (Berlin 1968).

Buck 1965
Dietmar-Wilfried Buck, Zwei mesolithische Knochenspitzen von Wildberg, Kr. Neuruppin. Ausgrabungen und Funde 10, 1965, 118–119.

Bücke 1986
Silvia Bücke, Zwei Siedlungen der Bernburger Kultur im Thüringer Becken. Alt-Thüringen XXI, 1986, 26–96.

Bujna 1989
Jozef Bujna, Das latènezeitliche Gräberfeld bei Dubnik. I. Slovenská Archeológia XXXVII-2, 1989, 245–354.

Bunnefeld 2012
Jan-Heinrich Bunnefeld, Die Lanzenspitzen in Westfalen. In: Friedrich Laux, Die Lanzenspitzen in Niedersachsen. Prähistorische Bronzefunde, Abteilung V, Band 4 (Stuttgart 2012), 127–191.

Buora 1997
Maurizio Buora, Nuovi studi sulle plumbatae (= *mattiobarbuli?*). A proposito degli stanziamenti militari nell'Illirico occidentale e nell'Italia orien-

tale nel IV e all'inizio del V secolo. Aquileia Nostra, Bolletino dell'Associazione nazionale per Aquileia 68, 1997, 227–246.

Buora 2016
Maurizio Buora, Militaria dagli scavi delle fognature di Aquileia (1968–1972). In: Jana Horvat (Hrsg.), The Roman Army between the Alps and the Adriatic. Studia Alpium et Adriae 31.1 (Ljubljana 2016), 27–42.

Butler 1987
Jay J. Butler, Bronze Age connections: France and the Netherlands. Palaeohistoria 29, 1987, 9–34.

Campbell 2008
Duncan B. Campbell, Greek and Roman Artillery 399 BC–AD 363. New Vangard 89 (Oxford [5]2008).

Campbell 2011
Duncan B. Campbell, Ancient Catapults. Some Hypotheses Reexamined. Hesperia 80, 2011, 677–700.

de Capitani 2023
Annick de Capitani, Die Seeufersiedlungen von Cham-Bachgraben (Kanton Zug). Band 2: Funde aus dem Neolithikum und der Bronzezeit. Antiqua 57/2 (Basel 2023).

Charpy/Rapin 2001
Jean-Jacques Charpy/André Rapin, L'armement celtique de la fin du premier Âge du Fer à celle du second Âge du Fer. In: Splendeurs Celtes. Armes et Bijoux. Catalogue de l'exposition présentée au Musée du Malgré-Tout à Treignes du 12 mai au 16 décembre 2001 (Treignes 2001), 12–23.

Chochorowski 1974
Jan Chochorowski, Bemerkungen über die Chronologie der Pfeilspitzen skytischen Typs im Nordteil von Mitteleuropa. In: Studien zur Lausitzer Kultur. Zeszyty Naukowe Uniwersytetu Jagiellońskiego 352. Prace Archeologiczne 18, 1974, 161–180.

Christlein 1966
Rainer Christlein, Das alamannische Reihengräberfeld von Marktoberdorf im Allgäu. Materialhefte zur bayerischen Vorgeschichte 21 (Kallmünz/Opf. 1966).

Christlein 1979
Rainer Christlein, Kleinfunde der frühgeschichtlichen Perioden aus den Plangrabungen 1967–1972. Der Runde Berg bei Urach III (Heidelberg 1979).

Claus 1983/1984
Martin Claus, Das neolithische Felsenkammergrab auf dem Halsberg bei Sorsum, Stadt Hildesheim. Die Kunde N. F. 34/35, 1983/1984, 91–121.

Clausen 1997
Ingo Clausen, Neue Untersuchungen an späteiszeitlichen Fundplätzen der Hamburger Kultur bei Ahrenshöft, Kr. Nordfriesland (ein Vorbericht). Archäologische Nachrichten aus Schleswig-Holstein 8, 1997, 8–49.

Clauß 1971
Gisela Clauß, Reihengräberfelder von Heidelberg-Kirchheim. Badische Fundberichte, Sonderheft 14 (Freiburg 1971).

Conard/Langguth/Uerpmann 2002
Nicholas Conard/Kurt Langguth/Hans-Peter Uerpmann, Einmalige Funde aus dem Aurignacien und erste Belege für ein Mittelpaläolithikum im Hohle Fels bei Schelklingen, Alb-Donau-Kreis. Archäologische Ausgrabungen in Baden-Württemberg 2002, 21–27.

Cordie-Hackenberg 1993
Rosemarie Cordie-Hackenberg, Das eisenzeitliche Hügelgräberfeld von Bescheid, Kreis Trier-Saarburg. Trierer Zeitschrift. Beiheft 17 (Trier 1993).

Cordie-Hackenberg 1995
Rosemarie Cordie-Hackenberg, Die eisenzeitlichen Hügelgräberfelder von Steineberg und Zeltingen. Zwei Nekropolen in der Kontaktzone

von westlicher und östlicher Hunsrück-Eifel-Kultur. Trierer Zeitschrift 58, 1995, 7–68.

Cosack 1977
Erhard Cosack, Das Kriegergrab von Hankenbostel aus der Älteren Römischen Kaiserzeit. Studien zur Sachsenforschung 1, 1977, 35–47.

Cosack 2000
Erhard Cosack, Indianer in Norddeutschland? Archäologisches Korrespondenzblatt 30, 2000, 193–197.

Cosack 2001
Erhard Cosack, Archäologische Funde aus dem Regierungsbezirk Hannover (2000). Die Kunde N. F. 52, 2001, 1–32.

Csar 2002
Peter Csar, Das bajuwarische Gräberfeld von Rudelsdorf, Oberösterreich. Archaeologia Austriaca 86, 2002, 183–343.

Cziesla 1998
Erwin Cziesla, Erster Neufund nach 70 Jahren. Eine einreihige Widerhakenspitze aus dem Bützsee bei Altfriesack, Landkreis Ostprignitz-Ruppin. Archäologie in Berlin und Brandenburg 1998, 38–39.

Cziesla 1999
Erwin Cziesla, Spätpaläolithische Widerhakenspitzen aus dem Heimatmuseum in Friesack, Lkr. Havelland. Veröffentlichungen des Brandenburgischen Landesmuseums für Ur- und Frühgeschichte 33, 1999, 51–63.

Cziesla 2000
Erwin Cziesla, Spätpaläolithische Widerhakenspitzen aus Brandenburg. Archäologisches Korrespondenzblatt 30, 2000, 173–186.

Cziesla 2001
Erwin Cziesla, Weitere Bemerkungen zu organischen Geschossspitzen aus Brandenburg. Die Kunde N. F. 52, 2001, 133–144.

Cziesla 2003
Erwin Cziesla, Wo bleiben die »Hamburger«? Zwei weitere einreihige Widerhakenspitzen aus dem Havelland. Archäologie in Berlin und Brandenburg 2003, 46–47.

Cziesla 2006
Erwin Cziesla, Frühmesolithische Fischspeerspitzen und ihre Verbreitung beiderseits der Ostsee. Archäologisches Korrespondenzblatt 36, 2006, 333–345.

Cziesla 2015
Erwin Cziesla, Grenzen im Wald. Stabilität und Kontinuität während des Mesolithikums in der Mitte Europas. Berliner Archäologische Forschungen 15 (Rahden/Westf. 2015).

Czysz 1986
Wolfgang Czysz, Ein spätrömisches Waffengrab aus Westendorf, Lkr. Augsburg. Bayerische Vorgeschichtsblätter 51, 1986, 262–271.

Czysz 2003
Wolfgang Czysz, Heldenbergen in der Wetterau. Feldlager, Kastell, Vicus. Limesforschungen 27 (Mainz 2003).

Daim 1987
Falko Daim, Das awarische Gräberfeld von Leobersdorf, NÖ. Studien zur Archäologie der Awaren 3 (Wien 1987).

Daim 1998
Falko Daim, Das awarische Gräberfeld von Zillingtal. Sechs Gräber mit »westlichen« Gegenständen. In: Zur Landeskunde des Burgenlandes. Festschrift für Hanns Schmid. Wissenschaftliche Arbeiten aus dem Burgenland 100 (Eisenstadt 1998), 97–135.

Daim/Lippert 1984
Falko Daim/Andreas Lippert, Das awarische Gräberfeld von Sommerein am Leithagebirge, N.Ö. Studien zur Archäologie der Awaren 1 (Wien 1984).

Damminger 2002
Folke Damminger, Die Merowingerzeit im südlichen Kraichgau und in den angrenzenden Landschaften. Materialhefte zur Archäologie in Baden-Württemberg 61 (Stuttgart 2002).

Dannheimer 1960
Hermann Dannheimer, Neue Reihengräberfunde aus Bayerisch-Schwaben. Bayerische Vorgeschichtsblätter 25, 1960, 179–202.

Dannheimer 1962
Hermann Dannheimer, Die germanischen Funde der späten Kaiserzeit und des frühen Mittelalters in Mittelfranken. Germanische Denkmäler der Völkerwanderungszeit A,VII (Berlin 1962).

Dannheimer 1968
Hermann Dannheimer, Epolding-Mühlthal. Siedlung, Friedhöfe und Kirche des frühen Mittelalters (München 1968).

David 2010
Wolfgang David, Ursprung der keltischen Archäologie: Die Brücke von La Tène. Ein Schauplatz grausamer Menschenopfer? Schriften des kelten römer museums manching 3 (Manching 2010).

Davis 2012
Richard Davis, The Early and Middle Bronze Age Spearheads of Britain. Prähistorische Bronzefunde. Abteilung V, Band 5 (Stuttgart 2012).

Dengler 1941
Hermann Dengler, Knochenpfeilspitzen von der Heidenschanze von Dresden-Coschütz. Sachsens Vorzeit 5, 1941, 51–69.

Deschler-Erb 1999
Eckhard Deschler-Erb, Ad arma! Römisches Militär des 1. Jahrhunderts n. Chr. in Augusta Raurica. Forschungen in Augst 28 (Augst 1999).

Deschler-Erb 2022
Eckhard Deschler-Erb, Die Metallfunde aus den Altgrabungen in Augsburg-Oberhausen. Katalog und Tafeln. Augsburger Beiträge zur Archäologie 9 (Augsburg 2022).

Deschler-Erb/Marti-Grädel/Schibler 2002
Sabine Deschler-Erb/Elisabeth Marti-Grädel/Jörg Schibler, Die Knochen-, Zahn- und Geweihartefakte. In: Annick de Capitani/Sabine Deschler-Erb/Urs Leuzinger/Elisabeth Marti-Grädel/Jörg Schibler, Die jungsteinzeitliche Seeufersiedlung Arbon-Bleiche. 3. Funde. Archäologie im Thurgau 11 (Frauenfeld 2002), 277–376.

Deschler-Erb/Peter/Deschler-Erb 1991
Eckhard Deschler-Erb/Markus Peter/Sabine Deschler-Erb, Das frühkaiserzeitliche Militärlager in der Kaiseraugster Unterstadt. Forschungen in Augst 12 (Augst 1991).

Deschler-Erb/Schwarz 1993
Eckhard Deschler-Erb/Peter-Andrew Schwarz, Eine bronzene Speerspitze aus der Insula 22. Ihre Bedeutung für die Stadtgeschichte von Augusta Rauricorum (Augst BL). Jahresberichte aus Augst und Kaiseraugst 14, 1993, 173–183.

Dieckmann u. a. 1997
Bodo Dieckmann/Jutta Hoffstadt/Ursula Maier/Helmut Spatz, Zum Stand der Ausgrabungen auf den »Offwiesen« in Singen, Kreis Konstanz. Archäologische Ausgrabungen in Baden-Württemberg 1997, 43–47.

Diemer 1955
Lothar Diemer, Baggerfunde aus Peene, Tollense und Trebel im Kreisheimatmuseum Demmin. Bodendenkmalpflege in Mecklenburg, Jahrbuch 1955, 178–224.

Dirks 2000
Ulrich Dirks, Die Bernburger Kultur in Niedersachsen. Beiträge zur Archäologie in Niedersachsen 1 (Rahden/Westf. 2000).

Döhle/Weber 2004
Hans-Jürgen Döhle/Thomas Weber, Höhlenbewohner in Mitteldeutschland? Die Funde von Rübeland. In: Paläolithikum und Mesolithikum.

Kataloge zur Dauerausstellung im Landesmuseum für Vorgeschichte Halle 1 (Halle 2004), 197–200.

Dölle 1977
Hans-Joachim Dölle, Bemerkungen zu den spätkaiserzeitlichen Pfeilspitzen aus Bronze und Silber. In: Joachim Herrmann (Hrsg.), Archäologie als Geschichtswissenschaft. Studien und Untersuchungen. Schriften zur Ur- und Frühgeschichte 30 (Berlin 1977), 291–297.

Dolenz 1998
Heimo Dolenz, Eisenfunde aus der Stadt auf dem Magdalensberg. Archäologische Forschungen zu den Grabungen auf dem Magdalensberg 13 (Klagenfurt 1998).

Dolenz/Flügel/Buora 2021
Heimo Dolenz/Christof Flügel/Maurizio Buora, Gli Oggetti di Metallo. In: Jacopo Bonetto/Stefania Mazzocchin/Diana Dobreva (Hrsg.), Aquileia, Fondi Cossar 3.3. L'instrumentum, il materiale vitreo, metallico e gli elementi architettonico-decorativi. Scavi di Aquileia 2 (Roma 2021), 681–727.

Dombrowsky 2014
Anne Dombrowsky, Bronzezeitliche Metallfunde aus dem Gebiet der mittleren Tollense unter besonderer Berücksichtigung der Flussfunde. In: Detlef Jantzen/Jörg Orschiedt/Jürgen Piek/Thomas Terberger (Hrsg.), Tod im Tollensetal. Teil 1: Die Forschungen bis 2011. Beiträge zur Ur- und Frühgeschichte Mecklenburg-Vorpommerns 50 (Schwerin 2014), 131–180.

Dombrowsky 2017
Anne Dombrowsky, Der gefiederte Tod in Zeiten des Umbruchs. Bronzene Waffenfunde von der Fundstelle im Tollensetal, Mecklenburg-Vorpommern. In: Dirk Brandherm/Bianka Nessel, Phasenübergänge und Umbrüche im bronzezeitlichen Europa. Beiträge zur Sitzung der Arbeitsgemeinschaft Bronzezeit auf der 80. Jahrestagung des Nordwestdeutschen Verbandes für Altertumsforschung. Universitätsforschungen zur prähistorischen Archäologie 297 (Bonn 2017), 143–157.

Doppelfeld 1964
Otto Doppelfeld, Das fränkische Knabengrab unter dem Chor des Kölner Domes. Germania 42, 1964, 156–188.

Drack 1981
Walter Drack, Der frühlatènezeitliche Fürstengrabhügel auf dem Üetliberg. Zeitschrift für Schweizerische Archäologie und Kunstgeschichte 38/1, 1981, 1–28.

Drescher 1984
Hans Drescher, Spitzen aus Eisenblech. In: Susanne Sievers, Die Kleinfunde der Heuneburg. Die Funde aus den Grabungen von 1950–1979. Heuneburgstudien V. Römisch-Germanische Forschungen 42 (Mainz 1984), 103–115.

Drescher 2000
Hans Drescher, Der Gießereifund unter Fürstengrabhügel 4 und die Verarbeitung von Buntmetall in der Heuneburg-Außensiedlung. In: Siegfried Kurz, Die Heuneburg-Außensiedlung. Forschungen und Berichte zur Vor- und Frühgeschichte in Baden-Württemberg 72 (Stuttgart 2000), 189–275.

Eberli 2010
Ulrich Eberli, Die horgenzeitliche Siedlung von Pfäffikon-Burg. Monographien der Kantonsarchäologie Zürich 40 (Zürich/Egg 2010).

Eckhardt 1996
Holger Eckhardt, Pfeil und Bogen. Eine archäologisch-technologische Untersuchung zu urnenfelder- und hallstattzeitlichen Befunden. Internationale Archäologie 21 (Espelkamp 1996).

Eger/Biermann 2009
Christoph Eger/Felix Biermann, Awarische Funde aus Mittel- und Ostdeutschland. Acta Archaeologica Carpathica 44, 2009, 137–170.

Egg 1985
Markus Egg, Die hallstattzeitlichen Grabhügel vom Siedelberg in Oberösterreich. Jahrbuch des

Römisch-Germanischen Zentralmuseums Mainz 32, 1985, 265–322.

Eggers 1934
Hans-Jürgen Eggers, Eine verzierte Rengeweihharpune aus der Oder bei Podejuh. Monatsblätter der Gesellschaft für pommersche Geschichte und Altertumskunde 48, 1934, 179.

Eggers 1955
Hans-Jürgen Eggers, Zur absoluten Chronologie der römischen Kaiserzeit im Freien Germanien. Jahrbuch des Römisch-Germanischen Zentralmuseums Mainz 2, 1955, 196–244.

Einwögerer 2000
Thomas Einwögerer, Die jungpaläolithische Station auf dem Wachtberg bei Krems, NÖ. Mitteilungen der Prähistorischen Kommission 34 (Wien 2000).

Endrich 1951/52
Peter Endrich, Elsenfeld. Fundbericht für die Jahre 1944–1949. Urnenfelderzeit. Bayerische Vorgeschichtsblätter 18/19, 1951/52, 255–256.

zu Erbach 1985
Monika zu Erbach, Die spätbronze- und urnenfelderzeitlichen Funde aus Linz und Oberösterreich. Tafeln. Linzer archäologische Forschungen 14 (Linz 1985).

zu Erbach 1986
Monika zu Erbach, Die spätbronze- und urnenfelderzeitlichen Funde aus Linz und Oberösterreich. Katalog. Linzer archäologische Forschungen 15 (Linz 1986).

zu Erbach 1989
Monika zu Erbach, Die spätbronze- und urnenfelderzeitlichen Funde aus Linz und Oberösterreich. Text. Linzer archäologische Forschungen 17 (Linz 1989).

Erdmann 1982
Elisabeth Erdmann, Vierkantige Pfeilspitzen aus Eisen von der Saalburg. Saalburg Jahrbuch 38, 1982, 5–11.

van Es/Hulst 1991
Willem A. van Es/Ron S. Hulst, Das merowingische Gräberfeld von Lent. Nederlandse Outheden 14 (Amersfoort 1991).

Faber 1994
Andrea Faber, Das römische Auxiliarkastell und der Vicus von Regensburg-Kumpfmühl. Münchner Beiträge zur Vor- u. Frühgeschichte 49 (München 1994).

Fernández-Götz u. a. 2022
Manuel Fernández-Götz/John Reid/Lawrence Keppie/Ian Hardwick, A battle in the mists of the Lake District? Ambleside Roman fort under attack. FINCUS, Dezember 2022, 52–55.

Feruglio 1992
Valérie Feruglio, Fiche baguettes demi-ronde. In: Hélene Barge-Mahieu/Henriette Camps-Fabrer/ Valérie Feruglio/Aurélia Peltier/Denis Ramseyer, Fiches typologiques de l'industrie osseuse prehistorique. Cahier V: Batons perces, baguettes (Treignes 1992), 71–83.

Feustel 1958
Rudolf Feustel, Bronzezeitliche Hügelgräberkultur im Gebiet von Schwarza (Südthüringen). Veröffentlichungen des Museums für Ur- und Frühgeschichte Thüringens 1 (Weimar 1958).

Feustel 1972
Rudolf Feustel, Die Walternienburg/Bernburger Totenhütte von Schönstedt im Thüringer Becken. Alt-Thüringen XII, 1972, 31–58.

Fiedler 1962
Resi Fiedler, Katalog Kirchheim unter Teck. Die vor- und frühgeschichtlichen Funde im Heimatmuseum. Veröffentlichungen des Staatlichen Amtes für Denkmalpflege Stuttgart A,7 (Stuttgart 1962).

Fingerlin 1983
Gerhard Fingerlin, Neue alamannische Grabfunde aus Neudingen, Stadt Donaueschingen, Schwarzwald-Baar-Kreis. Archäologische Ausgrabungen in Baden-Württemberg 1983, 190–193.

Fingerlin 1986
Gerhard Fingerlin, Dangstetten I. Katalog der Funde. Fundstellen 1 bis 603. Forschungen und Berichte zur Vor- und Frühgeschichte in Baden-Württemberg 22 (Stuttgart 1986).

Fischer, L. 1998/99
Lars Fischer, Lanzen und Schilde aus dem Thorsberger Moor in Süderbrarup, Kr. Schleswig-Flensburg. Holzarchäologische und technische Aspekte. Archäologische Nachrichten aus Schleswig-Holstein 9/10, 1998/99, 73–89.

Fischer, T. 1983
Thomas Fischer, Ein germanisches Gräberfeld der jüngeren Kaiserzeit aus Berching-Pollanten. Das archäologische Jahr in Bayern 1988, 123–127.

Fischer, T. 1990
Thomas Fischer, Das Umland des römischen Regensburg. Münchner Beiträge zur Vor- u. Frühgeschichte 42 (München 1990).

Fischer, T. 1993
Thomas Fischer, Das bajuwarische Reihengräberfeld von Staubing. Kataloge der Prähistorischen Staatssammlung 26 (Kallmünz/Opf. 1993).

Fischer, T. 1995
Thomas Fischer, Ein römischer Hortfund aus Affecking, Stadt Kelheim. In: Wolfgang Czysz/Claus-Michael Hüssen/Hans-Peter Kuhnen/C. Sebastian Sommer/Gerhard Weber (Hrsg.), Provinzialrömische Forschungen. Festschrift für Günter Ulbert zum 65. Geburtstag (Espelkamp 1995), 339–347.

Fischer, T. 2000
Thomas Fischer, Germanische Speer- und Lanzenspitzen aus dem Mündungsbereich der Naab in die Donau bei Regensburg-Großprüfening. In: Jan Bouzek/Herwig Friesinger/Karol Pieta/Balázs Komoróczy (Hrsg.), Gentes, Reges und Rom. Festschrift für Jaroslav Tejral zum 65. Geburtstag. Spisy Archeologického ústavu AV ČR Brno 16 (Brno 2000) 67–75.

Fischer, T. 2005
Thomas Fischer, Militaria aus Zerstörungsschichten in dem römischen Flottenlager Köln-Alteburg. In: Archäologie der Schlachtfelder – Militaria aus Zerstörungshorizonten. Akten der 14. Internationalen Roman Military Equipment Conference (ROMEC), Wien, 27.–31. August 2003. Carnuntum Jahrbuch 2005, 153–164.

Fischer, T. 2012
Thomas Fischer, Die Armee der Caesaren. Archäologie und Geschichte (Regensburg ^{2}2012), 198–200.

Fischer, V. in Vorb.
Veronika Fischer, Das Ostkastell III von Straubing-Sorviodurum. Die Ausgrabungen und geophysikalischen Prospektionen von 1913–2013. Limesforschungen der Römisch-Germanischen Kommission. In Vorbereitung.

Flindt 2022
Stefan Flindt, Die Lichtensteinhöhle bei Osterode am Harz, Ldkr. Göttingen. Bestattungsplatz einer Großfamilie aus der Urnenfelderzeit. Materialhefte zur Ur- und Frühgeschichte Niedersachsens 58 (Rahden/Westf. 2022).

Floss 2018a
Harald Floss (Hrsg.), Steinartefakte. Vom Altpaläolithikum bis in die Neuzeit (Tübingen ^{3}2018).

Floss 2018b
Harald Floss, Lithische Spitzen des Jungpaläolithikums. In: Harald Floss (Hrsg.), Steinartefakte. Vom Altpaläolithikum bis in die Neuzeit (Tübingen ^{3}2018), 399–413.

Floss/Weber 2018
Harald Floss/Mara-Julia Weber, Lithische Projektilspitzen im Spätglazial. In: Harald Floss (Hrsg.),

Steinartefakte. Vom Altpaläolithikum bis in die Neuzeit (Tübingen [3]2018), 509–516.

Flügel 2015
Christof Flügel, glandes. In: Yann Le Bohec (Hrsg.), The Encyclopedia of The Roman Army. Band 2 (Chichester 2015), 443–445.

Franke 2000
Regina Franke, Ein römischer Brandpfeil aus dem Südvicus von Sorviodurum-Straubing. Jahresbericht des Historischen Vereins für Straubing und Umgebung 100, 1998 (2000) 245–257.

Franke 2009
Regina Franke, Römische Kleinfunde aus Burghöfe 3. Militärische Ausrüstungsgegenstände, Pferdegeschirr, Bronzegeschirr und -gerät. Frühgeschichtliche und Provinzialrömische Archäologie. Materialien und Forschungen 9 (Rahden/Westf. 2009).

Franken 1944
Marlis Franken, Die Alamannen zwischen Iller und Lech. Germanische Denkmäler der Völkerwanderungszeit V (Berlin 1944).

von Freeden 1983
Uta von Freeden, Das frühmittelalterliche Gräberfeld von Grafendobrach in Oberfranken. Bericht der Römisch-Germanischen Kommission 64, 1983, 417–507.

von Freeden 1987
Uta von Freeden, Das frühmittelalterliche Gräberfeld von Moos-Burgstall, Ldkr. Deggendorf, in Niederbayern. Bericht der Römisch-Germanischen Kommission 68, 1987, 493–578.

von Freeden 1991
Uta von Freeden, Awarische Funde in Süddeutschland? Jahrbuch des Römisch-Germanischen Zentralmuseums Mainz 38/2, 1991, 593–627.

Friesinger 1971–1974
Herwig Friesinger, Studien zur Archäologie der Slawen in Niederösterreich. Mitteilungen der Prähistorischen Kommission der österreichischen Akademie der Wissenschaften XV–XVI (Wien 1971–1974).

Friesinger 1972
Herwig Friesinger, Waffenfunde des neunten und zehnten Jahrhunderts aus Niederösterreich. Archaeologia Austriaca 52, 1972, 43–64.

Friis-Hansen 1990
Jan Friis-Hansen, Mesolithic cutting arrows: functional analysis of arrows used in the hunting of large game. Antiquity 64, 1990, 494–504.

Fröhlich 1983
Siegfried Fröhlich, Studien zur mittleren Bronzezeit zwischen Thüringer Wald und Altmark, Leipziger Tieflandsbucht und Oker. Veröffentlichungen des Braunschweigischen Landesmuseums 34 (Braunschweig 1983).

Fundbericht 1956
Fundbericht für die Jahre 1950–1953, Holheim. Bayerische Vorgeschichtsblätter 21, 1956, 240–241.

Fundberichte 1952–1954
Fundberichte 1952–1954. Fundberichte aus Schwaben N. F. 13, 1952–1954, 7–108.

Fundberichte Urnenfelderzeit 1983–1984
Fundberichte Urnenfelderzeit. Ausgrabungen und Funde in Oberfranken 4, 1983–1984, 13–17.

Fundchronik 1972
Fundchronik für die Jahre 1965–1967, Bronzezeit: Wallerfing. Bayerische Vorgeschichtsblätter 37, 1972, 144–145.

Fundchronik 1987
Fundchronik für das Jahr 1985. Bayerische Vorgeschichtsblätter 1987, Beiheft 1 (München 1987).

Fundschau 1959
Fundschau, Ulm-Söflingen. Fundberichte aus Schwaben N. F. 15, 1959, 193–194.

Fundschau 1962a
Fundschau, Dorfmerkingen. Fundberichte aus Schwaben N. F. 16, 1962, 277.

Fundschau 1962b
Fundschau, Ensingen. Fundberichte aus Schwaben N. F. 16, 1962, 242.

Fundschau 1975
Fundschau, Hürben. Fundberichte aus Baden-Württemberg 2, 1975, 78.

Fundschau 1980
Fundschau, Dischingen. Fundberichte aus Baden-Württemberg 5, 1980, 62.

Furger 1978
Axel R. Furger, Die ur- und frühgeschichtlichen Funde von Reinach BL (Neolithikum bis Hochmittelalter). Basler Beiträge zur Ur- und Frühgeschichte 3 (Derendingen-Solothurn 1978).

Ganslmeier/Literski-Henkel 2014
Robert Ganslmeier/Norma Literski-Henkel, Die Tatwaffen aus einem Grab der Schnurkeramik von Eulau, Burgenlandkreis. Ein Beitrag zur Verwendung von Pfeilen in den Kulturgruppen des 3. Jts. v. Chr. Jahresschrift für mitteldeutsche Vorgeschichte 94, 2014, 29–82.

Garbsch 1966
Jochen Garbsch, Der Moosberg bei Murnau. Münchner Beiträge zur Vor- und Frühgeschichte 12 (München 1966).

Garscha 1970
Friedrich Garscha, Die Alamannen in Südbaden. Germanische Denkmäler der Völkerwanderungszeit, Serie A, Band 11 (Berlin 1970).

Gebers 1977
Wilhelm Gebers, Die kaiserzeitlichen Funde der Grabungen 1971–1975. In: Hermann Hinz, Bosau. Untersuchungen einer Siedlungskammer in Ostholstein. II. Die Ausgrabungen und Untersuchungen im Dorf 1971–1975 (Neumünster 1977), 10–68.

Gehlen 2010
Birgit Gehlen, Innovationen und Netzwerke. Das Spätmesolithikum vom Forggensee (Südbayern) im Kontext des ausgehenden Mesolithikums und des Altneolithikums in der Südhälfte Europas. Edition Mesolithikum 2 (Kerpen-Loogh 2010).

Geisler 1998
Hans Geisler, Das frühbairische Gräberfeld Straubing-Bajuwarenstraße. Internationale Archäologie 30 (Rahden/Westf. 1998). Online-Ausgabe Universitätsbibliothek Regensburg, https://epub.uni-regensburg.de/37462/1/1_Text.pdf (aufgerufen am 15.06.2025).

Gerken 1994
Klaus Gerken, Wehldorf 6, Ldkr. Rotenburg/W. Eine mesolithische Station am Übergang vom Boreal zum Atlantikum. Die Kunde N. F. 45, 1994, 19–33.

Gerken 2001
Klaus Gerken, Studien zur jung- und spätpaläolithischen sowie mesolithischen Besiedlung im Gebiet zwischen Wümme und Oste. Archäologische Berichte des Landkreises Rotenburg (Wümme) 9 (Oldenburg 2001).

Gerling/Francken 2007
Claudia Gerling/Michael Francken, Das linearbandkeramische Gräberfeld von Schwetzingen. Archäologische Informationen 30/1, 2007, 43–50.

Giesler 1983
Jochen Giesler, Frühmittelalterliche Funde aus Niederkassel, Rhein-Sieg-Kreis. Bonner Jahrbücher 183, 1983, 475–579.

Giesler-Müller 1992
Ulrike Giesler-Müller, Das frühmittelalterliche Gräberfeld von Basel-Kleinhüningen. Basler

Beiträge zur Ur- und Frühgeschichte 11B (Derendingen-Solothurn 1992).

Gleirscher 2022
Paul Gleirscher, Frührömische Pfeil- und Bolzenspitzen aus dem südlichen Noricum. In: Massimo Lavarone/Stefano Magnani/Fabio Prenc (Hrsg.), MB. Maurizio Buora. La sua storia. Il suo Friuli. Archeologia di frontiera 12 (Trieste 2022), 105–122.

Glykou 2013
Aikaterini Glykou, Seal hunting at the Baltic Sea coast – A case study from the late Mesolithic and earliest Neolithic Neustadt in Holstein, Germany. In: Oliver Grimm/Ulrich Schmölcke (eds.), Hunting in northern Europe until 1500 AD. Papers presented at a workshop organized by the Centre for Baltic and Scandinavian Archaeology (ZBSA), Schleswig, June 16th and 17th, 2011. Schriften des Archäologischen Landesmuseums, Ergänzungsreihe Band 7 (Neumünster 2013), 101–111.

Glykou 2016
Aikaterini Glykou, Neustadt LA156. Ein submariner Fundplatz des späten Mesolithikums und des frühesten Neolithikums in Schleswig-Holstein. Untersuchungen und Materialien zur Steinzeit in Schleswig-Holstein und im Ostseeraum 7 (Kiel/Hamburg 2016).

Gnade 2010
Benjamin Gnade, Das römische Kastell Böhming am Raetischen Limes. Bericht der Bayerischen Bodendenkmalpflege 51, 2010, 199–285.

Graf 2014
Stefanie Graf, Knochen- und Geweihartefakte. In: Ines Beilke-Voigt, Das jungbronze- und früheisenzeitliche Burgzentrum von Lossow. Ergebnisse der Ausgrabungen 2008 und 2009. Materialien zur Archäologie in Brandenburg 8 (Rahden/Westf. 2014), 127–131.

Gramsch 1964
Bernhard Gramsch, Spätpaläolithische und mesolithische Baggerfunde aus der Wublitzrinne nordwestlich Potsdam. Veröffentlichungen des Museums für Ur- und Frühgeschichte Potsdam 3, 1964, 8–23.

Gramsch 1973
Bernhard Gramsch, Das Mesolithikum im Flachland zwischen Elbe und Oder. Veröffentlichungen des Museums für Ur- und Frühgeschichte Potsdam 7 (Berlin 1973).

Gramsch 1987
Bernhard Gramsch, Zwei mesolithische Knochenspitzen-Depots von Friesack, Kr. Nauen. Ethnographisch-Archäologische Zeitschrift 28, 1987, 222–231.

Gramsch 1990
Bernhard Gramsch, Die frühmesolithischen Knochenspitzen von Friesack, Kr. Nauen. Veröffentlichungen des Museums für Ur- und Frühgeschichte Potsdam 24, 1990, 7–26.

Gramsch 2000
Bernhard Gramsch, Friesack: Letzte Jäger und Sammler in Brandenburg. Jahrbuch des Römisch-Germanischen Zentralmuseums Mainz 47/1, 2000, 51–96.

Gramsch 2003
Bernhard Gramsch, Spindelförmige Knochenspitzen aus Brandenburg (BRD). Bulletin de la Société Préhistorique Luxembourgeoise 25, 2003, 43–72.

Greep 1987
Stephen J. Greep, Lead Sling-Shot from Windridge Farm, St Albans and the Use of the Sling by the Roman Army in Britain. Britannia 1987, 18, 183–200.

Grimm/Weber 2008
Sonja B. Grimm/Mara-Julia Weber, The chronological framework of the Hamburgian in the light of old and new ^{14}C data. Quartär 55, 2008, 17–40.

von Groller 1929
Max von Groller, Die Metallfunde. In: Adolf Schulten, Numantia IV. Die Lager bei Renieblas (München 1929), 201–227.

Gronenborn 1990
Detlef Gronenborn, Eine Pfeilspitze vom ältestbandkeramischen Fundplatz Friedberg-Bruchenbrücken in der Wetterau. Germania 68/1, 1990, 223–231.

Gronenborn 1997a
Detlef Gronenborn, Sarching 4 und der Übergang vom Früh- zum Spätmesolithikum im südlichen Mitteleuropa. Archäologisches Korrespondenzblatt 27, 1997, 387–402.

Gronenborn 1997b
Detlef Gronenborn, Silexartefakte der ältestbandkeramischen Kultur. Universitätsforschungen zur prähistorischen Archäologie 37 (Bonn 1997).

Gronenborn 2005
Detlef Gronenborn, Eine Pfeilschneide aus Südskandinavien vom ältestbandkeramischen Fundplatz Friedberg-Bruchenbrücken in der Wetterau. Archäologisches Korrespondenzblatt 35, 2005, 159–168.

Groß 2017
Daniel Groß, Welt und Umwelt frühmesolithischer Jäger und Sammler. Untersuchungen und Materialien zur Steinzeit in Schleswig-Holstein und im Ostseeraum 8 (Kiel 2017).

Groß u. a. 2019
Daniel Groß/Harald Lübke/John Meadows/Detlef Jantzen/Stefan Dreibrodt, Re-evaluation of the site Hohen Viecheln 1. In: Daniel Groß/Harald Lübke/John Meadows/Detlef Jantzen (eds.), Working at the Sharp End: From Bone and Antler to early Mesolithic Life in Northern Europe. Untersuchungen und Materialien zur Steinzeit in Schleswig-Holstein und dem Ostseeraum 10 (Kiel/Hamburg 2019), 15–111.

Grote 1990
Klaus Grote, Das Buntsandsteinabri Bettenroder Berg IX im Reinhäuser Wald bei Göttingen. Paläolithikum und Mesolithikum. Archäologisches Korrespondenzblatt 20, 1990, 137–147.

Gruber 1999
Heinz K. Gruber, Die mittelbronzezeitlichen Grabfunde aus Linz und Oberösterreich. Linzer Archäologische Forschungen 28 (Linz 1999).

Grünberg 2001
Judith M. Grünberg, Speerfischen in der Mittelsteinzeit. Speerspitzen aus Glindenberg. In: Schönheit, Macht und Tod. 120 Funde aus 120 Jahren Landesmuseum für Vorgeschichte Halle. Begleitband zur Sonderausstellung vom 11. Dezember 2001 bis 28. April 2002 im Landesmuseum für Vorgeschichte Halle (Halle/Saale 2001), 164–165.

Gschwind 2004
Markus Gschwind, Abusina. Das römische Auxiliarkastell Eining an der Donau vom 1. bis 5. Jahrhundert n. Chr. Münchner Beiträge zur Vor- und Frühgeschichte 53 (München 2004).

Gudea 1991
Nicolae Gudea, Römische Waffen aus den Kastellen des westlichen *Limes* der Provinz Dacia Porolissensis. Ephemeris Napocensis 1, 1991, 69–80.

Gudea 2009
Nicolae Gudea, Funditores und balistarii. Eine Fallstudie zur Dacia Porolissensis. In: Alexandra W. Busch/Hans-Joachim Schalles, Waffen in Aktion. Akten der 16. Internationalen Roman Military Equipment Conference (ROMEC). Xanten, 13.–16. Juni 2007. Xantener Berichte 16 (Mainz 2009), 223–236.

Guichard/Deberge 2000
Vincent Guichard/Yann Deberge, Gergovia. In: Christian Godineau/Vincent Guichard/Michel Reddé/Susanne Sievers/Henry Soulhol (Hrsg.), Caesar und Vercingetorix. Zaberns Bildbände zur Archäologie (Mainz 2000), 30–34.

Haack 2002
Fabian Haack, Die bandkeramischen Knochen-, Geweih- und Zahnartefakte aus den Siedlungen Herxheim (Rheinland-Pfalz) und Rosheim (Alsace). Magisterarbeit Freiburg i. Br. 2002. https://www.

academia.edu/30174575 (aufgerufen am 15.02.2024).

Haas-Gebhard 2024
Brigitte Haas-Gebhard, Zeit und Kosmos – Mittelalter. In: Rupert Gebhard (Hrsg.), Wege durch Bayerns Vergangenheit. Begleitband durch die Dauerausstellung der Archäologischen Staatssammlung. Ausstellungskataloge der Archäologischen Staatssammlung 44 (München/Regensburg 2024), 32–34.

Haberstroh 2004
Claudia Haberstroh, Das frühmittelalterliche Gräberfeld von Wirbenz. Kataloge der Archäologischen Staatssammlung München 30 (München 2004).

Hachmann 1957
Rolf Hachmann, Die frühe Bronzezeit im westlichen Ostseegebiet und ihre mittel- und südosteuropäischen Beziehungen. Beihefte zum Atlas der Urgeschichte. Heft 6 (Hamburg 1957).

Hänsel 1997
Alix Hänsel, Die Funde der Bronzezeit aus Bayern. Museum für Vor- und Frühgeschichte Berlin. Bestandskataloge Band 5 (Berlin 1997).

Häßler 1983
Hans-Jürgen Häßler, Das sächsische Gräberfeld bei Liebenau, Kr. Nienburg (Weser). Teil 2. Studien zur Sachsenforschung 5,1 (Hildesheim 1983).

Häßler 1985
Hans-Jürgen Häßler, Das sächsische Gräberfeld bei Liebenau, Kr. Nienburg (Weser). Teil 3. Studien zur Sachsenforschung 5,2 (Hildesheim 1985).

Häßler 1990
Hans-Jürgen Häßler, Das sächsische Gräberfeld bei Liebenau, Kr. Nienburg (Weser). Teil 4. Studien zur Sachsenforschung 5,3 (Hildesheim 1990).

Häßler 1999
Hans-Jürgen Häßler, Ein Gräberfeld erzählt Geschichte. Begleitschrift zu einer Ausstellung der Urgeschichts-Abteilung des Niedersächsischen Landesmuseums Hannover im Museum Nienburg, Ldkr. Nienburg (Weser), Niedersachsen. Studien zur Sachsenforschung 5,5 (Oldenburg 1999).

Haffner 1971
Alfred Haffner, Das keltisch-römische Gräberfeld von Wederath-Belginum. Teil 1: Gräber 1–428. Trierer Grabungen und Forschungen VI,1 (Mainz 1971).

Haffner 1974
Alfred Haffner, Das keltisch-römische Gräberfeld von Wederath-Belginum. Teil 2: Gräber 429–883. Trierer Grabungen und Forschungen VI,2 (Mainz 1974).

Haffner 1976
Alfred Haffner, Die westliche Hunsrück-Eifel-Kultur. Römisch-Germanische Forschungen 36 (Berlin 1976).

Haffner 1978
Alfred Haffner, Das keltisch-römische Gräberfeld von Wederath-Belginum. Teil 3: Gräber 885–1260. Trierer Grabungen und Forschungen VI,3 (Mainz 1978).

Haffner 1992
Alfred Haffner, Die frühlatènezeitlichen Fürstengräber von Hochscheid im Hunsrück. Trierer Zeitschrift 55, 1992, 25–103.

Haffner/Lage 2008/09
Alfred Haffner/Maren Lage, Die frühkeltische Fürstengrabnekropole von Bescheid »Bei den Hübeln«, Kreis Trier-Saarburg. Trierer Zeitschrift 71/72, 2008/09, 27–142.

Hafner/Suter 2000
Albert Hafner/Peter J. Suter, –3400. Die Entwicklung der Bauerngesellschaften im 4. Jahrtausend v. Chr. am Bielersee aufgrund der Rettungsgrabungen von Nidau und Sutz-Lattrigen (Bern 2000).

Hafner/Suter 2004
Albert Hafner/Peter J. Suter, 5000 Jahre abgetaucht. Aufgetaucht: 1984–2004 (Bern 2004).

Hahn 1969
Joachim Hahn, Gravettien-Freilandstationen im Rheinland: Mainz-Linsenberg, Koblenz-Metternich und Rhens. Bonner Jahrbücher 169, 1969, 44–87.

Hahn 1977
Joachim Hahn, Aurignacien. Das ältere Jungpaläolithikum in Mittel- und Osteuropa. Fundamenta A,9 (Köln 1977).

Hahn 1988
Joachim Hahn, Die Geißenklösterle-Höhle im Achtal bei Blaubeuren I. Forschungen und Berichte zur Vor- und Frühgeschichte in Baden-Württemberg 26 (Stuttgart 1988).

Hahn 1993
Joachim Hahn, Erkennen und Bestimmen von Stein- und Knochenartefakten. Einführung in die Artefaktmorphologie. Archaeologia Venatoria 10 (Tübingen [2]1993).

Hanel 1995
Norbert Hanel, Vetera I. Die Funde aus den römischen Lagern auf dem Fürstenberg bei Xanten. Rheinische Ausgrabungen 35 (Köln 1995).

Hansen, L. 2010
Leif Hansen, Hochdorf VIII: Die Goldfunde und Trachtbeigaben des späthallstattzeitlichen Fürstengrabes von Eberdingen-Hochdorf (Kr. Ludwigsburg). Forschungen und Berichte zur Vor- und Frühgeschichte in Baden-Württemberg 118 (Stuttgart 2010).

Hansen, L. 2013
Leif Hansen, Hunting in the Hallstatt period – The example of the Eberdingen-Hochdorf »princely grave«. In: Oliver Grimm/Ulrich Schmölcke (eds.), Hunting in northern Europe until 1500 AD. Papers presented at a workshop organized by the Centre for Baltic and Scandinavian Archaeology (ZBSA), Schleswig, June 16th and 17th, 2011. Schriften des Archäologischen Landesmuseums, Ergänzungsreihe Band 7 (Neumünster 2013), 239–258.

Hansen, S. 1990
Svend Hansen, Eine westeuropäische Lanzenspitze aus dem Rhein bei Mainz. Archäologisches Korrespondenzblatt 20, 1990, 387–395.

Hansen, S. 1991
Svend Hansen, Studien zu den Metalldeponierungen während der Urnenfelderzeit im Rhein-Main-Gebiet. Universitätsforschungen zur Prähistorischen Archäologie 5 (Bonn 1991).

Hansen, S. 1994
Svend Hansen, Studien zu den Metalldeponierungen während der älteren Urnenfelderzeit zwischen Rhônetal und Karpatenbecken. Universitätsforschungen zur Prähistorischen Archäologie 21 (Bonn 1994).

Harnecker 1997
Joachim Harnecker, Katalog der römischen Eisenfunde von Haltern. Bodenaltertümer Westfalens 35 (Mainz 1997).

Hartz 1987
Sönke Hartz, Neue paläolithische Fundplätze bei Ahrenshöft, Kreis Nordfriesland. Offa 44, 1987, 5–52.

Hartz 1997
Sönke Hartz, Ertebøllekultur im Travetal. In: Denkmalpflege im Kreis Stormarn III. Stormarner Hefte 20 (Neumünster 1997), 171–186.

Hartz 2000
Sönke Hartz, Submarine Ertebøllefunde aus der Lübecker Bucht. Nachrichtenblatt Arbeitskreis Unterwasserarchäologie 7, 2000, 36.

Hartz 2001
Sönke Hartz, Neustadt-Marienbad wieder entdeckt – Jäger und Fischer der Erteböllekultur an der ostholsteinischen Ostseeküste. Archäologi-

sche Nachrichten aus Schleswig-Holstein 12, 2001, 7–26.

Hartz 2022
Sönke Hartz, Leben am sonnigen Strand. Jäger, Fischer und Sammler des südwestlichen Ostseeraumes in der ausgehenden Mittelsteinzeit. In: Florian Klimscha/Lukas Wiggering (Hrsg.), Die Erfindung der Götter. Steinzeit im Norden. Ausstellungskatalog Landesmuseum Hannover (Petersberg 2022), 104–113.

Hartz/Kraus 2005
Sönke Hartz/Hubert Kraus, Jäger und Fischer der Erteböllekultur an der Ostseeküste Schleswig-Holsteins. Archäologisches Nachrichtenblatt 10, 2005, 425–435.

Hartz/Lübke 2018
Sönke Hartz/Harald Lübke, Geräteformen im Nordischen Endmesolithikum (Ertebøllekultur) und im Nordischen Frühneolithikum (Ältere Trichterbecherkultur). In: Harald Floss (Hrsg.), Steinartefakte. Vom Altpaläolithikum bis in die Neuzeit (Tübingen [3]2018), 647–657.

Hartz/Lübke/Groß 2019
Sönke Hartz/Harald Lübke/Daniel Groß, Early Mesolithic Bone Points from Schleswig-Holstein. In: Daniel Groß/Harald Lübke/John Meadows/Detlef Jantzen (eds.), Working at the Sharp End: From Bone and Antler to Early Mesolithic Life in Northern Europe. Untersuchungen und Materialien zur Steinzeit in Schleswig-Holstein und im Ostseeraum 10 (Kiel/Hamburg 2019), 203–238.

Hartz/Schmölcke 2013
Sönke Hartz/Ulrich Schmölcke, From the Mesolithic to the Neolithic – Hunting strategies in the south-western Baltic Sea area. In: Oliver Grimm/Ulrich Schmölcke (eds.), Hunting in northern Europe until 1500 AD. Papers presented at a workshop by the Centre for Baltic and Scandinavian Archaeology (ZBSA), Schleswig, June 16th and 17th, 2011. Schriften des Archäologischen Landesmuseums, Ergänzungsreihe 7 (Neumünster 2013), 21–40.

Hauser 2019
Florian Hauser, Dreiflügelige und dreikantige Pfeilspitzen der Hallstatt- und Frühlatènezeit aus Deutschland und den angrenzenden Gebieten. In: Holger Baitinger/Martin Schönfelder (Hrsg.), Hallstatt und Italien. Festschrift für Markus Egg. Monographien des Römisch-Germanischen Zentralmuseums Mainz 154 (Mainz 2019), 227–247.

Hausmair 2016
Barbara Hausmair, Micheldorf/Kremsdorf – Frühmittelalter zwischen Baiovaria und Karantanien. In: Jutta Leskovar (Hrsg.), Frühmittelalter in Oberösterreich. Inventare aus den archäologischen Sammlungen des Oberösterreichischen Landesmuseums. Studien zur Kulturgeschichte von Oberösterreich 40 (Linz 2016), 11–189.

Heege 1992
Andreas Heege, Nur eine Kreisstraße… Archäologische Funde und Befunde beim Ausbau der Kreisstraße 425 Moringen-Großenrode 1988–1990. Neue Ausgrabungen und Forschungen in Niedersachsen 20, 1992, 27–80.

Heege/Heege 1989
Elke Heege/Andreas Heege, Die Häuser der Toten. Jungsteinzeitliche Kollektivgräber im Landkreis Northeim. Wegweiser zur Vor- und Frühgeschichte Niedersachsens 16 (Hildesheim 1989).

Heidelk-Schacht 1983
Sigrid Heidelk-Schacht, Knochen- und Geweihgeräte des Spätpaläolithikums und Mesolithikums aus Mecklenburg. Bodendenkmalpflege in Mecklenburg, Jahrbuch 1983, 7–82.

Heinen 1990
Martin Heinen, Der spätpaläolithisch-mesolithische Oberflächenfundplatz »Ueddinger Broich«, Gemeinde Korschenbroich, Kr. Neuss. Archäologisches Korrespondenzblatt 20, 1990, 11–24.

Heinen 2005
Martin Heinen, Sarching '83 und '89/90. Untersuchungen zum Spätpaläolithikum und Früh-

mesolithikum in Südost-Deutschland. Edition Mesolithikum 1 (Kerpen-Loogh 2005).

Heinen 2018a
Martin Heinen, Flächenretuschierte Projektile des Mesolithikums. In: Harald Floss (Hrsg.), Steinartefakte. Vom Altpaläolithikum bis in die Neuzeit (Tübingen ³2018), 621–630.

Heinen 2018b
Martin Heinen, Mikrolithen. In: Harald Floss (Hrsg.), Steinartefakte. Vom Altpaläolithikum bis in die Neuzeit (Tübingen ³2018), 599–620.

Hell 1956
Martin Hell, Keltisch-norisches Kriegergrab von Salzburg. Germania 34, 1956, 230–236.

Hensch 2012
Mathias Hensch, Von Pfeilen in Kirchen und jenen, die ihnen zum Opfer fielen – Archäologie in der Kirche St. Vitus in Utzenhofen. Das archäologische Jahr in Bayern 2012, 116–119.

Herget 2006
Melanie Herget, Das fränkische Gräberfeld von Rödingen, Kr. Düren. Marburger Studien zur Vor- und Frühgeschichte 22 (Rahden/Westf. 2006).

Herrmann, F.-R. 1966
Fritz-Rudolf Herrmann, Die Funde der Urnenfelderkultur in Mittel- und Südhessen. Römisch-Germanische Forschungen 27 (Berlin 1966).

Herrmann, F.-R. 1969
Fritz-Rudolf Herrmann, Der Eisenhortfund aus dem Kastell Künzing. Saalburg Jahrbuch 26, 1969, 129–141.

Herrmann, J. 2005
Joachim Herrmann, Ralswiek auf Rügen. Die slawisch-wikingischen Siedlungen und deren Hinterland. Teil III – Die Funde aus der Hauptsiedlung. Beiträge zur Ur- und Frühgeschichte Mecklenburg-Vorpommerns 37 (Schwerin 2005).

Herrmann/Donat 1979
Joachim Herrmann/Peter Donat (Hrsg.), Corpus archäologischer Quellen zur Frühgeschichte auf dem Gebiet der Deutschen Demokratischen Republik (7.–12. Jahrhundert). 2. Lieferung: Bezirke Rostock (Ostteil), Neubrandenburg (Berlin 1979).

Heske u. a. 2010
Immo Heske/Silke Grefen-Peters/Martin Posselt/Julian Wiethold, Die jungbronzezeitliche Außensiedlung der »Hünenburg« bei Watenstedt, Lkr. Helmstedt. Vorbericht über die Ausgrabungen 2005–2007. Prähistorische Zeitschrift 85/2, 2010, 159–190.

Hesse 2018
Heiko Hesse, Metallzeitliche Silexartefakte. In: Harald Floss (Hrsg.), Steinartefakte. Vom Altpaläolithikum bis in die Neuzeit (Tübingen ³2018), 931–941.

von Hessen 1971
Otto von Hessen, Durchbrochene italisch-langobardische Lanzenspitzen. Frühmittelalterliche Studien 5, 1971, 37–41.

Hinz 1969
Hermann Hinz, Das fränkische Gräberfeld von Eick, Gemeinde Rheinkamp, Kreis Moers. Germanische Denkmäler der Völkerwanderungszeit B,4 (Berlin 1969).

Hirsch/Klooß/Klooß 2007
Klaus Hirsch/Stefanie Klooß/Ringo Klooß, Der endmesolithisch-neolithische Küstensiedlungsplatz bei Baabe im Südosten der Insel Rügen. Bodendenkmalpflege in Mecklenburg-Vorpommern, Jahrbuch 55, 2007, 11–51.

Höck 2000
Christiane Höck, Das Magdalénien der Kniegrotte. Weimarer Monographien zur Ur- und Frühgeschichte 35 (Stuttgart 2000).

Höck 2018
Christiane Höck, Dreiecke des Magdalénien. In: Harald Floss (Hrsg.), Steinartefakte. Vom Altpaläolithikum bis in die Neuzeit (Tübingen [3]2018), 497–508.

Hofmann 2004
Kerstin P. Hofmann, Lanzetten: eine Leitform der Nordischen Bronzezeit. Fundanalyse im Spannungsfeld zwischen Theorie und Praxis. In: Stefan Hesse (Hrsg.), Spurensicherung – 25 Jahre Kreisarchäologie Rotenburg (Wümme). Archäologische Berichte des Landkreises Rotenburg (Wümme) 11, 2004, 105–222.

Hollnagel 1962
Adolf Hollnagel, Die vor- und frühgeschichtlichen Denkmäler und Funde des Kreises Neubrandenburg (Schwerin 1962).

Hollnagel 1968
Adolf Hollnagel, Der »Teufelsbackofen« genannte Dolmen im Forst Everstorf, Kreis Grevesmühlen. Bodendenkmalpflege in Mecklenburg, Jahrbuch 1968, 89–99.

Holzkämper/Maier 2013
Jörg Holzkämper/Andreas Maier, Die älteste Besiedlung der westfälischen Bucht am Ende der Weichsel-Kaltzeit: In: Michael Baales/Hans-Otto Pollmann/Bernhard Stapel, Westfalen in der Alt- und Mittelsteinzeit (Münster 2013), 115–117.

Hoppe 1983
Michael Hoppe, Drei hallstattzeitliche Pfeilköcher aus Treuchtlingen-Schambach, Ldkr. Weissenburg-Gunzenhausen, Mittelfranken. Archäologisches Korrespondenzblatt 13, 1983, 85–94.

Hoppe 1986
Michael Hoppe, Die Grabfunde der Hallstattzeit in Mittelfranken. Materialhefte zur bayerischen Vorgeschichte 55 (Kallmünz/Opf. 1986).

Horst 1960
Fritz Horst, Neufunde vom bronzezeitlichen Gräberfeld Erkner, Kr. Fürstenwalde. Ausgrabungen und Funde 5, 1960, 116–128.

Horvat 2002
Jana Horvat, The Hoard of Roman Republican Weapons from Grad near Šmihel. Arheološki vestnik 53, 2002, 117–192.

Huber u. a. 2023
Lisa Huber/Maria Marschler/Eva Thysell/Andrea Stadlmayr/Felix Lang/Stefan Traxler, Kontakte und Identitäten in Lauriacum/Enns im Spiegel der Gräber. Archäologische und anthropologische Interpretationsmöglichkeiten ausgewählter Grabbefunde. In: Lucia Clara Formato /Elisabeth Krieger/Felix Lang/Ana Zora Maspoli/Julia Rabitsch/Lennart Schönemann/Stefan Traxler/Annina Wyss Schildknecht (Hrsg.), Gräber in Kontaktregionen. Aussagepotenzial und Methoden bei der Auswertung römerzeitlicher Nekropolen. Workshop vom 8. bis 10. November 2021 am Österreichischen Archäologischen Institut in Wien. Schriften zur Archäologie und Archäometrie der Paris Lodron Universität Salzburg 14 (Salzburg 2023), 109–122.

Hübener 1967
Wolfgang Hübener, Zum merowingerzeitlichen Kriegergrab von Dorfmerkingen (Kr. Aalen). Fundberichte aus Schwaben N. F. 18/1, 1967, 207–232.

Hüdepohl/Sebrich/Codreanu-Windauer 2022
Sophie Hüdepohl/Johannes Sebrich/Silvia Codreanu-Windauer, Spätantike und Frühmittelalter in Regensburg – Pilotstudie Großes Gräberfeld. Bericht der Bayerischen Bodendenkmalpflege 63, 2022, 221–230.

Hüster-Plogmann/Leuzinger 1995
Heide Hüster-Plogmann/Urs Leuzinger, Fischerei und Fischreste in der jungsteinzeitlichen Seeufersiedlung von Arbon (TG). Archäologie der Schweiz 18/3, 1995, 109–117.

Hundt 1955
Hans-Jürgen Hundt, Versuch zur Deutung der Depotfunde der nordischen jüngeren Bronzezeit. Jahrbuch des Römisch-Germanischen Zentralmuseums Mainz 2, 1955, 95–140.

Hundt 1974/75
Hans-Jürgen Hundt, Ein spätbronzezeitliches Adelsgrab von Behringersdorf, Landkreis Lauf a. d. Pegnitz. Jahresbericht der Bayerischen Bodendenkmalpflege 15/16, 1974/75, 42–57.

Hundt 1997
Hans-Jürgen Hundt, Die jüngere Bronzezeit in Mecklenburg. Beiträge zur Ur- und Frühgeschichte Mecklenburg-Vorpommerns 31 (Lübstorf 1997).

Husty 2004
Ludwig Husty, Glockenbecherzeitliche Funde von Landau a. d. Isar. In: Volker Heyd/Ludwig Husty/ Ludwig Kreiner, Siedlungen der Glockenbecherkultur in Süddeutschland und Mitteleuropa. Arbeiten zur Archäologie Süddeutschlands 17 (Büchenbach 2004), 15–102.

Ickerodt 2003
Ulf F. Ickerodt, Mesolithische und neolithische Widerhakenspitzen aus dem circumalpinen Raum. Ethnografisch-Archäologische Zeitschrift 44, 2003, 357–367.

Ickerodt 2013
Ulf. J. Ickerodt, Barbed points through time – A hunting weapon between ethnoarchaeological argumentation and functional analysis. In: Oliver Grimm/Ulrich Schmölcke (eds.), Hunting in northern Europe until 1500 AD. Papers presented at a workshop by the Centre for Baltic and Scandinavian Archaeology (ZBSA), Schleswig, June 16th and 17th, 2011. Schriften des Archäologischen Landesmuseums, Ergänzungsreihe 7 (Neumünster 2013), 113–145.

Ilkjær 1990
Jørgen Ilkjær, Illerup Ådal. 1: Lanzen und Speere. Jutland Archaeological Society Publications XXV (Aarhus 1990).

Istenič 2023
Janka Istenič, Roman military campaigns in the eastern hinterland of Aquileia and the western Balkans: hobnail evidence. In: Proceedings of the 24th International Congress of Roman Frontier Studies, Serbia 2018 (Belgrad 2023), 333–340.

Iversen 2010
Rasmus Birch Iversen, Kragehul Mose. Ein Kriegsbeuteopfer auf Südwestfünen. Jernalderen i Nordeuropa. Jutland Archaeological Society Publications 73 (Aarhus 2010).

Jacob-Friesen 1967
Gernot Jacob-Friesen, Bronzezeitliche Lanzenspitzen Norddeutschlands und Skandinaviens. Veröffentlichungen der urgeschichtlichen Sammlungen des Landesmuseums zu Hannover 17 (Hildesheim 1967).

Jacobi 1977
Gerhard Jacobi, Die Metallfunde vom Dünsberg. Materialien zur Vor- und Frühgeschichte in Hessen 2 (Wiesbaden 1977).

Jacobs 1991
Jörn Jacobs, Die Einzelgrabkultur in Mecklenburg-Vorpommern. Beiträge zur Ur- und Frühgeschichte in Mecklenburg-Vorpommern 24 (Schwerin 1991).

Jahn 1916
Martin Jahn, Die Bewaffnung der Germanen in der älteren Eisenzeit. Mannus Bibliothek 16 (Würzburg 1916).

James 1983
Simon James, Archaeological evidence for Roman incendiary projectiles. Saalburg Jahrbuch 39, 1983, 142–143.

James 2004
Simon James, Excavations at Dura-Europos 1928–1973. Final Report VII. The Arms and Armour and other Military Equipment (London 2004).

Jilek 2005
Sonja Jilek, Militaria aus einem Zerstörungshorizont im Auxiliarkastell von Carnuntum. In: Archäologie der Schlachtfelder – Militaria aus Zerstörungshorizonten. Akten der 14. Internationalen Roman Military Equipment Conference (ROMEC), Wien, 27.–31. August 2003. Carnuntum Jahrbuch 2005, 165–180.

Joachim 1980
Hans-Eckart Joachim, Jüngerlatènezeitliche Siedlungen bei Eschweiler, Kr. Aachen. Bonner Jahrbücher 180, 1980, 355–441.

Jochim 1993
Michael A. Jochim, Henauhof-Nordwest – Ein mittelsteinzeitlicher Lagerplatz am Federsee. Materialhefte zur Vor- und Frühgeschichte in Baden-Württemberg 19 (Stuttgart 1993).

Jørgensen/Petersen 2003
Erik Jørgensen/Peter Vang Petersen, Das Nydam Moor. Neue Funde und Beobachtungen. In: Sieg und Triumph. Der Norden im Schatten des Römischen Reiches. Ausstellungskatalog Kopenhagen (Kopenhagen 2003), 258–284.

Jorns 1961
Werner Jorns, Zu merowingerzeitlichen Neufunden aus Oberhessen und Starkenburg. Fundberichte aus Hessen 1, 1961, 82–110.

Jünger 2020
Konstanze Jünger, Die vorgeschichtliche Besiedlung der Heidenschanze von Dresden-Coschütz. Veröffentlichungen des Landesamtes für Archäologie Sachsen 70 (Dresden 2020).

Junkmanns 2001
Jürgen Junkmanns, Prähistorische Pfeile. In: Angelika Hörnig (Hrsg.), Das Bogenbauer-Buch. Europäischer Bogenbau von der Steinzeit bis heute (Ludwigshafen 2001), 57–73.

Just 1963
Friedrich Just, Frühneolithische Funde und bronzezeitliche Hügelgräber »auf dem Kampen« im Forst von Kläden, Kreis Lübz. Bodendenkmalpflege in Mecklenburg, Jahrbuch 1963, 31–83.

Just 1968
Friedrich Just, Das Hügelgrab von Neu Grebs, Kreis Ludwigslust. Bodendenkmalpflege in Mecklenburg, Jahrbuch 1968, 191–210.

Kaiser/Terberger 1995
Knut Kaiser/Thomas Terberger, Archäologisch-geowissenschaftliche Untersuchungen am spätpaläolithischen Fundplatz Nienhagen, Lkr. Nordvorpommern. Bodendenkmalpflege in Mecklenburg-Vorpommern, Jahrbuch 43, 1995, 7–48.

Kappel 1978
Irene Kappel, Steinkammergräber und Menhire in Nordhessen. Führer zur nordhessischen Ur- und Frühgeschichte 5 (Kassel 1978).

Kaul 1987
Flemming Kaul, Neolitiske gravanlæg på Onsved Mark, Horns Herred, Sjælland. Aarbøger for nordisk Oldkyndighed og Historie 1987, 27–83.

Keller 1971
Erwin Keller, Die spätrömischen Grabfunde in Südbayern. Münchner Beiträge zur Vor- und Frühgeschichte 14 (München 1971).

Keller 1995/96
Erwin Keller, Die urnenfelderzeitliche Siedlung und das spätrömische Kalkbrennerviertel in Unterhaching, Lkr. München. Bericht der Bayerischen Bodendenkmalpflege 36/37, 1995/96, 113–158.

Kempke 1988
Torsten Kempke, Zur überregionalen Verbreitung der Pfeilspitzentypen des 8.–12. Jahrhunderts aus Starigard/Oldenburg. Bericht der Römisch-Germanischen Kommission 69, 1988, 292–306.

Kempke 1991
Torsten Kempke, Starigard/Oldenburg. Hauptburg der Slawen in Wagrien. Band 3: Die Waffen

des 8.–12. Jahrhunderts. Offa-Bücher 73 (Neumünster 1991).

Kersten 1963
Karl Kersten, Nachträge zur archäologischen Landesaufnahme. Kreis Herzogtum Lauenburg. Offa 20, 1963, 135–184.

Kersten 1966
Karl Kersten, Ein spätneolithischer Riesenbecher aus Mannhagen, Kr. Herzogtum Lauenburg. Offa 23, 1966, 77–78.

Kersten/La Baume 1958
Karl Kersten/Peter La Baume, Vorgeschichte der nordfriesischen Inseln (Neumünster 1958).

Keßler 1940
Peter Thaddäus Keßler, Merowingisches Fürstengrab von Planig in Rheinhessen. Mainzer Zeitschrift 35, 1940, 1–12.

Kibbert 1984
Kurt Kibbert, Die Äxte und Beile im mittleren Westdeutschland II. Prähistorische Bronzefunde, Abteilung IX, Band 13 (München 1984).

Kieselbach 2018
Petra Kieselbach, Gerätebestand des Jung- bis Endneolithikums. In: Harald Floss (Hrsg.), Steinartefakte. Vom Altpaläolithikum bis in die Neuzeit (Tübingen [3]2018), 901–922.

Kilian 1995
Imma Kilian, Steinerne Pfeilspitzen in bronzezeitlichen Gräbern. In: Albrecht Jockenhövel (Hrsg.), Festschrift für Hermann Müller-Karpe zum 70. Geburtstag (Bonn 1995), 35–42.

Kimmig 1955
Wolfgang Kimmig, Ein Hortfund der frühen Hügelgräberbronzezeit von Ackenbach Kr. Überlingen. Jahrbuch des Römisch-Germanischen Zentralmuseums Mainz 2, 1955, 55–75.

Kimmig/Gersbach 1971
Wolfgang Kimmig/Egon Gersbach, Die Grabungen auf der Heuneburg 1966–1969. Germania 49, 1971, 21–91.

Kind 1987
Claus-Joachim Kind, Das Felsställe. Eine jungpaläolithische-frühmesolithische Abri-Station bei Ehingen-Mühlen, Alb-Donau-Kreis. Die Grabungen 1975–1980. Forschungen und Berichte zur Vor- und Frühgeschichte in Baden-Württemberg 23 (Stuttgart 1987).

Kind 1989
Claus-Joachim Kind, Ulm-Eggingen. Die Ausgrabungen 1982 bis 1985 in der bandkeramischen Siedlung und der mittelalterlichen Wüstung. Forschungen und Berichte zur Vor- und Frühgeschichte in Baden-Württemberg 34 (Stuttgart 1989).

Kind 1997
Claus-Joachim Kind, Die letzten Wildbeuter. Henauhof Nord II und das Endmesolithikum in Baden-Württemberg. Materialhefte zur Archäologie in Baden-Württemberg 39 (Stuttgart 1997).

Kind 2003
Claus-Joachim Kind, Das Mesolithikum in der Talaue des Neckars. Forschungen und Berichte zur Vor- und Frühgeschichte in Baden-Württemberg 88 (Stuttgart 2003).

Klooß 2015
Stefanie Klooß, Mit Einbaum und Paddel zum Fischfang. Untersuchungen und Materialien zur Steinzeit in Schleswig-Holstein und im Ostseeraum 6 (Kiel/Hamburg 2015).

Klug-Treppe 2003
Jutta Klug-Treppe, Hallstattzeitliche Höhensiedlungen im Breisgau. Forschungen und Berichte zur Vor- und Frühgeschichte in Baden-Württemberg 73 (Stuttgart 2003).

Knaut 1993
Matthias Knaut, Die alamannischen Gräberfelder von Neresheim und Kösingen. Forschungen und Berichte zur Vor- und Frühgeschichte in Baden-Württemberg 48 (Stuttgart 1993).

Koch, R. 1967
Robert Koch, Bodenfunde der Völkerwanderungszeit aus dem Main-Tauber-Gebiet. Germanische Denkmäler der Völkerwanderungszeit. Serie A, Band VIII (Berlin 1967).

Koch, R. 1969
Robert, Koch, Katalog Esslingen. 2. Die merowingischen Funde. Veröffentlichungen des Staatlichen Amtes für Denkmalpflege Stuttgart Reihe A, Heft 14/2 (Stuttgart 1969).

Koch, R. 1971
Robert Koch, Die merowingerzeitlichen Grabfunde aus St. Martin zu Kirchheim unter Teck (Kr. Nürtingen). Fundberichte aus Schwaben 19, 1971, 309–337.

Koch, U. 1968
Ursula Koch, Die Grabfunde der Merowingerzeit aus dem Donautal um Regensburg. Germanische Denkmäler der Völkerwanderungszeit. Serie A, Band X (Berlin 1968).

Koch, U. 1969
Ursula Koch, Alamannische Gräber der ersten Hälfte des 6. Jahrhunderts in Südbayern. Bayerische Vorgeschichtsblätter 34, 1969, 162–193.

Koch, U. 1977
Ursula Koch, Das Reihengräberfeld von Schretzheim. Germanische Denkmäler der Völkerwanderungszeit. Serie A, Band XIII (Berlin 1977).

Koch, U. 1982
Ursula Koch, Die fränkischen Gräberfelder von Bargen und Berghausen in Nordbaden. Forschungen und Berichte zur Vor- und Frühgeschichte in Baden-Württemberg 12 (Stuttgart 1982).

Koch, U. 1990
Ursula Koch, Das fränkische Gräberfeld von Klepsau im Hohenlohekreis. Forschungen und Berichte zur Vor- und Frühgeschichte in Baden-Württemberg 38 (Stuttgart 1990).

Koch, U. 1991
Ursula Koch, Völkerwanderungszeit und Merowingerzeit. In: Führer zu archäologischen Denkmälern in Deutschland 22: Heilbronn und das mittlere Neckarland zwischen Marbach und Gundelsheim (Stuttgart 1991), 64–70.

Koch, U. 2001
Ursula Koch, Das alamannisch-fränkische Gräberfeld bei Pleidelsheim. Forschungen und Berichte zur Vor- und Frühgeschichte in Baden-Württemberg 60 (Stuttgart 2001).

Koch, U. 2021/2022
Ursula Koch, Das frühmittelalterliche Gräberfeld von Schwetzingen. Fundberichte aus Baden-Württemberg 41, 2021/2022, 375–506.

Köninger 2006
Joachim Köninger, Die frühbronzezeitlichen Ufersiedlungen von Bodman-Schachen I – Befunde und Funde aus den Tauchsondagen 1982–1984 und 1986. Siedlungsarchäologie im Alpenvorland VIII. Forschungen und Berichte zur Vor- und Frühgeschichte in Baden-Württemberg 85 (Stuttgart 2006).

Köninger/Lübke 2001
Joachim Köninger/Cornelia Lübke, Bemerkungen zur vorgeschichtlichen Fischerei im westlichen Bodenseegebiet und in Oberschwaben. Nachrichtenblatt Arbeitskreis Unterwasserarchäologie 8, 2001, 67–82.

Konrad 2005
Michaela Konrad, Die Ausgrabungen unter dem Niedermünster zu Regensburg. 2. Bauten und Funde der römischen Zeit. Auswertung. Münchner Beiträge zur Vor- und Frühgeschichte 57 (München 2005).

Kontny 2019
Bartosz Kontny, Dogs of the war in the Baltic Sea area. The case of Balt retinues in the Roman Period and Migration Periods. Neue Studien zur Sachsenforschung 9, 2019, 101–122.

Koschik 1981
Harald Koschik, Die Bronzezeit im südwestlichen Oberbayern. Materialhefte zur bayerischen Vorgeschichte 50 (Kallmünz/Opf. 1981).

Kotai 2010a
Silvia Kotai, Knochen- und Zahnartefakte. In: Ulrich Eberli, Die horgenzeitliche Siedlung von Pfäffikon-Burg. Monographien der Kantonsarchäologie Zürich 40 (Zürich/Egg 2010), 161–175.

Kotai 2010b
Silvia Kotai, Geweihartefakte. In: Ulrich Eberli, Die horgenzeitliche Siedlung von Pfäffikon-Burg. Monographien der Kantonsarchäologie Zürich 40 (Zürich/Egg 2010), 176–192.

Krämer 1964
Werner Krämer, Das keltische Gräberfeld von Nebringen (Kreis Böblingen). Veröffentlichungen des Staatlichen Amtes für Denkmalpflege Stuttgart, Reihe A, Heft 8 (Stuttgart 1964).

Krämer 1985
Werner Krämer, Die Grabfunde von Manching und die latènezeitlichen Flachgräber in Südbayern. Die Ausgrabungen in Manching 9 (Stuttgart 1985).

Krahe 1982
Günther Krahe, Hallstattzeitliche Grabhügel bei Todtenweis, Landkreis Aichach-Friedberg, Schwaben. Das archäologische Jahr in Bayern 1982, 61–64.

Kramer, S. 1963
Sieglind Kramer, Untersuchungen auf einem Lausitzer Gräberfeld in Rückersdorf, Kr. Finsterwalde. Veröffentlichungen des Museums für Ur- und Frühgeschichte Potsdam 2, 1963, 6–51.

Kramer, W. 1981
Willi Kramer, Fundberichte der Jahre 1974–1975. Offa 38, 1981, 427–484.

Krauße-Steinberger 1990a
Dirk Krauße-Steinberger, Pfeilspitzen aus einem reichen Latène-A-Grab von Hochscheid, Kr. Bernkastel-Wittlich. Archäologisches Korrespondenzblatt 20, 1990, 87–100.

Krauße-Steinberger 1990b
Dirk Krauße-Steinberger, Ein frühlatènezeitlicher Pfeilbolzenfund aus Hochscheid, Kr. Bernkastel-Wittlich. Archäologisches Korrespondenzblatt 20, 1990, 185–191.

Krone 1931
Otto Krone, Vorgeschichte des Landes Braunschweig (Braunschweig 1931).

Krüger/Nagel/Nagel 2020
Joachim Krüger/Frank Nagel/Sonja Nagel, Schädel, Sichel, Sensationen. Auf Tauchgang in der Tollense. In: Joachim Krüger/Gundula Lidke/Sebastian Lorenz/Thomas Terberger (Hrsg.), Tollensetal 1300 v. Chr. Das älteste Schlachtfeld Europas. Archäologie in Deutschland, Sonderheft 19 (Darmstadt 2020), 29–33.

Kühn 1979
Hans Joachim Kühn, Das Spätneolithikum in Schleswig-Holstein. Offa-Bücher 40 (Neumünster 1979).

Kurz 2000
Siegfried Kurz, Die Heuneburg-Außensiedlung. Forschungen und Berichte zur Vor- und Frühgeschichte in Baden-Württemberg 72 (Stuttgart 2000).

Kutsch 1921
Ferdinand Kutsch, Frühfränkisches Grab aus Biebrich. Germania 5, 1921, 27–35.

Kyrle 1918
Georg Kyrle, Urgeschichte des Kronlandes Salzburg. Österreichische Kunsttopographie XVII (Wien 1918).

La Baume 1967
Peter La Baume, Das fränkische Gräberfeld von Junkersdorf bei Köln. Germanische Denkmäler der Völkerwanderungszeit, Serie B, Band 3 (Berlin 1967).

Ladenbauer-Orel 1960
Hertha Ladenbauer-Orel, Linz-Zislau. Das baierische Gräberfeld an der Traunmündung (Wien 1960).

Laharnar 2011
Boštjan Laharnar, Roman lead slingshots (glandes plumbeae) in Slovenja/Rimski svinčeni izstrelki za pračo (glandes plumbeae) iz Slovenije. Arheološki vestnik 62, 2011, 339–374.

Laharnar 2016
Boštjan Laharnar, Small Finds from the Roman Fort at Nadleški Hrib, the Notranjska Region (SW Slovenia). In: Jana Horvat (Hrsg.), The Roman army between the Alps and the Adriatic. Opera Instituti Archaeologici Sloveniae. Studia Alpium et Adriae 31.1 (Ljubljana 2016), 85–97.

Lampe 1973
Willi Lampe, Baggerfunde aus dem Unterlauf der Recknitz. Bodendenkmalpflege in Mecklenburg, Jahrbuch 1973, 247–310.

Langley u. a. 2015
Michelle C. Langley/Dominique Augier/Christophe Delage/Arnaud Pauthier, A Magdalenien decorated *baguette demi-ronde* from Grotte de l'Abbé (Charente, France). Comptes Rendus Palevol, Volume 14, June 2015, 321–330. https://www.sciencedirect.com/science/article/pii/S1631068315000512 (aufgerufen am 25.06.2024)

Larsson 1999
Lars Larsson, From the depths of the sea: a Mesolithic harpoon from the Baltic Sea. In: Erwin Cziesla/Thomas Kersting/Stefan Pratsch (Hrsg.), Den Bogen spannen... Festschrift für Bernhard Gramsch zum 65. Geburtstag. Teil 1. Beiträge zur Ur- und Frühgeschichte Mitteleuropas 20 (Weissbach 1999), 169–175.

Laser 1963
Rudolf Laser, Ein Brandgräberfeld der spätrömischen Kaiserzeit bei Schönebeck (Elbe). Jahresschrift für mitteldeutsche Vorgeschichte 47, 1963, 325–346.

Lauermann/Lindinger/Hasenhündl 2022
Ernst Lauermann/Volker Lindinger/Gerhard Hasenhündl, Das urnenfelder- und hallstattzeitliche Gräberfeld von Hollabrunn »An der Aspersdorferstraße«. Archäologische Forschungen in Niederösterreich N. F. 9 (Krems 2022).

Laux 2012
Friedrich Laux, Die Lanzenspitzen in Niedersachsen. Prähistorische Bronzefunde, Abteilung V, Band 4 (Stuttgart 2012).

Lechuga Chica u. a. 2021
Miguel Ángel Lechuga Chica/Fernando Quesada Sanz/Juan Pedro Bellón Ruiz/José Luis Pérez García, Datos sobre el más antiguo empleo de artillería romana en Iberia: el asedio a Iliturgi (Mengíbar, Jaén) (206 a.n.e.) / Evidence for the earliest use of Roman artillery in Spain: the siege of Iliturgi (206 BC). SPAL. Revista de Prehistoria y Arqueología 30.2, 2021, 158–188.

Lehmann 2004
Stefan Lehmann, Eine Lanzenspitze aus Tegna – fränkische Spur? Jahrbuch der Schweizerischen Gesellschaft für Ur- und Frühgeschichte 87, 2004, 322–328.

Lehmann 2014
Stefan Lehmann, Das frühmittelalterliche Gräberfeld von Basel-Gotterbarmweg. Dissertation Bern 2014. https://edoc.unibas.ch/34752/1/Lehmann_Stefan_Gotterbarmweg_Diss_edoc_2014.pdf (aufgerufen am 26.10.2023).

Leidorf 1982
Klaus Leidorf, Ein späthallstatt-frühlatènezeitlicher Herrenhof bei Osterhofen-Linzing, Landkreis Deggendorf, Niederbayern. Das archäologische Jahr in Bayern 1982, 74–76.

Leidorf 1990
Klaus Leidorf, Der späthallstattzeitliche »Herrenhof« von Osterhofen-Linzing. Archäologische Denkmäler im Landkreis Deggendorf, Heft 4 (Deggendorf 1990).

Leithäuser 2003
Ulrike Leithäuser, Das merowingerzeitliche Gräberfeld bei Andernach-Kell, Kr. Mayen-Koblenz. Berichte zur Archäologie an Mittelrhein und Mosel 8. Trierer Zeitschrift, Beiheft 27 (Trier 2003), 285–375.

Leskovar/Schumann 2023
Jutta Leskovar/Robert Schumann, Das älterhallstattzeitliche Gräberfeld von Mitterkirchen. Studien zur Kulturgeschichte von Oberösterreich 53 (Linz 2023).

Lessig 2002
Thomas Lessig, Archäologisch-technologische Untersuchungen zu Flintpfeilspitzen aus früh- und älterbronzezeitlichen Grabhügeln der südlichen Lüneburger Heide. Die Kunde N. F. 53, 2002, 195–208.

Lessig-Weller 2010
Thomas Lessig-Weller, Versuche zur Simulation von Pfeilbeschüssen – erste Ergebnisse. Experimentelle Archäologie in Europa 9. Bilanz 2010, 153–162.

Lettmann 2013
Doris Lettmann, Die eisenzeitliche Siedlung von Mengen »Löchleacker« – ein Beitrag zur Hallstatt- und Frühlatènezeit im Breisgau. Fundberichte aus Baden-Württemberg 33, 2013, 147–346.

Lidke 2014
Gundula Lidke, Artefakte aus Knochen und Horn aus Grabungen und Tauchprospektionen im Tollensetal. In: Detlef Jantzen/Jörg Orschiedt/Jürgen Piek/Thomas Terberger (Hrsg.), Tod im Tollensetal. Teil 1: Die Forschungen bis 2011. Beiträge zur Ur- und Frühgeschichte Mecklenburg-Vorpommerns 50 (Schwerin 2014), 121–124.

Lidke 2020
Gundula Lidke, Überall Knochen! Ausgrabungen auf dem Schlachtfeld. In: Joachim Krüger/Gundula Lidke/Sebastian Lorenz/Thomas Terberger (Hrsg.), Tollensetal 1300 v. Chr. Das älteste Schlachtfeld Europas. Archäologie in Deutschland, Sonderheft 19 (Darmstadt 2020), 34–38.

Lippert 1969
Andreas Lippert, Das awarenzeitliche Gräberfeld von Zwölfaxing in Niederösterreich. Prähistorische Forschungen 7 (Horn/Wien 1969).

Löhr 1994
Hartwig Löhr, Linksflügler und Rechtsflügler im Mittel- und Westeuropa. Trierer Zeitschrift 57, 1994, 9–127.

Losert 2003
Hans Losert, Das frühmittelalterliche Gräberfeld von Altenerding in Oberbayern und die »Ethnogenese« der Bajuwaren. In: Hans Losert/Andrej Pleterski, Altenerding in Oberbayern. Struktur des frühmittelalterlichen Gräberfeldes und »Ethnogenese« der Bajuwaren (Berlin/Bamberg/Ljubljana 2003).

Ludwig 2009
Katrin Ludwig, Der späthallstatt- und latènezeitliche Siedlungsplatz Bretten-Bauerbach »Herrnbrunnenbuckel«, Lkr. Karlsruhe. Materialhefte zur Archäologie in Baden-Württemberg 90 (Stuttgart 2009).

Lübke 1993
Harald Lübke, Eine jungpaläolithische Geschoßspitze und mesolithische Geweihgeräte aus dem Elbtal bei Hamburg-Billwerder. Hammaburg N. F. 10, 1993, 71–81.

Lübke 2000
Harald Lübke, Timmendorf-Nordmole und Jäckelberg-Nord. Nachrichtenblatt Arbeitskreis Unterwasserarchäologie 7, 2000, 17–35.

Lübke 2005
Harald Lübke, Jäger, Fischer und Bauern – Nordostdeutschland in der Steinzeit (12.700–2.000 v. Chr.). In: Die Autobahn A20 – Norddeutschlands längste Ausgrabung. Archäologische Forschungen auf der Trasse zwischen Lübeck und Stettin. Archäologie in Mecklenburg-Vorpommern 4 (Schwerin 2005), 21–25.

Luik 2010
Martin Luik, Los hallazgos de armas en los campamentos romanos alrededor de Numancia. GLADIUS. Estudios sobre armas antiguas, armamento, arte militar y vida cultural en oriente y occidente XXX, 2010, 61–78.

Lund 1993
Marquardt Lund, Vorschäfte für Kerbspitzen der Hamburger Kultur. Archäologisches Korrespondenzblatt 23, 1993, 405–411.

Mackensen 1987
Michael Mackensen, Frühkaiserzeitliche Kleinkastelle bei Nersingen und Burlafingen an der Oberen Donau. Münchner Beiträge zur Vor- und Frühgeschichte 41 (München 1987).

Mackensen/Schimmer 2013
Michael Mackensen/Florian Schimmer (Hrsg.), Der römische Militärplatz Submuntorium/Burghöfe an der oberen Donau. Archäologische Untersuchungen im spätrömischen Kastell und Vicus 2001–2007. Münchner Beiträge zur Provinzialrömischen Archäologie 4 (Wiesbaden 2013).

Maier 1979
Rudolf Albert Maier, Tönerne Schleudergeschosse vom Kastell Pförring an der Oberen Donau. Germania 57, 1979, 166–168.

Mania 2004
Dietrich Mania, Jäger und Sammler vor 15 000 Jahren im Unstruttal. In: Paläolithikum und Mesolithikum. Kataloge zur Dauerausstellung im Landesmuseum für Vorgeschichte Halle 1 (Halle/Saale 2004), 233–249.

Marti 2000
Reto Marti, Zwischen Römerzeit und Mittelalter. Forschungen zur frühmittelalterlichen Siedlungsgeschichte der Nordwestschweiz (4.–10. Jahrhundert). Archäologie und Museum Band 41 (Liestal 2000).

Martin 1976
Max Martin, Das fränkische Gräberfeld von Basel-Bernerring (Basel 1976).

Maspoli 2014
Ana Zora Maspoli, Römische Militaria aus Wien. Die Funde aus dem Legionslager, den canabae legionis und der Zivilsiedlung von Vindobona. Monografien der Stadtarchäologie Wien 8 (Wien 2014).

Mayer/Wild 2003
Thomas Mayer/Markus Wild, Funde der Bronze- und Eisenzeit vom Petersberg. Das archäologische Jahr in Bayern 2003, 38–41.

Mennenga 2017
Moritz Mennenga, Zwischen Elbe und Ems. Die Siedlungen der Trichterbecherkultur in Nordwestdeutschland. Frühe Monumentalität und soziale Differenzierung 13 (Bonn 2017).

Mertens 2000
Eva-Maria Mertens, Linde, Ulme, Hasel. Zur Verwendung von Pflanzen für Jagd und Fischfanggeräte im Mesolithikum Dänemarks und Schleswig-Holsteins. Prähistorische Zeitschrift 75, 2000, 1–55.

Meurers-Balke 1983
Jutta Meurers-Balke, Siggeneben-Süd. Ein Fundplatz der frühen Trichterbecherkultur an der

holsteinischen Ostseeküste. Offa-Bücher 50 (Neumünster 1983).

Mey 1960
Werner Mey, Jungpaläolithikum und Mesolithikum in Brandenburg. Quartär 12, 1960, 1–51.

Mischka 2022
Doris Mischka, Das Neolithikum in Flintbek. Frühe Monumentalität und soziale Differenzierung 20 (Bonn 2022).

von Miske 1929
Kálmán von Miske, Bergbau, Verhüttung und Metallbearbeitungswerkzeuge aus Velem St. Veit (Westungarn). Wiener Prähistorische Zeitschrift 16, 1929, 81–94.

Mitscha-Märheim 1957
Herbert Mitscha-Märheim, Der Awarenfriedhof von Leithaprodersdorf. Wissenschaftliche Arbeiten aus dem Burgenland, Heft 17 (Eisenstadt 1957).

Möller 1987
Jutta Möller, Katalog der Grabfunde aus Völkerwanderungs- und Merowingerzeit im südmainischen Hessen (Starkenburg). Germanische Denkmäler der Völkerwanderungszeit B,11 (Stuttgart 1987).

Möllers 2009
Sebastian Möllers, Die Schnippenburg bei Ostercappeln, Landkreis Osnabrück, in ihren regionalen und chronologischen Bezügen. Internationale Archäologie 113 (Rahden/West. 2009).

Möslein 1998/99
Stephan Möslein, Die bronze- und urnenfelderzeitlichen Lesefunde von der Rachelburg bei Flinsbach a. Inn, Lkr. Rosenheim. Bericht der Bayerischen Bodendenkmalpflege 39/40, 1998/99, 205–237.

Montelius 1917
Oscar Montelius, Minnen från vår forntid (Stockholm 1917).

Moosleitner 1982
Fritz Moosleitner, Ein urnenfelderzeitlicher Depotfund von Saalfelden, Land Salzburg. Archäologisches Korrespondenzblatt 12, 1982, 457–475.

Moosleitner/Pauli/Penninger 1974
Fritz Moosleitner/Ludwig Pauli/Ernst Penninger, Der Dürrnberg bei Hallein II. Münchner Beiträge zur Vor- und Frühgeschichte 17 (München 1974).

Morgan 1983
Alexandra Morgan, Die Silexpfeilspitzen vom Mondsee, Oberösterreich, im Rahmen des Jung- und Spätneolithikums Zentraleuropas. Archaeologia Austriaca 67, 1983, 1–95.

Most 2018
Sergej Most, Knochen- und Geweihartefakte aus der Hünenburg-Außensiedlung bei Watenstedt, Ldkr. Helmstedt (Ausgrabungen 2005 bis 2011). Neue Ausgrabungen und Forschungen in Niedersachsen 28, 2018, 43–143.

Mottl 1966
Maria Mottl, Ergebnisse der paläontologischen Untersuchung der Knochenartefakte aus der Tischoferhöhle in Tirol. Quartär 17, 1966, 153–163.

Müller 1976
Hermann Friedrich Müller, Das alamannische Gräberfeld von Hemmingen (Kreis Ludwigsburg). Forschungen und Berichte zur Vor- und Frühgeschichte in Baden-Württemberg 7 (Stuttgart 1976).

Müller-Beck 1977
Hansjürgen Müller-Beck, Die Technik der Rentierjäger vom Kesslerloch. In: Die Kultur der Eiszeitjäger aus dem Kesslerloch. Ausstellung Rosgarten-Museum Konstanz (Konstanz 1977).

Müller-Beck 2004
Hansjürgen Müller-Beck, Die Ilsenhöhle unter Burg Ranis (Kreis Pößneck). In: Paläolithikum und Mesolithikum. Kataloge zur Dauerausstellung im Landesmuseum für Vorgeschichte Halle 1 (Halle 2004), 201–215.

Müller-Karpe 1952
Hermann Müller-Karpe, Das Urnenfeld von Kelheim. Materialhefte zur bayerischen Vorgeschichte 1 (Kallmünz/Opf. 1952).

Müller-Karpe 1959
Hermann Müller-Karpe, Beiträge zur Chronologie der Urnenfelderzeit nördlich und südlich der Alpen. Römisch-Germanische Forschungen 22 (Berlin 1959).

Müller-Karpe 1961
Hermann Müller-Karpe, Die Vollgriffschwerter der Urnenfelderzeit in Bayern. Münchner Beiträge zur Vor- und Frühgeschichte 6 (München 1961).

Müller-Wille 1976a
Michael Müller-Wille, Das Bootskammergrab von Haithabu. Berichte über die Ausgrabungen in Haithabu. Bericht 8 (Neumünster 1976).

Müller-Wille 1976b
Michael Müller-Wille, Das wikingerzeitliche Gräberfeld von Thumby-Bienebek (Kr. Rendsburg-Eckernförde). Teil I. Offa-Bücher 36 (Neumünster 1976).

Müller-Wille 1977
Michael Müller-Wille, Krieger und Reiter im Spiegel früh- und hochmittelalterlicher Funde Schleswig-Holsteins. Offa 34, 1977, 40–74.

Müller-Wille 1987
Michael Müller-Wille, Das wikingerzeitliche Gräberfeld von Thumby-Bienebek (Kr. Rendsburg-Eckernförde). Teil II. Offa-Bücher 62 (Neumünster 1987).

Münds-Lugauer 2018
Rebecca Münds-Lugauer, Ein spätbronzezeitliches Gräberfeld an der B 16 bei Feldkirchen. Das archäologische Jahr in Bayern 2018, 47–49.

Nakoinz 2004
Oliver Nakoinz, Studien zur räumlichen Abgrenzung und Strukturierung der älteren Hunsrück-Eifel-Kultur. Dissertation zur Erlangung des Doktorgrades der Mathematisch-Naturwissenschaftlichen Fakultät der Christian-Albrechts-Universität zu Kiel (Kiel 2004). https://www.academia.edu/62074026 (aufgerufen am 10.03.2024)

Nankov 2023
Emil Nankov, Markers of Military Mobility: Toward an Archaeology of the Sling in Ancient Thrace (5th c. BC–4th c. AD) with a Corpus of the Inscribed Lead Sling Projectiles from Bulgaria (Sofia 2023).

Nebehay 1971
Stefan Nebehay, Das latènezeitliche Gräberfeld von der Flur Mühlbachäcker bei Au am Leithagebirge, p. B. Bruck a. d. Leitha, NÖ. Archaeologia Austriaca 50, 1971, 138–175.

Nebehay 1983
Stefan Nebehay, Latènegräber in Niederösterreich. Kleine Schriften aus dem Vorgeschichtlichen Seminar der Philipps-Universität Marburg 41 (Marburg 1983).

Nerman 1958
Birger Nerman, Grobin-Seeburg. Ausgrabungen und Funde (Stockholm 1958).

Neubauer 2016
Dieter Neubauer, Bewahre uns vor den Pfeilen der Ungarn – zum Umgang mit einer problematischen Fundgruppe. hessenARCHÄOLOGIE 2016, 136–139.

Neuffer-Müller 1966
Christiane Neuffer-Müller, Ein Reihengräberfriedhof in Sontheim an der Brenz (Kreis Heidenheim). Veröffentlichungen des Staatlichen Amtes für Denkmalpflege Stuttgart, Reihe A, Heft 11 (Stuttgart 1966).

Neuffer-Müller 1972
Christiane Neuffer-Müller, Das fränkische Gräberfeld von Iversheim, Kreis Euskirchen. Germanische Denkmäler der Völkerwanderungszeit, Serie B. Die fränkischen Altertümer des Rheinlandes 8 (Berlin 1972).

Neuffer-Müller 1983
Christiane Neuffer-Müller, Der alamannische Adelsbestattungsplatz und die Reihengräberfriedhöfe von Kirchheim am Ries (Ostalbkreis). Forschungen und Berichte zur Vor- und Frühgeschichte in Baden-Württemberg 15 (Stuttgart 1983).

Neuffer-Müller/Ament 1973
Christiane Neuffer-Müller/Hermann Ament, Das fränkische Gräberfeld von Rübenach, Stadt Koblenz. Germanische Denkmäler der Völkerwanderungszeit, Serie B. Die fränkischen Altertümer des Rheinlandes 7 (Berlin 1973).

Neugebauer 1993
Johannes-Wolfgang Neugebauer, Rettungsgrabungen im Unteren Traisental in den Jahren 1992 und 1993. Fundberichte aus Österreich 32, 1993, 443–512.

Neumayer 1993
Heino Neumayer, Merowingerzeitliche Grabfunde des Mittelrheingebietes zwischen Nahe- und Moselmündung. Archäologische Schriften des Instituts für Vor- und Frühgeschichte der Johannes Gutenberg-Universität Mainz 2 (Mainz 1993).

Nierhaus 1966
Rolf Nierhaus, Das swebische Gräberfeld von Diersheim. Römisch-Germanische Forschungen 28 (Berlin 1966).

Nieszery 1995
Norbert Nieszery, Linearbandkeramische Gräberfelder in Bayern. Internationale Archäologie 16 (Espelkamp 1995).

Nilius/Schuldt 1957
Ingeburg Nilius/Ewald Schuldt, Zwei neue mesolithische Fundplätze mit Knochenwerkzeugen aus Mecklenburg. Ausgrabungen und Funde 2, 1957, 63–68.

Nortmann 1999
Hans Nortmann, Zwei neue Bronzesitulen aus der Eifel. Trierer Zeitschrift 62, 1999, 83–139.

Nortmann/Ehlers 1995
Hans Nortmann/Soveig K. Ehlers, Die frühlatènezeitlichen Grabhügel auf dem »Dreikopf« bei Pellingen, Kreis Trier-Saarburg. Trierer Zeitschrift 58, 1995, 69–142.

Ørsnes 1958
Mogens Ørsnes, Borbergfundet. Aarbøger for nordisk Oldkyndighed og Historie 1958, 1–107.

Oesterwind 1989
Bernd C. Oesterwind, Die Spätlatènezeit und die frühe römische Kaiserzeit im Neuwieder Becken. Bonner Hefte zur Vorgeschichte 24 (Bonn 1989).

Oesterwind 1991
Bernd C. Oesterwind, Anmerkungen zu einem frühlatènezeitlichen Waffengrab von Langenlonsheim, Kr. Bad Kreuznach. Archäologisches Korrespondenzblatt 21, 1991, 387–392.

Osimitz 2001
Stefanie Osimitz, Die neolithischen Holzgeräte von Zürich-Seefeld / Kanalisationssanierung. Lizenziatsarbeit Universität Zürich 2001. https://www.academia.edu/1311581 (aufgerufen am 12.10.2023)

Pape 1982
Wolfgang Pape, Au sujet de quelques pointes de fleches en os. In: L'industrie en os et bois de cervidé durant le Néolithique et l'Âge des métaux (Paris 1982), 135–172.

Paridaens u. a. 2020
Nicolas Paridaens/Kevin Salesse/Regine Müller/Sabine Klein/Christophe Snoeck/Nadine Mattelli, Les balles de fronde en plomb découvertes sur l'oppidum de Thuin: caractérisation, origine et interprétation. Signa 9, 2020, 111–123.

Pasda 1994
Clemens Pasda, Das Magdalénien in der Freiburger Bucht. Materialhefte zur Archäologie in Baden-Württemberg 25 (Stuttgart 1994).

Pasda 2018
Clemens Pasda, Lithische Spitzen des mittleren Jungpaläolithikums. In: Harald Floss (Hrsg.), Steinartefakte. Vom Altpaläolithikum bis in die Neuzeit (Tübingen [3]2018), 489–495.

Pauli 1978
Ludwig Pauli, Der Dürrnberg bei Hallein III. Auswertung der Grabfunde. 1. Teilband (München 1978).

Pauli Jensen 2003
Xenia Pauli Jensen, Der Moorfund aus Vimose. In: Sieg und Triumph. Der Norden im Schatten des Römischen Reiches. Ausstellungskatalog Kopenhagen (Kopenhagen 2003), 224–238.

Pauli Jensen/Nørbach 2009
Xenia Pauli Jensen/Lars Nørbach, Die Bögen, Pfeile und Äxte. Illerup Ådal 13 (Aarhus 2009).

Paulsen, H. 1998
Harm Paulsen, Bögen und Pfeile. In: Güde Bemmann/Jan Bemmann, Der Opferplatz von Nydam. Die Funde aus den älteren Grabungen: Nydam-I und Nydam-II (Neumünster 1998), 387–427.

Paulsen, H. 1999
Harm Paulsen, Pfeil und Bogen in Haithabu. In: Berichte über die Ausgrabungen in Haithabu. Bericht 33: Das archäologische Fundmaterial VI (Neumünster 1999), 93–143.

Paulsen, P. 1967a
Peter Paulsen, Alamannische Adelsgräber von Niederstotzingen (Kreis Heidenheim) (Stuttgart 1967).

Paulsen, P. 1967b
Peter Paulsen, Einige Flügellanzen aus Schwaben. Fundberichte aus Schwaben N. F. 18/1, 1967, 255–264.

Paulsen, P. 1969
Peter Paulsen, Flügellanzen. Zum archäologischen Horizont der Wiener ›sancta lancea‹. Frühmittelalterliche Studien 3, 1969, 289–312.

Paust 2022
Enrico Paust, Ein birituelles Gräberfeld der späten römischen Kaiserzeit bis Merowingerzeit bei Eischleben, Ilm-Kreis. In: Sven Ostritz (Hrsg.), Das Frühmittelalter in Thüringen 2. Studien zu den Fundkomplexen Oßmannstedt, Eischleben und Herpf. Weimarer Monographien zur Ur- und Frühgeschichte 47 (Langenweissbach 2022), 61–94.

Penninger 1972
Ernst Penninger, Der Dürrnberg bei Hallein I. Münchner Beiträge zur Vor- und Frühgeschichte 16 (München 1972).

Peralta Labrador/Abad/Ibáñez 2009
Eduardo Peralta Labrador/Rubén Sáez Abad/Carmelo Fernández Ibáñez, Proyectiles de catapulta romana procedentes de la fortificación de »La Espina del Gállego« (Cantabria). Estudio y tratamiento de conservación / Roman Ballista catapult from the fortification at »La Espina del Gallego« (Cantabria). Study and Conservation Treatment. Sautuola / XV, Instituto de Prehistoria y Arqueología »Sautuola« Santander (2009), 277–297.

Pescheck 1958
Christian Pescheck, Katalog Würzburg I. Die Funde von der Steinzeit bis zur Urnenfelderzeit im Mainfränkischen Museum. Materialhefte zur bayerischen Vorgeschichte 12 (Kallmünz/Opf. 1958).

Pescheck 1978
Christian Pescheck, Die germanischen Bodenfunde der römischen Kaiserzeit in Mainfranken (München 1978).

Pescheck 1983
Christian Pescheck, Neue Reihengräberfunde aus Unterfranken. Kataloge der Prähistorischen Staatssammlung 21 (Kallmünz 1983).

Peschel/Spennemann 1985
Christine Peschel/Dirk R. Spennemann, Zu zwei Knochengeräten aus einer mittelbronzezeitlichen

Siedlung bei Nidderau-Heldenberg, Main-Kinzig-Kreis. Archäologisches Korrespondenzblatt 15, 1985, 157–161.

Pesseg 2016
Peter Pesseg, Das frühmittelalterliche Gräberfeld von Breitenschützing-Schlatt. In: Jutta Leskovar (Hrsg.), Frühmittelalter in Oberösterreich. Inventare aus den archäologischen Sammlungen des Oberösterreichischen Landesmuseums. Studien zur Kulturgeschichte von Oberösterreich 40 (Linz 2016), 191–269.

Petculescu 1991
Liviu Petculescu, Bronze spear heads and spear butts from Dacia. Journal of Roman Military Equipment Studies 2, 1991, 35–58.

Petersen, E. B. 2019
Erik Brinch Petersen, Nordic visits to Hohen Viecheln, Mecklenburg. In: Daniel Groß/Harald Lübke/John Meadows/Detlef Jantzen (eds.), Working at the Sharp End: From Bone and Antler to Early Mesolithic Life in Northern Europe. Untersuchungen und Materialien zur Steinzeit in Schleswig-Holstein und dem Ostseeraum 10 (Kiel/Hamburg 2019), 179–192.

Petersen, J. 1919
Jan Petersen, De Norske Vikingersverd (Kristiania 1919).

Petersen, P. V. 1987
Peter Vang Petersen, Nydam III – et våbenoffer fra ældre germansk jernalder. Aarbøger for nordisk Oldkyndighed og Historie 1987, 105–137.

Pfahl/Reuter 1996
Stefan F. Pfahl/Marcus Reuter, Waffen aus römischen Einzelsiedlungen rechts des Rheins. Ein Beitrag zum Verhältnis von Militär und Zivilbevölkerung im Limeshinterland. Germania 74,1, 1996, 119–167.

Pfeifer 2016
Sebastian J. Pfeifer, Die Geweihfunde der magdalénienzeitlichen Station Petersfels. Forschungen und Berichte zur Archäologie in Baden-Württemberg 3 (Wiesbaden 2016).

Pfeifer 2019
Sebastian J. Pfeifer, Organische Projektile in Magdalénienstationen der Schweiz. Archäologisches Korrespondenzblatt 49, 2019, 305–319.

Piesker 1958
Hans Piesker, Untersuchungen zur älteren lüneburgischen Bronzezeit (Lüneburg 1958).

Pilø 2017
Lars Pilø, The Viking Spear from the Lendbreen Ice Patch. https://secretsoftheice.com/news/2017/11/29/spear/ (aufgerufen am 18.12.2022).

Pirling 1964
Renate Pirling, Ein fränkisches Fürstengrab aus Krefeld-Gellep. Germania 42, 1964, 188–216.

Pirling 1966
Renate Pirling, Das römisch-fränkische Gräberfeld von Krefeld-Gellep. Teil 1. Germanische Denkmäler der Völkerwanderungszeit, Serie B, Band 2 (Berlin 1966).

Pirling 1974
Renate Pirling, Das römisch-fränkische Gräberfeld von Krefeld-Gellep 1960–1963. Germanische Denkmäler der Völkerwanderungszeit, Serie B, Band 8 (Berlin 1974).

Pirling 1979
Renate Pierling, Das römisch-fränkische Gräberfeld von Krefeld-Gellep 1964–1965. Germanische Denkmäler der Völkerwanderungszeit, Serie B, Band 10 (Berlin 1979).

Pirling 1980
Renate Pirling, Die mittlere Bronzezeit auf der Schwäbischen Alb. Prähistorische Bronzefunde, Abteilung XX, Band 3 (München 1980).

Pittioni 1952
Richard Pittioni, Das Brandgrab vom Lebenberg bei Kitzbühel, Tirol. Archaeologia Austriaca 10, 1952, 53–60.

Pöppelmann/Deppmeyer/Steinmetz 2013
Heike Pöppelmann/Korana Deppmeyer/Wolf-Dieter Steinmetz (Hrsg.), Roms vergessener Feldzug. Die Schlacht am Harzhorn. Veröffentlichungen des Braunschweigischen Landesmuseums 115 (Darmstadt 2013).

Pollmann 2013
Hans-Otto Pollmann, Ziegenhirten in Westfalen. In: Michael Baales/Hans-Otto Pollmann/Bernhard Stapel, Westfalen in der Alt- und Mittelsteinzeit (Münster 2013), 225–227.

Porr 2004
Martin Porr, Spitzentechnologie. Die mesolithischen Fischspeere von Glindenberg und Kalbe/Milde. In: Paläolithikum und Mesolithikum. Kataloge zur Dauerausstellung im Landesmuseum für Vorgeschichte Halle 1 (Halle 2004), 269–274.

Poux 2008
Matthieu Poux, L'empreinte du militaire tardo-républicain dans les faciès mobiliers de La Tène finale. In: Matthieu Poux (dir.), Sur les traces de César. Actes de la table ronde du 17 octobre 2002, Glux-en-Glenne. Bibracte 14, (Bibracte 2008), 299–432.

Profantová 1992
Nad'a Profantová, Awarische Funde aus den Gebieten nördlich der awarischen Siedlungsgrenzen. In: Falko Daim (Hrsg.), Awarenforschungen. Band 2. Archaeologia Austriaca Monographien 2. Studien zur Archäologie der Awaren 4 (Wien 1992), 605–778.

Puttkammer 2008
Thomas Puttkammer, Das prähistorische Gräberfeld von Niederkaina bei Bautzen. Band 10. Veröffentlichungen des Landesamtes für Archäologie mit Landesmuseum für Vorgeschichte 54 (Dresden 2008).

Quast 2014
Dieter Quast, Spätantike Lanzenspitzen mit Tauschierungen. In: Honoratissimum assensus genus est armis laudare. Studia dedykowane Profesorowi Piotrowi Kaczanowskiemu z okazji siedemdziesiątej rocznicy urodzin (Kraków 2014), 237–246.

Raddatz 1954
Klaus Raddatz, Einige Waffen der vorrömischen Eisenzeit aus Norddeutschland. Offa 13, 1954, 63–68.

Raddatz 1961
Klaus Raddatz, Ringknaufschwerter aus germanischen Kriegergräbern. Offa 17/18, 1959–1961, 26–55.

Raddatz 1962
Klaus Raddatz, Kaiserzeitliche Körpergräber von Heiligenhafen, Kreis Oldenburg. Offa 19, 1962, 91–128.

Raddatz 1963
Klaus Raddatz, Pfeilspitzen aus dem Moorfund von Nydam. Offa 20, 1963, 49–56.

Raddatz 1974
Klaus Raddatz, Husby. Ein Gräberfeld der Eisenzeit in Schleswig. Offa-Bücher 30 (Neumünster 1974).

Raddatz 1981
Klaus Raddatz, Sörup I. Ein Gräberfeld der Eisenzeit in Angeln. Offa-Bücher 46 (Neumünster 1981).

Radman-Livaja 1998
Ivan Radman-Livaja, Rimska streljačka oprema nađena na Gardunu kod Trilja (Roman Projectiles and Bone Laths found at Gardun near Trilj). Opvscvla archaeologica 22, 1998, 219–231.

Radman-Livaja 2001
Ivan Radman-Livaja, Rimski projektili iz Arheološkog muzeja u Zagrebu (Roman Missiles in the Zagreb Archaeological Museum). Vjesnik Arheološkog muzeja u Zagrebu 34, 2001, 123–152.

Raetzel-Fabian 1988
Dirk Raetzel-Fabian, Die ersten Bauernkulturen. Jungsteinzeit in Nordhessen. Vor- und Frühgeschichte im Hessischen Landesmuseum in Kassel. Heft 2 (Kassel 1988).

Raetzel-Fabian 2000
Dirk Raetzel-Fabian, Calden. Erdwerk und Bestattungsplätze des Jungneolithikums. Universitätsforschungen zur Prähistorischen Archäologie 70 (Bonn 2000).

Rageth 2004
Jürg Rageth, Frührömische Militaria aus dem Oberhalbstein GR: Belege für den Alpenfeldzug. Jahrbuch der Schweizerischen Gesellschaft für Urgeschichte 87, 2004, 297–303.

Rageth 2005
Jürg Rageth, Weitere frührömische Militaria und andere Funde aus dem Oberhalbstein GR. Jahrbuch der Schweizerischen Gesellschaft für Urgeschichte 88, 2005, 302–312.

Rajtár 1994
Ján Rajtár, Waffen und Ausrüstungsteile aus dem Holz-Erde-Lager von Iža. In: Carol van Driel-Murray (Hrsg.), Military Equipment in context. Proceedings of the 9th International Roman Military Equipment Conference, Leiden, 1994. Journal of Roman Military Equipment Studies 5, 1994, 83–95.

Ramsl 2002
Peter C. Ramsl, Das eisenzeitliche Gräberfeld von Pottenbrunn. Fundberichte aus Österreich. Materialhefte Reihe A, Heft 11 (Wien 2002).

Ramsl 2011
Peter C. Ramsl, Das latènezeitliche Gräberfeld von Mannersdorf am Leithagebirge, Flur Reinthal Süd, Niederösterreich. Mitteilungen der Prähistorischen Kommission 74 (Wien 2011).

Ramstein/Hartmann 2008
Marianne Ramstein/Chantal Hartmann, Langenthal, Unterhard. Gräberfeld und Siedlungsreste der Hallstatt- und Latènezeit, der römischen Epoche und des Frühmittelalters (Bern 2008).

Reid/Nicholson 2019
John H. Reid/Andrew Nicholson, Burnswark Hill: the opening shot of the Antonine reconquest of Scotland? Journal of Roman Archaeology 32, 2019, 459–477.

Reinecke 1899
Paul Reinecke, Studien über Denkmäler des frühen Mittelalters. Mittheilungen der Anthropologischen Gesellschaft in Wien XXIX, 1899, 35–52.

Reinecke 1965
Paul Reinecke, Mainzer Aufsätze zur Chronologie der Bronze- und Eisenzeit (Bonn 1965).

Reuter 2005
Stefan Reuter, Ein Zerstörungshorizont der Jahre um 280 n. Chr. in der ›Retentura‹ des Legionslagers Reginum/Regensburg. Bayerische Vorgeschichtsblätter 70, 2005, 183–281.

Richter/Krause/Bauer 2019
Thomas Richter/Harald Krause/Lisa Bauer, Am Rande des Erdinger Mooses. Eine neue mesolithische Freilandstation bei Fuxleben-Bruckberg, Lkr. Erding (Oberbayern). Bayerische Vorgeschichtsblätter 84, 2019, 7–28.

Riek 1962
Gustav Riek, Der Hohmichele. Römisch-Germanische Forschungen 25 (Berlin 1962).

Riek 1973
Gustav Riek, Das Paläolithikum der Brillenhöhle bei Blaubeuren (Schwäbische Alb). Teil I. Forschungen und Berichte zur Vor- und Frühgeschichte in Baden-Württemberg 4/I (Stuttgart 1973).

Říhovský 1996
Jiří Říhovský, Die Lanzen-, Speer- und Pfeilspitzen in Mähren. Prähistorische Bronzefunde, Abteilung V, Band 2 (Stuttgart 1996).

Rinne 2000
Christoph Rinne, Pfeilköpfe der Trichterbecherzeit – Typologie und Funktionalität. https://www.jungsteinsite.uni-kiel.de/2000_2_rinne/pfeilkoepfe.htm (Artikel vom 27. Juni 2000) (aufgerufen am 8.12.2022).

Rinne 2003
Christoph Rinne, Odagsen und Großenrode, Ldkr. Northeim. Jungsteinzeitliche Kollektivgräber im südlichen Leinetal. Beiträge zur Archäologie in Niedersachsen 5 (Rahden/Westf. 2003).

Rittershofer 1983
Karl-Friedrich Rittershofer, Der Hortfund von Bühl und seine Beziehungen. Bericht der Römisch-Germanischen Kommission 64, 1983, 139–415.

Robertson/Scott/Keppie 1975
Anne Robertson/Margaret Scott/Lawrence Keppie, Bar Hill: A Roman Fort and its Finds. British Archaeological Reports 16 (Oxford 1975).

Röschmann 1963
Jakob Röschmann, Vorgeschichte des Kreises Flensburg. Die vor- und frühgeschichtlichen Denkmäler und Funde in Schleswig-Holstein VI (Neumünster 1963).

Roth 1982
Helmut Roth, Ein Reihengräberfeld bei Fellbach-Schmiden, Rems-Murr-Kreis. Fundberichte aus Baden-Württemberg 7, 1982, 491–540.

Roth/Theune 1995
Helmut Roth/Claudia Theune, Das frühmittelalterliche Gräberfeld bei Weingarten (Kr. Ravensburg). 1. Katalog der Grabfunde. Forschungen und Berichte zur Vor- und Frühgeschichte in Baden-Württemberg 44/1 (Stuttgart 1995).

Ruckdeschel 1978
Walter Ruckdeschel, Die frühbronzezeitlichen Gräber Südbayerns. Antiquitas, Reihe 2, Band 11 (Bonn 1978).

Rüttimann 1983
Bettina Rüttimann, Geräte aus Knochen. In: René Wyss, Die jungsteinzeitlichen Bauerndörfer von Egolzwil 4 im Wauwilermoos. Band 2: Die Funde (Zürich 1983), 7–85.

Runkel/Tremmel 2015
Tobias Runkel/Bettina Tremmel, Brandschutt und Schleuderbleie – Grabung im Zentrum des Hauptlagers von Haltern. Archäologie in Westfalen-Lippe 2015, 72–76.

Ruß 2016
David Ruß, Das frühmittelalterliche Gräberfeld von Steyr-Gleink, Hausleitnerstrasse. In: Jutta Leskovar (Hrsg.), Frühmittelalter in Oberösterreich. Inventare aus den archäologischen Sammlungen des Oberösterreichischen Landesmuseums. Studien zur Kulturgeschichte von Oberösterreich 40 (Linz 2016), 271–355.

Rust 1937
Alfred Rust, Das altsteinzeitliche Rentierjägerlager Meiendorf (Neumünster 1937).

Rust 1943
Alfred Rust, Die alt- und mittelsteinzeitlichen Funde von Stellmoor (Neumünster 1943).

Rychner 1979
Valentin Rychner, L'age du Bronze final a Auvernier (Lac de Neuchâtel, Suisse). Auvernier 2. Cahiers d'archéologie Romande 16 (Lausanne 1979).

Sage 1984
Walter Sage, Das Reihengräberfeld von Altenerding in Oberbayern. Germanische Denkmäler der Völkerwanderungszeit A,XIV (Berlin 1984).

Saggau 1981
Hilke Elisabeth Saggau, Bordesholm. Katalog und Tafeln. Offa-Bücher 48 (Neumünster 1981).

Saggau 1986
Hilke Elisabeth Saggau. Bordesholm. Text. Offa-Bücher 60 (Neumünster 1986).

Salo 1962
Unto Salo, Früheisenzeitliche Lanzenspitzen der skandinavischen Halbinsel. Acta Archaeologica 33, 1962, 63–78.

Sauramo 1938
Matti Sauramo, Ein harpunierter Seehund aus dem Litorinaton Nordfinnlands. Quartär 1, 1938, 26–35.

Schäfer 1998
Dieter Schäfer, Zum Untersuchungsstand auf dem altmesolithischen Fundplatz vom Ullafelsen im Fotschertal (Stubaier Alpen, Tirol). Germania 76/2, 1998, 439–496.

Schatte 2013a
Torben Schatte, Lange wenig beachtet: Organische Tüllenspitzen aus Brandenburg. Archäologie in Berlin und Brandenburg 2013, 24–26.

Schatte 2013b
Torben Schatte, Tüllenspitzen aus Knochen und Geweih. Mitteilungen der Berliner Gesellschaft für Anthropologie, Ethnologie und Urgeschichte 34, 2013, 91–110.

Schauer 1973
Peter Schauer, Kontinentaleuropäische Bronzelanzenspitzen vom Typ Enfield. Archäologisches Korrespondenzblatt 3, 1973, 293–298.

Schauer 1974
Peter Schauer, Neues zu der Bronzelanzenspitze vom Typ Enfield aus Baden-Württemberg. Archäologisches Korrespondenzblatt 4, 1974, 27–29.

Schauer 1979
Peter Schauer, Eine urnenfelderzeitliche Kampfweise. Archäologisches Korrespondenzblatt 9, 1979, 69–80.

Schauer 1984
Peter Schauer, Überregionale Gemeinsamkeiten bei Waffengräbern der ausgehenden Bronzezeit und der älteren Urnenfelderzeit des Voralpenraumes. Jahrbuch des Römisch- Germanischen Zentralmuseums Mainz 31, 1984, 209–235.

Schibler 1981
Jörg Schibler, Typologische Untersuchungen der cortaillodzeitlichen Knochenartefakte. Die neolithischen Ufersiedlungen von Twann. Band 17 (Bern 1981).

Schibler 2003
Jörg Schibler, Knochengeräte. In: Hanspeter Zwahlen, Die jungneolithische Siedlung Port-Stüdeli. Ufersiedlungen am Bielersee 7 (Bern 2003), 46–49.

Schierhold 2012
Kerstin Schierhold, Studien zur hessisch-westfälischen Megalithik. Münstersche Beiträge zur ur- und frühgeschichtlichen Archäologie 6 (Rahden/Westf. 2012).

Schirren 2009
C. Michael Schirren, Neufunde spätneolithischer Flintpfeilspitzen aus Mecklenburg und Vorpommern. Archäologische Berichte aus Mecklenburg-Vorpommern 16, 2009, 5–12.

Schlichtherle 1995
Helmut Schlichtherle, Ödenahlen – eine jungneolithische Siedlung der »Pfyn-Altheimer Gruppe Oberschwabens« im nördlichen Federseeried. Siedlungsarchäologie im Alpenvorland III. Die neolithische Moorsiedlung Ödenahlen. Forschungen zur Vor- und Frühgeschichte in Baden-Württemberg 46 (Stuttgart 1995), 9–128.

Schlichtherle 1996
Helmut Schlichtherle, Ein Holzspeer aus dem Taubried und die Frage nach steinzeitlichen Fischfangplätzen im südlichen Federseemoor. In: Ingo Campen/Joachim Hahn/Margarethe Uerpmann, Spuren der Jagd – Die Jagd nach Spuren. Festschrift für Hansjürgen Müller-Beck. Tübinger Monographien zur Urgeschichte 11 (Tübingen 1996), 351–357.

Schlichtherle/Wahlster 1986
Helmut Schlichtherle/Barbara Wahlster, Archäologie in See und Mooren. Den Pfahlbauten auf der Spur (Stuttgart 1986).

Schmid 1970
Peter Schmid, Das frühmittelalterliche Gräberfeld von Dunum, Kreis Wittmund (Ostfriesland). Neue Ausgrabungen und Forschungen in Niedersachsen 5, 1970, 40–62.

Schmid 1972
Peter Schmid, Zur Datierung und Gliederung der Grabanlagen von Dunum, Kreis Wittmund. Neue Ausgrabungen und Forschungen in Niedersachsen 7, 1972, 211–240.

Schmidt, B. 1961
Berthold Schmidt, Die späte Völkerwanderungszeit in Mitteldeutschland. Veröffentlichungen des Landesmuseums für Vorgeschichte in Halle 18 (Halle/Saale 1961).

Schmidt, B. 1963
Berthold Schmidt, Neue völkerwanderungszeitliche Funde zwischen Unstrut und Ohre. Jahresschrift für mitteldeutsche Vorgeschichte 47, 1963, 347–369.

Schmidt, B. 1970
Berthold Schmidt, Die späte Völkerwanderungszeit in Mitteldeutschland. Katalog (Südteil). Veröffentlichungen des Landesmuseums für Vorgeschichte in Halle 25 (Berlin 1970).

Schmidt, B. 1976
Berthold Schmidt, Die späte Völkerwanderungszeit in Mitteldeutschland. Katalog (Nord- und Ostteil). Veröffentlichungen des Landesmuseums für Vorgeschichte in Halle 29 (Berlin 1976).

Schmidt, B. 1987
Berthold Schmidt, Bemerkenswerte Funde der spätrömischen Kaiserzeit aus dem Mittelelbe-Saale-Gebiet. Ausgrabungen und Funde 32/4, 1987, 194–198.

Schmidt, J.-P. 1995
Jens-Peter Schmidt, Eine spätpaläolithische Harpune vom Havel-Typ aus Langen Trechow, Kr. Güstrow. Ausgrabungen und Funde 40, 1995, 132–140.

Schmidt, J.-P. 2002/03
Jens-Peter Schmidt, Zwei merowingerzeitliche Lanzenspitzen aus Elmshorn, Kreis Pinneberg. Offa 59/60, 2002/03, 49–53.

Schmidt, J.-P. 2019
Jens-Peter Schmidt, Völkerwanderungszeitliche Funde aus der Warnow bei Werle, Lkr. Rostock. Bodendenkmalpflege in Mecklenburg-Vorpommern, Jahrbuch 67, 2019, 7–67.

Schmidt, V. 1984
Volker Schmidt, Lieps. Eine slawische Siedlungskammer am Südende des Tollensesees. Beiträge zur Ur- und Frühgeschichte der Bezirke Rostock, Schwerin und Neubrandenburg 16 (Berlin 1984).

Schmütz 2017
Kay Schmütz, Die Entwicklung zweier Konzepte? Großsteingräber und Grabenwerke bei Haldensleben-Hundisburg. Frühe Monumentalität und soziale Differenzierung 12 (Bonn 2017).

Schneider 2022
Katharina Schneider, Das frühmittelalterliche Gräberfeld von Mühlhausen-Wagenstedter Straße, Thüringen. Bonner Beiträge zur vor- und frühgeschichtlichen Archäologie 27 (Bonn 2022).

von Schnurbein, A. 1987
Alexandra von Schnurbein, Der alamannische Friedhof bei Fridingen an der Donau (Kreis Tuttlingen). Forschungen und Berichte zur Vor- und Frühgeschichte in Baden-Württemberg 21 (Stuttgart 1987).

von Schnurbein, S. 1974
Siegmar von Schnurbein, Zum Ango. In: Studien zur vor- und frühgeschichtlichen Archäologie. Festschrift für Joachim Werner zum 65. Geburtstag (München 1974), 411–432.

Schönberger 1952
Hans Schönberger, Die Spätlatènezeit in der Wetterau. Saalburg-Jahrbuch XI, 1952, 21–130.

Schoknecht 1963
Ulrich Schoknecht, Ein Gräberfeld mit neolithischen und früheisenzeitlichen Bestattungen von Gielow, Kreis Malchin. Bodendenkmalpflege in Mecklenburg, Jahrbuch 1963, 93–154.

Schoknecht 1964
Ulrich Schoknecht, Kurze Fundberichte, Bezirk Neubrandenburg. Bodendenkmalpflege in Mecklenburg, Jahrbuch 1964, 353–389.

Schoknecht 1974
Ulrich Schoknecht, Ein bronzezeitlicher Hortfund der Per. V von Murchin, Kreis Anklam. Bodendenkmalpflege in Mecklenburg, Jahrbuch 1974, 145–172.

Schoknecht 1982
Ulrich Schoknecht, Mecklenburgische Knochenlanzenspitzen aus germanischer Zeit. Bodendenkmalpflege in Mecklenburg, Jahrbuch 1982, 47–66.

Schoknecht 1987
Ulrich Schoknecht, Kurze Fundberichte 1986. Bezirk Neubrandenburg. Bodendenkmalpflege in Mecklenburg, Jahrbuch 1987, 315–372.

Schoppa 1959
Helmut Schoppa, Die fränkischen Friedhöfe von Weilbach, Maintaunuskreis. Veröffentlichungen des Landesamtes für kulturgeschichtliche Bodenaltertümer 1 (Wiesbaden 1959).

Schopper/Borchert 2002
Franz Schopper/Klaus Jürgen Borchert, Freigelegt und restauriert. Neue Erkenntnisse zum zweiten bronzezeitlichen Hort am Weinberg bei Straupitz, Landkreis Dahme-Spreewald. Arbeitsberichte zur Bodendenkmalpflege in Brandenburg 12, 2002, 203–211.

Schreg 1999
Rainer Schreg, Die alamannische Besiedlung des Geislinger Talkessels (Markungen Altenstadt und Geislingen, Stadt Geislingen a. d. Steige, Lkr. Göppingen). Fundberichte aus Baden-Württemberg 23, 1999, 385–617.

Schreg 2013
Rainer Schreg, Indianerspitzen von der Schwäbischen Alb. https://archaeologik.blogspot.com/2013/01/indianerspitzen-von-der-schwabischen-alb.html (eingestellt am 24. Januar 2013; aufgerufen am 18.06.2025)

Schreiner/Huck 1989
Andreas Schreiner/Thomas Huck, Ein spätkaiserzeitliches Adelsgrab bei Haina, Kr. Gotha. Ausgrabungen und Funde 34, Heft 5, 1989, 237–241.

Schrickel 1966
Waldtraut Schrickel, Westeuropäische Elemente im neolithischen Grabbau Mitteldeutschlands und die Galeriegräber Westdeutschlands und ihre Inventare. Beiträge zur ur- und frühgeschichtlichen Archäologie des Mittelmeer-Kulturraumes 4 (Bonn 1966).

Schütz-Tillmann 1997
Cornelia Schütz-Tillmann, Das urnenfelderzeitliche Grabdepot von Münchsmünster, Lkr. Pfaffenhofen a d. Ilm. Germania 75/1, 1997, 19–44.

Schuldt 1961
Ewald Schuldt, Hohen Viecheln. Ein mittelsteinzeitlicher Wohnplatz in Mecklenburg (Berlin 1961).

Schuldt 1968
Ewald Schuldt, Ein zerstörter Großdolmen im Everstorfer Forst bei Naschendorf, Kreis Grevesmühlen. Bodendenkmalpflege in Mecklenburg, Jahrbuch 1968, 45–48.

Schuldt 1972
Ewald Schuldt, Die mecklenburgischen Megalithgräber. Beiträge zur Ur- und Frühgeschichte der Bezirke Rostock, Schwerin und Neubrandenburg 6 (Berlin 1972).

Schulten 1929
Adolf Schulten, Numantia IV. Die Lager bei Renieblas (München 1929).

Schulz 1933
Walther Schulz, Das Fürstengrab von Haßleben. Römisch-Germanische Forschungen 7 (Berlin/Leipzig 1933).

Schulz 1952
Walther Schulz, Die Grabfunde des 4. Jahrhunderts von Emersleben bei Halberstadt. Jahresschrift für mitteldeutsche Vorgeschichte 36, 1952, 102–139.

Schulz 1953
Walther Schultz, Leuna. Ein germanischer Bestattungsplatz der spätrömischen Kaiserzeit (Berlin 1953).

Schulze 1984
Mechthild Schulze, Das ungarische Kriegergrab von Apres-lès-Corps. Jahrbuch des Römisch-Germanischen Zentralmuseums Mainz 31, 1984, 473–514.

Schulze-Forster 2000/2001
Jens Schulze-Forster, Kampf und Kult am Dünsberg. Zu den Funden der Ausgrabungen 1999–2001. Forschungen am Dünsberg, Teil II. Berichte der Kommission für Archäologische Landesforschung in Hessen 6, 2000/2001, 135–146.

Schultze-Naumburg 1967
Franziska Schultze-Naumburg, Vier Brandgräber der Urnenfelderzeit von Tauberbischofsheim. Badische Fundberichte 23, 1967, 35–45.

Schumacher 1884–1937
Karl Schumacher, Nr. 40 Das Kastell Osterburken (1895). In: Ernst Fabricius/Felix Hettner/Oscar von Sarwey (Hrsg.), Der Obergermanisch-Rätische Limes des Roemerreiches. Abteilung B Kastelle, Bd. 4, Die Kastelle Nr. 38a–45a (Heidelberg/Berlin/Leipzig 1884–1937), 1–44.

Schuster 2001
Jan Schuster, Zwischen Wilhelmsaue und Lampertheim. Bemerkungen zur Burgundenproblematik. Germania 79/1, 2001, 63–92.

Schwab 1970
Hanni Schwab, Hirschgeweihharpunen aus jungsteinzeitlichen Fundstellen des Kantons Freiburg. Jahrbuch der Schweizerischen Gesellschaft für Ur- und Frühgeschichte 55, 1970, 7–12.

Schwab 1982
Hanni Schwab, Portalban/Muntelier. Zwei Horgener Siedlungen der Westschweiz. Archäologisches Korrespondenzblatt 12, 1982, 15–32.

Schwabedissen 1954
Hermann Schwabedissen, Die Federmesser-Gruppen des nordwesteuropäischen Flachlandes (Neumünster 1954).

Schwabedissen 1972
Hermann Schwabedissen, Rosenhof (Ostholstein), ein Ellerbek-Wohnplatz am einstigen Ostseeufer. Archäologisches Korrespondenzblatt 2, 1972, 1–8.

Schwabedissen 1994
Hermann Schwabedissen, Die Ellerbek-Kultur in Schleswig-Holstein und das Vordringen des Neolithikums über die Elbe nach Norden. In: Beiträge zur frühneolithischen Trichterbecherkultur im westlichen Ostseegebiet. 1. Internationales Trichterbechersymposium. Schleswig, 4.–7. März 1985. Untersuchungen und Materialien zur

Steinzeit in Schleswig-Holstein 1 (Neumünster 1994), 361–401.

Schwarz 2015
Rüdiger Schwarz, Antike Artillerie. Rekonstruierte Geschütze auf der Saalburg (Bad Homburg v. d. Höhe 2015).

Schwellnus 1979
Winrich Schwellnus, Wartberg-Gruppe und hessische Megalithik. Materialien zur Vor- und Frühgeschichte von Hessen 4 (Wiesbaden 1979).

Shetelig 1933
Haakon Shetelig, Vikingeminner i Vest-Europa (Oslo 1933).

Sicherl 2004
Bernhard Sicherl, Studien zur mittelbronzezeitlichen Bewaffnung in Tschechien, dem nördlichen Niederösterreich und der südwestlichen Slowakei. Universitätsforschungen zur prähistorischen Archäologie 107 (Bonn 2004).

Sievers 1984
Susanne Sievers, Die Kleinfunde der Heuneburg. Die Funde aus den Grabungen von 1950–1979. Heuneburgstudien V. Römisch-Germanische Forschungen 42 (Mainz 1984).

Sievers 1989
Susanne Sievers, Die Waffen von Manching unter Berücksichtigung des Übergangs von LT C zu LT D. Germania 67/1, 1989, 97–120.

Sievers 1994
Susanne Sievers, Les armes d'Alésia. In: Vercingétorix et Alésia. Saint-Germain-en-Laye, Musée des antiquités nationales, 29 mars–18 juillet 1994 (Paris 1994), 270–287.

Sievers 1997
Susanne Sievers, Alesia und Osuna: Bemerkungen zur Normierung der spätrepublikanischen Bewaffnung und Ausrüstung. Journal of Roman Military Equipment Studies 8, 1997, 271–276.

Sievers 2000
Susanne Sievers, Alesia und die Werkzeuge des Krieges. In: Christian Godineau/Vincent Guichard/Michel Reddé/Susanne Sievers/Henry Soulhol (Hrsg.), Caesar und Vercingetorix. Zaberns Bildbände zur Archäologie (Mainz 2000), 63–66.

Sievers 2010
Susanne Sievers, Die Waffen aus dem Oppidum von Manching. Die Ausgrabungen in Manching 17 (Wiesbaden 2010).

Sievers 2018
Susanne Sievers, Die Waffen von Staré Hradisko. Bericht der Römisch-Germanischen Kommission 99, 2018, 83–203.

Sippel 1989
Klaus Sippel, Die frühmittelalterlichen Grabfunde von Nordhessen. Materialien zur Vor- und Frühgeschichte in Hessen 7 (Wiesbaden 1989).

Smrž/Mladý 1979
Zdeněk Smrž/František Mladý, Výšinné sídliště knovízské kultury na vrchu Špičák u Mikulovic (Okr. Chomutov). Archaeologické rozhledy XXXI, 1979, 27–54.

Speck 2004
Josef Speck, Bronzefunde. In: Irmgard Bauer/Beatrice Ruckstuhl/Josef Speck, Die spätbronzezeitlichen Ufersiedlungen von Zug-Sumpf. Bd. 3/1–2: Die Funde der Grabungen 1923–1937 (Zug 2004), 17–101.

Spehr 2021
Reinhard Spehr, Waffen, Werkzeuge und Geräte der Latènezeit und des Mittelalters vom Kleinen Gleichberg. Sonderveröffentlichungen des Thüringischen Landesamtes für Denkmalpflege und Archäologie 3 (Langenweißbach 2021).

Speitel 1991
Eva Speitel, Das bronzezeitliche Hügelgräberfeld vom Solberg bei Auleben, Kr. Nordhausen. Alt-Thüringen 26, 1991, 59–121.

Spindler 2002
Konrad Spindler, Römische und mittelalterliche Brandpfeile. In: Forschungen zur Archäologie und Geschichte in Norddeutschland. Festschrift für Wolf-Dieter Tempel zum 65. Geburtstag (Rotenburg/Wümme 2002), 207–221.

Sprockhoff 1937
Ernst Sprockhoff, Jungbronzezeitliche Hortfunde Norddeutschlands (Periode IV). Kataloge des Römisch-Germanischen Zentralmuseums zu Mainz Nr. 12 (Mainz 1937).

Sprockhoff 1949/50
Ernst Sprockhoff, Das Lausitzer Tüllenbeil. Prähistorische Zeitschrift 34/35, 1949/50, 76–131.

Sprockhoff 1956
Ernst Sprockhoff, Jungbronzezeitliche Hortfunde der Südzone des Nordischen Kreises (Periode V). Römisch-Germanisches Zentralmuseum zu Mainz, Katalog 16 (Mainz 1956).

Stapel 1991
Bernhard Stapel, Die geschlagenen Steingeräte der Siedlung Hüde I am Dümmer. Veröffentlichungen der urgeschichtlichen Sammlungen des Landesmuseums zu Hannover 38 (Hildesheim 1991).

Stapel/Baales/Pollmann 2013
Bernhard Stapel/Michael Baales/Hans-Otto Pollmann, Das Mesolithikum: Eine Einführung. In: Michael Baales/Hans-Otto Pollmann/Bernhard Stapel, Westfalen in der Alt- und Mittelsteinzeit (Münster 2013), 165–167.

Stebler-Cauzzo 1997
Anna Stebler-Cauzzo, Die frühmittelalterlichen Gräber von Oerlingen/Kleinandelfinden. Zeitschrift für Schweizerische Archäologie und Kunstgeschichte 54, 1997, 245–300.

Steidl 2000
Bernd Steidl, Die Wetterau vom 3.–5. Jahrhundert n. Chr. Materialien zur Vor- und Frühgeschichte von Hessen 22 (Wiesbaden 2000).

Steidl 2006
Bernd Steidl, Römische Waffen und Ausrüstungsteile der mittleren Kaiserzeit aus dem germanischen Mainfranken. In: Gabriele Seitz (Hrsg.), Im Dienste Roms. Festschrift für Hans Ulrich Nuber (Remshalden 2006), 307–321.

Stein 1961
Frauke Stein, Das alamannische Gräberfeld von Göggingen, Ldkr. Augsburg. Bayerische Vorgeschichtsblätter 26, 1961, 75–107.

Stein 1967
Frauke Stein, Adelsgräber des achten Jahrhunderts in Deutschland. Germanische Denkmäler der Völkerwanderungszeit A,IX (Berlin 1967).

Steinklauber 2002a
Ulla Steinklauber, Das spätantike Gräberfeld auf dem Frauenberg bei Leibnitz, Steiermark. In: Fundberichte aus Österreich, Materialhefte A10 (Wien 2002), 14–406.

Steinklauber 2002b
Ulla Steinklauber, Die frühvölkerwanderungszeitliche »barbarische« Komponente im Gräberfeld Frauenberg bei Leibnitz. Fundberichte aus Österreich 41, 2002, 489–495.

Steuer 1988
Heiko Steuer, Karolingische Waffen aus dem Oberrhein bei Kehl-Auenheim, Ortenaukreis. Archäologische Ausgrabungen in Baden-Württemberg 1988, 229–231.

Stiebel/Magness 2007
Guy D. Stiebel/Jodi Magness, The military equipment from Masada. In: Joseph Aviram u. a. (eds.), The Masada Reports. Masada VIII. The Yigael Yadin Excavations 1963–1965. Final Reports (Jerusalem 2007), 1–108.

Stöllner 2002
Thomas Stöllner, Die Hallstattzeit und der Beginn der Latènezeit im Inn-Salzach-Raum. Archäologie in Salzburg 3,1 (Salzburg 2002).

Stoll 1939
Hermann Stoll, Die Alamannengräber von Hailfingen in Württemberg. Germanische Denkmäler der Völkerwanderungszeit IV (Berlin 1939).

Strien 2000
Hans-Christoph Strien, Untersuchungen zur Bandkeramik in Württemberg. Universitätsforschungen zur Prähistorischen Archäologie 69 (Bonn 2000).

Strobl/Obermaier 1909
Johann Strobl/Hugo Obermaier, Die Aurignacienstation von Krems (N.-Ö.). Jahrbuch für Altertumskunde 3, 1909, 129–148.

Ströbel 1959
Rudolf Ströbel, Tardenoisspitze in einem Bovidenknochen von Schwenningen am Neckar (Kr. Rottweil). Fundberichte aus Schwaben N. F. 15, 1959, 103–106.

Stroh 1952
Armin Stroh, Eine frühbronzezeitliche Lanzenspitze aus der Naab (Oberpfalz). Germania 30, 1952, 274–277.

Struckmeyer 2011
Katrin Struckmeyer, Die Knochen- und Geweihgeräte der Feddersen-Wierde. Studien zur Landschafts- und Siedlungsgeschichte im südlichen Nordseegebiet 2. Feddersen Wierde 7 (Rahden/Westf. 2011).

Struve 1955
Karl W. Struve, Die Einzelgrabkultur in Schleswig-Holstein und ihre kontinentalen Beziehungen. Offa-Bücher 11 (Neumünster 1955).

Suter 1981
Peter J. Suter, Die Hirschgeweihartefakte der Cortaillod-Schichten. Die neolithischen Ufersiedlungen von Twann. Band 15 (Bern 1981).

Suter 1984
Peter J. Suter, Neuere Mittellatène-Grabkomplexe aus dem Kanton Bern. Ein Beitrag zur Latène C-Chronologie des schweizerischen Mittellandes. Jahrbuch der Schweizerischen Gesellschaft für Ur- und Frühgeschichte 67, 1984, 73–93.

Szabó/Petres 1992
Miklós Szabó/Éva F. Petres, Decorated weapons of the La Tène Iron Age in the Carpathian Basin. Inventaria Praehistorica Hungariae V (Budapest 1992).

Szameit 1987
Erik Szameit, Karolingerzeitliche Waffenfunde aus Österreich. Teil II: Die Saxe und Lanzenspitzen. Archaeologia Austriaca 71, 1987, 155–171.

Szczesiak 2013
Rainer Szczesiak, Eine frühbronzezeitliche Siedlung bei Neuenkirchen, Landkreis Mecklenburgische Seenplatte. Die Gefäßkeramik – ein Vorbericht. In: Jutta Kneisel/Hans Joachim Behnke/Franz Schopper, Frühbronzezeit–Mittelbronzezeit. Neue Erkenntnisse zur Besiedlung zwischen Elbe und Warthe und angrenzender Regionen (2000–1400 v. Chr.). Symposium vom 24.–25. September 2011 in Welzow/Brandenburg (Bonn 2013), 121–134.

Taller/Conard 2016
Andreas Taller/Nicholas J. Conard, Das Gravettien der Hohle Fels-Höhle und seine Bedeutung für die kulturelle Evolution des europäischen Jungpaläolithikums. Quartär 63, 2016, 89–123.

Tannhäuser 2023
Christian Tannhäuser, Das merowingerzeitliche Gräberfeld von Gotha-Boilstädt. Das Frühmittelalter in Thüringen 1. Weimarer Monographien zur Ur- und Frühgeschichte 46 (Langenweißbach 2023).

Tarot 2000
Joachim Tarot, Die bronzezeitlichen Lanzenspitzen der Schweiz unter Einbeziehung von Liechtenstein und Vorarlberg. Universitätsforschungen zur Prähistorischen Archäologie 66 (Bonn 2000).

Taute 1968
Wolfgang Taute, Die Stielspitzen-Gruppen im nördlichen Mitteleuropa. Fundamenta A,5 (Köln/Graz 1968).

Taute 1973–1974a
Wolfgang Taute, Neue Forschungen zur Chronologie von Spätpaläolithikum und Mesolithikum in Süddeutschland. Archäologische Informationen 2–3, 1973–1974, 59–66.

Taute 1973–1974b
Wolfgang Taute, Neolithische Mikrolithen und andere neolithische Silexartefakte aus Süddeutschland und Österreich. Archäologische Informationen 2–3, 1973–1974, 71–125.

Terberger 2007
Thomas Terberger, Neue Forschungen am steinzeitlichen Fundplatz Ralswiek-Augustenhof, Kr. Rügen. In: Terra Praehistorica. Festschrift für Klaus-Dieter Jäger zum 70. Geburtstag. Neue Ausgrabungen und Funde in Thüringen – Sonderband 2007. Beiträge zur Ur- und Frühgeschichte Mitteleuropas 48 (Langenweißbach 2007), 241–252.

Terberger 2014
Thomas Terberger, Bronzezeitliche Feuersteinartefakte aus dem Tollensetal. In: Detlef Jantzen/Jörg Orschiedt/Jürgen Piek/Thomas Terberger (Hrsg.), Tod im Tollensetal. Teil 1: Die Forschungen bis 2011. Beiträge zur Ur- und Frühgeschichte Mecklenburg-Vorpommerns 50 (Schwerin 2014), 125–130.

Terberger/Krüger 2020
Thomas Terberger/Joachim Krüger, Der gefiederte Tod. Waffen im Einsatz. In: Joachim Krüger/Gundula Lidke/Sebastian Lorenz/Thomas Terberger (Hrsg.), Tollensetal 1300 v. Chr. Das älteste Schlachtfeld Europas. Archäologie in Deutschland, Sonderheft 19 (Darmstadt 2020), 63–67.

Terberger/Lidke/Krüger 2020
Thomas Terberger/Gundula Lidke/Joachim Krüger, Im Dschungel der Methoden. Woher kamen die Kämpfer? In: Joachim Krüger/Gundula Lidke/Sebastian Lorenz/Thomas Terberger (Hrsg.), Tollensetal 1300 v. Chr. Das älteste Schlachtfeld Europas. Archäologie in Deutschland, Sonderheft 19 (Darmstadt 2020), 83–87.

Thålin-Bergman 1986
Lena Thålin-Bergman, Übersicht der Speerspitzen von Birka. In: Greta Arwidsson (Hrsg.), Birka II:2. Systematische Analysen der Gräberfunde (Stockholm 1986), 15–20.

Thieme 2002
Hartmut Thieme, Die ältesten Speere der Welt. Fundplätze der frühen Altsteinzeit im Tagebau Schöningen. In: Menschen Zeiten Räume. Archäologie in Deutschland. Ausstellungskatalog Berlin/Bonn (Stuttgart 2002), 105–107.

Thieme/Veil 1985
Hartmut Thieme/Stephan Veil, Neue Untersuchungen am eemzeitlichen Elefanten-Jagdplatz Lehringen, Ldkr. Verden. Die Kunde N. F. 36, 1985, 11–58.

Tillmann 1986
Andreas Tillmann, Boksee 1A (Schleswig-Holstein). BAR International Series 280 (Oxford 1986).

Timpel 1990
Wolfgang Timpel, Das fränkische Gräberfeld von Alach, Kreis Erfurt. Alt-Thüringen 25, 1990, 61–155.

Tökölyová 2018
Katarína Tökölyová, Eiserne römische Fernkampfwaffen aus Carnuntum. Carnuntum Jahrbuch. Zeitschrift für Archäologie und Kulturgeschichte des Donauraumes 2018, 121–167.

Toepfer 1962
Volker Toepfer, Die mesolithischen Geweihgeräte aus dem Elbetal bei Glindenberg-Magdeburg. Jahresschrift für mitteldeutsche Vorgeschichte 46, 1962, 16–28.

Torbrügge 1959
Walter Torbrügge, Die Bronzezeit in der Oberpfalz. Materialhefte zur bayerischen Vorgeschichte 13 (Kallmünz 1959).

Torke 1993
Wolfgang Torke, Die Fischerei am prähistorischen Federsee. Archäologisches Korrespondenzblatt 23, 1993, 49–66.

Torres-Martínez/Martínez Velasco/Pérez Farraces 2012
Jesús F. Torres-Martínez/Antxoka Martínez Velasco/Cristina Pérez Farraces, Augustan Campaigns in the Initial Phase of the Cantabrian War and Roman Artillery Projectiles from the Monte Bernorio *Oppidum* (Villarén, Prov. Palencia). Archäologisches Korrespondenzblatt 42, 2012, Heft 4, 525–542.

Trebsche 2013
Peter Trebsche, Hunting in the Hallstatt and Early La Tène Cultures: the economic and social importance. In: Oliver Grimm/Ulrich Schmölcke (eds.), Hunting in northern Europe until 1500 AD. Papers presented at a workshop by the Centre for Baltic and Scandinavian Archaeology (ZBSA), Schleswig, June 16th and 17th, 2011. Schriften des Archäologischen Landesmuseums, Ergänzungsreihe 7 (Neumünster 2013), 215–238.

Trenkmann 2006
Ulrike Trenkmann, Ein Körpergrab der jungbronzezeitlichen Unstrutgruppe von Apfelstädt, Lkr. Gotha. Neue Ausgrabungen und Funde in Thüringen 2, 2006, 69–75.

Trnka 1983
Gerhard Trnka, Der Burgstall bei Schiltern, NÖ. Archaeologia Austriaca 67, 1983, 129–156.

Tromnau 1973
Gernot Tromnau, Eine mesolithische Knochenspitze aus dem Wardersee bei Pronstorf, Kreis Segeberg. Archäologisches Korrespondenzblatt 3, 1973, 275–277.

Tromnau 1975
Gernot Tromnau, Neue Ausgrabungen im Ahrensburger Tunneltal. Offa-Bücher 33 (Neumünster 1975).

Ubl 2007
Hannsjörg Ubl, Geschützbolzen aus Lauriacum. Zeugnisse kriegerischer Ereignisse in römischer Zeit auf dem Boden von Lauriacum, dem heutigen Enns/Lorch in Oberösterreich. Römisches Österreich 30, 2007, 129–151.

Ulbert, G. 1959
Günter Ulbert, Die römischen Donau-Kastelle Aislingen und Burghöfe. Limesforschungen 1 (Berlin 1959).

Ulbert, G. 1984
Günter Ulbert, Cáceres el Viejo. Ein spätrepublikanisches Legionslager in Spanisch-Extremadura (Mainz 1984).

Ulbert, T. u. a. 1981
Thilo Ulbert/Ulrike Giesler/Michael Mackensen/Dirk Steinhilber (Hrsg.), Ad pirum (Hrušica). Spätrömische Passbefestigung in den Julischen Alpen. Der deutsche Beitrag zu den slowenisch-deutschen Grabungen, 1971–1973. Münchner Beiträge zur Vor- und Frühgeschichte 31 (München 1981).

Unz/Deschler-Erb 1997
Christoph Unz/Eckhard Deschler-Erb, Katalog der Militaria aus Vindonissa. Militärische Funde, Pferdegeschirr und Jochteile bis 1976. Veröffentlichungen der Gesellschaft Pro Vindonissa XIV (Brugg 1997).

Urban 1994
Otto H. Urban, Keltische Höhensiedlungen an der mittleren Donau. 1. Der Freinberg. Linzer archäologische Forschungen 22 (Linz 1994).

Veeck 1931
Walther Veeck, Die Alamannen in Württemberg. Germanische Denkmäler der Völkerwanderungszeit I (Berlin/Leipzig 1931).

Völling 1990
Thomas Völling, Funditores im Römischen Heer. Saalburg Jahrbuch 45, 1990, 24–58.

Völling 1991
Thomas Völling, *Plumbata – Mattiobarbulus – Martzobarboulon*? Bemerkungen zu einem Waffenfund aus Olympia. Archäologischer Anzeiger 1991, 287–298.

Voigt 1953
Theodor Voigt, Funde der Einzelgrabkultur auf dem Taubenberg bei Wahlitz, Kreis Burg. Jahresschrift für mitteldeutsche Vorgeschichte 37, 1953, 109–153.

Voigt 1956
Theodor Voigt, Bemerkenswerte spätneolithische Brandgrabfunde von Biederitz, Kreis Burg. Jahresschrift für mitteldeutsche Vorgeschichte 40, 1956, 109–127.

Voigt 1975
Theodor Voigt, Das hermundurische Urnengräberfeld bei Bornitz, Kreis Zeitz. Jahresschrift für mitteldeutsche Vorgeschichte 59, 1975, 173–342.

Vollbrecht 2001
Jürgen Vollbrecht, Das Mesolithikum am Nordrand eines Moores bei Reichwalde, Ostsachsen. Die Kunde N. F. 52, 2001, 145–172.

Voß 2005
Hans-Ulrich Voß, Hagenow in Mecklenburg – ein frühkaiserzeitlicher Bestattungsplatz und Aspekte der römisch-germanischen Beziehungen. Bericht der Römisch-Germanischen Kommission 86, 2005, 19–59.

Vouga 1923
Paul Vouga, La Tène (Leipzig 1923).

Vujović 2009
Miroslav B. Vujović, The *plumbatae* from Serbia. Journal of the Serbian Archaeological Society 25, 2009, 203–218.

Walke 1965
Norbert Walke, Das römische Donaukastell Straubing-Sorviodurum. Limesforschungen 3 (Berlin 1965).

Wallbrecht 2000
Andreas Wallbrecht, Die Höhensiedlung der Michelsberger Kultur auf dem Salzberg bei Höckelheim, Landkreis Northeim, und der westeuropäische Flint östlich der Weser. Veröffentlichungen der urgeschichtlichen Sammlungen des Landesmuseums zu Hannover 48 (Oldenburg 2000).

Waller 1938
Karl Waller, Der Galgenberg bei Cuxhaven. Hamburger Schriften zur Vorgeschichte und germanischen Frühgeschichte 1 (Leipzig 1938).

Wamser 1988
Ludwig Wamser, Die Untersuchungen 1988 im frührömischen Legionslager bei Marktbreit. Das archäologische Jahr in Bayern 1988, 91–94.

Weber, C. 2001
Claus Weber, Die bronzezeitlichen Lanzen- und Pfeilspitzen im Rheinland. Bonner Jahrbücher 201, 2001, 1–51.

Weber, M.-J. 2020
Mara-Julia Weber, Lagerplätze mit Seeblick. Späteiszeitliche Jäger und Sammler im nordfriesischen Ahrenshöft. Archäologische Nachrichten aus Schleswig-Holstein 2020, 70–71.

Wegewitz 1964
Willi Wegewitz, Der Urnenfriedhof von Hamburg-Marmstorf. Die Urnenfriedhöfe in Niedersachsen 7 (Hildesheim 1964).

Wegner 1978
Günter Wegner, Ein Grab der jüngeren Hallstattzeit mit Köcher und Pfeilen aus Kleinostheim, Ldkr. Aschaffenburg. Germania 56/1, 1978, 94–124.

Wegraeus 1986
Erik Wegraeus, Die Pfeilspitzen von Birka. In: Greta Arwidsson (Hrsg.), Birka II:2. Systematische Analyse der Gräberfunde (Stockholm 1986), 21–34.

Werben 1994
Ursula Werben, Funde der Michelsberger Kultur von Dassensen, Stadt Einbeck, Ldkr. Northeim. Die Kunde N. F. 45, 1994, 249–257.

Werner 1938
Joachim Werner, Ein frühalamannischer Grabfund von Böckingen, Württemberg. Germania 22, 1938, 114–117.

Werner 1953
Joachim Werner, Das alamannische Gräberfeld von Bülach. Monographien zur Ur- und Frühgeschichte der Schweiz IX (Basel 1953).

Werner 1955a
Joachim Werner, Das alamannische Gräberfeld von Mindelheim. Materialhefte zur bayerischen Vorgeschichte 6 (Kallmünz/Opf. 1955).

Werner 1955b
Joachim Werner, Pfeilspitzen aus Silber und Bronze in germanischen Adelsgräbern der Kaiserzeit. Historisches Jahrbuch 74, 1955, 38–43.

Werther 2013
Lukas Werther, »… *ipse locus … a monachis inhabitatus … ab Ungaris destructus* …«. Gewalt und Zerstörung im 10. Jahrhundert in Bayern im Spannungsfeld historischer und archäologischer Quellen. In: Rauben, plündern, morden. Nachweis von Zerstörung und kriegerischer Gewalt im archäologischen Befund. Studien zu Spätantike und Frühmittelalter 5 (Hamburg 2013), 233–263.

Westphal, F. 2006
Florian Westphal, Die Holzfunde von Haithabu. Die Ausgrabungen in Haithabu 11 (Neumünster 2006).

Westphal, H. 2002
Herbert Westphal, Franken oder Sachsen? Untersuchungen an frühmittelalterlichen Waffen. Studien zur Sachsenforschung 14 (Oldenburg 2002).

Westphalen 1999
Petra Westphalen, Die Kleinfunde aus der frühgeschichtlichen Wurt Elisenhof. Studien zur Küstenarchäologie Schleswig-Holsteins Serie A, Band 7 (Neumünster 1999).

Westphalen 2002
Petra Westphalen, Die Eisenfunde von Haithabu. Ausgrabungen in Haithabu 10 (Neumünster 2002).

Wieczorek 1987
Alfried Wieczorek, Die frühmerowingischen Phasen des Gräberfeldes von Rübenach. Bericht der Römisch-Germanischen Kommission 68, 1987, 353–492.

Wilbertz 1982
Otto Mathias Wilbertz, Die Urnenfelderkultur in Unterfranken. Materialhefte zur bayerischen Vorgeschichte A,49 (Kallmünz/Opf. 1982).

Wild/Weber 2017
Markus Wild/Mara-Julia Weber, Ein schräger Typ. Eine Geweihspitze aus Lasbek (Kr. Stormarn) und ihr Verhältnis zum europäischen Jung- und Spätpaläolithikum. In: Berit Valentin Eriksen/Angelika Abegg-Wigg/Ralf Bleile/Ulf Ickerodt, Interaktion ohne Grenzen. Beispiele archäologischer Forschungen am Beginn des 21. Jahrhunderts. Festschrift für Claus von Carnap-Bornheim zum 60. Geburtstag. Band I (Schleswig 2017), 23–34.

Wilkins 2024
Alan Wilkins, Roman Imperial Artillery. Outranging the Enemies of the Empire. Archaeopress Roman Archaeology 114 (Oxford ^{3}2024).

Wilkins/Barnard/Rose 2006
Alan Wilkins/Hans Barnard/Pamela J. Rose, Roman Artillery Balls from Qasr Ibrim, Egypt. Sudan & Nubia 10, 2006, 64–78.

Will 2007
Mathias Will, Die »heiligen Lanzen« von Poing – Neues zu einem langobardischen Waffentyp. Acta Praehistorica et Archaeologica 39, 2007, 181–193.

Willms 1982
Christoph Willms, Zwei Fundplätze der Michelsberger Kultur aus dem westfälischen Münsterland, gleichzeitig ein Beitrag zum neolithischen Silexhandel in Mitteleuropa. Münstersche Beiträge zur Ur- und Frühgeschichte 12 (Hildesheim 1982).

Willvonseder 1931
Kurt Willvonseder, Eine Wohngrube in Stillfried a. d. March (Niederösterreich). Wiener Prähistorische Zeitschrift XVIII, 1931, 121–134.

Windholz-Konrad 2002
Maria Windholz-Konrad, Ein mittel- und jüngerurnenfelderzeitlicher Depotfund aus Waldstein, Steiermark. Fundberichte aus Österreich 41, 2002, 395–405.

Windholz-Konrad 2017
Maria Windholz-Konrad, Ein spät-La-Tène-zeitlicher Waffen- beziehungsweise Gerätehort aus Obertraun, Oberösterreich. Fundberichte aus Österreich 56, 2017, 321–326.

Winiger 1992
Josef Winiger, Beinerne Doppelspitzen aus dem Bieler See. Ihre Funktion und Geschichte. Jahrbuch der Schweizerischen Gesellschaft für Ur- und Frühgeschichte 75, 1992, 65–99.

Winkelmann 1884–1937
Friedrich Winkelmann, Nr. 73 Das Kastell Pfünz (1901). In: Ernst Fabricius/Felix Hettner/Oscar von Sarwey (Hrsg.), Der Obergermanisch-Rätische Limes des Rosmerreiches. Abteilung B Kastelle, Bd. 7, Die Kastelle Nr. 71–75 (Heidelberg/Berlin/Leipzig 1884–1937), 1–84.

Wörner 1999
Renate Wörner, Das alamannische Ortsgräberfeld von Oberndorf-Beffendorf, Kreis Rottweil. Materialhefte zur Archäologie in Baden-Württemberg 44 (Stuttgart 1999).

Worbs 1979
Rosemarie Worbs, Zethlingen – ein Brandgräberfeld der spätrömischen Kaiserzeit aus der Altmark. Wissenschaftliche Beiträge der Martin-Luther-Universität Halle – Wittenberg 1979/12 (L14) (Halle 1979).

Wyss 1966
René Wyss, Mesolithische Harpunen in Mitteleuropa. In: Helvetia Antiqua. Festschrift für Emil Vogt (Zürich 1966), 9–20.

Wyss 1994
René Wyss, Steinzeitliche Bauern auf der Suche nach neuen Lebensformen. Egolzwil 3 und die Egolzwiler Kultur. Band 1: Die Funde (Zürich 1994).

Wyss/Rey/Müller 2002
René Wyss/Toni Rey/Felix Müller, Gewässerfunde aus Port und Umgebung. Schriften des Bernischen Historischen Museums 4 (Bern 2002).

Yadin 1963
Yigael Yadin, The Finds from the Bar Kokhba Period in the Cave of Letters. Judean desert studies 1 (Jerusalem 1963).

Ypey 1982
Jaap Ypey, Flügellanzen in niederländischen Sammlungen. In: Günter Krause (Hrsg.), Vor- und Frühgeschichte des unteren Niederrheins. Rudolf Stampfuß zum Gedächtnis. Quellenschriften zur westdeutschen Vor- und Frühgeschichte 10 (Bonn 1982), 241–267.

Zagermann 2018
Marcus Zagermann, Die Kleinfunde. In: Helmut Bender, Die Ausgrabungen 1978–1980 in der Klosterkirche Heiligkreuz zu Passau-Niedernburg. Materialhefte zur Bayerischen Archäologie 108/2 (Kallmünz/Opf. 2018), 271–331.

Zanier 1988
Werner Zanier, Römische dreiflügelige Pfeilspitzen. Saalburg Jahrbuch 44, 1988, 5–27.

Zanier 1992
Werner Zanier, Das römische Kastell Ellingen. Limesforschungen 23 (Mainz 1992).

Zanier 2016
Werner Zanier, Der spätlatène- und frühkaiserzeitliche Opferplatz auf dem Döttenbichl südlich von Oberammergau. Münchner Beiträge zur Vor- und Frühgeschichte 62 (München 2016).

Zeitler 1990
John P. Zeitler, Zwei hallstatt-frühlatènezeitliche Fremdfunde von der Ehrenbürg, Ldkr. Forchheim, Oberfranken. Archäologisches Korrespondenzblatt 20, 1990, 61–73.

Zeller, G. 1972/73
Gudula Zeller, Das fränkische Gräberfeld von Hahnheim. Mainzer Zeitschrift 67/68, 1972/73, 330–367.

Zeller, K. W. 1980
Kurt W. Zeller, Kriegswesen und Bewaffnung der Kelten. In: Die Kelten in Mitteleuropa. Salzburger Landesausstellung, 1. Mai–30. Sept. 1980 im Keltenmuseum Hallein, Österreich (Salzburg 1980), 111–132.

Zimmermann 2000
Bernd Zimmermann, Mittelalterliche Geschossspitzen. Schweizer Beiträge zur Kulturgeschichte und Archäologie des Mittelalters 26 (Basel 2000).

Zotz 1964/65
Lothar Zotz, Die Aurignac-Knochenspitzen aus der Tischoferhöhle in Tirol. Quartär 15/16, 1964/65, 143–153.

Zürn 1987
Hartwig Zürn, Hallstattzeitliche Grabfunde in Württemberg und Hohenzollern. Forschungen und Berichte zur Vor- und Frühgeschichte in Baden-Württemberg 25 (Stuttgart 1987).

Verzeichnisse

Verzeichnis der Pfeilwehrungen

Verzeichnis der Lanzen-/ Speerbewehrungen

Verzeichnis der Geschossbolzen

Verzeichnis der Schleudergeschosse

Zu den Autorinnen und Autoren

Dr. Ulrike Weller studierte Ur- und Frühgeschichte, Klassische Archäologie und Alte Geschichte an den Universitäten Gießen und Freiburg im Breisgau. Im Jahr 2000 promovierte sie über die Steingeräte der Bandkeramik im Leinetal zwischen Hannover und Northeim. Weitere Untersuchungen zum Neolithikum aber auch zum frühen Mittelalter folgten. Ihr besonderes Interesse liegt im Bereich der Experimentellen Archäologie, für deren Anerkennung als wissenschaftliche Methode sie sich in ihrer Eigenschaft als Vizepräsidentin der Europäischen Vereinigung zur Förderung der Experimentellen Archäologie e.V. (EXAR) stark macht. Dort ist sie auch in der Redaktion der Reihe »Experimentelle Archäologie in Europa« tätig. Seit 1995 arbeitet Ulrike Weller am Niedersächsischen Landesmuseum Hannover, wo sie die archäologische Sammlung betreut. In der AG ARCHÄOLOGIETHESAURUS ist sie seit der Gründung Mitglied. Ulrike Weller ist Autorin der *Bestimmungsbücher Archäologie, Band 2: Äxte und Beile, Band 4: Kosmetisches und medizinisches Gerät, Band 6: Dolche und Schwerter* und *Band 8: Messer und Erntegeräte*.

Dr. Veronika Fischer ist seit Ende 2018 Koordinatorin für die Archäologischen Welterbestätten am Bayerischen Landesamt für Denkmalpflege. Sie hat Archäologie der Römischen Provinzen, Ur- und Frühgeschichte und Klassische Archäologie in Köln, München und Freiburg im Breisgau studiert. Die Promotion erfolgte 2018 an der Albert-Ludwigs-Universität in Freiburg über das Thema »Das Ostkastell III von Straubing – Sorviodurum«. Veronika Fischer war bereits während ihres Studiums und der Promotionszeit am Bayerischen Landesamt für Denkmalpflege tätig und von 2016 bis 2018 Assistentin bei der Archäologie der Römischen Provinzen an der Otto-Friedrich-Universität Bamberg. Zu ihren Forschungsinteressen gehören das römische Militär und die römischen Grenzen, insbesondere der Donaulimes.

Dr. Mario Bloier ist Archäologe. Er magistrierte 2001 in Bayerischer und Fränkischer Landesgeschichte, Klassischer Archäologie und Neuerer und Neuester Geschichte an der Friedrich-Alexander-Universität Erlangen-Nürnberg. Nach einem Museumsvolontariat (Inventarisation) wechselte er an die Universität Passau mit den Fächern Archäologie der Römischen Provinzen, Alte Geschichte und Bayerische Landesgeschichte. Im Jahr 2009 promovierte er über eine unterwasserarchäologische Grabung an einer *villa maritima* auf Brioni/Kroatien. Weitere Untersuchungen zum römischen Zivil- und Militärleben sowie architektonische Rekonstruktionen folgten. Ein besonderes Interesse Mario Bloiers liegt im Bereich der Unterwasserarchäologie, architektonischen Gebäude- und Siedlungsrekonstruktionen sowie musealer Vermittlungsarbeit. Nach Zwischenstationen beim Bayerischen Landesamt für Denkmalpflege (Ehrenamtsbetreuung) und bei der Stadt Weißenburg i. Bay. (Leiter der Museen Weißenburg, 2014–24) ist Mario Bloier seit 2024 Referent für die archäologischen Museen in Bayern an der Landesstelle für die nichtstaatlichen Museen in Bayern (Weißenburg). In der AG ARCHÄOLOGIETHESAURUS ist er seit 2016 Mitglied. Mario Bloier ist Mitautor des *Bestimmungsbuch Archäologie, Band 6: Dolche und Schwerter*.

Dr. Doris Lettmann ist Archäologin und Spezialistin für die Erstellung und Umsetzung von Visualisierungskonzepten und Illustrationen mit einem Schwerpunkt auf archäologischen Themen. Sie studierte Vor- und Frühgeschichte, Provinzialrömische Archäologie und Alte Geschichte in München und Bamberg und promovierte über die Entwicklung der Siedlungsdynamik und der Grabsitten in der Frühlatènezeit in Unterfranken. Ihr Forschungsinteresse gilt vor allem den sekundären Bestattungspraktiken der Latènezeit sowie dem Übergang von der Latènezeit zur Römischen Kaiserzeit in Süddeutschland.

Dr. Christof Flügel studierte Provinzialrömische und Klassische Archäologie sowie Alte Geschichte und Epigrafik in Wien und München. Die Promotion erfolgte 1996 mit einer Arbeit über die frühkaiserzeitliche Keramik vom Auerberg (Südbayern). Von 1996 bis 2000 war er wissenschaftlicher Mitarbeiter der Archäologischen Staatssammlung München und Kurator der Bayerischen Landesausstellung »Römer zwischen Alpen und Nordmeer« (Rosenheim 2000). Von 2000 bis 2024 war Christof Flügel Referent für die archäologischen Museen in Bayern an der Landesstelle für die nichtstaatlichen Museen in Bayern (München). Im Oktober 2024 wechselte er erneut an die Archäologische Staatssammlung München zur Vorbereitung der Bayerischen Landesausstellung »Römerwelten 2029« in Augsburg und Kempten. Seine Forschungsschwerpunkte sind römische Militaria und die Archäologie des punischen und römischen Karthagos. In der AG ARCHÄOLOGIETHESAURUS ist er seit der Gründung Mitglied. Christof Flügel ist Mitautor des *Bestimmungsbuch Archäologie, Band 6: Dolche und Schwerter*.

Abbildungsnachweis

Fotos

Augsburg, Archäologisches Zentraldepot der Stadtarchäologie Augsburg: [Lanzen-/Speerbewehrung] 3.2.1.5.8.2. (Foto: A. Brücklmair).

Bonn, LVR-LandesMuseum Bonn: [Lanzen-/Speerbewehrung] 3.2.1.1.18., 3.2.1.3.27., 3.2.1.3.33., [Geschossbolzen] 1.1., 2.1.2. (Fotos: J. Vogel).

Dresden, Landesamt für Archäologie Sachsen: [Pfeilbewehrung] 1.2.2.2.2., 1.2.2.2.2.1. (Fotos: R. Heynowski), [Pfeilbewehrung] 3.2.1.1.7., 3.3.2.1.1., 3.3.2.2.2.1., [Lanzen-/Speerbewehrung] 3.2.1.1.2., 3.2.1.1.11. (Fotos: U. Wohmann), [Lanzen-/Speerbewehrung] 3.2.1.2.3. (Foto: T. Held).

Glauburg-Glauberg, Keltenwelt am Glauberg: [Lanzen-/Speerbewehrung] 3.2.1.2.10. (Foto: A. Ritzhaupt).

Großbritannien: [Schleudergeschoss] 1.3. (Foto: M. Eberlein).

Hamburg, Archäologisches Museum Hamburg: [Pfeilbewehrung] 2.1.4.1.2., 2.2.1.1.1., 2.2.1.3., [Lanzen-/Speerbewehrung] 2.1.6., 3.2.1.1.5., 3.2.1.1.31., 3.2.1.1.33. (Fotos: T. Weise).

Hannover, Landesmuseum Hannover: [Pfeilbewehrung] 1.2.2.1.3., 1.2.4.1., 2.1.3.4., 3.2.1.1.1.1., 3.3.2.1.8., 3.3.2.2.2.4., [Lanzen-/Speerbewehrung] 2.1.3., 3.2.1.1.23., 3.2.1.1.29., 3.2.1.2.3., 3.2.1.3.7., 3.2.2.1. (Fotos: V. Meier).

Linz, Oberösterreichisches Landesmuseum/OÖLKG: [Pfeilbewehrung] 3.3.2.3.2. (Foto: A. Bruckböck).

München, Archäologische Staatssammlung: [Pfeilbewehrung] 3.2.2.2.–3.2.2.7., [Lanzen-/Speerbewehrung] 3.2.1.3.19., [Geschossbolzen] 1.2. (Fotos: M. Eberlein), [Lanzen-/Speerbewehrung] 3.2.1.1.2., 3.2.1.1.34., 3.2.1.3.34. (Fotos: St. Friedrich).

Österreich: [Lanzen-/Speerbewehrung] 3.2.2.2.1. (Foto: L. Kalchhauser, Wien).

Rastatt, Archäologisches Landesmuseum Baden-Württemberg, Zentrales Fundarchiv: [Pfeilbewehrung] 1.1.2.1., 3.3.2.2.1., [Lanzen-/Speerbewehrung] 1.1.6., 1.2.1.2.2., 1.2.1.2.5., 1.3.2., 3.2.1.2.11., 3.2.1.2.14.5., 3.2.1.3.4., 3.2.1.3.13., 3.2.1.3.18.2., 3.2.1.3.32., 3.2.1.3.33., 3.2.1.3.33.1. (Fotos: M. Hoffmann).

Schleswig, Archäologisches Landesamt Schleswig-Holstein: [Pfeilbewehrung] 2.2.1.2.1. (Umschlag Rückseite).

Schleswig, Museum für Archäologie, Stiftung Schleswig-Holsteinische Landesmuseen Schloss Gottorf: [Pfeilbewehrung] 1.2.3.1., [Lanzen-/Speerbewehrung] 3.2.1.1.22., 3.2.1.1.26., 3.2.1.1.27.2., 3.2.1.1.31., 3.2.1.3.3.

Utrecht, Museum Hoge Woerd: [Geschossbolzen] 2.1.1. (Foto: E. Graafstal, Gemeente Utrecht, NL).

Zeichnungen

Die Objektzeichnungen stammen von Ronald Heynowski. Die verwendeten Vorlagen sind unter dem jeweiligen Literaturnachweis aufgeführt. Der Maßstab beträgt, soweit nicht anders vermerkt, bei den Pfeilbewehrungen und Geschossbolzen 2:3, bei den Lanzen- und Speerbewehrungen sowie den Schleudergeschossen 1:2.

Reihe »Bestimmungsbuch Archäologie«

Band 1

Ronald Heynowski
FIBELN
erkennen · bestimmen · beschreiben
168 Seiten mit 55 farbigen Abbildungen und
260 Zeichnungen, 17 × 24 cm, Broschur
ISBN 978-3-422-98098-3
3., durchgesehene und aktualisierte Auflage 2019

Band 2

Ulrike Weller
ÄXTE UND BEILE
erkennen · bestimmen · beschreiben
112 Seiten mit 50 farbigen Abbildungen und
110 Zeichnungen, 17 × 24 cm, Broschur
ISBN 978-3-422-07243-5
2. Auflage 2018

Band 3

Ronald Heynowski
NADELN
erkennen · bestimmen · beschreiben
184 Seiten mit 48 farbigen Abbildungen und
249 Zeichnungen, 17 × 24 cm, Broschur
ISBN 978-3-422-98738-8
3., aktualisierte und verbesserte Auflage 2021

Band 4

Ulrike Weller, Hartmut Kaiser
und Ronald Heynowski
KOSMETISCHES UND MEDIZINISCHES GERÄT
erkennen · bestimmen · beschreiben
180 Seiten mit 84 farbigen Abbildungen und
192 Zeichnungen, 17 × 24 cm, Broschur
ISBN 978-3-422-07345-6

Band 5

Ronald Heynowski
GÜRTEL
erkennen · bestimmen · beschreiben
260 Seiten mit 65 farbigen Abbildungen und
297 Zeichnungen, 17 × 24 cm, Broschur
ISBN 978-3-422-98429-5
2., aktualisierte und verbesserte Auflage 2020

Band 6

Ulrike Weller
DOLCHE UND SCHWERTER
erkennen · bestimmen · beschreiben
312 Seiten mit 78 farbigen Abbildungen und
266 Zeichnungen, 17 × 24 cm, Broschur
ISBN 978-3-422-99027-2
2., aktualisierte und verbesserte Auflage 2022

Band 7

Angelika Abegg-Wigg und Ronald Heynowski
HALSRINGE
erkennen · bestimmen · beschreiben
208 Seiten mit 25 farbigen Abbildungen und
158 Zeichnungen, 17 × 24 cm, Broschur
ISBN 978-3-422-98286-4

Band 8

Ulrike Weller
MESSER UND ERNTEGERÄTE
erkennen · bestimmen · beschreiben
200 Seiten mit 16 farbigen Abbildungen und
131 Zeichnungen, 17 × 24 cm, Broschur
ISBN 978-3-422-98924-5

Band 9

Angelika Abegg-Wigg und Ronald Heynowski
ARM- UND BEINRINGE
erkennen · bestimmen · beschreiben
416 Seiten mit 56 farbigen Abbildungen und
439 Zeichnungen, 17 × 24 cm, Broschur
ISBN 978-3-422-80138-7

Zu beziehen im Buchhandel oder
beim Deutschen Kunstverlag
Ein Verlag der Walter de Gruyter GmbH
Berlin Boston
www.deutscherkunstverlag.de
www.degruyterbrill.com